A Construção do Terceiro Mundo

*Teorias do Subdesenvolvimento
na Romênia e no Brasil*

Joseph L. Love

A Construção do Terceiro Mundo
Teorias do Subdesenvolvimento
na Romênia e no Brasil

Tradução
Patrícia Zimbres

PAZ E TERRA

©1996 by the Board of Trustees of the Leland Stanford Junior University
Título do original: *Crafting the Third World: theorizing undevelopment in Rumenia and Brazil*

Tradução: Patrícia Zimbres
Edição de Texto: Patrícia Maria da Silva Assis
Produção Gráfica: Katia Halbe
Diagramação: Adra Cristina Martins Garcia
Capa: Chico Nunes

CIP-Brasil   Catalogação-na-Fonte
(Sindicato Nacional dos Editores de Livros, RJ, Brasil)
Love, Joseph LeRoy
A construção do Terceiro Mundo: teorias do subdesenvolvimento na Romênia e no Brasil/Joseph L. Love
Inclui bibliografia
Rio de Janeiro: Paz e Terra, 1998
ISBN 85-219-0296-4

L947c

1. Desenvolvimento econômico 2. Romênia — Condições econômicas
3. Brasil — Condições econômicas
I. Título. II. Título: Teorias do subdesenvolvimento na Romênia e no Brasil.

98-0055

CDD 338.9
CDU 338.984

EDITORA PAZ E TERRA S.A.
Rua do Triunfo, 177
01212-010 — São Paulo-SP
Tel.: (011) 223-6522
Rua Dias Ferreira n.º 417 — Loja Parte
22431-050 — Rio de Janeiro-RJ
Tel.: (021) 259-8946

1998
Impresso no Brasil / *Printed in Brazil*

Para Katy e David

Sumário

Prefácio à edição brasileira	9
Prefácio	11
Nota Explicativa	17

PARTE I: ROMÊNIA

1. Introdução	21
2. Do liberalismo ao debate marxista-populista	67
3. O marxismo e o atraso: Gherea e seus críticos	93
4. Dualismo e neopopulismo	143
5. Manoilescu I: trocas desiguais	171
6. Manoilescu II: colonialismo interno e corporativismo	211

PARTE II: TRÂNSITO

7. O contexto internacional	243

8 Joseph L. Love

8. Prebisch e o estruturalismo 289

PARTE III: BRASIL

9. Do corporativismo à economia
   como profissão 337
10. Furtado e o estruturalismo 359
11. O marxismo na periferia do pós-guerra 405
12. Os caminhos rumo à dependência 427
13. Modos de produção e neopopulismo tardio ... 473

Conclusão 501

Referências Citadas 529

Índice Remissivo 601

(As fotografias estão nas páginas 287 e 288)

Prefácio à edição brasileira

Quando descrevi para um eminente historiador brasileiro o projeto que, veio a resultar neste livro, ele exclamou: "Quer dizer que é isso que nós somos agora: uma Romênia!" Um outro colega brasileiro, um relativista tolerante, foi de opinião que comparar idéias econômicas de países tão díspares poderia fazer sentido para os americanos, mas que aos brasileiros isso pareceria bizarro: "uma coisa de vocês", nas palavras dele. Eu admito que a comparação à primeira vista possa parecer estranha, e não apenas para os brasileiros. Na verdade, minha intenção não é a de comparar as duas culturas, economias ou sociedades em algum tipo de julgamento lapidar, mas mostrar as similitudes entre o pensamento desenvolvimentista de ambos os países em termos dos pressupostos, construtos teóricos e conclusões alcançados em circunstâncias similares. No Prefácio, explico como o livro nasceu e no capítulo 1 apresento uma justificativa para essa comparação. Como virei a deixar claro, as diferenças são tão instrutivas quanto as semelhanças. Entretanto, a tradição estatal foi forte em ambos os países, e apenas nos últimos anos os governos do Brasil e da Romênia passaram a, tardia e relutantemente, aceitar as reformas neoliberais.

Se um dos autores tratados neste livro, o atual presidente da República, acredita agora que o "campo prioritário" do Estado, nos dias de hoje, reside "na prestação de serviços básicos, em particular educação e saúde", e que

10 Joseph L. Love

o papel do Estado não é mais, como ele um dia imaginou, o de "moldar o progresso",* os artífices do Consenso de Washington pouco teriam a objetar. Se a intervenção estatal terá ou não saído de vez do cenário histórico é uma questão sobre a qual especulo na Conclusão. De qualquer forma, os historiadores talvez entendam melhor que os cientistas sociais o fato de que a história é cheia de surpresas.

Dedico a edição em português deste livro a meus alunos brasileiros — Vera Alice Cardoso Silva, Amílcar Vianna Martins Filho, Marcus Maciel de Carvalho e Cristina Campolina de Sá.

---

* Fernando Henrique Cardoso, "Ainda a Teoria da Dependência", *Folha de S. Paulo*, 28 de maio de 1995, p. 5-5.

Prefácio

Este livro tem uma história mais longa do que eu o imaginava quando comecei a escrevê-lo, em 1980. Como estudante universitário de Economia, um quarto de século antes, havia me interessado pelas questões de desenvolvimento, tendo entrado em contato com o estruturalismo — embora ainda não com esse nome — de Raúl Prebisch, provavelmente mais conhecido por sua tese sobre as trocas desiguais, no mercado mundial, entre uma Periferia agrícola e um Centro industrial. Ainda no bacharelado, escrevi uma tese sobre um tópico do desenvolvimento econômico brasileiro, em fins da década de 1950, época em que a economia brasileira estava ultrapassando as de todos os outros países latino-americanos. No governo do presidente Juscelino Kubitschek, a política econômica era em grande medida orientada pelas teses estruturalistas de Prebisch, de Celso Furtado e de outros que acreditavam em um papel vigorosamente intervencionista para o Estado.

O Brasil de fins da década de 1950 e inícios da de 1960 era um lugar fascinante. Não apenas seu crescimento econômico, durante os anos 1950, foi notável, mas também a proeminência recém-assumida pelas empresas multinacionais vinha dando impulso a uma vigorosa políti-

12 *Joseph L. Love*

ca nacionalista e populista. Que o desenvolvimento econômico era um *sine qua non* das aspirações nacionalistas, ficava claro nos estudos realizados pelo Instituto Superior de Estudos Brasileiros, formado em 1955, o ano em que Kubitschek foi eleito. Aquele foi um período de mobilização política, de crise e de conflito, especialmente após a recessão dos primeiros anos da década de 1960 e a brusca renúncia do presidente Jânio Quadros, em agosto de 1961. Os últimos anos da década de 1950 e os primeiros da década de 1960 foram, além disso, um período de experimentação política e cultural. Esses foram os anos das Ligas Camponesas de Francisco Julião; do nascimento de uma teologia radical e de um novo engajamento social da Igreja, especialmente evidente na Juventude Universitária Católica; dos movimentos urbanos de alfabetização, que levaram Paulo Freire, alguns anos mais tarde, a escrever *A Pedagogia do Oprimido*; da publicação de *Grande Sertão: Veredas*, de Guimarães Rosa, para muitos críticos o mais notável romance brasileiro do século; do filme de Marcel Camus, *Orfeu Negro*, e do estilo musical da bossa-nova, que levou o Brasil aos palcos de todo o mundo.

Nos Estados Unidos, àquela época, o Brasil era um país pouco estudado e mal compreendido. Como aluno de pós-graduação em História Brasileira, continuei trabalhando com o desenvolvimento econômico, mas os meus principais interesses de pesquisa convergiam para o problema do regionalismo como conjunto de questões econômicas e políticas. Ao escrever um livro sobre São Paulo, o dínamo agrícola e industrial da economia brasileira, tornei-me cada vez mais cônscio do grau em que um modelo Centro-Periferia era útil para descrever as relações de São Paulo com os demais estados e regiões brasileiros. Os economistas Hans Singer e Celso Furtado haviam usado o modelo Centro-Periferia para descrever o processo de colonialismo interno no Brasil. Para entender o lugar ocupado por São Paulo no país, fiz amplas leituras sobre história econômica brasileira, inclusive sobre a teoria que plasmou o trabalho dos historiadores da Economia, como Furtado. Devido ao grande impacto do estruturalismo e, mais tarde, da dependência sobre o pensamento do Terceiro Mundo, comecei a examinar a possibilidade de um projeto de história das idéias latino-americanas sobre desenvolvimento econômico, ou até mesmo algo sobre o Terceiro Mundo em geral.

Ao estudar as relações de São Paulo com o resto do país, fiquei sabendo que, na década de 1930, um economista romeno, Mihail Manoilescu, fornecera aos industriais paulistas o que parecia ser um embasamento científico para a industrialização em um país predominantemente agrícola. Ler Manoilescu despertou minha curiosidade sobre o meio intelectual e cultural no qual ele escrevera *A Teoria do Protecionismo*, e logo vim a descobrir a rica e insuspeitada tradição do pensamento econômico romeno, grande parte da qual consistia em literatura de protesto contra a ortodoxia econômica da economia neoclássica e a ideologia do liberalismo que a acompanhava. Quando comecei a estudar a língua romena, dei-me conta de que um projeto acabara de nascer: eu iria examinar como o problema do atraso foi teorizado em dois países, em contextos geopolíticos diferentes, um na Europa centro-oriental que, entre as guerras mundiais, deu origem a muitas das propostas da teoria do desenvolvimento do pós-guerra; e o outro na América Latina, o *locus* do estruturalismo e da análise da dependência no período pós-guerra.

Embora este seja um estudo das idéias em dois países situados em regiões diferentes do mundo, pode ficar óbvio, para os romenos, que eu conheço melhor o Brasil. Entretanto, tentei não apenas dominar as fontes primárias e secundárias pertinentes à Romênia, mas também compreender algo sobre as diferenças entre as mentalidades nacionais, os pressupostos implícitos e os estilos políticos dos dois países, antes, durante e depois de minha estada

14   Joseph L. Love

na Romênia, em 1981-82. O leitor poderá julgar o grau de sucesso de meus esforços.

Apresento meus agradecimentos às seguintes organizações, pelo apoio financeiro em diferentes momentos da gestação deste trabalho: Fundo Nacional para as Humanidades; Conselho de Pesquisa e Intercâmbio Internacional (IREX); Programa Fulbright; Fundação J. Simon Guggenheim; Centro de Pesquisas; Centro de Estudos sobre a América Latina e o Caribe; Centro Russo e Leste Europeu e Estudos e Programas Internacionais, todos da Universidade de Illinois. Devo agradecimentos, também, às equipes das instituições de outros locais onde trabalhei por períodos extensos — a Academie de Studii Economice e a Academie Românã em Bucareste; o Saint Anthony's College, em Oxford, e o Instituto de Estudos Avançados da Universidade de São Paulo.

Qualquer que seja a competência que eu possa ter alcançado como especialista em Romênia, devo-a, em grande parte, a meu colega Keith Hitchins que, por mais de doze anos, generosamente me ofereceu auxílio historiográfico e bibliográfico. Dentre as muitas gentilezas que ele teve para comigo, está o uso irrestrito de sua enorme biblioteca pessoal sobre a Romênia, complementando a considerável coleção da Universidade de Illinois, que tem também um excelente acervo sobre o Brasil. Gostaria de agradecer a John D. Wirth, que leu o manuscrito completo, oferecendo uma crítica penetrante, mas revestida de um sutil humor. Meus agradecimentos, também, a William Maloney, que leu vários capítulos a partir da perspectiva de um economista. Os erros factuais e teóricos que tenham permanecido, é claro, são de minha própria responsabilidade.

Agradeço também o auxílio de outras pessoas que me ajudaram a fazer com que este projeto se tornasse um livro: Curtis Blaylock, Daniel Chirot, Valeriu Dinu, Bóris Fausto, Nicholas Georgescu-Roegen, Dinu Giurescu, Adolfo Gurrieri, Michael Hall, Nils Jacobsen, Carlos Guilherme Mota, Ignacy Sachs e Paul Simionescu, bem como dois antigos pro-

Prefácio 15

fessores, Albert Hirschman e Juan Linz, que me ofereceram suas opiniões nas fases iniciais do projeto. Outros que me ajudaram já não vivem mais: Roman Cresin, Nicolae Marcu, Henri H. Stahl e Paul Sterian. Além disso, quero manifestar minha gratidão às pessoas que entrevistei e a outras com quem me correspondi; os nomes dos que citei — alguns já falecidos — estão incluídos nas Referências. Sou grato, também, à Cambridge University Press pela permissão para reimprimir trechos de *Idéias Econômicas e Ideologias na América Latina desde 1930*.

E, por fim, agradeço a Laurie, minha mulher, que me acompanhou à Romênia e ao Brasil.

J. L. L.

Nota Explicativa

Embora eu tenha examinado os contextos econômico, político e intelectual, este livro é uma história de idéias e não um exercício de sociologia do conhecimento. Nesta história, a atribuição de autoria e a prioridade da "descoberta" são elementos importantes. As seguintes convenções foram adotadas na ordenação do material: *Edições.* Tentei seguir cinco princípios: primeiro, usar a edição original como norma geral. Segundo, quando a primeira não estava disponível, certificar-me de que a edição usada não diferia da primeira quanto aos pontos substantivos analisados. Em português, romeno e espanhol, as palavras *edição, editie* e *edición* geralmente significam "impressões", não sendo diferentes da edição original, salvo se houver menção específica a uma revisão. Terceiro, usei edições posteriores, além da primeira, quando estava especificamente interessado nas alterações feitas nas edições revisadas e no impacto destas. Quarto, nos poucos casos em que elas existem, dei preferência às edições anotadas "definitivas". Quinto, usei a edição inglesa de determinadas publicações da ONU quando as versões em espanhol e inglês foram lançadas no mesmo ano. Em alguns poucos casos, usei a única edição a meu dispor. Nas notas, indiquei as datas de publicação do trabalho

18   *Joseph L. Love*

em questão e, caso a primeira edição não tenha sido usada, a data e a língua da primeira edição entre colchetes. *Títulos em língua estrangeira.* Partindo do pressuposto de que os leitores de português e os de romeno não necessariamente leriam a outra língua, no texto, coloquei no primeiro os títulos das obras citadas, com o título na língua original em nota de rodapé. *Ortografia.* Reformas de grafia e de acentuação ocorreram, tanto no português quanto no romeno, durante o período em estudo. Mantive a grafia original nas notas e na bibliografia, e a grafia moderna no texto. Embora as alterações tenham sido mínimas nas outras línguas citadas, poder-se-á observar, na bibliografia inglesa, que *"Rumania"* é grafado de três maneiras diferentes — *Rumania, Roumania e Romania.* No texto em inglês adotei a primeira delas, uma forma comum no período em estudo. *Definições.* Os termos serão definidos na ocasião em que forem introduzidos no texto, mas devo afirmar aqui que, ao longo de todo este livro, "liberal" e "liberalismo" se referem ao liberalismo clássico, ou "do século XIX", uma ideologia que advogava a ação irrestrita dos mercados na fixação dos preços e na alocação de recursos, e não à peculiar acepção americana da palavra "liberalismo", uma ideologia relativamente igualitária, na qual o Estado intervém ativamente nos processos econômicos e sociais.

Parte I
Romênia

1
Introdução

A economia do desenvolvimento — a subdisciplina que trata dos problemas específicos dos países subdesenvolvidos — tem agora meio século, e a década de 1980 assistiu à publicação de esboços históricos, memórias e até mesmo de uma história em formato de livro, de autoria de H. W. Arndt.[1] Os criadores dessa área, bem como os que rapidamente seguiram os passos da primeira geração, eram homens cuja formação em Economia havia sido fortemente influenciada pela revolução keynesiana, mas que tinham uma grande diversidade de opiniões a respeito da aplicabilidade da teoria neoclássica (padrão) aos intratáveis problemas dos países que, em conjunto, passaram a ser conhecidos, nas décadas de 1950 e 1960, como o Terceiro Mundo. O presente estudo adota uma outra abordagem. O tema central não são as análises e prescrições dos economistas ocidentais, mas o que os economistas (*latu sensu*) da Romênia e do Brasil, dois países subdesenvolvidos da Europa centro-oriental e da América Latina, respectivamente, escreveram sobre o problema do atraso, em meio às transformações que então ocorriam em nível nacional e internacional. Os esforços "nativos" examinados serão, prin-

22 Romênia

cipalmente, as tentativas de teorizar o problema do sub-desenvolvimento em linhas estruturalistas, omitindo o levantamento dos inúmeros esforços "ortodoxos" ou neo-clássicos de tratar desses mesmos problemas. Essa opção justifica-se pelo fato de que diversas histórias do pensamento econômico já existem para ambos os países em questão e, também, de que o pensamento estruturalista é palpavelmente mais original. Além disso, o estruturalismo presta-se a um tratamento comparativo mais coerente do que uma listagem "completa" de todas as idéias econômicas dos dois países. Referências à escola neoclássica e a outras serão feitas, entretanto, para esclarecer e criticar a ordenação estruturalista de teses e argumentos.

"Estruturalismo", em economia, como também em outras disciplinas, significa diversas coisas, e minha definição é ampla e simples. O estruturalismo refere-se aos esforços teóricos de especificar, analisar e corrigir as estruturas econômicas que impedem ou bloqueiam o desenvolvimento e o funcionamento "normais", implicitamente não-problemáticos, supostamente característicos das economias ocidentais.[2] Devido a esses impedimentos e bloqueios, os receituários clássico e neoclássico eram rejeitados pelos estruturalistas como sendo inadequados e inaplicáveis.[3] Parte da teoria estruturalista, na verdade, foi concebida com a intenção de levar a economia até o ponto no qual as teorias neoclássicas *seriam* aplicáveis.

"Atraso econômico",[4] o termo-padrão usado antes de 1945, foi suplantado, na era do pós-guerra, por "subdesenvolvimento", embora acadêmicos de primeira linha do período do pós-guerra, como Alexander Gerschenkron e Paul Baran, ainda preferissem o termo mais antigo. Um outro, Hla Myint, pensava que o termo "atrasado" descrevia com precisão os povos das áreas subdesenvolvidas e que "subdesenvolvido" deveria ser reservado para os recursos naturais.[5] "Subdesenvolvido", como termo para caracterizar as economias e sociedades da Ásia, África e América Latina, mais tarde cedeu lugar a substitutos mais eufemísticos — "tradicional", "menos desenvolvido" e "em desenvolvimento" —, o último dos quais parecia implicar que o problema era passível de se auto-solucionar.[6] Neste trabalho, "atraso" e "subdesenvolvimento" são usados como sinônimos, conotando o vasto abismo existente entre as nações capitalistas avançadas do Ocidente desenvolvido e aquelas que apresentam baixas rendas *per capita* e estruturas sociais arcaicas, caracterizadas por seus próprios teóricos tomando o Ocidente *como referência*. Dessa perspectiva, essas economias não apenas se situavam em posições menos avançadas ao longo da mesma trajetória, mas pareciam também enfrentar importantes "barreiras à entrada" na comunidade das nações modernas. Em suma, devido a fatores tanto internos quanto externos, essas economias não "funcionavam" no sentido ocidental neoclássico. O problema era descobrir se, como e por que elas poderiam ser levadas a funcionar daquela forma. Por fim, o "desenvolvimento" era entendido não apenas como um estado de alta renda *per capita*, ou o processo de alcançá-la, mas conotava também uma diversidade de estruturas de produção e consumo, bem como um maior grau de justiça social, para uma determinada população, do que o existente antes de o desenvolvimento ocorrer. A industrialização, para os Estados agrícolas, era considerada como sendo parte necessária desse processo.

As questões colocadas pelos teóricos (ou, mais simplesmente, autores) estruturalistas incluíam muitos dos problemas que continuam sendo, até hoje, obstáculos importantes para o Terceiro Mundo e que podem ser agrupados em três categorias:

Em primeiro lugar: problemas de mercados, e de mercados de trabalho, em especial.

1. Dotação de fatores altamente distorcida — em particular um excesso de oferta de mão-de-obra não-especializada e uma relativa escassez de capital. Eram conseqüências dessas condições, na opinião dos autores em questão, o desemprego disfarçado, o subemprego e os

24   Romênia

altos diferenciais de produtividade entre as indústrias manufatureiras e a agricultura tradicional.

2. Imobilidade dos fatores, criando dualismo nos mercados de trabalho, no qual os vínculos entre as atividades capitalistas e pré-capitalistas (em especial a agricultura tradicional) são insuficientemente desenvolvidos.

3. Em termos mais gerais, a falha de mercado como uma proposição generalizada. Os mercados podem ser altamente ineficientes devido a, por exemplo, imobilidade dos fatores, monopólios ou imperfeição das informações disponíveis aos produtores ou consumidores. Os mercados de capital, além do mais, podem ser mal organizados ou virtualmente inexistentes.

4. A operação perversa de determinados mercados, nos quais os preços enviam sinais "errados". Na agricultura camponesa, por exemplo, mais mão-de-obra ou mercadorias podem ser colocadas à venda à medida que os preços caem.

5. A (suposta) incapacidade da economia neoclássica de oferecer uma explicação adequada para o comportamento econômico do campesinato. Uma vez que os camponeses podem responder aos sinais de preços nos mercados de trabalho e de mercadorias de formas diferentes das dos agricultores capitalistas, um outro cálculo econômico precisa ser inventado. Como observou o teórico soviético Alexander V. Chayanov, os camponeses podem, de forma racional, tratar os insumos de mão-de-obra, os deles próprios e os de suas famílias, de forma bastante diferente da empregada por um agricultor capitalista que, ao enfrentar um encolhimento dos lucros, dispensa trabalhadores contratados.

Em segundo lugar: problemas de comércio internacional e do sistema econômico internacional.

6. Um persistente desequilíbrio na balança de pagamentos externos, decorrente da estrutura da demanda interna e, em última análise, da distribuição de renda. As camadas sociais mais elevadas, afirmou-se, colocam enor-

Introdução 25

mes pressões sobre a conta de importações devido a seu desejo de consumir produtos fabricados com tecnologia avançada. 7. O supostamente perverso papel desempenhado pelos padrões tradicionais do comércio internacional no desenvolvimento econômico. As receitas ricardianas para o comércio internacional, baseadas em vantagens mútuas para os exportadores agrícolas e industriais, foram rejeitadas como sendo desvantajosas para o país agrícola, que enfrentava o que seria um processo de "trocas desiguais", tanto a curto quanto a longo prazo, a ser descrito nos capítulos seguintes. Alguns autores levaram ainda mais longe a transmutação da análise de classes, transformando-a no conceito de nações "plutocráticas" e "proletárias". De forma semelhante, argumentava-se que a análise das trocas desiguais poderia ser aplicada aos padrões de comércio *internos*, onde ocorria o "colonialismo interno". 8. Relacionada ao item 6, uma dependência generalizada das economias subdesenvolvidas "locais" ou "periféricas" em relação às economias "globais" ou "centrais" do Ocidente desenvolvido, ambas organizadas em um sistema único. Em parte, essa questão era vista como um reflexo do comércio entre uma agricultura atrasada e de baixa eficiência e indústrias modernas e altamente eficientes. Além disso, as mudanças conjunturais e tecnológicas emanavam do Centro, cujos ciclos de expansão marcavam o ritmo ao qual a economia mundial marchava. Em suma, variáveis de importância crítica, embora não totalmente determinante, da economia periférica estavam fora do controle dos estadistas, comerciantes e produtores locais. Os países periféricos, cujas economias estavam centradas em alguns poucos produtos de exportação, eram altamente vulneráveis aos preços voláteis dos mercados de produtos primários. 9. Conseqüentemente, na historicidade do processo de desenvolvimento internacional, não havia possibilidade alguma de repetição dos padrões já alcançados pelos

26 Romênia

principais países industrializados, pensavam alguns, enquanto outros acreditavam que os estágios de desenvolvimento econômico poderiam guardar alguma semelhança com os dos primeiros países industrializados, ocorrendo porém de formas mais complexas.

Em terceiro lugar: o crescimento como uma solução, o crescimento como um problema, e o papel do Estado no fomento e no equilíbrio do crescimento.

10. O caráter especial da indústria manufatureira, a qual era vinculada à idéia de modernidade em geral. A indústria era associada, por seus defensores, com o aumento das rendas *per capita* e com o poder de absorver populações rurais economicamente supérfluas. Além do mais, à medida que a indústria crescesse em importância em relação à agricultura na economia nacional, diminuiria a dependência frente às vicissitudes do comércio internacional, exacerbadas pelas violentas oscilações nos preços das *commodities*. Também, uma economia industrial forte criava a capacidade estratégica de defesa externa do Estado-Nação. A maior parte dos autores acreditava que o caráter especial da indústria manufatureira tinha a ver com sua peculiar associação com as economias de escala e com economias exteriores à empresa. Conseqüentemente, seu desenvolvimento, que envolvia uma certa morosidade, exigia a ação coordenada em diversas frentes, ou seja, um "forte impulso" (*big push*) e, portanto, o intervencionismo do Estado.

11. Os efeitos diferenciados do crescimento sobre as classes sociais e também sobre as regiões. Afirmava-se que o crescimento econômico em linhas capitalistas tendia a produzir concentração de renda em relação às classes sociais e às áreas geográficas, e não os "efeitos de difusão" preditos pela teoria neoclássica.

12. Inflação estruturalmente induzida. A inflação tem suas causas primárias não na política monetária, mas nos desequilíbrios "subjacentes", especificamente inerentes aos setores não-modernos da economia.

Introdução   27

13. O papel do empresário que, nessas circunstâncias, era diferente do de sua versão européia ocidental. Quanto a isso, havia uma grande diversidade de opiniões. Seria possível a criação de uma "burguesia conquistadora"? Poderia uma outra classe tomar o seu lugar? Poderia o próprio Estado assumir a liderança, uma espécie de *Ersatzklasse*? Seria possível uma solução de elite para o problema do subdesenvolvimento ou seria preciso que as massas entrassem em cena, como a força propulsora em direção ao desenvolvimento?

14. A percepção do caráter monopolista-monopsonista da economia do Centro, com a conseqüente necessidade de intervenção estatal na Periferia, tanto interna quanto externamente. Na opinião de alguns, a natureza cada vez menos competitiva da economia industrial do mundo, após 1880 ou, de forma ainda mais óbvia, após 1920, exigia não apenas o poder compensatório do Estado nos mercados externos, mas também a organização corporativa de grupos não-concorrentes no âmbito da economia interna.

Além do discurso estruturalista, que tentava abordar em termos neoclássicos, ou pelo menos de maneira eclética, as supostas falhas da análise e do receituário neoclássicos, havia também o estruturalismo marxista.[7] Aqui, a historicidade ficava, por definição, implícita no materialismo histórico. O marxismo da Periferia, tanto quanto as outras escolas, tinha como suas principais tarefas explicar o atraso e propor saídas. Ele abrangia uma série de esforços criativos, que datavam de antes da Primeira Guerra Mundial, de teorizar a interação dos modos de produção capitalistas e pré-capitalistas. Além do mais, os marxistas discordavam entre si quanto a dar prioridade, na transformação da Periferia, às relações de troca (mercado) ou às relações de produção.[8] Mas esses esforços teóricos representavam apenas a reação mais geral dos marxistas ao problema do subdesenvolvimento. Diversos problemas menos globalizantes eram também tratados, como por exemplo o crescimento pauperizante, resultado de mudanças

28 Romênia

estruturais malignas decorrentes da penetração capitalista na economia local, e das alianças de classe a nível transnacional, que evitavam o desenvolvimento de uma burguesia local, tal como previsto por Marx. Não havia uma opinião marxista única. Alguns autores adotavam uma perspectiva reformista, segundo a qual, em uma espécie de suposta ortodoxia, eles proclamavam seu apoio a uma burguesia nacional embrionária, com o fim de desenvolver o capitalismo. Marx tinha razão, mas sua conclamação à revolução social tornar-se-ia pertinente apenas em uma data futura não-especificada. O marxismo "legalista", na tradição de Peter Struve, na Rússia, defendia um processo evolutivo de desenvolvimento capitalista dirigido pela burguesia.[9]

Este livro é um estudo de história comparada, que irá mostrar como o ritmo da absorção de instituições e idéias, bem como a reação a conjunturas econômicas, levaram não apenas à redescoberta ou à reinvenção de idéias (teorias, propostas, pressupostos explícitos ou implícitos, receituário de políticas) semelhantes, mas também à descoberta de novas idéias. O livro examina dois esforços "nativos" de definir, especificar e analisar o problema do subdesenvolvimento. A Europa centro-oriental, incluindo os Balcãs, e a América Latina foram as duas primeiras regiões do mundo onde os intelectuais teorizaram extensamente sobre o problema do atraso, se excetuarmos a Rússia, cuja revolução socialista, após 1917, colocou um conjunto de opções radicalmente diferente, que se tornou, a partir daquela data, o contexto básico no qual o atraso seria definido, interpretado e abordado. O papel do Estado, que no desenvolvimento russo do século XIX já se tornara enorme, aparecia agora como a arena suprema do processo decisório, e a propriedade estatal configurava-se como um novo pólo no conjunto de soluções para o problema do atraso.

Um autor considera a Europa centro-oriental e a América do Sul como "os primeiros grandes laboratórios do sub-

Introdução 29

desenvolvimento", observando que seus sistemas de trabalhos coercitivos, nos primórdios da era moderna, foram freqüentemente comparados em termos de sua relação com o capitalismo comercial em expansão do Ocidente.[10] Pelo menos quatro poloneses historiadores da Economia tentaram comparar as estruturas sócio-econômicas das duas regiões.[11] No século atual, os traços comuns entre os problemas financeiros que essas duas regiões do mundo tinham em suas relações com o Ocidente ficaram evidentes no fato de que ambas foram, algumas vezes, assessoradas pelos mesmos homens — *sir* Otto Niemeyer e Edward Kemmerer nas décadas de 1920 e 1930, e Jeffrey Sachs na década de 1980.[12]

Há, além disso, uma certa semelhança entre a América Latina e a Europa centro-oriental, se considerarmos essas áreas — diferentemente do Oriente Médio, Ásia e África — como "quase-Europas" ou "Europas epigonais", em termos de suas culturas formais (A Grande Tradição de Robert Redfield), seus códigos jurídicos, suas formas de "alta" arte e suas tradições religiosas dominantes. As aspirações de suas elites, por vezes suas auto-ilusórias percepções das sociedades locais e, certamente, seu desejo de causar boa impressão aos estrangeiros, tudo isso tendia a convergir para seu grau de ocidentalização. Com isso não se pretende negar que, em alguns círculos, houvesse uma vigorosa busca de raízes locais autênticas, tampouco que as ambivalências fossem freqüentemente admitidas, ou que até mesmo a autocensura social existisse. Para os líderes e intelectuais dessas regiões, porém, com exceção daqueles que viam a União Soviética como a alternativa de Segundo Mundo, o progresso significava um caminho, árduo mas não inviável, que conduzia à Europa, ao Primeiro Mundo.

Um dos dois estudos de caso a seguir tem como cenário um país dos Balcãs. A Europa centro-oriental, onde uma série de países recém-independentes ou redefinidos enfrentaram, após a Primeira Guerra Mundial, as múltiplas

30 Romênia

tarefas de construção de Nações e Estados, de desenvolvimento econômico e de defesa estratégica, foi a precursora do Terceiro Mundo propriamente dito, uma espécie de proto-Terceiro Mundo.[13] Algumas das idéias que, na era do pós-guerra, entrariam para os manuais de desenvolvimento econômico apareceram primeiro lá, quer de forma incipiente, quer de forma já mais elaborada.[14] Em segundo lugar, a Europa centro-oriental, o cinturão de países novos ou expandidos que vai do Báltico ao Egeu,[15] foi o foco empírico original dos homens que, na década de 1940, deram os primeiros passos em direção à criação da subdisciplina do desenvolvimento econômico.[16] Embora as declarações contemporâneas, e em especial as mais recentes, dos dois primeiros estudiosos do problema — Kurt Mandelbaum e Paul Rosenstein-Rodan — dêem ênfase ao fator acaso, à disponibilidade relativa de dados ou ao potencial de generalização dessa escolha das regiões para os estudos iniciais,[17] é suficientemente claro que, em meados da década de 1940, a região era vista como sendo historicamente turbulenta e de importância estratégica para as grandes potências. Basta observar que Sarajevo e Danzig, os pontos de conflagração de 1914 e 1939, situam-se dentro de seu perímetro. Além do mais, a maioria dos primeiros teóricos do desenvolvimento nasceu na Europa central ou centro-oriental e lá fizeram seus primeiros estudos ou chegaram mesmo a obter diplomas universitários — Paul Rosenstein-Rodan, Ragnar Nurkse, Nicholas Kaldor, Thomas Balogh, Hans Singer, Alexander Gerschenkron, Kurt Martin (nascido Kurt Mandelbaum), Peter T. Bauer, Gottfried Haberler, Paul Baran e Michal Kalecki.[18]

O Império Austro-Húngaro da *Belle Époque* caracterizava-se por enormes diferenças de desenvolvimento econômico entre a Viena industrializada e as áreas rurais nos extremos sul e leste do que era o Estado mais heterogêneo, em termos culturais e econômicos, da Europa do pré-guerra. Um economista que conhecia tanto a moderna Viena quanto a atrasada Bucovina, incorporada à Romênia em 1918, foi o famoso teórico austríaco Joseph Schumpeter, cujo primeiro cargo de magistério (1909-1911) foi na Universidade de Czernowitz (em romeno, Cernauti), a capital da Bucovina. Em sua *Teoria do Desenvolvimento Econômico*,[19] publicada em alemão em 1912, Schumpeter foi o primeiro economista deste século a dedicar séria atenção aos problemas aqui examinados. Naquele trabalho, o jovem teórico austríaco expôs sua posteriormente tão celebrada tese da iniciativa individual como sendo o motor do crescimento e do desenvolvimento. Em uma era na qual o equilíbrio econômico era o centro de interesse dos teóricos neoclássicos,[20] o estudo de Schumpeter constituiu-se em um novo ponto de partida, tendo sido redescoberto pelos especialistas em desenvolvimento após a Segunda Guerra Mundial. Quer a experiência de Schumpeter na atrasada Bucovina tenha ou não influenciado de forma específica seu pensamento, pode-se especular que os gritantes contrastes de nível de desenvolvimento econômico — o dualismo da Monarquia Dual — podem ter-lhe sugerido a questão fundamental: como começa o desenvolvimento econômico?[21] Essa questão seria retomada em Viena por três estudiosos de uma geração posterior. Rosenstein-Rodan, Gerschenkron e Nurkse,[22] e por outros economistas citados acima, cujos primeiros estudos e experiências formativas haviam ocorrido na Europa central e centro-oriental.

Os temas de planejamento e industrialização foram dominantes nos primeiros anos do pós-guerra e, na opinião de um observador pouco simpático, o teórico do comércio internacional Harry G. Johnson, essa ênfase devia-se à experiência dos novos países balcânicos no período entreguerras. "Embora [os primeiros teóricos do desenvolvimento estivessem] fundamentalmente preocupados com as políticas para o desenvolvimento dos Estados balcânicos segundo o modelo alemão, os conceitos centrais eram apresentados como universais e, mais tarde, mostra-

32 *Romênia*

ram ser igualmente compatíveis com as atitudes psicológicas das novas nações." Os economistas responsáveis por essas propostas, na opinião de Johnson, eram Mandelbaum, Kaldor, Rosenstein-Rodan e Balogh.[23]

A inclusão de um estudo de caso latino-americano para teorizar o subdesenvolvimento parece carecer de menos justificativas. Primeira região do Terceiro Mundo a alcançar a independência formal, a América Latina foi também a primeira região a ver surgir uma escola autóctone de teoria do desenvolvimento — a escola associada à Comissão Econômica para a América Latina, ou CEPAL, da ONU. É possível afirmar que o estruturalismo latino-americano e a escola da dependência que em grande medida se desenvolveu a partir dele[24] sejam as contribuições mais influentes do Terceiro Mundo para a teoria do desenvolvimento.

Os dois estudos de caso enfocam países e não áreas geopolíticas, e essa escolha embasa-se no fato de que a maior unidade na qual uma política coerente pode ser formulada é o Estado territorial.[25] Isso se deve, em parte, a que o Estado foi concebido como o mais poderoso instrumento para acelerar, ou mesmo induzir, o desenvolvimento econômico; seus limites geográficos também coincidem com as fronteiras para coleta de dados e o fluxo desimpedido de comércio. O Estado territorial, entretanto, não é o interesse exclusivo deste estudo, e um dos temas principais é a interação (ou, pelo menos, a similaridade) de idéias no nível das áreas geopolíticas, em parte transmitidas por meio das instituições internacionais.

E, dentro da Europa centro-oriental e da América Latina, por que a Romênia e o Brasil? Embora os estudos sobre as nações em questão ainda estejam por ser elaborados, a Polônia do entreguerras, o maior dos "Estados sucessores" dos impérios austrohúngaro, russo e alemão, talvez venha a se impor como a origem das contribuições mais importantes à teoria do desenvolvimento no pósguerra. Mas os problemas e as propostas de soluções, na Europa centro-oriental, eram moeda corrente, e a Romênia

Introdução   33

estava entre os países que mais contribuíram. O Brasil, do lado latino-americano, é o maior país da região, em área e população. Pode-se dizer também que era a nação latino-americana onde as teorias estruturalistas foram mais extensamente desenvolvidas na era do pós-guerra, tendo tido, mais que em outros países, grande impacto nas políticas governamentais; nesse ponto, apenas o Chile seria um forte rival. Além disso, a conexão entre o estruturalismo romeno e a versão brasileira era mais forte do que a verificada em relação aos outros países latino-americanos.[26]

Empreender um estudo comparativo entre dois países tão diferentes em termos de tamanho, clima e desenvolvimento histórico como o Brasil e a Romênia exige alguma justificativa. Ambas eram sociedades com línguas e culturas derivadas do latim, e ambas tinham em comum valores e premissas derivados do direito romano — mesmo antes de a Romênia tornar-se independente do Império Otomano.[27] A semi-escravidão existia nas províncias romenas do Império Turco no século XVI, e crescentes exigências de corvéia surgiram no século XVIII. A Romênia, portanto, passou pela experiência da "segunda servidão", na expressão de Friedrich Engels, mas não pela primeira.[28] As relações de trabalho no Brasil, desde o século XVI, foram caracterizadas pela propriedade de escravos não vinculados à gleba. Sistemas de trabalho coercitivo, portanto, caracterizaram ambos os países a partir da mesma época e, neles, essa coerção entrou pelo século XIX adentro.

No decorrer do mesmo século, a Romênia, assim como o Brasil, alcançou sua independência política de um império patrimonial decadente. Nem o Império Otomano nem o português chegaram a ser verdadeiramente absolutistas.[29] Tanto o Brasil quanto a Romênia organizaram seus recém-formados Estados como monarquias constitucionais ou semiconstitucionais, altamente dependentes das grandes potências para a obtenção de sua soberania formal. Os dois países passaram também a depender da tecnologia, dos influxos de capital e dos mercados de ex-

34   Romênia

portação do Ocidente, à medida que, a partir de 1875, tornavam-se mais plenamente integrados à economia internacional em expansão. Na divisão global de trabalho, implícita na ideologia liberal dominante, tanto a Romênia quanto o Brasil foram repetidamente caracterizados por seus cidadãos, no século XIX e em inícios do século XX, como "essencialmente agrícolas": a mesma expressão era usada, sendo que, na Romênia, às vezes dizia-se "eminentemente agrícola".[30] No século passado, a aristocracia brasileira, com titulação não-hereditária — que, enquanto grupo, não possuía um *status* jurídico especial — guardava alguma semelhança com a classe dos *boieri* da Romênia (boiardo, ou nobre),[31] e as elites proprietárias de terras, em ambos os países, controlavam uma agricultura de exportação ancorada em latifúndios e em sistemas de trabalho compulsório — a escravidão não vinculada à gleba, no Brasil de antes de 1888, e a exigência de corvéia na maior parte da Romênia, entre 1864 e 1921.[32]

No período das guerras napoleônicas, tanto a Romênia quanto o Brasil recorreram à Europa ocidental em busca de liderança intelectual e cultural, à França em particular. Mas como nem a Romênia nem o Brasil — como, aliás, a maior parte do mundo — passaram por revoluções burguesas, sua modernização e ocidentalização tendiam a ser superficiais, especialmente antes do período entreguerras. O "progresso", com freqüência, tomava a forma de redigir códigos jurídicos de inspiração francesa, adotar a moda parisiense no vestuário e nas artes, construir obeliscos nas capitais e centenas de outras maneiras que poderiam ser caracterizadas como superestruturais. As elites dos dois países admitiam para si mesmas a superficialidade de muitas das reformas empreendidas. O que em inglês é conhecido como o fenômeno *"Potemkin village"*, para os brasileiros é "para inglês ver";[33] já os romenos expressam a mesma idéia em termos mais filosóficos — *forma fara fond* (forma sem substância).[34] A expressão brasileira — "inglês" se aplicando a todos os comerciantes estrangeiros não-por-

Introdução 35

tugueses no Brasil — também subentendia a ânsia das elites brasileiras em impressionar bem os estrangeiros com o progresso de seu país, e um desejo semelhante de conquistar a aprovação da Europa caracterizava as elites romenas.[35] As reformas foram iniciadas por elites ocidentalizantes, que queriam a modernização sem a mobilização social. Para esses grupos, especialmente no século XIX, o liberalismo foi rapidamente adotado devido à sua ênfase na racionalização, na secularização e no progresso material. O liberalismo econômico, associado no Brasil à abolição dos monopólios coloniais e, na Romênia, ao fim dos monopólios otomanos, era visto, no século XIX, como parte de um movimento civilizatório e ocidentalizante mais amplo, embora houvesse conflitos com o Ocidente em relação à insistência dos franceses e britânicos em assegurar direitos para os judeus e até mesmo para os ciganos, na Romênia, e para os negros, no Brasil.

O choque entre as idéias liberais e a realidade do trabalho coercitivo produziram esforços ridiculamente hipócritas de reconciliar os fatos sociais com a teoria jurídica. Na versão preliminar da Constituição brasileira de 1823, que rompeu com os monopólios do regime colonial, instituindo amplas liberdades econômicas, o governo foi obrigado a fazer cumprir "contratos" entre senhores e escravos.[36] Da mesma forma, na Romênia, em seguida a uma lei de 1866 que permitia o uso de força militar para garantir que os camponeses cumprissem seus "contratos" de trabalho, uma legislação de seis anos mais tarde, que ampliava ainda mais os poderes dos senhores de terras, foi intitulada a "Lei para a Proteção do Trabalho". No começo do atual século, os antiquíssimos tributos feudais pagos em mercadorias e associados à servidão ainda constavam dos contratos entre os servos e os senhores de terra.[37] Um autor examinado mais adiante, Constantin Dobrogeanu-Gherea, pregou longamente sobre a natureza "monstruosa" do regime jurídico e econômico romeno,

36 *Romênia*

que mesclava, em uma combinação horrenda, elementos capitalistas e elementos supostamente feudais.

Assim como o Brasil, a Romênia independente emergiu de um império patrimonial (embora, no caso da Romênia, um império não-europeu) tentando instituir reformas administrativas. O governo parlamentarista romeno era controlado por uma oligarquia. Mas, como também aconteceu no Brasil após 1930, a Romênia passou por uma crise e por uma transformação parcial de seu sistema político,[38] decorrentes das conseqüências militares e políticas da Primeira Guerra Mundial — e a principal delas foi uma reforma agrária significativa, embora incompleta. Pelo Tratado do Trianon, após a guerra, os líderes romenos, como recompensa por terem declarado guerra na hora certa, conseguiram duplicar o território e a população do país. Desse modo, como um dos Estados sucessores dos impérios austríaco e russo, a "Grande Romênia" era, de forma ainda mais óbvia do que havia sido o "Antigo Reino" sem a Transilvânia e a Bessarábia, o *locus* de um debate sobre desenvolvimento econômico.

Em ambos os países, embora em épocas diversas, a palpável vulnerabilidade econômica resultante das fortes oscilações nos preços das *commodities* acabou por suscitar a reação dos intelectuais que reivindicavam a criação de economias industriais. Se a Alemanha e a Rússia foram "industrializados tardios", para usar a expressão de Alexander Gerschenkron, o Brasil e a Romênia foram "industrializados muitíssimo tardios", nas palavras de Albert Hirschman. Entretanto, ambos atingiram graus significativos de industrialização, adiantando-se ao Terceiro Mundo em geral. No século XX, primeiro a Romênia e depois o Brasil caminharam em direção à industrialização como uma solução para o atraso. Ambos os países fizeram alguns progressos antes da Primeira Guerra Mundial, mas o primeiro esforço visando "forte impulso", na Romênia, só viria nos últimos anos da década de 1930 e, no Brasil, na década de 1950. Nos dois casos, o papel do Estado foi enorme.

No entanto, o caráter do Estado era, em si, um problema. Embora nem a Romênia nem o Brasil tenham chegado a algo comparável aos regimes "cleptocráticos" dos Estados mais mal governados do Terceiro Mundo de hoje, seus líderes políticos tendiam a considerar seus respectivos Estados mais como "patrimoniais" do que como "burocráticos", em termos weberianos, com conseqüências negativas para o desenvolvimento econômico racional. Se a *smecherie* (desvio imaginativo e espirituoso de dinheiro público) e o *bacsis* (propinas) talvez indicassem a existência de uma cultura cívica mais cínica na Romênia que no Brasil, os "trens da alegria" e o renitente clientelismo deste último demonstram que a diferença é apenas de grau. Uma das dimensões do problema consistia na pressão constante no sentido de expandir a folha de pagamentos pública. Para as supostas elites sem-terra e, de modo mais geral, para os jovens de posses modestas, em ambos os países, um emprego na máquina estatal tendia a ser preferível a um emprego no comércio ou na indústria.[39]

O presente estudo compara a Romênia dos anos que vão, aproximadamente, de 1880 a 1945 ao Brasil de 1930 a 1980. O pensamento romeno é examinado no período que vai da longa depressão da economia capitalista internacional (de 1873 a 1896) ao fim da Segunda Guerra Mundial, e as idéias brasileiras são estudadas no período que começa com a Grande Depressão de nosso século, indo até a "década perdida" para o crescimento econômico latino-americano, que teve início em 1980. Seria talvez mais ordeiro, em que pese a precisão procustiana, datar o estudo como começando com as conseqüências da Depressão de 1873 e indo até as da recessão de 1973. Em cada um dos países em estudo, o período tratado começa com uma crise econômica internacional — a década de 1880, para a Romênia; os anos 1930, para o Brasil. E termina, no Brasil, com uma recessão mundial especialmen-

38 Romênia

te severa para a América Latina, enquanto o caso romeno termina com a ocupação estrangeira subseqüente à Segunda Guerra Mundial, seguida de uma revolução social imposta de fora, que mudou os termos do discurso econômico.

A história do domínio do Centro capitalista sobre uma Periferia expandida, mas imperfeitamente transformada, poderia ser estudada a partir de fins da Idade Média, do século XVI ou da "Revolução Dual" de fins do século XVIII proposta por E. J. Hobsbawm. Optei por apresentar o caso romeno começando no último quartel do século XIX, com algumas referências necessárias a épocas anteriores. O período em questão coincide com a "Segunda Revolução Industrial", caracterizada, no Ocidente, por um grande aumento de produtividade nos setores industriais, tanto os novos quanto os anteriormente existentes, em parte devido à aplicação da ciência à produção;[40] com a Grande ssão de 1873-96 e a conseqüente criação de novas barreiras tarifárias, à medida que os Estados do Continente tentavam defender sua agricultura; com a Era do Capital Monopolista, na qual trustes e cartéis chegaram a dominar os mercados bancários e as indústrias de capital intensivo; com a Era do Imperialismo, na qual as potências capitalistas ampliaram enormemente suas exportações de capital, estendendo seu domínio sobre a quase totalidade da África e grande parte da Ásia; e com a ascensão da Alemanha a uma posição de preeminência política e econômica na Europa.

Nessa época, os marxistas e os populistas russos estavam engajados na "controvérsia sobre o capitalismo",[41] e a questão básica era: até que ponto seria possível mimetizar o Ocidente desenvolvido? Até que ponto isso seria desejável? Na Alemanha, Karl Kautsky e Eduard David tentavam explicar por que as leis propostas por Marx, sobre concentração e centralização de capital, pareciam não valer para a agricultura. Enquanto isso, os teóricos sociais conservadores da Alemanha afligiam-se com o declínio da

Introdução 39

Mittelstand de artesãos, pequenos comerciantes e camponeses abastados. Todos esses debates teriam repercussão na Romênia, onde as literaturas russa e alemã seriam inventivamente adaptadas às circunstâncias locais.

Com um breve exame dos antecedentes históricos, iniciarei o debate brasileiro na década de 1930, quando a crise no sistema de comércio internacional incentivou a busca de justificativas teóricas para a industrialização, visando substituir os argumentos antiliberais *ad hoc*. O caso brasileiro continua até cerca de 1980, quando tanto o neopopulismo chayanoviano como a análise marxista dos modos de produção refutavam os argumentos da análise da dependência.

Por que essa periodização "assimétrica" ou "sobreposta", quando a maior parte dos estudos comparativos enfoca questões de ocorrência simultânea? A razão mais importante para tal é que as etapas dos elementos ou processos similares (por exemplo, a rejeição do liberalismo), nos dois casos em estudo, aconteceram em momentos semelhantes, embora diferentes, momentos esses de reconhecimento de crises, levando a alguns resultados semelhantes — a "descoberta" ou "redescoberta" de determinadas perspectivas e proposições, embora por vezes em combinações diferentes e com ênfases diferentes.

Uma outra consideração seria que, além das aparentes similaridades esboçadas acima, entre os países da Europa centro-oriental e da América do Sul, havia uma conexão "genética" em uma das principais áreas do pensamento estruturalista, a que tratava dos processos de comércio internacional. Essa ponte consistiu nos escritos econômicos e políticos de Mihail Manoilescu, cuja obra conquistou atenção considerável na Península Ibérica e na América Latina, nas décadas de 1930 e 1940. Tanto seus escritos econômicos quanto os políticos tiveram um impacto particularmente forte no Brasil, onde suas principais obras circulavam entre industriais e estadistas, incluindo, no Brasil, Roberto Simonsen, o mais influente por-

40   Romênia

ta-voz da indústria e, possivelmente, Getúlio Vargas, o presidente e ditador do Brasil de 1930 a 1945.

A importância de Manoilescu deve-se não apenas a suas teses sobre o processo do comércio internacional e a suas justificativas para a industrialização, mas também ao fato de ele ter oferecido uma bem articulada ideologia do corporativismo, na qual a economia e o governo seriam organizados em corporações formais supervisionadas pelo Estado, a uma elite política brasileira cada vez mais comprometida com uma modernização não mobilizadora da economia nacional. Manoilescu não foi o único corporativista europeu cujas idéias foram discutidas no Brasil; outros autores, cujos trabalhos poderiam ser considerados estruturalistas, também escreveram sobre o corporativismo, principalmente François Perroux e Werner Sombart; mas apenas o primeiro destes teve um impacto direto sobre o Brasil. Além do mais, a amplamente difundida "ideologia da produtividade",[42] associada ao corporativismo dos círculos industriais da Europa do pós-Primeira Guerra, alcançou larga repercussão no Brasil. O Estado, afirmavam os corporativistas, incentivaria a organização de grupos de produtores, atuando como um volante de equilíbrio, em uma época em que o livre mercado havia sido, em grande medida, substituído por cartéis, oligopólios, sindicatos poderosos e preços administrados.

A relação entre o corporativismo e o estruturalismo latino-americano* não é simples, mas existe uma semelhança familiar, ao menos no que se refere a algumas va-

---

*   O estruturalismo latino-americano, associado ao trabalho pioneiro do argentino Raúl Prebisch, ressaltava o desemprego estrutural, devido à incapacidade de os setores de exportações tradicionais crescerem, e, portanto, absorverem o excesso de população rural; o desequilíbrio externo, devido à maior propensão a importar bens manufaturados do que a exportar os produtos agrícolas tradicionais; e a deterioração dos termos de troca a nível internacional — fatores esses que, em conjunto, poderiam ser eliminados com uma política de industrialização bem implementada. A primeira fase da obra de Prebisch é tratada no Capítulo 8.

Introdução 41

riedades do estruturalismo. No caso do corporativismo de Manoilescu, parece que seu convincente ensaio político, que na época esteve muito em moda, *O Século do Corporativismo* (1934), escrito cinco anos após seu tratado econômico *A Teoria do Protecionismo*, fortaleceu a influência deste último trabalho no Brasil. Ambos eram movidos pela imperturbável postura de elitismo político e estatismo econômico daquele autor. Além disso, tanto no Brasil quanto na Romênia prevalecia uma mentalidade política bastante favorável à intervenção estatal na economia e na sociedade. O ritmo dessa intervenção cresceu após a Primeira Guerra Mundial, embora já existisse anteriormente. O exemplo mais impressionante foi a valorização, a tentativa brasileira de controlar os preços internacionais do café entre 1906 e 1929.[43]

Em estudos comparativos, as diferenças são tão instrutivas quanto as semelhanças, e as diferenças entre os dois contextos nacionais eram de importância visível. A mais óbvia delas é a extensão geográfica do Brasil, que ocupa quase metade do continente sul-americano, contrastando com a da Romênia, um país de tamanho médio em um continente pequeno. Esse lugar-comum deve, no entanto, ser restringido com a observação de que, no entreguerras, a ("Grande") Romênia era um país de dimensões relativamente amplas, em termos da Europa centro-oriental, menor apenas que a Polônia e a Iugoslávia, e lutando para incorporar territórios tão vastos quanto o Antigo Reino de 1914. Situada na periferia da Europa — assim ela era vista por seus líderes intelectuais —, a Romênia era um país com dois mil anos de história de conquista e exploração estrangeiras. A tradição latina do país datava da conquista da Dácia pelo imperador Trajano, de Roma, em 101-6 d.C. A independência formal do domínio turco foi alcançada apenas em 1877. A Romênia, antes da Primeira Guerra Mundial, era um país de ocupação densa, habitado por camponeses, a imensa maioria deles sem-terra.

42 Romênia

O Brasil, ao contrário, com seus imensos vazios demográficos e econômicos, era visto pela maior parte de seus intelectuais como um país "novo", datando do século XVI, e como uma sociedade que era um "fragmento" da Europa ocidental.[44] Sua independência formal havia sido conquistada cinqüenta anos antes da independência romena. Também o Brasil tinha uma população camponesa que, no entanto, até a década de 1970, recebia muito menos atenção dos cientistas sociais que o campesinato da Romênia. De qualquer modo, o Brasil não possuía uma classe *kulak* de camponeses abastados que se comparasse aos *chiaburime* da Romênia — tal era o abismo entre as classes médias e as crescentemente urbanizadas elites brasileiras, por um lado, e os camponeses, por outro. Como o Brasil jamais passou por uma reforma agrária, e sempre se acreditou que o problema dos excedentes populacionais rurais concentrados em localidades específicas poderia ser solucionado através da migração — um processo tão velho quanto a própria colônia portuguesa —, as tradições intelectuais associadas ao populismo e ao neopopulismo rural ali surgiram bastante tarde. Entretanto, a existência, no Brasil, de reservas de território não explorado economicamente, através das quais as terras virgens eram incorporadas ao mercado nacional, separava os dois países de forma menos radical do que possa parecer; e isso porque o latifúndio brasileiro era um fenômeno dinâmico — como observou Caio Prado nos anos 1930 — que sistematicamente tomava a terra dos camponeses, após estes terem-nas desbravado, como outros teóricos sociais viriam a especificar na década de 1970.

Uma outra diferença verificada entre os dois países dizia respeito a suas respostas às conjunturas internacionais, fato esse que contribui para justificar que acontecimentos não-simultâneos sejam tratados de maneira conjunta. A Romênia, como produtor relativamente ineficiente no mercado internacional de grãos, passou a perder terreno, durante a Grande Depressão pós-1873, para o "ultra-

Introdução   43

mar", isto é, para os concorrentes não-europeus, ao passo que o Brasil não enfrentava problemas desse tipo em seu relativamente eficiente setor cafeeiro. O problema não foi percebido, no Brasil, até a Grande Depressão seguinte, cinqüenta anos mais tarde. Em ambos os países afirmou-se que os Estados desenvolvidos haviam violado as regras de seu próprio jogo.

Uma outra diferença era o contraste entre os papéis desempenhados pelas instituições internacionais no desenvolvimento das idéias e políticas econômicas dos dois países. A Liga das Nações, estabelecida pelos Aliados vitoriosos em 1919, demonstrava dar pouca atenção aos problemas específicos dos países "atrasados", até mesmo dos Estados sucessores, "novos" ou expandidos. A Liga, dirigida por estadistas britânicos e franceses, tinha ainda menos interesse nos países latino-americanos, fato esse que contribuiu para que o Brasil se retirasse daquela organização em 1926, e menos ainda pelo mundo colonial que, antes de 1945, havia começado a se desintegrar apenas nas margens orientais do Mediterrâneo. Além do mais, a Liga funcionava como uma polícia econômica, tanto para as potências centrais derrotadas quanto para os Estados sucessores, desempenhando o mesmo papel que, após a Segunda Guerra Mundial, coube ao Fundo Monetário Internacional: os empréstimos aprovados por ela equivaliam a certificados de boa conduta financeira. Após a guerra, a situação se alterou, uma vez que a Organização das Nações Unidas era descentralizada o suficiente para permitir que um discurso mais autóctone sobre os problemas do desenvolvimento econômico fosse elaborado no escritório regional da organização, a Comissão Econômica para a América Latina, estabelecida em Santiago do Chile, em 1948.[45] A história das idéias é sabidamente internacional, e isso é uma verdade *a fortiori*, com respeito ao pensamento econômico brasileiro, após a criação da CEPAL. As idas e vindas de brasileiros para Santiago e de hispano-americanos para o Brasil, bem como suas publicações,

44 *Romênia*

tanto em português como em espanhol, fazem parte de uma complexa história.[46] Um outro contraste importante entre a Romênia e o Brasil diz respeito à interação da vida institucional e intelectual. Enquanto os brasileiros da época do pós-guerra desfrutavam das vantagens de um contínuo intercâmbio de idéias com os hispano-americanos e outros, na CEPAL e em outras instituições, os romenos do período pré-guerra tinham acesso a um espectro muito mais amplo do discurso político do que seus contemporâneos brasileiros. Os primeiros estavam muito mais próximos às correntes de pensamento do continente que se opunham ao liberalismo dominante na economia neoclássica, que então predominava na Inglaterra, nos Estados Unidos e na França. Refiro-me, particularmente, ao marxismo, à Escola Histórica Alemã em suas diversas fases, ao populismo clássico (russo) e ao neopopulismo de Alexander Chayanov. Além disso, os economistas romenos de antes de 1945 provavelmente possuíam um melhor domínio da economia neoclássica que seus contemporâneos brasileiros, devido à sua familiaridade com o marginalismo austríaco. Parte dessa sofisticação intelectual, na época do pré-guerra, pode ser explicada pelo fato de os romenos estarem próximos aos centros europeus de saber; pelos padrões, tradicionais e novos, de seu comércio com a Europa central; e pela proximidade a uma outra constelação de grandes potências. Mas, além desses fatos óbvios, as universidades romenas haviam se acostumado, em fins do século XIX, a esperar doutorados europeus de seus professores, cujas teses publicadas converteram-se na base de toda uma tradição de pesquisa.

No Brasil, ao contrário, quase não havia detentores de graus de doutorado (pesquisa), que só podiam ser obtidos no exterior. A universidade moderna, com um instituto central de artes e ciências — em contraste com escolas profissionais isoladas — foi um produto dos anos entreguerras, e a Universidade de São Paulo, com seus profes-

Introdução 45

sores europeus recém-contratados, estabeleceu o padrão em 1934. Além disso, até 1945 e mesmo depois, o Brasil sofria de uma relativa escassez de instituições de pesquisa social. Não havia ali nada comparável ao Instituto Romeno de Ciências Sociais, de Dimitrie Gusti, organizado ao fim da Primeira Guerra. E, principalmente, o Brasil do período entreguerras não possuía nada que se assemelhasse ao Instituto de Economia e ao Instituto da Conjuntura Econômica da Romênia.[47] É óbvio que o contraste entre os meios intelectuais do Brasil e da Romênia não deve ser exagerado, e alguns dos principais participantes do debate romeno, o próprio Manoilescu inclusive, não possuíam doutorados. Mas o próprio fato de que essas figuras discutiam com homens que tinham doutorados já implicava um certo nível de discurso profissional.

Como a crise conjuntural começou, na Romênia, duas décadas antes que no Brasil, a importação e a adaptação das respostas não-liberais "européias" também chegaram mais cedo, e as correntes ideológicas combinaram-se de modos diferentes com a percepção da crise. Na Romênia, Hegel foi introduzido muito cedo, o que preparou o caminho para debates sérios, que tiveram lugar por volta dos anos 1880, tanto sobre a tradição marxista quanto no âmbito desta. No Brasil e na América Latina em geral, o marxismo teria, *grosso modo*, que esperar pela formação da Terceira Internacional, em 1919, e o marxismo não-Comintern foi, em grande medida, um fenômeno pós-1945. Como exemplo desses contrastes, considere-se que o marxismo chegou à Romênia antes de Dobrogeanu-Gherea ter elaborado sua análise da dependência em bases marxistas heterodoxas, antes de 1914, ao passo que, no Brasil, mais de duas gerações depois, a dependência, em sua forma original, precedeu sua versão marxista. O pensamento social de língua alemã, em geral, teve pouco impacto no Brasil até depois da Segunda Grande Guerra e, apesar de o populismo clássico não ter tido repercussão

46 Romênia

alguma naquele país, o neopopulismo lá encontraria expressão cinqüenta anos mais tarde que na Romênia. Ainda outros contrastes importantes, que influíram no debate econômico, poderiam ser mencionados. Na Romênia, principalmente depois de o país ter dobrado seu território após a Primeira Guerra Mundial, a integração das minorias de língua não-romena era uma questão política da maior importância, e o notório anti-semitismo daquele país baseava-se, em parte, na crença de que os judeus constituíam uma nacionalidade e, portanto, não eram romenos. O Brasil teve a sorte de contar com uma das culturas relativamente homogêneas do Terceiro Mundo, na qual a esmagadora maioria falava uma única língua e, pelo menos formalmente, professava a mesma religião, o catolicismo. A questão das "nacionalidades estrangeiras" surgiu, de forma breve, nos anos 1930 e no início dos anos 1940, quando a ditadura Vargas tentou a aculturação das minorias alemãs e japonesas, ambas relativamente pequenas. Uma outra diferença devia-se, também, aos territórios anexados pela Romênia, tomados aos Estados vizinhos, de onde a importância muito maior, no país balcânico, do argumento estratégico a favor da industrialização.

Até este ponto nossas comparações foram qualitativas. Entretanto, ao comparar os padrões nacionais e, por extensão, mundiais e regionais, de pensamento sobre o atraso econômico, algumas breves porém explícitas comparações quantitativas serão úteis para especificar as semelhanças e diferenças concretas. Lamentavelmente, tanto a abrangência das estatísticas quanto a qualidade dos dados são limitadas no tocante aos períodos em questão, mas as fontes disponíveis possibilitam algumas comparações grosseiras. Divido o material em cinco categorias, que serão usadas para comparar a Romênia e o Brasil, em termos contemporâneos e diacrônicos, uma vez que, em alguns aspectos, o último deles começou a acelerar sua arrancada para o desenvolvimento duas décadas após a Romênia tê-lo feito.

Introdução 47

1. *Padrão de vida.* Uma medida comparativa é facilmente disponível para os anos do entreguerras — a estimativa de Colin Clark da produção nacional anual real por pessoa empregada, medida nas "unidades internacionais" denominadas em dólares.[48] Esse padrão tem duas desvantagens: ele não considera como elementos do produto nacional os bens e serviços não-transacionáveis — que são especialmente importantes em países subdesenvolvidos — e omite as mensurações de bem-estar nãomonetarizadas. Um outro padrão é o Índice de Qualidade Física de Vida (IQFV), de Morris D. Morris, uma medida composta de indicadores não-monetários de bem-estar. Este último tem a vantagem de evitar as distorções das mensurações monetárias e pode ser aproximado, para o Brasil e para a Romênia, a partir de dados históricos,[49] tendo, porém, as desvantagens da distorção potencial em sua ponderação igual de variáveis e da possível exclusão de indicadores importantes.

Quando usamos o padrão de Clark, ficamos sabendo que a Romênia, em 1913, tinha 393 unidades internacionais por pessoa empregada, número esse que caiu para 318 em 1929, correspondendo a apenas um sexto do número referente aos Estados Unidos.[50] Esse declínio parece ter sido causado pela extensa destruição de propriedades, durante a Primeira Guerra Mundial, pela queda nos preços do trigo e perda da participação no mercado internacional, bem como por uma reforma agrária caótica.[51] Para o Brasil, o produto real anual por pessoa, nas unidades internacionais de Clark, no ano de 1928, era de 163; em 1940, de 200; e por volta de 1946, de 297 — um número ainda inferior ao da Romênia em 1929. Logo, por esse padrão, a Romênia era mais "desenvolvida" ou "avançada" que o Brasil dos anos 1930-45, e assim continuou até a década de 1980, embora por uma margem bem menor, segundo as cifras disponíveis para o Produto Interno Bruto (PIB) *per capita.*[52] Mas como as mensurações de-

48   Romênia

vem ser consideradas apenas como aproximações, essas conclusões têm que ser vistas como frágeis.

O Índice de Qualidade Física de Vida de Morris foi amplamente utilizado, nas duas últimas décadas, para comparar as condições de vida tangíveis dos países desenvolvidos e subdesenvolvidos. O índice é uma medida combinada de mortalidade infantil, expectativa de vida e alfabetização, com pesos iguais. Observem-se os números, para a década de 1930, na tabela da página 49.

Tomados em conjunto, esses dados, como a renda *per capita*, mostram a Romênia como o país mais "avançado" nos anos entreguerras, porém muito atrás de um país desenvolvido daquele período, os Estados Unidos.[53] (Aqui também, as mensurações são grosseiras e as diferenças entre o Brasil e a Romênia talvez não sejam significativas.)

2. Distribuição da população economicamente ativa e das populações urbana-rural. A composição setorial da força de trabalho (população economicamente ativa) e o grau de urbanização contam uma história um pouco diferente sobre as posições relativas do Brasil e da Romênia. Antes de 1945, o Brasil pode ter sido mais industrializado, usando o critério da distribuição de sua força de trabalho: uma parcela menor de sua força de trabalho estava na agricultura; seu setor de serviços era maior e sua população era mais urbanizada — todos esses fatores constituindo-se talvez em indicadores de uma economia mais moderna que a da Romênia.[54] Se contarmos a manufatura, a mineração, o artesanato e a construção civil como "indústrias", o Brasil, em 1920, possuía uma proporção de sua força de trabalho ocupada em atividades industriais maior do que a da Romênia em 1930 — 13% e 9%, respectivamente —, mas o número relativo ao Brasil provavelmente é exagerado, pois o censo de 1940, mais confiável, acusa apenas 10% ocupados em atividades industriais. Em 1956, o setor industrial romeno respondia por 17% da força de trabalho, uma proporção alcançada pelo Brasil apenas nos anos 1960.[55]

Introdução 49

Índice de Qualidade Física de Vida
para a década de 1930

País	Mortalidade infantil por 1000 nascimentos	Expectativa de vida (anos)	Alfabetização (%)	Índice de qualidade física de vida
Romênia	178,0	42,0	57,0	30
Brasil	158,3	42,7	31,4	25
Estados Unidos	69,0	59,7	95,7	74

FONTES: Ludwig, Brasil: *A Handbook of Historical Statistics* (1985), p.132; Brasil, IBGE, *Estatísticas Históricas do Brasil*, 2ª edição (1990), p. 52; Hauner, "Human Resources" in Kaser e Radice, *Economic History of Eastern Europe, 1919-1975* (1985), 1:76-77; Trebici, *Romania's Population and Demographic Trends* (1976), p. 80; U.S. Bureau of the Census, *Historical Statistics of the United States*, Parte I (1975), pp. 55-60, 382; Morris, *Measuring*, p. 45.

OBSERVAÇÃO: As taxas de mortalidade infantil e de alfabetização para a Romênia são para 1930; a mortalidade infantil para o Brasil corresponde a uma média para o período entre 1930-40. A taxa de alfabetização para o Brasil é uma média para os números dos censos dos anos 1920 e 1940. Os dados sobre alfabetização, na Romênia, foram coletados na população com mais de dez anos de idade, enquanto no Brasil, para a população com mais de cinco anos de idade, distorcendo para mais os dados relativos à Romênia. Em compensação, os dados brasileiros sobre mortalidade infantil são ligeiramente distorcidos para menos (quer dizer, favoravelmente) devido ao fato de que a fonte fornece apenas um único número para toda a década. A expectativa de vida, para ambos, é medida no nascimento, e não na idade de um ano — o padrão para o IQFV do período de pós-guerra, e a idade usada para os números acima relativos aos Estados Unidos. Assim, tanto os dados para a Romênia quanto os para o Brasil são distorcidos para menos, embora o número brasileiro seja uma média para os anos 1930-40 e o romeno seja para 1932. Os dados para os Estados Unidos são distorcidos para menos devido a que todos eles referem-se a 1930. Os limites superior e inferior usados para o cálculo do IQFV correspondem ao período do pós-guerra (a partir de 1950), distorcendo assim para menos, em termos absolutos, todos os três cálculos, mas o resultado relativo não é significativamente afetado, uma vez que estamos comparando países no mesmo período pré-guerra.

50 *Romênia*

Entre 1920 e 1960, no Brasil, verificou-se um impressionante deslocamento de população economicamente ativa deixando a agricultura; a participação da agricultura caiu de 67% para 54% (e para 45% em 1970). A proporção de trabalhadores na agricultura e em atividades correlatas, na Romênia, declinou de 80% em 1913 para 70% em 1956. Assim, nesse último ano, a agricultura respondeu por um percentual mais alto de emprego do que a do Brasil na década de 1920. Esse contraste, em grande medida, explica a maior preocupação dos teóricos romenos com o problema do campesinato. Embora o percentual dos trabalhadores empregados em atividades industriais fosse ligeiramente maior na Romênia que no Brasil, durante os primeiros anos do período do pós-guerra a participação relativa do emprego no setor de serviços no país balcânico era de apenas 14% em 1930, com uma participação semelhante em 1956. Ao contrário, os serviços, em 1920, respondiam por 25% do emprego da força de trabalho no Brasil, passando a 27% em 1940.

A urbanização do Brasil, no século XX, foi também muito mais rápida que a do país europeu. Não houve censo no Brasil em 1930, mas em 1940, 31% da população brasileira foram considerados urbanos, contra os 20% da Romênia em 1930. Em fins da década de 1960, a maior parte da população brasileira foi classificada como urbana. É claro que a comparação rural-urbana é apenas aproximada, devido às diferentes definições nacionais para população "urbana", mas a urbanização brasileira, aparentemente maior, pode também implicar a existência de mercados mais vigorosos no setor de serviços, mesmo antes de a economia capitalista ter sido abandonada na Romênia, em fins da década de 1940.[56]

3. *Composição e alterações do produto nacional.*[57] Se, novamente, definirmos a "indústria" como incluindo a manufatura, a construção civil, o artesanato e a mineração (inclusive a extração de petróleo), o setor industrial romeno, em 1926, respondia por 23% do PIB, uma participação

Introdução 51

que subiu para 30% em 1937.[58] O Brasil só chegou perto do primeiro desses números em 1939 e, do último deles, em inícios da década de 1960.[59] Do mesmo modo, na Romênia, o produto industrial como percentual do valor do produto nacional total já se aproximava do da agricultura em fins da década de 1930, respondendo por 50% da produção em 1950, contra 28% para a agricultura. No Brasil, durante os anos de 1947-52, o produto da agricultura às vezes excedia o da indústria, sendo que, a partir de então, a indústria assumiu definitivamente a dianteira, ampliando cada vez mais sua vantagem.[60]

Na Romênia, no período entreguerras, a agricultura respondia por mais de um terço do PIB (34% em 1938), mas no Brasil a produção primária correspondia a apenas 26% em 1939. A diferença era devida aos serviços. O setor "terciário" ou de serviços (incluindo o governo), na Romênia, respondia por 37% do PIB em 1938, enquanto no Brasil serviços de todos os tipos — tudo o que não era nem "agricultura" nem "indústria" — correspondiam a 52% da renda nacional em 1939.[61]

4. Características da indústria manufatureira. Tanto a Romênia quanto o Brasil realizaram censos econômicos em 1919 e 1939, permitindo comparações diretas do componente manufatureiro do setor industrial em cada um desses países. Para 1919, infelizmente, o censo romeno tratou apenas das "grandes indústrias", definidas como as empresas com mais de vinte empregados e/ou aquelas que dispunham de motores de mais de cinco cavalos de força. Essas empresas, no entanto, provavelmente eram responsáveis por grande parte da produção, uma vez que as "pequenas" indústrias, no censo de 1901-2, respondiam por menos de 5% do total da produção industrial, em termos de valor.[62] De qualquer forma, uma comparação das empresas em termos de tamanho e concentração de mão-de-obra não é possível. Mesmo assim, um indicador da existência de um setor industrial relativamente mais "moderno" no Brasil é a participação da energia fornecida

52 Romênia

por fontes que não o vapor. Em 1919, apenas 36% do total dos cavalos de força, no Brasil, eram gerados por energia a vapor, dentre todas as empresas pesquisadas, ao passo que o percentual correspondente às (grandes) empresas da Romênia era de 45%. Portanto, 64% da energia usada no Brasil eram fornecidos por usinas hidrelétricas, gasolina e outras fontes "modernas" — uma cifra maior em 9% que a correspondente às "grandes" empresas industriais romenas. Nos subsetores metalúrgico e têxtil — o primeiro, um setor "moderno" de bens de capital e o segundo, um empreendimento tradicional de bens de consumo — os dados brasileiros mostram que a energia a vapor fornecia apenas 28% e 25%, respectivamente, da energia utilizada, em contraste com 60% e 50%, respectivamente, os números correspondentes à Romênia.[63] A proporção de empresas "pequenas" — definidas na Romênia como as com menos de vinte empregados e, no Brasil, como as com menos de 25 empregados[64] — era, em 1939, de 98% na Romênia e de 88% no Brasil, revelando, possivelmente, maiores economias de escala neste último país. Além do mais, àquela época, a concentração de mão-de-obra nos "grandes" estabelecimentos atingiu 73% no Brasil e apenas 55% na Romênia.

Outros dados sobre a indústria manufatureira, entretanto, indicam que a Romênia era o país mais avançado. Usando o critério de número total de empregados em uma determinada indústria, encontramos que, em 1939, as maiores indústrias brasileiras, em ordem de tamanho, eram as têxteis, as de gêneros alimentícios (bebidas, inclusive), as de produtos de madeira, as de metalurgia e as de construção civil. Na Romênia, as indústrias mais importantes, segundo o pessoal empregado, eram, em ordem decrescente, as têxteis, as de metalurgia, as de gêneros alimentícios, as de produtos de madeira e as de produtos químicos.[65] Mas, medida pelo emprego total, a metalurgia, na Romênia, era quase tão grande quanto o setor de gêneros alimentícios, e dois setores de bens de

Introdução 53

capital, a metalurgia e os produtos químicos, tomados em conjunto, quase alcançavam, em tamanho, o conjunto das duas indústrias "clássicas", ou pioneiras, as têxteis e gêneros alimentícios. No Brasil, as duas maiores indústrias de bens de capital, a metalurgia e a construção civil, respondiam por menos de um terço do emprego nos dois ramos "clássicos" da produção. Ressalte-se que, a manufatura brasileira, no período entreguerras, era mais "avançada" no sentido de apresentar um grau maior de concentração de mão-de-obra em "grandes" empresas, e de usar formas relativamente modernas de energia. Entretanto, os resultados ficam menos inequívocos se considerarmos que, como indicado pelo tamanho relativo da força de trabalho nos setores industriais tradicionais e modernos, a Romênia pode ter tido uma estrutura industrial mais moderna. Além disso, a indústria respondia por um percentual maior do PIB no país balcânico, embora a participação da população ativa na indústria possa ter sido maior no Brasil, durante os anos entreguerras. Também, em fins da década de 1930, a Romênia havia avançado mais que o Brasil em termos de industrialização de substituição de importações: 79% dos bens industriais, por valor, consumidos na Romênia eram produzidos lá mesmo, àquela época, um número que o Brasil só alcançou em 1949.[66]

5. A composição e a concentração do comércio exterior. Um indicador da diversificação de uma economia nacional e de sua dependência em relação a outras é o grau de concentração de suas exportações e importações, tanto em termos do conjunto dos produtos trocados quanto do número dos parceiros comerciais. Os dez maiores produtos de exportação, no Brasil, respondiam por 95% do valor total das exportações, em 1910; 82% em 1930 e 63% em 1940. O café, sozinho, respondia por 41% em 1910; 63% em 1930 e 32% em 1940.[67] Quanto à Romênia, os recursos minerais (essencialmente o petróleo) e os produtos vegetais (basicamente cereais e derivados de madei-

54 Romênia

ra) respondiam por 95% do valor das exportações romenas em 1919 e 89% em 1938.[68] Comparando essa última
cifra com a referente ao Brasil de 1940, pode-se inferir
que a Romênia tinha um grau mais elevado de concentração de exportações, ou seja, que o Brasil havia tido um
grau maior de diversificação das exportações à época do
início da Segunda Guerra Mundial.

Além do mais, a Romênia havia se tornado, durante
os anos do entreguerras, cada vez mais dependente de
um único parceiro comercial, a Alemanha. Esta última
comprava apenas 8% das exportações do país balcânico
no período 1906-10, por valor, uma participação menor
que as da Bélgica, Áustria-Hungria e Inglaterra. Mas, em
1929, a Alemanha era a principal recipiente das exportações romenas, com 28% do total, cifra essa que subiu
para 43% em 1939. Em uma tendência semelhante, mas
ainda mais pronunciada, a Romênia, em 1910, comprava
cerca de um terço de suas importações da Alemanha, já
então seu maior fornecedor, número esse que caiu para
24% em 1929, para subir espetacularmente para 56% em
1939. O Brasil também experimentou concentração comercial em um único parceiro: o país vendia 36% de suas
exportações (por valor) para os Estados Unidos em 1910
e o mesmo percentual em 1939. Em 1950, o país sul-americano enviava um enorme montante de 55% de suas vendas externas para os Estados Unidos, número esse que
caiu para 39% uma década depois. As importações brasileiras, em 1910, eram menos concentradas. O país, naquela época, recebia 29% de suas mercadorias estrangeiras da Grã-Bretanha, mas em 1939 os Estados Unidos
haviam tomado o lugar da Grã-Bretanha como o maior fornecedor, com 33%, um percentual que subiu para 35%
em 1950.[69] A julgar por essas medidas, então, a dependência do exterior, tanto na Romênia quanto no Brasil, era
grande. Essa dependência viria a influenciar fortemente a
natureza do debate sobre o desenvolvimento, tendo seu

Introdução 55

maior impacto na Romênia durante os anos 1930, e no Brasil nos anos 1960 e 1970.

Em resumo, na Romênia e no Brasil, a dependência comercial combinava-se com outras características típicas do subdesenvolvimento econômico, chamado de "atraso" antes de 1945. Embora nem todos os dados examinados apontem na mesma direção, a Romênia parece ter sido o mais avançado dos dois países, com base nos indicadores econômicos examinados, bem como nas características institucionais tratadas anteriormente. Essas conclusões, somadas à influência do economista romeno Manoilescu no Brasil, bem como a "reinvenção" (redescoberta independente) de idéias naquele país, justificam a periodicidade sobreposta, embora defasada, utilizada neste estudo.

Vale repetir que o vínculo direto entre as idéias romenas e brasileiras é o menos importante dos motivos para a realização de um estudo comparativo. Havia três processos em operação: o empréstimo de idéias originárias de outras partes; a adaptação e transformação dessas idéias e a criação ou recriação independente de proposições surgidas em outras épocas e outros lugares. No etéreo ambiente da história intelectual, serão sempre freqüentes as disputas quanto a se o termo empréstimo se aplica a um determinado caso; mas em geral, é o processo de redescoberta que foi negligenciado. Na história da Economia, há o famoso exemplo da "descoberta" mais ou menos simultânea e independente da utilidade marginal, a base da economia neoclássica, por Léon Walras na Suíça, Karl Menger na Áustria e Stanley Jevons na Inglaterra.

Mesmo que rejeitemos o argumento de Robert Merton, de que as descobertas múltiplas de proposições científicas e semicientíficas são a regra, sendo as descobertas únicas a exceção, a reinvenção de idéias semelhantes, em circunstâncias semelhantes, permanece como a principal justificativa para o presente estudo comparativo.[70] Neste estudo, as idéias e a criatividade de seus autores não serão exageradas às custas dos contextos e dos

56 Romênia

processos sociais de criação intelectual.[71] Além disso, estou interessado na disseminação das idéias, sua aceitação ou rejeição, como parte do contexto a ser examinado. Interesso-me, em especial, por dois grupos de "consumidores" — os industriais e suas associações e também o aparelho estatal, ou seja, os líderes políticos no poder e os altos burocratas. A atitude dos industriais, o setor de maior visão da burguesia nacional, bem como a dos altos funcionários governamentais, foram de especial importância em minha avaliação do impacto das idéias estruturalistas. Por fim, considero o suposto fracasso de determinadas idéias, teorias e práticas como parte da dialética entre os conjuntos de idéias e as ideologias que elas implícita ou explicitamente representavam.[72]

Essas várias considerações ditam a estrutura deste livro: tento acompanhar a dialética das idéias — inclusive sua descoberta, empréstimo, adaptação, transformação e freqüente ressurgimento ou reinvenção — mais do que as carreiras contínuas dos homens e mulheres que produziram essas idéias. Evitei a tentação de postular o problema em termos dos "paradigmas" de Thomas Kuhn ou dos "programas de pesquisa científica" de Imre Lakatos, uma vez que as controvérsias a respeito da utilidade, para as idéias econômicas, dos modelos de Kuhn e Lakatos provavelmente tornariam essa tentativa gratuitamente problemática e polêmica.[73] Essas reflexões deveriam deixar bem claro que a história que quero contar é tudo menos nítida e simples. Houve uma contínua interação entre a "corrente principal" da economia neoclássica e sua extensão keynesiana, por um lado, e o pensamento econômico "periférico" ou "nativo" — por vezes herético e clandestino — por outro. Um processo similar ocorreu com a "corrente principal" do marxismo europeu e suas versões locais. Além disso, o contato entre os modos de pensar da corrente principal e nativos teve sua base institucional não apenas em organizações internacionais como a Liga das Nações e as Nações Unidas, mas também nas universidades e

Introdução 57

fundações dos países desenvolvidos. A dimensão internacional é tão importante que descobri ser impossível contar a história sem incluir uma seção formal sobre os acontecimentos ocorridos fora da Romênia e do Brasil. Conseqüentemente, a narrativa a seguir é dividida em três partes. A primeira trata das idéias econômicas na Romênia, por volta de 1880-1945; a segunda, das correntes internacionais de idéias econômicas ortodoxas e heterodoxas, especialmente na Europa ocidental e na América Latina, por volta de 1920-50; e a terceira, das idéias no Brasil, de 1930 até aproximadamente 1980.

Notas

1. Arndt, *Economic Development: The History of an Idea*, 1987. Uma história e crítica recentes dos inícios da teoria do desenvolvimento, de uma perspectiva pós-modernista, pode ser encontrada em Escobar (1995), Cap. 3.

2. Se essa definição parecer demasiadamente ampla, compará-la à de Hollis Chenery: "A abordagem estruturalista do desenvolvimento tenta identificar traços de rigidez e de retardamento, e outras características da estrutura das economias em desenvolvimento que afetam os ajustes econômicos e a escolha das políticas de desenvolvimento". Chenery, 1975, p. 310. Para H. W. Arndt, o estruturalismo se origina da "doutrina da falha de mercado". Arndt, "Origins", 1985, p. 151. Uma definição mais restrita de estruturalismo, associada ao trabalho de Raúl Prebisch, pode ser encontrada na nota de rodapé na página 40.

3. Na verdade, a teoria neoclássica poderia ser adotada em "circunstâncias especiais" de maneira mais rápida do que alguns de seus críticos gostariam de admitir, como o ilustra o conceito das curvas regressivas (*backward sloping)* de oferta de mão-de-obra. Mas a teoria como um todo aplica-se apenas às economias onde os mercados se desobstruem, o equilíbrio é atingido e um relativo pleno emprego dos fatores é possível etc.

4. Ver Knight, 1930.

5. Arndt, *Economic Development*, 1981, p. 465. Melvin Knight usou o termo "atrasado" para se referir também a populações

58 Romênia

humanas, e não apenas a regiões: "Do ponto de vista econômico, um povo atrasado pode ser definido como aquele que faz um uso ineficiente de seus recursos". "Backward Countries", 1980, p. 380.

6. Ver Arndt, *Economic Development*, sobre a evolução do significado do termo e, quanto aos eufemismos, Myrdal, 1970, pp. 35-36. Charles Kindleberger usou o termo "países subdesenvolvidos", ao que parece no sentido do pós-guerra, em "Planning", 1943, p. 350.

7. No sentido amplo aqui empregado, não no sentido althusseriano.

8. O mais famoso desses debates ocorreu no mundo desenvolvido— entre Maurice Dobb e Paul Sweezy. Ver Dobb, *Studies in the History of Capitalism*, 1963 (1947) e Hilton, org., *Transition from Feudalism to Capitalism*, 1976, contendo o ensaio de Sweezy de 1950, a resposta de Dobb e trocas de idéias posteriores, bem como os comentários de outros estudiosos marxistas. Deve-se notar que esse debate, embora em geral de forma implícita, estava presente também nos discursos não-marxistas. Como Adam Smith, Karl Polanyi, em *The Great Transformation*, 1957 (1944), ressaltou a importância do mercado na criação da economia mundial moderna, ao passo que David Landes, em *Unbound Prometheus*, 1969, ressaltou as mudanças na tecnologia e na organização da produção. Ambas as dimensões eram de importância essencial e, já em 1928, Allyn Young havia alterado a célebre máxima de Smith, de que a divisão do trabalho é limitada pelas dimensões do mercado, para apontar que "as dimensões do mercado também dependem da divisão do trabalho", enfatizando assim o papel do capital no desenvolvimento econômico. Young, p. 539.

9. Dessas breves observações pode-se ender que a tradição marxista em questão era a do materialismo histórico e não a da economia formal marxista, que teve pouca influência sobre os casos examinados neste trabalho.

10. Szlajfer, 1990, pp. 1, 2.

11. Esses historiadores são Franciszek Bujak, Ludwig Landau, Marian Malowist e Witold Kula. Ibid., pp. 4, 5.

12. Szlajfer observa que Kemmerer deu consultoria financeira na Polônia e em cinco países andinos, enquanto Sachs dirigiu missões à Argentina, Bolívia e Polônia (ibid., p. 4). O trabalho

Introdução 59

de Niemeyer como consultor estrangeiro incluiu viagens à Argentina, ao Brasil e à Romênia.

13. Sobre a história do termo e do conceito de Terceiro Mundo, ver Love, 1980.

14. Para Ignacy Sachs, o início da teorização sobre o subdesenvolvimento na Europa centro-oriental, no período entreguerras, merece uma análise sistemática do trabalho realizado em diversos contextos nacionais; ele cita de forma específica a Polônia, a Hungria e a Romênia. Ver sua *Découverte*, 1971, p. 133. Em uma conversa telefônica, em junho de 1994, ele me disse que o projeto ainda estava por ser realizado.

15. A Europa centro-oriental, como outras regiões, não é definida de forma uniforme na literatura, como demonstrado pelo fato de que Berend e Ranki definem de formas diferentes suas fronteiras em *Economic Development*, 1974 e *East Central Europe*, 1977. Minha própria definição inclui as três novas nações bálticas — Estônia, Letônia e Lituânia —, além de Polônia, Hungria, Romênia, Iugoslávia, Bulgária, Albânia e Grécia. Excluo as relativamente industrializadas Áustria e Tchecoslováquia. "Os Balcãs", neste trabalho, referem-se a um subconjunto de países da Europa centro-oriental, ou seja, os da península balcânica — Romênia, Bulgária, Grécia, Iugoslávia e Albânia. "Europa oriental", termo usado no Capítulo 2, na discussão sobre o populismo, inclui a Rússia.

16. Rosenstein-Rodan, "Problems", 1958 (1943); Rosenstein-Rodan, "International Development", 1944 e Mandelbaum, *Industrialization*, 1945; [Political and Economic Planning], *Economic Development*, 1945. O Grupo de Pesquisa Econômica de Planejamento Político e Econômico foi criado em 1941.

17. Mandelbaum, "Portrait", 1979, p. 510; Rosenstein-Rodan, "Natura", 1984, p. 207; Rosenstein-Rodan para o autor, Boston, 13 de maio de 1981.

18. Além disso, duas autoridades não-nativas em questões de atraso, na Europa centro-oriental, mais tarde passariam a estudar o Terceiro Mundo propriamente dito: a economista Doreen Warriner e o economista demógrafo Wilbert Moore.

19. Schumpeter *Theory*, 1934 (orig. alemão 1912).

20. Ibid., p. XI.

60 *Romênia*

21. Schumpeter afirma que as idéias para o livro ocorreram-lhe em 1909, seu primeiro ano em Czernowitz. Ibid., p. IX.

22. O economista brasileiro Celso Furtado (ver Capítulo 10) observou que Nurkse reverteu o "fluxo circular" de Schumpeter para postular uma "estagnação automática" nas economias dos países subdesenvolvidos. Furtado, *Capital Formation*, 1953 (orig. port. 1952), p. 127.

23. Johnson, "Ideology", 1967, pp. 131 (citação), 132.

24. Ver o Capítulo 12 para a relação entre o estruturalismo e a dependência.

25. Tanto a Romênia quanto o Brasil eram Estados territoriais que seus líderes tentaram transformar em Nações-Estados. O problema apresentava maiores dificuldades na Romênia, onde as minorias étnicas eram proporcionalmente maiores, economicamente mais importantes e, talvez, menos dispostas a serem assimiladas.

26. Refiro-me ao impacto do trabalho de Mihail Manoilescu (ver abaixo). Aqui também, o Chile, onde a obra de Manoilescu foi igualmente publicada, vinha logo atrás.

27. Poder-se-ia também especular que a Romênia e a antiga metrópole do Brasil, Portugal, possuíam experiências formativas em comum, sendo ambas nações cristãs situadas nas fronteiras da expansão muçulmana, e que as instituições, atitudes e padrões de comportamento muçulmanos, que haviam, em outras épocas, prevalecido nesses países a nível do Estado, trouxeram conseqüências a longo prazo que foram adversas à modernização. Entretanto, os principados romenos, em termos formais, mantiveram, sob o Império Otomano, sua autonomia interna às custas de pesadas cargas tributárias e, no século XVIII, de uma acentuada diminuição do autogoverno.

28. Stahl, *Traditional Romanian Village Communities*, 1980 (orig. fran. 1969), pp. 216-20.

29. Mouzelis, 1986, p. XIII. Quanto ao outro Império Ibérico, Marx e Engels, em 1854, compararam a Espanha à Turquia, negando que qualquer desses dois países tenha conhecido o absolutismo no sentido europeu. "A Espanha, como a Turquia, continuava sendo um aglomerado de repúblicas mal administradas, sob um soberano nominal". *Revolución* (orig. ing. 1854), p. 12.

Introdução 61

30. "Essencialmente [ou eminentemente] agrícolas": p. ex., ver Soutzo, 1840, p. 78; Ion Ionescu de la Brad, citado por Demetrescu, p. 268; Dobrogeanu-Gherea, *Neoiobagia*, 1977 (1910), p. 99. Observe-se também o título da *Critica teoriei "România — tara eminamente agricola"* [A crítica da teoria da "Romênia — o país eminentemente agrícola"], 1973, uma análise e refutação da literatura dos séculos XIX e XX, que afirmava que o país possuía uma vocação agrícola. No Brasil, Luís Vieira Souto, em 1904, negou, sem grande sucesso, que o Brasil fosse "essencialmente agrícola". Ver sua "Apresentação", 1977, p. 54. Até 1947, o ministro da Fazenda brasileiro referia-se a seu país como "essencialmente agrário" — àquela época, um exagero —, recomendando que fosse levada adiante a especialização em exportações agrícolas. Skidmore, 1967, p. 70.

31. Ver uma comparação entre os boiardos russos e a aristocracia titulada brasileira em Uricoechea, 1980, p. 25. Os *boieri* romenos dependiam da servidão (de direito e de fato) na agricultura, ao passo que a elite titulada de base agrária brasileira e os boiardos russos dependiam ambos da escravidão (ibid., p. 25). A classe *boier* da Romênia tinha provavelmente sua origem em uma nobreza de serviço, e o termo *boier* tornou-se sinônimo de "grande proprietário de terras" na linguagem popular.

32. E também a escravidão não vinculada à gleba, para os ciganos, na Romênia, até 1851. Os serviços pessoais, associados à servidão, foram legalmente abolidos, em meados do século XVIII, na Valáquia e na Moldávia, que se uniram para formar a Romênia em 1859. Os tributos e os serviços de mão-de-obra dos camponeses para seus senhores foram abolidos em 1864. Entretanto, mesmo após isso ter acontecido, o campesinato continuou sendo economicamente dependente dos senhores e arrendatários de terra, e as exigências de corvéia chegaram a aumentar em fins do século XIX e inícios do século XX. Os aspectos residuais da servidão sobreviveram até a reforma agrária dirigida pelos comunistas, após a Segunda Guerra Mundial (ver Capítulo 3).

33. Provavelmente aplicado, em sua origem, às tentativas mais formais que substantivas, por parte do governo brasileiro, de cumprir as obrigações assumidas frente aos britânicos por meio de tratado, de abolir o tráfico internacional de escravos, após 1830.

34. Uma expressão associada a Titu Maiorescu e ao movimento Juniméa. Ver Capítulo 3.

62 Romênia

35. Marc, 1890, p. 440; Racovski, *Roumanie*, 1909, p. 1.

36. Prado, *Evolução*, 1969 (1933), p. 52. Como observou Maurice Dobb, a escravidão e o regime de trabalho assalariado tinham em comum uma característica que faltava à servidão — a separação do trabalhador dos meios de produção, embora apenas o trabalho assalariado se baseasse em contratos nos quais se ingressava por livre e espontânea vontade. Dobb, p. 35.

37. Marcu, "Dezvoltarea", 1970, p. 161; Racovski, *Roumanie*, 1909, pp. 10-11.

38. Mouzelis, pp. 3-4, 72.

39. Marc, 1890, p. 439; Graf (1927?), p. 132.

40. Douglass North chega a chamar essa transformação de "A Segunda Revolução Econômica", comparável à Primeira, a Revolução Agrícola de 10 mil anos atrás; e isso devido aos enormes ganhos de produtividade e à nítida subida da "curva de oferta de novos conhecimentos". North, 1981, cap. 13 (citação na p. 172).

41. Walicki, 1969.

42. Maier, 1975, p. 567.

43. Steven Topik contrasta o intervencionismo do governo brasileiro, na República Velha (1889-1930), com a postura de relativo *laissez-faire* do regime ditatorial de Porfírio Diaz, no México, geralmente considerado como um "Estado forte". Topik, 1988.

44. Ver Hartz, 1964, esp. pp. 3-6.

45. Essa, entretanto, foi apenas uma condição possibilitadora, como o demonstra a ortodoxia das outras agências econômicas regionais da ONU na Ásia e na África, a ECAFE e a ECA, em seus primeiros anos.

46. Por exemplo, o chileno Aníbal Pinto, um dos principais teóricos da CEPAL, ministrou um curso sobre economia estruturalista, na época em que dirigia o escritório da CEPAL no Rio de Janeiro, de 1962 a 1965. Além disso, seu texto sobre estruturalismo, escrito juntamente com Carlos Fredes, também chileno, foi publicado em português, como também o foi uma outra introdução à economia estruturalista, esta também amplamente utilizada em sua edição espanhola, de autoria dos brasileiros Antônio Barros de Castro e Carlos Francisco

Introdução 63

Lessa. Ver Pinto e Fredes, 1970 (1ª ed. em esp. 1962); Castro e Lessa, 11ª ed., 1973 (1ª ed. em port. 1967).

47. Ver o Capítulo 9 para uma ampliação dessas considerações.

48. Ver Clark, *Conditions* (2ª ed., 1951). Clark define a "unidade internacional", usada na comparação do poder de compra dos diferentes países, como sendo "a quantidade de mercadorias passíveis de serem trocadas por um dólar, nos Estados Unidos, ao longo do período médio de 1925-1934" (p. 19).

49. Ver Morris , 1979, incluindo uma longa explicação e defesa da ponderação e das outras técnicas empregadas; e Todaro, 1985, pp. 102-5 (uma breve descrição e crítica do índice de Morris).

50. Clark, *Conditions*, pp. 46-47, 158-59. A cifra para 1913 inclui os territórios anexados pela Romênia em 1919, sendo portanto comparável aos números para anos posteriores. O Antigo Reino, por si só, apresentava um produto real *per capita* de 400, em 1913 (p. 159). Clark não fornece estimativas para o período entreguerras na Romênia, após 1929.

51. As aparentes perdas na produção, associadas à reforma agrária, representaram, em certa medida, uma transferência de renda para o setor de subsistência não-monetizado (e não mensurado), mais que uma perda real de eficiência na agricultura.

52. Em 1982, o produto nacional romeno por habitante foi estimado em US$ 2.560, e o do Brasil em US$ 2.240. A cifra para os Estados Unidos era de US$ 13.160, de modo que a relação entre o produto *per capita* romeno e o americano era ainda a mesma razão de 1 para 6 que Clark verificou como sendo o produto por trabalhador para 1929. Dados em Todaro, p. 54. Entretanto, um estudo recente do crescimento econômico da Romênia considera exagerados os dados relativos aos anos iniciais da década de 1980. Economist Intelligence Unit, 1994, p. 18.

53. Em 1982, o IQFV da Romênia era de 91 e o do Brasil, de apenas 72, de modo que a diferença era relativamente maior que a referente à renda *per capita* da época (ver nota anterior). Os Estados Unidos apresentaram um índice de 96, enquanto a Islândia e a Suécia lideravam com 98. Todaro, pp. 54, 58.

54. O setor de serviços, entretanto, é residual, incluindo pessoas empregadas no "setor informal" — camelôs, engraxates, bilhe-

64   Romênia

teiros etc., que, se seu trabalho chegar a ser mensurado, o que nem sempre acontece, podem aparecer como subempregados.

55. Os dados neste parágrafo e no seguinte foram retirados ou derivam-se de Merrick e Graham, 1979, p. 162, e Mitchell, 1975, p. 160. Os trabalhadores do comércio, do setor financeiro, dos transportes e das comunicações foram reunidos no setor de serviços. Uma outra fonte para o Brasil — Brasil: IBGE *Estatísticas*, 1990, p. 75 — mostra percentuais mais elevados da força de trabalho empregada na indústria em 1940 e nos anos seguintes do que Merrick e Graham. Segundo a fonte do IBGE em 1950, o Brasil havia atingido a participação na indústria atingida pela Romênia em 1956.

56. Os dados estatísticos deste parágrafo foram retirados de Merrick e Graham, p. 327; Ludwig, p. 57; Sandru, 1980, p. 107; Lampe e Jackson, 1982, p. 334. A definição de "urbano", tanto na Romênia quanto no Brasil, dependia de critérios administrativos.

57. Os números, para ambos os países referem-se ao Produto Interno Bruto e não ao Produto Nacional Bruto.

58. Lethbridge, 1985, I:536.

59. A participação da indústria na renda nacional, no Brasil, em 1939 (inclusive mineração, serviços públicos e construção civil) foi estimada por Cláudio Haddad como sendo de 22%. Ele não menciona o artesanato, mas algumas de suas indústrias implicitamente incluem as pequenas oficinas. Ver Haddad, 1974, p. 14 e Apêndice.
Uma comparação das participações no PIB e das participações na renda nacional é legítima, uma vez que ambas medem o mesmo conjunto de bens e serviços, um do ponto de vista das despesas ou do consumo, e o outro do ponto de vista da geração de renda (renda nacional).

60. Lethbridge, pp. 592-93; Brasil: IBGE, *Estatísticas*, p. 125. Para um único ano, 1949, Haddad (p. 14) mostra a indústria como responsável por uma participação maior que a agricultura (27 e 22%, respectivamente).

61. Lethbridge, p. 595; Haddad, p. 14.

62. Jackson, 1986, p. 78.

63. Para os dados, ver Brasil: DGE 1927, 5: 6-12, 48-59, 72-87; Romênia: Ministerul de Industrie si Comert, 1921, pp. 28-31, 116.

Introdução   65

64. Ou seja, usando o intervalo de dados mais próximo, no censo brasileiro, à definição romena.

65. Para os dados, ver Romênia: Zentralinstitut, 1942, p. 99; Brasil: IBGE, *Recenseamento*, 1950 (1940), 3: 170-71.

66. Madgearu, *Evolutia*, 1940, pp. 256-57; Merrick e Graham, pp. 18-19.

67. Ludwig, pp. 317-18.

68. Roberts, 1969, p. 380.

69. Ludwig, pp. 323-26; Berend e Ranki, *Economic Development*, pp. 149, 281-82.

70. Ver Merton, 1961, esp. p. 477.

71. Na escolha de quais autores levar em conta, enfrentei algumas questões "de fronteira", de cronologia e nacionalidade. Embora eu cite seu trabalho, excluí o exame do emigrado Nicholas Georgescu-Roegen — o mais famoso dos economistas romenos do período do pós-guerra —, cujas maiores contribuições dizem respeito a um período que não o aqui estudado. Grande parte de suas pesquisas, de qualquer modo, não tratavam de questões de desenvolvimento. Da mesma forma, omiti pessoas que, embora nascidas na Romênia, fizeram suas vidas intelectuais em outros países, como Carl Grünberg, um colaborador nos primeiros tempos do austro-marxismo e o primeiro diretor do Instituto de Pesquisa Social de Frankfurt, e Lucien Goldman, o filósofo e crítico. Nenhum deles tratou, de forma principal, dos problemas aqui examinados. Do lado brasileiro, excluí Ignacy Sachs e Michael Lowy. Ambos concluíram seus estudos universitários no Brasil, mas fizeram suas carreiras na Europa. No caso de Georgescu-Roegen, menciono seus estudos.

72. "Ideologia", no presente estudo, significa um conjunto de proposições que implicitamente justificam os valores ou as configurações sociais. Embora muitos economistas teóricos tenham afirmado que o projeto científico da análise econômica pode, com sucesso, ser separado da ideologia, o ceticismo de Ronald Meek é convincente. Ver seu *Economics and Ideology, 1967, esp. pp. 196-224.*

73. Ver Kuhn, *1970 (1962); Blaug, 1980.*

2
Do liberalismo ao debate marxista-populista

Da perspectiva do que mais tarde viria a ser chamado de Terceiro Mundo, a história intelectual romena de antes de 1945 traz uma rica e precoce crítica marxista de uma economia e de uma sociedade nas quais o liberalismo era a ideologia dominante, embora essa ideologia fosse, em grande medida, adaptada às circunstâncias e aos interesses locais. A crítica marxista foi enriquecida pelo encontro com o populismo, e sua vitalidade foi mantida graças ao debate que se seguiu entre autores de posições que, embora pertencentes ao mesmo discurso marxista, eram nitidamente diferenciadas entre si. Um breve esboço dos aspectos econômicos do liberalismo romeno servirá como introdução às críticas radicais posteriores. Em termos simples, o liberalismo econômico era o corpo de ideologia, teoria e receituário político que tinha como objetivo liberar a atividade econômica de todas as restrições impostas ao mercado, bem como promover a divisão internacional do trabalho por meio da suposta complementaridade das partes componentes da economia mundial. Sua acolhida e aplicação nos Balcãs teve, de modo geral,

68   Romênia

que esperar a independência dos Estados que surgiram a partir do Império Otomano na Europa, a qual, no caso da Romênia, foi alcançada, ao longo de graus cada vez maiores de autonomia formal, entre 1859 e 1877. Ao longo do século XIX, os *boieri* (boiardos, ou nobres) e suas famílias, cada vez mais, demandavam mercadorias ocidentais, que tinham que ser compradas em moedas européias. Mas a livre exportação de grãos, para pagar por essas importações, não seria possível até que fosse quebrado o monopólio turco sobre as rotas marítimas que levavam à foz do Danúbio. Isso aconteceu quando a Rússia impôs uma derrota militar à Turquia, em 1828-29, tomando para si o controle da foz daquele rio e das margens vizinhas do Mar Negro. Pelo Tratado de Adrianópolis, de 1829, que pôs fim ao conflito, a Sublime Porta perdeu o direito de confiscar a produção de grãos dos principados da Valáquia — as atuais Muntênia e Oltênia — e da Moldávia.[1] Além disso, o conde Pavel Kisseleff, grão-senhor russo de fato dos dois semi-Estados ainda sob suserania turca, permitiu o aumento do fluxo de comércio entre eles. Mas as potências ocidentais haviam também desempenhado um papel no acordo de Adrianópolis, e tanto os Dardanelos quanto o Danúbio foram abertos ao comércio internacional. Assim, após 1829, à medida que a navegação européia passou a ter importância cada vez maior no Danúbio e no Mar Negro, os senhores de terras transferiram sua produção excedente de trigo do Império Otomano para os mercados ocidentais.

Enquanto se desenvolviam contatos comerciais e de outros tipos que já não se limitavam às terras otomanas, ficava claro que as elites romenas desejavam emular as conquistas culturais e econômicas não da Rússia, mas do Ocidente. O liberalismo, como combinação de valores sociais, teoria e receituários de política econômica, era considerado, na Romênia do século XIX, parte de um processo mais amplo de "civilização" ou ocidentalização.[2] A elite *boier*, nas décadas que se seguiram às Guerras Napoleô-

Do liberalismo ao debate marxista-populista   69

nicas, abandonou o *cáftan*, passando cada vez mais a adotar a moda e os gostos franceses, escolhendo a língua francesa como seu veículo de comunicação, à semelhança da francofonia da nobreza russa de tempos anteriores. À medida que o século avançava, o uso do francês tornou-se obrigatório para todos os que tivessem pretensões a ser considerados educados. Ocidentalização, civilização e progresso econômico tendiam a ser vistos como processos estreitamente relacionados, ao menos até a década de 1860, quando membros da conservadora e nacionalista escola Junímea ("Juventude") manifestaram, pela primeira vez, seu ceticismo quanto à eficácia da importação em bloco de instituições européias. Eles estavam, em parte, reagindo à economia liberal ensinada nas novas universidades de Bucareste e Iasi (Jassy), fundadas em inícios da década de 1860.

Como no Brasil de meio século antes, o liberalismo econômico tinha o enorme atrativo de romper as limitações impostas ao crescimento e o desenvolvimento nacionais pelo domínio estrangeiro. Na opinião do historiador Nicolae Iorga, a Romênia havia, por mais de um milênio, sofrido sob o jugo de uma sucessão de Estados "predadores" nômades.[3] O Império Otomano veio em seguida, subjugando a Valáquia e a Moldávia, do século XV ao século XVII. Houve épocas em que o império forçava a venda dos produtos agrícolas romenos a preços tão baixos que o economista e historiador marxista Lucretiu Patrascanu referiu-se a essa prática como "o comércio de saque".[4] No século XIX, nas palavras de um outro estudioso, "as liberdades econômicas estavam em harmonia com o movimento de renascimento nacional, de passagem a um estilo de vida europeu, de quebra dos grilhões dos monopólios de domínio turco". A economia liberal era vista não apenas como um guia necessário para o desenvolvimento e como a contrapartida às instituições políticas liberais, como também era insistentemente impingida aos romenos pela Inglaterra

70   *Romênia*

e pela França, as quais haviam ajudado a assegurar a independência romena da Turquia.[5]

No entanto, os *boieri* estavam muito mais dispostos a adotar a liberdade de comércio do que um mercado de trabalho livre. A servidão havia sido, em tese, abolida na Valáquia e na Moldávia em meados do século XVIII pelo príncipe fanariota[6] Constantin Mavrocordat, mas os *boieri* encontraram maneiras de contornar a lei por meio da ampliação do trabalho de corvéia. Seguindo um modelo ocidental de modernização, em 1863, o primeiro governante de uma Romênia unida, o príncipe Alexander Cuza, secularizou as propriedades monásticas, que ocupavam cerca de 20% do território nacional.[7] No ano seguinte, com a suserania turca em estado de avançada decadência, os *boieri* tornaram-se proprietários absolutos de suas terras.[8] Simultaneamente, os camponeses obtiveram plena liberdade jurídica, que incluía a abolição formal da corvéia, tendo ganho também lotes de terra, embora os senhores continuassem no controle da maior parte das terras agrícolas do país.[9] O Código Napoleônico foi adotado, introduzindo o direito contratual formal que, no entanto, teve o efeito de camuflar o fato de que os contratos de trabalho rurais eram, na verdade, parte de um sistema de relações entre senhores e servos, que continuava em vigor. Esse fato tornou-se mais evidente após o reformista Cuza ter sido forçado a abdicar, em 1866, e práticas muito semelhantes à servidão entraram pelo século XX. Em 1905, um quarto do campesinato não possuía terras e um outro quarto possuía menos de dois hectares.[10]

Dentre os diversos autores que apoiaram a adoção da economia liberal estava o aristocrata Alexandru Moruzi (1815-78), que defendia o livre comércio e via as barreiras alfandegárias como barreiras também à ocidentalização.[11] Outro deles era o príncipe Nicolas Sutu [Soutzo] (1798-1871), uma das principais figuras políticas de meados do século XIX. Filho do *Domnitor* da Moldávia e de Tara Româneasca (Valáquia), ele ajudou Kisseleff a elaborar o Re-

Do liberalismo ao debate marxista-populista 71

gimento Orgânico, um decreto que padronizava os tributos feudais devidos pelos aldeães a seus senhores, prolongando o período anual de serviço de corvéia.[12] Apesar de sua ação notoriamente antiliberal, Sutu ajudou a popularizar, dentre a elite romena, os trabalhos de Adam Smith, David Ricardo, Jean-Baptiste Say e Michel Chevalier. Em 1840, escrevendo em francês sobre sua Moldávia natal, Sutu expressou a crença de que o principado era "essencialmente agrícola", opinião essa repetida em 1866.[13] Essa avaliação provavelmente foi influenciada pelo efeito supostamente benéfico da divisão internacional do trabalho, sugerida por Smith e Ricardo, cuja tese das "vantagens comparativas" Sutu devia conhecer bem.[14] Ainda um outro aristocrata, Ion Ghica (1816-97), o mais influente economista do livre comércio do século XIX, acreditava na vocação agrícola de seu país e, de maneira geral, era contrário a indústrias "artificiais", ou seja, atividades econômicas para as quais faltava ao país uma vantagem relativa em termos de sua dotação de fatores. Ghica era favorável ao desenvolvimento das grandes propriedades e ao avanço do capitalismo, que suplantaria os sistemas agrícolas pré-capitalistas.[15]

O liberalismo foi acolhido, na Romênia e no Brasil, de formas bastante semelhantes, como já observado no Capítulo I, no sentido de que seus defensores não eram adversários burgueses de um Estado absolutista praticante de políticas mercantilistas mas, muito freqüentemente, eram latifundiários (ou filhos de grandes proprietários de terras) que controlavam uma força de trabalho dependente graças a meios extra-econômicos. Além do mais, nunca houve, sob o Velho Regime de nenhuma das duas colônias, Romênia e Brasil, uma tradição de protecionismo industrial de tipo mercantilista. Para alguns, como o marxista Constantin Dobrogeanu-Gherea, o liberalismo romeno era uma cópia servil do liberalismo ocidental, sem que, entretanto, houvessem sido postas em prática as reformas burguesas implementadas no Ocidente.[16]

72 Romênia

Uma característica que diferenciava o liberalismo romeno de sua versão brasileira era a relativa importância dos teóricos franceses, e não dos ingleses, pela razão de que os romenos que introduziram a doutrina em seu país tinham educação francesa e, muitas vezes, eram filhos de *boieri*.[17] O liberalismo, em seu sentido mais amplo, com seus valores de secularismo, materialismo e racionalismo, era imensamente atraente para os membros reformistas da geração romena de 1848. Por essa razão, a importância relativa de Adam Smith e da escola inglesa pode ter sido menor que no Brasil.[18] De qualquer modo, o liberalismo e, em especial, suas prescrições de divisão internacional do trabalho, atendiam às necessidades da classe dos *boieri* romenos, que as utilizaram para conquistar a propriedade absoluta de suas terras, expandir suas vendas de grãos no exterior (a fim de satisfazer seu crescente apetite por importados ocidentais) e extrair de seus camponeses períodos cada vez mais longos de trabalho que, de fato, consistia em corvéia, embora sob o disfarce de contratos de trabalho zelados pelo Estado.

O liberalismo, em sua forma mais pura de (relativo) *laissez-faire*, teve vida curta na Romênia. Essa doutrina só pôde ser implementada em sua totalidade após o país ter alcançado sua independência formal, em 1877, quando os romenos lutaram ao lado da Rússia contra a Turquia, na Crise do Oriente Próximo. Porém, em boa parte devido à Grande Depressão que havia tido início em 1873, a maré alta de liberalismo, na Europa, viria a terminar seis anos depois, quando a Alemanha adotou uma severa tarifa sobre a importação de grãos. Outras potências continentais fizeram o mesmo. Em 1885, a Romênia denunciou seu tratado comercial com a Áustria-Hungria, com base nas restrições imperiais às exportações agrícolas romenas. No ano seguinte foi deflagrada, entre os dois países, uma guerra alfandegária que duraria até 1893. Com as tarifas alfandegárias de 1886, a Romênia pôs fim à sua breve experiência de liberalismo "clássico", levantando

Do liberalismo ao debate marxista-populista 73

barreiras tarifárias contra as manufaturas da Áustria-Hungria, àquela época seu maior fornecedor de produtos industrializados. Começou então um período de "liberalismo estatista",[19] no qual o liberalismo foi cada vez mais adaptado às aspirações nacionalistas, ou mesmo à xenofobia, e a elas associado. Este último fenômeno tomou, na Moldávia, a forma de anti-semitismo, devido à sua relativamente numerosa população judaica, preponderantemente urbana, bem como ao fato de os judeus serem vistos como detentores de posições de liderança econômica, tanto nas cidades moldavas quanto como arrendatários de grandes propriedades. Mas de maior importância para a história ideológica e econômica foi o fato de o Partido Liberal Romeno aferrar-se ao desenvolvimento industrial "como um meio de reduzir simultaneamente... a influência não-romena e a dependência das importações dos Habsburgo".[20] Em uma interpretação clássica — a de Stefan Zeletin —, o Estado dominado pelos liberais tornou-se o elemento mais importante no desenvolvimento capitalista da Romênia.[21] De qualquer forma, à época em que os romenos estabeleceram um Estado independente, a noção de Friedrich List, de protecionismo com base no argumento de "indústria incipiente", já havia entrado para o discurso político nacional.[22]

As políticas de proteção à indústria tiveram um efeito benéfico, pelo menos a médio prazo. Nos anos que precederam a Primeira Guerra Mundial, e talvez já na década de 1880, o Antigo Reino da Romênia (Valáquia e Moldávia) alcançou taxas reais de crescimento industrial de 6% a 8% ao ano, bem acima da média para o continente.[23] A taxa global de crescimento econômico da Romênia, também, foi mais do que respeitável nas três décadas que antecederam a Primeira Guerra Mundial, à medida que o país começou a exportar petróleo e seu comércio internacional de trigo foi reativado.[24] O valor das vendas externas subiu de US$ 9 milhões, em 1850, para US$ 136 milhões, em 1914. Entre 1880 e 1910, a taxa anual de crescimento

74 *Romênia*

das exportações romenas, de 3,3%, foi mais alta do que a da "periferia" dos Estados europeus como um todo (2,8%). E a renda *per capita* que, segundo uma estimativa, era de US$ 307 em 1910, era mais alta que a de Portugal e as dos demais Estados balcânicos, excetuando a Grécia. Mas havia um preço a pagar: 80% de todas as ações das empresas industriais estavam em mãos de estrangeiros, e o mesmo acontecia com 75% do capital bancário, à época da guerra.[25] Além do mais, há abundância de indícios de que a diferença entre a renda do campesinato e as de outros setores da sociedade estava se ampliando.

Por volta do fim do século XIX, duas escolas de pensamento fariam críticas à sociedade na qual o liberalismo estatista dominante, representado por um Partido Liberal protecionista e defensor da indústria, encontrava a resistência de um Partido Conservador agrário e mais voltado para o livre comércio, sociedade essa que tendia a ocultar uma realidade social muito deprimente. Essas escolas, que na vizinha Rússia se enfrentavam, competindo pelo controle da esquerda nacional, eram o populismo e o marxismo.

As tradições populistas romenas[26] — especial, mas não exclusivamente derivadas do discurso russo — e o marxismo interagiam e combinavam-se, tendo como resultado os férteis e sofisticados debates ocorridos nas duas décadas anteriores à Primeira Guerra Mundial. Como conseqüência da guerra, tanto o populismo quanto o marxismo sofreram transformações. Em termos intelectuais, o leninismo e a Terceira Internacional (a partir de 1919) redefiniram o marxismo, enquanto as teorias de Chayanov e o "campesinismo" da Internacional Verde — uma associação de partidos de base camponesa da Europa centro-oriental — desempenharam um papel semelhante na transformação do populismo. O mais importante, em termos políticos, foi a extensão do direito de voto às massas camponesas. De fato, a existência do populismo na Romênia, e sua ausência, na acepção leste-européia, no Brasil[27] é uma das características marcantes da divergência entre as tradições

Do liberalismo ao debate marxista-populista   75

políticas dos dois países. Essa característica terá implicações, também, como tentarei demonstrar, na maior sofisticação do pensamento social romeno antes da Segunda Guerra Mundial. Na Romênia, tanto o populismo quanto o marxismo eram vistos como ideologias adequadas aos países que chegavam atrasados ao mundo da revolução industrial. Expoentes de ambas as escolas estavam de acordo quanto à maior parte das calamidades e quanto a alguns dos benefícios trazidos pela ascensão do capitalismo na Romênia. Em particular, ambos tratavam da exploração dos camponeses: eles associavam a ação dos opressores diretos, as classes tradicionalmente detentoras da terra (os *boieri*) com o fato de a Romênia estar sendo sugada para o "vórtice" do capitalismo internacional na condição de fornecedor agrícola do Ocidente industrializado.[28] Ambas as escolas condenavam os males gêmeos do latifúndio e do absenteísmo dos proprietários, que alugavam suas terras a arrendatários gananciosos organizados em trustes.[29] Ambas denunciavam também os crescentes aluguéis que os camponeses tinham que pagar aos senhores de terras e as cada vez maiores exigências de corvéia.[30] Populistas (*poporanisti*) e marxistas, em uma apaixonada e articulada defesa de suas respectivas posições, rebatiam, em seus jornais, os argumentos de seus oponentes, produzindo, antes da guerra de 1914, um sofisticado discurso sobre o desenvolvimento.

O populismo, assim como o corporativismo, cuja trajetória foi por ele influenciada na Romênia, é sabidamente de difícil definição. Pode-se começar dizendo que se trata de uma ideologia dos que vêem sua sociedade como atrasada, até mesmo arcaica, em relação ao Ocidente capitalista. O capitalismo industrial, uma força poderosa vinda do exterior, é visto como transformador de forma indesejável das sociedades locais de base agrícola: ele arruína, depois proletariza as classes camponesas e artesãs, em parte através de um processo de trocas desiguais, tanto

76 Romênia

entre a cidade e o interior como entre as sociedades industriais e agrícolas no nível internacional. Em sua fase madura, os expoentes do populismo buscaram formas de modernização não-capitalista, aproximando sua doutrina do socialismo. De qualquer modo, seus defensores pretendiam proteger os pequenos produtores contra as forças massificadoras e despersonalizadoras da civilização industrial.[31] As raízes do populismo podem ser rastreadas até a Inglaterra, França e Alemanha onde, já em inícios do século XIX, economistas e outros teóricos sociais começaram a contestar as análises dos economistas clássicos ("a Escola Inglesa"). A preocupação do populismo com as classes ameaçadas pela industrialização encontrou eco na preocupação dos intelectuais conservadores da Alemanha e da Áustria, que tinham o objetivo de salvar a *Mittelstand* — pequenos comerciantes, artesãos prósperos e agricultores — de serem destruídos por um triunfante capitalismo industrial, na Alemanha guilhermina.[32]

Na Europa oriental, o populismo surgiu sob diversas formas, e a totalidade de seus defensores via como destrutivas as manifestações do capitalismo em suas sociedades. Além do mais, o capitalismo em nível local era visto como degenerado e essencialmente fadado ao fracasso, em sua competição com as forças superiores do Ocidente. A mais conhecida e mais importante dessas formas foi, sem dúvida, o movimento russo Narodnik. Sua origem pode ser identificada nos escritos e na atividade política de Alexander Herzen, um aristocrata exilado que foi o primeiro autor (a partir de 1849) a associar a tradição russa da comuna camponesa (a *obshchina* e seu conselho, o *mir*), não com uma visão de passado, como o era para os eslavófilos, mas com uma visão de futuro socialista. Ele previu a possibilidade de evitar os males do capitalismo pela passagem direta a uma organização econômica socialista, baseada na tradição viva do *mir*. Herzen foi, portanto, o primeiro a teorizar sobre a possibilidade de "queimar etapas" na trajetória do "feudalismo" ao socialismo.[33]

Na Rússia, Herzen pôde usar como base, transformando-a, a escola conservadora do eslavofilismo, uma reação nativa ao hegelianismo, que não teve similares nem na Romênia[34] nem na América Latina. Na década de 1860, o populismo russo, em sua forma violenta, insistia na urgência da ação, uma vez que a transição para o socialismo tinha que começar *antes* de o capitalismo ter triunfado no campo, pauperizando o campesinato e destruindo as *obshchina*, a base sobre a qual uma sociedade socialista poderia vir a ser construída. O Desejo do Povo, que via o Estado como a força propulsora por detrás dos esforços russos para alcançar o Ocidente, assassinou Alexandre II em 1881, mas a reação tzarista, sob Alexandre III, obteve uma vitória fácil, lição essa que os bolchevistas de uma geração mais tarde não desperdiçaram.

Na Rússia, o populismo e o marxismo eram movimentos com uma forte base hegeliana, datando ambos de meados do século XIX. Alexander Gerschenkron afirma que não poderia ter havido um marxismo russo sem a tradição populista, enquanto Andrzej Walicki nega que o populismo russo seria inconcebível sem o marxismo como predecessor.[35] Ambos estão certos, no sentido de que se referem a momentos diferentes dos dois movimentos, à medida que estes se desenvolviam e interagiam, nos últimos anos do século XIX. Tanto o populismo quanto o marxismo viam a penetração do capitalismo na Rússia e suas conseqüências como o problema social por excelência, e defensores de ambas as escolas lançaram-se a um debate sobre os modos de produção aplicáveis a seu país. Enquanto os populistas tentavam superá-lo, ir além dele, os marxistas consideravam o desenvolvimento do capitalismo na Rússia como uma implacável necessidade — ou como um fato consumado, como afirmava Lenin em *O Desenvolvimento do Capitalismo na Rússia* (1899).

Não é de surpreender que na Romênia, país tão próximo à Rússia, essa troca ideológica tenha tido repercussões importantes. Não apenas o Estado russo era o princi-

78 Romênia

pal interventor estrangeiro na Romênia do século XIX, mas também os maiores expoentes, tanto do populismo quanto do marxismo, naquele país, haviam passado seus anos de formação na Rússia, absorvendo as ideologias radicais que lá prevaleciam. Na Romênia, as duas tradições, a do populismo e a do marxismo, encontrariam expressão, respectivamente, nos trabalhos de Constantin Stere, que passou sua juventude na Bessarábia (russa) — atualmente República Moldova[36] — e nos de Constantin Dobrogeanu-Gherea, que passou seus primeiros anos na Ucrânia. Seus debates, bem como os de seus aliados ideológicos, nas revistas romenas, entre 1890 e 1920, colocaram as perguntas básicas sobre o caminho em direção ao desenvolvimento capitalista, inclusive sobre a questão de se a economia existente na Romênia poderia ser definida como capitalista, pré-capitalista ou uma fusão de ambas as formas.

Os populistas romenos, apesar do impacto das idéias russas sobre seus trabalhos, não chegaram a desenvolver uma tradição revolucionária ou golpista. Suas vozes, ao contrário, eram reformistas, como as dos marxistas também tendiam a ser.[37] Os populistas romenos também diferiam de seus correligionários russos por lhes faltarem as tradições comunais da *obshchina*,[38] pelo menos no mesmo grau. Constantin Stere, seu mais proeminente porta-voz, nasceu em 1865.[39] Stere era o herdeiro de uma família *boier* que possuía propriedades na Bessarábia russa, tendo sido exilado na Sibéria devido ao ativismo político de sua juventude. Stere, mais tarde, emigrou para a Romênia, tendo lá se tornado teórico do populismo (a partir de 1893), professor de direito e por algum tempo reitor da primeira universidade romena, em Iasi. Filiou-se ao Partido Liberal, embora sem jamais ocultar suas convicções populistas. Sua revista, a *Viata Româneasca* (Vida Romena), fundada em 1906, não era apenas um veículo para o populismo, mas também um fórum cultural e político.[40] Considerando o tsarismo como um mal ainda maior que o Império Germânico, ele abraçou a causa alemã durante a

Do liberalismo ao debate marxista-populista   79

Primeira Guerra Mundial. Apesar dos prejuízos causados à sua posição política pela ocupação alemã da Romênia e a subseqüente vitória aliada, Stere conseguiu entrar para o parlamento romeno do pós-guerra como representante da Bessarábia, agora parte da Grande Romênia. Desempenhou um papel importante, redigindo o programa do Partido dos Camponeses, em 1921. A personalidade magnética de Stere contribuiu para que ele se tornasse uma das figuras políticas mais notáveis de sua geração.[41] Já em 1893-94, Stere havia esboçado sua posição política, a qual atraía os pequenos proprietários da cidade e do campo.[42] Uma década mais tarde, fez uma eloqüente denúncia dos males do latifúndio, agora combinado com a produção capitalista para os mercados externos, que, conjuntamente, afirmava ele, resultavam na pobreza das massas. Em 1906, os latifundiários detinham mais de quatro milhões de hectares, segundo estatísticas oficiais, enquanto os camponeses possuíam três milhões. Os primeiros tinham dimensões médias de 4.000 hectares por propriedade e os últimos, de apenas 3,25 hectares por lote.[43] Stere revelou que, na Moldávia Superior, um truste estrangeiro de arrendatários (arendasi), a Associação Fischer, controlava 242 mil hectares.[44] Nos três condados em questão, apelidados por Stere de "Fischerlândia", 140 mil camponeses não possuíam sequer uma vaca, e quase a metade das crianças morria antes de chegar aos cinco anos.[45] Escrevendo na esteira da revolta camponesa que varreu o país em 1907, Stere afirmava que não foi por acaso que na Dobrogea, na fronteira meridional da Romênia, onde os camponeses possuíam 71% das propriedades privadas, não houve revolta.[46] Nas demais localidades, os camponeses sofriam de um consumo decrescente de alimentos (com uma dependência excessiva do milho); como resultado, a população rural sofria de pelagra e de tuberculose. Entre 1876 e 1901-5, na Romênia, as exportações de cereais haviam crescido de 60 mil para 250 mil vagões, mas o número de cabeças de gado havia decres-

80 *Romênia*

cido e o consumo de milho caíra de 230 quilos por pessoa, em 1876, para 130 quilos em 1901-5. Enquanto isso, a parte da produção que os camponeses tinham que enviar para o proprietário ou arrendatário das terras, à época da colheita, havia aumentado enormemente.[47] Stere chegou a afirmar que a renda líquida dos camponeses sem terra, naquele tempo, era negativa, antecipando uma das preocupações de Chayanov e dos neopopulistas.[48]

Tal como o marxista Dobrogeanu-Gherea, Stere rejeitava a idéia de que o desenvolvimento romeno poderia simplesmente ter se atrasado em relação ao do Ocidente. No manifesto do *Viata Româneasca*, publicado em 1906, em seu primeiro número, Stere havia proclamado: "Nossa situação não é apenas atrasada, o que já seria ruim; ela é anormal, o que é muito pior". Stere e seu grupo achavam que o problema era também cultural: o desenvolvimento do campesinato era "o *meio* de se atingir uma cultura verdadeiramente nacional".[49] Eles fizeram campanhas em favor das reformas agrária e parlamentar, incluindo a extensão do sufrágio aos camponeses.

O principal trabalho de Stere, uma polêmica contra o movimento socialista romeno e uma crítica da estrutura agrária, foi publicado na *Viata Româneasca* em 1907-8, período que abrangeu a grande revolta camponesa. Intitulando seu estudo "Social-Democracia ou Populismo?", Stere enfrentou seus adversários, dos quais Constantin Dobrogeanu-Gherea e Cristian Racovski eram os mais proeminentes, no território daqueles, citando proposições e conclusões empíricas de autores marxistas para montar sua defesa do populismo. O trabalho trazia uma análise do problema camponês, bem como uma solução para ele. Nesse estudo, Stere tentou estabelecer a relevância do populismo de base camponesa e a irrelevância do socialismo marxista para a Romênia de seu tempo. Sua estimativa era de que os lavradores camponeses eram em número de 3,5 milhões, enquanto os trabalhadores em empresas industriais totalizavam apenas 40 mil.[50] Os camponeses, portanto, eram

Do liberalismo ao debate marxista-populista   81

87 a 88 vezes mais numerosos que os operários fabris da Romênia, sendo esses últimos consideravelmente menos numerosos que os artesãos.[51] Nessas condições, a social-democracia — e a análise e programa marxistas da Segunda Internacional — eram irrelevantes, na opinião de Stere, por não tratarem dos problemas da grande maioria da população; e, devido ao fato de o proletariado formal ser tão reduzido, os marxistas não tinham a menor possibilidade de tomar o poder para implementar seu programa.[52]

A industrialização, um processo que o governo havia tentado estimular por meio de concessões a novos empreendimentos, em 1886 e 1906, argumentava Stere com algum exagero, havia visivelmente fracassado.[53] Trinta anos de protecionismo haviam resultado apenas na exploração do consumidor, que tinha que importar a preços artificialmente altos ou comprar os produtos locais a custos semelhantes.[54] Na verdade, acreditava Stere, as condições básicas para a industrialização estavam ausentes na Romênia. A Romênia jamais poderia esperar vir a ser um Estado industrial porque as grandes indústrias (*industria mare*) necessitavam de grandes mercados. E mercados desse tipo não existiam no país, nem mesmo para os têxteis. Além disso, acreditava Stere, as grandes indústrias necessitavam de mercados externos, uma vez que a tecnologia moderna que dispensava mão-de-obra reduzia o nível de emprego e, portanto, o consumo interno. Nos países industrializados, como Marx havia demonstrado, um "exército industrial de reserva" era necessário para manter os salários em nível mínimo. Conseqüentemente, uma luta por mercados e colônias estava se travando entre as potências industriais.[55] Marx e Kautsky haviam ambos afirmado que o capitalismo exige um comércio exportador, observou Stere.

Para obter grandes mercados, tais como os desfrutados pelas grandes potências, a Romênia teria que adquirir pela força colônias ou protetorados, ou conquistar mercados externos por meio da superioridade de seus produtos. Seria possível ao país competir em mercados externos,

82 Romênia

nessas condições? A resposta era óbvia: a Romênia seria incapaz de concorrer com sucesso com as potências ocidentais, quer em termos militares, quer em termos industriais, em parte devido à ampla dianteira tecnológica do Ocidente. Além disso, o nível civilizatório romeno — hoje diríamos o "capital humano" — colocava o país *hors de concours* porque 80% de sua população era analfabeta.[56] De fato, a existência dos gigantes industriais significava que os demais países seriam forçados a se tornar fornecedores agrícolas daqueles, como a Índia havia se tornado para a Inglaterra.[57] Por essas várias razões, "apenas interesse [econômico], ignorância ou a *idée fixe* de um maníaco [poderiam] explicar a quimera da industrialização romena".[58] Apesar dessas opiniões tão firmes, Stere concordava com os socialistas quanto ao fato de o capitalismo ter começado a transformar a Romênia, especialmente nas regiões onde os arrendatários empresariais vinham tentando maximizar os lucros nas propriedades dos *boieri* absenteístas.[59]

O progresso do capitalismo na Romênia, afirmava Stere, era diferente do ocorrido no Ocidente. Os lucros capitalistas rapidamente escoavam para fora do país. Ele sustentava que essa situação derivava, em grande parte, da importância assumida na Romênia pelos bancos de propriedade de judeus, bem como do fato de uma grande parcela das classes empresariais ser de origem judaica, ou de qualquer modo não-romenas. Assim, para Stere, o capitalismo na Romênia era um capitalismo "nômade".[60] A nível internacional, o capitalismo era também uma força nociva, uma vez que a economia internacional dividia-se em Estados exploradores e explorados, idéia essa compartilhada por Gherea e Racovski, e mais tarde desenvolvida por Mihail Manoilescu.[61]

No entanto, a agricultura, continuava Stere, apesar de parcialmente transformada pelas forças capitalistas, não estava sujeita às leis de Marx sobre a concentração e a centralização do capital. Quanto a esse ponto, Stere citou

Do liberalismo ao debate marxista-populista 83

a autoridade de Karl Kautsky, o mais respeitado dos economistas marxistas da virada do século, e também a do historiador da economia Werner Sombart.[62] Além do mais, em um país composto por uma maioria esmagadora de camponeses, as indústrias de fundo de quintal eram necessárias para empregar os camponeses durante os longos meses do inverno. As cooperativas seriam também adjuntos úteis à agricultura, como também o seriam alguns empreendimentos industriais, com o fim de empregar o excesso de mão-de-obra. Mesmo assim, não havia substituto para um campesinato livre e dono de suas terras. Na medida em que a grande indústria tivesse um papel a desempenhar (o que estava começando a acontecer, com a extração de petróleo), o monopólio estatal seria recomendável.[63] Stere era de opinião que, qualquer que fosse o papel que a análise marxista tivesse no mapeamento do curso da sociedade industrial, este seria de pouca valia para a sociedade agrícola da Romênia. Não havia um caminho único para o desenvolvimento, como o ilustravam as histórias divergentes da Inglaterra, da França e da Alemanha.[64] A Romênia deveria seguir o exemplo dos países que haviam modernizado com sucesso sua agricultura, como a Dinamarca, onde o movimento cooperativista havia feito o país prosperar.[65] Implicitamente, Stere e outros populistas consideravam a agricultura camponesa como sendo um modo de produção autônomo, não-capitalista e anticapitalista. Eles, de forma artificial, separavam a agricultura camponesa do restante da economia, e Stere e outros negavam que o campesinato fosse internamente diferenciado. Desse modo, os populistas romenos negavam a tendência, já observada por Lenin na Rússia, à criação de minorias *kulak* e de maiorias de proletários rurais.[66]

A reação socialista ao estudo de Stere veio rápida, nos trabalhos de Cristian Racovski e de Constantin Dobrogeanu-Gherea. Tal como Stere, ambos haviam nascido fora da Romênia. Trataremos antes do primeiro deles, e do segundo de forma mais extensa, devido a seu papel crucial

84 Romênia

na definição dos termos do discurso marxista na Romênia. Entretanto, Racovski iria ter o papel de maior relevo no cenário mundial. Cidadão romeno até a revolução bolchevista, Racovski mantinha contatos estreitos com os líderes socialistas em muitos dos países europeus. Após 1917, ele desempenharia um papel de primeira importância na política, na administração e na diplomacia da URSS. Apesar de ter nascido em Kotel, na Bulgária, em 1873, Racovski passou a juventude na Romênia, onde sua família era proprietária de terras na Dobrogea, na fronteira da Bulgária, às margens do Mar Negro. Estudando medicina na Suíça, França e Alemanha, tornou-se ativista da Segunda Internacional, representando os socialistas romenos em diversas reuniões européias. Racovski foi obrigado a se exilar por ter apoiado a revolta camponesa de 1907, e foi expulso da Romênia e de outros países em diversas ocasiões posteriores, devido a suas atividades políticas. Como delegado romeno na conferência de Zimmerwald, em 1915, tomou o partido de Lenin contra a maioria, ao assinar o manifesto antiguerra e pró-revolução. Após a Revolução de Fevereiro, em 1917, Racovski deixou a Romênia pela Rússia. Tornando-se mais tarde cidadão soviético, Racovski ocupou cargos partidários e administrativos de primeiro escalão, na Ucrânia, até 1923, servindo então como embaixador da URSS na Inglaterra. Entre 1925 e 1927 ele foi embaixador soviético na França. Foi então chamado de volta à URSS, sendo mais tarde expulso do Partido Comunista por Josef Stalin, a cujas políticas Racovski se opunha. No último julgamento-espetáculo de Moscou (1938), ele foi condenado por espionagem, vindo a morrer em um campo de trabalhos forçados na Sibéria, provavelmente em 1941.[67]

Ao *Social-Democracia ou Populismo* de Stere, Racovski respondeu diretamente com "Populismo, Socialismo e Realidade", publicado em 1908.[68] Para não deixar margem a dúvidas, Racovski afirmou, antes de mais nada, que os socialistas (isto é, os marxistas) não se interessa-

Do liberalismo ao debate marxista-populista 85

vam apenas pelo proletariado urbano, mas também pelo novo proletariado rural.[69] O fato de faltar à Romênia uma grande base industrial não significava que o capitalismo não prevalecia no país.[70] A produção capitalista existia agora na Romênia, sustentava Racovski, como o havia demonstrado a rápida ascensão do comércio exterior, no decorrer do século XIX, e o país estava se vinculando de forma crescente e cada vez mais estável ao mercado mundial. Em 1905, a produção de cereais havia aumentado em cinco vezes em relação a seus níveis de 1866, o ano em que surgiu o sistema de contratos de trabalho.[71] Racovski prosseguia argumentando que as massas rurais, contrariamente às afirmativas de Stere, vinham sendo crescentemente proletarizadas por esse processo.[72] Podia-se inferir que a Romênia, com suas massas de maioria esmagadoramente camponesa, estava se tornando uma nação de proletários. A pauperização do campesinato intensificava-se porque a Romênia tinha que competir no mercado mundial com produtores mais eficientes do "ultramar", como a Argentina.[73] Citando Werner Sombart, em cuja autoridade intelectual Stere havia se apoiado amplamente em seu estudo, Racovski observava que, por menor que fosse o atual proletariado industrial romeno — cerca de 3% da população total —, ele, entretanto, representava uma parcela da população total ligeiramente maior do que a classe trabalhadora da Prússia, em 1848, quando Marx e Engels publicaram *O Manifesto Comunista*. Se, àquela época, o proletariado prussiano havia tido importância devido a seu potencial de crescimento, não seria o mesmo verdade com relação ao proletariado romeno de inícios do século XX?[74]

Da mesma forma como a Romênia havia tomado de empréstimo instituições estrangeiras, ela poderia também acelerar seu processo de crescimento capitalista graças a empréstimos de tecnologia. Portanto, sugeria Racovski, embora "queimar a etapa" do capitalismo como modo de produção estivesse fora de questão, a transição para o socialismo poderia ser acelerada pelo estímulo ao avanço

86 Romênia

do capitalismo. O progresso do desenvolvimento industrial era altamente desejável, uma vez que a produtividade dos trabalhadores industriais era sete vezes maior que a dos trabalhadores agrícolas do país.[75] Além do mais, Stere estava errado, asseverava Racovski, ao sugerir que a Romênia não poderia desenvolver um mercado interno de grandes proporções, pois novas necessidades incentivariam nova produção, à medida que o capitalismo fosse se desenvolvendo.[76] Por fim, um populismo que antevia a Romênia do futuro plasmada segundo o modelo da economia de aldeia nada mais era que uma cópia desastrada e mecânica da *narodnichestvo* russa, afirmava Racovski, uma vez que o país balcânico não possuía uma tradição socialista comunitária tal como o *mir*.[77]

O liberalismo, o populismo e o socialismo marxista, portanto, eram doutrinas estrangeiras que penetraram a Romênia no século XIX, tendo, todas elas, suas raízes no Ocidente industrial. Para ter eco na Romênia, cada uma dessas ideologias teve que ser adaptada a seu cenário balcânico.[78] Embora o liberalismo tenha se tornado a ideologia "orgânica" do Estado e dos elementos sociais dominantes, a realidade social zombava de seus ideais. O populismo e o socialismo, em suas versões adaptadas à realidade local, forneceram críticas contundentes àquilo que Stere e Racovski consideravam como sendo uma caricatura grotesca da sociedade liberal. No decorrer dessa empreitada, ambas as escolas lançar-se-iam em debates contínuos, uma com a outra e com teóricos estrangeiros. Mas, talvez, o crítico mais feroz da realidade romena tenha sido o homem que mais longe levou a adaptação do marxismo — Constantin Dobrogeanu-Gherea.

Notas

1. A Transilvânia, a terceira maior região da Romênia contemporânea, permaneceu sob o domínio dos Habsburgo até o fim da Primeira Guerra Mundial.

Do liberalismo ao debate marxista-populista 87

2. Por exemplo, nos trabalhos de Alexandru Moruzi. Ver Demetrescu, 1940, pp. 264-68.

3. Stahl, *Traditional Romanian Village Communities*, 1980 (orig. fran. 1969), pp. 29-30.

4. Patrascanu, "Curs", mimeo., 1947, p. 192.

5. Demetrescu, pp. 270, 274 (citação). A Conferência de Paz de Paris, de 1856, que pôs fim à Guerra da Criméia, já havia dado início ao processo de união dos dois principados.

6. Esse nome vinha do distrito grego de Phanar, em Constantinopla, de onde eram originários esses grão-senhores.

7. Berend e Ranki, *European Periphery*, 1982, p. 42. Essas terras foram distribuídas aos camponeses na reforma agrária de 1864.

8. Stahl, *Traditional Romanian Village Communities*, p. 83. Enquanto isso, em 1830, os *boieri* haviam se tornado uma nobreza hereditária, nos termos do Regimento Orgânico, mas essa situação jurídica duraria apenas até a Convenção de Paris, de 1858. A Constituição romena de 1866 reafirmou a abolição dessa situação jurídica e dos privilégios vitalícios.

9. Segundo Marcu, 1979, p. 148, 3,8 milhões de hectares foram para o grupo *boier* e 3,1 milhões ficaram em mãos dos camponeses.

10. Ibid., p. 149.

11. Marcu e Puia, 1979, p. 264.

12. Murgescu, *Mersul*, 1987, pp. 272-76; Chirot, *Social Change*, 1976, pp. 94-103.

13. Murgescu, *Mersul*, p. 277; Soutzo (1840), p. 78.

14. Soutzo (1840), p. 122, cita Ricardo. Ricardo demonstrou que, dados dois países e duas mercadorias, seria vantajoso para ambos os países especializarem-se na produção de uma mercadoria e importar a outra, mesmo que um país produzisse, de forma mais eficiente que o outro (isto é, a custos mais baixos), *ambas* as mercadorias. (Para uma exposição mais rigorosa dessa tese, ver o Capítulo 8).

15. Constantinescu (1973), pp. 53-57; Academia Republicii (1960), pp. 227-28.

16. Dobrogeanu-Gherea, "Ce vor" (1976 [1886]), pp. 101-2.

88 Romênia

17. Demetrescu, p. 270.

18. Conferir com a importância de Smith no Brasil, em trabalhos publicados pelo futuro visconde de Cairu, em 1809 e 1811, como mencionado em Rocha (1980), pp. 55-56.

19. A expressão é de Tulio Halperin, aplicada por ele a um contexto latino-americano. Comunicação pessoal.

20. Lampe e Jackson, 1982, p. 265.

21. Zeletin, Burghezia, 1925, p. 95. Ver também Ercuta, 1941, p. 46.

22. Ver List ([orig. alem. 1841]).

23. Jackson, 1986, p. 61. Conferir com a opinião de John Montias, de que "não resta muita dúvida de que a tarifa de 1886 estimulou o crescimento da indústria nacional". Montias (1978), p. 63, n. 26.

24. Relativamente ineficiente, em comparação com os exportadores de grãos de "ultramar", a Romênia não conseguia competir no mercado britânico com a Argentina e com os domínios, mas ainda podia vender seus grãos no Continente.

25. Berend e Ranki, European Periphery, pp. 83, 115, 123, 156. Os autores definem a Periferia como os países da Europa Oriental, a Escandinávia e a região mediterrânea (excluindo a França), todos eles relativamente atrasados no início do período.

26. O "populismo", definido abaixo, é usado no sentido europeu, ou "russo", e não no sentido latino-americano. Esse último refere-se principalmente à política das massas urbanas, na qual o proletariado incipiente é manipulado por políticos "desenvolvimentistas", muitas vezes demagógicos, originários dos setores dominantes tradicionais.

27. Com a controvertida exceção de um surgimento na década de 70.

28. Quanto à penetração do capitalismo, ver Racovski, "Poporanism", 1908, p. 331 ("vórtice"); e Stere, "Fischerland", 1976 (1909), pp. 365-66. Uma década antes, Lenin havia se referido às economias pré-capitalistas como sendo atraídas pelo "redemoinho da economia mundial". Development, 2ª ed., 1956 (orig. russo 1899), p. 652. Sobre a exploração dos camponeses, ver Racovski, Roumania, 1909, pp. 17, 60; Stere, "Fischerland", pp. 369-70.

Do liberalismo ao debate marxista-populista 89

29. Racovski, *Roumanie*, pp. 8-9, Stere, "Tara", 1979 (1906), pp. 379 e 387; "Fischerland", p. 369.

30. Racovski escreveu que, na Romênia, os aluguéis dobraram em 70% das terras onde se cultivavam cereais, entre 1870 e 1907, e quadruplicaram em 6% dessas propriedades (*Roumanie*, p. 170). Uma nova forma de cálculo para as exigências de corvéia aumentou substancialmente o número de dias anuais devidos pelo servo ao senhor, chegando, nos termos do Regimento Orgânico, a cerca de 56 dias por ano, em meados do século. As exigências de fato de corvéia continuaram a crescer mesmo após sua abolição formal. Chirot, *Social Change*, pp. 97, 133.

31. Ver Kitching, 1982.

32. O Verein für Sozialpolitik, muitos de cujos membros tornar-se-iam influentes na Romênia, interessava-se por esse problema. Ver Capítulo 7.

33. Sobre Herzen, ver Venturi, 1960 (orig. ital. 1952), Cap. I.

34. A Junímea, que pode ser considerada como um movimento "nativista", baseava-se em uma interpretação de Hegel, não em uma reação a sua filosofia. Ver Capítulo 3.

35. Gerschenkron, "Economic Development", 1966, p. 190; Walicki, 1969, p. 132.

36. Não confundir com a região romena da Moldávia, citada neste estudo.

37. A questão da reforma *versus* revolução não foi colocada de forma iniludível até a Revolução de Outubro, quando Cristian Racovski juntou-se aos bolchevistas e Constantin Dobrogeanu-Gherea permaneceu como reformista. Ver abaixo sobre Racovski.

38. Havia propriedades comunais na agricultura romena, mas a maioria das comunidades camponesas foram subdivididas após a reforma agrária de 1864. Algumas delas, apesar das intenções do Estado, ainda continuaram comunais. Stahl, *Traditional Romanian Village Communities*, 1980 (orig. fran. 1969), pp. 85-90.

39. Quanto aos dados biográficos contidos neste parágrafo, ver as entradas sobre Stere em Diamandi (1936?), pp. 212-22; *Minerva*, 1930, p. 893; "Stere, Constantin", *Dictionar enciclopedic romîn*, 1962, 4: 508.

90 Romênia

40. Hurezeanu, "Revue", 1986, pp. 331, 337.

41. Roberts, 1951, p. 153; entrevista com H. H. Stahl, Bucareste, 28 de outubro de 1981 (sobre o carisma de Stere).

42. "Poporanism", Dictionar enciclopedic romîn, 3: 823-24.

43. Stere, "Tara", p. 379.

44. Ibid., 387. Mas em "Fischerland", Stere afirma que ela controlava 90 mil hectares, pp. 365-66.

45. Stere, "Fischerland", pp. 369, 371.

46. Stere, "Causele", 1907, p. 435; "Mizeria", 1908, p. 464.

47. Stere, "Mizeria", pp. 454-55, 459.

48. Stere, "Fischerland", p. 371. Stere baseava-se em dados fornecidos pela Câmara de Comércio de Botosani, em 1906, e foi no condado de Botosani que a revolta camponesa começou, em 1907.

49. Hurezeanu, "Revue", p. 337.

50. Vinte por cento das fábricas pertencentes a esse grupo tinham menos de dez operários. Stere, "Socialdemocratism", 1907-8, 2, nº 9: 320-21.

51. Ibid.

52. Ibid., p. 323.

53. Ver nota 23 para argumentos no sentido contrário.

54. Stere, "Socialdemocratism", 2, nº 10: 32.

55. Ibid., pp. 17-19. Sobre a necessidade dos mercados externos, Stere cita Gherea, "Din ideile", pp. 21-23, em ibid., p. 19.

56. Ibid., pp. 25-27. "A Romênia... não consegue encontrar um caminho entre a revolta e o voto camponês, sob o comando do subprefeito de Domnul", p. 26.

57. Ibid., pp. 30-31.

58. Ibid., p. 31.

59. Por exemplo, sobre as propriedades que ele chamava de Fischerland. Ver "Fischerland", pp. 366, 370.

60. Stere, "Socialdemocratism", 2, nº 11: 199, 202; 3, nº 1: 69-70 (citação). Os judeus não podiam possuir terras, não tendo cidadania plena até após a Primeira Guerra Mundial.

61. Ver nota 72.

Do liberalismo ao debate marxista-populista   91

62. Stere, "Socialdemocratism", 2, nº 8: 188-89, 2, nº 9: 313; 3, nº 1: 72-73. Stere não mencionou, contudo, que Kautsky permaneceu sendo um marxista ortodoxo, mostrando, em *Die Agrarfrage* (A questão agrária, 1899), como o capitalismo havia revolucionado a agricultura.

63. Stere, "Socialdemocratism", 3, nº 4: 60, 62, 63, 68.

64. Ibid., 2, nº 10: 15, 36. Conferir com a opinião de Garabet Ibraileanu em *Viata Româneasca*, em 1906: se o socialismo viesse a ter futuro na Romênia, seria apenas devido ao fato de ele haver triunfado antes no Ocidente, permitindo à Romênia evitar ou saltar (*ocolí*) o capitalismo. Até lá, seria necessário lutar pelos interesses da grande maioria, o campesinato. Desse modo, um populista torceu de forma surpreendente o argumento de Gherea sobre o papel determinante do Ocidente (ver Capítulo 3). Ibraleanu, 1906, p. 138.

65. Stere, "Socialdemocratism", 2, nº 9: 330; 3, nº 4: 61.

66. Ornea, *Poporanismul*, 1972, p. 512; Stere, "Socialdemocratism", 2, nº 9: 338; Lenin, *Development*, pp. 174, 182.

67. Racovski, "Autobiography", e Haupt, nota de fim de página, em Haupte Marie, orgs., 1974, pp. 385-403, passim; Iacos, 1977, pp. 5-6, 10-12.

68. Racovski, "Poporanism".

69. Ibid., p. 340.

70. Ibid., p. 336.

71. Ibid., p. 339.

72. Ibid., p. 331. É de se observar que Stere, como Racovski, entretanto, tinha uma opinião sobre as "nações proletárias": a partir de 1903, ele dividiu o mundo em Estados "exploradores" e "explorados", dependendo de sua posição na ordem capitalista internacional. Rozorea, 1970, p. 193. Ver o Capítulo 5 quanto à mesma idéia em M. Manoilescu.

73. Racovski, "Poporanism", p. 332.

74. Ibid., pp. 333-34. O mesmo argumento foi colocado, por Panait Musoiu, em 1892, sem contar com a vantagem das pesquisas de Sombart. Ver Stoica, 1972, p. 6.

75. Racovski, "Poporanism", pp. 337-38, 350.

92 Romênia

76. Stere, "Socialdemocratism", 2, nº 10: 17-18, 32, 36; Racovski, "Poporanism", pp. 355-56.
77. Racovski, "Poporanism", p. 363. Racovski não foi inteiramente preciso quanto a esse ponto. A Romênia não possuía uma tradição de propriedade comunal, mas as comunas haviam se tornado vestigiais nas décadas que se seguiram a 1864. Stahl, *Traditonal Roumanian Village Communities* , p. 85.
78. Para um levantamento de outras ideologias de desenvolvimento romenas de fins do século XIX, ver Hitchins, 1994, Cap. 2.

3
O marxismo e o atraso:
Gherea e seus críticos

Cristian Racovski demonstrou que o marxismo era aplicável à análise do atraso, definido em relação às configurações econômicas e sociais do capitalismo moderno. Marx, entretanto, desenvolvera seu sistema para criticar as estruturas e os movimentos do capitalismo no Ocidente desenvolvido, de modo que Racovski se deparou com a questão de "até que ponto a ciência social marxista teria que ser adaptada para se prestar às circunstâncias do subdesenvolvimento?" Também na Rússia essa questão vinha sendo enfrentada, mas a Rússia contava com a vantagem de ser uma grande potência, atrasada mas rica em recursos e em processo de rápida industrialização.

As questões eram as seguintes: Qual a natureza do sistema econômico local — capitalista ou pré-capitalista? Há "formações sociais" peculiares, que combinem as características dos modos de produção capitalista e pré-capitalista? Como essas formações sociais se relacionam às leis de movimento do capitalismo em nível internacional? Se a economia nacional em questão for, por alguma definição, pré-capitalista ou semicapitalista, seria possível à burguesia nacional desenvolver uma economia capitalista viável no país? Ou, em caso negativo, poderia o Estado

94   *Romênia*

fazê-lo? E em termos de classes, poderiam os dirigentes do Estado atuar como uma *Ersatzklasse*, na ausência de uma "burguesia conquistadora?" E mais, se as economias capitalistas passam por etapas históricas, como identificar essas etapas? Elas dizem respeito aos Estados nacionais ou a entidades maiores? Se há etapas, elas podem ser saltadas? Deveriam as classes trabalhadoras e os intelectuais progressistas apoiar o desenvolvimento do capitalismo? Os marxistas deram respostas criativas a essas perguntas, e não é de surpreender que as análises de pensadores originais, todos eles afirmando ter o marxismo como método, fossem, tantas vezes, incompatíveis entre si.

Racovski não era o único a afirmar a relevância do marxismo e, portanto, a tentar adaptá-lo às condições da Romênia do pré-guerra. Constantin Dobrogeanu-Gherea (como Racovski e Stere, estrangeiro de nascimento) conduziu o debate sobre a sociedade camponesa até o nível do modo de produção. O fato é que o único modo de produção descrito com precisão por Marx e Engels foi o próprio capitalismo, o que abriu espaço para especulações criativas sobre os demais modos, deixando como herança a controvérsia sobre o insuficientemente conceituado modo asiático. Gherea foi um dos primeiros teóricos a afirmar, em 1910, que os modos de produção tradicionais dos países atrasados interagiam com o capitalismo, formando um amálgama peculiar — na verdade, um modo novo e, por sinal, monstruoso. Essa nova proposição pode ser contrastada com o fato de Lenin, onze anos antes, ter caracterizado a economia russa como uma economia onde o capitalismo, mesmo na agricultura, vinha inexoravelmente eliminando o regime pré-capitalista.[1] A importância da contribuição de Gherea é demonstrada pelo fato de, quase setenta anos após a publicação de seu livro, europeus, latino-americanos e africanos estarem ainda "descobrindo" modos de produção nos quais o capitalismo subordinava, em padrões peculiares, os modos pré-capitalistas.

O marxismo e o atraso   95

É uma feliz ironia que um país famoso por seu nacionalismo, conservadorismo social e anti-semitismo como a Romênia, onde a educação formal era uma fonte de prestígio, tenha, como um de seus mais célebres e ilustres críticos sociais e literários, um judeu imigrante, autodidata e marxista. Dobrogeanu-Gherea conhecia Lenin e se correspondia com os mais importantes marxistas de sua geração — Karl Kautsky, Rosa Luxemburg, Victor Adler, August Bebel, Georgy Plekhanov e Vera Zasulich. Ele participou ativamente da Segunda Internacional, tendo recebido uma mensagem de cumprimentos fraternais do congresso da Internacional de Copenhague, assinada por Lenin, Luxemburgo e Plekhanov, entre outros.[2]

Nascido Solomon Katz, no distrito ucraniano de Ekaterinoslav, em 1855, Constantin Dobrogeanu-Gherea, quando ainda menor de idade, abraçou o populismo russo, o movimento Narodnik, tendo logo se incompatibilizado com as autoridades. Sua breve experiência na universidade de Kharkov reforçou seu radicalismo, tendo ele ali se tornado seguidor de Mikhail Bakunin. No verão de 1874, participou do movimento "Ao Povo", no qual milhares, ou até dezenas de milhares de jovens radicais russos começaram a pôr à prova a força de seu compromisso social, vivendo entre camponeses e trabalhadores, aprendendo com eles e politizando-os. Para escapar da polícia, Gherea mudou-se de Kharkov para Odessa, e depois para Chisinau, na Bessarábia (atual Moldova). Em março de 1875, ele atravessou a fronteira romena, parando em Iasi (Jassy), a capital da Moldávia romena. Ainda não havia completado vinte anos. Como tantos outros jovens do Império Russo que haviam participado do movimento "Ao Povo", Gherea adquirira noções rudimentares de um ou dois ofícios. A princípio, ganhou a vida em Iasi como canteiro, tendo trabalhado também como ferreiro.[3] Três anos depois, sua vida sofreu uma outra reviravolta dramática, quando foi seqüestrado pela tristemente famosa Okrana, a polícia secreta do tzar, em Galati, na confluência dos

96 Romênia

rios Danúbio e Siret. (Tropas russas estavam na Romênia, àquela época, devido à guerra com a Turquia, ao fim da qual a Romênia teria assegurada sua independência formal.) Gherea foi então mantido prisioneiro em São Petersburgo, tendo porém, pouco depois, sido exilado para uma aldeia no Mar Branco. Conseguindo fugir em um barco pesqueiro para a Noruega, de lá atravessou a Europa, chegando até Viena e, por fim, em 1879, à Romênia, onde se instalou em Ploiesti.[4]

Originário da tradição Narodnik — nas décadas de 1870 e 80, ele ainda lia Flerovsky (pseudônimo de Vasily Bervi) e Nikolai Chernyshevsky —, Gherea parece ter se convertido ao marxismo de forma gradual. Em 1875, ano de sua chegada à Romênia, estava estudando Marx. Os contatos com russos exilados na Europa ocidental parecem ter influído na sua adoção do marxismo.[5] À época de seu estudo e defesa da obra de Marx (1884), a transição ainda não se completara, como se pode perceber por seu panfleto *O que Querem os Socialistas Romenos*, de 1886.[6] No entanto, já ficam evidentes, nos primeiros trabalhos, suas tentativas de adaptar o marxismo ao terreno aparentemente inóspito de uma economia atrasada e de base camponesa. Nesse ensaio, Gherea afirmava que a revolução social na Romênia dependia da vitória prévia do socialismo no Ocidente industrial, onde, segundo a previsão de Marx, se daria a derrocada do capitalismo. Na opinião de Gherea, como a Romênia já havia adotado os costumes sociais ocidentais, ela não teria que passar — uma vez que a revolução no Ocidente não tardaria — por todas as etapas que haviam marcado o desenvolvimento do capitalismo europeu.[7] Ele afirmava, de forma convencional, que o liberalismo, a ideologia econômica dominante no Ocidente, havia sido o produto de mudanças na estrutura econômica e social. Gherea, nesse ponto, abandonou o convencionalismo ao afirmar que a Romênia havia adotado as formas superestruturais européias — ideologia, instituições

O marxismo e o atraso   97

políticas, modismos sociais — sem ter passado por mudanças em sua base ou infra-estrutura econômica.[8] No Ocidente, as transformações haviam ocorrido sob a liderança de uma burguesia dinâmica e poderosa. Na Romênia, ao contrário, Gherea considerava a burguesia fraca e corrupta.[9] Apesar das tarifas protecionistas, o apoio do governo não era suficiente para o estabelecimento de uma indústria pesada no país, condição essa que Gherea associava a uma burguesia dinâmica. Em 1886, as opiniões de Gherea eram ainda influenciadas pelo populismo russo, como se pode observar em seu argumento de que não seria possível à Romênia industrializar-se: os mercados externos eram dominados pelos poderosos concorrentes ocidentais e o mercado interno era pequeno demais para permitir a existência de grandes empresas industriais sem que a classe dos artesãos fosse arruinada, reduzindo assim o tamanho potencial do mercado. Nessas circunstâncias, a Romênia deveria se concentrar na agricultura (como os Narodnik haviam sugerido para a Rússia), mas a atividade agrícola deveria se organizar em linhas socialistas.[10]

Em "Papel da *Patura Culta* [camada culta] nas Transformações Sociais", publicado em 1892, Gherea levou adiante sua tese de que as mudanças nos países capitalistas avançados afetavam diretamente os países atrasados ou subdesenvolvidos (*tarile înapoiate*). Uma vez que as mudanças nas bolsas de valores da Europa ou no tamanho das colheitas americanas de grãos afetam o mundo inteiro, como, perguntava ele, poderiam as grandes transformações sociais associadas a esses fenômenos econômicos não afetar os países subdesenvolvidos?[11] Da mesma maneira que as classes que controlam os meios de produção dominam as outras classes, no âmbito de um país, impondo a estas suas formas sociais, "de modo semelhante, os países cujos meios de produção são solidamente desenvolvidos... mantêm sob seu jugo [*robie*] econômico os países subdesenvolvidos, chegando mesmo a impor a estes suas formas sociais".[12] A exploração só po-

98 *Romênia*

deria ser evitada pela emulação do Ocidente, como observou Engels em relação à Rússia, cujos líderes haviam seguido uma política de modernização após o país ter sido derrotado pela Inglaterra e pela França na Guerra da Criméia.[13] Como prova da transmissão das superestruturas sociais e culturais provenientes do Ocidente, Gherea citou a transformação da Romênia, de sociedade feudal a sociedade (superficialmente) burguesa, graças à ação de um grupo social por ele chamado de *patura culta*, não de uma burguesia local. Esse grupo não era de modo algum burguês, consistindo, ao contrário, dos filhos esclarecidos da velha classe dos *boieri*, que havia perdido, de direito mas não de fato, o controle sobre seus servos nas reformas dos anos 1860. A emancipação, na verdade, era um excelente exemplo das reformas, mais formais que substantivas, que estavam ocorrendo na Romênia.

Em 1908, quase duas décadas após ter escrito "Papel da *Patura Culta*", Dobrogeanu-Gherea voltou aos mesmos temas. Em resposta às acusações de Constantin Stere, de que a Romênia era uma nação esmagadoramente agrícola e que o programa marxista-socialista para o país era absurdo, Gherea afirmou que a Romênia já era um país "semicapitalista" e que o processo de penetração capitalista já estava por demais avançado para que fosse possível saltar a etapa do capitalismo no caminho que levava do feudalismo ao socialismo. Embora sustentando que as leis marxistas de desenvolvimento eram válidas para um país agrícola atrasado como a Romênia, Gherea admitia que essas leis se manifestavam ali de forma muito mais complexa e confusa que no Ocidente.[14]

Naquele mesmo ano, 1908, escreveu que a Romênia possuía estrutura jurídica apropriada a um país capitalista, não possuindo porém nem uma classe capitalista nem um proletariado. Os países atrasados, como a Romênia, estavam sendo satelitizados à medida que a economia mundial se expandia. Gherea, nesse ponto, tomou emprestado, reinterpretando-a, a noção de *forma fara fond* (forma

O marxismo e o atraso   99

sem substância) da escola Junímea, cujos líderes haviam estudado na Alemanha, imersos em hegelianismo. Nos termos marxistas de Gherea, a superestrutura (forma) havia precedido a base, na medida em que a Romênia havia adotado as instituições ocidentais sem as condições sociais e econômicas necessárias a seu funcionamento de fato.* quanto à evolução da cultura, acreditando que instituições tais Comentando o abismo entre o país formal e o país real, Gherea observou que a situação apresentava um contraste gritante com a da Rússia absolutista, onde o estado de desenvolvimento "real" havia deixado para trás o do sistema jurídico. Nessas circunstâncias, os socialistas romenos deveriam lutar pelo desenvolvimento de um capitalismo autêntico, que traria na sua esteira um sistema jurídico moderno e aplicável, ao invés da impostura que o país então conhecia.[15]

Em *O Socialismo nos Países Subdesenvolvidos*, escrito em 1912, Gherea desenvolveu o tema das diferenças entre a evolução dos países capitalistas centrais e a de suas dependências atrasadas. Nesses últimos, a evolução era muito mais rápida, apresentando um caráter especial, devido a que as mudanças na forma, ou na super-

---

* Dobrogeanu-Gherea, "Post-Scriptum", 1977 (1908) pp. 478-82. A Junímea era uma sociedade cultural e política fundada em Iasi em 1863 por Titu Maiorescu e outros que haviam estudado no exterior, principalmente na Alemanha (Maiorescu, que estudou em Berlim, Paris e Giessen, tinha um doutorado pela Universidade de Viena). Os junimistas afirmavam que a Romênia não havia atingido um estado de desenvolvimento correspondente à adoção das instituições associadas com o Ocidente economicamente avançado e que a (fracassada) revolução de 1848 contra o Império Otomano não havia resultado das reais aspirações do país. Maiorescu sofreu profunda influência de Hegel quanto à evolução da cultura, acreditando que instituições tais como o Estado não poderiam mudar a "base" orgânica, isto é, a sociedade. Ao contrário, as mudanças deveriam provir desta última. Ver "Junímea", 1964, pp. 935-36; e " Maiorescu, Tito", 1972, I: 353-96. Alexandru Xenopol, um junimista mais novo, havia adaptado, antes de Gherea, a noção de "forma sem substância" para servir a um argumento materialista em favor do desenvolvimento, embora esse argumento fosse não-marxista. Ver Capítulo 5.

100   Romênia

estrutura, precediam as mudanças na base. Essa situação resultava do fato de os países capitalistas avançados determinarem a evolução da totalidade do sistema.[16] Gherea foi adiante, formulando uma "lei das sociedades atrasadas", as situadas na Periferia do Centro capitalista: "Nos países capitalistas avançados, a forma social segue a base social [e econômica]; nos países subdesenvolvidos, a base social vem após as formas sociais".[17] Gherea, portanto, acreditava que a transição para o socialismo seria mais fácil nas áreas mais atrasadas porque essas nações adotariam o socialismo como resultado do triunfo deste no Ocidente. A maioria da população romena já estava sofrendo proletarização, asseverou Gherea, o que iria acelerar a transição, quando a hora certa chegasse.[18]

Gherea não ofereceu respostas para dois problemas que eram conseqüências imediatas dessas teses. Por que ele não concluiu, como o fez o marxista Li Ta-chao para a China, em 1920,[19] que a proletarização dos camponeses de seu país já o tornara maduro para a revolução? Ao que parece, Gherea acreditava que o processo estivesse em suas etapas iniciais, sendo parcialmente bloqueado por uma fusão de instituições pré-capitalistas e capitalistas. Gherea tampouco tratou do problema da potencial superficialidade da transformação socialista proveniente do Ocidente: ele chegou a prever que, na Romênia, o socialismo como forma precederia o socialismo de base econômica.[20] Entretanto, face a seus convincentes argumentos quanto à superficialidade da modernização burguesa operada pela *patura culta*, por que, poder-se-ia perguntar, ao menos a curto e médio prazos, iria a adoção de formas socialistas nos países atrasados, após a revolução no Ocidente, afetar a base local mais do que o haviam conseguido as transformações capitalistas? Gherea não explicou. Mesmo assim, sua façanha, em parte, foi a de enfocar e analisar o subdesenvolvimento como uma *síndrome*, e não apenas como o ponto de partida de onde os países atrasados seguiriam a trajetória já traçada pelos países de-

O marxismo e o atraso   101

senvolvidos. Seu modelo marxista foi contemporâneo do primeiro trabalho de Julius H. Boeke sobre o dualismo econômico, que tentava explicar por que o mecanismo dos preços não se constituía em incentivo suficiente para o desenvolvimento, nas sociedades orientais.[21] Gherea acreditava que os países atrasados da órbita do capitalismo sofriam tanto com o capitalismo (a exploração dos camponeses pelos *boieri*, que visavam a maximização dos lucros no mercado internacional) como com o desenvolvimento insuficiente do capitalismo (sua incapacidade de destruir, em nível local, as relações de produção feudais).[22] Quanto a isso, Gherea observou também que a burguesia romena havia fracassado por completo em transformar a economia nacional, como o havia conseguido, nos países capitalistas avançados, a burguesia ocidental que lhe servia de modelo. A burguesia da Europa ocidental, após 1789, havia traído sua defesa dos Direitos do Homem, mas a burguesia da Romênia sequer tinha o que trair. Enquanto a burguesia ocidental tivera que lutar pela criação das instituições liberais, estas foram subseqüentemente importadas pela Romênia, num processo no qual a burguesia local "desempenhou o menor papel possível".[23] Ao contrário, foram os *boieri* que, sob a influência ocidental, criaram o Estado liberal na Romênia. A burguesia local, tal como era, tomou o lugar dos *boieri* como uma nova "classe semifeudal", mantendo intactas muitas das relações sociais do feudalismo.[24]

Entretanto, independentemente da questão da classe dominante, um marxista em um país esmagadoramente habitado por camponeses, mesmo sem o poderoso desafio de Stere, teria que tratar da questão agrária. Dobrogeanu-Gherea havia levantado a questão no congresso de Zurique da Segunda Internacional, em 1893 e, na década seguinte, esse tópico absorveu seu interesse.[25] O *magnum opus* de Gherea foi publicado em 1910, tornando-se o capeamento de toda uma literatura que tratava do problema central da sociedade romena daquela época: a

102 Romênia

agitação camponesa. Três anos antes, após anos de crescentes tributos cobrados em trabalho e de queda das rendas dos camponeses, uma rebelião varreu o país. Depois de iniciado na Moldávia, o movimento rapidamente se alastrou também à Valáquia. O governo romeno esmagou brutalmente o levante, em parte devido ao medo de uma intervenção estrangeira, caso ele não agisse com determinação. Quando o exército deu por finda sua tarefa, 10 mil camponeses haviam sido fuzilados.

O lacônico título do estudo de Gherea, *Neo-servidão* (Neoiobagia), resumia a proposição de que um novo e monstruoso modo de produção havia surgido na Romênia.[26] Em poucas palavras, esse modo consistia na fusão das relações sociais e econômicas pré-capitalistas do campo com as relações econômicas e a superestrutura de um capitalismo que avançava em níveis nacional e internacional. Na forma tradicional da *iobagie*, havia três características básicas: o camponês estava preso às terras do senhor; era forçado a fornecer trabalho de corvéia para seu senhor e tinha que pagar tributos em mercadorias, além de outras formas de obrigações feudais.[27] A *Neoiobagia* era uma forma híbrida, tendo as seguintes características definidoras: suas relações de produção eram, em grande medida, "de base servil, feudais"; em nível ideológico e jurídico, ela era encoberta por um sistema jurídico liberal-burguês que tinha o efeito de deixar o camponês à mercê do senhor de terras;[28] ela incluía também uma legislação tutelar que prescrevia a inalienabilidade das terras dos camponeses e que regulava as relações entre o senhor e os trabalhadores; em nível econômico, o sistema não oferecia ao pequeno agricultor terras suficientes para a subsistência, forçando-o a se tornar vassalo do proprietário das terras que ele havia cultivado, como trabalhador e meeiro.[29]

No modelo de Gherea, o mercado internacional desempenhava papel decisivo no desencadeamento desse processo. Um sistema medieval de relações sociais, na opinião de Gherea, ainda caracterizava a Romênia em iní-

O marxismo e o atraso   103

cios do século XIX. Os camponeses eram em grande medida auto-suficientes, e a economia, em grande medida, "natural". A classe dominante dos *boieri* recebia tributos em mercadorias e em trabalho de corvéia. As cidades, àquela época, mal haviam começado a ingressar em uma economia monetária. Os acontecimentos subseqüentes, no entanto, em especial a assinatura do Tratado de Adrianópolis (1829), que abriu os portos romenos do Mar Negro para o comércio com o Ocidente, acarretaram uma intensificação da exploração dos camponeses pelos senhores de terras, segundo Gherea.[30] Esse processo aconteceu porque os *boieri* viram ali uma oportunidade de obter moedas fortes, assegurando assim o fluxo de mercadorias ocidentais, as quais passaram a ser consideradas especialmente desejáveis após a ocidentalização da classe *boier*, que havia começado com as guerras napoleônicas. Como resultado, a Romênia ingressou na "grande divisão mundial de trabalho" e agora "envia alimentos para o Ocidente e recebe dele bens industriais e culturais". Concomitantemente com o crescimento do comércio internacional romeno, veio uma economia monetarizada, um avanço que, no Ocidente, havia levado séculos para se consolidar.[31]

Desse modo, para Gherea e para muitos outros, os mercados ocidentais haviam parcialmente revolucionado a economia romena. Com o surgimento da economia monetarizada, afirmava Gherea, a exploração dos camponeses passou a ser ilimitada, pois os grãos haviam se transformado em *commodities* internacionais. As indústrias artesanais, muitas das quais eram voltadas para as famílias camponesas, começaram também a desaparecer, devido ao fluxo de mercadorias ocidentais que ingressavam no mercado nacional, pagas pelas exportações agrícolas.[32]

Gherea, então, voltou ao seu antigo tema, de que a cultura ocidental não possuía uma base material na Romênia, onde as instituições burguesas haviam chegado primeiro. Os liberais romenos do século XIX, escreveu Gherea, acreditavam que as instituições "produziriam a ci-

104 *Romênia*

vilização, e não vice-versa". Mas os países ocidentais que forneciam os modelos que a Romênia copiava (principalmente a França, a Bélgica e a Inglaterra) seguiam sua própria agenda. Eles desejavam "civilizar" os países atrasados como a Romênia, para fazer com que a população local produzisse os bens que o Ocidente demandava, e consumisse os bens oferecidos em troca pelo Ocidente. Nesse ponto, porém, a opinião de Gherea era ambivalente, pois ele acreditava que as instituições copiadas do Ocidente, bem como o apoio da França e da Inglaterra, eram necessários — tanto para a conquista da independência do domínio turco quanto para a construção de um Estado nacional. As instituições liberais e as potências ocidentais, admitia ele, haviam apoiado a Romênia também contra a absorção pela Áustria e pela Rússia.[33]

O autor passou então a desenvolver sua tese sobre a contradição existente entre as instituições políticas e jurídicas de seu país e suas instituições econômicas e sociais. Essa contradição era responsável pelo monstro que daí resultou. Ela começou com a reforma agrária (*împroprietarirea*) de 1864, processo esse que entregou aos camponeses cerca de um quarto das terras aráveis do país, tendo o restante permanecido com os *boieri* e com o Estado. Do meio milhão de camponeses que haviam recebido terras, apenas 72 mil, na estimativa de Gherea, haviam conseguido lotes viáveis.[34]

Pela primeira vez, camponeses e senhores de terras recebiam direitos absolutos de propriedade sobre suas terras, um processo que, na Europa ocidental, ocorrera durante a Idade do Absolutismo. Os senhores de terra romenos se beneficiaram dessa medida, devido a que eles não tinham mais que conceder aos camponeses o direito de usufruto.[35] Mas à maioria dos camponeses faltavam terras suficientes para o próprio sustento, enquanto que aos senhores faltava mão-de-obra para lavrar suas propriedades. O Estado tomou o partido da nobreza tradicional, de modo que o resultado não poderia ser outro: rea-

O marxismo e o atraso   105

pareceram formas de *iobagie*, tomando o lugar do regime assalariado. A situação que daí resultou não deixava de ter sua lógica inexorável, pois os *boieri*, além de sua mentalidade tradicional, tinham escassez tanto de capital (o que incluía animais de tração e implementos agrícolas, ambos de propriedade dos camponeses) quanto de conhecimentos sobre agricultura.[36] As más colheitas de 1865 e 1866 intensificaram o ressurgimento da *iobagie*. A geração de 1848 da Romênia, que buscava inspiração no Ocidente, havia chegado ao poder com o príncipe Alexander Cuza, o primeiro governante dos principados unidos do Danúbio. Cuza, em 1861, partiu para a organização de um Estado independente, tendo, juntamente com seus aliados da geração de 1848, adotado uma Constituição modelada na da Bélgica, que previa amplas liberdades civis. Mas em 1866, quando os *boieri* forçaram Cuza a abdicar, o Estado passou a tomar o partido, de forma mais total e consistente, da classe dos proprietários de terras. Por ironia, a primeira medida associada ao ressurgimento das relações sociais feudais foi uma lei estabelecendo a inalienabilidade das propriedades camponesas que, em tese, seriam parceladas em pequenos lotes. A mesma legislação tutelar, entretanto, proibia os camponeses de deixar suas aldeias, forçando-os assim a se haver com um monopsonista de mão-de-obra, seu antigo senhor. Com um lote de terra pequeno demais para o sustento de sua família, o homem do campo, mais uma vez, teve que apelar para o senhor da terra, o qual estava então em condições de ditar um contrato formal, assegurando para si próprio o acesso ao trabalho camponês. Para forçar o cumprimento desse contrato, o senhor, que agora, pela primeira vez, representava o Estado em nível local, poderia chamar a polícia rural (*dorobanti*) para "insistir" com os camponeses para que cumprissem o contrato. A mesma lei de 1866 determinava que nenhum nível superior da autoridade estatal poderia intervir na aplicação dos contratos de trabalho, de modo que os

106 Romênia

camponeses não tinham o direito de recurso. Os tributos do antigo regime continuaram existindo ou reapareceram sob novos disfarces — tributos em mercadorias, corvéia e outros. Uma lei de 1872 tornou ainda mais explícito o uso de meios militares para forçar o cumprimento dos contratos camponeses.[37] Embora essa medida tenha sido revogada dez anos mais tarde, a prática continuou, em caráter informal. Enquanto isso, no decorrer das décadas, cada vez mais dias anuais de corvéia eram exigidos dos camponeses, e seus aluguéis subiam. Na Romênia, portanto, a coerção extra-econômica da força de trabalho combinava-se com os contratos na exploração dos camponeses: a Romênia tinha "um duplo regime agrário... tanto capitalista quanto de base servil... absurdo, odioso... um regime monstruoso".[38]

A "neo-servidão", como Gherea denominou o novo regime, tinha para os *boieri* a vantagem de livrá-los de todas as obrigações tradicionais para com o campesinato. Eles podiam, agora, explorar a mão-de-obra sem qualquer interferência do Estado. Além disso, não tinham que lidar com trabalhadores livres, os quais, em um regime capitalista, gozavam ao menos de igualdade jurídica frente aos proprietários, podendo recusar ou abandonar empregos mal remunerados.[39] Esse sistema tendia a proletarizar os camponeses. As propriedades inalienáveis dos camponeses foram subdivididas em lotes cada vez menores, à medida que a população crescia. Contudo, essa proletarização não significava que os camponeses recebessem salários por seu trabalho. Ao contrário, tinham que trabalhar as terras do senhor em regime de *dijma*, ou meação, cedendo metade de sua produção e entrando com suas próprias ferramentas e animais.[40] O sistema, assim, concentrava a propriedade imobiliária nas mãos da classe dos senhores, sujeitando ainda os camponeses a um número cada vez maior de dias de trabalho de corvéia de fato, embora não de direito.[41] Na *neoiobagia*, um sistema social desconhecido no Ocidente e na Romênia de séculos anteriores, os camponeses ficavam com o pior de

O marxismo e o atraso 107

ambos os mundos, o moderno e o "feudal". Devido ao problema do absenteísmo dos senhores e da generalização do arrendamento de terras agrícolas, a agricultura, além do mais, havia se tornado uma atividade predatória, na qual os arrendatários tentavam maximizar seus lucros a curto prazo, à custa do solo e das florestas. Os camponeses, também, não tinham motivação alguma para preservar o solo em uma terra que não lhes pertencia, não tendo, além disso, garantia alguma de que ainda lá estariam trabalhando nos anos seguintes. O processo vinha produzindo resultados trágicos. O sistema econômico, concluiu Gherea, combinava a prerrogativa capitalista de usar e abusar da terra com a prerrogativa do senhor de servos de usar e abusar do camponês.[42] Além disso, a intensificação do aparecimento de latifúndios era o resultado, não a causa do novo regime: agricultura extensiva mais do que intensiva, trabalho semi-servil e o fato de os proprietários de terras não terem de fornecer as ferramentas e os animais de carga (liberando assim capital para investimentos), tudo isso contribuía para a expansão do sistema de latifúndios.[43]

A *neoiobagia* tinha ainda uma outra dimensão, resultante do implante do moderno sobre o medieval, que era a ascensão da burocracia. A razão ostensiva para o estabelecimento desta havia sido a busca de um caminho para a modernização do país, mas ela era necessária à consolidação do regime *neoiobag*. A burocracia (que implicitamente incluía o exército) tornou-se mais poderosa à medida que o campesinato se tornava mais rebelde, devido a seu papel na repressão. Embora o Estado tivesse sido criado pela classe *boier*, a burocracia tinha interesses próprios e explorava os camponeses através de atos ilegais, chegando mesmo à tortura, da mesma forma como os senhores extraíam excedentes diretamente do trabalho dos camponeses. Embora os *boieri* denunciassem a corrupção dos funcionários estatais, a burocracia cresceu em poder após a rebelião de 1907. À medida que os or-

108   Romênia

çamentos estatais e as funções do serviço público cresciam em importância, a burocracia passou a representar uma ameaça à classe dominante, pensava Gherea. Ele chegou a afirmar que a burocracia estava tendendo a se transformar na "verdadeira classe dominante".[44] Ao longo de todo o período de neo-servidão, afirmava Gherea, o Estado produziu leis que só eram de fato aplicadas quando serviam aos interesses da classe dos proprietários de terras — tais como o registro dos camponeses, no ano da revolta, 1907, e a concessão de verbas para uma milícia rural composta por seis mil homens.[45] No cômputo geral, Gherea estimava que o Estado controlava 25% do produto nacional romeno, o dobro do que o governo francês controlava da produção francesa.[46] No "parasítico e burocrático Estado" romeno, os grupos políticos no poder transformaram a si mesmos em uma oligarquia.[47] Gherea examinou então uma solução de inspiração populista para esses problemas — a Casa Rural, um programa governamental de hipotecas rurais. Ele concluiu, porém, que o único efeito desse programa foi o de diferenciar o campesinato, auxiliando os camponeses ricos a explorar os camponeses pobres, que não conseguiam pagar a amortização de seus empréstimos.[48] Sua solução para esses problemas, apesar de pintá-los em cores tão sombrias, era reformista. Ele aconselhava a divisão das grandes propriedades e a adoção, para a agricultura, de relações de produção verdadeiramente capitalistas, que incluíam a abolição da inalienabilidade (tutelar) das terras camponesas. Defendia também o sufrágio universal, considerado por tantos progressistas sociais europeus como a chave que abriria para as massas trabalhadoras as portas do poder; como também a industrialização do país, em parte para permitir uma agricultura mais intensiva e eficiente.[49]

Em seus últimos anos, Gherea permaneceu fiel a uma visão socialista do futuro da Romênia, conclamando à vitória do poder socialista através de meios legais ou —

O marxismo e o atraso   109

em princípio, pelo menos — revolucionários.[50] Leal também à idéia de uma solidariedade proletária internacional, Gherea exilou-se na Suíça, de 1916, ano em que a Romênia entrou na guerra, até 1919. À época de seu retorno, ele compartilhava a convicção de muitos de seus camaradas, de que o movimento socialista triunfaria na Europa ocidental. Entretanto acreditava, coerentemente com sua tese anterior, que a Romênia receberia de fora o socialismo. Faltavam ao país as condições objetivas e subjetivas para a revolução.[51] Dobrogeanu-Gherea nunca deu apoio total à Revolução Russa, aferrando-se ainda a suas convicções social-democratas, dentre as quais os objetivos de pôr um fim às relações de trabalho pré-capitalistas e de levar as massas ao poder por meio do sufrágio universal sobressaíam-se como as soluções para os males sociais e políticos de seu país.[52] Ele morreu em 1920, um ano antes da cisão do movimento socialista na Romênia, ocasionada pela organização do Partido Comunista Romeno.[53]

Os últimos escritos publicados por Gherea tratavam da "oligarquia", um tema que já havia abordado em *Neoservidão*. Ele afirmava que esse grupo dominante tinha suas origens na burocracia estatal, criada no século anterior por um sufrágio altamente limitado. A riqueza dessa oligarquia, quer em terras, comércio, bancos ou indústria, havia começado com a associação de seus membros ao Estado, usado como fonte de enriquecimento. "A maior indústria", declarou Gherea, era "a indústria política".[54] Pode-se supor que Gherea tinha em mente não apenas as sinecuras, o apadrinhamento e o peculato, mas também as concessões de monopólios, o conhecimento privilegiado de ações futuras do Estado e os contratos governamentais.[55] Mas a "oligarquia" permaneceu mal definida em termos de classe e nebulosa como conceito analítico. Ademais, se sua simbiose com o Estado era tão íntima, parecia irrealista depositar no Estado as esperanças de reforma, como o fizeram os sucessores social-democratas de Gherea. A grande contribuição de Dobrogeanu-Ghe-

110 Romênia

rea reside em seus primeiros escritos, em especial sua adaptação do marxismo para descrever as realidades dos países atrasados e sua concepção da neo-servidão, a fusão dos modos de produção "feudal" e capitalista.

===

Cinco anos após a morte de Dobrogeanu-Gherea, sua análise do desenvolvimento romeno foi contestada no âmbito do discurso marxista. Rejeitando como uma aberração a noção de "oligarquia" de Gherea, Stefan Motas (1882-1934) — mais conhecido por seus compatriotas pelo pseudônimo Stefan Zeletin — usou o marxismo para definir e defender o papel da burguesia nacional. Como Gherea, Racovski e Stere, Zeletin tinha participação política, servindo no Senado como membro do Partido do Povo do general Averescu. Entretanto, de modo geral, ele optou por uma *vita contemplativa*: Zeletin, originário da Moldávia, iniciou seus estudos como seminarista ortodoxo, passando em seguida a estudos seculares na Universidade de Iasi, onde obteve seu primeiro diploma, em 1906. Três anos mais tarde, deu início a suas peregrinações acadêmicas, estudando em Berlim, Leipzig, Oxford e Paris, obtendo, em 1912, um doutorado em filosofia na Universidade de Erlangen (Alemanha).

Zeletin publicou seu ensaio mais importante, *A Burguesia Romena: Sua Origem e Papel Histórico*,[56] em 1925, sendo nomeado catedrático de filosofia na Universidade de Iasi, dois anos depois. Esse trabalho conquistou para ele um lugar importante, embora controvertido, no debate sobre o desenvolvimento romeno, por se constituir em um notável esforço visando "domesticar" o marxismo, alcançar seu *embourgeoisement*. Zeletin ocupa, na história do marxismo romeno, uma posição próxima à de Peter Struve, na Rússia.

Zeletin, de fato, era um *Kathedersozialist* romeno, que recrutou a autoridade de Karl Marx e de Rudolf Hilfer-

O marxismo e o atraso   111

ding, além da de um ex-marxista, Werner Sombart, para justificar a construção de um capitalismo romeno e o apoio a uma burguesia nacional ainda embrionária. Mais que qualquer outro, Zeletin tornou o marxismo respeitável. Ao mesmo tempo, era um exemplo puro do "intelectual orgânico" de Antonio Gramsci, que fornecia uma elaborada racionalização da distribuição de riquezas e de poder existente. Em especial, seu trabalho tendia a justificar o papel histórico do Partido Nacional Liberal, que se havia amplamente utilizado do Estado para seus projetos financeiros e industriais.[57] Ele fez do trabalho de Gherea, a quem criticava ferozmente, o ponto de partida da defesa da burguesia nacional. Zeletin concordava com Gherea quanto à inevitabilidade do triunfo do socialismo, mas o capitalismo tinha antes que ser desenvolvido. Desse modo, apesar das marcadas diferenças entre suas análises, as posições de Gherea e Zeletin podem ser consideradas, em grande medida, como diferentes apenas em ênfase: enquanto Gherea ressaltava a vitória final do socialismo na Romênia, Zeletin ressaltava a tarefa imediata de construção do capitalismo no país, um passo necessário para que o socialismo viesse em seguida.

Em seu trabalho mais famoso, *A Burguesia Romena*, Zeletin descreveu como essa classe havia surgido no século anterior. Zeletin usou como enfoque a periodização marxista do capitalismo mundial, baseando-se, em especial, em *O Capital Financeiro*, de Hilferding (1910). Segundo esse esquema, o capitalismo havia passado por três etapas, nas quais diferentes elementos do sistema haviam preponderado — o capital comercial, o industrial e, por fim, o financeiro, tendo este último se tornado preeminente por volta de 1880. A cada uma dessas etapas correspondia uma ideologia — o mercantilismo, o liberalismo e o imperialismo.[58] Porém, inspirado em Hilferding, Zeletin afirmava que as burguesias retardatárias, seguindo os passos das burguesias dos Estados Unidos e da Alemanha, saltariam a fase liberal, passando diretamente do mercantilismo para o imperialismo.[59]

112 Romênia

Para Zeletin, a burguesia romena, de início tão dependente da importação de mercadorias e de capital estrangeiros, chegaria no futuro a alcançar a independência econômica, como o haviam feito seus modelos europeus.[60] A transição da Romênia para o capitalismo, trazendo em sua esteira uma burguesia incipiente, havia começado com o Tratado de Adrianópolis, em 1829, pelo qual a Grã-Bretanha e a França haviam forçado a Turquia a abrir o Bósforo ao comércio internacional. Como Gherea observara, esse acontecimento acelerou o interesse das classes altas romenas em adquirir bens ocidentais, bem como em abrir um novo e lucrativo mercado para os cereais romenos.[61] A ideologia liberal só poderia ser útil para a criação da burguesia após as transformações econômicas terem sido postas em movimento, em 1829. É verdade que a ideologia liberal havia começado a penetrar na Romênia antes da revolução econômica; mas naquela época, ela fora apenas um instrumento para que os *boieri* menores demandassem privilégios dos *boieri* maiores.[62] Na opinião de Zeletin, a união alfandegária sob domínio otomano entre a Moldávia e a Valáquia, em 1847, incentivou o surgimento tanto da burguesia quanto do Estado romeno — sendo que o desenvolvimento deste último foi grandemente acelerado pela união formal da Valáquia e da Moldávia, em 1859. Esses acontecimentos dependeram, em parte, da expansão do capitalismo ocidental, que alcançou os dois principados.[63]

Ao seguir a análise de Sombart do desenvolvimento capitalista das nações pioneiras, Zeletin afirmava que a Romênia, contrariamente à análise de Dobrogeanu-Gherea, havia seguido um caminho típico, não excepcional e muito menos "monstruoso". A penetração ocidental, tanto econômica quanto cultural, na Romênia, intensificou-se rapidamente após 1829, mas seu pleno impacto ocorreu apenas depois da vitória anglo-francesa sobre a Rússia, na guerra da Criméia, em 1856.[64] Até inícios do século XIX, não havia uma classe dominante unificada, pensava Zele-

O marxismo e o atraso 113

tin. O capital judaico, originário da Polônia, tendia a enfraquecer o poder dos *boieri* tradicionais, que fartamente consumiam mercadorias ocidentais.[65] Mas, nos anos que se seguiram ao triunfo dos *boieri* sobre o príncipe Alexander Cuza, o capitalismo ocidental já havia introduzido uma revolução social e política. Zeletin concordava com Gherea que, após 1866, a Romênia havia sido governada por uma oligarquia. Essa oligarquia desempenhara um papel semelhante ao dos monarcas absolutistas, sob o regime do capitalismo comercial, no Ocidente. Ainda não havia uma classe dominante poderosa e única, como no absolutismo ocidental, e o processo de circulação ofuscava o de produção, rompendo as barreiras internas ao comércio.[66] A oligarquia derivada dos *boieri*, que teve início com a fundação, pela família Bratianu, da Banca Nationala, em 1880, havia se tornado uma oligarquia financeira. Portanto, uma revolução burguesa não fora necessária.[67]

Devido à onda de protecionismo agrícola na Europa, que ocorreu logo após a introdução dos cereais americanos, em fins da década de 1870 e inícios da de 1880, a Romênia foi abandonada à própria sorte, mas sua industrialização começou apenas após a implementação da tarifa de 1886.[68] Tendo completado a fase mercantilista do capitalismo, o país estava agora passando diretamente para a fase imperialista, exatamente como já havia acontecido nos Estados Unidos e na Alemanha. A fundação da Banca Nationala pelos Bratianus e seus colaboradores do Partido Liberal, em 1880, bem como a criação, em 1910, do semi-estatal Banca Româneasca (também dominado pelos liberais) reforçaram a tendência à nacionalização do capital, na Romênia. Assim, "com [a ascensão do] capitalismo financeiro, nossa sociedade saltou diretamente do mercantilismo para o imperialismo, do desenvolvimento das forças da produção nacional para sua organização sob a supremacia das altas finanças". Não havia mais a luta entre o capital industrial e o financeiro; ao invés disso, a oligarquia financeira, como acontecia em outros países

114   *Romênia*

na era do imperialismo, estava organizando a produção. No desenvolvimento da Romênia, o mercantilismo e o imperialismo, ou seja, o desenvolvimento e a organização da produção, haviam se tornado um processo único, como sucedera com as "burguesias retardatárias" da Alemanha e dos Estados Unidos.[69] Os industriais, pouco a pouco, vinham se transformando nos agentes assalariados dos banqueiros, e a classe dos grandes senhores de terras havia desaparecido. Os camponeses, como resultado da Primeira Guerra Mundial, haviam alcançado tanto a terra quanto o direito de voto, não sendo porém uma classe unida. Apenas o proletariado industrial poderia se opor ao poder da burguesia, e o proletariado ainda era minúsculo.[70] Enquanto isso, a reforma agrária de 1918-21 havia levado a revolução burguesa a sua forma quase acabada.[71]

Os muitos problemas da Romênia estavam necessariamente associados à fase de transição ao capitalismo financeiro, asseverava Zeletin. No século XIX, as crises rurais eram a conseqüência natural das fases iniciais do capitalismo, uma vez que o novo modo de produção libertava os camponeses, mas não podia mudar sua mentalidade nem oferecer empregos na indústria. As rebeliões camponesas foram um "fenômeno generalizado" na transição do velho regime [feudal] para o regime burguês, afirmava Zeletin, e eram de natureza reacionária. Com o tempo, a indústria absorveria o excedente de população rural, à medida que o capitalismo financeiro (monopolista) fosse se desenvolvendo.[72]

Zeletin passava então à crítica do marxismo socialista de Gherea. Tal como a Junímea, Gherea havia concebido a sociedade romena moderna como evolução da "forma" para a "base", não podendo, portanto, ver o desenvolvimento da sociedade nacional como um processo natural.[73] Na opinião de Zeletin, o problema básico era justamente o contrário do que Gherea havia sugerido: a causa dos males sociais não era a base material romena, na qual o capitalismo vinha se desenvolvendo de maneira mais ou me-

O marxismo e o atraso   115

nos normal, mas a superestrutura ideológica, onde ainda prevalecia um espírito "medieval".[74] O sufrágio universal oferecera oportunidades sem paralelo para uma reação de base camponesa, e seria loucura colocar a classe trabalhadora contra a burguesia.[75] Em *Neoliberalismo*, uma coleção de ensaios publicada dois anos depois, Zeletin abordou novamente esses temas, assegurando que o desenvolvimento da burguesia romena havia sido "normal".[76] O "neoliberalismo", para Zeletin, era a ideologia e o conjunto de políticas correspondentes à fase imperialista do desenvolvimento do capitalismo.[77] Na era do pós-guerra, caracterizada por *Planwirtschaft* e *économie dirigée*, o neoliberalismo, na opinião de Zeletin, correspondia à necessidade organizacional inerente à fase do capitalismo então em curso. A intervenção do governo, portanto, era necessária, podendo o Estado limitar os direitos dos indivíduos visando ao bem comum.[78]

O desenvolvimento da economia nacional, da cultura nacional e do Estado dependiam do desenvolvimento da burguesia. Mas esta última, por sua vez, necessitava da assistência do Estado.[79] A "plutocracia" romena tinha um papel positivo a desempenhar na atual etapa de desenvolvimento do país, pois era um elemento necessário para contrabalançar o poder do capital estrangeiro. Sua tarefa histórica consistia na industrialização da Romênia.[80] Zeletin chegou ao ponto de justificar o desvio de dinheiro público e a amoralidade generalizada do capitalismo romeno — de novo afirmando que a Romênia estava simplesmente repetindo a experiência do capitalismo em seus primórdios, tal como ocorrera em outras partes. Entretanto, o saque do erário havia atingido seu limite, dizia ele, e os aventureiros responsáveis por tais problemas deveriam agora partir para o desenvolvimento do capital nacional, havendo completado essa versão local da "acumulação primitiva".[81] Como grande parte do capital existente no país estava ainda nas mãos de estrangeiros, argumentava Zeletin, a burguesia nacional tinha o papel e o dever históricos de "re-

116 Romênia

conquistar para os romenos a Romênia de hoje".[82] Apesar dessa franca apologia da burguesia financeira e industrial, Zeletin sustentava que a análise de Marx, quanto à vitória do proletariado, estava correta a longo prazo.[83] Os socialistas não deixaram sem resposta as opiniões de Zeletin sobre o desenvolvimento. Um ano depois da publicação de *A Burguesia Romena*, de Zeletin, dois social-democratas tentaram refutá-lo, defendendo a posição de Gherea, que falecera em 1920. Um deles, Serban Voinea (1893-1972), cujo nome verdadeiro era Gaston Boeuve,[84] havia, pouco antes, resumido a posição de Gherea para os marxistas de língua alemã, na revista teórica de Otto Bauer, publicada em Viena, Der Kampf.[85] Nesse ensaio, Voinea defendeu a posição de Gherea de que as leis de movimento para as sociedades periféricas são diferentes das do Ocidente industrial, no sentido de que as mudanças na superestrutura ideológica precedem as mudanças na base industrial. Voinea afirmou que os socialistas tinham que lutar contra a *neoiobagia*, aliando-se à burguesia, nesse ponto implicitamente concordando com Zeletin. Como Gherea, Voinea argumentava que a transição para o socialismo, na Romênia, seria determinada pelos acontecimentos no Ocidente.[86] Mas foi além, tratando de uma questão sobre a qual Gherea pouco havia dito, afirmando que a introdução súbita das instituições socialistas em seu país (e, de forma implícita, nos demais países atrasados) teria efeito análogo ao que havia tido a introdução das instituições superestruturais capitalistas, um século antes: um "neocapitalismo" tomaria o lugar da "neo-servidão".[87]

Voinea fazia questão de distinguir sua própria posição da de Zeletin, embora ambos apoiassem a ascensão da burguesia nacional. *Marxismo Oligárquico*,[88] título da resposta de Voinea para A Burguesia Romena, de Zeletin, apontava as falhas teóricas e empíricas dos argumentos deste último. Acusando Zeletin de distorcer a análise marxista, Voinea, na verdade, afirmou que seu oponente, para usar linguagem moderna, era um "circulacionista": ele havia utilizado mal o método marxista, interpretando as relações do mercado internacional como as forças determinantes na ascensão do capitalismo romeno, colocando assim o modo de troca ou circulação, e não o modo de produção, como o fator decisivo do desenvolvimento econômico.[89] Além do mais, asseverava Voinea, os fatos citados por Zeletin estavam errados: a Romênia havia conhecido uma economia monetária, capital comercial e usura muito antes do Tratado de Adrianópolis.[90]

Zeletin acusava Gherea de ter tomado emprestado idéias do debate russo sobre o desenvolvimento do capitalismo nos países atrasados, ao que Voinea replicou que a argumentação de Gherea era original, uma vez que as instituições liberais nas quais baseou sua crítica existiam apenas na Romênia, enquanto a Rússia havia sofrido sob uma autocracia.[91] Voinea acusou Zeletin de incoerência teórica, ressaltando que este último fora buscar sua idéia sobre a "contradição" entre a produção (agrícola) feudal e a circulação capitalista não em Marx, mas em Nikolai Danielson, um teórico dos Narodnik;[92] dessa forma, Voinea devolveu a Zeletin a acusação de que ele teria se inspirado no populismo.

No mesmo ano, 1926, um outro social-democrata, Lothar Radaceanu, atacou Zeletin por sua análise da tão nebulosa oligarquia romena.[93] Radaceanu afirmava que a oligarquia havia penetrado a economia nacional graças ao controle da política, como Gherea afirmara. Gherea estava errado, contudo, em acreditar que a *neoiobagia* se dava apenas na Romênia, quando outros estudiosos haviam verificado a existência de fenômenos semelhantes em outras partes da Europa oriental.[94] O Estado romeno havia sido criado para o capital internacional, continuava Radaceanu e, exceto nas aparências, não precisava ser burguês, como Gherea dissera.[95] Contrariamente à opinião de Zeletin, registrava-se, no período contemporâneo, o antagonismo entre uma burguesia em ascensão e a oligarquia, uma vez que esta última conserva elementos da *neoio-*

118   Romênia

bagia e favorecia as indústrias vinculadas ao Estado.[96] No entanto, a burguesia se tornara reacionária e agora tomava o partido da oligarquia, em razão de seu medo de uma revolução comunista.[97] Mas o autor comunista Lucretiu Patrascanu assinalou que a insistência de Radaceanu em se apegar à fantasiosa oligarquia de Gherea mantinha-o preso a uma armadilha ideológica, que resultava em falência moral: os líderes social-democratas apoiaram a ditadura de Carol II, em 1938, ao que parece por considerá-la uma força progressista, contrária à "oligarquia".[98] Radaceanu ainda mudaria de lado uma outra vez e, após a guerra, participaria do governo de Petru Groza, controlado pelos comunistas.[99]

Patrascanu, que associava a falência moral dos socialistas ao que ele considerava como o erro teórico de Gherea, foi o mais importante teórico do Partido Comunista Romeno, nas décadas de 1930 e 40. Desempenhou um papel de primeira linha na derrubada do regime do general Ion Antonescu, aliado dos nazistas, em agosto de 1944, tendo auxiliado na formação do governo de coalizão que, aos poucos, levou os comunistas romenos a alcançar o monopólio do poder. Patrascanu serviu como ministro da Justiça no governo de Groza, no pós-guerra, mas sua influência definhou em fins da década de 1940, quando políticos treinados em Moscou assumiram o controle do Partido Comunista Romeno. Ele foi expurgado em 1948 (como demasiadamente independente de Moscou) e executado em 1954, após um julgamento-espetáculo, acusado de desvios direitistas.[100]

Filho de um professor universitário e, ele próprio, advogado e economista, Patrascanu havia estudado na Alemanha. Nascido em 1900, obteve seu Ph.D. em Economia em 1925, em Leipzig, onde escreveu uma dissertação sobre a recém-completada reforma agrária romena.[101] As contribuições acadêmicas de Patrascanu foram muitas, mas sua maior dádiva ao pensamento marxista romeno foi sua tentativa de estabelecer a "normalidade" do desenvolvimento

O marxismo e o atraso   119

capitalista da Romênia — embora usasse o termo "normalidade" num sentido diferente do de Zeletin. Como ocorreu com os autores marxistas que o precederam, a análise de Patrascanu da sociedade contemporânea romena foi condicionada por sua visão da história do país, interpretada à luz do materialismo histórico. Seu principal estudo, quanto a esse ponto, foi *Um Século de Agitação Social, 1821-1907*. Escrito entre 1933 e 1943, quando o trabalho do autor foi interrompido por períodos de prisão e clandestinidade, essa obra de Patrascanu é, contudo, convincente e embasada em muitos dos melhores trabalhos monográficos da ciência social romena.

Nesse ensaio e em suas notas de aula do período do pós-guerra, Patrascanu sustentava que a Romênia havia passado pelo feudalismo, desde a fundação dos dois principados, no período entre o século XIV e meados do século XVIII. Ele acreditava que uma economia de trocas se desenvolvera na Romênia a partir dessa última data e que, na época, a iobagia havia surgido também. Patrascanu argumentava que, a partir de 1749, quando a servidão fora formalmente abolida na Moldávia,[102] embora os antigos servos permanecessem sem terra e ainda obrigados a prestar trabalho de corvéia, até 1864, quando as obrigações feudais foram formalmente proscritas, a Romênia não havia tido um regime feudal, mas um regime *iobag*, uma forma da "segunda servidão" da Europa oriental.[103] Era, portanto, um modo de produção diferente do identificado por Gherea, embora Patrascanu não tenha usado esse termo. Sob o antigo regime feudal, escreveu ele, o camponês controlava os meios de produção e pagava o senhor em mercadorias. Ele servia apenas três dias de trabalho de corvéia (*claca*) por ano. Mas a principal característica do regime *iobag*, após as reformas do príncipe Constantin Mavrocordat, de 1742 e 1744, era o "aluguel [pago] em trabalho". Em fins do século XVIII, a *claca* chegava a trinta dias por ano.[104]

120 Romênia

O dinheiro já estava em circulação no século XVII, afirmava Patrascanu,[105] contradizendo Zeletin. À medida que o uso do dinheiro na economia nacional aumentava, no decorrer do século XVIII, as mercadorias puderam se transformar em *commodities*, acabando por permitir que os *boieri* buscassem uma acumulação ilimitada. Portanto, a transformação dos produtos do solo em *commodities* foi o "fator determinante" das mudanças nas relações entre os *boieri* e os camponeses, e da transição do feudalismo para a *iobagie*.[106] O capital comercial e o capital de usura foram os responsáveis pelo intercâmbio de *commodities* e pela circulação do dinheiro, preparando o caminho para o capital industrial, com seu fenômeno generalizado de trabalho assalariado. No Ocidente, esse processo havia tido início já no século XVI, mas na Europa oriental estava ainda em andamento em meados do século XIX.[107] O capitalismo romeno, entretanto, enfrentava um obstáculo importante que não existira no Ocidente. Sob o domínio otomano, que conheceu seus piores abusos sob os príncipes fanariotas gregos, no período entre 1711 e 1821, havia pouca acumulação primitiva devido à política turca de forçar a venda de bens à porta a "preços ridículos", o que Patrascanu denominou de "comércio de saque".[108]

Ao observar que Dobrogeanu-Gherea concluíra que o novo regime havia atingido seu auge com as reformas de 1864, Patrascanu perguntou por que não houve revoltas camponesas imediatamente após 1872, ou naquele mesmo ano, quando foi adotada a lei que forçava os camponeses a aceitarem, *manu militari*, os contratos de trabalho, fato esse ao qual Gherea dera tamanha importância. Era significativo que não tivesse havido mais revoltas camponesas até 1888, e que a revolta mais importante tenha acontecido quase duas décadas depois, em 1907.[109] Para Patrascanu, a explicação dessa anomalia não era a *neoiobagia*, o sistema híbrido e monstruoso de Dobrogeanu-Gherea, mas a penetração do capitalismo no campo,[110] a um ritmo que aumentou rapidamente após 1880 e, em especial, com o

O marxismo e o atraso 121

novo século.[111] Entretanto, os arrendamentos extensivos, bem como a disseminação do trabalho assalariado, mostravam que o capitalismo já havia começado a afetar a agricultura romena no século XIX.[112] O capitalismo manteve fortes vestígios do regime *iobag*, e a articulação ou, nas palavras de Patrascanu, o "entretecer de novas e velhas formas de exploração, de diferentes relações de produção", aprofundou o conflito social, chegando por fim a conferir-lhe uma forma mais violenta.[113] Isso diferia da *neoiobagia* de Gherea, uma vez que esta última não era o produto de um capitalismo triunfante, mas um modo de produção articulado de forma peculiar.

Patrascanu citou provas estatísticas, mostrando que a produção industrial nas grandes fábricas romenas havia se acelerado na década de 1880 e, novamente, nos anos pré-guerra do século atual. O número de empresas manufatureiras organizadas como sociedades de responsabilidade limitada (*joint stock*) também cresceu rapidamente de 1903 a 1913.[114] O crescimento das grandes indústrias e dos grandes bancos fez também com que aumentasse a diferença de renda entre as cidades e as aldeias, à custa destas últimas.[115] Mesmo na agricultura, apesar da negativa de Serban Voinea, as relações de trabalho capitalistas haviam feito grandes progressos, asseverava Patrascanu.[116] Não apenas o trabalho assalariado havia ganho muito terreno na Moldávia, em particular em inícios do século XX, mas uma outra importante fonte dava indícios do avanço do capitalismo no campo, os arrendamentos com base em aluguéis em dinheiro, que vinham, em grande medida, substituindo o *dijma* (meação). Cerca de 62% das propriedades agrícolas da Moldávia (por volta de 1907?) eram alugadas a arrendatários ou empresas arrendatárias.[117]

Para Patrascanu, o complexo das causas associadas à ascensão do capitalismo moderno, em fins do século XIX e inícios do século XX, fornecia a explicação central para as revoltas camponesas de 1888 e 1907. E a história romena tampouco era única. Os movimentos rurais russos

122 Romênia

de 1905-7 tiveram causas semelhantes, como também os aspectos agrários da Revolução de Outubro: ambas as experiências estavam relacionadas ao crescimento da indústria russa.[118] Zeletin errara ao pensar que as rebeliões camponesas fossem reacionárias. Ao contrário, dizia Patrascanu, elas eram progressistas porque, no período em questão, as duas únicas classes progressistas eram os trabalhadores e os camponeses. Embora, de início, elementos de anti-semitismo houvessem estado presentes na rebelião de 1907, na Moldávia, os camponeses, afirmava Patrascanu, revoltaram-se principalmente contra os latifúndios e os contratos de trabalho, e também para exigir o direito de voto.[119] No entanto, os camponeses jamais poderiam tomar a iniciativa do processo político, dizia Patrascanu,[120] e, para ter sucesso, eles necessitavam da liderança da classe trabalhadora e dos socialistas. Porém, os trabalhadores e seus aliados socialistas não haviam reagido de maneira adequada ao desafio de 1907; Dobrogeanu-Gherea e Racovski chegaram mesmo a se opor ao levante camponês, e as reivindicações de terra e voto feitas pelos camponeses só foram apoiadas pelas organizações de trabalhadores no verão de 1907, depois de a revolta ter sido esmagada.[121]

No século XX, a burguesia romena estava longe de ser uma classe progressista, pensava Patrascanu. E isso por três razões. Em primeiro lugar, se os camponeses fossem transformados em consumidores de bens industrializados, a burguesia romena não teria muito a lucrar, pois essa última classe só conseguia atender a uma pequena parcela da demanda interna por produtos industrializados.[122] Em segundo lugar, a própria burguesia romena contava com um grande número de proprietários rurais. Após 1881, o Partido Liberal havia alienado terras públicas, freqüentemente para compradores burgueses. E, por fim, a burguesia nacional encontrava-se ideologicamente impedida de se opor às grandes propriedades, devido a sua crença nos "direitos sagrados de propriedade" e a sua luta contra

O marxismo e o atraso 123

os socialistas, com relação a essa questão.[123] Conseqüentemente, o desenvolvimento do capitalismo na Romênia, de 1864 a 1907, fortalecera a burguesia nacional, a ponto de esta alcançar a preponderância política; essa classe, porém, não constituía mais uma força progressista: esse papel havia terminado em 1848.[124] Patrascanu adotou uma posição intermediária entre as de Gherea e Zeletin, quanto ao grau em que o marxismo teria que ser adaptado para explicar as características peculiares do desenvolvimento romeno. Gherea foi quem mais adaptou o marxismo, enquanto Zeletin defendia uma reprodução bastante mecânica das etapas de desenvolvimento marxistas para os países atrasados, como a Romênia.[125] Suas etapas se referiam não ao sistema capitalista, mas aos países, individualmente. Diferentemente de Zeletin, Patrascanu, como militante do Partido Comunista Romeno em tempos de guerra e sublevação, não previa um longo período de domínio burguês. Ao contrário, em plena Segunda Guerra Mundial, clamava por uma revolução "democrático-burguesa", que exigiria a intensificação da reforma agrária, inclusive a desapropriação de propriedades com mais de 50 hectares,[126] a nacionalização dos bancos romenos, o cumprimento de fato de uma jornada de trabalho de oito horas para os trabalhadores (há muito defendida pela Organização Internacional do Trabalho*) e, na política externa, uma associação estreita com a URSS.[127]

Outro trabalho importante de Patrascanu foi *Os Problemas Básicos da Romênia*, escrito em 1942-43, quando ele se encontrava em prisão domiciliar, sem acesso aos trabalhos marxistas,[128] o qual foi publicado no ano seguinte. Com o acesso a outras fontes limitado por sua prisão, Patrascanu foi buscar seus dados, embora não suas interpretações, principalmente na mais importante história econômica do século XX, a *Evolução da Economia Rome-*

---

* Que na época da sua criação tinha o nome de Oficina Internacional do Trabalho.

124 Romênia

na Após a Guerra Mundial (1940), de Virgil Madgearu.[129] Teria a Romênia, àquela época, um sistema econômico capitalista? Para Patrascanu, o capitalismo era definido não por lucros ou aluguéis, mas, como afirmara Marx, pelo regime de trabalho assalariado, no qual a maioria da população trabalhadora, apartada dos meios de produção, vendia sua força de trabalho no mercado, como uma mercadoria.[130] Se era esse o padrão, Patrascanu tinha que se confrontar com o fato de, na Romênia de inícios da década de 1940, a maior parte da força de trabalho ser ainda rural. Afirmava que a reforma agrária de 1918-21, cujo objetivo fora o de propiciar o avanço do capitalismo,[131] havia sido seriamente limitada. O censo de 1930 revelou que as grandes propriedades (de mais de 50 hectares) ainda representavam 32% das propriedades privadas rurais e 18% das terras aráveis.[132] Além disso, utilizando-se de uma monografia da escola Gusti (para Dîmbovnicul), Patrascanu asseverava que a iobagie ainda existia na Romênia dos anos 1940, sob a forma de trabalho de corvéia.[133] Entretanto, usando os cálculos de Roman Cresin, um jovem e importante economista da agricultura, Patrascanu estimou que 40% do trabalho na agricultura romena eram pagos com salário de algum tipo. Indo além dos dados de que dispunha, Patrascanu afirmou que praticamente todas as grandes e médias propriedades usavam trabalho assalariado.[134] O autor afirmava também que estudos monográficos sobre as aldeias mostravam que, contrariamente à generalização de Sombart,[135] e confirmando as previsões de Marx, existia, na Romênia, uma tendência à concentração das propriedades rurais em um número cada vez menor de mãos. As pesquisas de Cresin haviam mostrado que o número de camponeses sem-terra havia crescido durante a Depressão, indo de 464 mil, em 1930, para 740 mil, em 1936.[136] Quase a metade dos camponeses que possuíam de um a três hectares não tinham bois para lavrar suas terras, devendo portanto, segundo Patrascanu, ser considerados proletários.[137] Mais da metade

O marxismo e o atraso   125

dos camponeses que eram donos de suas terras possuíam menos que três hectares. Terras com essas dimensões eram pequenas demais para a subsistência, e outros 20% possuíam apenas de três a cinco hectares, o que, na opinião de Patrascanu, não os liberava da necessidade de obter "renda suplementar". Portanto, raciocinava ele, cerca de três quartos do campesinato tinham que procurar renda fora dos lotes de família, vendendo sua força de trabalho.[138] O setor não-capitalista da agricultura formava uma reserva de força de trabalho para o setor capitalista.[139] Desse modo, Patrascanu contradizia as opiniões de Madgearu e de outros campesinistas,[140] que afirmavam que a forma típica da organização da agricultura, na Romênia, era o lote de terra familiar não-capitalista. Patrascanu admitia que a agricultura romena, como um todo, era uma mistura de relações de produção capitalistas e pré-capitalistas. Sua coexistência ainda distinguia a economia romena das economias das outras nações ocidentais capitalistas.[141]

Como marxista-leninista, Patrascanu rejeitava a hipótese que preocupava a tantos cientistas sociais de seu tempo e de épocas posteriores — a noção de um excesso absoluto de população rural. Um excesso relativo, dizia ele, resultava do fato de a reforma agrária de 1918-21 ter ficado incompleta; da mistura de formas capitalistas e pré-capitalistas de exploração do trabalho e do uso generalizado de mão-de-obra infantil e feminina na agricultura, que havia acarretado um grau de desemprego entre a população de homens adultos.[142] Pelo triste estado da agricultura, Patrascanu culpava também o comportamento do relativamente monopolizado setor industrial, salientando que os preços industriais, de 1916 até inícios da década de 1940, haviam subido duas vezes mais rápido que os preços agrícolas. Por essa razão, os agricultores não tinham dinheiro para modernizar seus equipamentos.[143]

O crédito agrícola, cuja própria existência era sinal de desenvolvimento capitalista, era cada vez mais domi-

126 Romênia

nado pelos bancos comerciais (e não por instituições de crédito com patrocínio estatal): 43% das dívidas dos camponeses, em 1934, eram para com bancos privados. Um crédito desse tipo, na atual etapa do capitalismo, dirigido pelo capital financeiro, tornara-se um meio de expropriação do campesinato.[144] Mesmo o chamado auxílio governamental à agricultura, na década de 1930, que havia assumido a forma de estabelecimento de preços mínimos para os cereais, fora de maior valia para os grandes do que para os pequenos agricultores, que, em geral, não os produziam para fins comerciais.[145] Patrascanu via a população rural cada vez mais subdividida em uma massa de trabalhadores assalariados e em pequenos grupos de agricultores kulak — os chiaburime — cuja existência, em sua opinião, desmentia o artigo de fé dos campesinistas, de que o campesinato se constituía em uma classe única. O movimento político Taranismul (Campesinismo), acreditava Patrascanu, representava os setores não-financeiros da burguesia — os elementos financeiros estando, desde o século XIX, associados ao Partido Liberal — e, em particular, a burguesia das aldeias, os chiaburime.[146]

Patrascanu forneceu também uma explicação para o desenvolvimento e situação atual da burguesia urbana, um grupo que, segundo ele, evoluíra a partir do capital comercial e de usura. As tentativas da burguesia de formar um Estado, em 1821 e 1848, não haviam sido fortes o suficiente para derrubar o velho regime, e o Estado que surgiu no terceiro quartel do século representava um compromisso entre a burguesia e a "grande propriedade". Além do mais, mesmo no século XX, a burguesia incluía um grande (e supostamente crescente) componente agrário, representado pelos chiaburime.[147] Patrascanu acreditava que, embora o capitalismo romeno e a burguesia que o acompanhava possuíssem muitas características especiais, de modo geral o fenômeno se encaixava na evolução do capitalismo europeu em sua fase imperialista (e monopolista), como analisado por Hilferding e Lenin.[148]

A Dobrogeanu-Gherea e Lothar Radaceanu, que afirmavam que a Romênia havia sido dominada por uma "oligarquia" associada ao Estado, Patrascanu respondeu que Radaceanu não havia apresentado uma definição consistente de oligarquia. O erro de Gherea, no qual Radaceanu se baseara, derivava da análise errônea constante no *Neoiobagia*: se o capitalismo como tal não existia na Romênia, era lógico negar a existência da burguesia. Portanto, escreveu Patrascanu, uma "oligarquia" tinha que ser inventada — uma entidade que não existira na história moderna de qualquer país europeu. Gherea, asseverou o teórico comunista, confundira a classe dominante com seu aparato político. Este último não é, necessariamente — e na história contemporânea, de modo geral, não foi — composto de proprietários de grandes capitais, mas sim de "especialistas" — advogados, economistas, jornalistas e profissionais de outras áreas.[149]

Na era do liberalismo, a burguesia internacional havia sido liberal e relativamente progressista. Mas na era monopolista e imperialista do capitalismo, essa classe havia se tornado reacionária e, no momento, apoiava o fascismo, afirmou Patrascanu. A burguesia romena seguira as mesmas tendências, em especial após a Primeira Guerra Mundial. A interpretação incorreta de Gherea levou os social-democratas de épocas posteriores a conclusões práticas erradas — a saber, a táticas reformistas e a colaboracionismo com a ditadura do rei Carol (estabelecida em fevereiro de 1938), considerada por eles como sendo uma força antioligárquica.[150] No capitalismo romeno, na década de 1930, a força motriz havia sido o Estado, concluía Patrascanu.[151] Os níveis tarifários de 1938, sob a ditadura recém-instalada, eram oito vezes e meia maiores que os níveis da tabela de tarifas dos Camponeses Nacionais, de 1929. O Estado vinha deliberadamente criando monopólios, tendo se tornado, após 1933, não apenas o maior comprador de bens industriais como também o maior financiador da indústria.[152]

128 Romênia

A intervenção do Estado, assegurava Patrascanu, era um "fenômeno natural" na fase monopolista do desenvolvimento do capitalismo.[153] Usando os dados de Madgearu, Patrascanu demonstrou que, na década de 1930, houve um grau cada vez maior de concentração e centralização de capital nas maiores empresas industriais, bem como uma queda nos salários, no período de 1929 a 1942, da ordem de 30%. Uma tendência semelhante a essa concentração havia ocorrido na atividade bancária: o número de bancos decresceu de mil em 1929 para menos de 500 em 1939, tendência essa que se prolongou pela década de 1940.[154] A indústria manufatureira havia crescido rapidamente na década da Depressão, especialmente nos setores de indústria pesada, apoiados pelo Estado. A produção de aço, por exemplo, dobrara entre 1929 e 1939, alcançando 266 mil toneladas neste último ano, e dobrando novamente em 1942-43.[155] Entretanto, o poder de compra das massas havia caído durante os anos 1930, e as importações de produtos industrializados haviam decrescido, de 34% do valor total consumido para 8% em 1938.[156] O tamanho do proletariado industrial, de per si, fora de 0,8 milhão em 1930, ou quase 8% da população de 10,5 milhões, tendo crescido para 10% ou 11% em inícios da década de 1940, nas estimativas de Patrascanu.[157]

A associação do Estado, do capital financeiro e da indústria pesada foi, segundo Patrascanu, a base econômica do regime ditatorial de Carol II, após 1938. Em *Sob Três Ditaduras*, ele escreveu que a família Bratianu, que havia dominado o Partido Liberal e o Banca Romaneasca, não conseguira controlar a indústria metalúrgica — em especial a Uzinele Malaxa, que dependia do Banca Nationala semi-estatal,[158] não mais sob o controle liberal após 1929. Aquele grupo de indústria pesada estava por trás do golpe de Carol, em 1938, pensava Patrascanu, inaugurando uma ditadura monárquica e corporativista.[159] A indústria metalúrgica, ineficiente se comparada a seus concorrentes estrangeiros, necessitava do apoio do Estado

O marxismo e o atraso   129

para ser rentável, e o Estado, em 1937-38, consumia 70% de sua produção, principalmente em armamentos.[160] Desse modo, a ditadura se relacionava a uma divisão no seio da burguesia, devido a que as empresas privadas dependentes dos insumos metalúrgicos não queriam pagar os altos preços dos fornecedores internos.[161] Enquanto isso, a indústria de armamentos havia alcançado uma rentabilidade fantástica, de até 910% ao ano![162] O próprio rei Carol tinha grandes investimentos pessoais na metalurgia, possuindo de 30% a 35% das ações da Malaxa.[163] Os grandes proprietários rurais, segundo Patrascanu, também apoiavam a ditadura, em razão dos subsídios aos cereais, embora eles fossem menos poderosos que os industriais subsidiados.[164]

Para explicar a expansão territorial da Romênia, que avançou pela URSS como resultado da invasão alemã de junho de 1941, Patrascanu afirmou que tendências imperialistas de motivação econômica caracterizavam, em 1940, o desenvolvimento do capitalismo romeno, não sendo peculiares apenas às grandes potências.[165] Dentre outros fatos, no outono de 1939, os bancos romenos estavam apresentando um excesso de liquidez devido à desorganização do comércio internacional, subseqüente ao início da guerra; esse capital foi usado para financiar os esforços militares romenos a favor do Eixo.[166]

No cômputo final, concluiu Patrascanu, a economia industrial da Romênia "decididamente" seguiu as linhas gerais do desenvolvimento do capitalismo moderno. A economia romena, portanto, não era, como afirmara Madgearu em sua história econômica, "semicapitalista",[167] baseada na produção camponesa, mas sim capitalista. Madgearu havia superestimado a importância do artesanato (com 57% do proletariado industrial) na indústria romena, determinando como sendo de vinte trabalhadores o padrão mínimo para as indústrias não-artesanais.[168] Assim, para o teórico comunista Patrascanu, como também para o revisionista marxista Zeletin, o desenvolvimento do capitalismo romeno havia sido "normal" — embora os dois

130 Romênia

tivessem em mente processos bastante distintos. Dobrogeanu-Gherea pensava de outro modo. No marxismo brasileiro do pós-guerra iremos reencontrar uma série de interpretações quanto ao sistema econômico vigente, que guarda alguns pontos de contato com o debate romeno ocorrido uma geração antes, e em tempos ainda mais antigos.

Notas

1. Lenin, *Development*, 1956 (1899), pp. 151, 172-74, 182, 250, 347, 555.

2. Hurezeanu, Constantin Dobrogeanu-Gherea, 1973, p. 11; "Dobrogeanu-Gherea, Constantin", 1972, pp. 588-93.

3. Hurezeanu, Constantin Dobrogeanu-Gherea, pp. 1-17.

4. Ibid., pp. 26-27, 37-42.

5. Ibid., pp. 46-50; "Gherea (Dobrogeanu-Gherea), Constantin", 1964, p. 548.

6. Dobrogeanu-Gherea, "Karl Marx", 1976 (1984), pp. 40-164; e "Ce vor", 1976 (1886). Em *Neoiobagia*, 1977 (1910), p. 175, Gherea admitiu a influência do populismo russo em *O que Querem os Socialistas Romenos*.

7. Dobrogeanu-Gherea, "Ce vor", pp. 63-64.

8. Ibid., pp. 75, 101-2.

9. Ibid., pp. 101-2.

10. Ibid., pp. 104-7.

11. Dobrogeanu-Gherea, "Rolul", 1976 (1892), pp. 431-32.

12. Ibid., p. 432. Nessa formulação, Gherea aproximou-se da transmutação das classes sociais em nações burguesas e proletárias, proposição essa mais tarde apresentada por Mihail Manoilescu, que, em 1930, clamou por um "socialismo de nações", substituindo o "socialismo de classes". Ver Capítulo 5.

13. Ibid., p. 433.

14. Dobrogeanu-Gherea, "Mic raspuns", 1977 (1908), pp. 456, 458-60. Isso foi também uma resposta à crítica de Garabet Ibraileanu a seu "Din ideile", em 1906.

O marxismo e o atraso   131

15. Dobrogeanu-Gherea, "Post-scriptum", pp. 498-99, 503.

16. Dobrogeanu-Gherea, *Socialismul*, 1945 (1912), pp. 8-9.

17. Ibid., p. 9. Uma excelente introdução à tese de Gherea é "Théories", de Stahl, 1978.

18. Dobrogeanu-Gherea, *Socialismul*, pp. 10, 17. Conferir com o ponto de vista similar de Racovski, no Capítulo 2.

19. Meisner, 1967, p. 144.

20. Dobrogeanu-Gherea, *Socialismul*, p. 10.

21. Boeke, *Tropich-Koloniale Staathuishoudkunde* [Políticas Econômicas das Colônias Tropicais], 1910. A tese de Boeke, elaborada no decorrer dos quarenta anos seguintes, era de que os trabalhadores, acima de um determinado nível salarial, preferem mais lazer a maiores rendas, ou seja, que o mecanismo de preços não era um alocador de recursos adequado. Para uma crítica de Boeke, ver Capítulo 4.

22. Dobrogeanu-Gherea, *Socialismul*, p. 27. Essa idéia foi originalmente expressa por Marx com relação à Alemanha da década de 1860, e mais tarde repetida por Lenin, com relação à Rússia da década de 1890. Marx, *Capital*, 1961 [orig. alem. 1867], p. 9; Lenin, *Development*, p. 659.

23. Dobrogeanu-Gherea, *Socialismul*, pp. 34-35.

24. Ibid., p. 35. Essa afirmativa não é totalmente coerente com o papel da *patura culta*.

25. Hurezeanu, Constantin Dobrogeanu-Gherea, pp. 172-73.

26. Diferentemente de seus trabalhos de menor importância, *Neoiobagia* nunca foi traduzido para uma outra língua. Kautsky quis uma versão alemã, mas a tradução não chegou a ser realizada. Ornea, "Sociologia", 1981, p. 45.

27. Dobrogeanu-Gherea, *Neoiobagia*, p. 64.

28. Como Cristian Racovski observou em 1909, os camponeses tinham que assinar contratos formais, um traço característico das relações de trabalho capitalistas, mas desses contratos constavam estipulações de pagamento de tributos feudais, como o *dijma* (pagamento forçado em mercadorias, com base em percentuais). Racovski, *Roumanie*, 1909, pp. 10-11.

29. Dobrogeanu-Gherea, *Neoiobagia*, p. 281. Nicolae Stoica alega que Gherea é incoerente em sua definição das relações

132 Romênia

de produção da *neoiobagia*. Serão elas "semifeudais" (p. 68), "feudais em *fond* e burguesas em *forma*" (sem indicação de página) ou tanto em *fond* quanto em *forma*, o mesmo que antes (p. 92)? Os números de páginas referem-se à edição original Socec, de 1910. Ver Stoica, 1972, p. 119.

30. Dobrogeanu-Gherea, *Neoiobagia*, pp. 31, 35.

31. Ibid., p. 34.

32. Ibid., pp. 35-36.

33. Ibid., pp. 33 (citação), 38-41.

34. Ibid., p. 49.

35. Ibid., pp. 80-81.

36. Ibid., pp. 53-54.

37. Ibid., pp. 64-68, 72.

38. Ibid., p. 82. Conferir com a análise similar de Racovski em "Chestia", 1907, pp. 40-41.

39. Dobrogeanu-Gherea, *Neoiobagia*, p. 82.

40. Ibid., pp. 91, 95. Ver Stahl, *Traditional Romanian Village Communities*, 1980, p. 89, sobre a cota de metade.

41. Devido às exigências de corvéia de fato, bem como de outros acertos, na década de 1880 os camponeses freqüentemente trabalhavam dois terços da semana nas lavouras do senhor. Chirot, *Social Change*, 1976, p. 133.

42. Dobrogeanu-Gherea, *Neoiobagia*, pp. 100-2.

43. Ibid., pp. 188-89.

44. Ibid., pp. 128-30 (citação na p. 129).

45. Ibid., pp. 243, 253-54.

46. Ibid., p. 334. Ao que parece, isso se referia apenas ao produto físico, os serviços não sendo mensurados.

47. Ibid., p. 339. Ver abaixo sobre essa última visão da "oligarquia".

48. Ibid., pp. 226-31.

49. Ibid., pp. 282, 295, 308, 360.

50. Hurezeanu, *Constantin Dobrogeanu-Gherea*, p. 302.

51. Ornea, "Sociologia", pp. 54-55.

O marxismo e o atraso   133

52. O sufrágio universal masculino foi originalmente implementado sob as condições caóticas da nação, devastada pela guerra, embora grandemente expandida, em 1919, ano anterior à morte de Gherea. Leis subseqüentes modificaram a legislação original, mas a Constituição de 1923 incorporou o sufrágio universal masculino. As mulheres, entretanto, só vieram a ganhar o direito de voto em 1946.

53. O filho de Gherea tornou-se comunista e, como Racovski, veio mais tarde a morrer num campo de concentração soviético.

54. Dobrogeanu-Gherea, "Geneza", 1920, pp. 4, 8 (citação). Esse ensaio foi escrito em 1914. Ver também seu "Din urmarile", 1920, ressaltando o parasitismo dos funcionários públicos e os temas mais antigos da má administração, das ações arbitrárias e da parcialidade do governo.

55. Se houvesse vivido mais duas décadas, Gherea certamente não teria se surpreendido quando os quadros do funcionalismo público subiram de 248 mil pessoas em 1934 para 332 mil, em 1939. Janos, "Modernização", 1978, p. 108.

56. Zeletin, *Burghezia Romana: Originea si Rolul ei Istoric*, 1925.

57. Zeletin, no entanto, jamais pertenceu a esse partido. Micaelson, 1987, p. 367.

58. Zeletin, *Burghezia*, p. 18.

59. Ibid., pp. 22-23.

60. Ibid., pp. 25-26.

61. Ibid., pp. 36-37, 45. Na página 38, ele afirma que o rápido influxo de bens estrangeiros destruiu o regime medieval. Zeletin, portanto, assumiu o que hoje seria chamado de uma posição "circulacionista".

62. Ibid., pp. 56-57.

63. Ibid., pp. 67-69.

64. Ibid., pp. 36-37, 43-45.

65. Ibid., pp. 73-75.

66. Ibid., pp. 75, 77.

67. Ibid., pp. 93-94., 104; Zeletin, "Pseudo-burghezia", 1927, pp. 119-21.

68. Zeletin, *Burghezia*, pp. 112-14, 118.

134 *Romênia*

69. Ibid., p. 157.

70. Ibid., pp. 158, 165-66.

71. Ibid., p. 52.

72. Ibid., pp. 200-201, 210. Em "Originea", p. 19, Zeletin diz que a *neoiobagia* e a miséria rural eram "fenômenos naturais" no início do desenvolvimento capitalista.

73. Zeletin, *Burghezia*, p. 241. Zeletin concordava com o socialista Racovski quanto ao fato de o populismo ser uma planta exótica na Romênia, porque, diferentemente da Rússia, a Romênia não possuía uma tradição de comunismo camponês (pp. 237-38). Em "Originea", p. 28, Zeletin afirmou que o "campesinismo", sucessor do populismo no período do pósguerra, era análogo à fisiocracia do século XVIII na França, ou seja, ambos consistiam em reações às transformações operadas pelo capitalismo em seus primórdios, nos respectivos países.

74. Zeletin, *Burghezia*, p. 244.

75. Ibid., p. 243.

76. Zeletin, "Originea", p. 4. O termo "neoliberalismo", uma espécie de protocorporativismo, estava no ar. Mihail Manoilescu, em 1923, havia publicado uma palestra com o mesmo título.

77. Zeletin, *Neoliberalismul*, 1929, p. 80.

78. Ibid., pp. VII-VIII, 93.

79. Zeletin, "Desvoltarea", p. 56; "Pseudo-burghezia", pp. 113, 122.

80. Zeletin, "Plutocracia", p. 155. Zeletin não desejava excluir o investimento estrangeiro na Romênia, mas aumentar as barreiras tarifárias contra as mercadorias estrangeiras. Parafraseando o *slogan* do Partido Nacional Camponês, de "portas abertas" para as mercadorias estrangeiras (contrário ao dos Liberais, de "[desenvolvimento] por nosso próprio esforço"), Zeletin ofereceu sua própria fórmula: "portas fechadas para as manufaturas estrangeiras, mas [portas] abertas para o capital e a tecnologia [capacitati] estrangeiros". *Burghezia*, p. 134.

81. Zeletin, "Acumularea", pp. 165-67.

82. Zeletin, "Nationalismul", p. 211.

83. Zeletin, "Neoliberalismul", p. 86; e "Socialism", p. 251.

O marxismo e o atraso   135

84. Boeuve era meio-irmão do notável sociólogo marxista Henri H. Stahl, a quem ele apresentou ao marxismo. Stahl, *Amintiri*, p.18.

85. Voinea, "Sozialismus", 1924, pp. 501-8.

86. Ibid., pp. 506-7.

87. Ibid., p. 507. Gherea havia afirmado apenas que o socialismo, como forma, precederia as mudanças na base material. "Socialismul", p. 10.

88. Voinea, *Marxism Oligarhic*, 1926.

89. Ibid., pp. 66, 76. Quanto ao debate Voinea-Zeletin sobre desenvolvimento, em um contexto mais amplo, ver Chirot, "Neoliberal and Social Democratic Theories", 1978. Essa discussão foi precursora do debate entre Maurice Dobb e Paul Sweezy, na década de 1950, e da crítica de Ernesto Laclau a Andre Gunder Frank, em inícios da década de 1970. As três controvérsias centravam-se no tema da produção *versus* circulação. Ver Capítulo 13 sobre o debate brasileiro.

90. Voinea, *Marxism*, p. 28. Voinea logo encontrou apoio, para sua crítica da história de Zeletin, no trabalho de um jovem historiador, Gheorghe Zane, que embasava seus argumentos em pesquisas de fontes primárias. Em primeiro lugar, Zane afirmava que uma economia de trocas baseada em dinheiro existiu "séculos antes" da data escolhida por Zeletin como marco, 1829, corrigindo, assim, também a Gherea, para quem a economia de base monetária teria começado nos primeiros anos do século XIX. Em segundo lugar, Zane afirmou que o comércio com a Inglaterra era menos importante que o comércio com a Grécia, em inícios do século XIX, e que o comércio com a França era praticamente inexistente. O comércio com a Inglaterra, nas décadas posteriores do século XIX era, além disso, menos importante que o mantido com a Áustria, ao contrário do que afirmava Zeletin. Mas Zane também criticou Voinea, como a Zeletin, por não perceberem a importância da transformação da *iobagia*, acarretada pelo Regimento Orgânico, na medida em que este aumentou os dias que um camponês teria que dar a seu senhor em trabalho de corvéia. Segundo Zane, o próprio Marx não previra que os aluguéis em dinheiro seriam recusados pelos boieri, que preferiam o pagamento em trabalho. Além do mais, a intensificação da circulação do dinheiro não prejudicou os *boieri*, como Zeletin havia afirmado. Zeletin exagerou grandemente a importância

136 Romênia

das importações de bens estrangeiros porque, até fins do século XIX, o número de consumidores era muito reduzido. Zane acreditava que o Estado romeno moderno havia surgido a partir do sistema de *iobagie*, e não do comércio externo. Como Zeletin tendia a ignorar a importância da Turquia no desenvolvimento das instituições romenas, ele errou ao ver o Estado romeno como uma criação da burguesia ocidental. Zane, "Burghezia", 1927, pp. 245-51, 255-58, 325, 327, 331, 333-34. Estudiosos de tempos posteriores tenderam a concordar com Zane quanto a quase todos esses pontos e, de modo mais geral, quanto ao pouco conhecimento de Zeletin em matéria de história romena. Ver, por exemplo, Michelson, 1987, pp. 372-73.

91. Voinea, *Marxism*, pp. 15-16. Quem primeiro defendeu essa idéia foi Gherea.

92. Ibid., pp. 153-54. Danielson (pseudônimo, Nicolai-On) correspondia-se com Marx e Engels, e o início de sua carreira intelectual foi marxista. Ele foi o primeiro a traduzir *Das Kapital* para uma outra língua, e a edição russa de seu volume I (ed. alemã 1867) foi lançado em 1872.

93. Radaceanu, 1924.

94. ibid., 5, nºs 3-4; 506-7, 527-28.

95. Ibid., p. 527.

96. Ibid., pp. 529-31; 6, nºs 1-2: 179.

97. Ibid., p. 173.

98. Ver abaixo a análise de Patrascanu da ditadura. Os social-democratas também negaram, pela primeira vez, que o Estado fosse o instrumento de uma única classe. Roberts, p. 249.

99. Ibid.

100. Sua reputação foi postumamente reabilitada pelo Comitê Central do Partido Comunista Romeno, em 1968.

101. A dissertação "Reforma Agrara" foi traduzida e publicada postumamente, em 1978. É interessante que, nesse estudo, Patrascanu tenha dado seu entusiástico apoio à ascensão de uma classe média agrária, que estava se desenvolvendo a partir da reforma agrária, o que foi coerente com sua análise posterior, quanto à percepção da diferenciação de classes no

O marxismo e o atraso   137

campo, mas incoerente com sua posição política de fins da década de 1920. Ver "Reforma Agrária", p. 112.

102. Após uma ação similar na Valáquia, em 1746.

103. Patrascanu, *Veac*, 2ª edição, 1969 (1945), pp. 9-10.

104. Ibid., pp. 11, 14, 15.

105. Patrascanu, "Curs", mimeo., 1947, p. 138 (ele também sugere que o dinheiro já circulava antes do século XVII).

106. Ibid., pp. 139-40. Os *boieri* estavam explicitamente interessados em manter a *claca* para a produção de mercadorias. Ver *Veac*, p. 194.

107. Ibid., pp. 288-89.

108. Patrascanu, "Curs", p. 192. Citando como prova o relato de um viajante da época, Patrascanu afirmou que dois terços da renda dos camponeses eram tomados pela Turquia. Patrascanu, *Veac*, p. 49. Outros autores tendiam a concordar com as duras críticas de Gherea ao regime fanariota. Jelavich sugere que a entrega dos principados romenos aos príncipes fanariotas praticamente converteu o país em colônia. O sultão vendia o título de príncipe a quem fizesse a melhor oferta, e do escolhido esperava-se que extraísse, em tributos, enormes somas para a Turquia, enquanto acumulava para si próprio uma grande fortuna. Jelavich, 1983, p. 103.

109. Patrascanu, *Veac*, pp. 280, 284.

110. Ibid., p. 286.

111. Conferir com Eidelberg, 1974, pp. 230-31, que cita 1875 como sendo o ano da quebra do mercado internacional de cereais (acontecimento esse seguido pelo surgimento de um caminho alternativo para o desenvolvimento, na forma da industrialização), como a data que marcou o início da miséria camponesa responsável pelo levante de 1907.

112. Patrascanu, "Curs", p. 205.

113. Patrascanu, *Veac*, p. 287. Conferir com a aceitação posterior, no período do pós-guerra, da posição de Patrascanu pelos historiadores da economia marxista, por exemplo, Marcu, 1970, p. 155.

114. Patrascanu, *Veac*, pp. 293-95.

115. Ibid., p. 304.

138 Romênia

116. Ibid., p. 296.

117. Ibid., p. 298.

118. Ibid., pp. 304-5.

119. Ibid., pp. 305, 317-18.

120. Ibid., p. 279.

121. Ibid., p. 325.

122. Ibid., p. 335. A burguesia internacional estava dividida, segundo Patrascanu. Os setores austríaco e alemão estavam interessados na expansão do mercado romeno, mas os britânicos e franceses estavam, mais que tudo, interessados no fornecimento dos cereais romenos, o que resultou em sua aliança com os grandes proprietários de terras. Ibid., p. 336.

123. Ibid., pp. 338-39.

124. Ibid., p. 339. Patrascanu havia afirmado que, em 1848, a burguesia romena era progressista, embora não revolucionária, devido a que ela não conseguia resolver a questão do camponês *iobag*. Ibid., p. 200.

125. No entanto, Zeletin foi o primeiro a observar, e Patrascanu concordou com ele, que "1907 havia sido provocado não apenas pelas pressões do capitalismo pré-industrial, mas também pela industrialização incipiente protegida". Mas Patrascanu não concordava com a afirmação de Zeletin, de que isso havia sido feito "numa tentativa de solapar ainda mais os grandes proprietários de terras, os principais adversários da industrialização". Eidelberg, p. 7.

126. Política essa de fato adotada pelo governo Groza, em 1945.

127. Patrascanu, *Problemele,* 1947 (1944), pp. 292-93. Em 1944, Patrascanu não acreditava que houvesse condições para a transformação socialista devido às pequenas dimensões do proletariado romeno (p. 294). Após a guerra, escreveu que a reforma agrária de 1945 havia destruído os "resíduos feudais" na agricultura romena, dando terras a 800 mil camponeses. "Curs", pp. 220-21.

128. Patrascanu, *Problemele*, p. 7.

129. Madgearu, *Evolutia Economiei Românesti Dupa Razboiul Mondial.*

130. Patrascanu, *Problemele*, p. 26. Apenas o capitalismo tem o

O marxismo e o atraso   *139*

trabalho assalariado como um "fenômeno geral", escreveu Patrascanu em seu "Curs" (p.168).

131. Patrascanu, "Curs", p. 205.

132. Patrascanu, *Problemele*, p. 79. Em "Curs", ele afirmou que a reforma agrária de 1918 deixou um quarto das terras na forma de grandes propriedades (p. 205).

133. Patrascanu, *Problemele*, p. 80. O sociólogo Henri Stahl o confirmou em 1945, quando verificou a existência de uma situação de contrato de corvéia, apesar da lei de 1919 que proibia esse tipo de acordo. *Traditional Romanian Village Communities*, 1980 (orig. fran. 1969), p. 91.

134. Patrascanu, *Problemele*, pp. 84-86. Isso representou um mau uso das descobertas de Cresin, como apontou Henry Roberts em seu estudo clássico *Rumania*, 1951. Cresin havia estimado que 40% das propriedades médias e grandes utilizavam-se de trabalho assalariado. Patrascanu "tomou essa cifra de 40% de trabalhadores agrícolas remunerados, equacionou-a com o fato de que 40% das terras aráveis da Romênia, em 1930, correspondiam a glebas de mais de dez hectares, dando a impressão, totalmente injustificada, de que, de fato, os trabalhadores agrícolas assalariados eram responsáveis pelo cultivo de todas as terras com mais de dez hectares". Roberts, p. 291, nº 36. Entretanto, no único estudo detalhado por condados do censo agrícola de 1941 — publicado em 1945 e, portanto, não disponível a Patrascanu —, Cresin observou que 39% das fazendas de propriedade individual por área usavam alguma medida de trabalho assalariado. Ele também notou que o condado em questão, Arges, era representativo das variedades de solo e dos métodos de cultivo romenos. Cresin, *Agricultura*, 1945, pp. 11, 16. Para o país como um todo, Cresin estimou, em um estudo não publicado, que 13% de todas as unidades agrícolas do país usavam trabalho assalariado, mas que esse grupo respondia por aproximadamente 35% do total da área cultivada. Cresin, "Forms", *MS* (s. d.), p. 8. Essas considerações podem ser resumidas dizendo-se que, embora Patrascanu tenha usado mal seus dados, pode não ter errado tanto quanto Roberts sugeriu.

136. Patrascanu, *Problemele*, p. 88, citando Sombart, *Apogée*, 1932 (orig. alem. 1928), 1: 327.

136. Patrascanu, *Problemele*, pp. 88, 89.

140 *Romênia*

137. Ibid., pp. 91-92.

138. Ibid., p. 98.

139. Ibid., pp. 99-100.

140. Ver Capítulo 4.

141. Patrascanu, *Problemele*, p. 101.

142. Ibid., p. 103.

143. Ibid., p. 110.

144. Ibid., pp. 111-12. As opiniões de Patrascanu sobre o domínio do capital financeiro foram grandemente influenciadas pelo *Finanzkapital*, 1910 de Rudolf Hilferding, do qual Lenin também se utilizou ao escrever seu tratado *Imperialism*, 1916.

145. Patrascanu, *Problemele*, p. 114.

146. Ibid., p. 237. Conferir com a opinião semelhante de Roberts, p. 157, baseada em dados de Galopentia e Georgescu, orgs., *60 state*, 1941-43, 5 volumes.

147. Patrascanu, *Problemele*, pp. 279-81.

148. Ibid., p. 282.

149. Ibid., pp. 266, 273. Esse fato foi observado, no começo do século, tanto por Karl Kautsky como por Max Weber. Ver Kautsky, *Social Revolution*, 1903 (orig. alem. 1902), p. 29; Weber, "Politics", 1958 (orig. alem. 1919), pp. 85-87.

150. Patrascanu, *Problemele*, pp. 276-78.

151. Ibid., p. 24.

152. Ibid., pp. 34, 37.

153. Ibid., p. 38.

154. Ibid., pp. 40-43, 50, 55. Em 1928, Patrascanu elaborou um estudo dos bancos romenos, empregando os métodos de Hilferding em *Finanzkapital*, concluindo que as tendências posteriores a 1918, nas políticas estatais (na Romênia e em outras partes da Europa), haviam acelerado o processo identificado pelo marxista austríaco — o domínio da indústria pelos bancos na fase imperialista do desenvolvimento do capitalismo. Os bancos romenos se apropriavam de uma parcela cada vez maior da renda nacional, segundo Patrascanu. Três bancos, o *Banca Romaneasca*, o *Banca Marmorosch-Blank* e a *Banca de Credit Român*, controlavam muitas em-

O marxismo e o atraso 141

presas industriais, e Patrascanu demonstrou que os grandes bancos romenos tinham margens de lucro especialmente altas, comparadas às dos bancos ingleses e alemães. Além do mais, os lucros dos bancos romenos eram superiores aos da indústria. Patrascanu, "Bancile", 1975 (1928), pp. 103, 105, 108, 116, 118, 132-33, 135.

155. Patrascanu, *Problemele*, p. 30.

156. Ibid., p. 33.

157. Ibid., pp. 282-86.

158. Patrascanu, *Sub Trei Dictaturi*, 1970 (1944), pp. 24-25, 35.

159. Ibid., p. 26.

160. Ibid., pp. 28, 30-31.

161. Ibid., pp. 30-31.

162. Patrascanu cita um relatório à Banca Nationala. Ibid., p. 35.

163. Ibid., p. 36.

164. Ibid., p. 37-38.

165. Patrascanu, *Problemele*, p. 14.

166. Ibid., pp. 60-61.

167. Madgearu, *Evolutia*, 1940, p. 361.

168. Patrascanu, *Problemele*, pp. 24, 27-28, 64.

4
Dualismo e neopopulismo

A idéia de uma economia dualista — um setor industrial moderno, urbano, ligado ao comércio e às finanças internacionais, e um setor camponês, em grande medida passivo, incapaz de se adaptar às transformações da situação internacional — não era, de modo algum, de interesse apenas para os marxistas. O dualismo, na década de 1930, era visto por cientistas sociais de todas as correntes como o problema central do desenvolvimento romeno. A "tesoura" que se havia aberto entre os preços agrícolas e os preços industriais, na década de 1920, havia aumentado ainda mais na década de 1930, e os camponeses estavam-se atolando em dívidas, ao ponto do desespero. Em 1932, segundo estatísticas oficiais, 64% dos agricultores camponeses estavam endividados.[1] Naquele ano, o parlamento romeno tentou aliviar as dificuldades dos camponeses com o perdão de 50% de suas dívidas e a conversão dos 50% restantes em títulos de dívida com prazo de trinta anos, a juros de 4%, para substituir as taxas de juros da agiotagem, que alcançavam valores até dez vezes maiores. Os devedores urbanos, porém, logo reivindicaram tratamento semelhante e o crédito imediatamente estancou. Os bancos apelaram para o Banca Nationala, que não foi capaz de compensar os bancos privados por suas perdas.[2]

144 *Romênia*

As dificuldades do campesinato já haviam sido percebidas pela geração de Gherea, e a reforma agrária que se seguiu à Primeira Guerra Mundial não resolveu seus problemas econômicos. A descoberta do dualismo pelos romenos foi parte de uma preocupação muito mais ampla, por parte dos cientistas sociais, com a coexistência e a interpenetração do capitalismo moderno e de diversos elementos e sistemas pré-capitalistas. Para situar o debate romeno, devemos primeiro examinar o problema do dualismo no contexto da teoria econômica.

Após a Segunda Guerra Mundial, a noção de dualismo econômico e sociológico tornou-se uma das principais doutrinas da economia do desenvolvimento, mas o primeiro dos teóricos que dela se ocuparam já havia feito grande parte de seu trabalho tempos antes. Trata-se de Julius H. Boeke, o economista holandês cujo trabalho sobre o dualismo nas Índias Orientais Holandesas começou com sua dissertação de 1910, o mesmo ano em que Dobrogeanu-Gherea publicou *Neo-servidão*. Mas os trabalhos de Boeke a alcançar maior influência (escritos em inglês e não em holandês) foram publicados entre 1942 e 1953. Suas conclusões receberam confirmação empírica graças ao trabalho de J. S. Furnivall, que expandiu numa direção sociológica a noção de dualismo de Boeke, usando o termo "sociedade pluralista" para denominar o que os sociólogos de hoje às vezes chamam de "segmentação".[3] Boeke afirmava que a economia neoclássica era limitada em termos culturais, e que suas supostas leis não se aplicavam a ambientes não-ocidentais. Em particular, os camponeses coloniais não respondiam ao estímulo do mecanismo de preços, a base do sistema capitalista. Por uma série de razões culturais, os camponeses não-ocidentais preferiam o lazer ao ganho econômico, pelo menos acima de um certo patamar de renda. Na linguagem neoclássica, os empregadores confrontavam-se com uma oferta de mão-de-obra rigidamente inelástica, inteligível como uma situação de curvas regressivas (*backward sloping*) de

Dualismo e o neopopulismo 145

oferta de mão-de-obra. Acima de um determinado nível salarial, os trabalhadores não-capitalistas preferiam simplesmente maximizar o lazer, não a renda.[4] A versão de Boeke do dualismo não encontrou grande aceitação nas décadas mais recentes — tendo sido refutada em nível teórico e empírico.[5] Um ponto de vista mais amplamente aceito é o de W. Arthur Lewis que, em 1954, expôs a teoria de "uma oferta infinitamente elástica de mão-de-obra", que passaria do setor agrícola tradicional ao setor moderno, industrial ou não, em determinado nível salarial. O problema consistia em criar empregos suficientes nas áreas de alta produtividade, para canalizar da agricultura tradicional seu excesso de mão-de-obra, até que os salários, lá, viessem a se aproximar dos salários do(s) setor(es) moderno(s).[6]

A noção intuitiva de dualismo na tecnologia, nos estilos de vida e nos padrões de vida já era lugar-comum nos países subdesenvolvidos, antes da Segunda Guerra Mundial, sendo que alguns autores viam fortes vínculos entre as economias tradicional e moderna, ao passo que outros discordavam. Quando se trabalhava com a hipótese de esses fortes vínculos existirem, eles eram, por vezes, vistos como sendo de natureza exploradora, como foi o caso do regime *neoiobag*, de Gherea.[7] Na Romênia, a relação entre os setores avançados e atrasados era interpretada de diversas formas, mas os autores romenos tendiam a ver essa conexão como frágil, ausente, ou de exploração. Até mesmo Mihail Manoilescu, que defendia o fortalecimento dos vínculos entre a cidade e a aldeia, drenando o excesso de mão-de-obra agrícola para a indústria manufatureira, acreditava que a troca de produtos agrícolas por produtos industriais implicava a exploração dos produtores agrícolas, pelo menos até o momento em que os salários na agricultura camponesa viessem a subir.

Uma visão dualista da sociedade romena já podia ser encontrada nos trabalhos de autores do século XIX, quando a capital do país, Bucareste — "a Paris dos Bal-

146 *Romênia*

cãs" — passava por um crescimento e por uma ocidentalização muito rápidos.[8] Vimos antes que uma explicação do dualismo em nível filosófico, apontando a superficialidade do setor moderno, já havia sido proposta por Titu Maiorescu e pela escola Junímea, a partir de 1863. Dobrogeanu-Gherea havia adaptado a visão junimeana para propor a hipótese de uma lei marxista segundo a qual o dualismo seria explicado pela tendência dos países subdesenvolvidos a modernizar sua superestrutura antes de fazer o mesmo com sua base, combinada com a tenebrosa interação, em nível material, entre as relações sociais feudais e capitalistas — o pior de ambos os mundos, para o camponês. Em seguida, Zeletin, observando o imenso abismo entre a Romênia tradicional e a Romênia moderna, afirmou que essa relação, por mais exploradora que fosse, era parte da passagem normal — e não anormal — do atraso para a modernidade capitalista.

O hiato entre as rendas nas economias agrária e urbana diminuiu com a reforma agrária romena de 1918-21, mas voltou a aumentar com o problema da "tesoura" de preços, na década de 1930, quando a questão da economia dualista retornou ao primeiro plano. Examinando em retrospectiva a década da Depressão, Gheorghe Ionescu-Sisesi, que havia sido diretor do Instituto de Pesquisas Agronômicas, e servido como ministro da Agricultura em diversos governos, durante a década de 1930, observou o quão agudamente os termos de troca internos haviam se voltado contra a agricultura, a partir das vésperas da Primeira Guerra Mundial até a Segunda: em 1940, eram necessários 2,3 vezes mais quilos de milho para comprar o mesmo pacote de 26 produtos manufaturados do que em 1913; e 2,6 para comprar a mesma quantidade de trigo.[9] Um observador de nacionalidade britânica, Hugh Seton-Watson, observou, naquele mesmo ano, que "causa grande indignação ver os gritantes contrastes entre a riqueza das grandes cidades, em especial Bucareste, e do segmento superior da classe dominante, e a miséria da

Dualismo e o neopopulismo 147

maioria da população. Bucareste não chega a ser tão rica quanto uma capital ocidental, mas as capitais ocidentais não estão cercadas por aldeias cujos habitantes comem apenas *mamaliga* (mingau de milho) e vestem-se de forma inadequada".[10] Ao longo de toda a década da Grande Depressão os cientistas sociais tentaram analisar essa questão. Em 1934, o economista Constantin Ianculescu considerou alarmante a perspectiva da combinação da minifundização agrícola e de um crescimento populacional de 1,5% ao ano. As conseqüências, em sua opinião, ficariam evidentes no prazo de uma geração. "Será criado um proletariado agrícola permanentemente desempregado, dando origem a gravíssimos problemas sociais", escreveu Ianculescu, prevendo multidões de camponeses desempregados dirigindo-se para as cidades. A solução proposta por ele era a industrialização.[11] O demógrafo Sabin Manuila concordava com a solução, acreditando porém que não deveria haver pressa em enviar para a cidade camponeses despreparados. Os grupos de desempregados rurais deveriam ser mandados, primeiro, para centros "semi-urbanos", onde os produtos agrícolas poderiam ser industrializados.[12]

Mihai Popa-Veres, em 1938, era de opinião que o dualismo econômico do país, no qual a aldeia se subordinava à cidade, havia começado com a penetração do capitalismo ocidental, após o Tratado de Adrianópolis (1829) — uma opinião comum, porém errônea.[13] Segundo Popa-Veres, o dualismo havia se tornado "óbvio" após a lei tarifária de 1886, dando início a um período de protecionismo industrial. A falta de uma relação orgânica entre a cidade e a aldeia (campo) havia permitido que as empresas estrangeiras dominassem o comércio de cereais, sugeria ele. A cidade permaneceu hegemônica, com uma renda *per capita* quatro vezes maior que a da zona rural.[14] O problema básico consistia no antagonismo entre o "espírito" capitalista (ao que parece, na acepção de Werner Sombart),[15] baseado na busca de lucro, e uma cultura camponesa

148 Romênia

primitiva, auto-suficiente e fossilizada. Mas esse "dualismo econômico" — uma expressão especificamente empregada por Popa-Veres — exigia a transformação da aldeia:[16] a solução era transformar toda a economia em um sistema capitalista moderno.

Mihail Manoilescu, cujo exame do problema do dualismo será tratado mais extensamente no Capítulo 6, era um dos mais pessimistas quanto ao curso dos acontecimentos econômicos para as aldeias, durante a década da Depressão. Como resultado da prolongada crise, ele via emergir, na Romênia, um novo sistema de trocas cidade-cidade, que praticamente excluía a economia aldeã. Quanto a essa questão, Manoilescu, ao que parece, se aproximava de uma posição boekiana.[17] Ele mais tarde escreveria, baseando-se em Os Novos Balcãs, de Ernst Wagemann, que na progressão clássica do foco de uma economia, da subsistência para o mercado interno, e então para o mercado externo, a Romênia havia saltado a etapa intermediária, não havendo portanto passado, historicamente, por trocas intensivas entre a cidade e as áreas rurais (aldeias), relação orgânica essa que ainda não existia à época da publicação de seu trabalho (1944).[18]

A escola que tratou de forma mais direta do abismo entre a aldeia e a cidade, fazendo do desenvolvimento rural seu principal interesse, foi uma nova versão do populismo. A transformação do populismo em uma doutrina mais moderna, face ao avanço do capitalismo na Romênia, ocorreu após um certo número de mudanças estruturais ter abalado o país. A mais importante delas foi a reforma agrária realizada após a Primeira Guerra Mundial. Apesar de incompleta, os camponeses, como um todo, se beneficiaram da divisão das grandes propriedades e, se houve declínio na exportação de cereais, isso em parte se deveu ao aumento do consumo de alimentos pelos camponeses.[19] Embora haja significativas variações nos dados quantitativos sobre a reforma agrária constantes da literatura especializada, uma autoridade importante estimou que, na re-

Dualismo e o neopopulismo 149

forma do pós-guerra, até 1927, o Estado, movido em parte pelo medo do exemplo soviético, desapropriou ou legalizou o confisco de seis milhões de hectares de terras pertencentes aos senhores, pagando por elas uma indenização mínima. As terras aráveis de propriedade camponesa, incluindo os minifúndios, aumentaram de 60% para 90% do total.[20] A concessão do direito de voto aos camponeses, antes de 1919 limitado às eleições indiretas, ligou diversas formas de populismo à política de massas. Em 1926, o Partido Camponês do Antigo Reino fundiu-se com o Partido Nacional Romeno da Transilvânia para formar o Partido Nacional Camponês. A nova organização logo veio a substituir o Partido Nacional Liberal como a principal agremiação política, situação essa que perdurou pelo resto do período entreguerras. Na verdade, em toda a Europa centro-oriental, o "campesinismo" tornou-se a política das massas.[21] Houve, além disso, uma Internacional Verde dos partidos camponeses da região que, no entanto, surtiu pouco efeito sobre a política interna da Romênia.[22]

Para a análise econômica, o comportamento do camponês em uma economia tradicional crescentemente transformada pelo capitalismo havia, na virada do século, se transformado num problema para os economistas de toda a Europa, tanto marxistas quanto neoclássicos. Por que o camponês não respondia "corretamente" aos sinais dos preços, como um maximizador de lucros e minimizador de perdas? Por que, apesar da crescente proletarização do campo, a fazenda camponesa não deixava de existir, seguindo a lei de Marx da concentração e da centralização do capital, que, após 1880, parecia ser confirmada pelo comportamento do setor industrial dos países capitalistas avançados?

Em *A Questão Agrária*, Karl Kautsky, a autoridade marxista que Stere havia triunfalmente citado para apoiar sua defesa do populismo, admitira que Sombart estava certo ao afirmar que, no campo alemão, as pequenas fa-

150   Romênia

zendas não estavam desaparecendo e as grandes propriedades não estavam se expandindo.[23] Mas, em outros aspectos, Kautsky permaneceu um marxista ortodoxo, demonstrando como o capitalismo havia revolucionado a agricultura, embora de formas menos diretas do que a indústria. Esse fato se devia, em parte, ao fenômeno dos aluguéis diferenciados (ricardianos), afirmava Kautsky, que tornavam algumas fazendas intrinsecamente mais produtivas que outras e, por essa razão, a tendência em direção a uma equalização da taxa de lucro, presente na indústria, não se aplicava à agricultura.[24] Além do mais, argumentava Kautsky, o camponês estava disposto a se prestar à hiper-exploração de seu trabalho e do de sua família, e a reduzir seu consumo a um nível mais baixo que o aceitável para um trabalhador contratado. O agricultor camponês, diferentemente do capitalista, não considerava como custo o trabalho despendido na produção para consumo próprio.[25] A expansão das grandes propriedades era limitada pelo fato de as pequenas propriedades serem necessárias aos grandes proprietários, que assim podiam obter e reproduzir a força de trabalho. O número das grandes e pequenas fazendas tendia à estabilidade, precisamente pelo fato de que as grandes fazendas eram intensivas em mão-de-obra e seu tamanho era limitado pela disponibilidade de mão-de-obra rural.[26] Kautsky acreditava que se as oportunidades de trabalho para o setor camponês auto-empregado diminuíssem, os camponeses restringiriam o tamanho de suas famílias. Mas se existissem oportunidades de trabalho fora da fazenda, eles não o fariam, e seu grande número estimularia o processo de proletarização.[27] Publicando seu trabalho em 1899, o mesmo ano em que foi lançado *O Desenvolvimento do Capitalismo na Rússia*, de Lenin, Kautsky acreditava que a grande maioria dos camponeses alemães já eram proletários ou semiproletários que vendiam sua força de trabalho.[28]

O estudo da economia camponesa fez significativos progressos, durante a década de 1920, graças ao teórico

Dualismo e o neopopulismo 151

russo Alexander V. Chayanov, cujos trabalhos em alemão tornaram-se, na Romênia, mais influentes que os seus escritos russos.[29] A hipótese que norteava Chayanov, em sua análise do comportamento econômico da família camponesa alemã, era a tentativa de equilibrar o consumo (a satisfação das necessidades da família) e a "labuta" do trabalho agrícola.[30] Em outras palavras, o camponês tentava alcançar um equilíbrio psicológico entre a maximização da renda e a maximização do lazer (ou a minimização da labuta), uma idéia análoga à de Boeke, ressaltando a tentativa dos camponeses de manter padrões de vida tradicionais ou "normais". Tal como Kautsky, Chayanov acreditava que os camponeses não consideravam seu trabalho como um custo implícito e, por vezes, prestavam-se a uma hiperexploração de si próprios e de suas famílias, de modo a manter um determinado padrão de renda. Em anos de más colheitas, eles poderiam também procurar outras ocupações. "Como resultado", escreveu Chayanov, "temos a situação — normal para a Rússia, mas paradoxal do ponto de vista ocidental — de que os períodos em que os cereais atingem preços elevados são, também, os períodos de baixos salários".[31] Chayanov interessava-se especialmente pela explicação dos ciclos demográficos da família camponesa. Com base em pesquisas empíricas realizadas na Rússia, ele acreditava que a atividade econômica e o total do trabalho despendido dependiam menos da rentabilidade (o ponto central da produção capitalista) do que do tamanho da família e do equilíbrio entre satisfação das exigências de consumo e "labuta" do trabalho.[32] Afirmou também que a diferenciação econômica entre os camponeses devia-se mais ao momento do ciclo demográfico familiar que à insignificante acumulação por parte dos *kulaks*, a tese que então prevalecia na URSS.[33]

As investigações e teorias de Chayanov, muitas vezes denominadas de "neopopulismo", ganharam importância na economia do desenvolvimento do pós-guerra após a publicação, em inglês, de uma antologia de seus

152 *Romênia*

escritos, em 1966;[34] mas seu trabalho teve repercussões importantes na Europa centro-oriental do período entreguerras, onde os economistas vinham estudando a baixa produtividade, o excesso populacional e o subemprego no campo.[35] Economistas locais vinham desenvolvendo estudos similares, alguns deles tendo escrito antes da publicação das obras mais importantes de Chayanov ou, ao que tudo indica, sem ter conhecimento das contribuições do economista russo. Na Polônia, já em 1917, Leon Biegeleisen demonstrou que, em diversos países, as pequenas propriedades tinham uma receita líquida por hectare mais elevada que a das propriedades maiores.[36] O Instituto Nacional Polonês de Economia Rural, na década de 1920, verificou, para as pequenas propriedades, um nível de lucro negativo, confirmando a explicação de Chayanov. Alguns pesquisadores poloneses, independentemente do trabalho de Chayanov, tentaram identificar o modelo do comportamento dos agricultores camponeses. A escola polonesa, tal como Chayanov, "dava ênfase à elasticidade e à adaptabilidade da agricultura camponesa". Os poloneses, contudo, enfocavam o excesso populacional (e não o ciclo demográfico), mais do que Chayanov o havia feito, devido ao índice homem-terra ser maior na Polônia que na URSS. Além do mais, diversos economistas poloneses tentaram calcular o número de camponeses que poderiam deixar a agricultura sem que houvesse uma queda do produto total.[37] Pesquisas semelhantes sobre a economia camponesa vinham sendo realizadas em toda a Europa centro-oriental.[38] Mesmo na relativamente atrasada Bulgária, estudos empíricos detalhados sobre o comportamento camponês foram realizados no período entreguerras, utilizando-se do trabalho de Chayanov. Os agrônomos e economistas búlgaros tentaram também estimar o total da mão-de-obra agrícola economicamente inoperante que, segundo um desses estudos, chegava a 37% em 1926 e a 46% em 1935.[39]

Na Romênia, o período entreguerras foi rico em estudos sobre a cultura e a economia camponesas — projeto

Dualismo e o neopopulismo 153

esse situado no centro de uma tradição de ciências sociais em rápido desenvolvimento.[40] A mais notável dessas abordagens sobre a questão camponesa foi a escola "monográfica" de Dimitrie Gusti, a qual, nas décadas de 1920 e 30, enviou equipes multidisciplinares de pesquisadores para ir viver nas aldeias mais representativas, a fim de estudar todos os aspectos da vida camponesa, inclusive os orçamentos domésticos e outros elementos de sua economia.[41] Gusti havia estudado com Wilhelm Wundt, Karl Bücher e Gustav von Schmoller, na Alemanha, onde obteve seu doutorado em Leipzig, tendo também estudado com Emile Durkheim, em Paris.[42] Gusti fundou, em 1919, a revista intelectual mais importante da época, na Romênia, *Estudos de Ciência [Social] e Reforma Social* [43] e, nos anos 1930, conseguiu obter o patrocínio do rei Carol para as pesquisas de seu grupo. Usando métodos criados por Ernst Engel, Frédéric Le Play, Ernst Laur e Chayanov, Gusti e seus alunos tentaram determinar até que ponto a economia camponesa local, em uma determinada região, era capitalista, "natural" (voltada para a subsistência) ou mista, estudando, para aldeias inteiras, tanto os orçamentos monetários quanto os expressos em mercadorias.[44] Dentre as muitas publicações do grupo Gusti, que se notabilizaram especialmente por sua abrangência, estava a obra em cinco volumes, *Sessenta Aldeias Romenas* , dirigida por Anton Golopentia e D. C. Georgescu.[45]

Como a Polônia, a Romênia possuía um Instituto de Pesquisas Agronômicas, de caráter oficial, que realizava estudos sobre economia. Um membro do instituto, Nicolae Cornateanu, defendeu as propriedades camponesas, em 1935, usando os resultados de um levantamento que demonstrava a produtividade superior dos pequenos lotes. Ele admitiu, entretanto, que se a mão-de-obra houvesse sido computada em termos capitalistas, a renda dos camponeses teria resultado negativa em grande parte do país.[46] De fato, o método usado por Cornateanu excluía os

154 *Romênia*

custos imputados da mão-de-obra (não-remunerada) do camponês e de sua família.[47]

A maioria dos estudos era mais pessimista. Mesmo antes da Grande Depressão, um pesquisador do Ministério da Agricultura, Constant Nitescu, publicou estudos detalhados sobre os orçamentos domésticos das famílias camponesas para o ano de 1925, em Vlasca (um condado próximo a Bucareste), tendo concluído que se os custos imputados e o consumo dos bens produzidos fossem levados em conta, a maior parte das famílias camponesas teria rendas negativas.[48] Um trabalho baseado nos orçamentos camponeses para 1934-35 observou que os agricultores em questão procuravam emprego não-agrícola porque seus minifúndios eram incapazes de sustentar suas famílias em nível que sequer se aproximava do nível de renda dos empregados domésticos em Bucareste.[49] Também a ampla coleção *60 Aldeias Romenas* era pessimista quanto aos camponeses pobres poderem sustentar seu modesto nível de consumo com o produto de suas propriedades. Naquele trabalho, P. Stanculescu e C. Stefanescu concluíram que, das famílias camponesas proprietárias de terra mais pobres (definidas como as que possuíam menos de 3 hectares), 86% consumiam mais do que produziam em seu minifúndio; das famílias com 3,1 a 5 hectares, 70% também consumiam mais; e mesmo dentre as que possuíam propriedades de 10,1 a 20 hectares, 41% precisavam, para viver, de mais do que podiam produzir em suas terras.[50] Desse modo, muitas dessas famílias complementavam suas rendas, ou até mesmo obtinham o grosso destas, trabalhando como lavradores assalariados ou como artesãos.

Como na Bulgária, Polônia e outros países da Europa centro-oriental, havia, na Romênia, grande preocupação com o excesso de mão-de-obra agrícola — um conceito que, no desenvolvimento da literatura especializada de após a Segunda Guerra Mundial, viria a ser conhecido como "desemprego disfarçado". Esse termo ingressou na

Dualismo e o neopopulismo 155

economia ocidental em 1936, quando a economista de Cambridge, Joan Robinson, definiu o desemprego disfarçado como "a adoção de ocupações inferiores [em termos de produtividade] por parte dos trabalhadores [industriais] demitidos". Ela deu vários exemplos, como "vender caixas de fósforos", "podar cercas-vivas" e "colher batatas".[51] Quando o termo foi usado na literatura sobre desenvolvimento do pós-guerra, foram mencionados os mesmos tipos de ocupação, e a idéia foi atribuída a Robinson, mas os homens e mulheres que assumiam esses trabalhos não estavam de modo algum trocando uma produtividade mais alta por uma mais baixa. Portanto, o conceito de desemprego disfarçado, na literatura sobre desenvolvimento econômico, estava relacionado ao de Robinson, consistindo porém em uma idéia distinta. Além disso, embora a economista britânica tenha cunhado a frase que mais tarde assumiu um novo significado, não foi ela quem deu origem ao conceito, no sentido que este viria a ter no período pós-guerra.

Na verdade, a noção de desemprego disfarçado, na Europa centro-oriental, remonta a fins da década de 1920.[52] Uma noção similar, o "desemprego orgânico", estava também presente na ciência econômica colonial da Índia e da Indonésia, àquela época.[53] Em língua inglesa, o termo "desemprego disfarçado" foi usado pela primeira vez, em sua acepção do pós-guerra, provavelmente por Michal Kalecki, em 1938, em uma crítica da edição alemã de *A Teoria do Protecionismo*, de Mihail Manoilescu. O economista polonês escreveu que "em um país agrícola há sempre algum desemprego, manifesto ou disfarçado".[54] De qualquer modo, não apenas a idéia, mas também a tentativa de operacionalizar o conceito estão claramente presentes na literatura romena da década de 1930.

Pelo menos para um autor dos anos da Depressão, o interesse pelo desemprego disfarçado era uma reação à crise do desemprego no Ocidente, a qual recebia ampla cobertura da imprensa internacional. Em 1933, o enge-

156 *Romênia*

nheiro Grigore Manoilescu, irmão do economista Mihail, afirmou que a noção de desemprego, na Romênia, teria que ser definida de modo diferente do que o sucedia no Ocidente, onde se baseava na rigidez induzida pelos contratos formais de trabalho.[55] Grigore Manoilescu declarou existir "desemprego disfarçado" na burocracia estatal e até no comércio e na indústria, mas, sobretudo, na agricultura romena. Segundo seu raciocínio, havia, nas áreas rurais, oito milhões de homens e mulheres, com idades entre 15 e 60 anos, para trabalhar 13,6 milhões de hectares de terra arável. Se um trabalhador agrícola fosse capaz de trabalhar quatro hectares por ano (a estimativa para a Alemanha na época do pré-guerra e da pré-mecanização), apenas 3,4 milhões de pessoas seriam necessárias, de onde se concluía que 4,6 milhões estavam inativas — 58%![56] Embora a Romênia não apresentasse o desemprego notório dos países ocidentais, sua situação real era igualmente grave, uma vez que o desemprego era "crônico e estrutural.... oculto nos milhões de pessoas subnutridas, mal vestidas e vivendo em habitações miseráveis", escreveu Manoilescu.[57] E Manoilescu não estava só em sua desoladora avaliação do emprego rural. Em 1935, Aurel Frunzanescu estimou que apenas 44% da força de trabalho da agricultura romena seriam utilizados de modo eficiente e que, mesmo se todas as atividades auxiliares fossem levadas em conta, menos de 55% dos dias anuais de trabalho seriam usados de forma produtiva.[58]

O economista que mais influência exerceu no nível da formulação das políticas relativas a essas questões era também o homem que havia introduzido Chayanov no debate romeno sobre a questão camponesa. Virgil Madgearu, em 1925, discutiu as teorias russas em sua revista, *Independenta Economica* (Independência Econômica).[59] Madgearu, filho de um comerciante da cidade portuária de Galati, obteve seu doutorado em Leipzig, com Bücher, em 1911. Professor da Academia de Ciências Comerciais (mais tarde Econômicas), Madgearu foi, de 1919 a 1929,

Dualismo e o neopopulismo 157

secretário-geral do Institutul Social Român (Instituto Romeno de Ciências Sociais), ao qual estavam associados Dimitrie Gusti e outros cientistas sociais importantes. Madgearu também veio a ser secretário-geral e teórico do Partido Nacional Camponês. Nas décadas de 1920 e 30, ele participou do primeiro escalão da política romena, tendo repetidamente ocupado cargos ministeriais. Tanto em suas políticas quanto em sua teoria, Madgearu era um eclético, contrariamente ao doutrinário, embora incoerente Mihail Manoilescu.[60] Madgearu é lembrado pelos estudiosos de hoje principalmente por seu trabalho, que veio a se tornar um clássico, *A Evolução da Economia Romena Após a Guerra Mundial*.[61] Nesse estudo de grande erudição, Madgearu forneceu dados que corroboravam sua visão campesinista das políticas econômicas, salientando que entre 1928 e 1938, uma década de industrialização rápida, a indústria havia absorvido apenas um doze avos do excedente anual de trabalhadores agrícolas.[62]

Em 1930, Madgearu foi de grande valia na organização do Bloco Agrário, uma coalizão de países da Europa centro-oriental que tentavam formar um "contramonopólio" que visava enfrentar os exportadores industriais do Ocidente e induzir esses últimos, por intermédio da Liga das Nações e de outros meios, a conceder preços e cotas preferenciais contra os fornecedores do "ultramar" (e de menores custos). Em setembro desse mesmo ano, Madgearu defendeu, em Genebra, a reivindicação de um regime preferencial, apresentada pelo Bloco, e um secretariado permanente foi criado em Bucareste, no mês de outubro. Em seu auge, em inícios da década de 1930, o Bloco consistia de dez países, mas sua tentativa de controlar a produção e os preços dos cereais, durante os anos da Depressão, terminou em fracasso, como também aconteceu com a dos principais produtores do ultramar.[63] O Bloco Agrário foi um dos precursores das tentativas do Terceiro Mundo no sentido de organizar os mercados, no período do pós-guerra. Como não poderia deixar de ser, a

Liga da Nações, apesar de ser inadequada a esse papel, foi o melhor substituto que os Estados agrícolas independentes puderam encontrar para a série de agências das Nações Unidas e de cartéis de *commodities* que viriam, tempos depois, a ser mais receptivos às vozes do Terceiro Mundo.[64]

Com relação à produção, a natureza do campesinato enquanto classe social colocava uma questão espinhosa, tanto para os marxistas como para os não-marxistas, não apenas na Romênia, mas universalmente — fato esse ao qual Teodor Shanin alude no título de seu estudo influenciado por Chayanov, *A Classe Canhestra*.[65] Segundo *Um Dicionário do Pensamento Marxista*, o campesinato, por definição, tem acesso aos meios de produção (implementos e terra), sendo pois distinto do proletariado agrícola (composto de trabalhadores assalariados) e distinto também dos servos, que estão sujeitos a coerção extra-econômica. O campesinato, por essa definição, porém, "deve pagar aluguel ou tributo para manter a posse da terra", quer em trabalho, em mercadorias ou em dinheiro.[66] Um camponês proprietário de suas terras, segundo esse esquema, seria um pequeno-burguês, não um camponês. Mas o proprietário de um minifúndio, tão comum na Romênia, estava, muitas vezes, em condições piores que as do proletário rural, e certamente não era um burguês. Além do mais, o próprio Marx — por exemplo, em seu famoso comentário sobre o campesinato, em *O Dezoito Brumário de Luís Bonaparte* — explicitamente incluiu os pequenos proprietários de terras em suas duras críticas.[67] Seja como for, os proprietários de minifúndios e de pequenos lotes de terra são, neste estudo, considerados como camponeses.

Para Virgil Madgearu e os campesinistas romenos, a economia camponesa, baseada na pequena produção de mercadorias e organizada em unidades familiares, não implicava uma diferenciação interna do campesinato, uma vez que, como afirmara Chayanov, o ciclo demográfico

Dualismo e o neopopulismo   159

familiar tendia a impedir que as diferenças de riqueza se tornassem extremas — uma visão diametralmente contrária à de *O Desenvolvimento do Capitalismo na Rússia*, de Lenin (ver Capítulo 3). Como um estudioso romeno de orientação marxista veio mais tarde ressaltar, a visão marxista — mais precisamente, a visão leninista — afirmava que o campesinato era um "conglomerado" de classes com interesses contraditórios.[68] Madgearu e seus campesinistas, porém, seguiram Chayanov ao afirmar que o ciclo demográfico manteria o campesinato relativamente não diferenciado ao longo do tempo. Eles negavam — em parte, pelo menos, por razões políticas — que o campesinato, após a reforma agrária, estivesse se tornando estratificado em uma classe *kulak* (*chiaburime*) e uma massa proletária rural, bem mais numerosa. Ou seja, os Campesinistas Nacionais definiam o campesinato como sendo uma classe única.

O campesinismo como doutrina, na Romênia, estava associado não apenas ao neopopulismo chayanoviano, mas também a uma forma de corporativismo. Para os entusiastas mais extremados do Partido Nacional Camponês, de Madgearu, o *taranismul* (campesinismo), em sentido programático, significava que uma sociedade na qual a grande maioria da população era composta de camponeses, que (supostamente) trabalhavam suas terras em sistema familiar, deveria ter um "Estado camponês". Esse Estado interviria nos mercados agrícolas para garantir preços estáveis e altos para suas mercadorias, bem como crédito barato para os camponeses. É interessante que pelo menos dois autores campesinistas afirmassem não se opor ao desenvolvimento da indústria, mas apenas buscar uma relação mais justa entre os preços industriais e agrícolas.[69] Ion Scutaru, em nome dos campesinistas, lançava a acusação de que, tal como a oligarquia agrícola do pré-guerra o fizera anteriormente, uma classe industrial artificial (originária de um dos setores da oligarquia rural) vinha agora explorando os camponeses por meio de pre-

160 Romênia

ços elevados para os bens industriais.[70] No Estado camponês, o cooperativismo e o solidarismo (presumivelmente na acepção de Léon Bourgeois) libertariam o camponês da exploração capitalista inerente ao Estado burguês "individualista".[71] Para Scutaru, no Estado camponês, os interesses grupais prevaleceriam sobre os individuais, e a colaboração entre as classes substituiria o conflito entre as classes. Como no corporativismo de Mihail Manoilescu, o Estado Camponês seguiria uma política de romenização da propriedade industrial, o que, dentre outros aspectos, tinha implicações anti-semitas.[72]

Lucretiu Patrascanu, a maior autoridade comunista da época, observou que essas projeções dos efeitos radicalmente benéficos de um novo regime político não eram únicas. Hitler fizera declarações semelhantes sobre o Estado nazista e, disse Patrascanu com muita propriedade, nem a Itália fascista nem a Alemanha nazista possuíam Estados novos, uma vez que estes não representavam relações novas entre as classes sociais. Do mesmo modo, concluía ele, tampouco haveria uma mudança nas relações de classe sob um Estado camponês.[73]

O campesinismo romeno, em suas diversas formas, não contribuiu de modo significativo para as explicações teóricas, pelo menos no campo econômico e, ao que parece, era menos original que os estudos realizados na Polônia. É interessante que o conceito de um modo camponês de produção — implícito nos trabalhos de Chayanov, sendo uma decorrência direta do ponto de vista de que o campesinato era uma classe única — não tenha sido desenvolvido. No entanto, estudos importantes e de alta qualidade foram realizados na Romênia. Além do mais, a idéia do desemprego disfarçado na agricultura foi desenvolvida de um modo que certamente antecedeu seu uso no período do pós-guerra, no Terceiro Mundo propriamente dito, com as implicações de que a mão-de-obra camponesa inativa deveria ser transferida para atividades industriais, ou outras de produtividade igualmente elevada.

Dualismo e o neopopulismo   161

Sobre o conceito de desemprego ou subemprego disfarçado, um dos fundadores da teoria moderna do desenvolvimento, Paul Rosenstein-Rodan, escreveu: "Desde a década de 1940, [a tese do subemprego na agricultura] tornou-se uma das pedras de toque da teoria do desenvolvimento nos países subdesenvolvidos".[74] No entanto, essa proposição gerou grandes controvérsias na era do pós-guerra, e Doreen Warriner, uma economista britânica que ressaltou a importância do desemprego disfarçado na agricultura da Europa centro-oriental do período entreguerras, veio subseqüentemente a modificar sua opinião. Na introdução da segunda edição de *A Economia da Agricultura Camponesa* (1964), ela afirma que os estudos dos anos entreguerras (inclusive os dela própria), centrados na questão dos dias-homem anuais de trabalho, superestimaram consideravelmente o excedente de mão-de-obra na agricultura camponesa, por deixar de levar em conta, de forma adequada, a sazonalidade do trabalho agrícola. Desse modo, em um caso extremo, se são necessários 230 dias-homem por ano, mas estes devem ser trabalhados em três meses, três homens, e não um, serão necessários. Warriner não tentou recalcular o excedente, mas essa advertência sobre seus trabalhos anteriores pressupõe a existência de pouca mobilidade de mão-de-obra na agricultura. Em retrospectiva, a autora acreditava que seus cálculos haviam se centrado, de forma incorreta, no desemprego disfarçado, ignorando o mais importante: a queda a longo prazo da produtividade por cabeça na agricultura, o que levou a uma ênfase exclusiva na industrialização, ao invés de enfocar a questão da produtividade — o aumento da produção por agricultor.[75]

Em nível teórico, Gunnar Myrdal afirmou que a idéia do subemprego agrícola baseia-se em diversos pressupostos, todos eles irrealistas: o de que toda a inatividade é voluntária, de que "os insumos de mão-de-obra daqueles que permanecem na agricultura instantaneamente crescem o suficiente para preencher a lacuna" deixada

162   Romênia

por aqueles que abandonam a agricultura, e o de que há, na agricultura, exigências fixas de mão-de-obra. Myrdal acredita que o conceito de "desemprego disfarçado" faz sentido nas economias capitalistas avançadas para as quais Joan Robinson cunhou o termo, mas não em países subdesenvolvidos, onde os trabalhadores que supostamente estão em situação de "desemprego disfarçado" são parte da força de trabalho permanente, e não trabalhadores temporariamente desempregados.[76]

Em sua forma mais rigorosa, a tese do desemprego disfarçado na agricultura implica que não há qualquer crescimento da produtividade além de um certo ponto (pressupondo-se tecnologia constante), à medida que cada vez mais trabalhadores são incorporados a uma unidade de terra. O economista Theodore W. Schultz, de Chicago, ganhador do prêmio Nobel, como Lewis e Myrdal, afirma o contrário, sustentando que não existe nada que se assemelhe a uma produtividade marginal zero mensurável na agricultura. Para ele, não há dados empíricos que corroborem a afirmação de que o pleno emprego, durante o ano todo, seja possível na agricultura camponesa.[77] Entretanto, o caso-teste de Schultz, que mostrava o declínio da produção agrícola após a epidemia de gripe de 1918-19, em uma área densamente povoada da Índia rural, veio, por sua vez, a ser contestado. O conceito de desemprego disfarçado foi apresentado, em anos mais recentes, sob uma forma mais refinada, que pressupunha a transferência seletiva de mão-de-obra da agricultura para a indústria e para outras atividades não-agrícolas, com a reorganização da força de trabalho que permanecia na agricultura.[78]

Virgil Madgearu não viveu o bastante para assistir à controvérsia sobre o desemprego disfarçado e a ressurreição das teorias de Chayanov, no Terceiro Mundo dos anos 1960 e 70. Ele havia se colocado contra a penetração da economia romena pela Alemanha nazista, que vinha ocorrendo, de forma cada vez mais pronunciada, em

Dualismo e o neopopulismo   163

fins da década de 1930, tendo apresentado denúncias contra a Guarda de Ferro fascista. Em novembro de 1940, Madgearu foi assassinado pela Guarda, no breve momento em que esta deteve o poder, após a queda do rei Carol e de seu ministro Mihail Manoilescu.[79] O Partido Nacional Camponês, de Madgearu, seria suprimido pelo regime comunista, após a Segunda Guerra Mundial, mas, assim como os nacional-liberais, os campesinistas também viriam a ressurgir em 1990, com o colapso da ditadura de Nicolae Ceausescu.

Notas

1. Lupu, 1967, p. 98.

2. Sollohub, 1932, pp. 590-92. Nos dois anos que se seguiram, a lei sobre a dívida da agricultura foi alterada diversas vezes, mas os camponeses continuaram em situação de penúria.

3. Boeke, *Economics*, 1953. Esse trabalho combina dois estudos anteriores, escritos em 1942 e 1946. Furnivall, 1944, define a "sociedade plural" como "uma sociedade que... inclui, em uma única unidade política, dois ou mais elementos ou ordens sociais, que vivem lado a lado, sem no entanto se misturar (p. 446). O próprio Boeke usou a expressão "sociedade segmentada" em "Economia Dualista", 1966 (1930), p. 170. Sobre o uso moderno da idéia, ver Van den Berghe, 2ª ed., 1978, pp. 34-36.

4. O fato de que a idéia básica de Boeke podia ser expressa em termos neoclássicos não implicava que suas opiniões fossem compatíveis com a da economia neoclássica.

5. Em nível teórico, o romeno-americano Georgescu-Roegen, implicitamente, afirmou que Boeke interpretou de forma errônea a inatividade dos camponeses. Segundo Georgescu, há mais tempo livre nos países com excesso populacional que nos países desenvolvidos porque não há escolha real entre mais tempo livre e mais renda; o custo econômico de mais tempo livre é igual a zero. Ver seu "Economic Theory", 1976 (1960), p. 131. Um argumento semelhante está implícito na análise de Clifford Geertz sobre a Java de Boeke; ver Geertz,

164 Romênia

1963, pp. 141-42. Em nível empírico, em alguns contextos culturais não-ocidentais, a falha dos sinais de preços (salariais) no mercado de trabalho, à moda de Boeke, foi rejeitada. Na América Latina, a adaptação ao mercado dos camponeses indígenas nas terras altas da Guatemala foi o tema central de Tax, 1953. Um exemplo mais recente relativo aos camponeses peruanos não-hispanicizados consta de Figueroa, 1984, especialmente na página 120. Quanto ao descrédito geral em que hoje caíram as opiniões de Boeke, ver H. W. Singer, "Dualismo", 1970, p. 70. Mas, na mesma página, Singer acrescenta que a análise de Boeke sobrevive, na medida em que muitos dos conceitos ocidentais tiveram que ser repensados, por exemplo, com relação ao emprego. Em retrospectiva, o esquema de Boeke poderia ser visto como uma forma especial e extrema de estruturalismo ou de institucionalismo. E por fim, apesar da notoriedade de sua abordagem, vale observar que as idéias de Boeke foram altamente controvertidas na Holanda, nas décadas de 1920 e 30, não sendo, de modo geral, aceitas por outros teóricos da economia holandesa; tampouco seus pontos de vista chegaram a prevalecer no nível das políticas coloniais. Ver Instituto Koninklijk, 1961, pp. 14-15, 21, 56-57.

6. Lewis, "Economic Development" (1954). Mas, para o caso romeno, Lampe e Jackson negaram que, em inícios do século XX, Bucareste pudesse contar com uma oferta infinitamente elástica de mão-de-obra rural, p. 244.

7. Por exemplo, quanto aos últimos tempos da Rússia imperial, ver Nicolas-On, 1902, pp. 445-50; Stepniak, 1888, pp. 17-23; sobre a Itália, ver Gramsci, 1957 (orig. ital. 1926), p. 41, e para um exame da vasta literatura sobre a *questione meridionale*, ver Benenati,1982; sobre a Espanha, ver Ledesma Ramos, 1940, p. 186; sobre o Uruguai, ver Martínez Lamas, 1930.

8. Em 1914, Bucareste tinha uma população de 350 mil pessoas, igualando a soma dos totais das três outras capitais balcânicas — Atenas, Sófia e Belgrado. Lampe e Jackson, 1982, p. 239.

9. Ionescu-Sisesti, 1940, p. 618. Um dos estudos mais detalhados dos preços relativos, o de Florin Manoliu, elaborado para a Divisão de Pesquisa do Conselho Superior de Economia, usou o ano de 1929 como base para a mensuração dos preços dos bens agrícolas em comparação com os dos produtos

Dualismo e o neopopulismo   165

industriais na economia nacional. Ele verificou que o ponto baixo ocorreu em 1936, quando os bens primários conseguiam comprar pouco mais da metade da quantidade de bens industriais pelos quais eles podiam pagar em 1929. Manoliu, *Politica*, 1939, p. 9. Encarando o problema como sendo de importações (em sua maior parte industriais) *versus* exportações (em sua maior parte agrícolas), o Instituto Romeno de Ciclos Econômicos calculou que eram necessárias de 5,4 a 6,6 toneladas de exportações para comprar uma tonelada de importações, nos anos 1922-29, razão essa que subiu 14,8 para 1 em 1932. Institutul Romanese de Conjunctura (1933?), p. 122. Além disso, o economista agrícola Roman Cresin forneceu os preços detalhados, ano a ano, para os principais cereais (em termos constantes) para a década de 1924-33, confirmando as perdas desastrosas sofridas pelos lavradores, Cresin. "Puterea", 1934, p. 230.

10. Seton-Watson, item da correspondência ao visconde de Halifax, Bucareste, 22 de julho de 1940, em PRO: FO R 7352/475/37.

11. Ianculescu, 1934, pp. 50 (citação), 73.

12. Manuila, 1940, p. 24.

13. Ver Capítulo 3.

14. Popa-Veres, 1938, pp. 83, 85, 98.

15. Sombart é citado antes no estudo de Popa-Veres, p. 74.

16. Popa-Veres, pp. 101-3.

17. M. Manoilescu, *Íncercari*, 1938, pp. 119-21.

18. M. Manoilescu, "Sozialökonomische Struktur", 1944, pp. 1-2, 5, citando Wagemann, *Neue Balkan*, 1939, p. 104, sobre a progressão de *Eigenwirtschaft* para *Binnenwirtschaft* e para *Aussenwirtschaft*.

19. Patrascanu, "Reforma", 1978 (1925), p. 97.

20. Mitrany, 1930, pp. 221-22. Nesses cálculos, Mitrany classificou as de até cem hectares como pequenas ou camponesas.

21. Ghita Ionescu distingue entre o populismo e o campesinismo, no sentido de que este último era um movimento político novo, abrangendo toda a Europa centro-oriental, com base nas massas rurais. Ionescu, 1969, pp. 98-99.

22. Roberts, 1951, p. 164.

166 Romênia

23. Kautsky, *Cuéstion*, 1974 (orig. alem. 1899), pp. 5-6.

24. Ibid., pp. 80-81, 91. O aluguel da terra, na prática, era complicado pela freqüente coexistência de aluguéis ricardianos, "naturais" ou ditados pelo mercado, e aluguéis "absolutos", baseados na propriedade monopolista (p. 91).

25. Ibid., pp. 124-26, 131-33, 201. Kautsky observa que a noção de um excesso de auto-exploração por parte dos camponeses já estava presente em J. S. Mill, p. 124. Kautsky imputa esse fenômeno à existência de um mercado (capitalista) para a agricultura, somado a técnicas atrasadas (p. 125).

26. Ibid., p. 186.

27. Ibid., p. 199.

28. Ibid., pp. 203-4.

29. Em especial *Lehre*, 1923 e "Zur Frage", 1924.

30. Thorner, 1966, p. xv.

31. Chayanov, "Peasant Farm Organization", 1966 (orig. russo 1925), p. 109.

32. Ibid., p. 195.

33. Millar, 1970, p. 219.

34. Kochanowicz, 1988, p. 30.

35. Ernst Wagemann, diretor do Institut für Konjunkturforschung, em Berlim, e defensor da Grossraumwirtschaft (Grande Espaço Econômico Alemão), de Hitler, como Chayanov, acreditava que os camponeses, ao calcular suas despesas, não incluíam o custo implícito de seu próprio trabalho e de sua família. Portanto, segundo a contabilidade dos camponeses capitalistas, a fazenda camponesa operava sempre com prejuízo. Wagemann, *Neue Balkan*, p. 112.

36. Descontando, presumivelmente, o valor do trabalho camponês.

37. Kochanowicz, pp. 16, 22, 31 (citação).

38. Um estudo que sintetiza boa parte de seu trabalho é o de Warriner, 2ª ed., 1964 (1939). Para outras estimativas quanto ao excedente de população rural na era do entreguerras, baseadas em pressupostos diferentes, ver o estudo de Morre para a Liga das Nações. *Economic Demography*, 2ª ed., 1972 (1945), passim.

Dualismo e o neopopulismo 167

39. Egoroff, 1936, pp. 135 (citando Chayanov), 152-53. Egoroff era pessimista, contudo, quanto aos números significativos que pudessem ser transferidos da agricultura para a indústria (pp. 157-58). Conferir com a opinião similar de Whipple e Toteff sobre a Bulgária, 1939, pp. 73-75.

40. Parte desse florescimento da pesquisa social derivou de estudos e contatos estrangeiros. Não apenas os romenos estavam fazendo doutorados na Alemanha, na Áustria e na França, mas também a Fundação Rockefeller trouxe pelo menos quatro jovens e promissores acadêmicos para os Estados Unidos, para pós-graduação — os economistas Paul Sterian e Nicholas Georgescu-Roegen, o demógrafo Sabin Manuila e o economista agrícola Roman Cresin. Quanto à organização dos serviços nacionais de estatística e ao papel da Fundação Rockefeller no período entreguerras, ver Sandru, 1980, Cap. 1. No Capítulo 8, Sandru faz um levantamento da literatura daquele período sobre o excesso de população rural e o excedente de mão-de-obra.

41. P. ex., ver Gusti, 1936.

42. Ver Vulcanescu, 1937, pp. 5-94.

43. *Archiva pentru Stiinta si Reforma Sociala.*

44. Stahl, "Scoala", 1937, pp. 172, 181, 184-85; Stahl, *Amintiri,* 1981, p. 32.

45. Galopentia e Georgescu, orgs. *60 Sate Romanesti,* 5 vols., 1941-43. O vol. 2 inclui uma extensa análise econômica de P. Stanculescu e C. Stefanescu. Eles oferecem informações discriminadas por região, lavouras cultivadas e tamanho das glebas, fornecendo estudos detalhados dos orçamentos familiares por tamanho das propriedades e por região.

46. Cornateanu, 1935, pp. 37, 97. Racovski havia afirmado antes da guerra (e da reforma agrária do pós-guerra) que as rendas reais das famílias camponesas eram negativas, ao passo que Stere, como mencionado no Capítulo 2, acreditava que os camponeses sem-terra tivessem rendas líquidas negativas. Racovski, "Poporanism", 1908, p. 350; Stere, "Fischerland", 1909, p. 371.

47. Ornea, *Taranismul,* 1969, p. 164.

48. Ver as planilhas de orçamento em Nitescu, 1928, pp. 181-255. (Vlasca não existe mais, e a área em estudo fica agora em Ilfov, o *judet* ou condado que abrange Bucareste.)

168   Romênia

49. Institutul de Cercetari Agronomice, 1936, p. 97.

50. Stanculescu e Stefanescu, 2: 292.

51. J. Robinson, "Disguised Unemployment", 1936, p. 226.

52. Rosenstein-Rodan, "Natura", 1984, p. 212.

53. Ver Boeke, "Economia Dualista", 1930, p. 188. Na mesma passagem, Boeke atribuiu o fenômeno ao deslocamento das práticas e ofícios econômicos tradicionais pela industrialização. Como solução, recomendou "que indústrias domésticas simples atendessem às necessidades gerais e primárias", como a roda de fiar de Gandhi (p. 189).

54. Kalecki, Análise de M. Manoilescu, *Nationale Produktivekräfte*, 1938, p. 711. Mais tarde, Kalecki deixaria claro que o "desemprego", no contexto do subdesenvolvimento, era um problema diferente do verificado nos países economicamente avançados; nesses últimos, o problema consistia na falta de demanda efetiva e poderia ser tratado por meio de dispêndio de déficit. Nos primeiros, o problema era acarretado pela escassez de equipamentos de capital, que por sua vez deviam-se a desproporções fatoriais básicas. Kalecki, "Unemployment", 1976 (1960), p. 17. No período do pós-guerra, o termo "desemprego disfarçado" pode ter sido usado, pela primeira vez, em [*Political and Economic Planning*], 1945.

55. G. Manoilescu, "Somuri", 1933, p. 104.

56. G. Manoilescu cita também um estudo contendo uma estimativa muito semelhante de A. Alemanisteanu, ibid., p. 109.

57. Ibid., pp. 109-10 (citação).

58. Fruzanescu, 1935, pp. 11-14. Conferir com a estimativa de G. Manoilescu acima.

59. Madgearu, "Teoria", 1936 (1925); Stahl, *Amintiri*, p. 30. Para mais opiniões de Madgearu sobre a agricultura, ver seu "Curs" (s.d.). Ele cita também o *Lehre* de Chayanov, 1923, na p. 137.

60. Quanto à vida e obra de Madgearu, ver Malinschi, 1975; Predescu, 1940; "Madgearu, Virgil", 1965, 3: 194. Sobre seu ecletismo teórico, ver Malinschi, p. 36. Quanto a seu lugar nos debates sobre desenvolvimento dos anos entreguerras, ver Hitchins, 1994, cap. 7, especialmente pp. 320-34.

61. Evolutia economiei românesti dupa razboiul mondial, 1940.

Dualismo e o neopopulismo 169

62. Ibid., p. 377.

63. Os Estados-membros do Bloco Agrário eram: Romênia, Iugoslávia e Tchecoslováquia (o grupo original da Pequena Entente, do qual surgiu a idéia do Bloco), mais a Bulgária, Estônia, Hungria, Letônia, Polônia, Grécia e Turquia. Bussot, 1933, pp. 1.544-58, especialmente 1.553 (sobre Madgearu).

64. Não se pretende afirmar que as agências da ONU, como a Conferência das Nações Unidas para Comércio e Desenvolvimento (UNCTAD) fossem altamente eficazes do ponto de vista do Terceiro Mundo, nem endossar a opinião geralmente aceita de que a Liga fosse totalmente insensível às necessidades do mundo não-industrializado (ver Capítulo 7).

65. Shanin, 1972. Sobre o problema de definir o campesinato como uma classe, ver esp. pp. 204-7, 212-13.

66. Dore, 1983, p. 363.

67. Marx, *Eighteenth Brumaire*, 1959 (1852), p. 338. Na mesma página, Marx observa que "a classe mais numerosa na sociedade francesa" são os "camponeses proprietários de pequenos lotes [*Parzellen*]", fazendo sua famosa afirmação de que "a grande massa da nação francesa é formada pela adição simples de quantidades homólogas [isto é, esses camponeses], assim como batatas num saco formam um saco de batatas".

68. Ornea, *Taranismul*, p. 351.

69. Ene, 1932, pp. 4, 9, 10. Um outro campesinista, Scutaru, teria apoiado as indústrias "verdadeiramente" nacionais. Scutaru (1935), p. 21.

70. Scutaru, p. 11. O livro de Scutaru trazia uma espécie de aprovação oficial campesinista, porque o líder do partido, Ion Mihalache, escreveu o prefácio.

71. Ibid., pp. 15-16.

72. Ibid., pp. 17, 23.

73. Patrascanu, "Statul" em seu *Texte*, 1975 (1936), pp. 239, 241, 244.

74. Myrdal, 1970, p. 543 (Rosenstein-Rodan citado).

75. Warriner, pp. XXVII, XXX.

76. Myrdal, pp. 521-22, 544. Gerald Meier concorda com Myrdal quanto a que a transferência da mão-de-obra para o emprego

170 Romênia

industrial tem um preço. Meier ressalta a formação do capital com o excedente de mão-de-obra agrícola mais do que a industrialização como tal. Meier, 1968, pp. 186-87, 190-91.

77. Schultz, 1964, Cap. 4, esp. pp. 55-58. Deve-se notar, entretanto, que o modelo de W. Arthur Lewis para a "oferta ilimitada de mão-de-obra [agrícola]" não exige uma produtividade marginal zero na agricultura, mas apenas "um excedente de oferta de mão-de-obra a um salário exogenamente dado". Findlay, 1980, p. 68.

78. Para uma discussão, ver Bhaduri, 1989 (1987), pp. 109-13.

79. O historiador e ex-primeiro-ministro Nicolae Iorga foi assassinado nessa mesma ocasião.

5
Manoilescu I: trocas desiguais

Os campesinistas não eram o único grupo interessado nos termos de troca entre os bens agrícolas e industriais. Um outro núcleo de autores, se não uma escola, queria reestruturar a economia romena para pôr fim à situação de dependência das "trocas desiguais" no mercado internacional, promovendo a industrialização e deixando de lado os problemas da agricultura. Nesse processo, a população "excedente" da agricultura camponesa seria absorvida por uma força de trabalho não-agrícola em crescente expansão, objetivo que esses autores compartilhavam com as diversas correntes do marxismo e com os teóricos neoclássicos do pós-guerra, como W. Arthur Lewis. O principal expoente e único teórico formal da corrente orientada para o mercado foi Mihail Manoilescu, teórico tanto da política quanto da economia e figura extraordinária da cada vez mais polarizada política romena da década de 1930. Entretanto, por trás de Manoilescu, cuja teoria do protecionismo industrial foi publicada em 1929, havia toda uma tradição.

A industrialização teve diversos proponentes — que se opunham à situação de dependência das exportações agrícolas — durante o século XIX, mas suas vozes tornaram-se especialmente audíveis durante o período no qual a ação

172 *Romênia*

governamental visando a esse fim tornou-se mais viável, após a criação de um Estado plenamente independente em 1877. Antes da independência, o regime otomano, pressionado pelos governos ocidentais, havia mantido as tarifas alfandegárias em níveis mínimos na Moldávia e na Valáquia, excluindo assim a possibilidade de qualquer tipo de política protecionista.[1] Nas décadas de 1850 e 1860, Dionisie Martian já pedia uma política de industrialização. A tocha foi subseqüentemente tomada por Petre Aurelian, Bogdan Petriceicu Hasdeu, Mihail Kogalniceanu, Ioan Roman[2] e Alexandru Xenopol, cujos trabalhos sobre a questão, em sua maior parte, entretanto, foram publicados após 1877.[3] Até certo ponto, os autores pró-industrialização estavam reagindo ao crescente protecionismo agrícola dos Estados da Europa central, particularmente da Áustria, adotado após a Grande Depressão de 1873. Eles reagiam também à queda nos preços das exportações agrícolas romenas.[4]

Para nossos fins, o mais importante desses autores foi Alexandru D. Xenopol, devido a sua provável, embora não reconhecida influência sobre Mihail Manoilescu, nos anos entre as duas guerras mundiais.[5] Como tantos outros professores romenos, Xenopol, um moldavo, fez seus estudos superiores na Alemanha, para onde foi mandado pelo grupo Junímea, que financiou sua formação.[6] Xenopol viveu em Berlim de 1867 até 1871, quando obteve seu doutorado, e não pôde deixar de se impressionar com a magnitude da base econômica do novo Império Germânico de Bismarck.[7] Antes de se tornar professor de história romena em Iasi, ele serviu como magistrado, tendo se interessado por questões econômicas devido, em parte, à sua experiência jurídica.[8] Durante a década de 1880, tornou-se uma figura intelectual de importância no Partido Liberal, o paladino de uma Romênia industrializada.

Xenopol era um apaixonado defensor da tese de que a Romênia era vítima de um processo de trocas desiguais entre os exportadores de produtos industriais e os de pro-

Manoilescu I: trocas desiguais 173

dutos agrícolas.[9] Essa opinião não era exatamente original na Europa centro-oriental: o Partido de Quarenta-e-Oito, na vizinha Hungria, então parte da Monarquia Dual, também apoiou a industrialização, em 1875, em parte por acreditar que o livre comércio acarretava trocas desiguais.[10] Ao contrário dos membros mais antigos da Junímea, Xenopol era materialista, acreditando que o desenvolvimento cultural baseava-se no progresso material, do qual a industrialização, nos tempos modernos, era um dos principais aspectos.[11] Defensor do protecionismo, Xenopol inverteu a posição de Alexandru Moruzi (1815-78), que associava o fluxo desimpedido de mercadorias através das fronteiras nacionais ao da civilização (ocidental).[12] Também para Xenopol, a civilização, a construção das nações e o desenvolvimento econômico eram processos simultâneos, mas ele associava ao desenvolvimento econômico a divisão de trabalho *dentro* de uma determinada sociedade. Em um país dominado por técnicas agrícolas tradicionais, havia pouca especialização econômica.[13] Xenopol teria aprovado o conceito de Durkheim, de "solidariedade orgânica", segundo o qual a divisão de trabalho em uma sociedade nacional cria vínculos difíceis de destruir.

As opiniões mais radicais de Xenopol sobre a industrialização foram expressas em *Estudos Econômicos*, uma coletânea de artigos publicada originalmente em 1879, e revista e ampliada em 1882. Fortemente influenciado pelas posições protecionistas de Friedrich List e de Henry Carey, Xenopol foi muito além de seus inspiradores, o alemão e o americano, chegando a afirmar que a troca de produtos manufaturados por produtos agrícolas no mercado internacional constituía-se em exploração. Seguindo os economistas clássicos, Xenopol aceitava a teoria do valor do trabalho, abandonada pela escola marginalista, que então despontava, associada a Jevons, Menger e Walras. Xenopol enfocava as diferentes produtividades da mão-de-obra que, em sua opinião, estavam incorporadas à produção agrícola e à industrial. Ele associava a agricultu-

174 *Romênia*

ra, pelo menos na versão tradicional conhecida na Romênia, com a *munca bruta* — mão-de-obra primitiva, não-especializada ou bruta —, e a indústria com a *munca inteligenta* — a mão-de-obra inteligente ou especializada. A Romênia vinha exportando produtos agrícolas que incorporavam muito mais mão-de-obra do que a que estava incorporada nos produtos industrializados importados.[14] No comércio exterior, calculava que uma tonelada de importações, que para ele equivaliam a produtos industrializados, valia 828 lei (em 1872, presumivelmente), enquanto uma tonelada de exportações, equivalentes a produtos agrícolas, valia apenas 158 lei. Portanto, a diferença de valor era de mais de cinco para um.[15] Em outras ocasiões ele chegou a calcular essa diferença como sendo de dez para um — número mais tarde citado com freqüência por Manoilescu e, na avaliação de Ion Veverca, não por mera coincidência.[16]

Como Manoilescu faria meio século depois, e em tom igualmente polêmico, Xenopol afirmava que a divisão internacional do trabalho era um roubo. A teoria econômica ocidental (ou, como ele dizia, britânica e francesa) era uma ideologia a serviço dos interesses de países específicos, tema esse retomado na década de 1930 por Manoilescu e, após a Segunda Guerra Mundial, por alguns dos economistas do Terceiro Mundo.[17] Segundo Xenopol, a verdade era que até mesmo a Inglaterra e a França, como também a Alemanha e os Estados Unidos, haviam construído sua superioridade industrial com base em políticas protecionistas. Apenas Veneza e Flandres, na Idade Média, haviam estabelecido suas indústrias sem assistência oficial, com base principalmente na iniciativa privada. A Inglaterra, começando com Eduardo IV — mais tarde seguido por Cromwell — e a França, começando com Colbert, haviam seguido, com sucesso, políticas de industrialização induzida pelo Estado.[18] Por mais tendenciosa que fosse sua interpretação do desenvolvimento desses dois países, ela serviu aos propósitos de Xenopol, de demons-

Manoilescu I: trocas desiguais *175*

trar a necessidade da intervenção do Estado em seu próprio país.

Apesar do patrocínio de seus estudos no exterior, Xenopol rejeitou a doutrina da escola Junímea, de a história moderna da Romênia ser *forma fara fond* (forma sem substância). Talvez adaptando o idealismo hegeliano, para fazer do Estado o demiurgo da história em um mundo materialista, e adaptando a noção junimeana do desenvolvimento romeno como sendo "de cabeça para baixo", Xenopol via o desenvolvimento ("civilização") de seu país como sendo, *fatalmente, sus în jos* — de cima para baixo — e afirmava que o Estado teria que induzir o desenvolvimento, e a industrialização em particular. O Estado deveria fornecer proteção "externa" por meio de barreiras tarifárias, mas a proteção "interna" seria também necessária, sob a forma de concessões fiscais, subsídios, garantia de compra e prêmios de exportação.[19]

Além disso, o *sus în jos* implicava que os setores industriais altamente capitalizados, contando com um grande número de trabalhadores por empresa, teriam que ter precedência sobre os setores pequenos, com investimentos de capital modestos e poucos trabalhadores por unidade, e que o Estado teria que concentrar seus esforços no primeiro grupo.[20] O desenvolvimento econômico da Romênia teria, necessariamente, que ser "de cabeça para baixo", para que fosse possível alcançar o Ocidente em uma era de cartéis internacionais.[21] O que no Ocidente, portanto, seria uma forma anormal de desenvolvimento, em um país atrasado como a Romênia era "normal".[22] Conseqüentemente, o país teve estradas de ferro antes de estradas de rodagem; um sistema de bancos e seguradoras antes de indústrias; independência política antes da independência econômica e uma Constituição escrita antes da prática constitucional.[23]

Muitos perigos rondavam a posição econômica de um país que permanecesse exclusivamente agrícola, pensava Xenopol. Um deles era a situação de dependência

176 Romênia

frente aos países industrializados, que ditavam, no mercado internacional, tanto os preços de seus próprios produtos quanto os preços agrícolas de seus parceiros comerciais não-industrializados.[24] Xenopol, ao que parece, desconhecia a "lei" econômica do estatístico alemão Ernst Engel, segundo a qual, à medida que a renda se eleva, a percentagem desta renda gasta com produtos agrícolas tende a cair. De qualquer modo, Xenopol afirmou que havia limites aos ganhos que a Romênia poderia obter com a exportação de gêneros alimentícios.[25] Além do mais, a estratificação dos países em agrícolas e industriais no mercado mundial era um processo dinâmico, e Xenopol parecia sugerir que os pobres tornar-se-iam ainda mais pobres caso a Romênia e os outros países agrários insistissem em se especializar na agricultura. As (supostas) perdas no comércio exterior ao longo do tempo tinham também um custo de oportunidade, pois a Romênia sacrificava capitais que poderiam ter sido investidos.[26] Xenopol não tinha dúvida quanto a que os países ocidentais podiam obstruir a industrialização dos países agrários atrasados, como de fato o faziam, por meio do uso da doutrina do livre comércio.[27] Por essas razões, a divisão internacional do trabalho tinha que ser repudiada. Os povos das áreas atrasadas do continente, inclusive a Romênia, juntamente com os da Ásia, África e América Latina, "eram os escravos cujo trabalho construía a fortaleza civilizada da Europa (ocidental)". O Ocidente explorava o resto do mundo por meio da troca de bens produzidos com mão-de-obra especializada por bens produzidos com mão-de-obra bruta.[28]

Petre S. Aurelian, contemporâneo de Xenopol, era igualmente ardoroso em sua defesa da indústria manufatureira, tendo apresentado ainda outros argumentos contrários à exportação de produtos agrícolas e a favor da industrialização. Formado em agronomia na França, Aurelian viajou por toda a Europa observando as condições econômicas vigentes. Tal como Xenopol, era filiado ao Partido Nacional

Liberal. Autor político, professor e homem de negócios, Aurelian participou ativamente da política, tendo ocupado por diversas vezes postos ministeriais, chegando a chefiar o governo romeno em fins do século XIX. Dentre seus muitos trabalhos, *Nosso Futuro Econômico* [29] constituía-se em uma declaração polêmica, datada de 1890, patrocinada pelo Clube Nacional Liberal, defendendo a política de industrialização implementada pelos liberais com a tarifa de 1886. Publicado em fins da Grande Depressão do século XIX, Aurelian acreditava que seu país estivesse enfrentando graves e até então desconhecidas dificuldades no mercado internacional de cereais, dificuldades essas devidas à ascensão dos produtores "ultramarinos". Ele tinha em mente os Estados Unidos, as colônias e, mais recentemente, a Argentina, cuja produção de cereais, segundo Aurelian, havia quadruplicado entre 1878 e 1890.[30] A Romênia, declarou ele de forma algo prematura, já não era mais capaz de competir com sucesso nos mercados agrícolas internacionais. Para ele, além disso, o fato de os Estados Unidos possuir a maior renda *per capita* e as mais elevadas tarifas *per capita* (dentre os nove países ricos por ele comparados) demonstrava a falácia dos argumentos a favor do livre comércio — e, conseqüentemente, a falácia da tese das vantagens comparativas.[31] E, por fim, havia um outro fator a ser levado em conta. Tal como Xenopol, Aurelian estava impressionado com a rápida ascensão do poderio industrial alemão no último quartel do século XIX, mas, para ele, esse fenômeno consistia simplesmente no caso mais avançado de uma tendência verificada na Europa em geral. A Rússia, a Hungria, e até mesmo a Bulgária e a Sérvia estavam se industrializando. Ao perguntar como a Romênia poderia deixar de acompanhar o passo de seus vizinhos, Aurelian não apenas se referia ao perigo de ela vir a se tornar um "tributário" econômico — uma alusão, talvez, à situação pouco invejável do país sob o regime otomano recentemente derrotado,

178 Romênia

mas também uma insinuação de que o perigo era não apenas econômico, mas também estratégico.[32]

No século XX, a tese da exploração por meio do comércio internacional, vinculada a argumentos pró-industrialização, foi levada adiante por Ion N. Angelescu, um professor de finanças em Bucareste que possuía doutorado em economia obtido em Munique. Angelescu viria a se tornar ministro das Finanças, ao fim da Primeira Guerra Mundial.[33] Em 1915, impressionou-o a dependência da Romênia em relação aos países em guerra, tendo defendido a criação de novas indústrias não vinculadas ao setor agrícola. Para esse fim, recomendou a intervenção estatal na economia, visando organizar a produção por intermédio de uma "comissão econômica central".[34] Em 1915, escrevendo para a mesma revista publicada pelo Partido Nacional Liberal, Angelescu forneceu uma estimativa detalhada da riqueza total nacional da Romênia (não o produto anual), mostrando que, em uma economia avaliada em 26 bilhões de lei, em 1913, dois terços desse valor correspondiam às terras agrícolas e às florestas e 5 bilhões à indústria e ao comércio. Deste último total, em 1908, a "grande indústria"[35] respondia por apenas meio bilhão em capital fixo e em circulação — menos de 2% da riqueza nacional.[36]

Após a guerra, Angelescu afirmou que a industrialização era ainda mais praticável na Grande Romênia, que possuía vastas fontes de energia e grandes reservas de matérias-primas. A agricultura dependia dos mercados externos, tendo seus produtos que ser valorizados. A modernização da atrasada agricultura do país necessitava da indústria para aumentar a produtividade agrícola. As exportações nacionais, observou Angelescu, e portanto sua mão-de-obra, eram consideradas como sendo duas ou três vezes menos valiosas que os produtos e a mão-de-obra ingleses (por unidade de tempo trabalhado). Angelescu pediu também a redução das importações industriais, visando melhorar a balança comercial do país, o que equivalia a recomendar a industrialização de substituição de importações. Além disso, afirmava ele, a Romênia teria que oferecer, no mercado mundial, produtos mais valiosos — manufaturas.[37] Angelescu acreditava, como Xenopol, que a Europa ocidental explorava os países atrasados por meio de práticas de comércio e de empréstimos,[38] não tendo porém uma teoria para explicar como e por que isso ocorria. Essa tarefa foi assumida por Mihail Manoilescu, cujas teses serão examinadas no restante deste capítulo e no seguinte.

Homem multifacetado que era, Mihail Manoilescu possuía reputação internacional como teórico do corporativismo e também como economista. Entretanto, ao que parece, mais do que tudo ele desejava o sucesso na política — era "furiosamente ambicioso", nas palavras do embaixador britânico, em 1940,[39] e, quanto a seu oportunismo, era o próprio estereótipo do político balcânico. Nascido em 1891, Manoilescu vinha de uma família modesta, mas de boa educação, de Tecuci, o mesmo condado moldavo onde Zeletin nascera, nove anos antes. Tanto o pai como a mãe do jovem vieram, mais tarde, a ser professores secundários em Iasi, a capital do antigo principado da Moldávia. Seu pai era militante do Partido Socialista Romeno de Gherea e Racovski. Por parte da mãe, tinha ligações políticas com o Partido Conservador.[40] Manoilescu estudou engenharia na Escola de Construção de Pontes e Estradas (posteriormente renomeada como Politécnica) em Bucareste e foi o primeiro da turma em todos os anos do curso. Lá, ele também se tornou amigo do futuro rei Carol II. Manoilescu recebeu o diploma de engenheiro em 1915 e, durante a Primeira Guerra Mundial, trabalhou no Departamento Nacional de Munições, desenvolvendo materiais bélicos de melhor qualidade. Sua energia, inteligência e capacidade de estabelecer contatos úteis fizeram com que se tornasse diretor-geral da indústria, em 1920, tendo organizado a primeira exposição industrial da Grande Romênia, em 1921.[41] Começou aí sua campanha para incentivar o desenvolvimento industrial da Romênia.

180   *Romênia*

Estrela em ascensão no governo do general Alexandru Averescu,[42] a partir de 1926, Manoilescu construiu para si uma reputação tanto de eficiência quanto de talento retórico, virtualmente comandando o Ministério das Finanças do país enquanto ainda subsecretário. Em fins da década de 1920, ele também desempenhou um papel de importância na ascensão de Carol ao trono, após este ter sido considerado inapto pelo parlamento romeno, então controlado pelo primeiro-ministro Ion I. C. Bratianu. Manoilescu foi julgado por um tribunal militar, acusado de conspirar a favor da coroação de Carol, tendo porém sido absolvido. O julgamento deu-lhe certa notoriedade, e a absolvição foi vista como um endosso de Carol, cuja coroação se deu em 1930.[43] No mesmo ano, Manoilescu foi nomeado ministro das Obras Públicas e, posteriormente, da Indústria e Comércio até que, em maio de 1931, foi indicado para presidente do Banco Nacional. Logo a seguir, em julho de 1931, sua meteórica carreira política foi abruptamente interrompida, quando se recusou a autorizar a concessão de créditos, pelo Banco Nacional, a um grande banco comercial de propriedade de um dos amigos do rei, e o banco faliu.[44] Essa sua recusa colocou o rei contra ele, e os serviços de Manoilescu não voltaram a ser solicitados pelas altas esferas governamentais até a crise de 1940, quando a Alemanha, seguindo os passos da Rússia, tentou diminuir o território da Grande Romênia, tal como esta havia emergido após 1919.

Manoilescu também ocupou posições importantes em organizações privadas, tendo servido, em diversas ocasiões, como presidente da Sociedade Nacional dos Servidores Públicos, da Associação Nacional de Engenheiros, do Congresso da Associação Nacional dos Industriais (UGIR) e da Câmara de Comércio da Romênia. Sob a Constituição semicorporativista da Romênia, de 1923, representou a Câmara de Comércio no Senado romeno. Participou também de várias reuniões da Câmara Internacional de Comércio, tendo estado presente a outras conferências pan-

Manoilescu I: trocas desiguais 181

européias, proferindo palestras em diferentes locais da Europa e, em 1930, representando a Romênia na Liga das Nações, em Genebra. Como político, fundou um partido corporativista em 1933. No ano anterior, lançou uma revista para propagar suas idéias políticas, a *Lumea Noua* (O Novo Mundo ou O Novo Povo), e assistiu ao Congresso de Ferrara, patrocinado pelos fascistas italianos. Dos muitos intelectuais de direita presentes em Ferrara, apenas Manoilescu e Werner Sombart foram convidados a ir a Roma, para conversar pessoalmente com Mussolini sobre o evento.[45] O teórico romeno tinha orgulho de sua ligação com o ditador italiano, o qual — segundo Manoilescu — ele havia convencido a reconhecer a legitimidade da reivindicação romena sobre a Bessarábia, contra o governo soviético, em 1927.[46] Manoilescu também mantinha boas relações com algumas das figuras intelectuais ou pseudo-intelectuais da Alemanha nazista, em especial Werner Sombart e Alfred Rosenberg. Seu trabalho como teórico político impressionou também a Antônio Salazar, ditador de Portugal, e ao professor de direito Marcelo Caetano, futuro sucessor de Salazar, durante a visita do romeno a Lisboa, em 1936.[47]

Como personalidade, Manoilescu possuía certos dotes: era considerado bonito e tinha charme pessoal, a ponto de um comentador pouco simpático gracejar que se Manoilescu tivesse decidido tornar-se ator de cinema, o cinema teria lucrado e a política nada teria perdido.[48] O mesmo autor acusou Manoilescu de corrupção política, tendo alguns observadores estrangeiros concordado.[49] Caso verdadeiro, esse traço de personalidade não o diferenciaria de tantos outros, na Romênia dos anos 1930, onde a *smecherie* (peculato ou desfalques praticados com criatividade) era grandemente admirada. Como revelam suas memórias, Manoilescu tinha a si próprio em alta conta, ressentindo-se da reputação do economista Virgil Madgearu, também seu rival político.[50]

182 Romênia

O oportunismo político de Manoilescu é bem documentado, tendo ele, por diversas vezes, trocado de orientação política e de partido.[51] Durante a década de 1930, seu apoio a Mussolini chegou, por vezes, às raias do histriônico.[52] Em 1937, conseguiu uma vaga no Senado romeno, na chapa da Guarda de Ferro, posteriormente chamada de "Tudo pelo País".[53] No entanto, seu apoio ao único partido fascista local que chegou por seus próprios meios ao poder fora da Alemanha e da Itália deve ter se baseado mais em oportunismo que em convicção, como também foi oportuno seu anti-semitismo.[54] Em junho de 1940, após a queda da França e a tomada da Bessarábia pelos soviéticos, o rei Carol II chamou novamente Manoilescu, desta vez para dirigir as Relações Exteriores da Romênia. O embaixador britânico daquela época considerava o recém-nomeado fortemente anti-semita, além de instrumento dos alemães, *sir* Reginald Hoare escreveu a Londres: "Que uma tal criatura seja feita ministro das Relações Exteriores... é ainda mais deplorável do que cômico".[55] Seja como for, os acontecimentos mostraram que Manoilescu era mais esperto do que sábio. Sua atuação como ministro do Exterior cobriu-o de opróbrio em agosto de 1940, após um novo desastre nacional. A Romênia havia adquirido a Transilvânia da Áustria-Hungria, após o término da Primeira Guerra Mundial, e o governo húngaro do pós-guerra havia apresentado uma reivindicação de recuperação de território. Trabalhando pressionados pelo cronograma bélico de Hitler, os ministros do Exterior nazista e fascista, Joachim von Ribbentrop e Galeazzo Ciano, reuniram-se em Viena com seus colegas húngaro e romeno, decididos a resolver por decreto a disputa de fronteiras. A solução encontrada ficou conhecida na Romênia como o "*Diktat* de Viena". O lacônico diário de Ciano captura a dramaticidade do momento: "Cerimônia de assinatura no [Palácio do] Belvedere. Os húngaros não conseguem conter seu júbilo ao olhar o mapa. Então, ouve-se um baque surdo. Era Manoilescu, que desmaiou sobre a mesa.

Médicos, massagens, óleo canforado. Ele finalmente volta a si, mas não consegue disfarçar o choque".[56] Manoilescu aceitou que a Romênia cedesse à Hungria metade da Transilvânia. Uma semana depois do *Diktat*, sua carreira política terminava em desgraça e o rei Carol perdia o trono.[57] Apesar dessa derrota, Manoilescu permaneceu leal à causa do Eixo e, em fins da década de 1930 e inícios da de 40, suas opiniões políticas afetaram suas opiniões econômicas. Abandonou a longa e apaixonada defesa de um protecionismo supostamente científico em favor da política nazista, que insistia que a Romênia agrícola era complementar à Alemanha. A Romênia deveria tornar-se parte da retaguarda agrícola da *Grossraumwirtschaft* (o Grande Espaço Econômico Alemão). O Manoilescu dos anos da guerra afirmava que, dentro do sistema alemão, a Romênia receberia preços mais altos por suas exportações do que os que conseguiria no mercado internacional.[58] Ele não oferecia provas para essa afirmação e, na verdade, a Alemanha explorou impiedosamente os recursos da Romênia.[59]

Bucareste foi liberada em agosto de 1944; a Romênia, imediatamente, juntou-se aos aliados e Manoilescu foi preso em outubro. Permaneceu na prisão até dezembro de 1945, aguardando julgamento por seu papel na perda da Transilvânia. O ex-ministro das Relações Exteriores foi inocentado das acusações cinco meses depois, em parte, talvez, por a Romênia ter recuperado as fronteiras com a Hungria anteriores a 1940. Manoilescu, então, passou a escrever suas memórias, mas, em dezembro de 1948, foi novamente preso pelo recém-consolidado regime comunista. O político-teórico morreu dois anos depois, de doenças contraídas no cárcere, sendo condenado postumamente por artigos pró-Eixo publicados durante a guerra.[60] Devido a sua simpatia pelo Eixo, os trabalhos de Manoilescu foram banidos pelo regime do pós-guerra; mas, uma geração mais tarde, seus trabalhos econômicos, que anteciparam muitas das reivindicações, aspirações e libelos do Terceiro Mundo, foram mencionados em publicações ofi-

184 Romênia

ciais como importantes contribuições romenas para a análise do subdesenvolvimento.

Manoilescu era um homem de cultura considerável, escrevendo fluentemente em francês e, mais tarde, discursando de memória em alemão e também em italiano.[61] Tinha talento para a prosa polêmica, embora seus tratados sobre economia e teoria política revelassem um tom didático, por vezes trazendo parágrafos inteiros em itálico. Em economia Manoilescu era um autodidata, tendo como base sua formação em engenharia, tal como outros teóricos sociais como Georges Sorel, Vilfredo Pareto e Herbert Spencer. Seu interesse pela teoria econômica resultou de seu trabalho na Secretaria de Finanças, onde reorganizou a estrutura tarifária romena, em 1927, para favorecer a proteção às indústrias.[62]

A Teoria do Protecionismo e das Trocas Internacionais (1929),[63] de Manoilescu, traduzida do francês para outras cinco línguas, inclusive espanhol e português, já havia alcançado repercussão, em seu tempo, no Brasil e em outros países de línguas ibéricas, tendo Manoilescu perfeito conhecimento da popularidade de suas idéias econômicas na América Latina.[64] Seu *O Século do Corporativismo* (1934)[65] era igualmente famoso. O impacto de suas idéias fora da Romênia será descrito e avaliado nos últimos capítulos, onde também se tratará da suposta ligação entre seus escritos econômicos e a escola estruturalista associada à Comissão Econômica das Nações Unidas para a América Latina.

As idéias de Manoilescu surgiram num período muito mais receptivo à heterodoxia do que a era do pré-guerra. O conceito de planejamento econômico, amplamente debatido na Europa centro-oriental dos anos entreguerras, derivava menos da Revolução Russa que do *Kriegwirtschaft* da Alemanha e das outras potências beligerantes,

Manoilescu I: trocas desiguais 185

nos últimos anos da Primeira Guerra Mundial.[66] Uma tendência ao planejamento cada vez mais acentuada entrelaçava-se, naquela região, com a onda crescente de nacionalismo econômico, ambas centradas na industrialização e exacerbadas pela fuga de capitais, à medida que os investidores estrangeiros desinvestiam, na década de 1930.[67] Além disso, nas décadas de 1920 e 30, os industriais corporativistas tinham em comum uma "ideologia da produtividade". Na Itália, por exemplo, "O tom tecnocrático... tornou-se a retórica da liderança industrial, à medida que esta pressionava por custos trabalhistas mais baixos [inclusive menores salários], em nome da produtividade e da racionalização".[68] Também entre os industriais latino-americanos daquela época a racionalização tornou-se um lema, sendo muitas vezes equacionada à cartelização, que visava pôr um fim à competição "ruinosa".

No entanto, os altos níveis de combinação monopolista não impediram, necessariamente, que a industrialização se propagasse para além da Europa ocidental e dos Estados Unidos — ao contrário. Manoilescu não foi o único, em seu tempo, a perceber que a Depressão, induzindo reações protecionistas em meio às Grandes Potências, estimulava a expansão da indústria manufatureira para além dos Estados altamente industrializados.[69] Mas a industrialização era uma proposição a longo prazo e, num prazo mais curto, a Romênia, juntamente com outros países exportadores agrícolas, já estava experimentando, em fins da década de 1920, o problema da "tesoura de preços" — um hiato crescente entre os preços industriais e agrícolas. A tesoura abriu-se ainda mais e cortou ainda mais fundo na década de 1930.

O declínio dos preços das *commodities* agrícolas em relação aos dos produtos manufaturados tinha duas causas principais a médio prazo, ambas originando-se da guerra. Uma delas era a tentativa dos principais países industrializados da Europa continental, na década de 1920, de alcançar a auto-suficiência em termos da produção de tri-

186 *Romênia*

go, precavendo-se contra um outro conflito internacional. A outra era o avanço tecnológico, em especial a difusão do trator nos países exportadores agrícolas de alta produtividade, processo esse estimulado pela necessidade vital de cereais, durante a Primeira Guerra Mundial. No entanto, ficou a pergunta de por que os preços industriais não caíram também, dados o forte crescimento do potencial manufatureiro das potências em guerra e o fato de a industrialização tender a se expandir para novos países. Durante a Grande Depressão, muitos economistas notaram que os preços industriais tendiam a ser descendentemente rígidos, e as causas deste último fenômeno foram identificadas, já em 1927, pelo economista sueco Gustav Cassel, em um relatório à Liga das Nações. Cassel apontou as tendências monopolistas dos mercados de trabalho e de manufaturados do Ocidente industrial.[70] "A partir de 1913, em conseqüência desses monopólios, um grave deslocamento de preços relativos ocorreu na troca de mercadorias entre a Europa e o mundo colonial", escreveu ele em 1927.[71] Essas causas para os altos e descendentemente rígidos preços industriais seriam citadas por autores mais recentes, no período entreguerras, inclusive pelo próprio Manoilescu,[72] e foram reiteradas em um relatório da Comissão Econômica da Liga, em 1935. Esse documento observava também que os produtores agrícolas não conseguiam controlar a oferta tão facilmente quanto os produtores industriais, e os agricultores, individualmente, muitas vezes aumentavam as quantidades do produto posto à venda de modo a se compensar pela queda dos preços unitários, exacerbando assim o problema. Portanto, os interesses individuais conflitavam com os interesses grupais. Todas essas considerações seriam recolocadas após a Segunda Guerra Mundial, na análise do economista das Nações Unidas, Raúl Prebisch.[73]

As idéias de Manoilescu foram amplamente discutidas na Romênia e em outros países da Europa centro-oriental, em parte devido à importância da questão camponesa.

Na Romênia, os camponeses haviam sido, recentemente, os beneficiários de uma grande reforma agrária, e reformas semelhantes haviam ocorrido, com maior ou menor intensidade, em grande parte da região. Mas o camponês, com seu recém-adquirido direito de voto, era agora uma força política a ser levada em conta na Europa centro-oriental, e em especial na Bulgária e na Iugoslávia. À medida que o "excesso populacional" era diagnosticado em toda a região,[74] como aumentar a produtividade do campesinato foi uma questão para a qual Manoilescu, entre outros, ofereceu uma solução.

Manoilescu concordou com o jornalista francês, Francis Delaisi, de que a economia do continente, no pós-guerra, estava ainda nitidamente dividida em *Duas Europas*, o título do livro de Delaisi, publicado no mesmo ano que *A Teoria do Protecionismo* (1929), de Manoilescu.[75] No esquema dualista de Delaisi, a "Europa A" era a Europa industrial, o "Centro", na terminologia de Werner Sombart,[76] constituindo-se em uma área compacta, delimitada por uma linha que passava por Estocolmo, Danzig, Cracóvia, Budapeste, Florença, Barcelona, Bilbao, Glasgow e Bergen. A "Europa B", a "Periferia", como Sombart e os estruturalistas latino-americanos a chamariam, era agrícola — altamente diversificada, muito mais pobre e muito menos integrada.[77] Para além desses dois componentes, ficava a "Europa ultramarina" ou, em uma expressão mais atual, as "terras de ocupação recente", em sua maior parte habitadas por imigrantes saídos de B, mas com abundante provisão de capital fornecido por A.

Embora a Europa de ultramar fosse em grande parte agrícola, ela contava com equipamentos modernos, escreveu Delaisi. Devido à alta produtividade da agricultura da Europa ultramarina, a simbiose econômica entre a Europa A e a Europa ultramarina era muito mais forte que a que existia entre a primeira e a Europa B. Isso se devia a que a Europa ultramarina recebia mais das exportações de A do que B ou qualquer outra região do mundo, e mais

188 Romênia

do dobro do valor *per capita* das exportações que A enviava para B. A Europa agrária, portanto, havia se tornado cada vez menos importante para os interesses do Ocidente desenvolvido. No entanto, afirmava Delaisi, como resultado das reformas agrárias que haviam ocorrido no pós-guerra por todo o Leste europeu, 100 milhões de camponeses (contando com os camponeses russos) haviam recebido terras — criando um mercado potencialmente vasto. A Europa B, com capital e maquinaria agrícola fornecidos por A, poderia vir a se tornar o principal parceiro comercial desta última, devido a que os mercados da Europa ultramarina estavam se fechando (supostamente por razão das políticas de proteção industrial).[78]

Por que razão teria Manoilescu (que, no mesmo ano em que o ensaio de Delaisi foi lançado, havia publicado um livro defendendo a industrialização dos países agrícolas) se sentido atraído pelos argumentos desse último em favor de um esquema de proteção tarifária preferencial, que faria com que a Romênia permanecesse como exportadora agrícola? Em razão de suas ambições e compromissos políticos, Manoilescu, durante os anos 1929-44, viu-se dando apoio, alternadamente, a duas políticas econômicas distintas, com embasamentos teóricos opostos. Essas políticas tratavam de como fazer frente aos baixos preços que a Romênia conseguia por suas exportações agrícolas. Uma das condutas possíveis seria fazer, por meio de acordos bilaterais ou multilaterais, com que fossem ajustados para cima os preços relativos pelos quais os cereais da Romênia eram trocados por produtos industrializados no mercado internacional. A outra, que a sua *A Teoria do Protecionismo* defendia, era abandonar a especialização agrícola tradicional no mercado mundial para seguir a industrialização de substituição de importações.

Tendo publicado em 1929 a edição original, em língua francesa, de seu tratado, Manoilescu, o político, viu-se, no ano seguinte, na sede da Liga, em Genebra, defendendo o "fechamento" da tesoura de preços através de

Manoilescu I: trocas desiguais 189

um acordo internacional. Como ministro da Indústria e Comércio no governo de George Mironescu (1930-31), Manoilescu exigiu um regime de tarifas preferenciais para a Europa centro-oriental. Ele, entretanto, utilizou-se de elementos de sua teoria do comércio internacional para ressaltar a importância da plausível afirmação de que os produtos que incorporavam a mão-de-obra da Europa ocidental eram trocados por outros produtos que envolviam um múltiplo das unidades de mão-de-obra despendidas na Europa centro-oriental. Conseqüentemente, alegava ele, a Europa ocidental só teria a perder com uma contração do comércio ocasionada pela tendência internacional à autarquia.[79] Além do mais, uma diminuição do comércio intra-europeu viria a estimular a industrialização na parte oriental do continente, o que seria contrário aos interesses do Ocidente. Quanto a essa questão, Manoilescu estava acrescentando seus próprios argumentos, ao apresentar a defesa do recém-formado Bloco Agrário.[80]

O Bloco, entretanto, mostrou-se ineficaz, e Manoilescu apresentou um ponto de vista mais radical (e politicamente irrealista) na reunião de Viena da Câmara Internacional de Comércio, em 1933. Admitiu, como Cassel já fizera antes dele e Prebisch faria depois, que, em tempos de depressão, os preços industriais eram "morosos" devido ao poder da mão-de-obra organizada, em comparação com a mão-de-obra desorganizada das atividades de cultivo dos países exportadores de produtos agrícolas. No entanto, o "imperativo da crise [mundial]", proclamava ele, era que os países industrializados, cujos termos de troca haviam acusado uma melhora espetacular a partir de 1913, ajustassem para baixo seus preços de exportação em relação aos preços de seus parceiros comerciais agrícolas, por meio da diminuição dos salários e dos lucros. Enquanto isso não acontecesse, as indústrias dos países agrícolas deveriam ser protegidas por meio de tarifas "exageradas" — presumivelmente a título de retaliação.[81]

190 *Romênia*

Como economista — em contraste com o político — Manoilescu interessava-se principalmente pela relação entre o poder de compra de uma unidade de trabalho despendida na produção de uma mercadoria comercializada no mercado mundial, em termos do trabalho de outros operários no exterior — um conceito mais tarde desenvolvido como os "termos de troca de duplos fatores". Manoilescu afirmava que a produtividade da mão-de-obra na indústria (manufaturas e mineração) era superior à da agricultura, a uma razão de quatro ou mais para um, segundo estudos empíricos. Essa superioridade devia-se ao "capital específico", ou seja, o capital por trabalhador, que era muito mais elevado na indústria que na agricultura. O capital específico indicava também o "grau de mecanização" de um determinado setor industrial (ou atividade econômica).[82]

Ao usar dados para 1937, na edição definitiva de seu tratado sobre produção e comércio internacional (publicada em romeno), Manoilescu calculou que, na Romênia, os salários médios eram 4,6 vezes maiores na indústria que na agricultura; o capital por trabalhador ("capital específico") era 4,1 vezes maior, e a produtividade era 4,6 vezes mais elevada. Entretanto, a taxa média de rentabilidade era apenas 1,8 vez maior na indústria que na agricultura.[83] Utilizando-se de dados do Ministério da Economia Nacional para medir a produtividade e a rentabilidade de setores industriais específicos, Manoilescu verificou que não havia correlação entre a rentabilidade geral e a produtividade. Ao contrário, era o capital por trabalhador que "determinava" (isto, é, estava fortemente correlacionado com) a produtividade. Para Manoilescu, essas conclusões, bem como a pequena diferença entre as taxas de rentabilidades na indústria e na agricultura mencionadas acima, mostravam que o interesse individual no lucro podia divergir, como de fato divergia, do interesse "nacional" na produtividade.[84] Ao que parece, Manoilescu não tinha conhecimento do trabalho de A. C. Pigou, que demonstrara em

Riqueza e Bem-Estar (1912) e em *A Economia do Bem-Estar* (1920) que as diferenças devidas às indivisibilidades das formas de produção intensivas em capital podiam surgir em produto marginal líquido social e privado.[85] Mais tarde, Paul Rosenstein-Rodan usaria essas indivisibilidades, bem como as economias externas por elas criadas, como argumento em favor do "grande impulso", de iniciativa do Estado, visando sobrepujar as deficiências estruturais das economias dos países subdesenvolvidos.[86]

Manoilescu, tal como Marx, Ricardo e outros economistas clássicos, acreditava na teoria do valor do trabalho, embora o romeno fosse de opinião que havia diferenças "qualitativas" entre os insumos de mão-de-obra, as quais podiam ser explicadas pela quantidade de capital por trabalhador, e que essas diferenças mantinham-se estáveis ao longo do tempo. Elas podiam, portanto, ser usadas para estabelecer uma hierarquia das atividades econômicas (isto é, ramos da produção).[87] Manoilescu desenvolveu também um "coeficiente de qualidade", mostrando quais setores industriais podiam produzir um determinado valor de produto com insumos mínimos de mão-de-obra e capital. Esse coeficiente seria usado pelos planejadores estatais para hierarquizar os setores industriais, podendo o conceito ser modificado de modo a medir também a produtividade agrícola.[88]

Devido à produtividade da mão-de-obra ser muito maior na indústria que na agricultura, "a passagem dos Estados agrícolas atrasados, de ocupações agrícolas para ocupações industriais, oferece maiores vantagens [a eles] que aos países industrializados".[89] Entretanto, à medida que a mão-de-obra se deslocava da agricultura para a indústria, Manoilescu acreditava que, a longo prazo, viria a ocorrer uma tendência em direção à convergência das produtividades agrícola e industrial, sendo que, nas dos Estados Unidos, essa tendência já era manifesta.[90] Até que essa convergência viesse a ocorrer, a mão-de-obra de baixa produtividade ocupada na agricultura deve-

192 Romênia

ria ser transferida para as manufaturas de maior produtividade ou, na formulação precisa, expressa em termos neoclássicos, quando a produtividade marginal do trabalho na agricultura encontrar-se abaixo da dos demais setores, a mão-de-obra excedente deverá ser transferida para as atividades manufatureiras ou outras de maior produtividade. O teórico romeno foi lembrado, na teoria do desenvolvimento do pós-guerra, basicamente por esse argumento, o "Manoilescu", que continuou sendo objeto de acalorados debates. Considerado da perspectiva dos custos de produção, o argumento poderia ser expresso de outra maneira: o grande hiato entre os salários da agricultura (tradicional) e os salários da indústria, que refletia um grande diferencial de produtividade, consistia um obstáculo à industrialização, que poderia ser contrabalançado por uma tarifa compensatória sobre produtos industrializados ou por subsídios para eles. Esse argumento foi, mais tarde, desenvolvido por Kurt Mandelbaum, Raúl Prebisch e pelo ganhador do Prêmio Nobel, W. Arthur Lewis.[91]

Manoilescu adaptou suas fórmulas para medir a produtividade das terras enquanto fator de produção e, portanto, sua produção por hectare,[92] mas não tentou medir a produtividade dos serviços. Assim, só conseguiu medir o valor do produto físico. Ele parecia acreditar que o comércio (o principal componente dos serviços) não produzia riqueza, mas apenas a redistribuía, embora admitindo que o comércio produzia "utilidade relativa", contrastada com a "utilidade absoluta" da produção.[93]

Quanto ao comércio internacional, a questão, para Manoilescu, não eram as vantagens comparativas, como para Ricardo, uma vez que esta última teoria "prescrevia" a divisão do trabalho mundial entre especialistas em indústria e especialistas em agricultura. Ao contrário, a questão era se um determinado empreendimento econômico, dentro do país, apresentava produtividade de mão-de-obra mais alta do que a média nacional. Se esse fosse o caso, seu desenvolvimento deveria ser incentivado.[94] A

Manoilescu I: trocas desiguais 193

especialização em atividades agrícolas tradicionais exigia de quatro a dez horas de mão-de-obra romena para comprar o produto de uma única hora de mão-de-obra inglesa. Por essa razão, o comércio internacional era um roubo. A proteção para a indústria era justificável, não apenas em termos do argumento de "indústria incipiente", de Friedrich List, segundo o qual um empreendimento tiraria partido das economias de escala e das economias externas, a médio prazo, para fazer baixar os custos a níveis internacionalmente competitivos; ao contrário, a proteção era justificada porque uma indústria protegida, que tivesse uma produtividade de mão-de-obra mais elevada que a média nacional para as atividades econômicas, era benéfica desde seu primeiro dia de operação.[95] Além disso, para Manoilescu, as políticas protecionistas eram válidas a longo prazo, e não apenas a curto prazo, se persistissem os diferenciais de produtividade entre as diferentes atividades econômicas.[96] Quanto mais a produtividade de um determinado bem excedesse a média nacional, mais o preço interno desse bem poderia, justificavelmente, ser superior ao preço estrangeiro.[97]

Para que um país se lançasse às exportações agrícolas, afirmava Manoilescu, suas vantagens comparativas, em termos da agricultura interna, sobre seu concorrente estrangeiro, deveriam ser maiores que a "superioridade intrínseca" da produtividade de mão-de-obra da indústria sobre a agricultura, dentro do país.[98] Casos como esse eram raros, pensava Manoilescu, devido a que a agricultura, na Romênia e em outros países subdesenvolvidos com população densa, era tecnicamente primitiva e, conseqüentemente, intensiva em mão-de-obra. Se a vantagem comparativa da agricultura nacional sobre a de um país estrangeiro (ou "de todos os outros países") fosse zero, e se a produtividade da mão-de-obra da indústria nacional fosse quatro vezes maior que a da agricultura, nesse caso a inferioridade da produtividade da mão-de-obra nacional em relação à do país estrangeiro poderia

194 Romênia

chegar a 75%, "sem que a solução da produção industrial deixasse de ser vantajosa".[99] Além do mais, se o preço de um bem produzido em um país agrícola fosse três vezes maior que o de seu concorrente estrangeiro, e sua produtividade de mão-de-obra fosse maior que a maior produtividade da mão-de-obra de qualquer outro produto nacional, uma tarifa de 200% (destinada a trazer os bens ao mesmo nível de preço no mercado interno, supondo-se que a produtividade da mão-de-obra determine o preço) "seria justificável na prática e na teoria", em razão do crescimento da renda nacional acarretado pela produção do novo bem.[100] A longo prazo, os ganhos em produtividade para os países agrícolas, cujas rendas aumentariam, iriam beneficiar os países industrializados, com os quais os primeiros poderiam, agora, comerciar de forma mais ampla.[101] Desse modo, a industrialização dos países atrasados "não tem nada em comum com a autarquia",[102] embora fosse incompatível com as doutrinas de livre comércio da Liga das Nações.[103]

Manoilescu distinguia rentabilidade de produtividade. O primeiro dos critérios orientava as ações dos empresários individuais, ao passo que o último deveria ser o ponto central do interesse das nações, sob o comando do Estado. Na indústria (de alta produtividade) os trabalhadores têm rendas elevadas, os credores dos empreendimentos industriais recebem altas taxas de juros, o Estado obtém grandes receitas fiscais e os empresários conseguem altos lucros. Na agricultura (de baixa produtividade), mesmo quando o produto consegue competir a preços mundiais e o agricultor recebe elevados rendimentos, "o benefício para o país (ou seja, a soma dos benefícios individuais para os trabalhadores, credores, para o Estado e para os empresários) é pequeno em comparação com o benefício para a nação, obtido por meio da indústria".[104] A suposição da "escola liberal", de que havia coincidência entre a rentabilidade e a produtividade, era falsa.[105]

Para diversas audiências, Manoilescu ressaltou a exploração inerente ao comércio internacional. Em um momento de ousadia, escreveu: "É absurdo, em termos científicos, falar em enriquecer apenas com o próprio trabalho. [É] apenas organizando e explorando o trabalho de outros que alguém consegue enriquecer". Isso era verdadeiro tanto para nações quanto para pessoas, inferiu ele.[106] Devido a que a troca de bens industrializados por produtos agrícolas e matérias-primas no mercado mundial não passava de uma trapaça — *un marché de dupes*, como a chamava[107] —, Manoilescu reivindicava a substituição de um supostamente obsoleto "socialismo de classes" por um "socialismo de nações", a maneira romena de expressar a noção de que o mundo moderno estava dividido em países "proletários" e "plutocráticos".[108] Ele, desse modo, antecipou as reivindicações dos governos do Terceiro Mundo, na década de 1970, da criação de uma Nova Ordem Econômica Internacional, e o caminho romeno em direção a essa nova ordem era, basicamente, o mesmo que o deles: caso o Primeiro Mundo não concordasse com uma mudança radical nos preços relativos internacionais dos produtos industriais e agrícolas, os países agrários atrasados deveriam partir para a industrialização, lançando mão de políticas protecionistas.[109]

Até onde teria Manoilescu conseguido convencer os industriais romenos da validade de seu argumento? Em termos mais amplos, em que grau os "homens práticos" que dirigiam as indústrias manufatureiras romenas foram afetados pelas teorias econômicas que circulavam nas décadas de 1920 e 30? O órgão da associação nacional dos industriais dá algumas respostas. A União Geral dos Industriais Romenos (UGIR) foi fundada em 1903, como uma reação à crise financeira de 1900-1902, sobrevivendo à passagem do Antigo Reino para a Grande Romênia, em 1922.[110] Em inícios da década de 1920, os interesses da organização tendiam a ser pragmáticos, e sua posição a respeito da interferência do governo no mercado de tra-

196 Romênia

balho era algo contraditória. O primeiro número do Boletim da UGIR, publicado em 1922, abraçava a doutrina da harmonia social entre o capital e o trabalho, contradizendo a afirmação de alguns corporativistas de que os trabalhadores e os proprietários das fábricas deveriam formar classes sociais distintas.[111] Um ano mais tarde, a UGIR foi contrária à formação de uma câmara trabalhista corporativa, projeto esse que objetivava diminuir os conflitos de classe, já que a associação de industriais temia que um "exército" de burocratas dominasse os novos tribunais trabalhistas.[112] Nos anos entreguerras, a UGIR apresentou freqüentes objeções às medidas do governo no sentido de criar legislação exigindo uma jornada de trabalho de oito horas, objetivo da Organização Internacional do Trabalho, sediada em Genebra.[113] Entretanto, quanto à questão de suprimir a "discórdia comunista" disseminada por operários "estrangeiros", a UGIR esperava o "pleno apoio do governo".[114]

Na década de 1920, a postura da organização era, de modo geral, defensiva quanto à posição da indústria na economia nacional. Porta-vozes da UGIR, em 1926, afirmaram que os industriais romenos poderiam, de forma legítima, usar insumos importados, retirando-se, porém, para uma posição defensiva um ano mais tarde, de modo a fazer frente à acusação de que seus empreendimentos eram "artificiais". Como resposta, citaram as indústrias de tecidos de algodão da Suíça, França e Alemanha, às quais faltava o fornecimento local de algodão cru. Para o diretor da UGIR, o argumento supremo em favor da proteção às indústrias era de natureza social: o emprego dos operários do país, cuja perda de trabalho resultaria em graves conflitos sociais.[115]

Os industriais usavam também um outro argumento a favor da industrialização, que era óbvio em um país cercado de Estados vizinhos dos quais, após a guerra, territórios haviam sido ganhos. Ou seja, que a indústria tinha um papel estratégico a desempenhar na manutenção da integridade da Grande Romênia.[116] Já mais apologético era o argumento usado em 1928, de que o país precisava se industrializar justamente porque seus antigos parceiros comerciais, Alemanha, Tchecoslováquia, Itália e Áustria estavam se tornando agrárias — ao que parece, uma referência às novas tentativas de aumentar a produção de trigo na Europa central. Ainda em 1930, o presidente da UGIR declarou: "Sempre reconhecemos que o principal ramo da produção do país é a agricultura", admitindo que esta necessitava de atenção especial.[117]

Na década de 1930, os porta-vozes da UGIR, como também seus colegas brasileiros, tornaram-se mais agressivos no apoio à causa da industrialização, citando em seu favor tanto as atividades políticas de Manoilescu quanto sua teoria do protecionismo. Já em 1927, a UGIR havia aplaudido a elevada tarifa que o engenheiro romeno havia criado naquele ano e, quatro anos mais tarde, um representante da organização citou, de forma elogiosa, *A Teoria do Protecionismo* quanto à afirmação de que a indústria manufatureira era o ramo mais produtivo da atividade econômica.[118] O simples fato de Manoilescu ter ocupado altos postos na UGIR e na Câmara Nacional de Comércio oferece provas indiretas da aceitação de suas idéias por parte dos industriais romenos. Em 1931, o Plano Econômico Nacional seria posto em prática por um governo no qual Manoilescu era ministro da Indústria, e um dirigente da UGIR manifestou confiança nele. Segundo esse plano, quando os interesses da indústria e da agricultura entrassem em conflito, o Estado — o que foi positivamente ressaltado pelo mesmo dirigente da UGIR — decidiria em favor da solução que representasse o maior incremento da renda nacional — uma clara alusão à tese da produtividade de Manoilescu.[119]

A UGIR tornou-se mais incisiva quanto ao papel desempenhado pela indústria na economia na década de 1930, quando cresceu a participação das manufaturas no produto nacional. Um dirigente da organização afirmou que, em 1936, a indústria, de forma direta ou indireta, pagava metade dos impostos do país.[120] A UGIR repetida-

198 Romênia

mente manifestou o ponto de vista de que a indústria manufatureira era altamente benéfica para os trabalhadores romenos, adotando a posição defendida por Manoilescu (embora compartilhada por outros) de que as manufaturas eram capazes de absorver a mão-de-obra excedente da agricultura. Os interesses da indústria e da agricultura eram portanto complementares, acreditava o porta-voz da UGIR.[121] O "argumento Manoilescu", de transferir a mão-de-obra improdutiva da agricultura para a indústria, foi adotado pelos industriais para apoiar interesses próprios, embora sua preocupação com a teoria econômica, bem como sua apreensão a respeito, fossem bastante superficiais.

Enquanto isso, o governo romeno lançava-se decididamente à industrialização comandada pelo Estado, há tanto almejada por Manoilescu, após o golpe de Estado do rei Carol, em 1938.[122] Em abril daquele ano, o Ministério da Indústria e Comércio foi transformado em Ministério da Economia Nacional, com a tarefa de incentivar e controlar praticamente todos os aspectos da vida econômica.[123] Em nível ideológico, o Alto Conselho Econômico, órgão consultivo do governo dirigido pelo intrigante mas sempre influente Constantin Argetoianu, foi incumbido, em 1938, da elaboração de um plano econômico geral. O Conselho manifestou-se com firmeza, em 1939, a favor do desenvolvimento industrial induzido pelo Estado: a industrialização iria assegurar a independência econômica do país; elevar o nível geral de renda e transferir o "excesso populacional" da agricultura para as empresas industriais.[124]

Notas

1. Por exemplo, ver Xenopol, 1967 (1882), pp. 101-2.

2. Um romeno da Transilvânia que era, necessariamente, um súdito da Áustria-Hungria.

3. Dentre os muitos resumos de suas opiniões, ver Nicolae-Valeanu, "Istoria gîndirii economice", 1982, pp. 54-67; e Constantinescu, 1973, pp. 65-83. Uma seleção de seus escritos, e

Manoilescu I: trocas desiguais 199

também dos que defenderam outras opiniões, pode ser encontrada em Academia Republicii, 1960. Muitos autores de obras econômicas do século XIX tiveram seus trabalhos publicados em antologias individuais.

4. Por exemplo, Razmiritza, 1932, pp. 92, 301-2.

5. Iota, 1968, p. 303. Segundo Iota, Xenopol também influenciou I. N. Angelescu, que também não mencionou Xenopol. Ibid., p. 303 (ver abaixo sobre Angelescu).

6. Sobre a Junímea, ver Capítulo 3.

7. Para uma biografia sucinta e uma análise crítica da obra de Xenopol, ver Veverca, 1967, pp. 7-71.

8. Iota, p. 19.

9. A tradição tinha raízes profundas. Já em 1820, Dinicu Golescu [Constantin Radovici din Golesti] havia condenado a prática de vender no exterior matérias-primas a baixos preços, e comprá-las de volta a um preço "trinta vezes maior". Murgescu, *Mersul*, 1987, 1: 269.

10. Nas palavras de Iranyi, líder do partido em 1873, "o comércio entre partes desiguais sempre favorece a mais forte, não merecendo, portanto, ser designado como "livre". Citado em Janos, *Politics*, 1982, p. 139.

11. Xenopol, pp. 79-80; Veverca, p. 49.

12. Demetrescu 1940, p. 264.

13. Iota, p. 154. Hasdeu também associava a industrialização à civilização, ao progresso e à independência nacional. Hasdeu, 1960, pp. 271-82.

14. Xenopol, pp. 85, 189.

15. Iota, p. 238; Xenopol, pp. 189, 193. Em sua polêmica tentativa de diminuir a importância da agricultura, Xenopol enfraqueceu seus próprios argumentos, afirmando que a Romênia não poderia competir com os Estados Unidos, a Rússia e até mesmo a Hungria, os quais pareciam ter produtividades de mão-de-obra mais elevadas. Xenopol, pp. 91-92. É claro que essa interpretação ignora os "termos de troca em renda", que levam em conta a quantidade dos bens comercializados, bem como os preços unitários. Parece incrível, mas em 1979 um historiador da economia romeno escreveu que, em fins do século XIX, eram necessárias cinco toneladas das exportações

200 Romênia

de seu país para igualar, em valor, uma tonelada de importações, fato esse que "demonstra a exploração econômica" da Romênia, àquela época, por seus parceiros comerciais mais desenvolvidos. De acordo com essa lógica, a Inglaterra, o maior exportador mundial de carvão de alto peso por valor do século passado, estaria sendo explorada no comércio internacional. Essa afirmação talvez demonstre o poder de permanência da tradição de pensamento econômico representada por Xenopol. Ver Cherciu, 1979, p. 186.

16. Veverca, p. 24. Diferentemente de Xenopol, contudo, Manoilescu atribuía essa diferença ao capital investido por trabalhador em uma dada atividade econômica.

17. "A economia política [ou seja, a teoria econômica] da França e da Inglaterra não merece o nome de ciência; trata-se de uma teoria a serviço de uma prática [lucrativa para esses países]", escreveu Xenopol, p. 95.

18. Ibid., pp. 97-98, 177.

19. Iota, p. 174; Xenopol, p. 178.

20. Xenopol, p. 180. A expressão romena é *industria mare*, que significa tanto "pesada" quanto "de grande escala", mas a julgar pelos exemplos apresentados por ele, parece que Xenopol tinha em mente empresas altamente capitalizadas com um grande número de trabalhadores, e não indústrias de bens de capital. Ele cita as indústrias têxteis, de couro e de papel, todas as quais o Estado poderia facilmente subsidiar por meio de aquisições para o exército e para a burocracia.

21. Na década de 1890, Xenopol recuou dessa posição, afirmando que a Romênia poderia desenvolver apenas indústrias leves, tais como cervejarias, e, de modo geral, as que não necessitassem de grandes investimentos em capital e tecnologia de ponta. Em especial, defendia as indústrias que usassem matérias-primas nacionais. Como os populistas, Xenopol argumentava que os mercados externos estavam fechados às indústrias romenas pelos monopólios ocidentais. Iota, p. 111.

22. Ibid., p. 151.

23. Ibid., p. 148; Xenopol, p. 181.

24. Na Romênia, acrescentava Xenopol, os estrangeiros haviam dominado o comércio e a indústria, deixando apenas a buro-

Manoilescu I: trocas desiguais 201

cracia e a agricultura para os de nacionalidade romena. Iota, p. 161.

25. Xenopol, p. 189.

26. Iota, pp. 162-63. Xenopol parece ter tido uma visão mercantilista do comércio externo, pela qual a Romênia importava mais que exportava, mandando assim capital para o exterior para cobrir sua conta de importações.

27. Veverca, p. 11.

28. Xenopol, pp. 192-93.

29. *Viitorul nostru economic.*

30. Aurelian, 1890, pp. 19-21.

31. Ibid., pp. 39, 44.

32. Ibid., pp. 9, 43.

33. Angelescu era ministro das Finanças em 1919, e em 1920-21 ocupava o mesmo cargo — subsecretário (isto é, ministro adjunto) das Finanças — que Manoilescu viria a ocupar em 1926-27.

34. Angelescu, "Dependenta noastra economica", 1915, pp. 724, 727. Em 1919, Angelescu afirmou, como Manoilescu faria quatro anos mais tarde, que a representação das classes por meio da organização corporativa era necessária na economia moderna do pós-guerra. O Estado "harmonizaria" os interesses de classe. Isso, em parte, consistia em uma extensão de sua defesa anterior de uma comissão econômica central. Ver Angelescu, *Politica economica a Romaniei Mari*, 1919, p. 29.

35. Angelescu usou a definição de "grandes" empresas industriais, adotada pelo censo de 1901-2, que eram aquelas que empregavam meios de produção mecânicos e máquinas movidas a água, gás, gasolina, óleo ou eletricidade. Além disso, as oficinas artesanais de maior porte estavam incluídas nessa definição. Ver Romênia, *Ministerul Agriculturei*, 1904, p. VIII.

36. Angelescu, "Avutia", 1915, pp. 305-7.

37. Angelescu, "Politica", pp. 24-26.

38. Angelescu, "România", 1927, esp. pp. 2, 5.

39. Sir R[eginald] Hoare para o *Foreign Office*, 21 de junho de 1940, FO 371.24992.

202 Romênia

40. M. Manoilescu, "Memorii" MS., 1946-48, p. 6; Manoliu, *Bibliographie*, 1936, p. 9. A bibliografia mais completa das obras de Manoilescu e de trabalhos escritos sobre elas é Nechita, org., *Mihail Manoilescu*, 1993, pp. 268-303.

41. Manoliu, *Bibliographie*, p. 10.

42. Averescu foi o ministro da Guerra que dirigiu a repressão da revolta camponesa de 1907.

43. Diamandi (1936?), pp. 260-67; M. Manoilescu, "Memorii", p. 247.

44. Não está claro se, ao permitir a falência do Banca Marmorosch-Blank, Manoilescu tenha sido motivado por anti-semitismo ou por bom senso econômico, mas um estudo recente confirmou essa última alternativa. Ver Popisteanu *et al.*, 1982, esp. p. 42. Em suas memórias, Manoilescu diz que o especialista em finanças francês, Charles Rist, aconselhou-o a deixar o banco falir. "Memorii", p. 420. Se isso for verdade, Manoilescu, nessa época, demonstrou mais respeito pela opinião do consultor estrangeiro do que fez em 1933, quando, já tendo deixado o cargo, criticou os consultores financeiros estrangeiros, e, implicitamente, Rist. (ver Capítulo 7).

45. M. Manoilescu, "Memorii", p. 486.

46. Ibid., pp. 106-13.

47. Ibid., pp. 532, 610, 612, 618. Manoilescu teve uma audiência particular com Salazar (p. 614). Para mais informações sobre as relações do romeno com o ditador português e seu sucessor, ver Capítulo 6.

48. Diamandi, pp. 266, 271. O sociólogo Henri H. Stahl, que, quando jovem, conheceu Manoilescu, também o julgava uma personalidade impressionante — menos carismática que Stere, mas mais do que Madgearu. Entrevista, Bucareste, 28 de outubro de 1981.

49. Diamandi, p. 268. Diplomatas franceses e ingleses manifestaram opiniões similares. O ministro francês em Bucareste contou ter ouvido boatos de que Manoilescu, quando era ministro do Comércio, havia feito envios clandestinos de verbas públicas para a Suíça. Ministro francês em Bucareste [G. Puaux] para o Ministério das Relações Exteriores, 29 de junho de 1931, Quai d'Orsay, vol. 170, p. 28. A embaixada britânica relatou, em 1939: "Diz-se que ele [Manoilescu] é venal". "Relatórios sobre Personalidades Importantes da Romênia", Bucareste, 31 de julho de 1939, FO 371.23855, p. 17.

Manoilescu I: trocas desiguais   203

50. Ministro francês em Bucareste [G. Puaux] para o Ministério das Relações Exteriores, Bucareste, 18 de outubro de 1930, Quai d'Orsay, vol. 169, p. 163; M. Manoilescu, "Memorii", Parte VII, p. 328.

51. Diamandi, p. 266, sugere que ele deixou o Partido do Povo de Averescu, em 1927, porque uma pasta ministerial não lhe bastava. O próprio Manoilescu disse que isso se deveu à aproximação entre Averescu e Ion Bratianu, o líder liberal. "Memorii", pp. 165-66.

52. Hoare para Sir Anthony Eden, Bucareste, 12 de janeiro de 1938 [FO 371] R 533/250/37.

53. M. Manoilescu, "Prefata", (1940), pp. 8-9.

54. Na década de 1920, pelo menos, Manoilescu não tinha objeções quanto a trabalhar com sócios judeus em um empreendimento minerador na Transilvânia, no qual havia investido a fortuna de sua mulher. "Memorii", pp. 41, 499, 576.

55. Hoare para o Foreign Office, Bucareste, 21 de junho de 1940, FO 371.24992; Hoare para P. B. B. Nichols, 5 de julho de 1940, Bucareste, FO 371.24992 (citação). Cf. a observação de Ciano de 27 de julho de 1940: "Recebi os [primeiro-ministro Ion Gigurtu e ministro das Relações Exteriores Manoilescu] romenos. Eles são simplesmente repulsivos. Só abrem a boca para lisonjear. Tornaram-se antifranceses, antiingleses e anti-Liga das Nações". Ciano, 1946, p. 279.

56. Ciano, 1946, p. 289 (entrada para 30 de agosto de 1940). Em sua apologia, Manoilescu afirma que, em meados da década de 1940, após a queda da França e a tomada da Bessarábia e da Bucovina do Norte pela Rússia, havia pouco que a Romênia pudesse fazer para se opor aos desígnios de Hitler. Se ele tivesse recusado a "arbitragem" germano-italiana, afirmava Manoilescu, a Romênia teria perdido toda a Transilvânia, ao invés de metade, e ele teria exposto a Moldávia à ocupação russa, uma vez que o Eixo não defenderia a integridade do restante do território romeno. M. Manoilescu, "Urmare la 'memoriile mele'" MS., 1947, pp. 26-30, 55, 68, 271, 316.

57. Além disso, o novo governo dominado pela Guarda de Ferro logo cedeu à Bulgária, um outro satélite do Eixo, uma área no extremo sul.

58. P. ex., M. Manoilescu, "Economia", 1942, p. 50.

204 *Romênia*

59. Para maiores detalhes, ver Vasile, 1979. Os preços das exportações romenas para a Alemanha subiram 123% de 1939 a 1944, ao passo que os preços das importações provenientes da Alemanha subiram 614%, mostrando que Manoilescu estava errado quanto ao modo como imaginava que o *Grossraumwirtschaft* viria a funcionar. Ver Lampe e Jackson, p. 532.

60. Dinu e Manoilescu s. d., p. 16. A acusação provavelmente se referia a artigos tais como "Curiositati psihologice", 1942, no qual Manoilescu defendia a aliança germano-romena, "partes na mesma luta de libertação", contra as "forças plutocráticas" (p. 116). Seu "Problematica razboiului", 1942, era gritantemente pró-nazista.

61. Até mesmo a embaixada britânica chegou a relatar: "Ele é, claramente, um homem culto, sabe bastante inglês e diz-se simpático à indústria britânica". Ver "Relatórios sobre Personalidades Importantes da Romênia", 30 de setembro de 1930, FO 371.14438, p. 18. M. Manoilescu, "Memorii", pp. 278, 483.

62. M. Manoilescu, "Memorii", p. 55.

63. M. Manoilescu, *La théorie du protectionisme et de l'échange international*, 1929.

64. M. Manoilescu, *Lege*, 1932, p. 18.

65. M. Manoilescu, *Le Siècle du corporatisme*, 1934.

66. Neumark, 1936, p. 51. Segundo Neumark, um "neomercantilismo" havia surgido mesmo antes da guerra, quando os principais Estados industriais levantaram barreiras tarifárias contra seus concorrentes, estabelecendo também áreas de comércio exclusivo dentro de seus impérios. Ibid., p. 34.

67. Ver Kofman, "Economic Nationalism", 1990, esp. p. 207.

68. Maier, 1975, p. 567.

69. M. Manoilescu, *Imperatif*, 1933, p. 5; Condliffe, 1933, p. 358. Condliffe opinou que eram os países industrializados que tinham mais a perder seguindo políticas autárquicas, opinião essa que Manoilescu havia manifestado três anos antes (ver abaixo). Sobre a tendência geral das nações exportadoras de produtos agrícolas a se industrializar, na década após 1925 (quando os principais países europeus que não a Inglaterra começaram a buscar a auto-suficiência agrícola), ver Societé

Manoilescu I: trocas desiguais 205

des Nations [Liga das Nações]: Comité Economique, 1935, pp. 36-37.

70. Cassel atribui a maior parte da culpa aos monopólios sindicais, e não aos "conglomerados monopolistas de empresas", embora afirmando que os dois se reforçavam mutuamente. Cassel, 1927, pp. 43-44.

71. Havia também o custo do aumento do desemprego no Ocidente, na opinião de Cassel, devido em parte à insistência dos sindicatos em introduzir a jornada de oito horas. Ibid., pp. 28, 29 (citação), 32.

72. Ver abaixo.

73. M. Manoilescu, "Criza", 1933, p. 121. Na mesma passagem, Manoilescu acrescentou que Cassel, "de forma absurda", propôs o livre comércio como solução, mas o romeno ignorou as principais recomendações de Cassel para o Ocidente, que consistiam em dar maiores créditos e investimentos de capital para as áreas agrícolas e coloniais. Ver também Christodorescu, *Problema*, 1933, pp. 2-3; Societé des Nations: Comité Economique, p. 9; e Nações Unidas: CEPAL, *Economic Development of Latin America and its Principal Problems,* 1950 (orig. esp. 1949).

74. P. ex., Warrimer, 1964 (1939), p. 35, e esp. Cap. 3; Egoroff, 1936, p. 152; Franges, "Industrialisation", 1938, pp. 44, 76; Reithinger, 1937, pp. 25, 36-37, 74, 175; Whipple e Toteff, 1939.

75. Delaisi, 1929. M. Manoilescu ficou amigo de Delaisi naquele ano. Ver suas "Memorii", p. 347.

76. Ver Cap. 7.

77. Delaisi, pp. 21, 23, 26-27.

78. Ibid., pp. 81, 83, 196, 202. Aliás, a idéia de um esquema de preferência pan-européia para o trigo data de Jules Méline (autor da tarifa Méline, na França) e do Primeiro Congresso Internacional de Agricultura, em 1889. Ver Societé des Nations: Comité Economique, p. 40.

79. Ao comprar produtos agrícolas dos Estados Unidos ou do Canadá, as manufaturas da Europa ocidental eram trocadas por bens que incorporavam mais quantidades equivalentes de trabalho.

206 Romênia

80. M. Manoilescu, "Régime", 1930, pp. 6-10. O pai do Bloco, na Romênia, foi Madgearu, então ministro da Agricultura que em 1929 havia efetuado uma diminuição de 30% nas tarifas, no espírito da Conferência Econômica de Genebra de 1927.

81. M. Manoilescu, *Imperatif*, pp. 6-8, 15.

82. M. Manoilescu, *Fortele*, 1986, p. 125; ver o mesmo ponto em *Théorie*, 1929, p. 177. A partir daqui, referir-me-ei basicamente a *Fortele*, a edição ampliada romena da *Théorie*. Esse trabalho foi revisto em 1946-48, mas publicado apenas em 1986, 36 anos após a morte do autor. A edição romena é uma versão retrabalhada da edição alemã de 1937. Embora a edição de 1986 seja a definitiva, serão necessárias referências às demais, em especial à edição original em francês (1929), devido a sua recepção pelos críticos, e às tentativas de Manoilescu de responder a essas críticas nas edições posteriores. Observem que as primeiras palavras do título da versão romena (forças de produção nacionais) enfatizam a questão da produtividade, como também o título da versão alemã de 1937. "A produtividade da mão-de-obra é a idéia fundamental [capitala] de nosso trabalho", escreveu ele em *Fortele*, p. 97. A edição romena inclui também argumentos e dados publicados em sua "Productivitatea", 1941.

    Em uma dada atividade econômica ou setor da indústria, se C = capital fixo investido e K = capital líquido, e A = número total de trabalhadores, então o "capital específico" (ou q) = (C + K)/A, ou capital por trabalhador. Além disso, se P = valor da produção e S = o total dos salários, então p = valor da produção por trabalhador, ou P/A, e s = salários médios, ou S/A. E mais, o valor da produção por trabalhador, ou "produtividade", é igual aos salários médios mais o capital específico multiplicado por i, a taxa média de lucro naquele setor industrial, ou p = s + q (x) i, porque P/A = S/A +q (x) i. Essa fórmula não constava da versão francesa, nem das versões derivadas da versão francesa, em inglês, italiano e português. *Fortele*, p. 124. Ver também "Productivitatea", p. 2.

83. M. Manoilescu, *Fortele*, pp. 131-32. Esses cálculos baseavam-se na suposição de que apenas os homens adultos trabalhavam na agricultura. Segundo Manoilescu, se acrescentássemos, de forma mais realística, os insumos de trabalho de mulheres e crianças, o índice de produtividade chegaria a 9 para 1. Ver seu "Productivitatea", p. 30; *Fortele,* p. 130. Ge-

Manoilescu I: trocas desiguais 207

neralizando para os "países agrícolas atrasados", esse último trabalho de Manoilescu acreditava que a produtividade da mão-de-obra na indústria era quatro vezes maior que na agricultura (p. 127).

84. "Productivitatea", pp. 10-11; *Fortele*, p. 127. Quanto a essa questão, Manoilescu seguiu a tradição secular do escocês John Rae, que afirmava, ao contrário de Adam Smith, que os interesses nacionais e os interesses individuais não eram idênticos. Rae, como Smith e diferentemente de Manoilescu, entretanto, enfocava a riqueza individual e nacional, não a produtividade e a rentabilidade. Ver Rae, 1834, Cap. 1, esp. p. 62.

85. A. Robinson, 1987, p. 96.

86. Rosenstein-Rodan observou que os investidores privados maximizariam o produto marginal líquido privado, e não o social. "Natura", 1984, p. 215.

87. M. Manoilescu, *Fortele*, pp. 136-37.

88. O coeficiente de qualidade era igual à média da produção líquida de uma indústria (*grosso modo*, o valor adicionado), dividido pela raiz quadrada do produto do número de trabalhadores vezes o montante do capital fixo, ou $Q = P / \sqrt{A \times C}$. *Fortele*, p. 147.

89. *Fortele*, p. 160. Os países agrícolas e industriais distinguiam-se assim por suas exportações. *Siècle*, p. 28, nº 2.

90. *Fortele*, pp. 160-61. Manoilescu pensava que a tesoura de preços da Grande Depressão era um fenômeno "passageiro" (p. 353).

91. Em 1954, Lewis, "de forma independente, apresentou o argumento originalmente proposto pelo autor romeno Manoilescu ... de que a proteção justifica-se [nos países menos desenvolvidos] com base em que os salários na indústria são excessivos em relação à agricultura". Findlay, 1980, p. 70. Ver Lewis, *Economic Development*, 1954. Três décadas mais tarde, Lewis não se lembrava de ter recebido influência de Manoilescu no desenvolvimento de sua própria teoria. Lewis para o autor, Princeton, NJ, 6 de maio de 1986.

92. A fórmula na nota 88 poderia ser modificada para incluir a terra, substituindo-se a raiz quadrada de A x C pela raiz cúbica de A x C x O, onde o último termo representa o total da

208   Romênia

terra cultivada em um dado ramo da agricultura. *Fortele*, p. 149.

93. Ibid., p. 330 ("utilidade relativa"). Ele não tinha nada a dizer sobre os componentes do setor de serviços, como o governo, ou os salários ou honorários dos profissionais.

94. Ibid., p. 279; *Théorie*, p. 183.

95. M. Manoilescu, *Fortele*, p. 304; *Théorie*, p. 342. Ele acrescentou que não haveria sacrifício para a sociedade em um regime protecionista, como sugeria a teoria de List; ao contrário, toda a nação seria beneficiada devido à produtividade mais alta alcançada. "Quanto a isso, a burguesia, seguindo seus próprios interesses, ajudou ao povo como um todo." *Fortele*, p. 304. A mão invisível de Adam Smith funcionava em um regime protecionista, como em qualquer outro!

96. M. Manoilescu, *Fortele*, p. 302. Esses diferenciais poderiam persistir, pode-se supor, devido aos maiores progressos tecnológicos na indústria, a médio prazo.

97. M. Manoilescu, *Théorie*, p. 161.

98. M. Manoilescu, *Fortele*, p. 234.

99. Ibid., p. 262.

100. Ibid., p. 288.

101. Ibid., p. 351.

102. Ibid., p. 365. Manoilescu, entretanto, por um momento defendeu a autarquia, após a Conferência Econômica de Londres, da Liga, ter terminado em fracasso, em 1933. Ver seu "Autarhia", 1934, esp. pp. 15-19.

103. *Fortele*, p. 362.

104. Ibid., pp. 89.

105. M. Manoilescu, "Productivitatea", p. 2.

106. M. Manoilescu, "European Economic Equilibrium", 1931, p. 2.

107. M. Manoilescu, "Curs", 1940, p. 331.

108. *Fortele*, p. 44. Observem a mesma idéia em Stere e Racovski, no Capítulo 2. Em outros países, a divisão do mundo em nações plutocráticas e proletárias havia sido identificada pelo protofascista italiano Enrico Corradini (1910), pelo teórico chinês Li Ta-chao (1920), que foi quem apresentou o marxismo a

Mao Tsé-tung. Corradini, 1973 (orig. ital. 1910), p. 146; Meisner, 1967, p. 144. Modéstia à parte, Manoilescu acreditava que, tal como Marx havia explicado a exploração das classes sociais, ele havia explicado a exploração dos povos. M. Manoilescu, *Siècle*, p. 29.

109. Ainda na década de 1940, M. Manoilescu não havia abandonado a idéia de "aumentar o poder de compra dos países agrícolas", pelo menos como instrumento retórico. *Fortele*, p. 375. Esse objetivo seria sucessivamente retomado, pela CEPAL e pela UNCTAD.

110. *Buletinul Uniuniei Generale a Industriasilor din România* (doravante *Buletinul* UGIR). A UGIR havia sido precedida por uma associação efêmera, organizada por Petre Aurelian, chamada Societatea "Industria". De 1909 a 1928, o presidente da UGIR acumulou esse cargo com o de presidente da União das Câmaras de Comércio e Indústria, mas uma divergência de interesses separou os dois grupos ao fim desse período. Para maiores detalhes sobre a história da UGIR, ver os discursos de Constantin Busila, presidente da UGIR, e do presidente Staicovici, no *Buletinul* UGIR 8, nºs 9-10, maio de 1929: 122-24, 144.

111. Stefan Cerkez, presidente da UGIR, *Buletinul UGIR* [manifesto] 1, nº 1, abril de 1922:2.

112. Stefan Cerkez, presidente e C. R. Mircea, diretor-geral, "Memoriul rezumativ al doleantelor industriei", *Buletinul UGIR 2*, nºs 5-6, março de 1923: 375.

113. Anon., "Darea de seama", *Buletinul UGIR* 4, nº 5, maio de 1925:287; C.R. Mircea, presidente da UGIR, declaração de 23 de novembro de 1932, citada em Christodorescu, *Problema,* 1933, pp. 31, 32; Anon., "Reducerea duratei muncii la 40 hore pe saptamana", *Buletinul UGIR 13*, nºs 9-12, setembro de 1935:2.

114. Anon., "Darea de seama", *Buletinul UGIR* 4, nº 5, maio de 1925:287.

115. C. R. Mircea, "Industria nationala", *Buletinul UGIR* 5, nº 1, janeiro de 1926:2; Mircea, "Agricultura si tariful vamal", *Buletinul UGIR* 6, nºs 3-4, fevereiro de 1927:50.

116. C. R. Mircea, "Industria nationala", *Buletinul UGIR* 5, nº 1, janeiro de 1926:3.

210 Romênia

117. C. D. Busila, presidente da UGIR, "Expunerea", *Buletinul UGIR* 9, nºs 1-4, jan.-fev. 1930:1.

118. Anôn., "Drumul nostru [editorial], *Buletinul UGIR* 6, nº 1, janeiro 1927: 2; George D. Cioriceanu, "Noua orientare in economia nationala", *Buletinul UGIR* 10, nºs 3-4, fevereiro de 1931:84.

119. C. R. Mircea, "Darea de seama", *Buletinul UGIR* 10, nºs 3-4, fevereiro de 1931:204, 206.

120. Anôn., "Drumul nostru" [editorial], *Buletinul UGIR* 14 [?], nºs 10-12, outubro de 1936:1.

121. George D. Coiriceanu, "Noua orientare in economia nationala", *Buletinul UGIR* 10, nºs 3-4, fevereiro de 1931:206; Gh. Branzescu, "Cîteva constatari", ibid., 17, nºs 1-2, jan. fev. de 1939:13; Ion Veverca, "Tensiunea demografica si industrializarea", ibid., 17, nºs 7-8, julho-agosto de 1939: 6; I. Bujoiu, "Desvoltarea industriei românesti in ultimii ani", ibid., 18, nºs 5-8, maio-agosto de 1940:7.

122. Kofman faz a afirmação geral de que os burocratas estatais receberam bem as idéias e o programa de M. Manoilescu. "How to Define", 1990, p. 30. Ver Capítulo 3 para a análise de Lucretiu Patrascanu da ditadura monárquica.

123. Em outubro, foi também criado um novo Ministério dos Armamentos, que logo ficaria a cargo de Victor Slavescu, um presidente da UGIR com muito mais embasamento em economia que seus predecessores. Quanto às mudanças institucionais, ver Savu, 1970, pp. 180-83.

124. Rumania: Consiliul, 1939, pp. VII, VII (citação), X .

6
Manoilescu II: colonialismo interno e corporativismo

Embora cortejando os industriais romenos, Manoilescu, em 1940, havia ampliado sua tese sobre o comércio exterior para abranger também as relações econômicas internas às fronteiras nacionais. O mesmo tipo de "troca desigual" — a expressão especificamente empregada por ele[1] — que ocorria entre a agricultura e a indústria no comércio internacional ocorria também dentro dos países atrasados, afirmava ele. Entretanto, a mão-de-obra excedente da agricultura acabaria por ser atraída para as cidades, aumentando os salários potenciais da agricultura ao nível dos da indústria. Os industriais que empregavam ex-camponeses, portanto, estavam trabalhando em prol do desenvolvimento.

Manoilescu, em 1940, derivou de sua teoria sobre o comércio internacional um modelo de colonialismo interno *avant la lettre*, possivelmente o primeiro em todo o mundo a tentar medir esse processo.*

---

* Segundo minha definição, o colonialismo interno é um processo de trocas desiguais, que ocorre dentro de um determinado país, característico das economias industriais ou em industrialização, quer capitalistas quer socialistas. À medida que a economia se torna mais diferenciada em termos regionais, os fatores e a renda escoam de uma ou mais áreas geograficamente definidas para outras, com base, primariamente, nos mecanismos de preço e, secundariamente (o que pode não acontecer) em transferências fiscais. O Estado pode, contudo, desempenhar um papel decisivo no estabelecimento das relações de preço,

212 Romênia

O esquema de Manoilescu tinha quatro elementos — cidade ou "região primacial", com um núcleo urbano e industrial; o interior agrícola; o setor de comércio exterior e o Estado. Na Romênia da era da Depressão, o contraste entre a riqueza das cidades e a pobreza do campo era severo, como já mencionado no Capítulo 4. Outros estudiosos romenos estavam tentando analisar e sugerir soluções para a deterioração dos termos de troca dos produtos agrícolas em relação aos dos produtos manufaturados.[2] Mas Manoilescu foi além, lançando-se à elaboração de um modelo do problema, derivando sua análise, em grande parte, de sua teoria do comércio internacional. Ele tencionava demonstrar como as áreas urbanas e industriais exploravam o interior rural e agrícola, dentro das fronteiras nacionais. Usando a Romênia como estudo de caso, identificou a exploração em três processos, dois deles de natureza comercial e o terceiro de natureza fiscal. O primeiro era o comércio internacional. Contando com dados sobre o valor e a espécie das *commodities* exportadas, Manoi-

---

sendo que os efeitos regionalmente diferenciados do comércio exterior são relevantes. No mínimo, o processo implica uma relação estrutural entre as regiões de vanguarda e as regiões atrasadas (ou cidade e interior) de um Estado territorial, com base em mercados monopolizados ou oligopolizados, nos quais o crescimento tem efeitos progressivamente mais "inequalizantes" do que "equalizantes" sobre as populações desses elementos geográficos constituintes. O colonialismo interno difere do colonialismo propriamente dito, no qual um Estado estrangeiro força o monopsonismo dos mercados de trabalho, chegando mesmo a impor níveis salariais ou recrutamentos de mão-de-obra, tais como o *repartimiento* do império hispano-americano ou a *corvée* da África colonial francesa. Essa definição pode ser aplicada ao modelo de Manoilescu e também a outro desenvolvido por Hans Singer e Celso Furtado, no Brasil de após a Segunda Guerra Mundial (ver Capítulo 10). Obviamente, a definição, por si só, não estabelece a existência do fenômeno.
M. Manoilesco [sic], "Triângulo", 1940. Manoilescu não usou a expressão "colonialismo interno", que se tornou de uso corrente apenas na década de 1960. Para uma história da idéia do colonialismo interno, bem como um levantamento de suas diferentes tradições e usos contemporâneos, ver Love, "Modeling", 1989.

Manoilescu II: colonialismo interno 213

lescu não teve dificuldade em demonstrar que a maior parte das exportações romenas (por valor) originava-se da agricultura, embora esse percentual decrescesse à medida que o século avançava e as exportações de petróleo cresciam. Era mais difícil medir o destino das importações, mas aqui novamente, com base em sua espécie, Manoilescu foi capaz de discriminar as importações entre as destinadas às cidades e as destinadas ao campo.[3] De acordo com esse raciocínio, as aldeias romenas, em 1913, exportavam produtos avaliados em 530 milhões de francos franceses, recebendo em troca 120 milhões, enquanto as cidades e o setor de mineração (isto é, o setor petrolífero) exportavam 141 milhões e recebiam em troca 551 milhões. Assim, um ganho de 410 milhões de francos para as cidades equivalia a uma perda líquida equivalente para as aldeias.[4] Em 1937, as aldeias exportavam 18.300 milhões de lei (a moeda romena) e recebiam do exterior 2.400 milhões; as cidades e os produtores da mineração exportavam 13.266 milhões e recebiam 29.166 milhões, o que resultava em uma transferência líquida de 15.900 milhões das aldeias para as cidades.[5] Segundo Manoilescu, as cidades eram as grandes beneficiárias dessa troca e as aldeias e o campo, os grandes perdedores: o grosso das exportações se originava do campo e das aldeias, mas as cidades recebiam a maior parte das importações. Manoilescu concluiu sua argumentação com o juízo: "O triângulo econômico formado pela aldeia, pela cidade e pelo mercado de exportação desempenha o papel especial de transformar o excedente de *commodities* produzido pela aldeia em bens de consumo, em benefício da cidade".[6]

Parte do problema era que os grandes senhores de terras, a quem Manoilescu considerava produtores especificamente rurais, eram consumidores especificamente urbanos, que gastavam nas cidades boa parte de suas receitas externas. Antes do século XIX, quando a indústria teve início, a situação era ainda pior, suspeitava Manoilescu, uma vez que as cidades sob o governo fanariota e a

214 Romênia

suserania turca (isto é, colonialismo puro) eram quase que totalmente centros de consumo, sendo as exportações agrícolas usadas para comprar manufaturados de luxo no exterior. A industrialização incipiente, pensava ele, havia indiretamente diminuído a exploração do campo, graças à redução da dependência em relação ao comércio internacional.[7] De conformidade com sua teoria do comércio internacional, Manoilescu percebeu que, quando o comércio exterior era maior, havia também uma maior transferência de renda do campo.[8] Ele acreditava que, à medida que os trabalhadores fossem transferidos em números cada vez maiores para as indústrias, a longo prazo os salários rurais cresceriam, reduzindo assim a exploração da força de trabalho rural e criando a possibilidade de uma equalização de salários e de produtividade entre a cidade e o interior.[9]

Por essas razões os países atrasados deveriam partir para a industrialização, afirmava ele. Como já foi dito no Capítulo 5, Manoilescu é lembrado na moderna teoria do desenvolvimento pelo "argumento Manoilescu"[10] e em nenhum outro texto ele resume melhor sua proposição que no pouco conhecido estudo "O Triângulo Econômico": "Os trabalhadores marginais, cuja mão-de-obra é cada vez menos necessária na agricultura e cujo consumo pessoal talvez chegue mesmo a ultrapassar o valor de sua produção, formam uma categoria improdutiva do ponto de vista econômico e um grupo indigente do ponto de vista social. Eles formam uma classe de subempregados [demi-chomeurs]." Acrescenta que essas pessoas deveriam migrar para as áreas urbanas a fim de buscar emprego na indústria.[11]

Para Manoilescu, um segundo processo de exploração ocorria no comércio direto entre a cidade e o campo. Este último, afirmava ele, costuma ter uma balança comercial positiva com a cidade, do mesmo modo que o país exportador de produtos agrícolas costuma ter uma balança positiva dessa natureza com seu parceiro comercial industrializado. Ambos, entretanto, costumam ter uma ba-

Manoilescu II: colonialismo interno   215

lança de pagamentos negativa.[12] (Aqui, Manoilescu refere-se aos fluxos de capital; a balança de pagamentos — as contas correntes, de capital e de caixa não poderiam ser negativas a longo prazo.) Um tipo de transferência de renda ocorria através do mecanismo de pagamento da dívida, observou Manoilescu. A reforma agrária, na Romênia, havia diminuído a exploração do campesinato, mas a usura muito fez para restabelecer essa exploração. O campo tornou-se altamente endividado para com credores urbanos e, segundo Manoilescu, os usurários recebiam juros de 14% ao ano sobre seus empréstimos, em um período de queda dos preços agrícolas.[13] Os aldeãos pagavam também de forma indireta pelos juros dos títulos da dívida pública, ativos esses quase que totalmente em mãos dos proprietários de terras e dos moradores das cidades.[14] O pagamento das dívidas para com credores estrangeiros era também coberto pelas exportações, cuja maior parte provinha do campo.[15]

Manoilescu não foi capaz de determinar, de forma direta, qual o percentual da renda agrícola gasto com produtos de origem urbana. Porém, com base nos estudos científicos sobre a vida nas aldeias executados pelo Institutul Social Român, de Dimitrie Gusti, que incluíam dados sobre os orçamentos dos camponeses, ele pôde fazer uma estimativa. Usando esse mesmo material, estabeleceu também um limite inferior para o consumo de produtos agrícolas nas cidades.[16] Com base nessas estimativas das despesas dos habitantes das cidades e do campo com os produtos um do outro, chegou à conclusão de que havia um fluxo líquido de mercadorias (ou de pagamentos) dirigido às áreas urbanas.[17]

Essas duas formas de exploração, urbana-rural e internacional (ambas implicando a subordinação dos produtores agrícolas aos grupos urbano-industriais), eram, na opinião de Manoilescu, processos característicos do capitalismo moderno, segundo os modelos examinados aqui e no capítulo anterior. Uma terceira forma estava também

216 Romênia

presente na Romênia, mas era de natureza mais circunstancial que necessária. Trata-se da exploração fiscal, problema esse examinado em primeira mão por Manoilescu, quando subsecretário de Finanças, em 1926. Embora em 1925 os moradores das cidades romenas pagassem ao tesouro quantias *per capita* quatro vezes maiores que os moradores do campo, eles recebiam seis vezes mais em termos de gastos estatais.[18] Manoilescu calculou que, em 1925, 68% dos desembolsos governamentais destinavam-se às cidades, ao passo que apenas 12% iam para o campo, sendo o restante enviado para o exterior como pagamento do serviço da dívida.[19]

A Grande Depressão aumentou a diferenciação entre os setores constituintes da nação, devido à crescente "tesoura de preços" entre os produtos agrícolas e industriais da Romênia. Como, na década de 1930, o hiato entre as rendas da população urbana e da população rural vinha aumentando, Manoilescu era de opinião que as áreas urbanas passariam a depender cada vez mais umas das outras como mercados, uma vez que os camponeses encontravam-se pauperizados.[20] De modo geral, afirmava Manoilescu, o hiato de renda e riqueza entre a cidade e o campo era maior nos países subdesenvolvidos que nas nações industriais modernas.[21] Uma vez que todo o comércio entre os produtores industriais e agrícolas implicava exploração, asseverava Manoilescu, o Estado, pelo menos em tese, poderia tratar do problema do colonialismo interno de forma a limitar essa exploração, o que não era possível quanto ao comércio internacional.[22]

Embora a exploração dos grupos etnicamente subordinados não fizesse parte da análise de Manoilescu, como veio a acontecer em abordagens mais recentes do colonialismo interno,[23] a diferenciação étnica entre exploradores e explorados não lhe passou despercebida. Essa, no entanto, ocorria de forma contrária à observada na década de 1960 por Pablo González Casanova, no México, onde as comunidades indígenas constituíam-se uma minoria oprimida. Manoilescu observou que as minorias étnicas da Romênia do entreguerras — um país que havia dobrado seu território nacional após a Primeira Guerra Mundial — eram, em sua imensa maioria, urbanas, enquanto os romenos étnicos formavam a quase totalidade do campesinato. Desse modo, a população urbana e, por conseguinte, os exploradores, eram não apenas os senhores de terras romenos que gastavam nas cidades suas rendas, mas também os judeus, alemães e húngaros que se constituíam uma parcela desproporcionalmente grande da população urbana, com uma tendência a estar no controle das indústrias, dos bancos e do comércio.[24] Apesar das destrutivas críticas feitas por analistas contemporâneos à teoria do comércio e da produtividade de Manoilescu (ver seção seguinte), poder-se-ia dizer, no entanto, que o modelo do colonialismo interno proposto por esse autor sobreviveu, na medida em que descrevia de forma precisa o processo de escoamento de renda, mesmo que sua explicação das causas subjacentes fosse incorreta. Em especial, a exploração do campo pela cidade tinha mais a ver com as configurações sociais (as relações senhor de terras-camponês), do que com o comércio como tal.

O programa econômico proposto por Manoilescu, nos dias de hoje, seria descrito como uma industrialização de substituição de importações dirigida pelo Estado. É de se supor que, caso o país agrário obtivesse sucesso em tornar-se uma nação industrial, ele poderia — e seria aconselhado a fazê-lo — adotar as práticas dos países já industrializados, chegando ao ponto de exportar suas manufaturas.[25] Manoilescu, porém, parece não ter explicitado essa estratégia,[26] preferindo ressaltar os ganhos a longo prazo a serem obtidos, com a expansão do comércio, pelos países já então industrializados,[27] não levando em conta as implicações para os países ainda mais atrasados na corrida por produtividades cada vez maiores, limitando-se a tratar daqueles que adotariam suas políticas. Se ele o houvesse feito, a atratividade política de seu argu-

218 Romênia

mento poderia ter sido fortalecida, uma vez que quanto mais tarde um país ingressasse nessa corrida, menos países sobrariam para explorar por meio de trocas desiguais.

Embora *A Teoria do Protecionismo* de Manoilescu houvesse sido, em fins da década de 1930, publicada em seis línguas, sendo bem recebida por alguns periódicos especializados,[28] os profissionais de economia daquela época, de modo geral, receberam com hostilidade as teses de Manoilescu.[29] O economista sueco Bertil Ohlin, talvez o principal teórico do comércio internacional neoclássico da década de 1930,[30] criticou os pressupostos de Manoilescu: por que deveriam as produtividades médias de todas as indústrias de um país ser consideradas como representativas das produtividades dos setores industriais exportadores? O que justificaria a suposição de que o nível de preços dos fatores é o mesmo em todos os países, quando é sabido que os salários em dinheiro nos Estados Unidos são dez vezes maiores que na Romênia? Por que teria Manoilescu levado em conta, em seus cálculos, apenas a produtividade da mão-de-obra, deixando de lado o capital e a terra?[31] (Manoilescu levou em consideração esses dois fatores, mas apenas em tese, fornecendo fórmulas para sua mensuração, mas suas tentativas de obter dados empíricos cruzados para diversos países limitaram-se à produtividade da mão-de-obra.) "É desnecessário dizer", observou Ohlin, "que o produto por trabalhador não representa um teste da produtividade, uma vez que a quantidade dos outros fatores produtivos utilizados por trabalhador varia grandemente nas diferentes indústrias." Os salários, argumentava Ohlin, são uma medida mais adequada para a produtividade da mão-de-obra nos diversos setores industriais.[32] Além do mais, observou Ohlin, os pressupostos de Manoilescu, de custos constantes e preços fixos no mercado mundial, face às mudanças nas relações comerciais, levavam à conclusão absurda de que, em seu "país agrícola", "seria vantajoso produzir apenas produtos manufaturados e importar os produtos agrícolas".[33] A críti-

Manoilescu II: colonialismo interno 219

ca fundamental de Ohlin, entretanto, era que, como Manoilescu supunha, se os fatores de produção pudessem ser transferidos de atividades de baixa produtividade para outras de alta produtividade, as vantagens trazidas pelo protecionismo adviriam da suposição de que a proteção é a causa dessa transferência. Mas por que, perguntava Ohlin, não havia essa transferência ocorrido *independentemente* da proteção, uma vez que os sinais de preços favoreceriam as indústrias com maiores produtividades?[34]

Jacob Viner, o principal teórico do comércio internacional nos Estados Unidos dos anos 1930, concordava com a crítica de Ohlin, acreditando porém que Ohlin havia feito "demasiadas" concessões a Manoilescu. Se os preços ou os salários internos eram mais elevados em uma atividade econômica que em outra, dever-se-ia examinar a *razão* para tal, que poderia perfeitamente ser os níveis salariais artificiais decorrentes do monopólio sindical. Viner concordava que a proteção às manufaturas poderia elevar a renda real de um país, caso este apresentasse uma vantagem comparativa de mão-de-obra para a manufatura, e se o monopólio sindical mantivesse os salários industriais em níveis tão altos a ponto de as importações terem preços inferiores às manufaturas nacionais. Mas observava que o livre comércio poderia obter o mesmo resultado, forçando a redução dos salários da indústria e revelando as verdadeiras vantagens comparativas nos preços de mercado. Viner dispensou o livro de Manoilescu com o seguinte comentário: "A tarefa de encontrar uma defesa econômica intelectualmente satisfatória para o protecionismo ainda aguarda realização, não tendo logrado êxito por meio dessa tentativa".[35]

Em 1937, cinco anos após escrever sua crítica de *A Teoria do Protecionismo*, Viner publicou um volume teórico importante, defendendo e ampliando a teoria neoclássica do comércio internacional. Dentre suas contribuições estava a "liberação" da doutrina dos custos comparativos da teoria do valor do trabalho, aceita por Ricardo e por

220 Romênia

alguns economistas não-marxistas da década de 1930, inclusive, é claro, Manoilescu.[36] Em seu *Estudos Sobre a Teoria do Comércio Internacional*, Viner salientou que "a associação da doutrina dos custos comparativos com a teoria do valor dos custos do trabalho" foi um "acidente histórico". A maior parte dos economistas clássicos, com a exceção de Ricardo, considerava os custos reais como sendo, em última análise, fenômenos subjetivos — o que mais tarde seria chamado de "desutilidades" (por exemplo, o adiamento do consumo ou os aborrecimentos causados pela mão-de-obra) — embora "todos eles concordassem que as desutilidades eram proporcionais à quantidade de serviços presentes nos fatores [de produção]". Entretanto, um comentarista mais recente, Nicholas Georgescu-Roegen, era cético quanto a Viner ter dado a última palavra sobre a questão.[37]

Não foi apenas na Europa ocidental e nos Estados Unidos que as teses de Manoilescu foram criticadas; nos círculos acadêmicos romenos, na década de 1930, suas teses recebiam mais críticas do que aceitação. Um crítico áspero tanto de *A Teoria do Protecionismo* quanto de *O Século do Corporativismo* foi George Tasca, reitor da Academia de Estudos Comerciais e Industriais de Bucareste e antigo ministro do Comércio e da Indústria.[38] Tasca, um antifascista liberal com doutorados tanto em Direito quanto em Economia obtidos na Sorbonne, reiterou diversos dos argumentos de Ohlin. Um ponto digno de nota, proposto por ele próprio, visava mais às credenciais nacionalistas de Manoilescu que a sua análise econômica; ele começava por admitir que seu adversário poderia ter razão quanto a que um camponês romeno dava dez dias de trabalho pelo único dia de trabalho incorporado num produto manufaturado comprado no exterior. Mas como Manoilescu admitia que as indústrias manufatureiras nacionais eram quatro vezes menos produtivas que suas concorrentes estrangeiras, esse mesmo camponês romeno, em uma economia fechada, teria que trocar quarenta dias de tra-

Manoilescu II: colonialismo interno   221

balho, e não dez, para adquirir o mesmo produto. Escrevendo em 1937, quando as importações romenas provenientes da Alemanha vinham apresentando um rápido crescimento (chegando a mais da metade em 1939), Tasca ainda tripudiou, acrescentando que, no primeiro caso, o camponês seria explorado por um industrial alemão; no segundo, devido à baixa representatividade dos romenos étnicos nas empresas industriais, ele estaria sendo explorado por um industrial pertencente à comunidade minoritária alemã da Romênia.[39]

Uma análise crítica, porém mais favorável, da edição alemã ampliada de *A Teoria do Protecionismo* de Manoilescu, publicada em 1937, foi escrita por Michal Kalecki. O economista polonês, então trabalhando na Inglaterra, era considerado, durante o período do pós-guerra, como um dos principais macroeconomistas de sua geração e uma autoridade em desenvolvimento econômico. Embora notando com interesse a afirmação de Manoilescu de que era o capital por trabalhador e não a quantidade de trabalho despendido que determinava os preços, como queria Ricardo, Kalecki criticou Manoilescu por não se utilizar de critérios neoclássicos para os *optima* econômicos, com base nas produtividades marginais da mão-de-obra e do capital. Ele observou ainda que, se o "capital específico" de Manoilescu era a chave para altos níveis de produtividade, novos investimentos de capital teriam que ser obtidos à custa de alguma outra atividade econômica, e perguntou se a agricultura, com sua enorme carência de capital, seria capaz de fornecê-lo. Mesmo assim, Kalecki concordou com Manoilescu quanto às recomendações sobre políticas de proteção às novas indústrias, como meio de engendrar a formação de capital e o emprego, nos países subdesenvolvidos.[40]

Tampouco as teses de Manoilescu encontraram aceitação ampla na Alemanha de Hitler, cujos economistas e líderes políticos ele vinha cortejando, a começar por Werner Sombart.[41] Carl Brinkmann, analisando a edição alemã

222 Romênia

do tratado sobre comércio de Manoilescu, em 1938, criticou como ultrapassada e estática a abordagem do romeno à teoria do comércio internacional, baseada que era no tratamento clássico dos custos comparativos, na teoria do valor do trabalho e nos custos médios, enquanto a teoria moderna tomava como base os preços comparativos, a teoria moderna (neoclássica) do valor e os custos marginais.[42] Otto Frölich, na mesma publicação, *Weltwirtschaftliches Archiv*, deu às teses de Manoilescu notas igualmente ruins.[43]

Em 1939, entretanto, Ernst Wagemann, diretor do Institut für Konjunkturforschung (Instituto de Pesquisas sobre a Conjuntura Econômica), de Berlim, deu a Manoilescu um apoio qualificado — com uma *arrière pensée*. Wagemann, importante apologista do *Grossraumwirtschaft*, escreveu que temia que a análise do comércio internacional de Manoilescu fosse "boa demais", e que as trocas desiguais entre a agricultura e a indústria fossem uma ocorrência universal. Acrescentou que a industrialização dos países agrários exigia capital físico estrangeiro, que só poderia ser obtido por meio de créditos de exportação conseguidos por meio da venda dos produtos agrícolas tradicionais.[44] Argumentava que, devido ao fato de a Alemanha, naquela época, receber mais da metade das exportações dos países balcânicos (contra um sexto, em 1931), o *Grossraumwirtschaft* oferecia as melhores perspectivas para o progresso dos Balcãs. O desenvolvimento do mercado exportador acabaria por levar ao desenvolvimento do mercado interno, assegurava Wagermann, mas a Alemanha ainda poderia lucrar com essa eventualidade, fornecendo aos países balcânicos bens de capital.[45] Quanto a outros pontos, as críticas feitas por Wagemann a Manoilescu eram bem mais duras.[46]

Outras censuras poderiam ser feitas à economia lateral da oferta de Manoilescu, a qual, por exemplo, parte do princípio de que a nova renda gerada seria, necessariamente, usada na compra de bens de "produtividade mais

Manoilescu II: colonialismo interno   223

alta". Além do mais, como os serviços, em fins do século XX, vêm ocupando um espaço cada vez maior tanto no produto nacional quanto no comércio internacional, o fato de o economista romeno ter omitido o setor terciário em sua análise aparece, cada vez mais, como uma falha grave de sua teoria.[47] Um outro problema de seus volumosos escritos é a inconsistência: é, por vezes, difícil distinguir a incoerência das políticas econômicas propostas por Manoilescu (por exemplo, a favor ou contra os acordos sobre os preços das *commodities* no comércio internacional como o principal objetivo a ser buscado; a favor ou contra a autarquia) das súbitas oscilações de sua análise teórica. Os *volte-face* deste último tipo apareciam tanto nos textos escritos para publicações acadêmicas como nas polêmicas mais estridentes de sua revista corporativa, o *Lumea Noua*. Ao afirmar que a vantagem dos países industrializados no comércio internacional cai cíclica e "continuamente",[48] Manoilescu omitiu o fato de que a súbita e persistente depressão dos preços agrícolas, de 1925 a 1935, não havia sido "prevista" por sua teoria. Além disso, a afirmação de que o comércio internacional era a *base* da riqueza dos países ocidentais[49] conflitava implicitamente com sua observação de que os países ricos comerciam menos com os países pobres do que entre eles próprios.[50] Nesse último caso, quem estava explorando quem?

Manoilescu, contudo, fez uma importante descoberta com relação ao processo de desenvolvimento, a qual, em 1958, foi expandida e formulada com maior rigor pelo economista americano Everett Hagen. Após analisar dados longitudinais e comparativos sobre diversos países, que mostravam que os salários (uma medida de produtividade) eram consistentemente mais altos na indústria que na agricultura, Hagen demonstrou teoricamente que "o protecionismo faz aumentar a renda real em relação ao livre comércio, se o aumento, sob o regime de proteção, do custo agregado do produto industrial a seus compradores for menor do que o aumento de renda para os fato-

224 Romênia

res que se transferem da agricultura para a indústria". Em nível empírico, citando os casos dos Estados Unidos, Japão, União Soviética e — talvez de forma menos convincente — do Brasil, Colômbia e México, Hagen escreveu: "O amplo registro histórico sugere que o protecionismo pode ter acelerado o desenvolvimento econômico".[51] Hagen identificou as origens de sua tese nas descobertas de Gottfried Haberler e Jacob Viner, mas não nas de Manoilescu, também mencionado por ele.[52]

Quanto à questão da evolução da economia mundial, é óbvio que o teórico romeno — ou, como Ronald Findlay prefere chamá-lo, o "autor" romeno[53] — não levou em conta o dinamismo do capitalismo industrial moderno. Manoilescu partia do pressuposto de custos e preços estáticos, que implicavam uma tecnologia igualmente estática e, tivesse ele vivido até a década de 1960, perceberia que o controle das inovações tecnológicas por parte dos países desenvolvidos tornava irrelevante boa parte da expansão da produção industrial para o Terceiro Mundo. As produtividades dos setores industriais dinâmicos eram ainda *relativamente* baixas nos países do Terceiro Mundo e o hiato entre as rendas dos países desenvolvidos e subdesenvolvidos não parecia estar diminuindo.

Mais do que suas falhas como teórico, a atividade política de Manoilescu e sua incoerência na defesa de políticas econômicas contraditórias provavelmente fizeram diminuir, após a guerra, o valor conferido a seus escritos econômicos. Parece provável, face à receptividade de partes da Europa agrária (inclusive a Península Ibérica) e da América Latina a seus escritos, que Manoilescu atrairia maior atenção como precursor da economia do desenvolvimento, não fosse por sua atuação política. Em 1937, ele foi eleito para o Senado romeno na chapa da Guarda de Ferro e, em 1938, vislumbrou boas oportunidades políticas em sua associação com a Alemanha nazista. Até aquela época, como professor de economia na Politécnica de Bucareste e em muitos fóruns estrangeiros, a maior

Manoilescu II: colonialismo interno 225

parte deles de natureza acadêmica, Manoilescu havia defendido a tese de uma economia fechada. Agora passava a apoiar o *Grossraumwirtschaft* de Hitler e, apesar de a partir de então ter sido tudo, menos coerente, Manoilescu abriu mão de sua tese sobre o comércio internacional.[54] Assumir publicamente a opinião de que a Romênia deveria tornar-se uma fornecedora de produtos agrícolas e de matérias-primas para a Grande Alemanha parece altamente contraditório com as convicções teóricas professadas por Manoilescu. Em 1939, ele garantiu que a Alemanha pagaria preços bem acima dos praticados no mercado mundial,[55] medida essa que implicitamente eliminaria ou amenizaria o grau de exploração do exportador agrícola por seu parceiro comercial. Em seus escritos acadêmicos da década de 1940, Manoilescu ainda oscilava, tendendo porém a defender algum grau de industrialização para a Romênia e para os demais países agrários.

Por fim, para entender a influência exercida por Manoilescu, devemos nos deter nos aspectos econômicos de seu pensamento político. Na época, Manoilescu era conhecido tanto por sua teoria sobre o corporativismo quanto por suas teses econômicas, apesar de ter considerado *A Teoria do Protecionismo* como seu trabalho mais importante após a derrota do fascismo — o que não deixa de ser significativo.[56] Seus contemporâneos consideravam *O Século do Corporativismo* igualmente influente, a julgar pela receptividade da Península Ibérica e da América Latina a esse último livro. Estamos aqui interessados nas relações entre seus pontos de vista políticos e econômicos, bem como nas formas pelas quais suas proposições políticas contribuíram para a divulgação de suas teses econômicas. Essa relação certamente existia, como fica implícito no juízo do demógrafo brasileiro Josué de Castro, de que Manoilescu era um "neo-saint-simoniano", ressaltando o elemento elitista, organicista, pró-planejamento e pró-industrialização do pensamento de Henri Saint-Simon.[57]

226   *Romênia*

O corporativismo era uma ideologia que tinha suas raízes na teoria social organicista da Europa medieval, mas seu precursor mais imediato foi o "solidarismo" de Léon Bourgeois (1851-1925), que tentava evitar ou minimizar a luta de classes.[58] Frédéric Le Play (1806-82) foi um dos primeiros teóricos a pedir a colaboração entre trabalhadores e capitalistas. O corporativismo teve sólidos defensores na Alemanha e na Itália, bem como na França, antes de a Itália tornar-se um Estado corporativo, no decorrer das décadas de 1920 e 30. Na Romênia, elementos corporativistas já estavam presentes na Constituição de 1923, que permitia uma representação limitada das corporações no Senado, lado a lado com os membros diretamente eleitos. O próprio Manoilescu representou a Câmara de Comércio no Senado romeno, de 1932 a 1937.

Nos anos do entreguerras o corporativismo foi defendido como a *tierce solution, der dritte Weg*, para os problemas da economia moderna, um caminho diverso dos traçados pelo comunismo e pelo capitalismo de livre mercado. Para diversos teóricos corporativistas, os preços deveriam ser estabelecidos visando atingir uma divisão justa do produto social, com base nos custos de produção.[59] Embora *O Século do Corporativismo* de Manoilescu tenha sido publicado em 1934, época em que essa doutrina estava no auge, suas opiniões sobre a questão haviam se desenvolvido concomitantemente com seu pensamento político, a partir de inícios da década de 1920. Em 1923, ano em que a Constituição romena foi promulgada, ele havia escrito um panfleto intitulado *Neoliberalismo*,[60] no qual afirmava que o liberalismo do pós-guerra era fundamentalmente diferente de seu antecessor novecentista. Para Manoilescu, o neoliberalismo aceitava a necessidade de representação para as classes sociais, mais que para os indivíduos, visando alcançar um "equilíbrio" entre esses diferentes grupos. Diferentemente do velho Estado meramente fiscalizador, seu sucessor neoliberal interviria com freqüência no processo social. A nação, e não o indi-

Manoilescu II: colonialismo interno 227

víduo, era agora a "unidade elementar orgânica" da sociedade. Ao invés da liberdade e da igualdade dos indivíduos, o neoliberalismo tentaria assegurar a liberdade e a igualdade das nações. Na Romênia, um partido neoliberal não poderia ter como base uma única classe, uma vez que ele deveria estar acima dos interesses egoístas das classes sociais.[61] Em 1932, após ter sido filiado a vários partidos políticos, e tendo perdido as boas graças do rei, Manoilescu declarou-se convictamente corporativista. Em abril, lançou a *Lumea Noua*, uma publicação política mensal; em setembro, esboçou sua teoria do corporativismo em seu primeiro discurso no Senado romeno.[62] Em 1933, Manoilescu lançou-se à organização de um partido corporativista.[63] No ano seguinte, publicou *O Século do Corporativismo: A Doutrina do Corporativismo Integral e Puro*.[64] O século em questão era o nosso. Como o século anterior havia sido o do liberalismo, o atual seria o do corporativismo, cuja necessidade histórica Manoilescu agora proclamava. Todas as sociedades [européias?] haviam sido corporativamente organizadas até a Revolução Francesa, mas a Revolução Industrial exigira o Estado liberal e a destruição das políticas mercantilistas, visando maximizar o potencial econômico do capitalismo.[65] Na nova sociedade corporativista, a organização substituiria o lucro como princípio norteador.[66] Dentre as versões concorrentes do corporativismo, Manoilescu ressaltava a sua própria, afirmando que o verdadeiro corporativismo possuía duas características básicas: ele era "integral" por incluir não apenas as corporações econômicas, mas também os órgãos corporativos não-econômicos, como o Exército e a Igreja; e era "puro", dizia ele, porque as corporações constituíam-se "única base legítima" para o exercício do poder político, não podendo estar subordinadas ao Estado. Por essa razão, o sistema fascista italiano havia falhado no teste, uma vez que, na Itália, as corporações eram obviamente controladas pelo Estado.[67]

228 *Romênia*

Para Manoilescu, a razão "dominante", embora não a única, da ascensão do corporativismo no século atual era o fato de o Ocidente ter perdido seu monopólio industrial, o que veio a resultar na Grande Depressão, quando os países europeus não conseguiam mais colocar seus produtos em suas dependências agrícolas.[68] Assim, à medida que desapareciam os mercados tradicionais, o Ocidente via-se face a uma crise econômica que só poderia ser adequadamente enfrentada por meio da implementação do novo princípio da organização.[69] Verificava-se uma tendência generalizada à autarquia, tendência essa que poderia vir a incentivar a integração econômica nacional ("solidariedade").[70] O Estado corporativo não seria neutro, como o Estado novecentista tentara ser, mas deveria se converter no "portador dos ideais". A esse respeito, a Itália fascista oferecia o "protótipo" do novo Estado — ao que parece, apesar do fato de as corporações italianas serem controladas pelo regime.[71]

No século passado, a liberdade era o ideal (social); sob o corporativismo, o ideal seria a organização, que Manoilescu chamou de o quarto fator da produção.[72] Os quatro "imperativos" a serem atingidos pelo Estado corporativo eram organização, solidariedade nacional, paz e colaboração internacional e "descapitalização", ou seja, um decréscimo das taxas de lucro, sempre que necessário para o interesse público. Manoilescu reiterou sua tese anterior de que havia conflito entre o que era benéfico para o empreendedor individual e o que era benéfico para a coletividade, noção essa que ele preferia chamar de "produtividade", ao que parece, no sentido do valor médio (ou da média ponderada) da produção por trabalhador. Esse conflito, na verdade, consistia na "grande antítese" entre o corporativismo e o liberalismo, em termos econômicos.[73] A produção e o comércio exterior devem estar voltados para as mercadorias que permitam a aquisição de um máximo do produto da mão-de-obra estrangeira com o gasto mínimo de mão-de-obra do próprio país. Isso era "produção or-

Manoilescu II: colonialismo interno   229

ganizada e comércio organizado".[74] Desse modo, em um país agrário atrasado, a implementação do regime corporativista era o meio de se alcançar o programa econômico proposto pelo autor.

É óbvio que, no nível da teoria econômica, as críticas à argumentação de Manoilescu anteriormente mencionadas aplicam-se à versão resumida e retórica contida no *Século*. Poder-se-ia perguntar por que, já que o valor a ser maximizado era o bem-estar social na forma da produtividade da mão-de-obra, e não na forma de lucros empresariais, Manoilescu não levou adiante o conceito de formação de preços como função dos acordos entre corporações e sindicatos, em uma era de mão-de-obra e mercados de capital altamente organizados.[75] Othmar Spann, o corporativista austríaco, acreditava, de forma bastante ingênua, que a relação entre as corporações funcionais deveria determinar os preços, e que a barganha coletiva forçaria os empregadores a formar cartéis, promovendo assim o corporativismo.[76] Durante a década de 1930, outros corporativistas, como François Perroux, também se ocuparam da formação de preços em condições oligopolistas, como também o fizeram economistas não-corporativistas de primeira linha, como Edward Chamberlin e Joan Robinson.[77]

Manoilescu afirmou em seus escritos que, em sua dimensão social, a corporação era uma forma "vertical" de solidariedade social, assim como as classes sociais eram uma forma "horizontal". Além disso, no "corporativismo integral e puro", o Estado era tanto uma corporação quanto uma "supercorporação", com a função de coordenar e equilibrar os órgãos corporativos.[78] Ele substituiria os partidos políticos, no sentido de equilibrar as tendências reacionárias e revolucionárias, integrando também as classes sociais, função essa muitas vezes atribuída aos partidos. Os partidos haviam se tornado obsoletos, mas o regime corporativo não forçaria sua abolição, anunciou Manoilescu em *O Século do Corporativismo*.[79] Apenas dois anos após escrever o *Século*, ele se contradisse em um traba-

230 Romênia

lho chamado *O Partido Único*,[80] onde declarava que os regimes autoritários da Europa eram necessários durante o período de transição do liberalismo para o corporativismo.

Dado o perfil controvertido e incoerente de Manoilescu, não é de surpreender que suas idéias políticas tenham sido atacadas com tanto vigor na Romênia, inclusive as estreitamente associadas à sua teoria do comércio internacional. George Tasca, o professor que tão contundentemente criticara a economia de Manoilescu, tratou do corporativismo deste último no mesmo ensaio: Manoilescu caricaturava o liberalismo, transformando o *laissez-faire* num simulacro, escreveu Tasca, quando Manoilescu, na verdade, havia apresentado, em seu ensaio *Neoliberalismo*, de 1923, uma versão moderna e intervencionista dessa doutrina. Manoilescu queria corporações autônomas, bem diferentes das existentes nos regimes corporativistas de então, mas, na verdade, tinha que se escolher entre corporações fortes e um Estado forte, afirmava Tasca.[81] Ele também prosseguiu com sua crítica da teoria do comércio internacional de Manoilescu, levando este último a retrucar que o vínculo entre seu pensamento social e seu pensamento econômico era "condicionado e restrito".[82]

Haveria alguma consistência nos escritos políticos de Manoilescu, ao contrário da incoerência de suas atividades políticas? Pode-se encontrar uma defesa consistente da liderança da elite, apontada pelo próprio Manoilescu.[83] Philippe Schmitter, que foi quem de forma mais completa encaixou o pensamento político de Manoilescu no contexto do desenvolvimento do corporativismo — e que fornece também uma discussão de suas teses econômicas — não leva em conta o oportunismo do romeno, quando este deixou de apoiar a industrialização para passar a apoiar o *Grossraumwirtschaft*, embora perceba alguma lógica na guinada da defesa de um corporativismo de corporações autônomas para o corporativismo de partido único. Este último seria o instrumento para que o corporativismo pudesse ser alcançado, embora houvesse aí uma contradi-

Manoilescu II: colonialismo interno   231

ção, percebida por Schmitter: em O Século do Corporativismo, dois anos antes de O Partido Único, Manoilescu havia predito o fim dos partidos políticos.[84] Schmitter não acompanhou de perto a carreira política de Manoilescu, não percebendo a tentativa deste último de se posicionar de forma a conseguir para si um papel político de primeiro escalão na Romênia sob a égide nazista.

De fato, se as ligações políticas do romeno, nos últimos anos da década de 1930, houvessem sido menos estreitamente vinculadas ao fascismo romeno e às aspirações do Terceiro Reich, sua ênfase nos termos de troca de duplos fatores, o "argumento Manoilescu", de que o desemprego disfarçado na agricultura deveria ser remediado por meio da transferência da mão-de-obra ociosa para as atividades industriais, sua tentativa de teorizar as trocas desiguais e seu modelo do colonialismo interno poderiam, todos eles, ter exercido maior influência nos países do Terceiro Mundo da era do pós-guerra.

Notas

1. M. Manoilescu, Fortele, 1986, p. 44.

2. P. ex., Popa-Veres, 1938; e Ionescu-Sisesti, 1940.

3. Ele estimava que uma determinada proporção das importações industriais, tais como ferramentas de metal e têxteis de algodão, fossem destinadas ao campo e às aldeias. "Triangle", pp. 20, 21.

4. Manoilescu equacionava "aldeias" a "habitantes da zona rural", como também faziam outros autores romenos de seu tempo. Nesse cálculo, Manoilescu supunha que a diferença entre as exportações e as importações — 81 milhões de francos, soma que incluía o pagamento por invisíveis e por remessas de lucros — beneficiava as cidades. Essa suposição parece bastante justificada, uma vez que os superávits agrícolas na balança comercial remuneravam os títulos da dívida para as melhorias urbanas, em mãos de estrangeiros. Ver "Triangle", p. 19.

232 *Romênia*

5. Ibid., pp. 20, 22.

6. Ibid., p. 19.

7. Ibid., pp. 17, 18, 22.

8. Em seu "Triangle", Manoilescu embasou essa generalização em dados relativos a apenas dois anos, 1935 e 1937. Enquanto a Romênia se recuperava da Depressão de anos recentes, o comércio externo quase dobrou, mas a transferência de renda do campo para as cidades cresceu em duas vezes e meia. Ibid., p. 22.

9. Ibid., pp. 22, 26.

10. No jargão econômico moderno, quando a produtividade marginal da mão-de-obra na agricultura fica abaixo da dos outros empreendimentos econômicos, o excedente de mão-de-obra deve ser transferido para a indústria ou para outras atividades de produtividade mais elevada. Ver uma discussão sobre o argumento Manoilescu em Corden, 1965, pp. 60-61.

11. M. Manoilescu, "Triangle", pp. 25-26.

12. Ibid., p. 19.

13. Ibid., p. 20.

14. Cf. argumento semelhante, relativo aos últimos tempos da Rússia imperial em Nicolas-On, 1902, p. 448.

15. M. Manoilescu, "Triangle", p. 19, nota 5, p. 21.

16. Ele supunha que, em termos monetários, os moradores das cidades consumiam uma quantidade de produtos agrícolas pelo menos igual aos aldeãos, cuja despesa pôde generalizar com base em monografias locais para os orçamentos familiares. Manoilescu observou, aliás, que as despesas urbanas eram provavelmente muito maiores, uma vez que os salários dos operários industriais eram duas vezes mais altos que os dos trabalhadores agrícolas. A renda *per capita* urbana, além disso, era pelo menos quatro vezes maior que a do campo. Ibid., pp. 23-24.

17. Ibid., p. 24. Em sentido contábil, evidentemente, os pagamentos entre a cidade e o campo tinham que chegar a um equilíbrio. Uma parcela presumivelmente maior, embora não determinada, da diferença entre os fluxos de renda contábeis e os reais deviam-se aos pagamentos feitos aos senhores de terras que residiam nas cidades.

Manoilescu II: colonialismo interno   233

18. M. Manoilescu, "Criterii", 1926, pp. 13, 16-17.

19. M. Manoilescu, *Rostul*, 1942, p. 89.

20. M. Manoilescu, *Încercari*, 1938, pp. 119-21.

21. M. Manoilescu, "Sozialökonomische Struktur", 1944, p. 11.

22. M. Manoilescu, "Curs", 1933, p. 359; *Fortele*, p. 44.

23. P. ex., Gonzalez Casanova, 1966, e Hechter, 1975. De fato, a estratificação e a exploração baseadas na etnia faziam parte da definição do colonialismo interno, no trabalho desses dois autores.

24. M. Manoilescu, "Politica", 1940, pp. 229-30. Por razões políticas momentâneas, talvez, os judeus foram a única minoria que, nessa passagem, ele menciona nominalmente.

25. Nicholas Burekow afirma que a teoria de Manoilescu pode ser vista como tendo duas etapas: industrialização de substituição de importações e exportação de manufaturas, "fazendo com que bens de produtividades de mão-de-obra cada vez mais elevadas aumentassem sua participação nas exportações. Bukerow não fornece uma citação para essa interpretação, mas, em sua opinião, o regime comunista na Romênia, inspirado por Manoilescu, tentou seguir essa política, passando da primeira à segunda por volta de 1965. O leitor dos anos 1990 pode avaliar o sucesso dessa tentativa. Burekow, 1980, pp. 49 (citação), 183, 202, 207.

26. Em *Siècle*, 1934, p. 368, Manoilescu recomenda a política de exportação de manufaturados, mas não fica claro que ele dirija essa recomendação apenas aos países agrários tentando se industrializar; ver abaixo.

27. Em uma contradição implícita; ver abaixo.

28. P. ex. na *Revue Economique Internationale* (de Léon Hennebicq), *American Economic Review* (de Leo Pasvolsky), e em um veículo de *haute vulgarisation*, o *Times Literary Supplement* (anôn.).

29. Talvez fosse Manoilescu quem Oskar Morgenstern, posteriormente conhecido como o pai da teoria do jogo, tinha em mente quando escreveu: "Nos círculos esotéricos da 'teoria pura', a divisão entre a ciência real e a economia amadora é bem clara: os acessos ocasionais de forasteiros, especialmente de pessoas com formação em Matemática e Engenharia, que pro-

234 Romênia

põem idéias monstruosas, não alteram de modo algum esse fato". *Limits*, 1937, p. 122.

30. Com Eli Hecksher, Ohlin demonstrou como a vantagem comparativa deriva de diferenças de dotação de fatores entre os países, e como um país poderia tirar partido da exportação de bens cuja produção faz uso intensivo de seu fator mais abundante.

31. Ohlin, 1931, pp. 34-35.

32. Ibid., p. 35.

33. Ibid., p. 36.

34. Ibid., p. 36. Na edição romena subseqüente (*Fortele*, p. 287), Manoilescu respondeu a Ohlin dizendo que determinadas indústrias jamais seriam criadas em países agrícolas sem incentivos de preços artificiais; essa defesa não passa do argumento de List, da indústria incipiente, embora, em outros trechos, Manoilescu defenda novas indústrias de alta produtividade, desde seu primeiro dia de operação (ver Capítulo 5). Além do mais, Manoilescu fez uma leitura equivocada de Ohlin, concluindo que este aprovava as tarifas até o ponto em que elas mantivessem os salários altos, obtidos através das atividades dos sindicatos e de outros grupos não-competitivos (p. 293).

35. Viner, Resenha de M. Manoilescu, *Theory*, (1932), pp. 121-25 (citação na p. 125). Manoilescu respondeu a Viner na edição romena de seu trabalho (pp. 252-54), mas não tratou da questão do monopólio sindical como razão de os salários, preços e produtividade (na definição de Manoilescu) poderem ser mais altos nas indústrias para as quais Manoilescu encontrou dados empíricos internacionais mais elevados, como apoio a sua teoria.

36. Ver Baumol e Seiler, 1979, pp. 784-85.

37. Viner, *Studies*, 1937, pp. 490, 492. Georgescu-Roegen, o principal economista romeno após 1945 e figura importante no cenário profissional americano, escreveu: "Viner continuou atacando a tese de Manoilescu... Mesmo assim, até Viner... por fim fraquejou, ao tentar justificar a doutrina clássica por meio da diferença em desutilidades ocupacionais". Georgescu-Roegen, "Manoilescu, Mihail", 1987, p. 300.

38. Sobre os debates Tasca-Manoilescu, ver Paiusan e Busa, 1990.

39. Tasca, 1937, pp. 40-41. A exploração dos camponeses romenos pelas minorias étnicas urbanas era um processo que Ma-

Manoilescu II: colonialismo interno   235

noilescu condenava. Manoilescu afirmava que seu programa iria beneficiar a agricultura romena — afirmação que estava correta a longo prazo, se os trabalhadores procurassem emprego na indústria, e os preços relativos e os salários na agricultura subissem. M. Manoilescu, "Doctrinele", 1937, p. 56. Dados de longo prazo sobre os termos de troca, disponíveis a nível internacional em fins da década de 1980, entretanto, pareciam indicar que o processo previsto não vinha ocorrendo. Ver Capítulo 8.

40. Resenha de Kalecki sobre M. Manoilescu, Nationale Produktivekräfte, 1938, pp. 708-11. Kalecki escreveu que, devido ao "desemprego, manifesto ou disfarçado" nos países agrícolas, a oferta de novas poupanças não é fixa, sendo "igual ao investimento efetuado", e as novas indústrias poderiam criar oportunidades de investimento e emprego (p. 711).

41. Ver a referência a Sombart, sugerindo sua aprovação da doutrina de Manoilescu em Fortele, p. 44.

42. Brinkman, 1938, esp. pp. 276-79. Viner havia feito críticas similares. Na verdade, Manoilescu empregou de forma inconsistente tanto a teoria do valor do trabalho (clássica) quanto a teoria marginalista dos preços (neoclássica), baseada na utilidade e na disponibilidade das mercadorias (e, inversamente, em sua escassez). Ele aceitava o conceito neoclássico de equilíbrio econômico baseado numa explicação marginalista dos preços. Manoilescu distinguia valores "internos" de "externos": os primeiros derivavam da criação das mercadorias, eram responsáveis pelos custos de produção e explicados pela teoria do valor do trabalho, modificada por sua estratificação "qualitativa" dos insumos de mão-de-obra, com base no capital por trabalhador. O "valor externo" derivava da utilidade, sendo expresso em uma relação quantitativa entre as utilidades das duas mercadorias; essa explicação era, portanto, marginalista. Fortele, p. 73; "Curs", 1940, pp. 22-25. Ver também Suta-Selejan e Suta, 1972, pp. 35-36.

43. Frölich, 1938.

44. Wagemann, Neue Balkan, 1939, pp. 65-70.

45. Ibid., pp. 104, 120-22, 135.

46. Ver o resumo da crítica de Wagemann a Manoilescu e uma avaliação negativa da tese do próprio Wagemann em Roberts, 1969, pp. 217-18.

236 Romênia

47. Manoilescu referiu-se aos membros das profissões liberais e aos funcionários públicos como sendo "pequenos-burgueses", em *Rostul*, 1942, p. 110.

48. M Manoilescu, *Fortele*, p. 347.

49. M. Manoilescu, *Théorie*, 1929, p. 103.

50. M. Manoilescu, *Fortele*, p. 350.

51. Hagen, 1958, pp. 498-503, 511 (citação), 513. Hagen demonstra também que uma política de subsídios, em tese, aumenta a renda real mais do que uma política de proteção, e o *optimum optimorum* é uma combinação do livre comércio com os subsídios (p. 498).

52. Ibid., pp. 496-97.

53. Findlay, 1980, p. 70.

54. Ver sua defesa do *Grossraumwirtschaft*, com concessões à idéia de alguma industrialização na Romênia, em *Ideia*, 1938; "Solidaritatea", 1939 e "Economia", 1942. Aparentemente imperturbado por sua incoerência, Manoilescu continuou a defender a industrialização para os países atrasados em "Mehr Industrie", 1938; "În ce consta", 1940, "Triangle", 1940, "Sozialökonomische Struktur", 1944 e "Probleme", 1945. Um outro economista balcânico, Otto Franges, da Iugoslávia, era também incoerente ao apoiar uma política de industrialização para seu país, e, ao mesmo tempo, apoiar também um papel agrícola para este dentro do Grande Espaço Econômico Alemão. Já em 1933, Franges deu apoio a este último, usando a "ameaça" da industrialização iugoslava caso seu país não conseguisse vender seus produtos agrícolas na Alemanha; em 1938, apoiou a industrialização para o Sudeste europeu, e, em 1941 (quando a Iugoslávia estava sob ocupação alemã), ele, mais uma vez, apoiou o *Grossraumwirtschaft*, deixando algum espaço para a industrialização local, enquanto alegava que os Estados do Danúbio (Hungria, Romênia, Iugoslávia e Bulgária) poderiam atender a todas as necessidades agrícolas da Alemanha e de suas dependências. Ver "Wirtschaftlichen Beziehungen", 1933, pp. 133, 142-43; "Industrialisation", 1938, pp. 68, 76; "Treibenden Kräfte", 1938, pp. 327, 338-39; e "Donaustaaten", 1941, pp. 285, 287, 311-12, 315.

55. M. Manoilescu, "Solidaritatea", 1939, pp. 8-9. Na verdade, as autoridades comerciais da Alemanha usaram o marco hiper-

Manoilescu II: colonialismo interno 237

valorizado para pagar aos exportadores preços, em alguns casos, "muito acima do nível internacional", como parte da estratégia de trazer para a esfera econômica alemã os países do Sudeste europeu. Mas essas compras eram, muitas vezes, feitas na forma de créditos e não de mercadorias, sendo que essas últimas nem sempre eram entregues em sua totalidade. O resultado final foi uma nítida forma de trocas desiguais. Berend e Ranki, *Economic Development*, 1974, pp. 276-78.

56. M. Manoilescu, "Memorii", p. 601.

57. J. Castro, 1960, p. 79.

58. Um outro teórico social importante, entre Saint-Simon e Bourgeois, foi Auguste Comte, que, como seu mentor e empregador Henri Saint-Simon, visualizava uma sociedade industrial de conflitos de classe. Comte defendeu para o Estado um papel paternalista face à classe trabalhadora, fazendo da família, e não do indivíduo, a fundação da sociedade. Seu programa de modernização sem mobilização social atraiu os conservadores progressistas da América Latina durante os últimos anos do século passado, e pode ter fornecido a base para a aceitação do corporativismo após a Primeira Guerra Mundial.

59. Mladenatz, 1942, p. 16; Perroux, *Capitalisme*, 1938, p. 298 ("a terceira solução").

60. Observem que o título é o mesmo de um ensaio publicado em 1928 por Stefan Zeletin, o marxista pró-*establishment* tratado no Capítulo 3. Hoje em dia, o termo pode ser desconcertante, uma vez que, em fins do século XX, "neoliberalismo" geralmente tem a conotação de uma ideologia favorável a uma economia centrada no mercado.

61. M. Manoilescu, *Neoliberalismul*, 1932, pp. 7, 8, 13, 14, 19.

62. M. Manoilescu, "Anticipare", 1932, pp. 1-9; "Memorii", p. 508.

63. Ver o programa detalhado da Liga Nacional Corporativista, de Manoilescu, na Internacional Reference Library, 1936, pp. 208-23.

64. M. Manoilescu, *Le Siècle du Corporatisme: Doctrine du Corporatism iNtégral e Pur.*

65. Ibid., pp. 7, 12.

66. Ibid., p. 16.

238 Romênia

67. Ibid., p. 17 (citação); "Doctrinele", 1937, p. 31. Para Manoilescu, a ditadura do rei Carol, que após 1938, assumiu uma parafernália corporativista, não se qualificava pelas mesmas razões. Nechita, "Doctrina", 1971, p. 216 (citando Manoilescu). *Conferir com a crítica de Othmar Spann à Constituição corporativista da Áustria, de 1934, por esta não ser embasada em "estamentos corporativos". Lebovics, 1969, p. 17.*

68. *Siècle*, pp. 27-33. Quatro anos após a Segunda Guerra Mundial, W. Arthur Lewis adotou uma visão radicalmente diferente quanto à razão para o declínio do comércio internacional de bens manufaturados entre as duas guerras. Esse declínio devia-se "não, como se supõe, à industrialização dos novos países, mas à desaceleração da demanda para as *commodities* primárias [porque sua produção superava a demanda] e aos movimentos resultantes, em termos de troca. O comércio mundial de manufaturas teria sido maior... se tivesse havido mais industrialização e um crescimento menos rápido da produção primária". Lewis, *Economic Survey*, 1949, p. 197.

69. M. Manoilescu, *Siècle*, pp. 45, 56. Ele omitiu o fato inconveniente, citado em sucessivas versões da *Théorie*, de que os países industrializados eram os melhores fregueses uns dos outros. Exportar bens agrícolas de baixa produtividade era agora "anticorporativista". *Siècle*, p. 368.

70. Ibid., pp. 30, 35.

71. Ibid., p. 40.

72. Ibid., pp. 45-46. "Organização" supostamente significava, ou pelo menos incluía, a capacidade empresarial, um fator de produção, juntamente com a terra, a mão-de-obra e o capital. No mesmo ano (1934) em que Berle e Means colocaram essa idéia com um grau muito maior de elaboração (*The Modern Corporation and Private Property*), Manoilescu escreveu que, nos grandes empreendimentos, o administrador desempenhava um papel mais importante que o proprietário. *Siècle*, p. 56.
Sua ênfase na organização do processo de produção é irônica, por conflitar, de forma implícita, com seu interesse exclusivo pela mão-de-obra, ao definir a produtividade, ao menos para fins comparativos. Firmin Oulès criticou Manoilescu, de forma explícita, por deixar de lado a "organização" (capacidade empresarial) e o capital ao definir a produtividade. Ver Oulès, 1936, p. 478.

Manoilescu II: colonialismo interno 239

73. *Siècle*, pp. 68, 311, 367, 373. Mas a "racionalização", significando principalmente a formação de combinações monopolistas, ainda desempenhava um papel importante na "organização" (p. 296), fato que parece conflitar com a ênfase na contenção dos lucros. Em 1930, Manoilescu havia defendido a organização de cartéis como forma de racionalização dos empreendimentos, em parte, dizia ele, devido a que um cartel poderia alcançar uma divisão do trabalho mais eficiente, entre as empresas participantes. "Cartelurile si rationalizarea", 1930, pp. 46-48.

74. Siècle, p. 368. Manoilescu afirmou, quatro anos depois, que não se tratava de uma questão de economia "" *versus* economia planejada. A economia romena já era dirigida por cartéis de industriais, "que exploravam as massas consumidoras". Ele preferia uma economia dirigida pelo Estado visando ao interesse geral. M. Manoilescu, *Ideia*, 1938, p. 11.

75. Manoilescu não tratou desses assuntos em um artigo onde poder-se-ia esperar que o fizesse — o último publicado por ele em vida —, "Autour de la Définition", 1946-47.

76. Lebovics, pp. 122, 125.

77. P. ex., Perroux, "Capitalismo e Corporativismo: Socialização", 1939. Ver também Chamberlin e J. Robinson, *Economics*, ambos publicados em 1933.

78. *Siècle*, pp. 100, 107.

79. Ibid., pp. 137-39.

80. *Le Parti Unique*, 1936, publicado em sumário em "Partidul Unic", 1936. Curiosamente, o autor asseverou que a transformação de Weimar na Alemanha nazista mostrava que o regime de partido único poderia ser criado com um mínimo de violação das normas legais. Na Romênia, esse partido poderia ser instituído graças a uma reforma constitucional, escreveu ele. Ver "Partidul Unic", esp. pp. 319, 322. Manoilescu poderia estar instando junto ao rei Carol para instaurar uma ditadura de partido único, a qual, de fato, veio dois anos depois, mas sem a ajuda de Manoilescu e sem um partido de fato. Em última análise, sua defesa do partido único transformou-se em uma apologia manifesta das potências do Eixo: "No fascismo e no nazismo, o nacionalismo, pela primeira vez na história, surgiu do liberalismo e do espírito burguês". M. Manoilescu, "Europäische Nationalismus", 1943, p. 20.

240 *Romênia*

81. Tasca, 1937, pp. 6-14, 34-37.
82. M. Manoilescu, "Doctrinele", 1937, p. 27. Nesse artigo e em "Lupta", 1938, duas respostas a Tasca, Manoilescu repetiu muitos de seus argumentos, citando seus defensores, Mussolini inclusive ("Doctrinele", p. 68), sem, no entanto, dizer nada de novo.
83. Ver "Memorii", pp. 42-43, e, como exemplo, "Pâna Când nu vom Avea o Elita", 1939.
84. Para Schmitter, em 1936 Manoilescu havia adotado "delírios fascistóides e germanófilos", mas não há menção a oportunismo. Schmitter, "Reflections", 1978, pp. 130-31.

Parte II
TRÂNSITO

7
O contexto internacional

O trânsito, da Europa centro-oriental para a América Latina, das teorias sobre trocas desiguais, dependência, desemprego disfarçado e outras questões do subdesenvolvimento não foi de modo algum fácil. As fontes da análise estruturalista, que visava explicar o subdesenvolvimento latino-americano, foram muitas, e essa complexa história inclui Manoilescu e outros corporativistas; economistas keynesianos originários da Europa centro-oriental; teóricos do comércio internacional que trabalhavam dentro da tradição neoclássica, bem como um ambiente internacional em processo de rápida transformação, como foi demonstrado pelos economistas neoclássicos da Liga das Nações, que lidavam com problemas mais práticos. Começaremos por três economistas corporativistas, Manoilescu, Werner Sombart e François Perroux. A tese de Manoilescu sobre o comércio internacional guarda fortes semelhanças com a tese estruturalista original de Raúl Prebisch, associada com a Comissão das Nações Unidas para a América Latina, a qual data do período do pósguerra imediato. A análise de Prebisch lançou as fundações sobre as quais Celso Furtado, também ligado à CEPAL, viria a trabalhar, dando início à tradição estruturalista brasileira. A ligação entre as idéias de Manoilescu e as de Raúl

244 *Trânsito*

Prebisch (e, conseqüentemente, as de Hans Singer) foi inferida por Jacob Viner, consagrado teórico do comércio internacional; por Juan Noyola Vázquez, economista mexicano que foi o pioneiro da tese estruturalista sobre a inflação; por Costin Murgescu, uma das principais figuras da economia da Romênia do pós-guerra; por Ivanciu Nicolae-Valeanu, historiador do pensamento econômico daquele país, e por Philippe Schmitter, estudioso importante do corporativismo europeu e latino-americano.[1]

Dado o intercâmbio intelectual entre a escola estruturalista latino-americana como um todo e seus integrantes brasileiros, a partir de fins da década de 1940, vem ao caso examinar a publicação das obras de Manoilescu nos países de línguas espanhola e portuguesa, e não apenas no Brasil, devido não só ao impacto direto das idéias de Manoilescu nesse país, como também ao possível *feedback* recebido pelos economistas brasileiros. Por essa razão, farei um rápido exame da divulgação das idéias de Manoilescu no mundo ibérico e ibero-americano. A publicação das obras de Manoilescu em espanhol e português, bem como as citações de seus trabalhos, são indicadores de sua projeção no mundo hispânico que, direta ou indiretamente, através do estruturalismo latino-americano, pode ter afetado o pensamento econômico brasileiro.

Os dois principais trabalhos do romeno, *A Teoria do Protecionismo* e *O Século do Corporativismo* (ambos redigidos em francês) foram publicados em português e em espanhol. O seu *O Partido Único* foi também publicado neste último idioma.[2] Manoilescu, além do mais, orgulhava-se de sua reputação como economista na América do Sul.[3] Desse modo, tentarei dar uma resposta à pergunta: até que ponto e de que maneiras Manoilescu preparou o caminho para as proposições de Raúl Prebisch e da escola estruturalista latino-americana, surgidas no período do pós-guerra? Segundo Prebisch, em nível internacional, as trocas desiguais resultavam de produtividades diferenciadas e de diferentes padrões de demanda entre um Centro

O contexto internacional 245

industrial e uma Periferia agrícola do sistema mundial de comércio, somados aos diferentes arranjos institucionais nos mercados de capital e de mão-de-obra. A industrialização representaria uma saída para a posição cada vez mais retardatária da Periferia. Começarei a avaliação da influência de Manoilescu sobre Prebisch examinando a divulgação das idéias do romeno. A julgar pelas edições traduzidas e pelas citações, o autor romeno teve maior impacto em quatro países do mundo ibérico: Espanha, Portugal, Chile e Brasil. Examinarei os três primeiros casos, deixando o Brasil para ser tratado posteriormente, tentando também explicar a pouca popularidade de Manoilescu na Argentina, onde Prebisch, nas décadas de 1930 e 40, vinha desenvolvendo suas idéias.

Apesar de freqüentemente convidado pela Associação dos Industriais de São Paulo a visitar o Brasil,[4] Manoilescu não chegou a empreender essa viagem, embora tenha visitado a Península Ibérica. Em 1936, seis meses antes da deflagração da Guerra Civil Espanhola, o romeno proferiu palestras tanto na Espanha quanto em Portugal. Neste último país, o interesse pelo trabalho de Manoilescu centrava-se em *O Século do Corporativismo*, mais do que em seus argumentos a favor do protecionismo. O ditador português, Antônio Salazar, havia subido ao poder em 1927, em meio a uma crise política e econômica, mas apenas em 1933 estabeleceu formalmente um regime corporativista. Manoilescu encontrou-se com Salazar e com o futuro sucessor deste, Marcelo Caetano, e seus elogios à ditadura corporativista foram relembrados meio século mais tarde por um dos maiores romancistas de Portugal, José Saramago.[5] Segundo o romeno, Salazar havia lido o *Século* e, no encontro que tiveram, discutiu seu conteúdo.[6] Caetano, então professor de Direito, demonstrou seu conhecimento e sua aprovação à obra no tratado *O Sistema Corporativo*.[7] Nenhum dos principais trabalhos de Manoilescu foi publicado em Portugal, talvez porque as pessoas que realmente contavam podiam ler *O Século do Corporativis-*

246 Trânsito

mo no original francês,[8] e porque tanto *O Século* quanto *A Teoria do Protecionismo* encontraram editores no Brasil da década de 1930. Ao que parece, Caetano não tinha objeções à breve análise econômica contida em *O Século do Corporativismo*.[9] No entanto, as teses do economista romeno sobre comércio internacional e industrialização tiveram pouca ressonância no Portugal oficial da década de 1930, em parte, pode-se supor, devido à predominância ideológica dos interesses agrários, representados pelas idéias "neofisiocráticas" de Quirino de Jesus e Ezequiel de Campos.[10] Em Portugal, o apoio oficial à industrialização fundava-se em critérios de engenharia e não em uma análise econômica formal (tratando de otimização, custos de oportunidade e questões desse tipo), até os últimos tempos do regime salazarista.[11] Além do mais, é bem possível que o antiimperialismo de Manoilescu, embora centrado na Grã-Bretanha e na França, tenha tornado menos atraente sua mensagem econômica nos meios oficiais de Portugal, onde, durante os anos 1930, a metrópole estava altamente comprometida com a defesa e a expansão do comércio em seu império colonial.[12]

Na Espanha, ao contrário do que se deu em Portugal, os escritos econômicos do romeno tiveram um impacto maior do que seus trabalhos sobre o corporativismo, embora esses últimos já houvessem se tornado influentes em meados da década de 1930, graças a um tratado publicado por um ex-ministro do Trabalho espanhol.[13] A argumentação de Manoilescu em defesa da industrialização induzida pelo Estado conquistou o interesse de economistas que tendiam a ver a Espanha, assim como a Romênia, como um país agrícola atrasado. O primeiro artigo examinando a tese de Manoilescu sobre comércio internacional e industrialização foi publicado em 1936, logo após sua visita à Espanha e a Portugal e, na década de 1940, suas idéias econômicas foram objeto de discussões mais freqüentes. Àquela época, na Espanha, a industrialização como solu-

O contexto internacional 247

ção para o atraso já havia começado a receber maior atenção. No novo regime autoritário, a popularidade de Manoilescu como economista pode ter sido também incentivada pelo fato de que, durante a guerra civil, o romeno prestou um entusiástico apoio à causa do general Francisco, autorizando a publicação de seu *O Partido Único* na Espanha, território em poder dos nacionalistas.[14]

O contraste entre as recepções dadas, na Espanha e em Portugal, às idéias econômicas do romeno, certamente deveu-se, em parte, às diferentes circunstâncias políticas, tanto internas quanto externas, nas quais as duas nações peninsulares encontravam-se durante as décadas de 1930 e 1940. Portugal, devido à sua neutralidade pró-Aliados na Segunda Guerra Mundial, não chegou a enfrentar as restrições comerciais que afetaram a Espanha após o começo da derrocada do Eixo. A neutralidade pró-Eixo da Espanha, durante a guerra, resultou no crescente isolamento político e econômico daquele país, a partir de 1943. Conseqüentemente, nos anos 1940, economistas espanhóis altamente posicionados no regime usaram *A Teoria do Protecionismo* como um argumento a favor da industrialização, da auto-suficiência e — face à hostilidade dos Aliados vitoriosos — até mesmo da autarquia, *faute de mieux*.[15]

Na Espanha, os ataques de Manoilescu à teoria das vantagens comparativas foram discutidos pela primeira vez em uma revista de economia de maior importância no país, de autoria de Luis Olariaga, catedrático da Universidade de Madri, logo em seguida às palestras proferidas pelo romeno na capital espanhola, em março de 1936. Olariaga discutiu as teses de Manoilescu, bem como as objeções apresentadas a elas por Ohlin, Viner e pelo economista francês Firmin Oulès. Embora aceitando essas críticas, a ponto de considerar a análise de Manoilescu excessivamente simplificada, Olariaga acreditava que, "no fundo, há sem dúvida uma intuição correta [na tese de Manoilescu] e o

248 Trânsito

problema colocado por ele corresponde, dentro de certos limites, a uma situação real".[16] Entre 1940 e 1945, os pontos de vista de Manoilescu foram tratados por pelo menos quatro economistas espanhóis — Pedro Gual Villalbí, José Ros Jimeno, Higinio París Erguilaz e Manuel Fuentes Irurozqui — contrastando com a relativa falta de interesse, em Portugal, por seus estudos econômicos.[17] Como se isso não bastasse, após ser publicada em espanhol, em fascículos, *A Teoria do Protecionismo* foi lançada em formato de livro pelo Ministério da Indústria e Comércio, com uma introdução de Fuentes Irurozqui, o inspetor-geral das políticas de comércio e tarifas.[18]

Durante a Segunda Guerra Mundial, as idéias de Manoilescu sobre a industrialização foram usadas para embasar as posições autárquicas, em razão da falta de divisas naquele país, ao fim da guerra civil; da escassez de insumos e investimentos estrangeiros quando irrompeu o conflito europeu, seis meses depois; e do crescente isolamento do governo espanhol, transformado em um regime pária quando o Eixo começou a perder a guerra. Em sua *Teoria*, o trabalho sobre essa questão mais citado pelos espanhóis, Manoilescu, contudo, não defendia a autarquia, apesar de tê-lo feito, de forma breve, em um estudo publicado em romeno, logo após o colapso da Conferência Monetária Mundial, em 1933.[19] Na opinião do principal estudioso da autarquia espanhola, essa obra de Manoilescu, juntamente com o trabalho de um engenheiro espanhol, Antonio Robert, marcam a transição entre a autarquia e a industrialização pela industrialização.[20]

Juan Antonio Suanzes, organizador e primeiro diretor da empresa de desenvolvimento industrial da Espanha, o Instituto Nacional de Industria (INI), aceitava a tese de Manoilescu de que a produtividade da indústria era muito maior que a da agricultura, e mostrava-se um entusiasta da industrialização *à outrance* de Manoilescu.[21] Entretanto, embora o INI tenha sido fundado em 1941,[22] a autar-

O contexto internacional 249

quia como desiderato, durante os anos da guerra, foi também manipulada pelos interesses agrários. Nos primeiros anos da década de 1940, a industrialização como objetivo político prioritário do regime espanhol permaneceu uma idéia bizarra. Na Espanha daquela época existia ainda um "fatalismo agrário";[23] portanto, as diferenças entre as políticas espanholas e portuguesas eram uma questão apenas de grau. Do mesmo modo que em Portugal, havia uma tendência a que engenheiros, como Suanzes e Robert, e não economistas, ditassem a política industrial espanhola, os quais não levavam em conta os custos de oportunidade, ou seja, a alocação de recursos escassos, norteando-se por um *optimum* de engenharia e não por um *optimum* econômico.[24] Conseqüentemente, tanto na Espanha como em Portugal, o *productivismo* e o *ingenierismo* — atitudes, mais que teorias — prevaleceram durante os primeiros anos da era Franco.[25] Como a autarquia, enquanto política econômica, não possuía uma base lógica defensável no mundo do pós-guerra — acarretando perdas de oportunidades de exportação, de difusão de tecnologia e de escolha das proporções corretas de capital e de mão-de-obra — sua defesa baseava-se, em grande medida, nos valores culturais do nacionalismo e da nacionalidade, durante todo o longo período de isolamento político e econômico por que passou a Espanha.[26] Entretanto, durante os anos de 1945 a 1948, a "industrialização" veio a substituir a "autarquia" como lema do regime.[27]

Por uma série de razões, que tinham a ver com as perdas ocasionadas pela guerra civil e com a exaustão do pós-guerra, como também com a drástica redução do comércio externo, a Espanha da década de 1940 tendia a se caracterizar por estagnação econômica. Um crescimento significativo da indústria manufatureira aconteceu apenas na década de 1950, quando as políticas governamentais penderam, de forma decisiva, em direção à indústria, sendo apenas nessa última década que a produ-

250 *Trânsito*

ção industrial ultrapassou a da agricultura.[28] O apoio dado pelo governo aos setores industriais mais dinâmicos, a partir da década de 1940, foi uma política que Manoilescu teria aprovado. Entretanto, esses eram exatamente os setores que mais dependiam de fontes externas, o que restringia seu crescimento quando havia escassez de divisas.[29]

Na América Latina, as idéias de Manoilescu receberam atenção favorável no Chile, que juntamente com a Argentina e o Brasil, nas décadas de 1930 e 40, era um dos três países mais industrializados da região. Àquela época, os estadistas, industriais e escritores políticos chilenos estavam discutindo as idéias européias sobre corporativismo e "racionalização" econômica (cartelização, principalmente), como uma forma de contramonopólio antagônico aos países industrializados. Alguns deles afirmavam que a industrialização era uma condição necessária para a independência econômica e para padrões de vida mais elevados.[30] Havia também uma outra razão para acreditar que as teses do romeno seriam bem recebidas no Chile: Friedrich List fora mais celebrado lá do que em qualquer outro país latino-americano. List, o autor do argumento da "indústria incipiente", afirmava que, sob determinadas condições, uma indústria local poderia se tornar tão eficiente quanto suas concorrentes estrangeiras, dado o fator tempo que permitiria a redução dos custos unitários de produção, graças a economias de escala e das economias externas à empresa. List encontrou seu paladino chileno em Malaquías Concha que, entre a década de 1880 e a Primeira Guerra Mundial, viria a popularizar as idéias do economista alemão.[31] Embora List fosse conhecido em outros países da América Latina, inclusive Argentina e Brasil, é provável que ele tenha sido mais bem recebido no Chile, onde, segundo as pesquisas de um economista, a industrialização, como processo contínuo, pode ter começado mais cedo que em qualquer outro país latino-americano.[32]

É provável que tenha sido pela comparação com as idéias de List que as teorias de Manoilescu sobre o co-

O contexto internacional 251

mércio internacional chegaram ao conhecimento dos economistas chilenos, logo após a Segunda Guerra Mundial, embora seja notável que *O Século do Corporativismo* já houvesse encontrado um editor chileno em 1941.[33] Em 1945, Edgar Mahn Hecker publicou um artigo na *Economía*, a revista econômica da Universidade do Chile, intitulado "Sobre os Argumentos Protecionistas de List e Manoilescu".[34] Acompanhando o raciocínio do próprio Manoilescu, e centrando-se nos ganhos de produtividade alcançados com a transferência de mão-de-obra da agricultura para a indústria, no âmbito de uma economia nacional, o autor acompanhou as interpretações dadas pelo romeno às diferenças existentes entre ele próprio e List.Enquanto List defendia os ganhos a longo prazo (contra as perdas a curto prazo) alcançáveis por meio da industrialização, Manoilescu afirmava que as vantagens para a economia nacional seriam imediatas, contanto que o novo empreendimento industrial tivesse uma produtividade de mão-de-obra maior que a da média nacional para as atividades econômicas.[35]

Dois anos mais tarde, Mahn publicou, na revista *Economía*, uma tradução de *A Produtividade da Mão-de-Obra e o Comércio Externo*, de Manoilescu, que consistia numa apresentação sucinta das principais teses do romeno, trabalho esse originalmente publicado no *Weltwirtschaftliches Archiv*, em 1935.[36] Nele, Manoilescu resumia os argumentos de sua *Teoria*, demonstrando, em termos empíricos, que a produtividade da mão-de-obra era muito maior na indústria que na agricultura tradicional, e afirmando que a especialização dos países pobres em agricultura, no comércio internacional, resultava numa situação de trocas desiguais, sendo portanto justificável o protecionismo industrial. Vale notar que pode ter sido por causa desse artigo que o trabalho de Manoilescu chegou ao conhecimento dos futuros dirigentes da CEPAL, pois um dos principais economistas daquela organização, Aníbal Pinto, veio a se tornar editor da *Economía* , alguns anos mais tarde. Em retrospectiva, entretanto, Pinto, que estava estudando em Lon-

252   Trânsito

dres quando o artigo de Manoilescu foi publicado, dá menos importância a Manoilescu que a outros economistas.[37]

Um outro meio graças ao qual Manoilescu pode ter chegado até o público latino-americano são as publicações e o ensino de Ernst Wagemann. O economista alemão, que havia discutido as idéias do romeno em *Os Novos Balcãs* (1939),[38] nasceu no Chile, onde fez seus primeiros estudos, antes de ir estudar na Alemanha. Em 1925, tornou-se diretor do Institut für Konjunkturforschung, em Berlim e, durante toda a Segunda Guerra Mundial, permaneceu como um dos mais importantes economistas alemães. Wagemann conhecia Manoilescu pessoalmente e, embora com algumas reservas, havia arriscado uma avaliação positiva da teoria do comércio internacional do romeno, pelo menos *in abstracto*. Ele assim o afirmou, não apenas em *Os Novos Balcãs* (1939), mas também em *População e o Destino das Nações* (1948).[39] Após a derrota da Alemanha e o colapso do *Grossraumwirtschaft*, que tanto Wagemann como Manoilescu haviam apoiado,[40] o economista alemão retornou ao país onde havia nascido. Chegou a Santiago em 1949, para dirigir o Instituto de Economía da Universidade Nacional e para trabalhar como editor de sua revista *Economía*. No mesmo ano, foi publicada no Chile uma tradução de seu trabalho *População*. Entretanto, qualquer que tenha sido o papel de Wagemann na propagação das idéias de Manoilescu, é altamente improvável que as atividades do primeiro tenham exercido influência direta sobre Raúl Prebisch. Embora seja verdade que o economista argentino publicou sua tese sobre comércio internacional e industrialização em Santiago, no ano em que Wagemann retornou ao Chile, ele havia desenvolvido todas as suas idéias principais em 1948, o ano anterior.

Do outro lado dos Andes, na Argentina, onde Raúl Prebisch dirigiu o Banco Central de 1935 a 1943, as teorias de Manoilescu eram desconhecidas dos industriais, nas décadas de 1930 e 1940, a julgar pela ausência de menção a seu nome e a suas idéias na revista da organi-

O contexto internacional 253

zação nacional dos fabricantes, a Unión Industrial Argentina.[41] A revista literária pró-clerical *Criterio*, nos primeiros anos da década de 1940, apoiava o corporativismo, mas não tratou separadamente do modelo político de Manoilescu nem discutiu suas idéias econômicas.[42] Vale também notar que, na Facultad de Economía da Universidade de Buenos Aires, apenas duas teses tratando de corporativismo foram apresentadas entre 1930 e 1950, e nenhuma delas mencionava as obras políticas ou econômicas do teórico romeno.[43]

Entretanto, Manoilescu era conhecido dos economistas argentinos. A Universidade de Buenos Aires publicava a melhor revista econômica da América do Sul, a Revista de Ciencias Económicas, e o decano dos economistas argentinos, Luis Roque Gondra, havia citado Manoilescu naquela revista, em 1937, em termos nada positivos. Uma abordagem um pouco mais extensa do protecionismo, de autoria de Mario Pugliese, publicada dois anos depois, naquela mesma revista, era apenas ligeiramente menos condescendente.[44] É provável que em nenhum outro país da América Latina a crença na benignidade da divisão internacional do trabalho fosse mais forte que na Argentina, pelo menos até fins da década de 1930, uma vez que a economia argentina, impulsionada pelas exportações, havia crescido de forma impressionante no meio século anterior à Grande Depressão.

Há ainda uma outra hipótese sobre a possível influência de Manoilescu sobre Prebisch — a atividade profissional de Florin Manoliu, que havia sido assistente de Manoilescu quando este último ocupou a cátedra de Economia na Escola Politécnica de Bucareste, nos anos 1930, e que publicou uma "bibliografia" sobre Manoilescu e seus trabalhos.[45] De dezembro de 1940 até junho de 1947, Manoliu trabalhou como consultor econômico para o Ministério das Relações Exteriores, em Bucareste e em outros locais da Europa. Ao que parece, emigrou para a Argentina em fins da década de 1940, tornando-se cidadão argentino

254 *Trânsito*

em 1951. De 1958 até sua morte em 1971, Manoliu foi professor de Economia na Universidad del Sur, em Bahía Blanca, Argentina. Em alguns de seus trabalhos publicados na década de 1960, citou Manoilescu sobre questões de comércio internacional e industrialização, tentando divulgar as idéias de seu mentor. Antes de 1958, entretanto, Manoliu não ocupava cargos acadêmicos na Argentina, e tampouco, pelo que consta de seu *curriculum vitae* em Bahía Blanca, publicou trabalhos em espanhol antes de 1959. É, portanto, impossível provar, sendo aliás muito pouco verossímil, que Manoliu tenha influenciado Prebisch que, em 1948-49, já havia construído suas proposições básicas.[46]

Além de Manoilescu, outro autor que se tornara corporativista em seus últimos anos e que constitui um outro elo entre a Romênia e a América Latina, e também entre a Escola Histórica Alemã e o dualismo como tópico do desenvolvimento, é Werner Sombart. Antes de Fernand Braudel, ninguém, além de Sombart, foi, em seu próprio tempo, tão freqüentemente tido como a maior autoridade em história do capitalismo. Na verdade, foi ele quem fez da palavra "capitalismo" um termo indispensável no discurso econômico moderno47 — Marx não conhecia o termo e Alfred Marshall, Gustav Cassel e Charles Gide não o usaram em seus célebres textos. Além disso, a periodização histórica de autoria de Sombart, dividindo o capitalismo nas etapas "inicial", "alta" e "tardia" (correspondendo, *grosso modo*, a 1500-1750, 1750-1914 e pós-1914) foi amplamente aceita pelo pensamento social europeu do período entre as duas guerras mundiais.[48] Durante a elaboração de seu monumental estudo, *O Capitalismo Moderno*, publicado ao longo dos anos 1902 e 1928, Sombart mudou de idéia, acrescentando a fase "tardia". Sombart, que anteriormente fora conhecido como o "professor vermelho", em 1902 já se havia dado conta do "espírito do capitalismo" e do papel do empresário como sua força motriz. Afastando-se de uma posição quase marxista bem antes da publicação dos últimos volumes sobre o

O contexto internacional 255

alto capitalismo, em 1928, Sombart adotou alguns elementos do idealismo. Tal como Max Weber, ressaltava o papel da vontade, da cultura e da psicologia social, vendo os judeus (e não os protestantes de Weber) como os pioneiros do capitalismo. Entretanto, a explicação de Sombart continha um elemento racial que não estava presente na de Weber.

Em alguns aspectos, Sombart pode ser associado com a terceira e última geração da Escola Histórica Alemã da Economia, embora ele fosse por demais independente para filiar-se ao grupo. Quando jovem, havia seguido seu pai, ingressando na Verein für Sozialpolitik, uma associação de intelectuais conservadores, porém reformistas, da qual faziam parte Gustav Schmoller, Adolf Wagner e Lujo Brentano, homens que, durante o império de Bismarck, aceitaram o epíteto *Kathedersozialist* como se fosse uma condecoração. Nos anos 1890, a esquerda da Verein incluía Max e Alfred Weber e Friedrich Naumann.[49] Uma das preocupações permanentes da Verein era a situação, na Alemanha moderna, da *Mittelstand*, a classe intermediária de artesãos, camponeses remediados e pequenos comerciantes, que se viam ameaçados pela tecnologia e pela organização empresarial dos tempos modernos.[50] Aqui, também, Sombart não foi exatamente coerente, tendo a princípio um grande interesse pela *Mittelstand*, como parte de seus valores *Gemeinschaft*, virtualmente abandonando-a na meia-idade, como fadada à extinção,[51] e voltando a defendê-la na idade avançada. Mas, nas palavras de um de seus alunos, "a coerência certamente não era uma das virtudes de Sombart".[52] Como tantos outros intelectuais europeus, Sombart tornou-se ardentemente patriota durante a Primeira Guerra Mundial e, após a derrota alemã, continuou vinculado a uma posição nacionalista, embora tendo o cuidado de diferenciar melhor suas posturas políticas de seu trabalho acadêmico do que havia feito durante a guerra — até a década de 1930.

256 Trânsito

Sombart entra na nossa história em parte devido à sua concepção da organização econômica global. Na última parte de *O Capitalismo Moderno*, "O Alto Capitalismo", Sombart previa um mundo organizado em termos de um Centro industrial e uma Periferia agrícola, esta última dependente do primeiro. Ele escreveu: "Devemos... distinguir um Centro capitalista — as nações capitalistas centrais — de uma massa de países periféricos, conforme vistos a partir daquele Centro; os primeiros são ativos e dirigentes, os últimos passivos e subordinados. A Inglaterra era o Centro capitalista na primeira metade do século XIX; mais tarde, no período mais longo do Alto Capitalismo, a Europa ocidental [juntou-se à Inglaterra].... E por fim, na última geração, a parte leste dos Estados Unidos ascendeu [alcançando o Centro]".[53] Sombart escreveu também sobre a "dependência" dos países periféricos e até mesmo sobre a condição servil do campesinato da Periferia, causada, em parte, pelo capitalismo europeu.[54] Mas sua abordagem era puramente descritiva, e a tentativa de propor um modelo para a relação entre o Centro e a Periferia viria vinte anos depois, no âmbito do contexto latino-americano.

Uma outra maneira pela qual o historiador da economia alemão viria a influenciar a teoria do desenvolvimento do Terceiro Mundo foi sua percepção do dualismo existente nas fases iniciais do capitalismo. Na primeira parte de *O Capitalismo Moderno* (1902), ele observou que, durante o período que vai do século XVI ao século XVIII, havia um excesso populacional em algumas regiões da Europa, nas áreas onde as manufaturas estavam se desenvolvendo. Isso se devia, em parte, à falta de especialização da mão-de-obra, mas, antes de mais nada, à mentalidade pré-capitalista das "classes baixas" que, vista através da ótica capitalista, aparece como preguiça e indolência. Enquanto isso, as classes altas já estavam imbuídas dos valores capitalistas associados à maximização dos lucros.[55]

Se substituirmos "classes altas" por "elites coloniais" e "classes baixas" por "campesinato colonial", estaremos nos aproximando do modelo de Julius H. Boeke do dualismo na economia da Indonésia.[56] Como já mencionado no Capítulo 4, Boeke foi o autor da primeira formulação explícita a alcançar amplo reconhecimento (em trabalhos publicados entre 1910 e 1953) do problema do dualismo, no qual a oferta de mão-de-obra, acima de um certo patamar, não responde a salários mais altos. Boeke, de fato, fala de capitalismo "inicial, "alto" e "tardio", identificando a economia aldeã da Ásia como pré-capitalista, e citando o modelo dualista de Sombart das etapas iniciais da economia moderna como aplicável às Índias Orientais Holandesas.[57] Tenha ou não o termo "dualismo" sido introduzido por Boeke no discurso do pós-guerra, o fato é que ele já estava em uso na Romênia do período entreguerras,[58] tendo Stefan Zeletin, em *A Burguesia Romena*, de 1925, notado a contribuição de Sombart para essa idéia.[59]

Após a Primeira Guerra Mundial, Sombart interessou-se, principalmente, pelo presente e pelo futuro do capitalismo tardio. Ele abordou o assunto nas décadas de 1920 e 30, tratando particularmente de seu próprio país em *O Socialismo Alemão* (1934).[60] "Capitalismo tardio" era um termo que trazia a conotação de rotinização do gerenciamento, declínio das taxas de lucro, intervenção constante do Estado na economia e "racionalização". A racionalização da contabilidade de custos, o "gerenciamento científico" e a cartelização eram fenômenos que haviam avançado com rapidez na Alemanha dos anos 1920, e o próprio Sombart, em 1927, escrevera um livro intitulado *A Racionalização na Economia*.[61] O capitalismo tardio, antes da publicação de *O Socialismo Alemão*, aparecia como um regime de transição para uma forma distante e não especificada de socialismo.[62] Esse termo não implicava a substituição do capitalismo pelo bolchevismo, o qual, para Sombart, pouco tinha a ver com o marxismo, não passando de "puro blanquiísmo".[63]

O Socialismo Alemão revelou alguns elementos repulsivos nos valores do antigo *Kathedersozialist*. Ainda leal aos

258 Trânsito

militares, que ele havia apoiado na Alemanha guilhermina, escreveu que o tamanho da população era uma questão a ser tratada pelo Estado-Maior.[64] Além do mais, *O Socialismo Alemão* de Sombart, publicado um ano após Hitler ter chegado ao poder, trazia um anti-semitismo gritante, a título de apologia do novo regime. Esse anti-semitismo incluía a afirmação de que o "espírito judaico" que, segundo Sombart, estava na base do capitalismo moderno, teria que ser eliminado: "Não bastaria excluir todos os judeus, nem sequer cultivar um temperamento antijudeu".[65] Sombart tinha em mente a reforma da "cultura institucional", afetada, segundo ele, pelo espírito judaico. Tais sentimentos, por mais vagos que fossem quanto a detalhes, teriam repercussões importantes na Romênia.[66]

O que mais nos interessa nesse livro é sua doutrina corporativista. Para o Sombart de 1934, a auto-regulamentação dos cartéis poderia vir a resultar em um sistema plenamente corporativo.[67] O Estado deveria ser "autônomo", e o autor apoiava a autarquia — uma postura nada incomum após o fracasso da Conferência Monetária Internacional, em 1933. A ascensão, na África e na Ásia, de um "capitalismo de cor", nas palavras de Sombart, tornaria mais difícil para o Ocidente industrial a colocação de suas manufaturas, e os países que haviam recentemente ingressado no processo de industrialização passariam, cada vez mais, a usar suas próprias matérias-primas para fins industriais. O capitalismo estava em declínio e o planejamento estatal tornava-se necessário. Sombart havia, por fim, retornado a seu ponto de vista de que a *Mittelstand*, que incluía o campesinato, tinha que ser salva. Em um tempo de preços agrícolas universalmente deprimidos, as dificuldades da classe camponesa poderiam ser solucionadas, em parte, pela desmecanização da agricultura, ao que tudo indica mediante uma espécie de luddismo controlado pelo Estado.[68]

A preocupação com o declínio da *Mittelstand* estava presente também na Romênia, onde a situação dos arte-

O contexto internacional 259

sãos foi o ponto de partida para a tese de Virgil Madgearu, em Leipzig (1911).[69] Madgearu foi apenas um dentre os muitos economistas e sociólogos romenos a citar Sombart, tanto naquela época quanto posteriormente. O prestígio do professor berlinense era aumentado por suas ocasionais visitas à Romênia, que se deviam ao fato de sua mulher ser romena, filha de um professor da Universidade de Iasi. Todos os autores importantes, de Stere e Gherea, na primeira década do século, a Madgearu e Manoilescu, na quarta, recorreriam à autoridade de Sombart.

Em uma entrevista dada em Bucareste, em 1929, Sombart manifestou a crença de que o capitalismo tardio implicava o fim da motivação do lucro, alcançando um bem-estar social mínimo, diminuindo as tensões entre a mão-de-obra e o capital, amenizando a intensidade da competição e efetuando a "organização racional das empresas". Nessa mesma entrevista, defendeu a modernização da agricultura romena, o exato oposto do que viria a recomendar para a Alemanha em 1934. Em 1929, ele era contrário à industrialização forçada e à autarquia, ao menos para a Romênia.[70] Dois anos depois, o professor anteriormente marxista voltou a Bucareste, apresentando, dessa vez, uma refutação das previsões de Marx — ele preferia chamá-las de "profecias" — para um público de economistas.[71] Em 1938, Sombart trouxe uma nova mensagem para o público romeno: a Europa ocidental — ao que parece, excluindo o Terceiro Reich — havia forçado o restante do mundo a se converter em compradores de seus produtos industriais e fornecedores de matérias-primas, continuando a lançar mão da violência que havia caracterizado os primórdios do capitalismo, além de suas políticas comerciais, para alcançar seus objetivos.[72] Podia-se inferir que o *Grossraumwirthschaft* seria uma solução para os problemas comerciais de países como a Romênia.

Sombart morreu em 1941, quando o poder nazista estava quase no auge. Após a guerra, o apoio que dera ao regime fez com que seu trabalho passasse a ser mal-

260 Trânsito

visto pelo triunfante mundo econômico liberal e neoclássico, como sucedeu também com Manoilescu. Entretanto, é provável que os pontos de vista de Sombart sobre o dualismo tenham influenciado a teoria do desenvolvimento do pós-guerra, por meio de Boeke. Sua periodização do capitalismo seria do gosto de Boeke e de alguns marxistas, e sua percepção (não elaborada) do capitalismo como um sistema que consiste em um Centro industrial ativo e uma Periferia passiva, provavelmente influenciou Raúl Prebisch, que tentaria formular o modelo dessa relação como um processo dinâmico. E, por fim, terá sido o socialismo alemão, tal qual definido por Sombart, um precursor do "socialismo africano" e de outras versões do populismo do pós-guerra? Os valores e os meios da *Gemeinschaft*, com ênfase na agricultura camponesa, na auto-suficiência econômica e na *Planwirtschaft* (a economia planejada), encontrariam seus arautos no Terceiro Mundo propriamente dito.[73]

Visto de outro ângulo, Sombart pode, de forma óbvia, ser identificado com outros autores corporativistas e fascistas (por exemplo, Manoilescu, Enrico Corradini, o proto-fascista italiano, e Ramiro Ledesma Ramos, o fundador da JONS fascista da Espanha), que se opunham ao imperialismo da Grã-Bretanha e da França. Sombart se encaixa nesse conjunto unicamente em razão da excepcionalidade da posição em que se encontrava a Alemanha no período do entreguerras: potencialmente, ela era a maior potência européia, embora fosse um país derrotado e, durante um certo período, parcialmente ocupado e, além disso, privado de suas colônias. Entretanto, a mensagem de Sombart de modo algum representava uma novidade absoluta — muito antes de os nazistas chegarem ao poder, políticos e economistas alemães já haviam pedido a solidariedade com a Europa central e do Sudeste, para formar com elas um bloco continental de comércio, adversário dos grandes rivais de seu país e de suas colônias ultramarinas. Como Virgil Madgearu já observara, as origens da idéia da *Mitteleuropa* podem ser rastreadas até o reformador social Friedrich Naumannn, em 1904.[74]

Um economista corporativista que teve uma influência maior que a de Sombart sobre a teoria do desenvolvimento do pós-guerra — e uma influência direta — foi François Perroux que, durante o pós-guerra, incluiu a teoria do desenvolvimento entre suas especialidades.[75] O impacto do autor francês sobre a América Latina veio em duas ondas — a primeira, como teórico do corporativismo e a segunda, como estruturalista; ao passo que a influência de Manoilescu, como corporativista e como estruturalista, se deu de forma simultânea. Para o Perroux da década de 1930, o Estado equilibraria, em uma economia corporativista, os monopólios rivais dos sindicatos e do capital. O planejamento corrigiria as distorções produzidas pelo jogo das forças de mercado. Trabalhadores e empregados organizar-se-iam nas mesmas corporações de produtores, e a colaboração entre as classes, em lugar do conflito de classes, viria a caracterizar a nova economia. O Estado eliminaria os lucros excessivos. Conselhos mistos de trabalhadores e capitalistas, sujeitos ao controle estatal, estabeleceriam os preços e os salários. Inspirado no catolicismo social, Perroux usava as metáforas "comunidade de trabalho" e "família" para enfatizar a colaboração entre as classes.[76]

Em 1937, Perroux lecionou no Brasil, em São Paulo e Porto Alegre, tendo escrito sobre corporativismo para diversas publicações brasileiras, lançando assim as fundações para a futura recepção de sua economia estruturalista.[77] Perroux conhecia Manoilescu de encontros econômicos internacionais, tendo citado o trabalho deste último em seus escritos corporativistas,[78] embora o francês tenha desenvolvido sua teoria corporativista independentemente e em época anterior à publicação, em 1934, de *O Século do Corporativismo*, do autor romeno. Perroux era também o mais importante economista francês de sua geração. Em seu estudo, realizado no período do pós-guerra, sobre o

262 *Trânsito*

"efeito de dominação", Perroux abandonou o pressuposto padronizado de que, no processo de trocas, os dois ou mais agentes econômicos teriam um poder aproximadamente igual, levando a uma tendência de equilíbrio do mercado, tendência essa cuja inexistência ele havia ressaltado, como fato empírico, num tratado corporativista de 1938.[79] Na verdade, seu trabalho da década de 1930 sobre os mercados monopolistas e oligopolistas preparou-o para seu estudo da dominação econômica, realizado no período do pós-guerra. Nessa dominação, o ator A exerce um efeito assimétrico e irreversível sobre o ator B, em uma relação de domínio-subordinação contrária a uma relação de "troca pura [e igual]".

Em 1948, com base em palestras proferidas em 1947, na Universidade de Oxford, Perroux publicou seu *Esboço de uma Teoria da Economia Dominante*,[80] um estudo tratando das diferenças de tamanho, poder de barganha e transformações de mão única entre os Estados Unidos e seus parceiros comerciais. "A elasticidade-renda-preços da demanda americana por produtos importados do restante do mundo e a elasticidade-renda-preços da demanda do resto do mundo por produtos importados dos Estados Unidos são tais que o desequilíbrio das balanças comerciais é persistente, e a desvalorização das moedas estrangeiras é de eficácia duvidosa", escreveu ele em um resumo de seu tratado.[81] Perroux interessava-se principalmente pelas economias "dominadas" da Europa anterior ao Plano Marshall, mas afirmava também que os termos de troca dos exportadores de produtos agrícolas vinham se deteriorando devido aos padrões de importação da economia dominante.[82] A abordagem adotada por Perroux era claramente semelhante à que vinha sendo empregada por Prebisch, em fins da década de 1940. Entretanto, Prebisch, em 1948, já construíra as bases de sua teoria, como o provam suas notas de aula não publicadas, de modo que parece pouco provável que tenha havido uma relação direta entre as idéias do economista francês

O contexto internacional 263

e as de Prebisch, e deve-se observar que a ênfase de Perroux nas diferenças de elasticidade da demanda é mais próxima à formulação de Hans Singer (ver o próximo capítulo) que à do economista argentino.

Entretanto, a principal influência exercida pelo estruturalismo europeu sobre Prebisch e a nascente escola estruturalista da América Latina não proveio de Perroux, mas da revolução keynesiana e da forma pela qual esta foi desenvolvida pelos economistas da Europa central e centro-oriental. A influência do próprio Keynes foi direta e "geneticamente" vinculada ao trabalho de Prebisch, desde o início — por exemplo, Prebisch escreveu uma largamente utilizada introdução às idéias de Keynes —, ao passo que as teorias de Perroux e as do economista argentino eram, no máximo, análogas, ao menos nos seus primeiros anos. Aliás, a ligação entre Prebisch e Keynes fez com que Hans W. Arndt aplicasse o termo "estruturalismo" aos trabalhos de Keynes e de seus alunos e aliados em Cambridge, Oxford e Londres (dos quais muitos eram originários da Europa centro-oriental).[83] Mas Arndt emprega o termo em um sentido diferente de sua acepção latino-americana, embora correlato a esta. Enquanto Prebisch e os estruturalistas latino-americanos usavam o termo de forma aplicável ao sistema capitalista internacional, com as principais conseqüências devendo-se às propriedades distintas do Centro e da Periferia — um esquema que Dobrogeanu-Gherea e Manoilescu teriam aprovado —, Arndt refere-se ao estruturalismo em um sentido mais geral, como "a doutrina da falha de mercado". Essa opinião, compartilhada também por Perroux e por outros corporativistas, consistia de três argumentos relacionados ao capitalismo do entreguerras: os preços muitas vezes enviam os sinais errados aos atores econômicos, por encontrarem-se distorcidos pelo monopólio; a mão-de-obra e os outros fatores de produção podem "responder de forma inadequada ou mesmo perversa" aos sinais dos preços (ver o dualismo de Boeke); e os fatores podem ser imó-

264 *Trânsito*

veis. Trabalhavam no Oxford Institute of Statistics (Instituto de Estatística de Oxford) e no Royal Institute of International Affairs (Instituto Real de Assuntos Internacionais), de Londres, diversos estruturalistas da Europa central e da Europa centro-oriental, que vieram a desenvolver esses pontos de vista — Paul Rosenstein-Rodan, Michal Kalecki, Kurt Mandelbaum, Thomas Balogh e Nicholas Kaldor. Todos eles concordavam que o mecanismo de preços funcionava ainda menos nos países subdesenvolvidos.[84] Rosenstein-Rodan viria a escrever, em 1943, o que de um modo geral é reconhecido como sendo o primeiro estudo sobre a "economia do desenvolvimento", e Kurt Mandelbaum escreveria, em 1945, o primeiro livro completo sobre o problema.[85] Esses trabalhos analisavam os problemas da Europa centro-oriental, como também acontecia com os estudos sobre desenvolvimento realizados no Political and Economic Planning Group e no Royal Institute of International Affairs de Londres.[86] Como já mencionado no Capítulo 1, o teórico canadense do comércio internacional, Harry Johnson, que lecionou em Chicago e Londres, via os economistas continentais exilados como interessados no desenvolvimento das economias balcânicas segundo o modelo alemão; o grupo baseado em Londres (em sua opinião), portanto, tendia a enfatizar a industrialização como solução para o subdesenvolvimento.[87]

Em nível teórico, Rosenstein-Rodan inspirou-se, originalmente, em um artigo de autoria do economista americano Allyn Young, de 1928, que afirmava que a regra de Adam Smith — de que a extensão da divisão do trabalho depende do tamanho do mercado — precisava ser revista. O contrário era também verdadeiro, asseverava Young, e essa observação ressaltava o papel do capital, a chave para uma maior divisão do trabalho e, portanto, para o crescimento econômico. Retornos cada vez maiores em nível social exigiam "que as operações industriais fossem vistas como um todo inter-relacionado",[88] porque os setores industriais e as empresas, individualmente, subdivi-

O contexto internacional   265

diam-se continuamente em operações cada vez mais especializadas. Rosenstein-Rodan observou que essa perspectiva enfatizava tanto as economias de escala (para a empresa) como as economias externas (no complexo industrial mais amplo). Seguindo a contribuição de Young à teoria de Smith, Rosenstein-Rodan apontou não apenas a "indivisibilidade da função de produção" na indústria, mas também a "indivisibilidade da demanda" no mercado global. Esta última implicava que as decisões sobre investimentos eram interdependentes e que os investimentos poderiam se beneficiar das complementaridades (e das economias externas), se realizados em uma frente ampla — daí a idéia do Grande Impulso. Do lado da produção, os mercados não funcionariam corretamente enquanto essas economias não fossem aproveitadas de forma completa, e a indústria, por sua própria natureza, possuía muito mais economias externas e economias de escala do que a agricultura.[89]

Mais tarde, o polonês Michal Kalecki, líder do grupo de Oxford, teria influência direta sobre a teoria estrutural latino-americana da inflação (da qual a escola tirou seu nome), e Kaldor, Balogh e Dudley Seers, um outro "estruturalista britânico" — esse, inglês de fato — viriam a colaborar com os economistas da CEPAL em Santiago do Chile.[90] Ainda um outro exilado da Europa central que havia adotado o estruturalismo britânico, Hans W. Singer, desenvolveria, em 1950, de forma independente, um modelo semelhante ao de Prebisch, vindo também a interagir com os economistas da CEPAL.

Segundo Harry Johnson, uma das duas principais fontes da influência de Keynes sobre a teoria do desenvolvimento do pós-guerra em geral derivava do conceito implícito de desemprego disfarçado,[91] elaborado por Joan Robinson, mas utilizado, como já vimos, com um sentido diferente na literatura do pós-guerra. Na acepção pós-1945 do conceito, os trabalhadores em situação de desemprego disfarçado tinham pouca ou nenhuma produtividade

266 Trânsito

mensurável, não tendo porém sido demitidos de ocupações com produtividades maiores. Além disso, o conceito foi desenvolvido, na literatura romena e em outras da Europa centro-oriental, com estimativas estatísticas (por exemplo, o estudo de Grigore Manoilescu examinado no Capítulo 4), antes de Robinson ter publicado seu trabalho. Portanto, Johnson parece ter errado quanto à importância da influência exercida por Keynes, embora a teoria do grande economista de Cambridge deva ter reforçado a importância do conceito de desemprego disfarçado, já conhecido de Rosenstein-Rodan e de outros que estavam familiarizados com a literatura desenvolvimentista dos Estados sucessores da Europa centro-oriental.

Não apenas o conceito de desemprego disfarçado maciço era de importância fundamental para as análises e prescrições de Rosenstein-Rodan e Mandelbaum, mas também a idéia de transferir trabalhadores de áreas com menores produtividades marginais — ou, nos casos extremos, de "produtividade marginal zero" — da agricultura para atividades mais produtivas, na indústria em especial.[92] Esse "argumento Manoilescu", em uma subárea da economia na qual havia pouquíssima ortodoxia aceita, conquistou, contudo, um selo de aprovação profissional em nível internacional, por meio do amplamente divulgado relatório do Departamento das Nações Unidas para Assuntos Econômicos, publicado em 1951, intitulado *Medidas para o Desenvolvimento Econômico dos Países Subdesenvolvidos*, com o subtítulo *Relatório de um Grupo de Especialistas*, entre os quais constavam os futuros ganhadores do Prêmio Nobel, W. Arthur Lewis e Theodore W. Schultz. O conceito de desemprego disfarçado foi aprovado nesse relatório que, a título de confirmação empírica, baseava-se em um estudo do fenômeno na Europa centro-oriental, elaborado pelo Royal Institute of International Affairs, no qual a estimativa mais baixa era de 20% a 25% da força de trabalho.[93] A transferência do excesso de população agrícola para a indústria manufatureira era vista

O contexto internacional 267

como a medida mais importante a ser tomada nas áreas subdesenvolvidas de grande densidade populacional, embora o desenvolvimento tanto industrial quanto agrícola fossem também necessários, segundo o relatório.[94] A grande influência exercida pelo conceito de desemprego disfarçado, bem como pela estimativa de 25% baseada em estudos realizados antes da guerra no Sudeste europeu, fica também evidente em um célebre ensaio de autoria de um dos criadores da "doutrina do crescimento equilibrado", Ragnar Nurkse. Em *Problemas da Formação de Capital nos Países Subdesenvolvidos* (1953), Nurkse, ele próprio originário da Europa centro-oriental — da Estônia — tendo sido, anteriormente, economista da Liga das Nações, observou que estimativas que iam de 25% a 30% "vinham sendo usadas com freqüência na literatura recente", tendo endossado a crescente ortodoxia com relação à transferência dos desempregados disfarçados da agricultura para projetos de formação de capital.[95]

O antigo empregador de Nurkse, a Liga das Nações, era geralmente visto como hostil às visões heterodoxas da divisão internacional do trabalho. Se o ambiente institucional no qual Prebisch realizou seu trabalho da época do pós-guerra ajuda a explicar a enorme influência do estruturalismo latino-americano — a CEPAL das Nações Unidas e, mais tarde, graças à liderança de Prebisch, a UNCTAD —, deve-se levar em conta o fato de que as idéias não-ortodoxas acomodaram-se de forma muito melhor nas Nações Unidas que em sua predecessora, a Liga. Esta última, da qual seus fundadores europeus esperavam ajuda para reconstruir o funcionamento relativamente tranqüilo do sistema internacional de comércio e de pagamentos existente antes de 1914, estava comprometida com o ideal do livre comércio e, de forma implícita, com a divisão internacional do trabalho tradicional, uma vez que a Liga dependia dos Estados-membros europeus. Os economistas de sua equipe e os autores de seus estudos especiais trabalhavam juntamente com outras agências internacionais e com os governos nacionais no sentido de restabelecer o padrão-ouro e fazer funcionar o sistema de reparações, que tendia a paralisar a recuperação geral, após a Primeira Guerra Mundial. Os interesses da Liga eram eurocêntricos, em um mundo no qual a revolta das colônias ainda estava, em grande parte, por acontecer. E embora os economistas da Liga favorecessem o livre comércio e a especialização internacional, é de importância que seus relatórios especiais culpassem o Ocidente pelo fracasso da tentativa de retomada da economia de antes da guerra. Revendo parte desse material: o estudo de Gustav Cassel para a Liga, de 1927, censurava duramente as nações ocidentais por seu crescente protecionismo, como também por estabelecerem monopólios sindicais e cartéis de produtores. Os preços monopolisticamente estabelecidos haviam afetado negativamente os produtores agrícolas e de matérias-primas, tanto das metrópoles quanto das colônias, "as principais vítimas" das combinações e do protecionismo, que viram os termos de troca voltar-se contra si.[96]

A Comissão Econômica da Liga, em 1935, novamente apontou os sindicatos e os oligopólios como responsáveis por boa parte do hiato da tesoura de preços entre a indústria e a agricultura e, entre outras coisas, censurou os esforços dos países europeus de, por razões estratégicas, proteger seus próprios sistemas, incentivando-os a alcançar a auto-suficiência.[97] No estudo anexo ao relatório de 1935, *sir* Frederick Leith-Ross, especialista britânico em finanças, observou que a produção agrícola européia, excluindo a da URSS, entre 1929 e 1933, havia apresentado um crescimento mais rápido que a produção da lavoura mundial, fato esse que se devia, em grande medida, ao protecionismo praticado pela Alemanha, Itália e França. Os produtores ultramarinos reagiram acelerando sua produção, tentando manter as vendas totais com preços unitários mais baixos, agravando assim o problema. Acabou por acontecer que os exportadores agrícolas não conse-

O contexto internacional 269

guiam vender seus produtos e, em conseqüência, não podiam importar as manufaturas européias. Eles, portanto, passaram a produzir seus próprios bens industrializados. Essa seqüência resultou num empobrecimento geral, escreveu Leith-Ross, sugerindo implicitamente que os países "agrícolas" não poderiam produzir com eficiência os bens industriais que antes importavam, da mesma forma que os países "industriais" eram ineficientes na agricultura.[98] Ficava implícito, portanto, que as nações desenvolvidas só tinham a si próprias para culpar. Mas o objetivo dessa análise continuava sendo o de restabelecer a divisão internacional do trabalho.

Enquanto isso, fora conferida à Liga uma tarefa financeira que gerava ressentimento em alguns dos Estados sucessores, tanto quanto em outras partes do mundo: seu "poder de polícia" econômico de conceder e supervisionar empréstimos aos Estados em processo de reconstrução[99] — função essa que não viria a sobrecarregar as Nações Unidas após sua criação em 1945, uma vez que a responsabilidade pelos empréstimos de emergência e de longo prazo ficaram, respectivamente, a cargo do Fundo Monetário Internacional (FMI) e do Banco Internacional para a Reconstrução e o Desenvolvimento (Banco Mundial), ambos criados em 1944. Nos anos entreguerras, os especialistas em finanças estrangeiros que receitavam remédios intragáveis, como Charles Rist, da França e *sir* Otto Niemeyer, da Grã-Bretanha, algumas vezes falavam pela Liga e outras não, mas esta, com freqüência, arcava injustamente com o ônus político. Tanto Rist quanto Niemeyer, em 1932, visitaram a Romênia a pedido do governo desse país. Rist redigiu um cáustico relatório sobre as finanças romenas, recomendando que o governo solicitasse a assistência técnica da Liga para a reforma das finanças do país. Mas o professor francês censurou também as indústrias "artificiais" (pesadas) da Romênia, mantidas pelo Estado, recomendando o desenvolvimento da agricultura e de agroindústrias como solução para as gra-

270 Trânsito

víssimas dificuldades financeiras e econômicas do país, então atolado nas profundezas da Depressão.[100] Em 1933, foi assinado em Genebra um acordo colocando as finanças da Romênia sob a supervisão da Liga por um período de quatro anos, tendo Manoilescu atacado os especialistas financeiros estrangeiros, chamando-os de os "Novos Fanariotas", aludindo aos príncipes gregos do século XVIII que serviram como sátrapas do sultão, quando o país penava sob o domínio indireto da Turquia.[101] A Liga era parte de um complexo de organizações internacionais, e uma outra tentativa de restringir a soberania da nação, na opinião do presidente da associação dos industriais romenos, a UGIR, foi a "diretriz" da Organização Internacional do Trabalho de que fossem implementadas, nas fábricas romenas, a jornada de trabalho de oito horas, bem como outras medidas de cunho social. Desse modo, mais uma organização sediada em Genebra parecia interferir nos assuntos econômicos do país.[102]

À época da Segunda Guerra Mundial, os economistas da Liga das Nações passaram a encarar com mais compreensão as aspirações industriais dos países atrasados. Já em 1937, o relatório da comissão da Liga foi de opinião que, uma vez que a emigração dos países com excesso populacional havia sido bloqueada, no período imediatamente posterior à Primeira Guerra Mundial, pelas restrições adotadas pela maioria dos países que, antes da guerra, haviam sido recipientes de imigração, os primeiros teriam que se industrializar.[103] Cinco anos mais tarde, os economistas da Liga reconheceram que boa parte das tentativas dos países agrários de atingir uma industrialização de substituição de importações, durante os anos da Depressão, consistia em uma reação ao excesso de população rural, às imensas oscilações dos preços das commodities e a dificuldades de balança de pagamentos. Além do mais, "o problema representado pela multiplicidade de unidades econômicas pequenas e pobres da Europa central e oriental, altamente endividadas para com o mundo ocidental, era de extrema complexidade".[104]

Em 1945, o último ano completo de sua existência,[105] o Departamento Econômico da Liga havia chegado à conclusão de que, no período entre 1875 e 1930, as nações industrializadas haviam comerciado mais entre si do que com os países exportadores de produtos agrícolas, e que os preços agrícolas, em todo o mundo, haviam, a longo prazo, sofrido uma queda com relação aos preços das manufaturas. Além disso, "os países não-industrializados só podem se beneficiar da divisão [internacional] do trabalho na medida em que contem com um excedente de sua produção que possa ser exportado em troca de manufaturas estrangeiras.... Na maioria dos países não-industrializados, esse excedente não é grande o suficiente para assegurar-lhes um suprimento abundante de manufaturas importadas".[106] Conseqüentemente, embora os economistas da Liga tenham conservado sua fé na importância do comércio para o desenvolvimento da economia internacional, eles admitiram que a especialização na agricultura não fora um sistema benéfico para a maior parte dos países agrários. Os economistas da Liga vinham se rendendo a um "pessimismo exportador", ou seja, pessimismo quanto ao comércio internacional como motor do crescimento, vindo essa postura a caracterizar o pensamento da Comissão Econômica das Nações Unidas para a América Latina, em seus anos formativos, após a guerra.[107]

Durante os anos entreguerras e da guerra, os problemas estruturais do comércio internacional eram do interesse dos economistas da Liga mais que dos refugiados continentais keynesianos, embora este grupo, mais tarde, se voltasse para esses problemas, em sua reencarnação como economistas "do desenvolvimento". Na Liga, tal interesse datava, pelo menos, do Relatório Cassel de 1927, sobre o problema da tesoura de preços. Mas outras proposições que viriam a antecipar a tese inicial dos estruturalistas latino-americanos surgiram em diversos outros quadran-

272 Trânsito

tes, durante os anos entreguerras. Uma delas pode ser encontrada no trabalho de Louise Sommer, economista da Universidade de Genebra, a mesma cidade que sediava a Liga e a OIT. Em meados da década de 1930, Sommer era simpatizante das aspirações da Europa agrária por um sistema intereuropeu de preferência comercial, mencionando a defesa daquele projeto apresentada por Manoilescu e pelo economista iugoslavo Otto Franges em reuniões da Liga das Nações realizadas nas décadas de 1920 e 1930.[108] Em 1938, Sommer publicou um artigo, hoje esquecido, que antecipava o que viria a sobreviver à Segunda Guerra Mundial como sendo a principal contribuição de Manoilescu para a teoria do desenvolvimento e, mais do que isso, antecipava parte do argumento de Raúl Prebisch e de Hans Singer em favor de uma política de industrialização para os países subdesenvolvidos.

Ao analisar a posição de Manoilescu, Sommer escreveu que o autor romeno poderia modernizar seu argumento, fraseando-o em termos neoclássicos, se ele o centrasse na produtividade marginal e não na produtividade média.[109] Ela foi adiante observando o mesmo que Raúl Prebisch havia, no ano anterior, notado com relação à Argentina, que no movimento ascendente do ciclo econômico internacional os preços dos produtos agrícolas subiam mais rapidamente que os dos produtos industrializados, mas que no movimento descendente, eles caíam com maior rapidez.[110] A razão para esse fenômeno fora formulada em 1928 pelo economista soviético N. D. Kondratief, o descobridor das "ondas longas" ou "ciclos de Kondratief".[111] Kondratief observara que o poder de compra dos produtos agrícolas cai mais rapidamente que o dos produtos industriais em tempos de depressão, notando que a oferta agrícola é inelástica com relação ao preço, se comparada com a oferta de bens industrializados. Além disso, observou que o consumo de gêneros alimentícios era inelástico em termos de preço, mas que os produtores agrícolas, de modo geral, são mal organizados e, portanto,

O contexto internacional 273

relativamente incapazes de defender seus interesses, no mercado mundial, frente aos vendedores de produtos industrializados.[112] (Hans Singer ressaltaria essa característica do comércio internacional duas décadas mais tarde.) Sommer citou também um artigo recente do americano Charles Kindleberger, teórico do comércio internacional, segundo o qual os exportadores agrícolas e industriais têm diferentes elasticidades-renda da demanda no decorrer do ciclo econômico internacional. Os primeiros ampliariam sua demanda por produtos industrializados de forma mais do que proporcional à subida cíclica da renda, e contrairiam essa demanda mais do que a queda da renda no declínio cíclico. Os países industrializados, no decorrer desse ciclo, tinham uma demanda inelástica em termos de renda para as exportações dos países agrícolas.[113] Sommer, entretanto, interpretou mal Kindleberger, citando-o a favor da idéia de uma diferença na elasticidade-preço da demanda.[114] Na tese Prebisch-Singer, que surgiria entre 1949 e 1950, ambos os tipos de elasticidade eram importantes para explicar por que os termos de troca a longo prazo voltavam-se contra os exportadores agrícolas. De qualquer forma, Sommer usou esses pontos teóricos para explicar as diferenças de comportamento, ao longo do ciclo, dos preços agrícolas e industriais no mercado mundial, demonstrando por que os preços agrícolas eram menos estáveis em termos conjunturais, sem entretanto examinar as conseqüências a longo prazo desse fenômeno.[115]

Parece estranho que ninguém tenha citado Sommer, Kondratief ou Kindleberger como precursores da tese Prebisch-Singer. Essa omissão poderia ser justificável no caso de Sommer, pelo fato de ela ter tirado a conclusão "errada". Ela observou que, na Europa central, os países industrializados estavam desenvolvendo a agricultura, ao passo que os países agrícolas estavam se industrializando. Como seu tratamento da questão limitou-se ao contexto europeu, Sommer afirmou que uma divisão do trabalho mais eficiente poderia ser alcançada por meio de um sis-

274   *Trânsito*

tema de preferência continental, ou seja, um sistema no qual os exportadores primários continuariam desempenhando seu papel, mas que lhes permitiria superar a monocultura e tentar atingir algum grau de industrialização.[116] Desse modo, Sommer não recomendava uma política de industrialização como a peça central da solução para as restrições de mercado enfrentadas pelos países agrários, dificuldades que, em 1950, Singer chamaria de "o pior de ambos os mundos": à medida que a renda internacional crescia, os exportadores agrícolas passavam a querer mais bens industrializados (como uma cota da renda mundial) de seus parceiros comerciais, ao passo que estes últimos passavam a querer menos produtos agrícolas.[117]

No próximo capítulo examinaremos como as diversas correntes de pensamento e de recomendações políticas descritas acima — o corporativismo, o keynesianismo e a economia neoclássica —, como também o ambiente internacional em processo de transformação, afetaram o estruturalismo latino-americano em sua expressão original, de autoria do economista argentino Raúl Prebisch. Após examinar as bases teóricas e institucionais do estruturalismo, poderemos, na Parte III, passar a tratar das idéias brasileiras.

Notas

1. Viner, *International Trade*, 1952 (palestras proferidas no Rio de Janeiro em 1950), pp. 61-64; Noyola Vázquez, "Evolución", 1956, pp. 278-79 (fica implícita a influência de Manoilescu sobre a CEPAL); Murgescu, "Demisia", 1968, p. 15; Nicolae-Valeanu, "Raúl Prebisch", 1980, p. 29; Schmitter, "Still the Century", 1974, p. 119; e Schmitter, "Reflections", 1978, p. 121.

2. As traduções espanholas são *Teoria del Proteccionismo y del Comercio Internacional*, 1943; *Siglo del Corporatismo*, 1941 e *Partido Único, Instituición Política de los Nuevos Regímenes*, 1938; as traduções portuguesas são *Teoria do Proteccionismo e da Permuta Internacional*, 1931 e *O Século do Corporativismo*, 1938, ambas publicadas no Brasil. Além disso, Manoilescu escreveu diversos artigos de divulgação para a *Revista Hispánica*

de Bucarest, uma revista bilíngüe, em romeno e espanhol, publicada entre 1927 e 1931. Em um desses artigos (em romeno), ele expressava seu desejo de que fosse expandido o comércio entre a Romênia e a Argentina; nesse mesmo número, a publicação de sua *Théorie du Protectionnisme* foi anunciada. Ver *Revista Hispánica de Bucarest*, nº 6, 1929, pp. 4, 13. Oito anos mais tarde, Manoilescu publicou outro texto — dessa vez em português — sobre sua correspondência com a CIESP, em outra revista de vida efêmera, sediada em Bucareste e dirigida à América Latina. Ver *Luz: Revista Rumeno-Sul Americana*, 1937, 2:19.

3. Ver M. Manoilescu, *Lege*, 1932, p. 18; e "Memorii" MS., 1946-48, pp. 349, 617.

4. M. Manoilescu, "Memorii", p. 617.

5. "Recentemente, apareceu em Lisboa um romeno famoso chamado Manoilescu, que, ao chegar, declarou: a nova doutrina que vem se difundindo em Portugal atraiu-me, fazendo-me atravessar todas essas fronteiras. Venho como um discípulo respeitoso e como um crente em júbilo ". Saramago, 1991 (orig. port. 1984), p. 173.

6. M. Manoilescu, "Memorii", pp. 612, 614-15.

7. *O Sistema Corporativo*. Caetano escreveu que o *Siècle du Corporatisme* "tornar-se-á um clássico da literatura corporativa, por ser a primeira tentativa [de construir] uma teoria geral do corporativismo baseada nas experiências contemporâneas... e que tira partido de todo o corpo de pensamento das diversas escolas [do corporativismo]. É um ensaio brilhante, construtivo e convincente, no qual o autor tenta demonstrar que o corporativismo satisfaz os imperativos do século XX". O professor de Direito português aprovava também o *Parti unique*, sem entretanto mencionar que o autor havia, subitamente, abandonado essas teses no *Siècle*, como observado no último capítulo. Ver Caetano, 1938, pp. 30, 31 (citação), 51, 94-95.

Entretanto, à época de sua visita a Portugal, devia estar claro para Manoilescu que o corporativismo de Salazar não atendia a seu requisito de que as corporações fossem independentes do Estado, razão pela qual Manoilescu logo viria a criticar os regimes de Mussolini e do rei Carol. Quanto ao poder do Executivo de gerir as corporações, ver Lucena, 1979,

276 *Trânsito*

p. 83; quanto ao controle estatal das corporações de industriais, em especial, ver Brandão de Brito, "Condicionamento", 1981, 1:163, 498; e Rosas, *Estado*, 1986, pp. 268-69. Ainda em 1952, Caetano admitia que o Estado corporativo português era ainda uma "intenção", não um fato. Brandão de Brito, "Condicionamento", 1:50.

8. Sobre a importância da doutrina corporativista de Manoilescu em Portugal, ver, além de Caetano, Soares, 1946, pp. 129-37. Uma abordagem recente, de grande importância, da influência de Manoilescu sobre o corporativismo português é a de Lucena, especialmente pp. 83-85. Para a influência de Manoilescu sobre a dimensão econômica do corporativismo (isto é, não relativa ao argumento do comércio-industrialização), ver Brandão de Brito, *Condicionamento*, vol. 1, Cap. 1, esp. pp. 18, 23.

9. Caetano, p. 31.

10. Em seu estudo das políticas industriais portuguesas da década de 1930, Rosas conclui que os interesses rurais, em nível ideológico, eram claramente favorecidos pelo regime. No entanto, vale notar que o primeiro Congresso da Indústria, em 1933, implicitamente reivindicou uma posição hegemônica para a indústria na economia portuguesa. Apesar das contradições existentes ao nível da formulação de políticas, no cômputo geral a agricultura e os interesses colonial-comerciais receberam, nesse período, uma assistência do Estado Novo maior do que a que foi dada às manufaturas. Rosas, *Estado*, pp. 155, 157, 159, 246; Rosas, "Idéias", 1988, pp. 191, 192-93.

11. Na opinião de Rosas, a burguesia industrial "autodidata" possuía, em suas próprias fileiras, poucos porta-vozes capazes de se expressar de forma articulada, deixando a defesa ideológica de seus interesses a cargo dos engenheiros. Em todo caso, segundo Armando Castro, não havia, em Portugal, formação séria de nível universitário em Economia, até 1949. Ver Rosas, *Estado*, p. 154; e A. Castro, 1978, p. 8. Brandão de Brito mostra como os engenheiros pretendiam gerir o país como uma empresa. José N. Ferreira Dias, o subsecretário de Estado para o Comércio e a Indústria (1940-1944) e ministro da Economia (1958-62) de Salazar valorizava o otimismo, o produtivismo, a eficiência tecnológica e o voluntarismo. Para Ferreira Dias, os problemas de desenvolvimento eram problemas técnicos, independentes de custos de oportunidade e da

O contexto internacional 277

otimização da alocação de recursos. Brandão de Brito, *Engenheiros*, 1988; e *Condicionamento*, Cap. 2.

12. Mesmo assim, em pelo menos uma ocasião, Manoilescu manipulou em favor de Salazar, com sua defesa do imperialismo do regime português. "O povo da metrópole constitui-se na elite do Império", escreveu Manoilescu em seu "Génie", 1940, publicado em Lisboa (p. 637).

13. Aunos [Pérez] (1935?), pp. 187, 205, 239, 251, 257, 260, 261 (citações de M. Manoilescu, *Siècle*); 232 (citações de *Théorie*). Aunos havia sido ministro do Trabalho no governo do ditador Primo de Rivera, tendo escrito um código trabalhista corporativista para a Espanha, em 1926.

14. M. Manoilescu, *Partido*, pp. 9, 15. As edições espanholas também incluíam um novo capítulo sobre a Falange e oJONS, as principais organizações fascistas da Espanha.

15. Ver o completíssimo estudo sobre a teoria e políticas da autarquia na Espanha (1936-51), de autoria de Velasco Murviedo (1982).

16. Olariaga 1936, pp. 229-31 (citações na 231). Conferir com a avaliação de Kalecki no Capítulo 6.

17. Gual Villalbí, 1943, 1940, pp. 496-549; Ros Jimeno, 1941; París Eguilaz, 1945, Capítulo 8, especialmente pp. 314-28. Gual representava os interesses das indústrias catalãs.

18. Fuentes Irurozqui, 1943, p. XIV (sobre séries publicadas anteriormente por esse mesmo ministério em *Información Comercial Española*). Fuentes simpatizava com as teses de Manoilescu, apesar de sua familiaridade com as críticas de Oulès.

• Ibid., pp. VII-XV.

19. M. Manoilescu, "Autarhia", 1934.

20. Velasco, p. 235. O livro de Roberts era *Problema*, 1943.

21. Velasco, p. 268.

22. Que teve como um de seus modelos o Instituto per la Ricostruzione Industriale, de Mussolini, criado em 1931. Schwartz e González , 1978, pp. 6, 15.

23. Velasco, p. 1014.

24. Schwartz e González, p. 27.

25. Velasco, p. 932.

26. Ibid., pp. 959-60.

278 *Trânsito*

27. Ibid., pp. 745, 1019-20. Buesa Blanco observa que nunca se tentou a autarquia em sentido estrito, uma vez que a Espanha continuava dependendo dos bens de capital estrangeiros. Buesa Blanco, 1983, pp. 483-84.

28. Buesa, pp. 465, 467; Velasco, pp. 268-70.

29. Buesa, pp. 467, 476, 485.

30. Alvarez Andrews, 1936, pp. 327-28 [primeiro conjunto de páginas], 385 [segundo conjunto]; Aguirre Cerda, 1933, pp. 8, 51, 54, 61; Zañartu Prieto, 2ª ed., 1946, pp. 241-42.

31. Concha, "Balanza", 1889, pp. 327-31; Concha, *Lucha*, 1910, pp. 25-27, 54, 97.

32. Palma, "Growth", 1979, p. xix.

33. M. Manoilesco [sic], *Siglo*, 1941, tradução de Hernán G. Huidobro.

34. Mahn, "Sobre los Argumentos", 1945. A *Théorie*, de Manoilescu, já havia sido citada (mas não discutida) na mesma revista em 1943. Ver Del Canto Schramm, 1943, p. 4.

35. Mahn, "Sobre los argumentos", p. 69.

36. M. Manoilesco [sic] "Productividad", 1947.

37. Pinto admite que alguns dos economistas que mais tarde trabalhariam para a organização conheciam o trabalho de Manoilescu, mas acredita que a influência de Rosenstein-Rodan e das tradições keynesianas e marxistas pesaram mais na formação do estruturalismo. De Pinto ao autor, Santiago, 31 de janeiro de 1985.

38. Ver Capítulo 6.

39. *Der Neue Balkan; Menschenzahl und Völkerschicksal*. Ver *Neue Balkan*, 1939, p. 66; *Población* [versão espan. de *Menschenzahl*], 1949. Sobre Manoilescu, ver pp. 133-37. Dados biográficos sobre Wagemann de Degener, 1935 e *Dicionário Biográfico*, s. d., p. 1283.

40. Sobre Wagemann, ver *Neue Balkan*, especialmente pp. 120-36. Sobre Manoilescu, ver Capítulo 6.

41. Em um levantamento da revista da UIA, de 1939 a 1946, não encontrei qualquer referência às teorias de Manoilescu, em nítido contraste com as freqüentes citações do teórico rome-

O contexto internacional 279

no feitas pelos líderes da Federação das Indústrias de São Paulo.

42. Ver, por exemplo, Francheschi, 1949, pp. 221-27; *Pensamiento*, 1942, pp. 13-16.

43. Belaúnde, 1939 e Politi, 1955, ambos na Facultad de Ciencias Económicas, Universidad de Buenos Aires.

44. Gondra, 1937, p. 810; Pugliese, 1939, p. 917. Mas ver também a discussão do artigo de Pugliese no capítulo seguinte.

45. Manoliu, *Bibliographie*, 1936.

46. Manoliu, "Curriculum Vitae", 1970; de Manoliu para Valeriu Dinu, Bahia Blanca, 16 de novembro de 1967; e de Lascar Saveanu para o autor, Bahia Blanca, 30 de dezembro de 1982. Quanto às citações de Manoilescu por Manoliu, ver seu "Reflexiones", 1962, p. 19; e em especial "Comercio", 1968, p. 161. O pensamento de Prebisch sobre o desenvolvimento econômico, em 1948, consta de seus "Apuntes" (notas de aula), mimeo., 1948, localizado na Facultad de Ciencias Económicas, Universidad de Buenos Aires.

47. Sombart não cunhou a expressão, que, em sua acepção moderna, data de meados do século XIX. Segundo Fernand Braudel, o teórico alemão generalizou seu uso no meio acadêmico, como o "contrário natural do socialismo", por meio da publicação de *Moderne Kapitalismus*, em 1902. Braudel, *Civilization*, 1982 (orig. fran. 1979), p. 237.

48. Ver Sombart, "Capitalism", 1931. As três fases ou etapas parecem ter sido inspiradas na periodização convencional da Idade Média. O último termo manteve, entre os marxistas, uma certa popularidade; ver, p. ex., Mandel, 1975.

49. Mitzman, 1973, p. 152.

50. P. ex., sobre a questão de preservar a agricultura alemã e o campesinato que dela vivia, observem as posições antilivre comércio de Adolf Wagner e Ludwig von Pohle, mesmo após a Alemanha ter estabelecido sua supremacia industrial na Europa. Ver Wagner, 1902 e Von Pohle, 1902.

51. Mitzman, pp. 237-44.

52. Ibid., p. 203.

53. Sombart, *Moderne Kapitalismus*, 1928, 3 (2 vols. encadernados como um único), erster Halbband: XIV-XV.

280 Trânsito

54. Ibid., p. 64; 3, zweiter Halbband, 1019.

55. Ibid., 1902, vol. 1, zweiter Halbband, *Die vorkapitalistische Wirtschaft:* 798-808, e especialmente 807, sobre a "atitude pré-capitalista ' natural'" das classes mais baixas.

56. Boeke, como Sombart, cujo *Moderne Kapitalismus* ele freqüentemente citou em suas diversas publicações, distinguia dois grupos de nativos — as elites dinâmicas e as massas imutáveis. Ver Koninklijk Institut voor de Tropen, 1966, p. 37. Esse trabalho contém trechos extraídos da dissertação de Boeke de 1910 e sua mensagem de 1930, "Economia Dualista".

57. Boeke, *Economics*, 1953, pp. 13, 16. Em "Dualistic Economics", 1930, ele escreveu: "A descrição feita por Werner Sombart do período pré-capitalista e seu vivo e brilhante esboço dos princípios econômicos correspondentes a ele são surpreendentemente compatíveis com a esfera do dualismo feudal nas Índias [Holandesas Orientais]". Koninklijk Institut, p. 170.

58. Ver, p. ex., Popa-Veres, 1938, pp. 101-3.

59. Zeletin, *Burghezia*, 1925, p. 198, n° 1. Na mesma nota, Zeletin cita também a *General Economic History*, de Weber, 1927 (orig. alem. 1923), como manifestando uma opinião similar. Zeletin usou Sombart e Weber de forma diferente do que fez Boeke, no entanto, para mostrar que a coexistência de escassez de mão-de-obra e excesso populacional era um fenômeno comum no pré-capitalismo (ou as primeiras etapas do capitalismo) e que, portanto, esse aparente paradoxo da economia romena era normal.

60. Sombart, *Deutscher Sozialismus*, 1934, traduzido como *A New Social Philosophy*, 1937. Sombart havia também escrito um livro, em 1932, intitulado *Zukunft des Kapitalismus* (O Futuro do Capitalismo). Ver um resumo desse último trabalho em Lebovics, 1969, pp. 72-74.

61. Sombart, *Die Rationalisierung in der Wirtschaft*, 1927.

62. Conferir com a opinião de seu contemporâneo Joseph Schumpeter, de após a Segunda Guerra Mundial, de que a "marcha para o socialismo" era um fato lamentável, mas inevitável, devido à popularidade do Estado social. Schumpeter, *Capitalism*, 3ª ed., 1950, pp. 415-25.

63. Sombart, "Critica", 1931, p. 20.

O contexto internacional 281

64. Sombart, entretanto, não acreditava na eficácia das políticas demográficas. *New Social Philosophy*, pp. 172-73.

65. Ibid., p. 179.

66. Em 1941, ano de sua morte, Sombart publicou uma introdução a uma tese escrita por um romeno discípulo seu, na qual atribuía-se aos judeus, juntamente com o capital estrangeiro e o "Estado liberal romeno", o desenvolvimento do capitalismo no país balcânico. O autor romeno escreveu, contudo, que o *Volksgeist* do povo romeno não tinha nada em comum com o espírito do capitalismo (de origem judaica). Embora essa dissertação não seja tão obviamente anti-semita quanto poder-se-ia esperar em 1941, uma avaliação negativa do "capitalismo romeno" pode ter fornecido uma racionalização para as políticas governamentais fortemente anti-semitas daquela época. Ercuta, 1941, pp. 22, 110.

67. Lebovics, p. 73; essa opinião está implícita em Sombart, *New Social Philosophy*, p. 285.

68. Lebovics, pp. 67-68, 73-74; Sombart, *New Social Philosophy*, p. 256.

69. Madgearu, *Zur industriellen Entwicklung*, 1911. Madgearu também se interessava pelo fato de que os artesãos pertencentes às minorias étnicas de seu país eram mais adaptáveis ao capitalismo moderno do que os romenos da mesma classe.

70. J. B. F. [não identificado], 1929, p. 3.

71. Sombart negava que as previsões de Marx relativas à pauperização do proletariado, à concentração do capital e à crescente gravidade das depressões do capitalismo tivessem fundamentação na experiência histórica. Ele publicou em 1931, de modo que o último desses pontos seria de difícil verificação, mas Sombart, curiosamente, afirmava que a crise de então fora causada pela superprodução da agricultura camponesa, a qual não era capitalista. Ver Sombart, "Critica", pp. 1-21, especialmente 9-10.

72. Sombart, "Procesul", 1938, p. 2.

73. Não se quer dizer com isso que a semelhança entre a ideologia de, digamos, Julius Nyerere e o Sombart dos últimos anos deriva da influência direta deste último sobre o primeiro, consistindo, provavelmente, em um caso de "redescoberta" de

282   Trânsito

proposições similares ou de inspiração indireta. Sobre o populismo do político da Tanzânia, ver Kitching, 1982, pp. 64-70.

74. Madgearu, "Imperialismul", 1924, p. 15.

75. Perroux possuía seu próprio instituto de pesquisas, que publicava *Mondes en Développement*, e ele escreveu diversos trabalhos sobre os problemas do desenvolvimento. Seu último tratado importante sobre o assunto foi *New Concept of Development*, 1983.

76. Ver, p. ex., Perroux, *Capitalisme*, 1938, pp. 298-300; e Perroux e Madaule (1942?), pp. 7, 31. Perroux, como o corporativista austríaco Othmar Spann, preceituava uma forma de corporativismo descentralizada e não-totalitária. Ele também deixou claro que a "terceira solução" era *interna* ao sistema capitalista, ao contrário do que afirmavam alguns autores. Perroux, *Economie*, 1933, pp. 1413, 1474. Em suas memórias, "Peregrinations", 1980, Perroux não menciona o corporativismo; e em uma carta e em uma entrevista, fui incapaz de fazê-lo dizer o que quer que fosse sobre o assunto. De Perroux para o autor, 30 de julho de 1982; entrevista, Urbana, Illinois, 14 de março de 1983.

77. Pouco antes de vir ao Brasil, Perroux, por um breve período, ocupou a primeira cátedra de Economia na Universidade de Coimbra, em Portugal. Suas palestras publicadas tiveram como título *Lições de economia política*, 1936. Ver também A. Castro, 1978, p. 7.

78. Ver, p. ex., Congrès International, *Travaux*, 1937, vol. 1 (mencionado a presença de Manoilescu e Perroux). Perroux cita Manoilescu em *Capitalisme*, nas pp. ix, 73, 225.

79. Perroux, *Capitalisme*, p. 299.

80. "*Esquisse d'une théorie de l'économie dominante*."

81. Perroux, "Domination Effect", 1950, p. 203. Ver a mesma opinião no tratado completo, "Esquisse", 1948, p. 288. Uma tradução recente de uma seção do original francês é Perroux, "Outline", 1979. A elasticidade-renda da demanda para uma mercadoria refere-se à resposta relativa da demanda a uma pequena alteração percentual na renda, $\Delta q/q/\Delta y/y$, onde q é a quantidade demandada e y a renda disponível. A elasticidade-preço da demanda, de forma análoga, refere-se à resposta relativa da demanda a uma pequena alteração percentual nos preços.

O contexto internacional   283

82. Perroux, "Esquisse", p. 297.

83. Arndt, "Origins", 1985.

84. Ibid., p. 152.

85. Rosenstein-Rodan, "Problems", 1943, uma abordagem não-técnica foi o seu "International Development", 1944; Mandelbaum, *Industrialisation*, 1945. Os dois artigos de Rosenstein-Rodan "poderiam perfeitamente ser considerados como o começo da economia moderna de desenvolvimento", segundo Arndt, *Economic Development*, 1987, pp. 47-48.

86. Arndt, *Economic Development*, p. 47.

87. Johnson, *Economic Nationalism*, 1967, pp. 131-32.

88. Young, 1928, especialmente p. 539 (citação).

89. Rosenstein-Rodan era de opinião que a economia neoclássica, ao ignorar essas economias potenciais, fez suposições irrealistas de que as empresas, individualmente, tinham funções de produção lineares e homogêneas. Ver seu "Natura", 1984, p. 213. (citações); De Rosenstein-Rodan para o autor, Boston, 13 de maio de 1981. Charles Kindleberger no mesmo ano, 1943, tinha uma perspectiva semelhante à de Rosenstein-Rodan quanto à necessidade de industrialização, abordando o problema da perspectiva do comércio internacional. Ele via os termos de troca, à medida que a renda mundial crescia, voltarem-se contra os países exportadores de produtos agrícolas, demonstrando a lei de Engel. Portanto, "se os países agrícolas e produtores de matérias-primas desejarem fazer parte do aumento da produtividade mundial, a de seus próprios produtos inclusive, devem adotar a transferência de recursos da agricultura, da pecuária e da mineração para a indústria". Como Rosenstein-Rodan, Kindleberger sugeria empréstimos para o desenvolvimento de infra-estrutura, a serem concedidos pelo Ocidente, somas que seriam amortizadas com os ganhos de produtividade desses investimentos de grande escala. Kindleberger, "Planning", 1943, p. 349.

90. Arndt exagerou a influência dos estruturalistas "britânicos" sobre a teoria da inflação de seus pares latino-americanos, sugerindo que Kaldor e o americano Hollis Chenery escreveram uma interpretação estrutural da inflação latino-americana antes de Osvaldo Sunkel, o economista chileno — embora Kalecki tenha de fato influenciado os estruturalistas latino-ameri-

284   Trânsito

canos, como o próprio Sunkel admitiu. Arndt, *Economic Development*, p. 155.

91. Johnson, "Keynes", 1978, p. 229. Para Johnson, a outra fonte era o modelo Harrod-Domar do crescimento econômico, do período do pós-guerra, que se centrava na formação do capital a ponto de quase excluir os demais fatores (pp. 230-31).

92. Mandelbaum, *Industrialisation*, pp. 1-2.

93. Os trabalhadores em situação de desemprego disfarçado eram definidos como sendo "as pessoas que trabalham por conta própria e são tão numerosas em relação aos recursos com os quais trabalham que, se parte delas fosse transferida para outros setores da economia, a produção total do setor do qual elas saíram não acusaria diminuição, mesmo que não ocorresse nenhuma reorganização significativa naquele setor, e tampouco uma substituição significativa de capital". UN, Department of Economic Affairs, *Measures*, 1951. pp. 7 (citação), 8-9, citando o Committee for Reconstruction for the RIIA, *Memorandum on Agricultural Surplus Population*, Londres, 1943. O relatório das Nações Unidas dava preferência ao termo "subemprego disfarçado" porque, propriamente falando, o "desemprego" referia-se aos assalariados cujo desemprego estava registrado nas estatísticas governamentais (p. 7).

94. UN, Department of Economic Affairs, *Measures*, p. 59. Mais tarde, um dos especialistas, Schultz, viria a escrever um livro para mostrar que a produtividade marginal zero, na agricultura tradicional, não existia. É de estranhar que, em suas reminiscências de suas contribuições para a economia do desenvolvimento, ele não mencione o fato de que, em outra época, havia aceito essa idéia. Ver Schultz, *Transforming*, 1964, Cap. 4, esp. pp. 55-58, e Schultz, "Tensions", 1987.

95. Nurkse, 1953, pp. 35-37, citando Warrimer, a respeito do Sudeste europeu (p. 35).

96. Cassel, 1927, p. 27.

97. Société des Nations [Liga das Nações]: Comité Economique, 1935, pp. 9, 10.

98. Ibid., pp. 25, 36.

99. P. ex., a economia da Áustria entrou em colapso após a hiperinflação de 1922; a Liga conseguiu um empréstimo internacional, com supervisão, por parte da Liga, da economia austría-

O contexto internacional 285

ca, até 1926. Por razões similares, a Hungria esteve também sob o controle econômico da Liga de 1924 a 1926. A Liga concedeu outros empréstimos de reconstrução (acompanhados de controles), na década de 1920, à Bulgária, Estônia e à Cidade Livre de Danzig. Lewis, *Economic Survey*, 1949, pp. 22, 36.

100. Rist, 1932, pp. 38, 41. Rist reconheceu que os mercados europeus tradicionais estavam, em grande parte, fechados à agricultura romena (p. 38).

101. M. Manoilescu, "Nouii fanarioti", 1933. Mais tarde, um historiador da economia romeno afirmou que os especialistas estrangeiros, os da Liga inclusive, apoiados pelos governos ocidentais, conseguiram obter modificações no plano de conversão da dívida agrícola, em 1932, por temerem que isso afetasse os pagamentos da dívida externa. Lupu, 1967, pp. 102, 105-7, 109.

102. Christodorescu, 1933, citando C. R. Mircea, presidente da UGIR, pp. 31-32. Mircea admite que a jornada de oito horas havia sido adotada pelo Parlamento romeno (p. 32). Ver também o Capítulo 5.

103. League of Nations: Committee for the Study of the Problems of Raw Materials, *Report*, 1937, pp. 10, 15. A Comissão incluía consultores conservadores de renome, como Leith-Ross e Rist.

104. League of Nations: Economic, Financial and Transit Department, *Commercial Policy*, 1942, p. 133.

105. A Organização das Nações Unidas foi resultado de um acordo firmado entre as grandes potências em São Francisco, em junho de 1945, sendo estabelecida em outubro. A Liga foi formalmente abolida em abril de 1946, quando seus bens foram transferidos para as Nações Unidas.

106. League of Nations: Economic, Financial and Transit Department, *Industrialization*, 1945, pp. 5, 16, n. 2, 34 (citação). O principal autor do relatório foi Folke Hilgerdt (p. 6). É interessante observar que na página 16, nota 2, consta que os dados, se aplicados aos últimos anos da década de 1930, contradizem a observação de Manoilescu, que via uma tendência a longo prazo de elevação dos preços agrícolas dos Estados Unidos, em relação aos preços industriais. Manoilescu interpretou a Grande Depressão como uma aberração na tendên-

286   *Trânsito*

cia secular identificada por ele, embora essa nota pareça ser uma agressão gratuita ao romeno, uma vez que os economistas da Liga agora pareciam estar fazendo grandes concessões à posição de Manoilescu, que por tanto tempo havia atacado as políticas daquela organização.

107. Sobre a América Latina, ver Díaz-Alejandro, "Trade Politics", 1975, p. 116; "1940's" MS., 1982, pp. 11, 39.

108. Ver Sommer, *Neugestaltung*, 1935, pp. 188-89.

109. Sommer, "Pays", 1938, p. 90.

110. Prebisch observa apenas a queda mais rápida dos preços agrícolas no movimento descendente, mas a subida mais rápida, no movimento ascendente, pode ser facilmente inferida. [Prebisch], *Economic Review* [do Banco Central de la República Argentina], série 2, 1, nº 1, 1937:26-27.

111. Ver Kondratief, "Long Waves", 1935 (orig. russo 1925). Se essas ondas longas existem ou não, no desenvolvimento do capitalismo, ainda é uma questão controvertida. Kondratief não chegou a elaborar sua tese por ter sido expurgado por Stalin, em 1930, tendo morrido na prisão em data desconhecida.

112. Kondratief, "Preisdynamik", 1928, pp. 58-59.

113. Kindleberger, "Flexibility", 1937.

114. Sommer, "Pays", p. 108.

115. Ibid., p. 110.

116. Ibid., pp. 111-12.

117. H. Singer, "Distribution", 1950, p. 479.

1. Constantin Dobrogeanu-Gherea na fotografia que acompanha a *Neoiobagia* (neo-servidão), em 1910. (Cortesia da Editura Politica, Bucareste)

2. Mihail Manoilescu como ministro da Indústria e Comércio da Romênia, em 1931. (Cortesia de Valeriu Dinu)

3. Raúl Prebisch como secretário executivo da Comissão Econômica das Nações Unidas para a América Latina, em 1962. (Cortesia das Nações Unidas)

4. Celso Furtado no exílio, em 1973. (Cortesia de Celso Furtado)

5. Fernando Henrique Cardoso dando uma entrevista em Brasília, em 1976. (Cortesia de *O Estado de S. Paulo*)

8
Prebisch e o estruturalismo

Sabe-se que a história das idéias é internacional, e essa observação é particularmente aplicável ao estruturalismo econômico da América Latina do pós-guerra, devido à estreita interação existente entre o pessoal e as instituições de nível continental e de nível nacional, no Brasil. Os brasileiros estudavam e publicavam seus trabalhos na Comissão Econômica para a América Latina, em Santiago do Chile, onde nasceu a escola estruturalista; inversamente, o pessoal da CEPAL viajava com freqüência ao Brasil, e ali lecionava. A CEPAL, uma entidade regional das Nações Unidas, criada em 1948, estava sob controle latino-americano, ao contrário da Liga, onde os economistas que se interessavam pelos problemas das áreas subdesenvolvidas, até mesmo os da Europa centro-oriental, não exerciam praticamente influência alguma.[1] A Liga, em termos gerais, era um instrumento da Europa ocidental, tendo o Brasil chegado ao ponto de abandonar a organização em 1926 (vigorando a partir de 1928), quando o país não conseguiu uma cadeira permanente em seu conselho diretor.

Para entender o surgimento do estruturalismo na América Latina, a CEPAL e as contribuições brasileiras para o estruturalismo, devemos antes examinar os primórdios da evolução do pensamento de Raúl Prebisch, o fun-

290 Trânsito

dador da escola estruturalista, que embasou sua posição heterodoxa, em parte, no fato de as forças de mercado terem fracassado em alocar recursos de modo a distribuir de maneira uniforme, por todo o sistema internacional, os benefícios do desenvolvimento econômico.[2] Essa tarefa exige um breve exame das idéias e posturas econômicas na América Latina em geral, e, de forma mais detalhada, no contexto argentino, devido à estreita associação de Prebisch com as políticas econômicas argentinas no período que vai de fins da década de 1920 até inícios da de 1940 e, também, às formas pelas quais essas questões influenciaram sua visão teórica.

Na década de 1940, a questão que mais interessava a Prebisch, como também a diversos outros autores que tratavam de assuntos econômicos, era a industrialização, tanto como um fato (a princípio, como conseqüência do declínio do crescimento impulsionado pelas exportações) quanto como o objetivo a ser alcançado (para a CEPAL, ao menos em sua fase inicial, uma "solução" para o problema do subdesenvolvimento econômico). Da Grande Depressão dos anos 1930 até 1949, a defesa da industrialização não se fez acompanhar por uma teoria econômica e por uma ideologia coerente que lhe correspondessem, exceto nos casos em que o trabalho de Manoilescu era conhecido. Fora isso, os argumentos eram, freqüentemente, de abrangência limitada a circunstâncias supostamente especiais, sendo por vezes inconsistentes e, freqüentemente, autojustificativos. Isso acontecia, em parte, porque esses argumentos "contradiziam" a teoria neoclássica e, em especial, desviavam-se do modelo ricardiano da divisão internacional do trabalho, ainda muito vivo na América Latina dos primeiros anos da Depressão, apesar do surto mundial de protecionismo ocorrido na década anterior. Nos anos 1930, os defensores da industrialização eram, quase que exclusivamente, os próprios industriais. À época da Segunda Guerra Mundial, contudo, juntaram-se a eles os porta-vozes do governo, ao menos nos quatro paí-

Prebisch e o estruturalismo 291

ses mais industrializados — Argentina, Brasil, México e Chile. Na década posterior a 1949 ocorreu o apogeu da CEPAL, cujas análises legitimavam e recomendavam a industrialização. A defesa da industrialização tornou-se então muito mais agressiva e coerente. A industrialização, na América Latina, foi fato antes de ser política, e foi política antes de ser teoria. No meio século anterior a 1930, parecia haver uma correspondência grosseira entre o fato do crescimento de alto desempenho, impulsionado pelas exportações, e a teoria das vantagens comparativas, o que "justificava" a especialização latino-americana na produção de matérias-primas. Essa teoria, criada por David Ricardo (1817) e elaborada por John Stuart Mill (1848), Alfred Marshall (1879) e outros que vieram mais tarde, pode ser resumida da maneira a seguir. Dada a ausência de comércio entre dois países, se os preços relativos de duas mercadorias forem diferentes para os dois países, ambos podem lucrar comerciando essas mercadorias a um quociente intermediário de preços (ou seja, ambos podem obter ganhos, mesmo que um dos países produza ambas as mercadorias transacionadas de maneira mais eficiente que o outro); os países exportam as mercadorias cuja produção exige o uso relativamente intensivo dos fatores encontrados em relativa abundância dentro de suas fronteiras; o comércio de mercadorias reduz (caso não elimine) as diferenças internacionais de salários, aluguéis e outros tipos de remuneração dos fatores de produção; entre outras coisas, a teoria pressupõe a ausência de poder de monopólio e a disseminação dos benefícios do progresso tecnológico por todo o sistema de comércio. Na América Latina, a enunciação explícita das vantagens da especialização no comércio internacional ocorreu nas duas décadas que se seguiram a 1880, que corresponderam ao início de meio século de produção sem precedentes de bens agrícolas e minerais, a serem trocados no mercado mundial por manufaturas.[3]

292 Trânsito

Devido à ausência de fundamentação teórica para o desenvolvimento industrial (com a notável e controvertida exceção do trabalho de Manoilescu), para os países latino-americanos que na década de 1920 haviam realizado progressos na industrialização, uma maior auto-suficiência apresentava-se, no período entre 1930 e 1945, como uma "segunda" opção, em vista da prolongada crise dos mercados exportadores. O valor em dólares das exportações argentinas em 1933, por exemplo, equivalia a um terço da cifra relativa a 1929. Apesar da grande industrialização ocorrida na década de 1920, a década seguinte ainda pode ser entendida como um período de importantes mudanças estruturais e institucionais para as economias de maior porte da América Latina: a convertibilidade e o padrão-ouro foram abandonados, logo no início da Depressão, na Argentina, no Brasil e no Chile. Naqueles países, a subida dos preços dos importáveis, devida à queda nos termos de troca e à desvalorização cambial, incentivaram a substituição dos bens importados por manufaturas nacionais, para o que também contribuíram as políticas expansionistas de natureza fiscal e monetária.[4] A Argentina, o Brasil e o Chile realizaram rápidos progressos na produção industrial durante os primeiros anos da Depressão, a ponto de, em 1935, um economista norte-americano ter se arriscado a afirmar que "talvez não exista uma grande região do mundo na qual haja maior atividade industrial, em comparação com anos anteriores à Depressão, do que nas áreas temperadas da América do Sul" (ou seja, Argentina, sul do Brasil e Chile).[5] Quando veio a guerra, em 1939, as manufaturas novamente escassearam no mercado internacional, permitindo que fossem realizados novos avanços industriais, sob condição de que houvesse disponibilidade de bens de capital, combustíveis e matérias-primas.

Uma característica básica do período 1930-45 foi a intensificação da intervenção do Estado na economia, tanto na América Latina como em outras partes do mundo. Os industriais, como também outros grupos econômi-

Prebisch e o estruturalismo   293

cos, saíram em busca de auxílio estatal: eles pediam subsídios, créditos e uma maior proteção tarifária. Como mencionado no Capítulo 7, seu argumento era de que o Estado deveria ajudar na "racionalização econômica", que para eles significava, principalmente, a cartelização, um dos temas importantes para os industriais romenos e de outros países da Europa, na década de 1930.[6] Nos maiores países latino-americanos, à época da guerra, os governos passaram a ceder à insistência dos industriais, e o auxílio estatal às indústrias, na forma de empréstimos de desenvolvimento, tendeu a ocorrer, em todos eles, de forma simultânea, durante os primeiros anos da Segunda Guerra Mundial.[7] Vistas em retrospectiva, as razões para essa mudança nas políticas governamentais são claras: uma década de lutas contra os intratáveis problemas de tentar reanimar os mercados exportadores tradicionais; a grande dificuldade de obter produtos industrializados estrangeiros, por um período de praticamente 15 anos (1930-45); e o fato de que os governos (e particularmente suas forças armadas) e os industriais começaram a dar atenção à relação existente entre industrialização e defesa nacional, embora, no Chile, esse último processo tenha começado ainda nos últimos anos da década de 1920.

As providências tomadas pelos governos, no sentido de tratar dos problemas da indústria, entretanto, eram hesitantes e inconsistentes. Em 1940, o plano do ministro das Finanças Federico Pinedo ainda distinguia entre indústrias "naturais" e "artificiais", sugerindo que o desenvolvimento industrial viria a ocorrer em harmonia com as necessidades dos setores pastoril e agrícola.[8] A economia argentina, porém, sofreu uma forte contração nos anos de 1942-43, devido à falta de acesso aos mercados externos tradicionais[9] e, à época do golpe dos coronéis, em junho de 1943, a intervenção visando ao desenvolvimento industrial havia se convertido em política governamental. A criação de um banco de desenvolvimento industrial foi o passo seguinte, em 1944. No entanto, mesmo àquela épo-

294 Trânsito

ca, o apoio à atividade manufatureira estava longe de ser irrestrito. O Ministério da Agricultura ainda abrigava o Departamento da Indústria, e o ministro assegurou aos argentinos que o desenvolvimento das indústrias manufatureiras não ameaçaria o crescimento dos "setores-mãe" do país, a pecuária e a agricultura, mas que, ao contrário, contribuiria para esse crescimento.[10] Nos anos seguintes, entretanto, o governo de Juan Perón privilegiou de forma palpável os interesses dos industriais, em detrimento dos pecuaristas e agricultores.[11] Medidas de fomento à industrialização, igualmente hesitantes e experimentais, ocorreram em alguns outros países latino-americanos, nas décadas de 1930 e 40, mais especificamente no Brasil — onde se intensificaram ainda mais nas décadas seguintes —, no Chile e no México.[12]

Enquanto isso, mudanças significativas vinham ocorrendo nos círculos acadêmicos e políticos do Ocidente desenvolvido. Em 1943, tanto o economista austro-britânico Paul Rosenstein-Rodan quanto o teórico do comércio internacional americano Charles Kindleberger pediram a industrialização dos países agrários. E, na esfera política, a Conferência de Hot Springs, das Nações Aliadas, que ocorreu naquele mesmo ano, manifestou-se a favor de um certo grau de industrialização para os países "atrasados".[13] Ao fim da guerra, os economistas da Liga das Nações haviam chegado a uma conclusão semelhante. De forma mais ousada, o economista britânico Colin Clark escreveu, em 1942, que o equilíbrio futuro do comércio internacional dependia de a Europa e os Estados Unidos se disporem a "aceitar um grande fluxo de ... exportações de bens manufaturados" provenientes da Índia e da China.[14] A industrialização algo "não-intencional" dos maiores países latino-americanos, bem como sua aceitação parcial pelo governo dos Estados Unidos, refletiram-se na Conferência de Chapultepec, da União Pan-Americana (1945). As resoluções desse encontro, embora de forma bastante condicional, deram sua bênção ao processo de industrialização na América Latina. Ao fim da guerra, portanto, a industrialização havia feito patentes progressos na América Latina, caracterizando-se esse processo pela substituição de importações — a substituição dos bens importados por manufaturas nacionais, com base nos padrões de demanda existentes. Economistas de vários países vinham observando essa tendência e buscando uma teoria que a legitimasse.[15]

Essa teoria, bem como suas respectivas políticas, seriam fornecidas pela Comissão Econômica para a América Latina, dominada, em seus primeiros anos, pelas idéias, pela personalidade e pelos programas de Raúl Prebisch. Como essa entidade era, em grande medida, criação de Prebisch, é necessário que examinemos o início da carreira deste, bem como suas experiências formativas durante os anos da Depressão, para saber como vieram a se cristalizar as teses da CEPAL de 1949, uma vez que boa parte do raciocínio de Prebisch, ao que parece, baseava-se na observação empírica de políticas fracassadas e no aprendizado que daí ele extraíra.

Nascido no noroeste da Argentina, em 1901, Prebisch estudou na Universidade de Buenos Aires, cujo Departamento (Faculdade) de Economia, àquela época, era provavelmente a melhor escola de teoria econômica da América Latina.[16] Prebisch, desde cedo, prometia uma brilhante carreira nos meios econômicos oficiais da Argentina, como o *insider* por excelência. Com apenas vinte anos, publicou seu primeiro trabalho profissional sobre economia. Em 1923, tendo completado seu mestrado nessa disciplina, foi convidado a ingressar na carreira acadêmica daquela universidade. Embora Prebisch, enquanto ainda estudante, tivesse sido assistente de Alejandro Bunge, o principal promotor da industrialização argentina de seu tempo, a carreira do jovem seguiu o caminho mais curto para o sucesso, graças a uma precoce e íntima associação com a liderança do setor pastoril.[17] Em 1922, antes de Prebisch ter se formado, Enrique Uriburu (seu primo em segundo

296 Trânsito

grau)[18] nomeou-o diretor da seção de estatística da Sociedade Rural Argentina, a poderosa e elitista associação dos pecuaristas. Dois anos depois, a Rural enviou Prebisch para a Austrália, onde ele estudou os métodos estatísticos aplicados à pecuária e onde, ao que tudo indica, pôde perceber, de uma perspectiva mais ampla, a posição da Argentina na economia internacional.[19] Em 1925 já era tanto professor universitário quanto alto funcionário do Departamento de Estatística do governo argentino. Em 1927, publicou um estudo, patrocinado pela Rural, que veio a se constituir na base das ações governamentais em favor dos pecuaristas no mercado externo de carnes.[20]

Os líderes da Sociedade Rural, ao que parece, ficaram impressionados com a necessidade de obter bons dados estatísticos, com a necessidade de análise econômica e com Prebisch. Em 1928, ele voltou a trabalhar em tempo parcial para a Rural, compilando um anuário estatístico para aquela organização. Desde o início de sua carreira, portanto, Prebisch havia se interessado por questões de política econômica referentes ao contexto do sistema de comércio internacional. Em 1928, ele também lançou a Revista Económica, órgão de imprensa do Banco de la Nación Argentina, entidade esta controlada pelo governo, para a qual Prebisch havia criado uma divisão de pesquisa.[21] Essa publicação tratava não apenas das questões financeiras prementes, mas também dos problemas da pecuária, da agricultura e do comércio internacional — mas não de tópicos de economia teórica.

No início da década de 1930, Prebisch trabalhou como consultor econômico para os ministérios das Finanças e da Agricultura do governo argentino, propondo a criação de um banco central (com poderes para controlar as taxas de juros e a oferta de moeda) ao governo do general José Uriburu, que havia tomado o poder em 1930, e com o qual Prebisch tinha um parentesco distante.[22] Em 1932, o governo pediu a *sir* Otto Niemeyer, especialista financeiro britânico, que naquela época vinha prestando consultoria aos governos do Brasil e da Romênia, que elaborasse um plano para esse banco central. Mas o plano que acabou sendo aprovado era de lavra mais diretamente argentina, e Prebisch desempenhou o principal papel nessa criação. Após prolongados estudos e debates parlamentares, o Banco Central, em 1935, tornou-se o primeiro banco verdadeiramente central do país, e desde sua fundação até 1943 Prebisch foi seu diretor-geral. O banco funcionava também como o *brain trust* do governo, nas palavras de um membro do grupo de Prebisch.[23]

Em muitos sentidos, Prebisch e seus colegas, na década de 1930, estavam desbravando terra incógnita. Antes da Depressão, o fato de que a Argentina havia prosperado seguindo a teoria das vantagens comparativas era visto como uma verdade axiomática. Os benefícios auferidos do crescimento impulsionado pelas exportações, com base na divisão internacional do trabalho, fizeram da teoria das vantagens comparativas uma doutrina quase sacrossanta. Nas palavras de Carlos Díaz-Alejandro, "De 1860 a 1930, a Argentina cresceu a uma taxa que tem poucos paralelos na história econômica, comparável apenas, talvez, ao desempenho, durante aquele mesmo período, de outros países de ocupação recente".[24] Mas os anos 1920 foram um tempo tanto de desequilíbrio quanto de expansão para o comércio mundial e, embora a Argentina tenha prosperado, passou pelos mesmos problemas que afetaram os demais países de produção primária nos anos imediatamente anteriores à quebra de outubro de 1929 — queda nos preços das exportações, estoques se acumulando e dificuldades de pagamento da dívida. A Argentina e o Uruguai foram as primeiras nações do mundo a abandonar o padrão-ouro, na Grande Depressão, ainda antes do fim do ano de 1929. Logo após a Grã-Bretanha ter deixado de lado o padrão-ouro, em outubro de 1931, as autoridades argentinas adotaram controles cambiais para tentar estancar a fuga de capitais e facilitar a amortização dos empréstimos negociados em moedas fortes.

298 *Trânsito*

Mais tarde, Prebisch escreveria que "os controles cambiais não resultaram de teorias, mas foram impostos pelas circunstâncias".[25] A Depressão, desse modo, fez com que fossem abandonadas muitas das doutrinas e práticas econômicas sacramentadas. Durante a crise, a Grã-Bretanha explorou sua posição monopsonista, em detrimento de seus muitos fornecedores. Como regra geral, ela tentava comprar menos no exterior, conseguindo assim preços mais baixos para suas importações. No caso da Argentina, o poder comercial britânico era exacerbado pela perda de investimentos em dólar sofrida por aquela nação sul-americana. Em meados da década de 1920, os Estados Unidos haviam se tornado um dos maiores fornecedores da Argentina, mas este último país tinha dificuldades crônicas de pagar diretamente as exportações americanas com suas próprias exportações não-complementares. A Argentina, portanto, estivera em situação de dependência frente às exportações de capital dos Estados Unidos, mas, durante a Depressão, os investidores norte-americanos desinvestiram na Argentina.[26] Excluída do mercado americano em razão das altas tarifas e de regulamentações de outros tipos, e vendo também barrado seu acesso aos mercados continentais, em inícios da década de 1930, a Argentina temia, mais que tudo, a perda do mercado britânico, o qual, na verdade, já estava parcialmente fechado em virtude do acordo da Conferência de Ottawa (1932), firmado entre a Grã-Bretanha e seus domínios, muitos dos quais concorrentes da Argentina no mercado de exportações. O poder comercial da Grã-Bretanha aumentou também devido ao fato de ela ter, naqueles anos, comprado muito mais da Argentina do que vendido a esse país: nos quatro anos entre 1930 e 1933, a Grã-Bretanha levou mais de 40% das exportações, mas forneceu apenas 20% das importações argentinas.[27] Por essa razão, os estadistas e economistas do governo argentino — entre eles Raúl Prebisch — estavam mais que dispostos a ingressar no Pacto Roca-Runciman, de

1933, um acordo muito mais favorável à Grã-Bretanha que à Argentina, pelo qual o Reino Unido se comprometia a manter um determinado nível de compras de carne em troca de pagamentos regulares do serviço da dívida e de reduções das tarifas para as manufaturas britânicas. Dessa maneira, as exportações de carne, o território tradicional da oligarquia argentina, ganharam precedência sobre o trigo.[28] Um acordo bilateral de 1926 foi ainda mais favorável aos interesses britânicos. Após o início da guerra, em 1939, o governo britânico fez valer sua posição monopsonista, auferindo dela vantagens ainda maiores, em negociações estabelecidas entre o Banco da Inglaterra e o Banco Central da Argentina, negociações essas lideradas por Raúl Prebisch.[29] É fácil supor que a longa e notória dependência da Argentina de seu maior parceiro comercial tenha deixado uma impressão duradoura em Prebisch.

A Depressão trouxe não apenas negociações bilaterais, mas também uma série de encontros econômicos internacionais. Em 1933, Prebisch, como convidado do Conselho da Liga das Nações, esteve presente a uma reunião da Comissão de Preparação para a Segunda Conferência Monetária Internacional, em Genebra. Da Suíça, Prebisch escreveu um relatório para a *Revista Económica*, afirmando que os especialistas em assuntos monetários ali reunidos acreditavam que um dos bloqueios básicos do sistema econômico internacional derivava do fato de os Estados Unidos terem substituído a Grã-Bretanha como o maior país credor de todo o mundo, e de que as altas tabelas tarifárias americanas (em especial a Smoot-Hawley, de 1930) não permitiam aos outros países amortizar com exportações os empréstimos contraídos junto aos Estados Unidos. Em conseqüência, estabelecia-se a tendência de o mundo inteiro enviar ouro para os Estados Unidos, metal que não voltava a circular no sistema monetário internacional.[30] Prebisch, pouco tempo depois, foi a Londres para ajudar a negociar, na condição de consultor técnico, o Pacto Roca-Runciman. Mais tarde, em 1933, voltou àquela

300 Trânsito

cidade para assistir à Conferência Monetária Internacional, a qual, no entanto, terminou em fracasso. Enquanto isso, Prebisch representava a Argentina em negociações com as autoridades comerciais dos Estados Unidos, Canadá e Austrália, visando limitar a oferta mundial de trigo, mas esse experimento não obteve mais sucesso do que as tentativas de Virgil Madgearu, da mesma época, de melhorar os preços dos cereais, por mediação do Bloco Agrário na Europa centro-oriental. A tendência ao bilateralismo no comércio internacional continuou prevalecendo. De volta à Argentina, Prebisch tentou compreender um outro problema sério criado pela Depressão — o declínio dos termos de troca. Em 1934, publicou um artigo ressaltando que "os preços agrícolas caíram a níveis mais baixos que os dos produtos industrializados" e que, em 1933, a Argentina tinha que vender 73% mais do que na época anterior à Depressão para obter as mesmas quantidades de importações (manufaturadas). Nesse mesmo artigo, Prebisch acusou de "escolásticas" as teorias ortodoxas do equilíbrio, de autoria de seu colega mais velho da Universidade de Buenos Aires, o professor Luis Roque Gondra, por essas doutrinas ignorarem o patente fato de uma depressão prolongada.[31]

Após um período de melhoria na economia argentina, uma depressão severa voltou a ocorrer em 1937-38. Originando-se nos Estados Unidos, o problema tinha seus mais graves efeitos de difusão nas regiões exportadoras de produtos agrícolas e minerais, uma vez que a Europa e o Japão estavam "reflacionando" sua economia com seus programas armamentistas. O trigo foi uma das commodities cujos preços caíram bruscamente em 1937.[32] Como outros países estavam introduzindo novos controles comerciais, a Argentina fez o mesmo em 1938 sob a forma de restrições quantitativas às importações. Nos dois anos seguintes, as autoridades do sistema bancário argentino, entre as quais Raúl Prebisch, tentaram manter equilibrados os créditos e débitos internacionais, "no sentido do mais estrito curto prazo". A política de comércio, portanto, não estava ainda sendo conscientemente usada para fomentar a industrialização.[33] Entretanto, as indústrias manufatureiras argentinas tiveram um crescimento impressionante na década de 1930 e nos primeiros anos da de 1940, fato reconhecido, à época, tanto em nível nacional quanto internacional. Em especial, a *Revista Económica* do Banco Central acusou um aumento de produção da ordem de 85% (por valor) entre o censo industrial de 1913 e o de 1934-35.[34] Em seu relatório anual de 1942 (publicado em 1943), o banco levou às últimas conseqüências a alteração de suas prioridades econômicas, defendendo a industrialização. Esse relatório, refletindo os pontos de vista de Prebisch, argumentava que as exportações e o desenvolvimento industrial não eram de modo algum incompatíveis; ao contrário, a questão era alterar a composição das importações, passando dos bens de consumo aos bens de capital.[35]

O Prebisch formulador de políticas nos interessa menos que o Prebisch economista teórico que então despontava, embora seja difícil separá-los. Nessa última condição, ele estava começando, em 1937, a formular uma teoria das trocas desiguais. Naquele ano, a *Revista Económica* observou que a produção agrícola era inelástica em comparação com a produção industrial, e que os preços de seus produtos tendiam, ao longo do ciclo econômico, a subir e cair com maior rapidez que os preços industriais. A *Revista* notou também o problema correlato da falta de organização dos produtores rurais, concluindo: "Na última depressão, essas diferenças manifestaram-se como uma queda brusca dos preços agrícolas e como um declínio muito menor dos preços dos artigos manufaturados. Os países agrários perderam parte de seu poder de compra, o que veio a afetar sua balança de pagamentos e o volume de suas importações."[36]

A ênfase, portanto, era na elasticidade da oferta da produção industrial e, implicitamente, no monopólio, e não

302 Trânsito

nos contratos salariais dos países industriais, elemento esse que seria, mais tarde, um dos pontos focais da análise de Prebisch. Nesse mesmo comentário, a *Revista* observou que o complexo industrial argentino havia obtido seus maiores ganhos em dois períodos: durante a Primeira Guerra Mundial e durante a "recrudescência global da política de autosuficiência econômica, nos anos 1929-1936".[37] Prebisch, portanto, parecia estar considerando a possibilidade de que o crescimento impelido pelas exportações já não era um caminho viável para o desenvolvimento. Prebisch tinha também intenso interesse no ciclo econômico argentino. O Banco Central deu início, em 1937, a suas tentativas de conduzir uma política monetária contracíclica, diminuindo o poder de compra da população pela venda de títulos da dívida pública, naquele ano de prosperidade rápida. No período de contração subseqüente, o banco tentaria ampliar esse poder de compra recorrendo à diminuição da taxa de redesconto.[38] Em 1939, em seu relatório anual para o ano anterior, o Banco Central — representando o pensamento de Prebisch sobre o assunto — argumentou que os ciclos econômicos do país eram, basicamente, um reflexo dos ciclos de seus principais parceiros comerciais (industrializados), e que a expansão do crédito interno na Argentina teve início com um superávit de exportações, que levou a uma maior demanda por produtos estrangeiros devido à alta propensão dos exportadores a importar. Quando combinado com exigências pesadas de importação, o processo repetidamente produzia crises de balança de pagamentos no ciclo econômico nacional.[39]

Em 1943, os autores do golpe militar demitiram Prebisch de seu cargo no Banco Central, ao que parece por identificá-lo com a "oligarquia" dos estancieiros, apesar de ele, mais tarde, ter defendido seu trabalho durante a era da Depressão como sendo o de um *técnico*.[40] Nessa época, Prebisch deu início a uma vasta leitura da literatura econômica recente.[41] Voltando a lecionar, realizou uma série de palestras, em 1944, nas quais se referiu, pela primeira vez, ao "Centro" e à "Periferia", termos que mais tarde ele tornaria célebres. Prebisch desenvolveu um argumento histórico, com a Grã-Bretanha, no século XIX, como o Centro do sistema comercial e monetário baseado no padrão-ouro. (Esse, é claro, seria um modelo melhor para a primeira metade daquele século que para a segunda, mas a Grã-Bretanha como Centro para o período completo correspondia suficientemente à situação da Argentina.) Sob a liderança da Grã-Bretanha, enquanto Centro gerador de ciclos, afirmou Prebisch, o sistema econômico mundial havia equilibrado os fluxos de ouro e a balança de pagamentos ao longo de todo o ciclo, tanto no Centro quanto na Periferia. "No movimento ascendente do ciclo, o ouro tendia a sair da Grã-Bretanha, o centro do sistema, e entrar nos países da Periferia", retornando então no movimento descendente. Um dos problemas, para os países periféricos, era que, quando o ouro saía, no movimento descendente, "não havia como reduzir o fluxo de ouro, exceto contraindo créditos... Não ocorreria a ninguém... a possibilidade de aumentar a taxa de redesconto, em competição com o Centro monetário em Londres". Desse modo, a estabilidade monetária global era mantida ao custo da contração econômica da Periferia. "O padrão-ouro era, portanto, um sistema automático para os países da Periferia, mas não para o Centro", onde a taxa de redesconto podia ser ajustada de acordo com as necessidades internas. Na Periferia, o padrão-ouro tinha o efeito de exacerbar, ao invés de neutralizar as oscilações cíclicas.[42] Passando aos anos posteriores à Primeira Guerra, Prebisch concluiu que os banqueiros de Nova York, nas décadas de 1920 e 30, não possuíam o conhecimento ou a experiência da "oligarquia financeira britânica", embora, é claro, a situação mundial fosse drasticamente diferente após a guerra. Em 1930, os Estados Unidos já haviam sugado a maior parte do ouro do mundo. Conseqüentemente, "os demais países do mundo, inclusive o nosso,

304 Trânsito

vêem-se forçados a buscar um meio de crescer para dentro [*crecer hacia adentro*]"[43] — uma expressão que a CEPAL, mais tarde, tornaria amplamente difundida.

O ciclo econômico argentino, continuava Prebisch, dependia de fatores exógenos que operavam por meio da balança de pagamentos. No movimento ascendente, as exportações e os investimentos estrangeiros acarretavam o influxo de ouro e de divisas, gerando dinheiro novo e, portanto, mais importações. Essas mudanças, além disso, ampliavam o crédito para os setores agrícola e pastoril; mas devido à oferta inelástica, durante o movimento descendente, ocorria a paralisação do crédito para o setor rural. As novas importações eram pagas com as reservas, gerando assim uma crise monetária.[44]

Em busca de uma solução para os problemas da Argentina, Prebisch começou a pensar em termos mais gerais sobre a América Latina e suas relações com os Estados Unidos: a primeira vez que esse interesse se manifestou foi no já mencionado plano de 1940 (provavelmente redigido por Prebisch, mas apresentado ao Congresso pelo ministro das Finanças Pinedo), "que propôs ligar a economia argentina ao poder ascendente dos Estados Unidos e aos crescentes mercados latino-americanos", em parte graças à exportação de manufaturados.[45] Após ser demitido do Banco Central, Prebisch esteve por duas vezes no México, em meados da década de 1940, a convite do banco central do México (Banco de México). Em ambas as ocasiões ele participou de encontros internacionais: uma vez em 1944, em uma reunião de intelectuais da América Latina, no Colegio de México, sobre problemas que viriam a ser enfrentados pela região na época do pós-guerra[46] e, da outra vez, na Cidade do México, em um encontro interamericano de dirigentes de bancos centrais, em 1946. Durante essas visitas àquele país, seu interesse deixou de se restringir ao sistema bancário e ao comércio internacional, passando a incluir a industrialização.

O interesse de Prebisch pela industrialização como solução para os problemas econômicos da América Latina originou-se de um desejo, compartilhado por muitos de seus contemporâneos argentinos, de tornar a Argentina menos economicamente "vulnerável", vulnerabilidade essa que ficara dolorosamente evidente durante todo o período entre 1930 e 1945. O Banco Central argentino, sob a liderança de Prebisch, havia dado início, em seu relatório de 1942, à defesa da industrialização. Por conseguinte, Prebisch, em sua palestra no Colegio de México, de 1944, recomendava políticas semelhantes a outros governos latino-americanos.[47] Em suas "conversas" no Banco de México, naquele mesmo ano, Prebisch novamente chamou a atenção para o fato de que o período de maior desenvolvimento industrial na Argentina havia sido a Grande Depressão e os tempos de guerra mundial, períodos esses nos quais o país teve que produzir para si próprio o que não conseguia importar.[48] Posteriormente, os economistas da CEPAL desenvolveriam amplamente essa proposição, por intermédio do conceito por eles criado de "crescer para dentro".

Em um artigo publicado em 1944 na revista mexicana *Trimestre Económico*, Prebisch observou que os Estados Unidos, diferentemente da Argentina, tinham uma baixa propensão a importar (definida como a alteração no valor das importações geradas por uma dada alteração no produto nacional). Como os outros países tinham alta propensão a importar, e os Estados Unidos haviam substituído a Grã-Bretanha como o maior parceiro comercial industrializado dos Estados latino-americanos, Prebisch foi além do argumento dos especialistas da Liga, de 1933, advertindo que o sistema de comércio internacional do pós-guerra corria o risco de desequilíbrio permanente.[49]

Prebisch, em 1946, usou pela primeira vez, em forma impressa, a terminologia Centro-Periferia, em um encontro dos dirigentes de bancos centrais do hemisfério, reunidos a convite do Banco de México. Ele, então, identificou os

306 Trânsito

Estados Unidos como o "Centro cíclico" e a América Latina como "a Periferia do sistema econômico". A ênfase, conforme já mencionado, era no ciclo econômico, cujos ritmos eram determinados pela economia norte-americana para todo o sistema internacional. As autoridades fiscais e monetárias dos Estados Unidos podiam adotar uma política de pleno emprego sem produzir instabilidade monetária, afirmava Prebisch. Além do mais, essas autoridades não precisavam se preocupar de forma especial com o impacto das políticas de pleno emprego nas taxas de câmbio do dólar em relação às outras moedas. As nações da Periferia, pelo contrário, não podiam aplicar os mesmos instrumentos monetários utilizados pelo Centro. Extrapolando seu argumento de 1944, referente à Argentina, Prebisch afirmou que a oferta de moeda nos países periféricos não poderia ser ampliada visando ao pleno emprego, uma vez que, com sua alta propensão a importar, qualquer ampliação da renda iria rapidamente exaurir as divisas, na hipótese de não haver desvalorização.

Prebisch, nessa declaração datada de 1946, bem como em escritos anteriores, sugeriu que os países periféricos viam-se frente a três alternativas, todas elas com conseqüências indesejáveis: poderiam ter moedas fortes e manter altos níveis de importação ao custo de alto desemprego; poderiam combater o desemprego com uma política monetária expansionista, criando assim inflação, pressionando a taxa de câmbio e, conseqüentemente, elevando os custos da amortização da dívida externa; ou, caso usassem a política monetária para manter altos índices de emprego, sem lançar mão da desvalorização, suas reservas evaporar-se-iam. Quando os preços dos produtos da Periferia caíam, durante o movimento descendente do ciclo, além disso, os governos dos países periféricos, pelo menos isoladamente, não poderiam afetar os preços mundiais de seus produtos do mesmo modo que o Centro podia fazer com os seus. Portanto, as teorias do equilíbrio do comércio internacional não eram aceitáveis.[50] Isso representava um ataque às prescrições políticas dos economistas neoclássicos. A mensagem de Prebisch, na Cidade do México, estava afinada com o pessimismo então reinante na América Latina com respeito ao comércio internacional como motor do crescimento a longo prazo, ao menos para as exportações tradicionais e, em termos de renda, inelásticas. Mesmo a melhoria dos termos de troca ocorrida nos primeiros anos do pós-guerra foi vista por muitos como transitória.[51]

Na Universidade de Buenos Aires, em 1948, Prebisch atacou, especificamente, a teoria das vantagens comparativas, observando que seus preceitos eram repetidamente violados pelas nações industrializadas, especialmente por meio de barreiras tarifárias e restrições à imigração. Os economistas do mundo desenvolvido, entretanto, usavam a teoria neoclássica do comércio internacional como uma arma ideológica. Ele sugeriu também que, no processo comercial, os países industrializados agiam como monopolistas contra os países agrícolas. Prebisch, então, asseverou que, em termos históricos, tanto nos Estados Unidos quanto na Grã-Bretanha, os progressos tecnológicos não resultavam em decréscimo dos preços, mas em aumento dos salários. "Os frutos do progresso técnico tendiam a permanecer na Grã-Bretanha", no século XIX. Entretanto, como a Grã-Bretanha havia sacrificado sua agricultura, parte dos benefícios do progresso tecnológico havia sido transferida para os "novos países", na forma de um maior valor da terra. O coeficiente de importações britânico, no século XIX (definido como o valor das importações dividido pela renda real) foi estimado por Prebisch como sendo de 30% a 35%, enquanto o dos Estados Unidos, na década de 1930, era de apenas 5%. Tudo isso implicava um bloqueio do crescimento para a Periferia exportadora de produtos agrícolas sob o domínio do novo Centro, o qual era, em grande medida, auto-suficiente.[52]

Essa teoria Centro-Periferia, mesmo em sua forma incipiente, implicava um sistema único, hegemonicamente organizado.[53] Para avaliar a importância dos termos "Centro" e "Periferia", devemos ter em mente que a idéia de que havia algo de fundamentalmente diferente nas economias das regiões "atrasadas" ainda era nova na década de 1940. O conceito de "subdesenvolvimento" como síndrome foi elaborado naquela década, principalmente após a criação das agências especializadas das Nações Unidas, em 1947-48. Os eufemismos "países em desenvolvimento" e "menos desenvolvidos" ainda estavam por vir.[54] Embora alguns marxistas e outros mantivessem o uso do antigo termo "atrasado", preferindo-o a "subdesenvolvido", mesmo o termo "atrasado", nessa terminologia não-Centro-Periferia, não implicava hegemonia, e tampouco colocava a ênfase central no sistema capitalista internacional. Ao contrário, esse termo poderia sugerir que o problema era, em grande medida, uma questão de avanços e atrasos — a tese da modernização em seu cenário a-histórico.

Apesar de algumas das idéias-chave da análise posterior de Prebisch terem sido apresentadas em encontros internacionais, em 1944 e 1946, não houve, àquela época, nenhuma menção à criação de uma Comissão Econômica para a América Latina, a agência das Nações Unidas que, mais tarde, seria o principal veículo teórico e ideológico de Prebisch. Ao contrário, essa agência resultou de uma iniciativa chilena, de 1947, na sede das Nações Unidas em Lake Success, no estado de Nova York. A criação dessa agência foi aprovada pelo Conselho Econômico e Social das Nações Unidas, em fevereiro de 1948, e a CEPAL reuniu-se pela primeira vez em Santiago do Chile, em junho daquele mesmo ano. Alberto Baltra Cortés, ministro da Economia do Chile, presidiu o encontro. Na sessão de abertura, Baltra, que já conhecia as idéias de Prebisch, ressaltou a necessidade de a América Latina se industrializar, atitude à qual os representantes dos Estados Unidos e das potências coloniais européias afirmaram não ter nada a opor. Quanto ao futuro da CEPAL, ou pelo menos da mais famosa de suas teses, o principal resultado do en-

Prebisch e o estruturalismo 309

contro foi uma resolução pedindo um estudo sobre os termos de troca da América Latina.[55]

Mas, sem a liderança de Prebisch, a CEPAL ainda não era a CEPAL. Sua personalidade, suas teses e seus programas de tal forma dominaram a agência, na fase formativa, que esta se sobressaiu fortemente em relação à Comissão Econômica para a Ásia e Extremo Oriente (criada em 1947) e a Comissão Econômica para a África (1958), agências essas de orientação mais puramente técnica. O ano da fundação da CEPAL parecia propício à obtenção dos serviços de Prebisch: na Argentina de Perón, ele havia sido alijado dos cargos oficiais, talvez devido à sua longa e estreita associação com a elite econômica tradicional do país. Enquanto isso, sua reputação como economista, na América Latina, havia crescido com a publicação, no México, de sua *Introdução a Keynes*, em 1947.[56] Prebisch recusou, em 1948, a primeira oferta de dirigir a agência sediada em Santiago, por temer que uma organização internacional como as Nações Unidas não permitisse aos países subdesenvolvidos analisar os problemas econômicos a partir de sua própria perspectiva. Quanto a isso, ele tinha em mente a falta de interesse da Liga das Nações nas regiões subdesenvolvidas,[57] embora, como já vimos no capítulo anterior, nos últimos anos do entreguerras os economistas da Liga já estivessem começando a questionar a divisão do trabalho internacional. Mas, nesse ínterim, ficou evidenciado que a preocupação de Prebisch tinha fundamento, com a recusa do Congresso dos Estados Unidos a tomar as providências para a criação de uma Organização Internacional do Comércio (OIC), patrocinada pelas Nações Unidas, proposta em 1948 como uma terceira perna — juntamente com o Banco Mundial e o FMI — de um sistema econômico internacional. A função da OIC teria sido tratar de um assunto de grande interesse para a América Latina, a estabilização do preço das *commodities*.

Seja como for, Prebisch foi novamente convidado para ir trabalhar em Santiago, em uma tarefa especial, como edi-

310   Trânsito

tor e autor da introdução a um relatório econômico sobre a América Latina, autorizado na reunião inicial da CEPAL. Em Santiago, ele desenvolveu suas teses sobre a deterioração dos termos de troca em *O Desenvolvimento Econômico da América Latina e seus Principais Problemas*, publicado em espanhol em maio de 1949 e mais tarde denominado o "Manifesto da CEPAL" por Albert Hirschman.[58] Prebisch já tinha opinião formada sobre a tendência secular dos termos de troca da América Latina; em sala de aula, afirmara em 1948 que os benefícios do progresso tecnológico eram absorvidos pelo Centro. Agora, um novo estudo, *Os Preços Relativos das Exportações e Importações dos Países Subdesenvolvidos*, de autoria de Hans W. Singer, do Departamento de Assuntos Econômicos da ONU, forneceu a base empírica para a tese de Prebisch. Esse trabalho consistia em um exame das tendências a longo prazo apresentadas pelos preços relativos dos produtos comercializados entre os países produtores de bens industrializados e de matérias-primas, concluindo que os termos de troca, de fins do século XIX até as vésperas da Segunda Guerra Mundial, haviam se voltado contra os exportadores de produtos agrícolas e a favor dos exportadores de produtos industriais: "Em média, uma determinada quantidade de exportações primárias pagaria, ao fim desse período, por apenas 60% da quantidade de bens manufaturados que ela poderia comprar no início do período".[59]

A CEPAL explicou parcialmente essa conclusão argumentando que os ganhos de produtividade, ao longo do período em questão, eram maiores para os produtos industriais que para os produtos primários, contestando assim o pressuposto básico da teoria das vantagens comparativas. Se os preços dos produtos industrializados houvessem caído, os efeitos dos progressos técnicos ter-se-iam irradiado por todo o sistema Centro-Periferia, podendo-se então esperar a melhoria dos termos de troca para os produtos agrícolas. Mas tal não aconteceu, e, segundo a CEPAL, a importância desse fato devia ser enten-

Prebisch e o estruturalismo 311

dida em termos dos ciclos econômicos. Durante o movimento ascendente, os preços dos produtos primários sobem mais bruscamente que os dos produtos industrializados, mas caem mais abruptamente durante o movimento descendente. No movimento ascendente, a classe trabalhadora do Centro absorve ganhos econômicos reais, mas seus salários não caem de forma proporcional durante o movimento descendente. Devido ao fato de os trabalhadores da Periferia não serem bem-organizados (na agricultura, sobretudo), a Periferia absorve mais da contradição de renda do sistema do que acontece com o Centro.[60] Desse modo, no jargão atual, Prebisch, assim como Manoilescu antes dele, centrou-se nos "termos de troca de duplos fatores" — a remuneração da mão-de-obra nacional *versus* a da mão-de-obra estrangeira, durante o processo comercial.

Em seu *Levantamento Econômico da América Latina*, 1949 (edição espanhola, 1950), Prebisch desenvolveu esses argumentos em maior detalhe. Ele dizia que havia duas fontes principais de deterioração potencial dos termos de troca: as relativas aos ganhos de produtividade tecnológica do Centro e as relativas aos da Periferia. Partia do pressuposto de que os ganhos do Centro seriam maiores e, caso o sistema funcionasse de forma normal, estes, em alguma medida, se irradiariam para a Periferia. Nesse caso, a um prazo mais longo, os termos de troca do Centro entrariam em deterioração e os da Periferia apresentariam melhoras. Se os termos da Periferia se deteriorassem, isso significava que ela não estava conseguindo compartilhar dos ganhos presumivelmente maiores do Centro, mas também que transferia para o Centro parte de seus *próprios* ganhos de produtividade.[61] Uma vez que *Os Preços Relativos* haviam estabelecido a existência de uma deterioração nos termos da Periferia, a proteção à indústria era uma condição *sine qua non* para que se pusesse fim à concentração, no Centro, dos frutos do progresso tecnológico.

312 Trânsito

A causa básica dessa deterioração era o excesso de oferta de mão-de-obra (e a pressão populacional subjacente) no setor pré-capitalista e preponderantemente agrícola da economia periférica. À medida que se dá a penetração das técnicas agrícolas modernas, reduzindo o tamanho do setor pré-capitalista, afirmava o *Levantamento*, cria-se um excedente de mão-de-obra. O estudo, então, citava dados históricos para demonstrar que o setor exportador da América Latina não seria capaz de absorver esse excedente. A industrialização, em parte para absorver o excedente de mão-de-obra não passível de ser empregado pela agricultura de exportação, devido ao lento crescimento desta,[62] tinha que ser a peça central de uma política de desenvolvimento econômico, declarava o *Levantamento*. Mesmo no caso de haver necessidade de proteção, as indústrias seriam "econômicas na medida em que representam um ganho líquido para a renda real". A renda nacional poderia ser elevada pela redução seletiva dos componentes do coeficiente de importação.[63]

Outro argumento inicial da CEPAL teve como ponto de partida as observações de Prebisch quanto aos problemas das importações argentinas na década de 1930. Os Estados Unidos, principal Centro cíclico, apresentavam um coeficiente de importação muito mais baixo que seu coeficiente de exportação, sendo o primeiro também muito mais baixo que os dos países latino-americanos. Os Estados Unidos tendiam a vender mais para a América Latina do que a comprar dela, exaurindo as reservas daquela região e criando a tendência a um desequilíbrio permanente. Segundo a CEPAL, essa tendência não havia existido durante o tempo em que a Grã-Bretanha, sempre faminta por importações, era o Centro principal.[64] A economia dos Estados Unidos chegava ao ponto de crescer pelo fechamento: a CEPAL apresentou estatísticas demonstrando que o coeficiente de importação daquele país havia decrescido entre a década de 1920 e fins da de 1940. A explicação era que os progressos tecnológicos, em alguns

Prebisch e o estruturalismo 313

setores industriais, mostravam-se muito superiores à média, permitindo a esses setores pagar salários muito mais altos, forçando uma elevação dos salários em geral e, no que se refere a alguns outros setores, acima dos ganhos de produtividade. Portanto, maiores custos levavam a um maior protecionismo médio e ao "fechamento" do Centro.[65] Mas Prebisch e a equipe da CEPAL organizada por ele interessavam-se também por uma outra dimensão do problema — a fixação monopolística de preços por parte do Centro. A análise original, datada de 1949-50, colocava ênfase muito maior na rigidez dos salários durante a fase descendente do ciclo do que na fixação monopolística de preços como tal, mas esse último argumento já estava de algum modo presente.[66] De qualquer forma, tanto a rigidez salarial quanto o monopólio eram tidos como inexistentes na teoria neoclássica do comércio internacional. Os países periféricos não possuíam monopólio sobre as mercadorias oferecidas por eles no mercado mundial, com raras e temporárias exceções e, da mesma forma, suas forças de trabalho rurais não eram bem organizadas, o que não lhes permitia resistir à queda dos salários no decorrer do movimento descendente do ciclo.

A análise precedente, vista como um todo, apontava para as características negativas da economia da Periferia — desemprego estrutural, desequilíbrio externo e deterioração dos termos de troca —, problemas esses que uma política de industrialização poderia ajudar a resolver ou diminuir.

Em 1950, o ano seguinte ao lançamento do manifesto da CEPAL, outro economista das Nações Unidas apresentou, de forma independente, uma tese relacionada às da CEPAL. Hans Singer, que dirigira o estudo da ONU, *Preços Relativos* (a base de dados para o argumento da CEPAL sobre os termos de troca), alegava que o progresso tecnológico na indústria manufatureira expressava-se como um aumento das rendas dos países desenvolvidos, ao passo que esse mesmo progresso, na produção de gêneros alimentícios e matérias-primas dos países subdesen-

314 Trânsito

volvidos, manifestava-se como uma queda nos preços. Singer explicava os efeitos díspares do progresso técnico em termos das diferentes elasticidades de renda da demanda para os produtos primários e industriais — uma extrapolação da lei de Ernst Engel, de que a proporção da renda despendida com alimentação cai à medida que a renda sobe — e também em termos da "ausência de pressão por rendas maiores, por parte dos produtores", nos países subdesenvolvidos. Devido a que, no comércio mundial, os consumidores de bens manufaturados tendiam a viver nos países subdesenvolvidos, e que o contrário era verdadeiro para os consumidores de matérias-primas, prosseguia Singer, este último grupo tinha o melhor dos dois mundos, enquanto o primeiro ficava com o pior. Ele mencionou também a baixa elasticidade da demanda por matérias-primas e gêneros alimentícios com respeito a preços (em contraposição à renda) como um problema correlato, porém distinto.[67] A interpretação dada por Singer à relação entre o comércio internacional e o desenvolvimento foi rapidamente associada à de Prebisch, e as teorias de ambos, logo em seguida, passaram a ser conhecidas como a tese Prebisch-Singer, embora os dois economistas afirmem não ter havido intercâmbio direto de idéias à época em que foram desenvolvidos os conjuntos de proposições, que guardavam entre si tantas semelhanças e, além disso, baseavam-se nos mesmos dados das Nações Unidas.[68] (Prebisch estava então em Santiago e Singer, em Nova York.) Na verdade, Prebisch havia apresentado *dois* argumentos, dos quais um foi melhor formulado por Singer; e Singer, por sua vez, havia tratado do tema de Prebisch dos graus contrastantes de organização da força de trabalho no Centro e na Periferia. O argumento central deste último relacionava-se à diferença entre as produtividades do Centro e da Periferia. Seu outro argumento, tratando da disparidade entre os coeficientes de importação, era, em termos gerais, análogo ao argumento mais elegante de Singer sobre a diferença entre as elasticidades da renda. Por fim, Singer, ao contrário de Prebisch, não se referiu à diferença de comportamento dos elementos constitutivos do Centro e da Periferia no decorrer do ciclo econômico, focalizando mais o longo prazo.

Como o "manifesto" da CEPAL, *O Desenvolvimento Econômico* foi lançado em forma impressa em maio de 1949, mais de seis meses antes de Singer apresentar seu trabalho (publicado em 1950) à Associação Econômica Americana, Prebisch parece ter sido o primeiro a firmar sua posição. Na verdade, o estudo da ONU corroborava algumas das conclusões às quais já havia chegado. É digno de nota, entretanto, que diversos autores que vieram a seguir, implícita ou explicitamente, atribuam a Singer e Prebisch uma "descoberta" simultânea, citando o ano de 1950 como a data em que ambos publicaram suas idéias.[69] Isso se deve a que eles citam *O Desenvolvimento Econômico* de Prebisch em sua tradução inglesa, publicada um ano após o original espanhol. No mesmo ano em que o artigo de Singer foi lançado, Prebisch e a CEPAL elaboraram um estudo em formato de livro, que apresentava uma formulação muito mais completa de suas teses, o *Levantamento Econômico para 1949* (publicado em espanhol em 1950 e em inglês em 1951).

Mas Singer também foi importante para a CEPAL. Em 1951, o ano em que a CEPAL tornou-se um órgão permanente das Nações Unidas, essa agência estava se referindo menos a coeficientes de importação que às disparidades entre as elasticidades de renda da demanda, do Centro para com os produtos primários e da Periferia para com bens industrializados.[70] Essa adoção dos termos de Singer foi importante por tratar os países centrais como um grupo, e não apenas os Estados Unidos, os quais possuíam necessidades importadoras extremamente baixas devido a sua tremenda produção agrícola. Embora a CEPAL, a princípio, tenha enfatizado as diferenças de produtividade, em fins da década de 1950 Prebisch e a CEPAL já tendiam a enfatizar as elasticidades de renda da demanda, provavelmente como resultado da percepção da es-

316 Trânsito

tagnação das exportações da Argentina e do Chile.[71] Além disso, o fato de a CEPAL, já em seu *Levantamento* de 1950 (publicado em espanhol em 1951), ter passado a enfocar a demanda, e não mais os monopólios vinculados ao Centro, mostra que sua análise havia recuado, abandonando a posição mais radical dos anos 1949-50.[72]

Em grandes linhas, foi essa a história das fases iniciais de Prebisch e da CEPAL. Entretanto, talvez seja útil mencionar de forma breve outras possíveis influências (por vezes especificamente citadas como tal) que podem ter atuado sobre Prebisch. Mesmo que não haja entre elas uma relação genética, a comparação dessas proposições e teorias com as da CEPAL servirá ao menos para ressaltar as características distintivas do modelo latino-americano. Uma dessas possibilidades é a obra de Werner Sombart, cujo *O Capitalismo Moderno* foi o primeiro trabalho a distinguir entre o Centro e a Periferia do sistema econômico mundial. Como mencionado no capítulo anterior, Sombart referiu-se especificamente ao Centro e à Periferia, na mesma acepção usada por Prebisch.[73] Sombart escreveu também sobre a "dependência" dos países periféricos, e até mesmo sobre a servidão do campesinato da Periferia, parcialmente causada pelo capitalismo da Europa ocidental.[74] Ele, entretanto, não forneceu qualquer teoria sobre as relações entre o Centro e a Periferia e, em particular, nenhuma análise da relação entre os ciclos econômicos e a distribuição de renda internacional. Prebisch não se recordava de ter conhecimento prévio desse trecho de Sombart quando começou a usar os termos "Centro" e "Periferia",[75] mas mesmo que, por vias indiretas, Prebisch tenha se inspirado nos termos de Sombart, ele ficaria a dever a este pouco mais que uma expressão feliz, pois Sombart usou esses termos apenas em alguns poucos e esparsos parágrafos de sua obra.

Uma outra fonte possível de inspiração para a terminologia Centro-Periferia foi a obra de Ernst Wagemann, o economista germano-chileno cujas relações com Manoi-

Iescu e cujo papel no Chile como possível propagador das idéias do romeno foram tratados nos dois capítulos anteriores. Em *Estrutura e Ritmo da Economia Internacional* (1931),[76] Wagemann, especialista em ciclos econômicos, usou os termos "ciclo central" [*zentrische Konjunktur*] para designar os movimentos de renda monetária *dentro* de um determinado país e "ciclo periférico" [*periphere Konjunktur*] para designar os movimentos de capital em nível internacional.[77] Wagemann, portanto, empregou o modelo Centro-Periferia em relação a um movimento cíclico, mas não no sentido comum a Prebisch e Sombart. Os termos "Centro" e "Periferia", por volta de 1940, já haviam sido incorporados à literatura internacional sobre o sistema bancário, e é possível que Prebisch, ao construir sua teoria, tenha simplesmente dado a esses termos uma conotação sombartiana.[78]

Mas, fora os termos específicos de "Centro" e "Periferia", é bem plausível que, mais do que a influência de Sombart ou Wagemann, Prebisch tenha sofrido a influência teórica do próprio Manoilescu. Já em 1950, Jacob Viner havia percebido a conexão entre as teses de Manoilescu e as da CEPAL. Nos vinte anos seguintes, outros autores na América Latina, nos Estados Unidos e na Romênia viriam a corroborar a afirmativa de Viner, embora parecendo não ter conhecimento da opinião mais antiga deste último.[79] No capítulo precedente, mostrei que Manoilescu era conhecido em algumas partes do mundo ibérico nas décadas de 1930 e 40. Diversas de suas obras econômicas e políticas foram publicadas, naqueles anos, na Espanha, em Portugal, no Brasil e no Chile. Dentre esses trabalhos, os mais prováveis enquanto fontes de inspiração para Prebisch foram dois artigos publicados no Chile, um sobre Manoilescu e o outro de sua própria autoria, em 1945 e 1947, respectivamente.[80]

Claramente, havia grandes semelhanças entre as duas teorias das trocas desiguais, que convergiam para a mesma recomendação de industrialização. É fato notável que a ênfase dada por Prebisch às produtividades do Centro e da

318 Trânsito

Periferia tivesse um paralelo na de Manoilescu. Ademais, ambos tinham em comum a mesma perspectiva teórica: a separação da crítica do imperialismo da crítica do capitalismo. Além disso, a semelhança das teorias de ambos fica evidente no fato de Manoilescu, na década de 1940, bem como os estruturalistas Celso Furtado e Hans Singer, na de 1950, desenvolverem, de forma independente, modelos do que agora é chamado de "colonialismo interno".[81] Não há menção aos trabalhos do economista romeno nos primeiros escritos de Prebisch.[82] Em 1977, Prebisch confirmou que essa influência jamais existiu, embora ele, provavelmente, tivesse conhecimento de Manoilescu a partir das análises de que foram objeto as idéias deste último na *Revista de Ciencias Económicas*, em fins da década de 1930.[83] Apesar disso, é fato que as idéias de Manoilescu — nos círculos latino-americanos onde elas eram conhecidas — ajudaram a preparar o caminho para a aceitação das doutrinas da CEPAL, quando estas surgiram em 1949. Dez anos mais tarde, em um estudo famoso, Prebisch endossava ainda o "argumento Manoilescu" — nas palavras de Prebisch, "transferir a força de trabalho disponível de... formas de emprego pré-capitalistas, de baixíssima produtividade, para atividades de exportação ou de produção industrial, de produtividade muito mais elevada". Para Prebisch, "não se trata, na verdade, de comparar os custos industriais com os preços das importações, mas de comparar o incremento de renda obtido com a expansão da indústria com o que poderia ter sido obtido com as atividades exportadores, caso os mesmos recursos houvessem sido empregados".[84] Dificilmente Manoilescu ter-se-ia expressado de forma melhor. Os dois economistas, embora de modos diferentes, defenderam tanto a industrialização dos países subdesenvolvidos quanto a tentativa de conseguir preços de *commodities* melhores e mais estáveis para suas exportações. Prebisch, o primeiro diretor da Conferência das Nações Unidas para Comércio e Desenvolvimento (1964-69), via essas duas medidas como *complementares*, enquanto Manoilescu, por razões mais políticas que econômicas, tendia a oscilar entre elas. Não é de admirar que Viner e outros tenham associado as idéias dos dois homens. Mesmo assim, havia uma diferença entre as posições de Prebisch e Manoilescu, uma vez que o argentino acreditava que os preços das *commodities* primárias, a longo prazo, continuariam a cair indefinidamente em relação aos dos produtos industrializados, ao passo que Manoilescu pensava o contrário.[85] Também, para Prebisch, as mudanças tecnológicas que resultavam em novas produtividades, somadas às falhas de mercado, diferentes para o Centro e para a Periferia, eram, em última análise, a origem das trocas desiguais, e não o trabalho despendido ou os coeficientes de fatores de produção.

No capítulo precedente, vimos que outros elementos importantes da tese Prebisch-Singer já haviam sido formulados nos anos entreguerras. Cassel havia explicado o problema da tesoura de preços por meio dos monopólios de fatores (mão-de-obra) e de produtos, nos países desenvolvidos. Kondratief notara a inelasticidade de preço dos produtos agrícolas e a falta de organização dos produtores agrícolas no mercado mundial. Kindleberger, em 1937, apontara a disparidade entre as elasticidades da demanda dos países agrícolas e industriais para com os produtos uns dos outros no comércio internacional, embora limitando-se à ação do ciclo econômico, e ainda não a longo prazo. E Sommer havia apresentado o "argumento Manoilescu" em sua forma moderna. Parece plausível que Prebisch tivesse conhecimento desses precedentes, devido à publicação do artigo de Mario Pugliese sobre comércio internacional e industrialização, no periódico argentino *Revista de Ciencias Económicas*, em 1939.[86] Em uma publicação para a qual Prebisch escrevera com freqüência, e voltaria ainda a escrever, Pugliese citou Manoilescu e Sommer na primeira página do artigo principal daquele número. Esse estudo veio a público precisamente na época em que Prebisch estava enfrentando, no Banco Central, os mesmos problemas tratados no artigo. E se Pre-

320 Trânsito

bisch se deu o trabalho de ler Sommer, certamente terá acompanhado com o maior interesse sua discussão sobre Kondratief e Kindleberger. Seja como for, em 1944, ele citava diretamente o economista americano.

Em 1943, Kindleberger havia publicado dois artigos recomendando a industrialização dos países produtores de bens agrícolas e de matérias-primas, com base na deterioração a longo prazo dos termos de troca, e Prebisch tinha conhecimento de pelo menos um deles.[87] Em "Estabilização Monetária Internacional", citado por Prebisch em 1944, Kindleberger afirmou que os termos de troca voltavam-se contra os produtos agrícolas devido à "organização institucional da produção" na indústria, uma referência às economias internas e externas e, possivelmente, a elementos monopolistas, como também devido às diferenças quanto à elasticidade da demanda para os produtos industriais e agrícolas (lei de Engel).[88] Kindleberger, então trabalhando para a Organização de Serviços Estratégicos (a predecessora da Agência Central de Inteligência — CIA) ressaltou que o aumento da produtividade de um país agrícola em suas atividades primárias, sob essas condições, só conseguiria elevar a renda real caso a mão-de-obra liberada da agricultura pudesse emigrar ou encontrar emprego na indústria — proposição que Kindleberger colheu de Colin Clark.[89] De outra forma, os termos de troca voltar-se-iam contra o país, o qual não viria a auferir benefício algum do aumento da produção de bens primários. Mas a indústria nacional não teria que ser tão eficiente quanto a indústria estrangeira. Segundo Kindleberger, a renda real de um país agrário elevar-se-ia se "em determinado nível de custos, a mão-de-obra deslocada da agricultura puder passar a produzir os produtos industriais anteriormente importados, a fim de permitir que parte dos resultados monetários de um volume inalterado de exportações seja despendida com importações de outros tipos". Embora não dispondo ainda do termo, essa prescrição consistia em uma recomendação explícita de industrialização

Prebisch e o estruturalismo   *321*

de substituição de importações.[90] Além do mais, essa linha de raciocínio é semelhante à de Manoilescu e, portanto, Prebisch não necessitaria de um conhecimento direto de Manoilescu para chegar à sua própria posição.

Ao pensar nos anos futuros da era do pós-guerra, Kindleberger anteviu desequilíbrios no sistema de comércio internacional. Uma instância específica desse desequilíbrio seria o caso de dois países com diferentes propensões marginais a importar. Para o país altamente dependente das exportações e com alta propensão a importar, um aumento das exportações (devido a uma alteração dos investimentos) poderia acabar por gerar uma balança comercial desfavorável. "Pode-se sugerir que os Estados Unidos tenham uma propensão comparativamente baixa a importar, e um baixo coeficiente de exportações-renda nacional, ao passo que o resto do mundo possui uma elasticidade de demanda relativamente alta para as exportações americanas de produtos manufaturados e um coeficiente exportação-renda relativamente alto".[91] Portanto, a contribuição de Kindleberger para a versão original do estruturalismo de Prebisch parece ser grande, embora Prebisch tenha utilizado a idéia de contrastar os coeficientes de importação e Singer tenha empregado as disparidades de elasticidade de renda da demanda. Entretanto, reunir todos esses elementos em um argumento coerente, da perspectiva da Periferia, foi a grande contribuição de Prebisch e de Singer.[92] Como Nathan Rosenberg observou, na história da teoria econômica, como também na história natural, a percepção conta menos que a sistematização.[*] E a urgente

---

[*]   Rosenberg, 1976 p. 79. A título de exemplo, Rosenberg cita o ganhador do Prêmio Nobel, Wassily Leontief, e sua tabela de insumo-produto, de imensa utilidade no planejamento econômico pelo fato de permitir determinar os tipos e quantidades necessários de insumos para a obtenção de um determinado produto. O *Tableau Économique* de François Quesnau, 1758, apresenta, em retrospectiva, uma tabela insumo-produto primitiva, o que, entretanto, não era evidente no século XVIII. Nas palavras do poeta e ensaísta argentino Jorge Luis Borges, cada escritor cria seus próprios predecessores.

322 Trânsito

necessidade de fazer avançar essa tese foi um fenômeno do pós-guerra, tendo origem na publicação do estudo das Nações Unidas, *Preços Relativos*, dirigida por Singer, o qual observara a deterioração dos termos de troca das *commodities* primárias. Esse processo exigia uma explicação, por contradizer as premissas ricardianas do sistema de comércio internacional que o governo dos Estados Unidos havia construído em meados e fins da década de 1940. Seria possível afirmar que a tese Prebisch-Singer e a escola estruturalista da CEPAL que surgiu logo a seguir fossem "neocorporativistas"? As semelhanças entre as teses corporativistas de Manoilescu e Perroux já foram examinadas e rejeitadas como influências diretas durante a década de 1940. Uma vez que os estruturalistas não consideravam os grupos corporativos como elementos de análise (em comparação com seu uso das categorias-padrão neoclássicas, como, por exemplo, capital e mão-de-obra), a validade dessa noção depende do grau de importância atribuído, na avaliação do estruturalismo, ao tratamento dos elementos monopolísticos como características centrais das economias nacionais e internacional "reais"; ao grau de importância atribuído, na avaliação do estruturalismo, ao papel do Estado como fator relativamente independente das classes sociais dominantes, visando corrigir desequilíbrios, ineficiências e injustiças; e também, se essas atribuições são, de forma necessária e exclusiva, associadas ao corporativismo. Embora eu seja de opinião que o estruturalismo latino-americano faz da existência dos monopólios e de um Estado eficaz e reformista elementos centrais de seu argumento, rejeito o terceiro ponto, por tampouco considerar Keynes um corporativista, embora muitos talvez o façam.

De qualquer forma, as teses da CEPAL, desde seu surgimento em 1949, foram ardorosamente contestadas por teóricos neoclássicos do comércio internacional, como Viner, por exemplo. Os profissionais de economia, em 1948-49, acabavam de ser presenteados com uma demonstra-

Prebisch e o estruturalismo 323

ção formal, de autoria do economista Paul Samuelson, do Massachusetts Institute of Technology, de que, com base em determinados pressupostos convencionais (porém irrealistas), o comércio internacional poderia servir como um substituto completo do movimento de fatores de produção de um país para outro, indicando que o comércio internacional poderia, potencialmente, vir a igualar as rendas das diferentes nações. Desse modo, os argumentos menos rigorosos (mas empiricamente fundamentados) de Prebisch e Singer entraram em cena logo após Samuelson ter elevado a teoria neoclássica do comércio a novos píncaros de elegância, e era contra essa teoria que as novas idéias teriam de lutar.[93]

Em nível empírico, além disso, os termos de troca de muitos países latino-americanos, em fins dos anos 1940, vinham apresentando melhoras, processo esse que, assim que percebido, passou a representar um outro empecilho potencial à efetiva difusão da doutrina da CEPAL. "Desse modo, foi necessário invocar tendências inevitáveis e de longo prazo, bem como argumentos normativos, para contrabalançar a força imediata dos sinais emitidos pelo mercado."[94] Ao mesmo tempo, a tese Prebisch-Singer sobre os termos de troca (de longo prazo) passou a ser alvo de severos ataques por parte dos economistas neoclássicos que, com base em uma série de considerações, contestavam a validade de seus dados históricos.

Ao examinar a longa controvérsia sobre os termos de troca, uma geração após o surgimento da tese Prebisch-Singer, o economista anglo-grego John Spraos apresentou uma fundamentação empírica e teórica para a retomada da tese das trocas desiguais, de uma forma modificada e de maior sofisticação.[95] Segundo Spraos, a questão "empiricamente significativa" é se os padrões de comércio e de especialização são ou não "crescentemente inequalizantes", ou seja, se eles representam uma disparidade crescente com relação a "um ponto identificável em um tempo anterior".[96] Os termos de trocas em escambo líqui-

324 Trânsito

do (o custo unitário de um bem em comparação com o de um outro bem, em valor), usados pelos economistas nas décadas de 1940 e 50, são, para Spraos, um "conceito unidimensional", uma vez que a deterioração desses termos de troca, se combinada com a geração de empregos e com os aumentos de produtividade, poderia trazer um resultado ambíguo para o bem-estar de uma determinada sociedade.[97] Ou seja, uma política que tenha resultado na deterioração dos termos de troca em escambo líquido pode, não obstante, ter mérito se propiciar ganhos compensatórios em termos de emprego e de produtividade da mão-de-obra. Spraos propõe como alternativa uma medida quantitativa que leve em conta três índices de bem-estar — termos de troca (em escambo líquido), emprego e produtividade —, "os termos de troca de duplos fatores corrigidos com o emprego".[98] Usando essa definição, e aplicando testes econométricos aos dados sobre comércio internacional relativos a 1960-77, Spraos conclui que, devido à pronunciada deterioração dos termos de troca das exportações agrícolas, verificou-se no período, "de forma indiscutível, uma inequalização crescente para os países subdesenvolvidos, com relação à totalidade do padrão da especialização tradicional".[99] Em essência, Spraos considera significativas as afirmações de que existem disparidades nas elasticidades, tanto de renda quanto de oferta, entre as commodities primárias e as manufaturas, disparidades essas que se aliam a pressões no sentido de aumentar a oferta de commodities, devido à "ilimitada oferta" de mão-de-obra.[100] As implicações relativas à formulação de políticas são que a industrialização deve ser o objetivo, mas que a diversificação, tanto da produção quanto das exportações, é também necessária.[101]

Quanto ao problema mais simples dos termos de troca em escambo líquido, Spraos corroborou a conclusão Prebisch-Singer relativa à deterioração dos termos de troca das commodities primárias para o período de 1870-1939, verificando porém que, para 1900-70, os dados não acusavam tendências discerníveis.[102] Estudos econométricos mais recentes, utilizando dados de longo prazo que incluem a década de 1980, tendem a corroborar a tese de Prebisch e Singer.[103] Por fim, extrapolando a partir do argumento proposto em 1942 por Colin Clark, de que os termos de troca dos produtores primários apresentariam melhoras se eles fizessem com que os ganhos de produtividade da agricultura de exportação fossem acompanhados da transferência para a indústria da força de trabalho excedente, poder-se-ia argumentar, em contraposição, que os termos de troca para os exportadores primários talvez se houvessem deteriorado ainda mais, não fosse pela industrialização dos países exportadores primários, que ocorreu *de fato* após a Segunda Guerra Mundial, política essa tão apaixonadamente defendida por Raúl Prebisch.

A escola estruturalista que se formou em torno de Prebisch, na CEPAL, teve seu maior impacto, em termos de pensamento econômico e de formulação de políticas, em dois países — Brasil e Chile — nas décadas de 1950 e 60. O Brasil, nos anos 1950, passou por uma espécie de "grande impulso" em direção à industrialização, análogo ao esforço romeno de vinte anos antes. Para avaliar o trabalho de Celso Furtado, o principal estruturalista daquele país, teremos que, primeiramente, examinar o corporativismo e a ascensão da economia como profissão no Brasil, a partir da Grande Depressão até fins da década de 1940.

Notas

1. Embora Ragnar Nurkse, da Estônia, fosse economista da Liga, nessa época era um neoclássico ortodoxo.

2. Fishlow, 1984, p. 192. Prebisch, uma vez, chegou a escrever: "Hoje, reconhecemos que é indispensável opor-se às forças de mercado". Prebisch, "Anexo", 1963, p. 5, (ver Material de Arquivo).

3. Ver, p. ex., Reyes Gómez, 1888, pp. 86, 88; Murtinho, s.d., p. XIII; Plaza, 1903, pp. 49-50, 68-69. O último dos autores cita-

326   Trânsito

dos, Victorino de la Plaza, foi presidente da Argentina de 1914 a 1916.

4. Nos outros países da América Latina, havia menos industrialização de substituição de importações. Díaz-Alejandro, "Latin America", 1984, p. 25; sobre o Peru, em especial, ver Thorp e Bertram, 1978, p. 183.

5. Phelps, 1935, p. 281.

6. Ver as citações no Capítulo 7, a nota 30 (sobre o Chile); também, Pupo Nogueira, "A propósito da modernização", 1945, p. 18 (Brasil); "Industrialización", 1945, p. 6 (México).

7. Ver Love, "Economic Ideas", 1994, pp. 400-401. A criação dos bancos de desenvolvimento foi um ato de importância simbólica, mas as mudanças nas estruturas tarifárias, que até hoje ainda não passaram por uma análise completa, podem ter sido mais importantes para o crescimento.

8. "Argentine Industrial Exhibition", 1933, pp. 11, 13, 15; Villanueva, 1975, p. 78.

9. González e Pollock, 1991, p. 484.

10. Masón, 1944, p. 5.

11. Randall, 1978, p. 76.

12. Sobre a Argentina, Brasil, Chile e México, ver Love, "Economic Ideas", pp. 399-401.

13. Ver Rosenstein-Rodan, "Problems", 1958 (1943) e Kindleberger, "Planning", 1943, p. 349; Prokopovicz, 1946, pp. 278-79.

14. Rosenstein-Rodan, "Problems", pp. 246, 253-54; Kindleberger, "Planning", pp. 347-54; Prokopovicz, pp. 278-79, Clark, *Economics*, 1942, p. 114.

15. Bagú, "¿Y mañana?", 1944, p. 37; Ferreira Lima, "Evolução", 1945, p. 17; "Monetary Developments", 1945, p. 523; Robles, 1947, p. 1.

16. Em 1918, Luis Gondra introduziu o primeiro curso de economia matemática na Universidade de Buenos Aires. Gondra *et al.*, 1945, p. 32.

17. Prebisch, "Planes", 1921, pp. 459-513; entrevista com Prebisch, Washington, D.C., 10 de julho de 1978.

18. Informação dada por Eliana Prebisch, viúva de Prebisch, Washington, D.C., 26 de maio de 1986.

19. Prebisch, "Anotaciones", 1926, p. 3.

20. O estudo de Prebisch fornecia provas estatísticas de que a interferência do *pool* da carne no mercado foi benéfica para as empresas frigoríficas britânicas, mas não para os pecuaristas argentinos. Ver Prebisch, "Regimen", 1927, pp. 1302-21.

21. Banco de la Nación Argentina, 1928, p. 2. Luis Duhau, presidente da Sociedad Rural, teve participação nesses acontecimentos como diretor do banco: entrevista feita com Ernesto Malaccorto por Leandro Gutiérrez, agosto de 1971; Prebisch, "Historias", 1985, p. 1.

22. Informação dada por Eliana Prebisch em 26 de maio de 1986.

23. *Who's Who*, 1975, pp. 455-56; Prebisch, "Versión", MS, 1955, pp. 23-24; Díaz-Alejandro, *Essays*, 1970, p. 97; entrevista com Malaccorto, p. 40 (*"brain trusts"*); Banco Central, *Créacion*, 1972, 1:267-69. Esse último trabalho detalha as diferenças entre o plano de Niemeyer e o que foi efetivamente adotado pelo governo argentino. A proposta de Niemeyer não tentava reorganizar o sistema bancário, nem incluía um instrumento contracíclico, como fazia o plano de fato implementado. Para uma história resumida das origens do banco, ver Prebisch, "Historias", 2ª seção, p. 1.

24. Díaz-Alejandro, *Essays*, p. 2.

25. Kindleberger, *World Depression,* 1973, pp. 102, 104; ONU,CEPAL, *Economic Development ... its Principal Problems,* 1950, p. 29.

26. Fodor e O'Connell, 1973, pp. 18, 30.

27. Dados em Vásquez-Presedo, 1978, pp. 253- 72.

28. Fodor e O'Connell, pp. 52-54. A Grã-Bretanha ia eliminar as tarifas sobre a importação de cereais, mas com ênfase na carne. A Argentina também concordou em gastar no Reino Unido todas as somas ganhas em libras esterlinas. Villanueva, pp. 65-66. Em Genebra, Prebisch estava disposto a fazer concessões tarifárias aos industriais britânicos, em parte para mitigar a escassez de dólares na Argentina. O Foreign Office viu-o como sendo de natureza afável, embora um negociador duro. De F. W. Leith-Ross para *sir* Horace Hamilton, Genebra, 16 de janeiro de 1933. FO 371.16531; e "Report on Leading Personalities in Argentina", 27 de janeiro de 1937, 317.20598, p. 16.

29. Fodor e O'Connell, pp. 56-59.

328   Trânsito

30. Prebisch, "Conferencia", 1933, pp. 1, 3. Uma outra razão para os Estados Unidos absorverem todo o estoque de ouro do mundo era a hipervalorização da libra esterlina quando a Grã-Bretanha retornou ao padrão-ouro, em 1925.

31. Prebisch, "Inflación", 1934, pp. 11-12, 60, 194. Mais tarde foi descoberto que o poder de compra das exportações argentinas caiu em cerca de 40% entre a média de 1925-29, e a de 1930-34. Ferrer, 1967, p. 162.

32. Kindleberger, *World Depression*, pp. 278-79.

33. Beveraggi-Allende, 1952, pp. 219 (citação), 246; entrevista com Malaccorto, p. 64.

34. Phelps, p. 274; *Economic Review*, 1937, 1: 69.

35. Banco Central, *Memoria, 1942* (1943), pp. 30-31. No mesmo ano em que esse relatório foi publicado, economistas do governo, na Espanha de Franco, trabalhando em um país que buscava a autarquia (ou era forçado a tal), chegaram à mesma conclusão. Velasco Murviedro, 1982, p. 344.

36. *Economic Review*, 1937, 1: 26-27.

37. Ibid., p. 69.

38. Olarra Jiménez, 1968, p. 13.

39. Banco Central, *Memoria, 1938* (1939), pp. 5-8; de Prebisch ao autor, Washington, D.C., 9 de novembro de 1977.

40. Prebisch, "Argentina", 1982, p. 18.

41. Entrevista com Prebisch.

42. Prebisch, "Moneda", 1944, pp. 61-65, mimeo.

43. Ibid., p. 65.

44. Ibid., resumido por Olarra Jiménez, p. 76.

45. Villanueva, p. 78. Sobre Prebisch como provável autor do Plano Pinedo, ver Díaz-Alejandro, *Essays*, p. 105, nota 37.

46. Nessa mesma época, Prebisch proferiu uma série de palestras no Banco de México sobre "a experiência monetarista argentina (1935-1943)", abrangendo o período no qual ele era diretor do Banco Central. Ver Banco Central, *Creación*, 1: 249-588; 2: 599-623.

47. Prebisch, "Patrón", 1944, p. 234; Banco Central, *Memoria, 1942*, p. 30.

Prebisch e o estruturalismo   *329*

48. Prebisch, "Análisis", p. 407. Ver as opiniões semelhantes sobre a industrialização de substituição de importações de Dorfman, 1942, p. 74 (sobre a Primeira Guerra Mundial e a Grande Depressão); Ferreira Lima, p. 17 (sobre São Paulo na Primeira Guerra Mundial). Mas ver o Capítulo 12 para o debate mais recente sobre o significado das guerras e da Depressão para o desenvolvimento industrial.

49. Prebisch, "Observaciones", 1944, pp. 188, 192-93. Mesmo antes de Prebisch ter assumido a direção da CEPAL, suas idéias sobre o desequilíbrio externo haviam influenciado as pesquisas de um jovem economista que, mais tarde, viria a se tornar uma das principais figuras daquela organização: a dissertação de *licenciado* de Juan Noyola Vázquez explorava o problema do desequilíbrio no México, usando como ponto de partida a análise de Prebisch em "Patrón oro", 1944. Ver Noyola Vázquez, *Desequilibrio*, 1949, pp. 22-23 (sobre Prebisch). Esse trabalho, juntamente com o de Alfredo Navarrete, outro mexicano, mostra que Prebisch não era o único latino-americano a tratar dos problemas de desequilíbrio externo, para os quais a teoria neoclássica não parecia ter resposta. Ver Navarrete, 1950, publicado em espanhol em 1951.

50. Prebisch, "Panorama", 1946, pp. 25-28; "Observaciones", p. 199.

51. Bhagwati, 1984, p. 198; Díaz-Alejandro, "1940s", MS, 1982, p. 39 (conferir com o pessimismo dos economistas da Liga, em 1945, mencionado no Capítulo 7).

52. Prebisch, "Apuntes", 1948, pp. 88-97 (citação na p. 97), mimeo.

53. Embora o termo "hegemonia" não constasse da terminologia Centro-Periferia original, anos mais tarde o próprio Prebisch usaria especificamente essa palavra para caracterizar as relações entre os dois elementos da economia mundial. Prebisch, "Critique", 1976, p. 60.

54. Ver Capítulo 1.

55. UN ECOSOC E/CN.12/17, 7 de junho de 1948, p. 2; E/CN.12/28, 11 de junho de 1948, p. 6; E/CN.12/71, 24 de junho de 1948. Consultei esses documentos na sede da CEPAL, em Santiago.

56. *Introducción a Keynes*, 1947.

57. Entrevista com Prebisch, "Anexo", 1963, p. 1 (mimeo.). Como corroboração da falta de interesse da Liga pelas áreas subdesenvolvidas, ver Arndt, *Economic Development*, 1987, p. 33.

330 Trânsito

58. Hirschman, "Ideologies", 1961, p. 13.

59. United Nations: Department of Economic Affairs, *Relative Prices*, 1949, p. 7.

60. UN, ECLA, *Economic Development... Its Principal Problems*, 1950, pp. 8-14.

61. UN, ECLA, *Economic Survey...1949*, 1951, p. 47.

62. Ibid., p. 4. Em 1958, Prebisch estimou que a agricultura da América Latina conseguiria absorver apenas 10% do crescimento da população economicamente ativa, entre 1959 e 1967, e "a indústria terá que absorver cerca de 47% desse crescimento". Prebisch, "Commercial Policy", 1959, pp. 251-73.

63. UN, ECLA, *Economic Survey...1949*, 1951, pp. 78 (citação), 79. Nessa época, Prebisch acreditava que, mudando a composição das importações, de bens de consumo para bens de capital, os países latino-americanos poderiam reduzir seus coeficientes de importação. UN, ECLA, *Economic Development...Its Principal Problems*, pp. 44-5.

64. UN, ECLA, *Economic Development... Its Principal Problems*, pp. 15-16; UN, ECLA, *Economic Survey...1949*, pp. 20, 35-38.

65. *Economic Survey...1949*, pp. 35-75.

66. Ibid., p. 59. De forma mais ambígua, o *Economic Development of Latin America and Its Principal Problems* afirmava que "a renda dos empresários e dos fatores produtivos", no Centro, aumentou mais rapidamente do que a produtividade do Centro de 1870 a 1930; mas em outra passagem esse documento enfatizava exclusivamente o papel dos salários do Centro (pp. 10, 14).

67. H. Singer, "Distribution", 1950, pp. 473-85 (citação a partir da p. 479). A elasticidade da demanda é definida no Capítulo 7.

68. De Prebisch para o autor, em 29 de junho de 1977. De Singer para o autor, Brighton, Inglaterra, 21 de agosto de 1979.

69. Wallerstein, "Periphery", 1987, p. 847; H. Singer, "Terms", 1987, p. 626; Jameson, 1986, p. 224. Em "Raúl Prebisch", 1988, Schwartz escreve: "Só em 1950 os famosos documentos Prebisch-CEPAL começaram a aparecer" (p. 125). Arndt dá a Singer o crédito de simultaneidade, com base em seu artigo "Economic Progress in Underdeveloped Countries", 1949,

que considero insuficientemente desenvolvido no que se refere à explicação da deterioração dos termos de troca, não justificando portanto a reivindicação de Arndt, embora esse artigo defenda o "Grande Impulso". Na verdade, foi "Distribution of Gains", trabalho que Singer apresentou em 1949 e publicou em 1950, que fez dele um "descobridor" independente.

70. E/CN.12/221, 18 de maio de 1951, p. 30.

71. Ver, p. ex., Prebisch, "Commercial Policy", pp. 251-73.

72. Fitzgerald, "ECLA", 1994, p. 100.

73. Sombart, *Moderne Kapitalismus*, 1928, 3 [2 vols. encadernados como um único] erster Halbband: XIV-XV. É também possível que Prebisch tenha visto a edição francesa, *Apogée du Capitalisme*, 1932, existente na biblioteca da FCE. Caso ele tenha lido a tradução espanhola em manuscrito, publicada no México em 1946, isso teria acontecido antes de usar esses termos em suas palestras de 1944, na FCE (o que é possível, uma vez que ele esteve no México em 1944, antes do início do ano letivo de Buenos Aires).

74. Ibid., 1: 64; 2: 1019.

75. De Prebisch para o autor, Washington, D.C., 26 de junho de 1979.

76. *Struktur und Rhythmus der Weltwirtschaft.*

77. Wagemann, *Struktur*, 1931, pp. 70-71. Prebisch pode ter tido contato com esse trabalho em sua tradução espanhola, *Evolución,* 1933. Embora observando os diferentes sentidos da oposição Centro-Periferia, em Wagemann e Prebisch, Joseph Hodara acredita que o primeiro tenha influenciado o pensamento de Prebisch sobre a economia internacional. Alfredo Navarrete cita Wagemann — de forma incorreta, em minha opinião — como sendo a principal fonte de inspiração para Prebisch quanto ao uso dos termos Centro-Periferia. Hodara, 1987, pp. 132-36; Navarrete, p. 115.

78. Ver Brown, 1940, 2: 862. Em 1977, Prebisch não se lembrava de como chegara aos termos "Centro" e "Periferia". De Prebisch para o autor, 29 de junho de 1977.

79. Ver as citações de Viner, Noyola, Murgescu, Nicolae-Valeanu e Schmitter no Capítulo 7.

80. Ver Mahn, 1945, pp. 59-70. M. Manoilescu, "Productividad", 1947, pp. 50-77. Evidentemente, Prebisch pode ter lido tam-

332 Trânsito

bém a *Theory*, 1929, de Manoilescu, em francês ou em alguma tradução, antes do artigo deste último autor ter sido publicado no Chile.

81. Ver abaixo, Capítulo 10, e para maiores detalhes, ver Love, "Modeling", 1989.

82. Ver Prebisch, *Obras*, 1991.

83. Embora tanto Prebisch como Manoilescu tenham estado em diferentes locais da Europa em 1933, não encontrei indícios de que seus caminhos tenham se cruzado.

84. Prebisch, "Commercial Policy", 1959, p. 255.

85. Ver Love, "Manoilescu, Prebisch", 1980-86, p. 132. Hugo Böker foi um dos primeiros autores a contestar a opinião de Manoilescu de que havia uma tendência a longo prazo de fechamento da tesoura de preços. Böker, 1941, p. 25.

86. Pugliese, 1939, p. 917. (Ver citações de Cassel, Kondratief, Kindleberger e Sommer no capítulo anterior.)

87. Kindleberger, "Planning", 1943, e "International Monetary Stabilization", 1943. Prebisch citou esse último em "Observaciones", pp. 195-96, embora o tenha feito para contestar as referências americanas ao comportamento da economia argentina. Para o primeiro desses artigos, ver o Capítulo 7. Em seu seminário sobre os bancos centrais, realizado no México em 1944, Prebisch citou também a tese de Kindleberger, de que os Estados Unidos teriam um persistente desequilíbrio comercial com o resto do mundo devido às disparidades na elasticidade da demanda. Na época, Prebisch não tinha certeza de que essa tese era válida. Prebisch, em Banco Central, *Creación*, 1: 530-31.

88. Kindleberger, "International Monetary Stabilization", p. 378.

89. Ibid., p. 377, citando Clark, *Economics*, 1942.

90. Kindleberger, "International Monetary Stabilization", pp. 378-79.

91. Ibid., p. 381. O autor referia-se às elasticidades tanto de renda quanto de preço (p. 380). Kindleberger, mais tarde, lembrou-se de que sua tese segundo a qual um aumento nas exportações poderia desencadear um aumento nas importações continuou sendo objeto de controvérsias durante a guer-

ra. De Kindleberger para o autor, Lexington, Mass., 31 de dezembro de 1991.

92. Embora eu duvide que, em 1948-49, Prebisch tenha de alguma forma sido influenciado por François Perroux (ver o capítulo anterior), o conceito subseqüente de "pólos de crescimento", proposto pelo teórico francês, era uma idéia na linha Centro-Periferia, e sua *Coexistence Pacifique* revelava uma nítida estrutura Centro-Periferia, na medida em que dividia o mundo em "países focais" (*pays foyers*) e "economias dependentes", sendo que os primeiros exerciam um efeito de dominação sobre os últimos. Ver Perroux, "Notes", 1970 e Perroux, *Coexistence Pacifique*, 1958, pp. 236-38. Quanto a Perroux e Furtado, ver Capítulo 10. Em "Economic Ideas and Ideology", também examino e rejeito a hipótese de Prebisch ter sofrido a influência teórica de dois autores latino-americanos, Alejandro Bunge e Víctor Emilio Estrada, do Equador.

93. Hirschman, "Generalized Linkage Approach", 1977, p. 68. Os artigos de Samuelson eram "International Trade", 1948 e "International Factor-Price Equalisation", 1949.

94. Fishlow, 1984, p. 193.

95. Spraos, "Statistical Debate", 1980, pp. 107-28.

96. Spraos, *Inequalising Trade?*, 1983, p. 3.

97. Ibid., p. 7.

98. Posta em palavras, a fórmula é a seguinte: os termos de troca em escambo líquido multiplicado pela razão das produtividades das *commodities* e das manufaturas multiplicado por um índice de emprego no setor dos exportáveis tradicionais dos países exportadores de *commodities*. Ibid., pp. 9-10.

99. Ibid., p. 15.

100. Ibid., p. 42.

101. W. Arthur Lewis chegou a uma conclusão diferente. A análise desse autor do problema dos termos de troca coloca a ênfase principal no aumento da produtividade na produção de alimentos nos países subdesenvolvidos. Lewis, *Evolution*, 1978, Cap. 11, e Findlay, 1980, p. 72.

102. Spraos, "Statistical Debate", p. 126. Mesmo que essa conclusão não fosse contestada, Prebisch teria, ainda assim, afirmado que qualquer coisa que não fosse, no mínimo, uma ten-

334   Trânsito

dência *favorável* para os produtos primários demonstraria que o Centro estava se beneficiando mais do que a Periferia no processo comercial (com base no pressuposto de que o Centro teria maiores ganhos tecnológicos de produtividade).

103. Para uma ampla análise da literatura, que de modo geral apóia as conclusões de Spraos e afirma que houve alguma deterioração dos termos de troca em escambo para os produtos primários, embora menos do que Prebisch a princípio acreditava, ver Diakosavvas e Scandizzo, 1991, esp. p. 237. Prebisch e Singer são corroborados com mais vigor em um estudo de Grilli e Yang, que estimam uma taxa de tendência (para 1900-86) de -0,5% anuais nos termos de troca em escambo líquido para todos os produtos primários, e de -0,6% para os produtos primários excluindo os combustíveis. Isso representa um declínio de 36% para todos os produtos primários comerciados, e de 40% para o grupo que exclui os combustíveis, durante o século atual. Grilli e Yang, 1988, pp. 1, 34. Os autores observam (p. 7) que um país pode ainda se beneficiar, em uma situação de declínio dos termos de troca em escambo líquido caso seus "termos de troca em renda" estejam apresentando melhoras. (Os termos de troca em renda, que medem o poder de compra do total das exportações em termos de importações, é o preço unitário de um determinado produto vezes o número de unidades exportadas, dividido pelo preço unitário das importações.)

Parte III
BRASIL

9
Do corporativismo à economia como profissão

Embora no Brasil de antes de 1930 o "crescimento para fora", para usar a expressão de Prebisch, não tenha alcançado sucesso tão inquestionável quanto na Argentina, a economia desse país havia progredido de forma impressionante, pautando-se na recomendação de especialização em exportações tropicais implícita na doutrina ricardiana das vantagens comparativas. Segundo uma estimativa, nos trinta anos entre 1902 e 1931, o Produto Interno Bruto brasileiro cresceu a uma taxa anual média de 5,4%, e sua renda *per capita*, a 3,3%, embora, durante esse período, a economia tenha se tornado perigosamente dependente de um único produto de exportação, o café, que, em fins da década de 1920 respondia por quase três quartos dos ganhos do país com o comércio exterior.[1]

Um corolário da tese de Ricardo era que, para cada país, há atividades econômicas "naturais" e "artificiais", com base em suas dotações de fatores (implicitamente estáticas). A política que os estadistas deduziam dessa tese era que os governos deveriam desestimular, ou pelo menos não incentivar, as indústrias "artificiais" cuja produção exigisse insumos estrangeiros, uma vez que o desenvolvimento desses setores resultaria numa má alocação de recursos. Já em 1853, uma comissão do parlamento

338   *Brasil*

brasileiro estabeleceu a distinção entre indústrias naturais e artificiais, e um dos principais ensaístas sociais e políticos do Império brasileiro, Aureliano Tavares Bastos, afirmou, dez anos depois, que "as fábricas, no Brasil, são um acidente; a agricultura é a verdadeira indústria nacional".[2] Seguindo essa linha de raciocínio, durante a crise financeira de 1901-02 o ministro das Finanças, Joaquim Murtinho, recusou-se a tomar qualquer medida em favor das indústrias "artificiais". A ajuda governamental a essas indústrias, declarou ele em 1899, redundaria em "socialismo".[3] Essa foi a política que, de modo geral, o governo brasileiro, e também os de outras nações latino-americanas, tentaram seguir, até fins da década de 1930 ou mesmo até datas posteriores.

A política brasileira, entretanto, não era de tipo *laissez-faire*, uma vez que o governo dava apoio direto e indireto às exportações e aos interesses a elas vinculados, por meio de, por exemplo, taxas de câmbio artificialmente baixas ou deterioração das taxas de câmbio.[4] Na verdade, o apoio à agricultura ia muito além, como quando o estado de São Paulo, a partir de 1906-08 e, mais tarde, o próprio governo federal, intervieram de forma ativa no mercado internacional do café, na tentativa, bem-sucedida até o ano de 1929, de sustentar os preços daquele produto. Antes de 1930, portanto, o Brasil, muito mais do que a Argentina, já possuía uma tradição de intervenção do Estado na economia, mesmo que essa intervenção não estivesse relacionada com o protecionismo industrial.[5]

No Rio de Janeiro, o industrial Serzedelo Correia, em 1903, contestou o argumento da "artificialidade" com a observação de que a Inglaterra importava algodão para suas fábricas de têxteis e ninguém, nem no Brasil nem em qualquer outra parte, considerava as manufaturas têxteis britânicas como sendo uma atividade artificial — argumento esse que viria mais tarde a ser usado pelos industriais romenos com relação à indústria têxtil do continente. No Centro Industrial do Brasil (CIB), ao qual Correia era

Do corporativismo à economia   *339*

filiado, Luís Vieira Souto argumentou, em 1904, que o Brasil não vinha sendo "essencialmente agrícola", mas "essencialmente pobre".[6] Vieira Souto, que ocupava a cátedra de economia política na Escola Politécnica do Rio de Janeiro (1880-1914), estava entre os relativamente poucos latino-americanos da época que haviam sofrido a influência de List e do defensor americano do protecionismo, Henry Carey.[7]

De qualquer forma, os industriais brasileiros, nos anos subseqüentes, apresentaram argumentos que, em geral, eram apenas "práticos". Um artigo anônimo, publicado em 1925 em um dos mais importantes jornais de negócios do Brasil, o *Jornal do Comércio*, do Rio de Janeiro, apresentou os seguintes argumentos a favor das manufaturas: essas indústrias criariam empregos urbanos; economizariam divisas graças à substituição de importações; ajudariam a agricultura, consumindo insumos locais tais como o algodão, e ofereceriam ao governo, por meio da tributação do consumo, fontes de receitas mais confiáveis do que as representadas pelo setor exportador. E, além dessas considerações, o autor implicitamente apontou para o processo de trocas desiguais ao afirmar que os países industrializados podiam impor os preços dos produtos primários comprados por eles de seus parceiros comerciais agrícolas.[8]

A liderança da causa dos industriais não tardou a se transferir do Rio para o estado de São Paulo. A cidade de São Paulo e o interior daquele estado, ao fim da Primeira Guerra Mundial, haviam se transformado no principal complexo industrial brasileiro, e a mais importante das organizações de produtores do estado era o Centro de Fiação e Têxteis. Em 1928, outros industriais paulistas, que antes se haviam contentado em fazer parte da Associação Comercial do estado, juntaram-se aos proprietários das fábricas têxteis para criar o Centro das Indústrias do Estado de São Paulo (CIESP), em parte como reação à militância operária.[9]

340   Brasil

O mais ativo dos propagandistas das indústrias paulistas, na década de 1920, foi Otávio Pupo Nogueira, secretário da Associação dos Proprietários das Fábricas de Têxteis e, após a criação da CIESP em 1928, um de seus porta-vozes. Nos artigos de Pupo Nogueira, pode-se discernir uma transição de argumentos práticos e circunstanciais para uma defesa teórica da industrialização. Esses artigos, originalmente publicados entre 1925 e 1931, foram reunidos em seu livro *Em Torno da Tarifa Aduaneira*.[10] Ainda defendendo os industriais contra o epíteto de "artificialidade", vinte anos após Correia e Vieira Souto o terem feito, Pupo alterou radicalmente seu argumento ao descobrir o trabalho de Manoilescu, *A Teoria do Protecionismo*. Manoilescu forneceu a Pupo o argumento decisivo contra a acusação de artificialidade, freqüentemente lançada contra a indústria de sacos de estopa pelos plantadores de café, os quais, apesar de usar o produto, queixavam-se de seus custos supostamente mais altos que o similar estrangeiro, em razão de sua matéria-prima importada, a juta. Ao contrário, afirmava Pupo, a indústria de sacos de estopa era legítima e benéfica devido à sua alta produtividade, a qual deveria ser a medida do valor de todas as atividades econômicas, como Manoilescu havia afirmado em seus escritos. Além do mais, segundo Pupo, a indústria empregava dez mil trabalhadores na confecção de sacos de café.[11]

Nessa mesma coletânea, Pupo anunciou a intenção de traduzir o livro de Manoilescu do francês para o português.[12] Em correspondência com os diretores da CIESP, Manoilescu ofereceu-se para escrever uma introdução especial, tratando dos problemas brasileiros e usando dados brasileiros sobre produtividade, os quais, entretanto, o Centro para as Indústrias não foi capaz de fornecer. Mesmo assim, em 1931, aquela organização publicou a *Teoria* em português, juntamente com a carta de Manoilescu.[13] Nas palavras de um crítico da época, Eugênio Gudin, o livro foi "distribuído como uma espécie de bíblia do protecionismo" pelo Centro.[14]

Em inícios da década de 1930, três paulistas que atuavam como porta-vozes da indústria — Pupo Nogueira, Roberto Simonsen e Alexandre Siciliano Jr. — usaram o trabalho do romeno como prova da legitimidade de seus interesses. Em 1931, adicionando um toque de racismo à tese de Manoilescu, Siciliano adaptou-a de forma bastante habilidosa à agricultura tropical, alegando que o Brasil não poderia continuar a depender das exportações tradicionais devido ao fato de africanos e asiáticos aceitarem menores salários para essas mesmas atividades, elevando assim sua produtividade de mão-de-obra. No Brasil, portanto, a agricultura não possuía qualquer superioridade intrínseca com relação à indústria.[15] Por sua vez, Simonsen remanejou o argumento com outro propósito, afirmando que como o Brasil tinha que competir nos mercados de exportação com a África e a Ásia, os empregadores do país sul-americano não podiam pagar salários altos.[16] Embora os industriais ainda não tivessem muita voz nos círculos governamentais, eles chegaram a exercer alguma influência sobre a tarifa de 1931. Em um artigo, Pupo afirmou que a recém-criada comissão sobre tarifas deveria estudar o trabalho de Manoilescu, e tanto ele quanto Siciliano foram designados como membros dessa comissão pelo governo provisório de Getúlio Vargas. O próprio Manoilescu acreditava ter tido influência sobre a lei tarifária de 1931, ao que parece, graças à correspondência mantida por ele com os diretores do CIESP.[17]

Ao longo da década de 1930, Simonsen e outros representantes da indústria usaram qualquer argumento que conviesse ao seu propósito imediato, mas os que eles usavam com maior insistência eram compatíveis com os pontos de vista de Manoilescu. Por exemplo, Simonsen ajudou a fundar o Instituto de Organização Racional do Trabalho (IDORT)[18] em 1931, o mesmo ano em que a *Teoria* foi publicada em português. Seu presidente foi o futuro governador de São Paulo, Armando Sales de Oliveira, que, como Simonsen, seu associado, era engenheiro e in-

342   *Brasil*

dustrial. O IDORT estruturou-se em torno dos valores de organizar, controlar e maximizar a eficiência do trabalho industrial.[19] Seus pressupostos básicos incluíam a necessidade de estratificação social e da liderança de uma elite industrial. O IDORT defendeu os princípios de eficiência do trabalho nas fábricas, de Frederick W. Taylor, combinados com a divisão do trabalho segundo a linha de montagem de Henry Ford. Um outro conceito defendido pelo instituto era o da "racionalização", que incluía a colaboração entre as classes, sob a égide do Estado.[20] Em seu manifesto, a revista da organização declarou: "Racionalização, em uma palavra, expressa nosso programa".[21] Um outro objetivo do IDORT e, de maneira mais ampla, da burguesia industrial, era a abolição das barreiras tarifárias dentro do território brasileiro. Por incrível que pareça, essa questão continuou em pauta durante toda a década de 1930, apesar das repetidas tentativas do governo federal de abolir esses empecilhos ao comércio, processo que vinha do século XIX.[22] Entre outras instituições que promoveram o desenvolvimento de uma elite industrial técnica e ideologicamente qualificada estavam a Escola de Sociologia e Política, criada em 1933 por inspiração de Simonsen, e a Universidade de São Paulo, fundada em 1934 por Armando Sales, em seu primeiro ano como governador do Estado.[23] Além disso, em um relatório especial ao presidente Vargas, datado de 1937, Simonsen e outros dirigentes da Federação das Indústrias do Estado de São Paulo (FIESP), que veio a suceder ao CIESP, endossaram, de forma específica, "a formação das elites".[24] Os industriais paulistas, portanto, de maneira geral, apoiavam os valores da organização, do elitismo, da industrialização e, cada vez mais, à medida que a década de 1930 avançava, da intervenção do Estado na economia. Depois de 1937, eles apoiaram também a ditadura do Estado Novo (1937-45) de Vargas. Não é de admirar, portanto, que se tenham sentido atraídos pelas teses, valores e atitudes de Manoilescu.

Um outro economista estrangeiro cujos pontos de vista tiveram ampla repercussão em São Paulo e no Brasil em geral, na década de 1930, foi François Perroux, que tinha uma ligação pessoal com o país e, como Manoilescu, era um teórico do corporativismo. O jovem professor francês, em 1936-37, ajudou a desenvolver o programa de ciências sociais da nova Universidade de São Paulo. Ele integrava a missão francesa àquela universidade, patrocinada pela Fundação Rockefeller,[25] missão essa que incluía também Fernand Braudel e Claude Lévi-Strauss. Durante sua permanência no Brasil, Perroux não apenas deu aulas na universidade como também tentou alcançar uma audiência mais ampla, escrevendo para publicações jurídicas e para *O Estado de S. Paulo*, o jornal brasileiro de maior circulação da época. Em sua divulgação da mensagem corporativista, que teve continuidade após sua partida, Perroux combatia tanto o marxismo quanto as versões totalitárias do corporativismo.[26] Seu "corporativismo social", tal como o de Manoilescu, via as corporações como independentes do Estado. No sistema de Perroux, os sindicatos representativos enfrentariam o capital praticamente em igualdade de condições, em uma situação de monopólio bilateral. Isso permitiria uma "socialização do produto", afirmava ele aos brasileiros, o que não seria possível nos corporativismos fascista e nazista, onde o Estado mantinha os salários achatados. Escrevendo para uma revista jurídica, cujos leitores, seu público-alvo no Brasil, provavelmente seriam incapazes de acompanhar seu intrincado raciocínio, Perroux usou a economia do bem-estar pigouviana, inclusive as curvas de indiferença de Pareto e as caixas de Edgeworth, para demonstrar como a arbitragem do Estado poderia alcançar um máximo de bem-estar para uma sociedade onde greves e *lockouts* não eram permitidos. Perroux parecia acreditar que essa demonstração "científica" da validade de sua economia corporativista fosse mais que uma metáfora, embora a análise econômica propriamente dita não fizesse mais que mostrar

344 Brasil

que, sob determinados pressupostos e dentro de uma determinada margem, os ganhos e perdas em termos de bem-estar, entre as partes adversárias, não eram, necessariamente, um jogo de soma zero. Perroux prosseguia dizendo que o "corporativismo social", ao contrário do socialismo, continuaria a respeitar os preços e os mercados, embora adotando o regime do "mercado organizado". Os lucros excessivos seriam eliminados pelo Estado, na "terceira solução" para os problemas da economia do século XX: "nem capitalismo puro nem socialismo planejado".[27]

O corporativismo de Manoilescu era mais fácil de distinguir de sua teoria econômica do que o de Perroux e, entre os países latino-americanos e ibéricos onde os livros de Manoilescu alcançaram maior repercussão, apenas no Brasil a divulgação das idéias econômicas do autor romeno precedeu, de forma indubitável, a de seus escritos políticos. Contudo, em fins da década de 1930, *O Século do Corporativismo*, que resumia as teses econômicas de Manoilescu, teve impacto não apenas sobre o partido fascista brasileiro — os integralistas[28] —, mas influenciou também os modernizadores autoritários que vinham construindo e articulando a ideologia do governo Vargas. Essa influência não é de interesse central para o presente trabalho mas, uma vez que o tratado político do romeno divulgava, de forma simplificada, sua mensagem econômica, deve-se observar que o *Século* ajudou a plasmar o trabalho de pelo menos dois ideólogos do regime do Estado Novo, Francisco Oliveira Vianna e Inácio Manuel Azevedo Amaral, que traduziu o livro para o português.[29] Outros escritores europeus foram adicionados à mistura que acabou por resultar no corporativismo eclético de Oliveira Vianna, entre eles François Perroux, Gaetan Pirou e Sergio Pannunzio.[30]

Para Oliveira Vianna, Azevedo Amaral e Francisco Campos, outro ideólogo do corporativismo brasileiro, cabia ao Estado organizar a sociedade civil, o que não se coadunava com o corporativismo "puro e integral" de Manoilescu, no qual as corporações não estariam sujeitas ao

Do corporativismo à economia 345

controle estatal — mas o mesmo pode ser dito em relação ao próprio Manoilescu, após ele ter escrito *O Partido Único.* Os três autores brasileiros queriam um Estado forte, a racionalização da economia e o planejamento econômico.[31] Eles acreditavam que um Estado autoritário, embora não totalitário, seria necessário para que esses objetivos fossem alcançados. Azevedo Amaral, em particular, queria ampliar o mercado interno e formar uma elite econômica. Tal como Simonsen, Azevedo usou o trabalho de Manoilescu para associar o desenvolvimento industrial ao nacionalismo.[32] Nesse particular, tanto ele como outros corporativistas defensores da modernização estavam combatendo o ruralismo de Alberto Torres, estadista e protocorporativista da República Velha brasileira (1889-1930).[33] Azevedo Amaral publicou a tradução de O Século do Corporativismo em 1938, durante a ditadura de Getúlio Vargas, presumivelmente a título de justificativa ideológica do regime. Mas, por outro lado, o Estado também recebia ajuda do setor privado: em um panfleto patrocinado pela FIESP, a associação de industriais cujo predecessor, o CIESP, havia publicado a *Teoria* em português, o *Século*, de Manoilescu, era citado como justificativa para o regime autoritário de Vargas.[34]

Assim como Salazar usou *O Século do Corporativismo*, de Manoilescu, para justificar a ditadura em Portugal, adotando, ao mesmo tempo, políticas pró-agrárias, a conversão do governo Vargas às teses industrializadoras do autor romeno foi gradual. O Brasil, na década de 1930, assim como a Argentina e a Romênia, arcava com uma enorme carga de dívida externa. *Sir* Otto Niemeyer, apoiado pelos interesses financeiros britânicos, visitou o país em 1931, na qualidade de consultor oficial. (Em 1932, ele desempenharia missões semelhantes na Argentina e na Romênia.) Niemeyer recomendou políticas financeiras ortodoxas, a criação de um banco central e, de forma implícita, a continuidade do comércio exterior como forma de estimular o crescimento econômico brasileiro. Embora as

346 *Brasil*

recomendações institucionais específicas de Niemeyer não tenham sido implementadas, o recém-empossado governo Vargas via o cumprimento das obrigações da dívida externa brasileira como uma questão intimamente relacionada à revivescência da economia cafeeira.

No Brasil da era da Depressão, Getúlio Vargas era pró-indústria — não era ele, afinal, o amigo de todos os interesses econômicos estabelecidos? Mas, em sua campanha presidencial, em 1930, ele se opôs às indústrias "artificiais" (manufaturas), e os empréstimos governamentais às indústrias "artificiais" ainda estavam proibidos em 1937. Osvaldo Aranha, ministro da Fazenda de Vargas, chegara a afirmar, em 1933, que as indústrias eram "fictícias" caso pelo menos 70% de suas matérias-primas não proviessem de fornecedores nacionais.[35] Durante o Estado Novo, Vargas comprometeu-se a implementar uma rápida expansão industrial, mas mesmo assim sua conversão não foi isenta de vacilações. Embora o ditador, em 1939, tenha afirmado que não poderia aceitar a idéia de o Brasil permanecer como uma economia "semicolonial", ainda em 1940, quando o mercado cafeeiro continuava deprimido após uma década de esforços no sentido de reanimá-lo, Vargas queria "equilibrar" o crescimento industrial e o agrícola. Em 1941, a divisão de desenvolvimento industrial do Banco do Brasil deu início à concessão de empréstimos de valor significativo, embora, entre 1941 e 1945, o banco tenha destinado para fins industriais uma média anual de apenas 17,5% de seus empréstimos ao setor privado.[36]

Mesmo assim, não restava dúvida de que a posição do governo vinha mudando, e parte do preço cobrado por Vargas para entrar na Segunda Guerra Mundial ao lado dos Aliados — o Brasil foi o único país latino-americano a enviar tropas — foi a ajuda norte-americana para a construção de uma usina siderúrgica estatal, de longe a maior da América Latina quando entrou em operação, em Volta Redonda, no ano de 1946. Além disso, à medida que o

Brasil lançava-se em um programa de rápida industrialização, alguns dos discursos de Vargas, a partir de 1937, pareciam refletir a influência de *A Teoria do Protecionismo*, de Manoilescu, e não mais de *O Século do Corporativismo*. Por exemplo, ao anunciar, perante o Congresso Nacional, seu apoio à criação das "indústrias básicas", em 1937, Vargas falou do conflito entre os interesses individuais e os "interesses maiores da coletividade". Em 10 de novembro de 1938, primeiro aniversário do golpe de Estado que criara o Estado Novo, Vargas declarou: "Todo país agrário vende o barato que produz, para adquirir por alto preço [no exterior] o que consome".[37] De qualquer forma, a *Teoria* de Manoilescu foi citada, no Conselho Federal de Comércio Exterior, como justificativa para as políticas econômicas do regime, sete semanas antes do golpe que instaurou o Estado Novo.[38] À época em que o Brasil cortou relações com o Eixo, em 1942, os técnicos do Conselho, bem como alguns militares e líderes políticos, estavam mais empenhados na intervenção estatal para a criação de indústrias de bens de capital do que os industriais que antes citavam Manoilescu.[39]

Entretanto, as teorias do economista romeno, como fundamentação "científica" para a industrialização brasileira, não sobreviveram à guerra, talvez devido aos ataques desferidos contra elas por Jacob Viner e outros teóricos neoclássicos. É também provável que a associação de Manoilescu com o Estado Novo, na medida em que os líderes do regime viam *O Século do Corporativismo* como uma racionalização para a ditadura, bem como seu apoio ao Eixo, na Segunda Guerra Mundial (até onde este apoio era conhecido), tenham contribuído para seu eclipse como fonte de autoridade intelectual e ideológica. Na década de 1940, as idéias de Manoilescu foram abandonadas, sendo substituídas por argumentos mais práticos e circunstanciais, aos quais os industriais brasileiros haviam recorrido antes dos anos 1930. Simonsen, que em inícios da década de 1930 citava com freqüência Manoilescu,

348 Brasil

dez anos mais tarde parecia ainda considerar válidas as teses do romeno sobre as trocas desiguais,[40] tendo porém cessado suas referências ao mestre. No debate sobre planejamento nacional, realizado em 1945 entre Simonsen e Eugênio Gudin, economista neoclássico, foi este último, e não Simonsen, quem mencionou Manoilescu, referindo-se a ele como um charlatão desacreditado.[41] Anos mais tarde, Gudin observou que, para Simonsen, a simples existência de indústrias manufatureiras, e não sua capacidade de competir com os produtores estrangeiros, já se constituía um grande benefício para o Brasil.[42] Se isso for verdade, o ponto de vista de Simonsen manteve-se bem próximo ao de Manoilescu que, ao contrário de List, afirmava que esses empreendimentos, desde seu primeiro dia de operação, já representavam um ganho para a economia nacional, bastando para tal que sua produtividade excedesse a média nacional para as atividades econômicas.[43]

Entretanto, os porta-vozes da indústria continuavam na defensiva, ao se verem em confronto com a agricultura, e talvez essa tendência tenha mesmo aumentado quando Manoilescu saiu de moda, durante os anos da guerra. No primeiro Congresso Econômico Brasileiro, em 1943, Simonsen pregou a harmonia entre os interesses da agricultura e da indústria.[44] O primeiro Congresso das Indústrias veio logo em seguida, em 1944, tendo sua abertura sido presidida pelo ditador Vargas e por Simonsen, agora presidente da Confederação Nacional das Indústrias. Embora Simonsen, naquela ocasião, tenha endossado a intervenção governamental na economia, o aspecto mais notável do evento foi a resolução relativa à agricultura. Não apenas o congresso declarou que o "desenvolvimento harmônico" da indústria e da agricultura era "necessário" para a "expansão da economia", mas pediu-se também ao governo medidas específicas, voltadas para os fazendeiros e produtores agrícolas, medidas essas que incluíam preços mínimos, programas de construção de silos e empréstimos agrícolas.[45] Em parte, a explicação para a falta de "vocação política hegemônica" dos industriais, como Fernando Henrique Cardoso mais tarde caracterizaria seu comportamento hesitante e ambivalente,[46] pode ser encontrada na grande diversificação de seus investimentos, individuais e familiares. Simonsen, por exemplo, mantinha negócios de alta monta com uma empresa britânica de exportação de café, a Brazilian Warrant. Seu irmão Wallace, um banqueiro envolvido com exportação de café, era o sócio local do Lazard Frères que havia sido um dos maiores emprestadores estrangeiros do programa de valorização de antes da Depressão.[47]

Mas, nesse mesmo congresso de industriais, realizado em 1944, Pupo Nogueira deu um tom mais agressivo, em um discurso no qual afirmou que a interrupção do sistema mundial de comércio, na Primeira Guerra Mundial, havia sido o principal fator da industrialização brasileira.[48] Pupo observou que, durante a Segunda Guerra, o Brasil chegou a exportar produtos industrializados — têxteis —, mas que os mercados para esses bens estavam então ameaçados pela perspectiva da paz e pelo retorno a uma divisão internacional do trabalho "normal". O auxílio estatal era agora necessário para reequipar as fábricas obsoletas, declarava Pupo.[49] Ao fim da guerra, Heitor Ferreira Lima, um autor mais jovem, a serviço da FIESP,[50] conseguiu, finalmente, fornecer uma resposta à velhíssima acusação de artificialidade, com base em um levantamento industrial executado em São Paulo durante os anos de 1942-43: a indústria paulista, segundo ele, havia realizado mais de oitenta substituições de insumos anteriormente importados.[51] Seria fácil inferir que a industrialização de substituição de importações faria progressos muito maiores antes que o sistema internacional de comércio voltasse a funcionar de forma normal, após o fim da guerra.

Vale observar que, na defesa do desenvolvimento industrial brasileiro, no entre-guerras e durante a Segunda Guerra, os economistas, no sentido mais ou menos profissional do termo então em uso na Romênia, não desempe-

350   *Brasil*

nharam um papel significativo. Ao fim do Estado Novo, Gudin, engenheiro de formação e autodidata em economia neoclássica, conseguiu colocar Roberto Simonsen na defensiva, por este último ter, anteriormente, citado Manoilescu. Na verdade, embora a economia neoclássica fosse ensinada na Escola de Direito de São Paulo antes da virada do século,[52] foi apenas depois da Segunda Guerra Mundial que a economia, como disciplina, foi profissionalizada no Brasil e na América Latina em geral. Até a década de 1940, "economia", nas universidades brasileiras, significava, em geral, problemas monetários e não questões de desenvolvimento econômico, emprego ou mensuração do produto nacional.[53]

A criação da economia profissional no Brasil, entretanto, não era uma simples questão de implantação de um currículo moderno. Havia problemas culturais e institucionais mais amplos, que dificultavam o desenvolvimento das ciências sociais no Brasil. As tradições intelectuais do Brasil e de outros países latino-americanos gravitavam em torno do pensador, um homem que se orgulhava de sua vasta cultura e que rejeitava a especialização. Esse pensador, com freqüência, com a mesma facilidade que escrevia sobre sociologia e política contemporâneas, escrevia também sobre literatura, e seus estudos, muitas vezes, cruzavam as fronteiras interdisciplinares. O veículo do pensador era o ensaio, uma forma literária que na América Latina mantém o prestígio que praticamente perdeu no mundo de língua inglesa. Esse estilo talvez fosse apropriado a sociedades altamente estratificadas e pré-industriais, mas, o fato é que os autores que tratavam de questões sociais geralmente escreviam sem qualquer referência a estudos monográficos, os quais, na Romênia, eram citados já antes da Primeira Guerra, tendo se tornado comuns durante a década de 1920. Os juízos do ensaísta brasileiro tendiam a ser definitivos e eram tratados de forma histórica. Antes de 1900 e mesmo posteriormente, poucos dos autores brasileiros que escreviam sobre temas sociais eram acadêmi-

Do corporativismo à economia   351

cos, e um número ainda menor havia estudado na Europa. Os que o fizeram raramente obtiveram graus de pesquisa, e sim diplomas em direito, engenharia ou medicina. Um traço que distinguia a sociedade brasileira da sociedade romena, nesse período, era a relativa falta de uma *intelligentsia*, no sentido clássico do termo, ou seja, uma comunidade intelectual subempregada e radicalmente contrária à estrutura de poder vigente.[54] Esse fato se deve principalmente a que, no Brasil, o número de estudantes universitários era reduzido, em comparação com as oportunidades de emprego na advocacia, no jornalismo e no serviço público. Os intelectuais mais convencionais, que ocupavam cargos universitários, por exemplo, eram em geral menos radicais, embora muitas vezes de orientação reformista. De qualquer forma, dificilmente o *pensador* poderia ser o "intelectual orgânico" de Antonio Gramsci, um porta-voz dos interesses de uma classe ou fração de classe bem definida, uma vez que as classes sociais eram ainda relativamente incipientes.

Uma razão sociológica para a persistência da tradição do *pensador* é que raramente as instituições acadêmicas brasileiras voltavam-se para a pesquisa. O Brasil sofria de escassez de instituições de pesquisa social como tais: no período entreguerras, não houve, no Brasil, qualquer instituição comparável ao Institutul Social Român (Instituto Romeno de Ciências Sociais — ISR) de Dimitrie Gusti, fundado em 1918-21. O equivalente brasileiro do ISR foi o Instituto Superior de Estudos Brasileiros (ISEB), fundado em 1955 e fechado pela ditadura militar em 1964. Tanto o ISEB quanto o ISR realizavam seminários interdisciplinares de pesquisa, visando esclarecer aspectos das respectivas realidades nacionais.[55] A Romênia podia orgulhar-se, também, de possuir um Instituto Econômico (criado em 1921) e de um Instituto de Ciclos Econômicos, o qual tinha como modelo o de Harvard e o de Wagemann, na Universidade de Berlim.[56] Os únicos institutos análogos, na América Latina de antes da Segunda Guerra Mundial, foram a divisão

352 Brasil

de pesquisa do Banco Central argentino, organizada por Raúl Prebisch em 1928,[57] e o Instituto de Economía, fundado naquele mesmo ano na Universidade Nacional Autônoma do México. Os impedimentos à pesquisa social no Brasil, portanto, não eram únicos na América Latina. No levantamento, realizado por Charles Hale, do pensamento social e político latino-americano no meio século que findou em 1930, apenas um intelectual, dentre os cerca de noventa citados, possuía doutorado, o mexicano Manuel Gamio.[58] Esse fato pode servir como explicação alternativa para a fragilidade da tradição de pesquisa, em contraposição à teorização abstrata e à indiferença para com a coleta sistemática de dados, tão característica do estilo *pensador*. Não havia, por exemplo, nada comparável aos estudos de comunidades realizados nas décadas de 1920 e 30 por Gusti e seus alunos.[59]

No Brasil, uma das primeiras tentativas institucionais de profissionalizar a economia ocorreu em 1944, com a organização da Fundação Getúlio Vargas (FGV), no Rio de Janeiro, sob a orientação de dois economistas neoclássicos e autodidatas, Eugênio Gudin e Otávio Bulhões. Em 1947, a FGV criou uma revista profissional de política econômica e de compilação de dados, a Conjuntura Econômica, organizada por um grupo eclético e de orientação desenvolvimentista, sendo ela porém assumida por Gudin, cinco anos mais tarde. No mesmo ano de 1947, Gudin fundou também uma revista de pesquisa, a *Revista Brasileira de Economia*,[60] que rapidamente estabeleceu sua reputação como uma das mais importantes publicações econômicas da América Latina.[61] Gudin e Bulhões, além do mais, montaram uma unidade de pesquisa, o Instituto Brasileiro de Economia, na FGV, em 1950. Integrava a equipe de pesquisadores Richard Lewinsohn, um exilado vienense que veio a ser o primeiro diretor da *Conjuntura Econômica*.

Na década de 1940, nenhuma instituição brasileira oferecia doutorados em economia e, antes da Segunda Guerra Mundial, ao contrário do que se dava na Romênia,

Do corporativismo à economia   353

não havia a tradição de obter graus de pesquisa no exterior. Apenas nos anos 1950 um número significativo de brasileiros passaria a obter doutorados em pesquisa. Celso Furtado, o principal estruturalista do pós-guerra no Brasil, foi um dos primeiros brasileiros a obter um em economia, completado em Paris, em 1948.[62] O próprio Furtado chegou a afirmar, mais tarde, que não tivera a intenção de se tornar um "profissional", ou seja, um economista técnico.[63] Seja como for, ele veio a ser o economista brasileiro mais lido de todo o século, e aquele que, juntamente com seu mentor, Prebisch, forneceria aos industriais uma fundamentação científica para seu projeto, melhor que a de qualquer outro economista desde Manoilescu. Trataremos agora de seu trabalho.

Notas

1. Contador e Haddad, 1975, p. 412; Dean, "Brazilian Economy", 1986, pp. 695-96.

2. Morais Filho, 1980, pp. 19, 21.

3. Murtinho, 1899, p. XIII.

4. Pagando suas despesas em moedas locais e recebendo moedas "fortes" em troca de suas exportações, esses grupos lucravam obtendo maiores quantidades de moeda local à medida que a cotação cambial desta caía.

5. Para maiores detalhes sobre a valorização, ver Love, *São Paulo*, 1980, Cap. 2, e as citações lá contidas.

6. Correia, 1977 e Vieira Souto, 1977, pp. 8, 42, 54.

7. Ferreira Lima, 1976, p. 108.

8. "O Brasileiro", citado em Sáenz Leme, 1978, pp. 161, 163.

9. Decca, 1981, pp. 141-49.

10. *Em Torno da Tarifa Aduaneira*, 1931.

11. Ibid., pp. 136, 138.

12. Ibid., p. 3.

13. "Prefácio" a Manoilescu, *Theoria*, p. 6.

354 Brasil

14. Gudin, "Rumos", 1977 (mar. 1945), p. 108.

15. Siciliano , citado em Pupo Nogueira, p. 133; quanto às opiniões do próprio Pupo, ver pp. 3, 131; Siciliano, 1931, pp. 12,62; Simonsen, *Crises,* s.d, pp. 58, 91; Simonsen, discurso de 8 de abril de 1931, em *À Margem* (1932?), p. 250. No tocante ao setor da borracha, contrariamente ao argumento de Siciliano , Warren Dean negou que a mão-de-obra asiática fosse mais barata do que a brasileira. Dean, *Struggle*, 1987, p. 82.

16. Fanganiello, 1970, p. 186.

17. Federação das Indústrias do Estado de São Paulo (doravante FIESP, sucessora do CIESP), circular nº 152, São Paulo, 1º de julho de 1931; Pupo, p. 119; M. Manoilescu, "Memorii", MS., 1947-48, p. 349.

18. Instituto de Organização Racional do Trabalho.

19. Seu correspondente romeno, o Instituto para a Organização Científica do Trabalho, havia sido criado em 1927. Malinschi, 1967, p. 24.

20. Antonacci, 1985, p. 8.

21. Walther, 1931, p. 1.

22. Sobre as tentativas de abolir as barreiras interestaduais ao comércio, ver Love, *São Paulo*, pp. 195-96, 247-48. Embora a liberdade de comércio interna fosse uma medida defendida pelos liberais no século XIX, na década de 1930 essa causa já não era mais propriedade exclusiva destes. Os corporativistas tinham objetivos semelhantes de ampliar os mercados nacionais, da mesma forma como os mercantilistas, antes dos liberais, haviam perseguido esse mesmo objetivo.

23. Ver O'Neil, 1971, pp. 56-66. Sales foi nomeado interventor de São Paulo por Vargas, em 1933, sendo eleito governador no ano seguinte.

24. FIESP, *Relatório* de 19 de maio de 1937, citado em Carone, *Pensamento*, 1977, p. 9.

25. Teixeira Vieira, 1981, p. 362. Bolsas da Rockefeller foram concedidas a quatro cientistas sociais romenos — Manuila, Georgescu-Roegen, Sterian e Cresin — para estudar em universidades americanas nos anos do entreguerras, e o próprio Perroux havia recebido uma bolsa da Rockefeller para estudar na Universidade de Viena.

Do corporativismo à economia 355

26. P. ex., Perroux, "Nobrezas", 1936; "Trapaça", 1937; "Contra as Trapaças", 1937; "Socialismo", nºs 2 e 4, 1937; "Capitalismo e Corporativismo: Economia", 1937; "Capitalismo e Corporativismo: Funcionamento", 1938; "Pessoa", 1939. Alguns desses artigos publicados em revistas haviam sido publicados originalmente em *O Estado de S. Paulo*.

27. Perroux, "Capitalismo e Corporativismo: Socialização", 1939, pp. 402-5 (orig. na *Revista do Trabalho*). É irônico que muitos dos artigos de Perroux tenham sido publicados na *Revista do Trabalho*, dedicada ao estudo de um regime de trabalho que era tudo menos independente do Estado.

28. Reale, 1986, p. 75.

29. Ver Vieira, 1981, Cap. 2, e M. Manoilescu, *Século* (trad. de Azevedo Amaral), 1938.

30. Vieira, pp. 31, 68.

31. Diniz, 1978, p. 59.

32. Ibid., pp. 62, 69.

33. Sobre Torres e seu ruralismo, nacionalismo, antiimperialismo e confusão geral, ver suas duas obras principais, *Organização Nacional*, 1914 e *Problema Nacional Brasileiro*, 1914; e Marson, 1979. Torres, como tantos outros, queria ver permitidas apenas as indústrias que usassem matéria-prima nacional. Marson, p. 173.

34. [FIESP *et al.*], *Constituição*, n. p., (1940), pp. 23, 29-30, 104, 106, 108-9, 126. O economista paulista Tito Prates da Fonseca também citou de forma positiva, em uma revista profissional, a versão de Manoilescu do corporativismo, bem como o *Capitalisme*, de Perroux. Ver seu "Tendências", 1940, pp. 219, 222.

35. Vargas, *Nova Política*, 1938, 1:26-27; Aranha em *O Estado de S. Paulo*, 8 de março de 1933.

36. Vargas, *Nova política*, 1940, 6: 91; 1941, 8: 179; dados orçamentários de Vilela e Suzigan, 1973, p. 352. Em tese, o governo poderia fornecer créditos bancários para as indústrias, a partir de 1921, quando foi criada a Divisão de Redescontos do Banco do Brasil. A Divisão de Crédito Agrícola e Industrial foi estabelecida em 1937, mas ela não poderia conceder empréstimos para a expansão da capacidade industrial ou para empresas em "indústrias artificiais". De qualquer modo, as

356 Brasil

quantias desembolsadas para os industriais não foram significativas até a década de 1940.

37. Ver Vargas, *Mensagem*, 1937, pp. 13-14; e Vargas, "Estado Novo", 10 de novembro de 1938 em *Nova Política*, 6: 91.

38. Doc. 85, 22 de setembro de 1937, em A-CFCE, processo 435, "Instituto Nacional do Mate", p. 162, Arquivo Nacional. O fato de a teoria de Manoilescu ter sido citada para justificar a criação de uma autarquia corporativa mostra o vínculo entre suas teorias econômicas e corporativistas. Para mais informações sobre a relação e o contexto desse documento, ver Bak, 1985.

39. Diniz, p. 105.

40. Ele ainda acreditava que trocar bens produzidos com baixos salários por bens produzidos com altos salários era um mau negócio. Fanganiello, p. 213.

41. Na opinião de Gudin, Ohlin, Viner e Gottfried Haberler haviam "liquidado" a "suposta teoria" de Manoilescu. Gudin, "Rumos", pp. 108-9.

42. "Eugênio Gudin", MS, 1979, transcrição de entrevistas, Centro de Pesquisa e Documentação, p. 155.

43. Ainda em 1964, um argumento dessa natureza foi apresentado por um economista ligado à Confederação Nacional das Indústrias: se 1.000 unidades de capital estiverem disponíveis ao Brasil, e a agricultura puder absorver apenas 200, aplicar aos 800 restantes na indústria representaria um ganho líquido, qualquer que fosse o custo dos bens produzidos, uma vez que a produção agrícola não irá decrescer. Almeida Magalhães, *Controvérsia*, 1964, p. 133.

44. Primeiro Congresso Brasileiro de Economia, *Anais*, 1943-46, 2: 51.

45. Ibid., 1945, 1: 79 (discurso de Simonsen), 225-26 (resoluções). O que os industriais brasileiros mais queriam, e receberam do governo Vargas, era o controle, por parte do governo, do movimento trabalhista, em troca de sua aceitação da legislação de seguridade social para os trabalhadores.

46. F. Cardoso, *Ideologias*, 1971, p. 215.

47. Love, *São Paulo*, pp. 63-64, 206.

48. Conferir com Prebisch na Argentina daquela época.

49. Pupo Nogueira, "A Propósito", 1945, pp. 16-18.

Do corporativismo à economia   357

50. E ex-militante comunista. Ver Capítulo 11.

51. Ferreira Lima, 1945, p. 17.

52. Hugon (1958?), pp. 312-13.

53. Gudin, "Notas", 1972, p. 86. Em uma análise anterior da formação de profissionais de economia, Gudin havia escrito que apenas em 1945 uma legislação federal estipulou os padrões para a economia como disciplina analítica, no Brasil. Gudin, "Formação", 1956, pp. 54-55.

54. Sobre a Romênia, ver Janos, "Modernization", 1978, pp. 107-8.

55. Sobre o ISR, ver *Roumanian Institute*, 1926. Sobre o ISEB, ver Alves de Abreu, 1975; Sodré, 1978; e Toledo, 1982.

56. Sendo sucedida, em 1936, pela Associação Romena para o Estudo dos Ciclos Econômicos.

57. O Banco do Brasil, ao contrário, era um banco mais comercial que central. A Superintendência de Moeda e Crédito, criada em 1945, é geralmente considerada como sendo o primeiro banco central do Brasil, com poder de controle sobre a oferta de moeda, sobre as mudanças na taxa de redesconto e o estabelecimento de um nível mínimo para as reservas dos bancos comerciais.

58. Gamio estudou antropologia na Universidade de Colúmbia com Franz Boas. Hale, 1986, p. 434, n. 138.

59. A exceção parcial era o México, onde Gamio e outros antropólogos haviam começado a mapear a etnografia das aldeias.

60. Bielschowsky, 1985, 1: 46-47.

61. A *Revista de Ciencias Económicas*, da Argentina, datando de 1913, perdeu sua liderança durante o regime de Perón.

62. Sikkink acompanha a formação de pós-graduação, nos Estados Unidos, de diversos dos primeiros economistas brasileiros, inclusive Roberto Campos, que viria a desempenhar um papel da maior importância nas políticas da década de 1950. Ver seu "Developmentalism", 1988, pp. 117-23.

63. Furtado, *Fantasia organizada*, 1985, p. 19.

10
Furtado e o estruturalismo

A julgar pela divulgação de seus trabalhos, resta pouca dúvida de que Celso Furtado seja o cientista social brasileiro mais influente de todo o século. Na América Latina, onde os livros, em geral, são publicados em tiragens de um a dois mil exemplares, as obras de Furtado, em 1972, já haviam *vendido* cerca de duzentos mil exemplares em espanhol e português. As vendas de suas obras, em todo o mundo, atingiram um milhão de exemplares em 1990, sendo que a metade deles foi publicada na América Latina.[1] Ele foi o primeiro, o mais original e o mais prolífico dos autores estruturalistas brasileiros. Além disso, pode-se dizer que foi o primeiro dos analistas da dependência latino-americanos, e também o primeiro a afirmar, especificamente, que desenvolvimento e subdesenvolvimento fazem parte do mesmo processo de expansão da economia capitalista internacional.

Como muitos de seus primeiros trabalhos foram elaborados em associação direta ou indireta com a CEPAL e com Raúl Prebisch, a obra de Furtado se constitui no mais importante elo entre a escola estruturalista em escala continental e a escola nacional brasileira, fundada por ele. Na verdade, é difícil separar algumas das contribuições iniciais de Furtado das de Prebisch e, na década de 1970,

360 Brasil

os pontos de vista de ambos voltaram a convergir, dessa vez para enfocar os padrões de consumo das camadas superiores da sociedade latino-americana como sendo a força motora das economias daquela região, vistas como não-acumuladoras e dependentes. Ao longo de suas carreiras, ambos acreditaram que o Estado era a força propulsora do desenvolvimento econômico e que poderia fornecer a liderança de que não eram capazes os sinais do mercado, que, nas economias atrasadas, eram fracos ou distorcidos pelo monopólio. Tal como Prebisch, Furtado era funcionário público de profissão e, ao longo de sua carreira, esteve associado, intermitentemente, a órgãos públicos de seu país e a organismos internacionais. Também como Prebisch, Furtado era um "político não-partidário", para usar as palavras do economista brasileiro Francisco de Oliveira.[2] Embora talvez faltasse a Furtado a afiada habilidade diplomática do expansivo Prebisch, sua grande cabeça emprestava-lhe o semblante de um pensador profundo.

Furtado, da mesma forma que Prebisch, vinha de uma região remota de seu país de origem, a "Periferia da Periferia" — e, para o brasileiro, a terra natal continuaria, por toda a vida, como um dos pontos focais de seus escritos e de sua ação. Furtado viveu, até a idade de vinte anos, no atrasado Nordeste brasileiro, tendo passado a infância em contato com o árido e violento sertão do pequeno estado da Paraíba, onde seu pai era juiz. Como Prebisch, quase vinte anos mais velho, Furtado faria seus estudos universitários não na província, mas na capital federal. Chegou ao Rio de Janeiro em 1940, para matricular-se na Universidade do Brasil. Àquela época, a economia ainda não era uma especialização reconhecida no Brasil, e Furtado optou pelo currículo tradicional de Direito.[3] O jovem, no entanto, entrou em contato com o economista francês Maurice Byé, discípulo de François Perroux. Byé lecionava no Rio à época da derrota da França pela Alemanha, em junho de 1940, tendo permanecido no Brasil até 1942.[4] Ainda na universidade, Furtado transferiu-se do curso de direito para o de administração e, com 23 anos, ingressou no serviço público brasileiro. Pouco depois, alistou-se na Força Expedicionária Brasileira enviada à Europa, onde serviu como oficial na campanha da Itália.[5]

Após a guerra, Furtado foi para Paris, onde deu início a seus estudos de economia em 1946, trabalhando com Byé, seu orientador de tese, e com François Perroux. Nessa época, Furtado era ainda um autodidata em economia.[6] Ele havia chegado a essa disciplina ao longo de um tortuoso trajeto intelectual — de direito para organização e administração, de organização para planejamento, e de planejamento para economia. Mais tarde, escreveria: "Eu via o planejamento como uma técnica social de primeira importância, capaz de aumentar o grau de racionalidade das decisões que regiam processos sociais complexos, evitando a mobilização de processos cumulativos e irreversíveis em direções indesejáveis".[7]

Seu pendor para o planejamento e seu aprendizado com Byé e Perroux fizeram com que Furtado entrasse em contato com o estruturalismo de Perroux, então em processo de formação (e com seu corporativismo, que já então saía de cena[8]), antes de Prebisch ter construído sua versão inicial das relações Centro-Periferia. Mas Furtado, mais do que Prebisch, interessava-se também por história econômica. Em 1948, Furtado apresentou uma dissertação na Faculté de Droit, em Paris, sobre a economia brasileira durante o período colonial.[9]

Furtado retornou então a sua terra natal, onde foi contratado pelo Ministério da Fazenda para ajudar a produzir a *Conjuntura Econômica*, uma das duas novas revistas associadas à Fundação Getúlio Vargas,[10] para a qual havia contribuído quando ainda na Europa. Graças a uma apresentação feita por Otávio Bulhões, que juntamente com Eugênio Gudin havia sido um dos co-fundadores da FGV, Furtado, em fins de 1948, ingressou na equipe da Comissão Econômica das Nações Unidas para a América Latina, à qual permaneceria vinculado por uma década.

362 Brasil

Em Santiago, Furtado conheceu Ernst Wagemann, que havia chegado da Alemanha em 1949 para dirigir o Instituto de Economia da Universidade do Chile. Furtado já conhecia o trabalho de Wagemann, uma vez que a *Conjuntura Econômica* havia se baseado na análise dos ciclos econômicos daquele autor germano-chileno.[11] Mas muito mais importante para o desenvolvimento da economia de Furtado foi o trabalho de John Maynard Keynes. Embora Furtado tivesse estudado Keynes na França, o economista inglês teve pouca influência sobre a tese de doutorado do brasileiro, e é possível que o contato importante de Furtado com Keynes tenha se dado por intermédio de Prebisch. Este último chegou a Santiago em fevereiro de 1949 — depois de Furtado —, já tendo porém publicado sua *Introdução a Keynes* dois anos antes. De qualquer forma, a influência de Keynes sobre Furtado fica evidente no primeiro ensaio produzido por este último na CEPAL, "Características Gerais da Economia Brasileira", escrito em 1949 e publicado no ano seguinte.[12]

Furtado trabalhou sob a direção de Prebisch, o qual, em 1949, publicou a versão espanhola de seu "manifesto" — *O Desenvolvimento Econômico da América Latina e seus Principais Problemas* — e logo se tornou um dos principais colaboradores do economista argentino. Furtado preparou os dados, embora recuse o crédito pela análise que os acompanha,[13] relativos à seção brasileira do famoso *Levantamento Econômico da América Latina, 1949*. Prebisch e Furtado trabalharam em uníssono, com o fim de angariar o apoio do governo brasileiro para a CEPAL. Getúlio Vargas, em 1951, seu primeiro ano como presidente eleito pelo povo, apoiou-os em sua intenção de transformar a CEPAL em agência permanente das Nações Unidas, apoio esse que foi de importância decisiva.[14] Os dois economistas cortejaram também os industriais, participando de debates na Confederação Nacional das Indústrias (CNI), em 1950. Tanto essa organização quanto muitos industriais, individualmente, deram boa acolhida à tese de Prebisch.[15]

Naquele mesmo ano, a revista *Estudos Econômicos*, da CNI, publicou um artigo expondo e implicitamente endossando a posição da CEPAL e, em 1953, a Confederação das Indústrias deu apoio financeiro a uma sessão ordinária da CEPAL realizada no Brasil.[16] Uma revista posterior da CNI, *Desenvolvimento e Conjuntura*, fundada em 1957, endossou, em seu primeiro editorial, as interpretações e propostas da CEPAL.[17] De modo geral, a liderança industrial, no Brasil de Furtado, aceitou a intervenção estatal e a ideologia "desenvolvimentista" associada ao estruturalismo com mais facilidade que seus pares na Argentina de Prebisch.[18]

Nos primeiros anos da década de 1950, grande parte da energia de Furtado era dedicada aos projetos da CEPAL, de cujos trabalhos não constavam créditos individuais. Furtado, porém, encontrou tempo para escrever diversos artigos em seu próprio nome, artigos esses que faziam antever o futuro de sua obra. Embora permanecendo como funcionário da ONU até 1958, Furtado, durante a maior parte daquela década, morou em outros lugares que não Santiago. Em 1953, voltou para o Brasil, onde dirigiu um projeto patrocinado pela CEPAL e pelo Banco Nacional de Desenvolvimento Econômico brasileiro, o BNDE. A principal tarefa desse grupo misto consistia em introduzir o planejamento no processo econômico, e tanto Prebisch como Furtado defenderam as técnicas da "programação" em uma reunião da CEPAL realizada em Petrópolis, no Brasil, naquele mesmo ano. Enquanto isso, Furtado tornava-se famoso no âmbito do movimento "desenvolvimentista" em virtude de sua colaboração com o Instituto Superior de Estudos Brasileiros, onde um grupo interdisciplinar de intelectuais vinha tentando forjar um novo nacionalismo econômico para o Brasil. Em 1955 Furtado foi à Europa e de lá ao México, com a tarefa de executar, para a CEPAL, um estudo sobre a economia daquele país, e depois à Venezuela, com propósito semelhante.

364 *Brasil*

A convite de Nicholas Kaldor, Furtado recebeu uma bolsa da Fundação Rockefeller para trabalhar no King's College, em Cambridge, onde Keynes reinara e onde lecionavam outros luminares da macroeconomia como Kaldor, Richard Kahn (o inventor do multiplicador keynesiano) e Joan Robinson (a teórica do oligopólio). Furtado deixou as Nações Unidas após dez anos de serviço e, em Cambridge, escreveu o mais célebre de seus livros, *Formação Econômica do Brasil*.[19] Esse ensaio, entre outros, rapidamente conquistou um lugar, como um estudo clássico da economia e da sociedade brasileiras, tendo, além disso, aberto um debate a respeito da natureza e do ritmo da industrialização brasileira que até hoje não foi concluído. Voltando para seu país em 1958, Furtado tornou-se um dos diretores do BNDE, assumindo especial responsabilidade pelo Nordeste, região assolada pela pobreza e pelas secas e, além disso, sua terra natal.[20] Ainda no início do mesmo ano, foi convidado para uma sessão de *brainstorming* com o presidente Juscelino Kubitschek, então no comando de uma onda sem precedentes de expansão econômica. Furtado convenceu o presidente a montar um programa de desenvolvimento específico para o Nordeste,[21] e esse esforço levou à criação de uma autarquia regional permanente, a Superintendência para o Desenvolvimento do Nordeste (SUDENE). Furtado estava também entre aqueles que conseguiram persuadir Kubitschek a não adotar as medidas recessionistas recomendadas pelo Fundo Monetário Internacional, destinadas a conter a inflação.[22]

Na virada da década, o Nordeste era um foco de agitação política e da organização de sindicatos rurais, cuja importância era exagerada pela mídia internacional, que associava o porta-voz das Ligas Camponesas, Francisco Julião, à Revolução Cubana. O próprio Furtado era freqüentemente rotulado de comunista, tendo sido investigado pelo Conselho de Segurança Nacional brasileiro.[23] Após a SUDENE ter sido aprovada pelo Congresso Nacional, em fins de 1959, Kubitschek nomeou Furtado seu primeiro diretor. Ele foi reconduzido ao cargo pelos presidentes Jânio Quadros (1961) e João Goulart (1961-64). No governo de Quadros, o cargo de Furtado foi elevado a nível ministerial e ele logo entraria em choque com os recém-formulados planos de desenvolvimento da Aliança para o Progresso, cujos dirigentes norte-americanos tinham um outro conjunto de prioridades com relação ao Nordeste.[24] Apesar de suas intensas atividades administrativas e políticas, Furtado publicou, em 1961, um de seus principais trabalhos, *Desenvolvimento e Subdesenvolvimento*, que viria a se constituir a ponte entre o estruturalismo e a teoria da dependência.

Em 1963, Furtado deu início à sua defesa da reforma agrária, que considerava necessária para o progresso do Nordeste.[25] Viu-se envolvido em uma situação cada vez mais polarizada quando um político (supostamente) radical, Miguel Arraes, tornou-se governador de Pernambuco, o estado mais importante do Nordeste, à medida que o governo de Goulart pendia cada vez mais para a esquerda. Nessa época, as forças direitistas começaram a conspirar contra o presidente e o regime. Nesse ínterim, Furtado havia sido nomeado ministro extraordinário para o Planejamento e, em 1962, elaborou um plano trienal de desenvolvimento, mais lembrado pelas ortodoxas medidas antiinflacionárias de curto prazo nele contidas do que por suas propostas estruturalistas a longo prazo. Quando veio o golpe de Estado que derrubou Goulart, ao fim de março de 1964, Furtado foi imediatamente demitido de seu cargo na SUDENE. Sob a ditadura militar do marechal Humberto Castelo Branco, ele logo veio a perder também seus direitos políticos.

Furtado partiu então para seu longo exílio. Em 1964 trabalhou no Chile por um breve período, onde deu uma notável contribuição para o surgimento da análise da dependência. Após um ano em Yale, voltou, como professor, a sua *alma mater*, a Universidade de Paris, no ano de

366 *Brasil*

1965. Continuou nesse cargo desde então, apesar de prolongadas permanências no Brasil, a partir de 1975. Em Paris, Furtado escreveu *Subdesenvolvimento e Estagnação na América Latina,*[26] em 1966, onde afirmava que as economias da região dirigiam-se para uma situação de entorpecimento permanente, devido à exaustão da industrialização de substituição de importações, baseada nos restritos mercados nacionais, situação essa que, por sua vez, devia-se à má distribuição da renda nos países latino-americanos. Essa análise logo veio a mostrar-se equivocada para o caso brasileiro, devido ao rápido desenvolvimento apresentado pelo país no período 1968-73, mas Furtado continuou a escrever prolificamente sobre outros temas. Ele sofisticou sua análise da dependência aplicando-a a um contexto regional em *O Desenvolvimento Econômico da América Latina* (1969).[27] Em 1985, quando o Brasil retornou a um regime civil e constitucional, o presidente José Sarney nomeou Furtado embaixador brasileiro na Comunidade Econômica Européia. Ele voltou ao Brasil para servir como ministro da Cultura, de 1986 a 1988. Durante toda a década de 1980, Furtado continuou pedindo apoio e verbas públicas para o desenvolvimento de seu amado e sofrido Nordeste.

Esse breve esboço da carreira de Furtado é suficiente para demonstrar que seu engajamento na política e na formulação das diretrizes nacionais não impediu uma fecunda produção acadêmica, nosso interesse maior. Os três grandes temas do estruturalismo latino-americano, discutidos no Capítulo 8 — a tendência ao desemprego verificada na Periferia, devida à heterogeneidade estrutural (tecnológica); o desequilíbrio no setor externo e a deterioração dos termos de troca — foram desenvolvidos com grande criatividade por Furtado em seus primeiros trabalhos.[28]

Logo em seguida à publicação do trabalho de Prebisch, *O Desenvolvimento Econômico na América Latina e seus Principais Problemas* (1949), que Furtado traduziu para o português naquele mesmo ano, o brasileiro rapidamente extraiu da análise de Prebisch outras conclusões sobre os ciclos econômicos e os altos coeficientes de importação (Capítulo 8). Furtado afirmou que, no Brasil, verificava-se uma tendência à concentração de renda durante o movimento ascendente do ciclo, devida, em parte, a uma oferta de mão-de-obra altamente elástica, que mantinha os salários em níveis muito baixos. Desse modo, Furtado antecipou-se em quatro anos à célebre análise de W. Arthur Lewis sobre uma oferta de mão-de-obra infinitamente elástica como sendo a fonte da rigidez salarial dos países subdesenvolvidos. Além disso, o brasileiro lançou a hipótese de que boa parte do efeito do multiplicador keynesiano "vazava" para o exterior, dada a alta propensão a importar dos grupos exportadores.[29] Essa análise novamente apontava para a importância de uma política de industrialização.[30]

Uma das idéias mais conhecidas de Celso Furtado, que combina as análises econômica e social, foi apresentada nesse mesmo ensaio de 1950. "A Socialização das Perdas" tratava da interação entre as alterações nas exportações, nas taxas de câmbio e nas importações.[31] Furtado, assim como Prebisch, tinha grande interesse pelos efeitos dos ciclos econômicos sobre a Periferia, que o brasileiro preferia chamar de "estrutura colonial".[32] Mas, diferentemente do argentino, Furtado tratou não das conseqüências diferenciadas dos movimentos cíclicos para o Centro e para a Periferia, mas dos diferentes efeitos do ciclo sobre os grupos econômicos desta última. Furtado centrou-se na Grande Depressão, quando os interesses cafeeiros induziram o governo a desvalorizar drasticamente a moeda brasileira. Assim, o colapso dos preços do café, em moedas fortes, para os fazendeiros, foi parcialmente compensado por uma queda consideravelmente menor de suas receitas em mil-réis brasileiros, sendo o restante das perdas repassado aos consumidores nacionais sob a forma de preços mais altos para os produtos importados. De 1929 a 1931, o preço do café, em dólares,

368   Brasil

caiu em 60%. Mas a maior quantidade de exportações, somada à queda da taxa de câmbio, fez com que o valor interno das exportações de café fosse, em 1931, apenas 14% menor do que havia sido em 1929.[33] Além do mais, a Grande Depressão acarretou um esforço, não planejado mas eficaz, por parte do governo, de sustentar a demanda agregada, e a economia brasileira então, na visão de Furtado, deu uma guinada decisiva em direção ao crescimento com base na industrialização voltada para o mercado interno, mais que para as exportações.[34] Prebisch havia observado antes que as nações economicamente mais adiantadas da América Latina haviam feito seus maiores progressos em direção à industrialização nas épocas em que a economia mundial atravessava crises, mas foi Furtado quem cunhou o termo — desenvolvimento por "choques externos".[35]

Dois anos mais tarde, em 1952, Furtado escreveu um ensaio onde respondia às teses sobre desenvolvimento defendidas por uma das maiores autoridades da época, Ragnar Nurkse, um estoniano que havia estudado em Viena e na Inglaterra. Em suas palestras de 1951 no Instituto de Economia Brasileira,[36] fundado por Gudin, Nurkse, que antes fora economista da Liga das Nações e que então lecionava na Universidade de Colúmbia, propôs sua famosa "doutrina do crescimento equilibrado", publicada em 1953 como *Problemas da Formação de Capital nos Países Subdesenvolvidos*. Nurkse afirmava que o desenvolvimento econômico era bloqueado por uma série de círculos viciosos, e que um grande esforço coordenado pelo Estado seria necessário para superá-los. Por exemplo, a baixa renda real era um reflexo da baixa produtividade, devida, principalmente, à falta de capital. Essa última, por sua vez, era conseqüência de uma baixa capacidade de poupança, resultante das baixas rendas reais. Furtado concluiu que a doutrina de Nurkse tomava como ponto de partida *A Teoria do Desenvolvimento Econômico*, de Schumpeter, mas que Nurkse havia invertido a tese do

Furtado e o estruturalismo 369

teórico austríaco, substituindo o "fluxo circular" deste último pela "estagnação automática".[37] O próprio Furtado refletia a influência de Schumpeter quando escreveu: "O processo de desenvolvimento se realiza seja através de combinações novas dos fatores existentes, ao nível da técnica conhecida, seja através da introdução de inovações técnicas".[38]

Para Nurkse, as oportunidades de investimento nos países subdesenvolvidos eram limitadas por um mercado interno de pequenas dimensões, mas, para Furtado, um problema igualmente importante era a ausência de expansão do mercado externo — uma implicação da doutrina, ou do fato presumível, da deterioração dos termos de troca para os exportadores de produtos primários no comércio mundial.[39] Para Furtado, "o que se busca com o desenvolvimento econômico é aumentar a produtividade física média do trabalho", e fazê-lo para além do setor exportador, onde essa produtividade, em geral, era mais alta que em qualquer outro setor, nas etapas iniciais do subdesenvolvimento. Tal como Nurkse e outros economistas da época, Furtado acreditava que a produtividade física da mão-de-obra podia, "de modo geral", ser explicada pela acumulação do capital.[40] Essa acumulação era difícil de ser alcançada no setor exportador, onde os benefícios do aumento na produtividade física da mão-de-obra poderiam, de uma hora para outra, ser transferidos para o exterior, em razão de uma queda nos preços das *commodities*. O setor exportador era também importante pelo lado da demanda, principalmente quando a renda concentrava-se em mãos de um pequeno grupo. Esse grupo (classe?) emulava os padrões de consumo dos habitantes dos países desenvolvidos e a demanda poderia não se diversificar, devido a uma distribuição altamente distorcida da renda nacional.[41] Uma colocação semelhante havia sido feita por Nurkse, com base numa extrapolação da interpretação de James Duesenberry sobre a "função de consumo" de Keynes. O economista de Harvard havia esta-

370 Brasil

belecido que, de um período a outro, a percentagem da renda gasta com consumo nos Estados Unidos dependia não da renda absoluta, mas da posição dos consumidores na pirâmide da renda. A função de consumo, portanto, permanecia estável ao longo do tempo para um determinado estrato dos recipientes de renda. Esse fato podia ser explicado por um "efeito de demonstração" exercido pelos grupos mais ricos sobre os menos afluentes. Nurkse extrapolou o conceito de Duesenberry para explicar não o comportamento de "distribuição por tamanho" (*grosso modo*, por classe), de uma geração para outra nos países desenvolvidos, mas sim a emulação dos padrões de consumo desses últimos países por parte das classes altas dos países subdesenvolvidos. Furtado endossou essa extrapolação. Segundo ele, "não são incentivos para investir o que falta em nossa economia. Faltam sim estímulos para poupar", problema esse exacerbado "dados os fortes estímulos para consumir que nos vêm das economias mais avançadas".[42] As noções de padrões de crescimento "*impelidos pela demanda*" e "*distorcidos pela demanda*" mais tarde viriam a ocupar um lugar central na visão de Furtado sobre o subdesenvolvimento. Àquela época, tanto Furtado quanto Nurkse acreditavam no poder das políticas fiscais de plasmar o desenvolvimento econômico e, para o primeiro deles, isso implicaria alguma forma (não especificada) de poupança compulsória. Furtado afirmava que o Estado poderia assegurar uma taxa adequada de poupança e de investimentos com maior eficácia do que o setor privado, este último voltado para o consumo visível.[43]

Celso Furtado, funcionário público de carreira, via no planejamento econômico as vantagens proclamadas por Rosenstein-Rodan e Nurkse, ou seja, que devido à indivisibilidade dos investimentos de grande escala e ao potencial de economias externas não atingíveis pelas empresas privadas, um esforço de desenvolvimento dirigido pelo Estado seria necessário. Os investidores privados maximizariam o produto marginal líquido privado, e não o social.

Nos países subdesenvolvidos, onde os mercados não funcionavam adequadamente, o mecanismo de preços não se constituía numa orientação confiável para os investimentos. Nesses países, a utilização dos fatores de produção (tal como expressa, por exemplo, nos salários) apresentava grandes variações de um setor para outro. Furtado acreditava firmemente que o ritmo do desenvolvimento poderia ser acelerado se os investimentos fossem realizados "segundo um plano amplo e coordenado".[44]

A partir de 1955, Furtado e Prebisch trabalharam em prol da aceitação, pelos meios oficiais brasileiros, da "programação", a versão cepalina do planejamento. A programação da CEPAL usava técnicas semelhantes à análise de insumo-produto de Vassily Leontief — partir de uma determinada taxa de crescimento a ser alcançada pela economia e estimar as mudanças estruturais, bem como os insumos específicos, necessários para atingir essa meta. Fazendo eco a Pigou, Manoilescu e Rosenstein-Rodan, embora citando Keynes, Furtado mais tarde repetiria que o interesse do empresário e o interesse da coletividade nem sempre coincidem. O investimento estatal teria que se centrar nos "pontos de estrangulamento" (gargalos) e nos "pontos de germinação" (pólos de crescimento), o que poderia diminuir o desequilíbrio setorial, característica básica do subdesenvolvimento.[45] Mas o planejamento é uma questão de grau, e a comissão BNDE-CEPAL de Furtado, em 1957, defendia uma forma ampla, proposta essa que contrastava com a versão de planejamento mais limitada e voltada para os pontos de estrangulamento, defendida, à mesma época, por Roberto de Oliveira Campos, dirigente do BNDE e figura de grande influência no governo de Kubitschek.[46]

Seja como for, Kubitschek estava atento e, embora Campos tivesse maior influência na formulação do Plano de Metas do governo, o presidente (1956-61), em grande medida, assumiu a análise cepalina do subdesenvolvimento. Em sua primeira mensagem ao Congresso, Kubits-

372 Brasil

chek ressaltou o papel vital desempenhado pelo governo no desenvolvimento econômico e nos investimentos estruturais, fazendo menção específica à CEPAL e ao BNDE como participantes do processo de planejamento, e endossando a "programação". Kubitschek tornou manifesta sua aprovação das teses da CEPAL sobre a deterioração dos termos de troca para os produtores primários, com os conseqüentes e persistentes problemas de balança de pagamentos. Na opinião do presidente, esse problema poderia ser sanado por meio da promoção, por parte do governo, da substituição de importações e de novas exportações. A industrialização criaria as condições tanto para essa substituição como para a diversificação das exportações, e a indústria, além disso, absorveria o excesso de mão-de-obra agrícola. A industrialização, para Kubitschek, era uma "condição essencial" para o "rápido desenvolvimento econômico" do Brasil.[47] Furtado mais tarde afirmaria, em um de seus textos, que o *Programa de Metas* do governo havia sido diretamente inspirado pela CEPAL, e um estudioso do pensamento econômico brasileiro dá ao próprio Furtado o crédito pela introdução da programação no país.[48]

Se o governo, de alguma maneira, era capaz de planejar o desenvolvimento, por que não conseguia ele estancar o perene e aparentemente mais simples problema da inflação? Desde sua estréia como teórico estruturalista, em 1950, Furtado interessava-se pela inflação, como característica persistente da economia brasileira. Juntamente com a questão dos termos de troca, o tópico mais discutido, em nível continental, entre os estruturalistas e seus adversários, era a tese sobre a inflação daqueles e, aliás, o termo "estruturalista" foi usado pela primeira vez, em fins da década de 1950, com referência ao tratamento dado à questão por aquela escola. A idéia básica era que as características estruturais das economias latino-americanas geravam pressões inflacionárias prolongadas ou de longo prazo (por exemplo, devido à inelasticidade da oferta da

Furtado e o estruturalismo 373

produção agrícola, causada pela ineficiência dos latifúndios, ou à elevação dos preços das importações, resultante do secular declínio dos termos de troca), sem relação com a incompetência ou irresponsabilidade das políticas monetárias, ou somadas a estes últimos fatores.[49]

Essa tese não era um construto de autoria exclusivamente latino-americana. Em sentido amplo, o "estruturalismo", que recebeu seu nome no contexto da análise da inflação, devia algo à "doutrina da falha de mercado", que veio a resultar no keynesianismo, na Grã-Bretanha da década de 1930.[50] E houve também a influência mais direta do economista polonês Michal Kalecki, que havia trabalhado em Oxford nos anos 1930 e 40, e que publicou um artigo sobre inflação na revista mexicana *Trimestre Económico*, em 1954. A influência desse artigo sobre a escola estruturalista foi reconhecida pelos autores latino-americanos que mais contribuíram para essa tese, o mexicano Juan Noyola Vázquez e o chileno Osvaldo Sunkel. Kalecki ressaltou, nos padrões inflacionários dos países subdesenvolvidos, a "inelasticidade da oferta dos produtos agrícolas e as tendências monopolistas da indústria". A inflação era causada por "desproporções básicas nas relações de produção", não podendo "ser evitada por meios puramente financeiros [monetários]", afirmou Kalecki.[51]

Embora a contribuição de Furtado não tenha sido de importância básica para a forma final da tese estruturalista, tal como apresentada pelo chileno Osvaldo Sunkel em 1958,[52] o brasileiro foi um dos primeiros economistas latino-americanos a se referir à inflação como a distorções estruturais. Já em 1950, quatro anos antes do revolucionário ensaio de Kalecki, Furtado havia apontado para a deterioração dos termos de troca como uma das causas da inflação, devido a seu efeito sobre os preços dos bens importados.[53] Além disso, em 1952, ele havia afirmado que a inflação, no Brasil, não era basicamente um problema monetário, mas o resultado da "disparidade entre o crescimento da renda e a capacidade de importar", ou

374 *Brasil*

seja, um desequilíbrio estrutural nos pagamentos internacionais do país.[54] Além disso, escreveu Furtado, quando a taxa de crescimento econômico é alta, a demanda por bens de capital aumenta mais rapidamente que a renda nacional, e esse fenômeno, juntamente com a tendência à estagnação dos mercados internacionais para as exportações (tradicionais) brasileiras, causa a deterioração dos termos de troca.[55] Era portanto "indispensável... modificar a estrutura da produção de modo a aumentar as exportações ou encontrar substitutos para as importações".[56] Apesar de a atenção internacional concentrar-se, em grande medida, no debate sobre inflação que se desenrolava no Chile, no Brasil, já em 1955, Furtado tomou parte em um debate com Dênio Nogueira, no qual as posições "estruturalista" e "monetarista" foram definidas. Nogueira e outros monetaristas que vieram depois enfatizavam a necessidade de uma administração monetária e fiscal adequada, defendida pela ortodoxia.[57] Três anos mais tarde, Furtado tomou outro rumo, passando a ver a diversificação da demanda que, no processo de crescimento brasileiro, se dava em ritmo mais rápido que a diversificação da oferta de produtos industrializados, como "a causa básica da inflação crônica". O comércio internacional teria sido uma solução óbvia, mas Furtado preferiu centrar-se na diversificação da produção. Ele acreditava que a inflação poderia ser superada por meio do desenvolvimento, o qual seria possível graças ao planejamento, que tornaria mais flexível e elástica a oferta de mercadorias.[58]

Quando Furtado foi incumbido de elaborar um plano trienal de desenvolvimento, em 1962, a inflação, uma questão política candente, foi uma de suas maiores preocupações. O plano compreendia características tanto estruturalistas quanto monetaristas, correspondendo, basicamente, ao longo e ao curto prazo. O rol de medidas monetaristas incluía o equilíbrio orçamentário obtido com impostos mais altos e menores desembolsos. Furtado esperava também desenvolver um mercado de capitais eficiente, objetivo

Furtado e o estruturalismo 375

defendido por ambas as escolas. Em um resumo do plano, a "estrutura agrária deficiente" foi citada como uma das causas do rápido aumento dos preços dos alimentos.[59] Embora o plano trienal tivesse como um de seus objetivos redistribuir, bem como aumentar a renda e remover os obstáculos ao crescimento (principalmente na agricultura), seus efeitos imediatos foram recessivos. Goulart foi deposto e Furtado, exilado, antes de qualquer reforma estrutural, poder ser implementada.[60]

Se Furtado não estava entre os formuladores da posição estruturalista final sobre a inflação, em Santiago do Chile, ele liderou o esforço de historicizar o estruturalismo.[61] É verdade que o *Levantamento Econômico de 1949*, de Prebisch, havia tratado de forma breve a história econômica da América Latina como um todo, de 1880 até meados do século XX, tendo examinado separadamente os quatro países mais industrializados — Argentina, Chile, Brasil e México. Sob alguns aspectos, esse trabalho serviu como modelo para os estudos de caso por país, que seriam executados entre 1959 e 1963 — por Furtado sobre o Brasil, por Aníbal Pinto sobre o Chile, por Aldo Ferrer sobre a Argentina e, mais tarde, por Osvaldo Sunkel e Pedro Paz sobre a região como um todo, e também, por René Villareal sobre o México.[62] Mas o interesse de Prebisch centrava-se no ciclo econômico, e não no desenvolvimento histórico a longo prazo.

O livro *Formação Econômica do Brasil*, de Furtado, derivou-se, principalmente, de seu interesse pré-cepalino em definir as características do Brasil colonial. Embora "A Economia Colonial Brasileira", sua tese de 1948 para a Universidade de Paris, anterior a seu ingresso na CEPAL, não contenha muita análise econômica formal de qualquer natureza, *A Economia Brasileira* (1954) e *Uma Economia Dependente* (1956), este último um trabalho mais curto, são tratamentos estruturalistas da história econômica do Brasil.[63] Esses ensaios históricos, datando do começo de sua carreira, fornecem provas de que a contri-

376 Brasil

buição de Furtado precedeu a de Pinto, embora os estudos "clássicos" de ambos tenham sido lançados em 1959 — *Chile, um Caso de Desenvolvimento Frustrado*[64] e *Formação Econômica do Brasil*. Este último trabalho abrangia toda a história brasileira, e as seções correspondentes ao período colonial e ao século XIX comparam e contrastam as estruturas das economias brasileira e americana, mostrando como a monocultura e os latifúndios brasileiros impediram as altas taxas de poupança e de investimentos características da economia americana. Centrando-se na distribuição de renda e nas dimensões do mercado interno, Furtado fornece um dos primeiros usos da moderna análise da renda em um arcabouço histórico, demonstrando a frágil relação entre a renda e o investimento, em uma economia de base escravista.[65] O trabalho inteiro é escrito do ponto de vista de um economista do desenvolvimento, ressaltando a heterogeneidade das tecnologias e das funções de produção (incluindo o vasto setor de subsistência) da economia brasileira.

Voltando-se para o problema dos ciclos econômicos brasileiros, examinados antes por João Lúcio de Azevedo (que escreveu sobre o Império Português), Roberto Simonsen e John Normano,[66] Furtado via uma tenaz resiliência na fraca monetização da economia escravista, no sentido de que a estagnação ou o declínio das exportações podiam ser sustentados, à medida que a população livre, mas de vocação agrária, deslocava-se mais para o interior do território: a economia de subsistência absorvia o excesso da oferta de mão-de-obra, após a exaustão dos sucessivos surtos de prosperidade exportadora. Por exemplo, quando o ciclo do açúcar entrou em declínio no século XVII, a economia pecuária que lhe era auxiliar tornou-se cada vez mais voltada para a subsistência, e a produtividade média da mão-de-obra, conseqüentemente, caiu.[67] Essa "involução" econômica, nas palavras de Furtado, consistia no oposto do desenvolvimento, porque cada um dos surtos de exportação, até o café (pau-brasil,

Furtado e o estruturalismo 377

açúcar, ouro e — simultaneamente ao café, a borracha) levou ao retrocesso, não a um crescimento sustentado.[68]

As aparentes aberrações da política financeira brasileira, no período após a independência, poderiam ser explicadas, em parte, pelo fato de que a estrutura das "economias dependentes" era diferente da das economias industriais. Em tempos de Depressão, as primeiras sofriam com a queda vertiginosa dos preços das exportações, com a deterioração dos termos de troca, com a redução do influxo de capital, somados às rígidas exigências do pagamento do serviço da dívida externa. Ao tentar manter o padrão-ouro, os estadistas brasileiros não chegaram a entender a natureza de seu dilema, vendo a incapacidade de seu país de ater-se ao padrão como o resultado de má administração, e não como um problema que tinha causas mais profundas.[69]

Furtado acreditava que as diferenças entre o crescimento e a diversificação da estrutura produtiva das economias brasileira e norte-americana, na primeira metade do século XIX, não tinham como sua causa principal o maior grau de proteção tarifária dos Estados Unidos, mas as diferenças de estrutura social e de distribuição de renda e, portanto, de tamanho do mercado interno. Furtado calculava que as taxas de câmbio brasileiras, perenemente em queda, ofereciam mais proteção para as indústrias nacionais do que as tarifas elevadas.[70] Porém, mais importante ainda, o Brasil sofria de um mercado interno de pequenas dimensões, de falta de tecnologia moderna, de iniciativa empresarial e de capital, e de sua pouca capacidade de importar.[71] Para Furtado, o mercado brasileiro datava do último quartel do século XIX, quando começou a surgir uma classe trabalhadora moderna. Só a partir de fins da década de 1880, quando a mão-de-obra imigrante substituiu o trabalho escravo nos cafezais de São Paulo, o Brasil passou a ter um mercado interno significativo. Na opinião de Furtado, os salários pagos pelo setor cafeeiro

378   *Brasil*

permitiram a criação do "núcleo de uma economia de mercado", com seu conseqüente efeito multiplicador.[72] A grande mudança no tamanho relativo do mercado, entretanto, ocorreu após a crise de 1929, na qual a economia cafeeira, que havia chegado a representar 70% do valor das exportações do país, entrou em colapso. Segundo a estimativa de Furtado, a guinada decisiva em direção a uma economia com base no estímulo da demanda interna começou a se formar nos primeiros anos da década de 1930. O economista americano Werner Baer observou que a análise de Furtado relativa aos acontecimentos da Grande Depressão ocupa apenas 7% do texto de *Formação Econômica do Brasil*, sendo porém o tema, entre os tratados naquele livro, que, de longe, mais gerou controvérsias acadêmicas.[73] Já vimos que o tratamento antes dado por Furtado a essa questão, o embrião de sua tese, data de seu trabalho "Características Gerais", de 1950.[74] Furtado compartilhava da opinião de Prebisch e da CEPAL, expressa no *Levantamento Econômico para 1949*, de que a industrialização havia ocorrido, historicamente, nos períodos de crise das maiores economias latino-americanas.

Ao desenvolver sua análise de 1950, Furtado sublinhou o rápido crescimento industrial brasileiro durante a Grande Depressão, causado, em parte, pela "socialização dos prejuízos" dos cafeicultores, graças à desvalorização cambial, processo esse que ajudou a sustentar a demanda interna por meio da manutenção do nível de emprego e do poder de compra do setor cafeeiro, o que veio a permitir o surgimento de uma significativa demanda interna por bens industrializados quando os produtos estrangeiros tornaram-se inacessíveis em razão da escassez de divisas. A acumulação de estoques de emergência e a destruição de café devidas ao excesso de oferta foram financiadas pela expansão do crédito, o que, por sua vez, exacerbou o desequilíbrio externo e acarretou novas desvalorizações cambiais, além de mais socialização das perdas.[75]

Furtado via as políticas expansionistas fiscais e monetárias relativas ao café como uma forma inconsciente de keynesianismo, uma vez que a riqueza destruída na forma de grãos de café era consideravelmente menor do que a criada pela manutenção do emprego.[76] Furtado então observou que a produção de bens de capital no Brasil, em 1932, era maior em 60% que a de 1929. Além do mais, os investimentos líquidos, a preços constantes, em 1935, eram maiores que os de 1929, e o nível de renda agregada desse último ano havia sido recuperado, apesar de as importações de bens de capital representarem apenas metade da cifra para 1929.[77] A economia, portanto, estava passando por profundas mudanças estruturais. Os pontos de vista de Furtado sobre a industrialização brasileira durante a Depressão desencadearam um longo debate.[78] Em sua exposição, parece ficar claro que Furtado foi grandemente influenciado por seus antecedentes keynesianos, especialmente no tocante à intervenção do governo para manter a demanda e à importância do mercado interno para a dinamização da produção e da renda.[79] Entretanto, a opinião que hoje prevalece quanto ao Brasil e às outras grandes economias da América Latina é a de que as guerras mundiais e a Depressão foram menos importantes para a produção do "crescimento para dentro", para usar as palavras de Prebisch, do que acreditavam alguns dos contemporâneos desses acontecimentos e, mais tarde, os economistas da CEPAL.[80] Hoje, acredita-se que o investimento na indústria (em sua capacidade) cresceu simultaneamente com os ganhos provenientes das exportações do período de 1900 a 1945, ao passo que a produção (mas não a capacidade) tendeu a crescer durante os "choques", quando as importações tiveram que ser reduzidas. A capacidade não poderia ter crescido de forma significativa durante a Depressão devido à falta de divisas para a aquisição de bens de capital e insumos, nem durante as guerras mundiais, devido à impossibilidade de obter bens de capital e combustíveis das potências beligerantes.[81]

380   *Brasil*

Além de seus esforços de historicização, Furtado explorou o potencial do estruturalismo em uma outra direção, como também o fez Hans Singer, o co-formulador da tese Prebisch-Singer. Trata-se do problema já então conhecido como o "colonialismo interno", abordado no Capítulo 6. Tal como o economista romeno Manoilescu, os dois economistas da ONU, Furtado e Singer, construíram suas análises da década de 1950 em torno das trocas desiguais entre os centros industriais e as periferias agrícolas.[82] Centrar-me-ei na versão de Furtado, publicada primeiro e em forma mais acabada, apesar de o trabalho de Singer ter sido completado antes.

Assim como a Romênia e a Europa centro-oriental como um todo formaram o *locus* das primeiras idéias a respeito do atraso econômico, não é de surpreender que, após 1945, quando o subdesenvolvimento/desenvolvimento tornou-se uma subdisciplina reconhecida da economia, a idéia das disparidades regionais de crescimento tenha surgido, no Brasil, como um dos principais tópicos desenvolvimentistas. Essa nação conta com quase metade da área do continente sul-americano e é caracterizada pelas tremendas diferenças de riqueza entre as regiões e também entre as áreas urbanas e rurais. Dentre os 24 países para os quais o economista americano Jeffrey Williamson, na década de 1960, elaborou estimativas de desigualdade regional, o Brasil apresentava as maiores disparidades,[83] em razão, principalmente, das diferenças de riqueza e renda *per capita* entre a dinâmica região Centro-Sul, que engloba São Paulo e o Rio de Janeiro, e o atrasado Nordeste. O Brasil e o Chile foram também os dois estudos de caso originalmente usados por Andre Gunder Frank em seu trabalho sobre o vínculo existente entre o colonialismo interno e as trocas desiguais em nível internacional.[84]

Os modelos internacionais do processo comercial utilizados por Singer e Furtado foram os da Comissão Econômica para a América Latina (desenvolvidos por Prebisch em 1949) e o de Singer, muito semelhante ao da

CEPAL, mas formulado independentemente e publicado um ano depois.[85] Segundo Prebisch e Singer, no nível internacional, as trocas desiguais derivam-se da diferença entre as produtividades do Centro industrial e da Periferia agrícola no mercado mundial, somada à diferença entre os sistemas institucionais vigentes nos mercados de capital e de trabalho. O progresso tecnológico na indústria manufatureira, de qualquer forma, evidenciava-se pela elevação das rendas nos países desenvolvidos, enquanto esse mesmo progresso, na produção de alimentos e de matérias-primas, nos países subdesenvolvidos, manifestava-se pela queda dos preços desses produtos em relação aos dos produtos industrializados. A explicação para esses efeitos opostos do progresso tecnológico poderia ser encontrada na disparidade das elasticidades de renda da demanda para os produtos primários e para os bens industrializados.

Em suma, essa análise apontava para as características negativas da economia periférica: desemprego estrutural, resultante da incapacidade dos setores tradicionais de exportação de crescer, absorvendo assim o excesso da população rural; desequilíbrio externo, devido à maior propensão a importar bens industrializados que a exportar os produtos agrícolas tradicionais; e a deterioração dos termos de troca — fatores esses que, em sua totalidade, poderiam ser corrigidos ou mitigados por uma política de industrialização bem executada.[86]

Furtado abordou a questão do colonialismo interno em fins da década de 1950, quando se envolveu mais profundamente com os problemas do Nordeste, exatamente na época em que o Centro-Sul brasileiro vinha se expandindo com grande rapidez. Sua análise foi inspirada no modelo de Prebisch, mas não diretamente extrapolada a partir dele. Tal como Prebisch, Furtado partia do pressuposto da existência de falhas de mercado — particularmente nos preços administrados dos bens industriais — e de uma "oferta ilimitada" de mão-de-obra na região atra-

382 *Brasil*

sada, ao nível salarial praticado no setor industrial.[87] (É desnecessário acrescentar que a maior parte dos estudiosos do desenvolvimento econômico considera esses pressupostos como realistas.) Mas o modelo do brasileiro era mais complexo que o de Prebisch, uma vez que se propunha medir a deterioração dos termos de troca entre os preços internacionais para os produtos agrícolas vendidos no exterior pelo Nordeste brasileiro e os preços internos dos bens industrializados que essa região tinha que comprar do Centro-Sul. Furtado não chegou a afirmar de forma explícita, como fez Prebisch, que os termos de troca nos quais ele estava interessado sofriam de uma deterioração secular, mas isso podia ser inferido de sua análise.

A análise centrava-se na relação entre o Nordeste agrário e dominado pelos latifúndios que, em 1956, apresentou uma renda *per capita* anual de menos de US$ 100, e o Centro-Sul, onde as rendas eram mais de três vezes superiores na dinâmica economia industrial organizada em torno das cidades de São Paulo e do Rio de Janeiro. O hiato entre o Nordeste e o Centro-Sul, em termos de renda *per capita*, era maior que o verificado entre essa última região e a Europa ocidental.[88] Além do mais, a distribuição de renda no Nordeste era altamente distorcida, tornando a situação ainda mais desesperadora para as massas. Embora o Nordeste, assolado por secas, houvesse acusado crescimento econômico nas décadas anteriores, seu crescimento era mais lento que o do Centro-Sul, de modo que o hiato entre as rendas das duas regiões vinha se alargando. Furtado calculava que a relação entre as taxas de crescimento da região retardatária e da região líder era da ordem de um para dois, nos dez anos que se seguiram a 1948.[89]

Furtado, assim como Manoilescu, analisou o Nordeste em termos de um comércio triangular entre a região atrasada, o setor externo e a área desenvolvida (no caso tratado por Furtado, uma região, e não as áreas urbanas como tais).[90] Tal como Manoilescu, Furtado via o Estado

Furtado e o estruturalismo 383

como um elemento essencial nesse processo. O Nordeste brasileiro apresentava superávit em sua balança comercial externa, mas déficit em sua balança de pagamentos com seu parceiro comercial interno, o Centro-Sul. Devido à política nacional de industrialização e substituição de importações, o governo federal vinha subsidiando os industriais e penalizando os exportadores agrícolas. Esse apoio assumiu a forma de taxas de câmbio diferenciais para os importadores de bens de capital de interesse das manufaturas e para os importadores que usariam essas divisas para outros fins. Uma política correlata, o confisco cambial, também afetou de forma adversa o Nordeste. O governo "confiscava" parte dos ganhos dos exportadores de produtos tradicionais (plantadores de açúcar e cacau, no Nordeste, e de café a algodão, no Centro-Sul), por meio da manutenção de uma taxa de câmbio supervalorizada — o que, de fato, redundava na arrecadação de um imposto.[91] O fato de o governo federal oferecer aos exportadores taxas de câmbio menos vantajosas que as oferecidas aos importadores representou não apenas uma transferência setorial de renda, mas também uma transferência regional, devido às dimensões do setor exportador em relação à renda real (nacional) no Nordeste, em comparação com a do Centro-Sul.[92] Além disso, à medida que o desenvolvimento avançava, as economias de escala e as economias externas do eixo industrial Rio-São Paulo tornavam ainda maiores as já então grandes vantagens industriais desta região com relação ao Nordeste. E, por fim, o governo incentivava o desenvolvimento industrial financiando a iniciativa privada. As políticas do governo federal, portanto, concebidas para incentivar a industrialização, acabaram por exercer um efeito inequalizante na distribuição regional da renda do país. Furtado calculou que, no período entre 1948 e 1956, o Nordeste transferia anualmente US$ 24 milhões para o Centro-Sul, embora uma cifra mais precisa talvez fique em torno de US$ 15 a 17 milhões por ano.[93] Devido às tarifas protecionistas bra-

384 Brasil

sileiras e às políticas cambiais correspondentes, o Nordeste não se encontrava em condições de buscar no exterior um fornecimento alternativo para sua demanda por manufaturas. Ele oferecia ao Centro-Sul um mercado cativo, e seus ganhos em divisas conferiam-lhe poder de compra naquela região. Mas os termos de troca então entravam em cena: de modo geral, de 1948 a 1956, os anos estudados por Furtado, os preços dos produtos industriais do Centro-Sul subiram mais rapidamente do que a taxa de câmbio caiu, ou seja, a taxa à qual os exportadores nordestinos ganhavam mais cruzeiros por unidade de moeda estrangeira.[94] O modelo de Furtado, embora baseado nos monopólios nos mercados de fatores e produtos, era, em certo sentido, mais dependente das distorções institucionais e estruturais do que o modelo original de Prebisch, em razão da intervenção governamental nos mercados cambiais e de *commodities*. Entretanto, alguns elementos do modelo original permaneceram, uma vez que ainda estavam presentes as forças da inflação de custos, sob a forma de produtos industriais de alto nível salarial vendidos em mercados oligopolistas.[95]

No entanto, em parte devido a disposições constitucionais, o governo federal fazia, de fato, uma transferência líquida de suas próprias receitas fiscais (isto é, independentemente das políticas cambiais e tarifárias) para o Nordeste, a maior parte da qual sob a forma de verbas contra as secas.[96] No entanto, essa injeção de verbas no Nordeste era mais do que neutralizada pelo desinvestimento do setor privado na região, à medida que os proprietários do capital procuravam melhores taxas de retorno no Centro-Sul.[97] Na opinião de Furtado, portanto, o capital privado era mais importante na formação real de capital que os gastos públicos. De qualquer forma, as transferências governamentais de receita, sob a forma de auxílio, eram em grande parte consumidas e não investidas.[98] Além disso, a ajuda federal à região era parcialmente anulada pela tributação regressiva do Nordeste. Isto é, o Nordeste pagava mais impostos, em relação a seu nível de renda *per capita*, do que o Centro-Sul.[99] Portanto, pela mesma medida, ele contribuía mais do que deveria para os cofres federais. Após efetuar uma soma algébrica dos fluxos, Furtado concluiu que a situação do Nordeste era de que o governo federal, no final das contas, colocava dinheiro na região (sem contrabalançar as conseqüências de suas políticas fiscais e tarifárias). A situação, portanto, diferia da que se dera na Romênia, onde, segundo Manoilescu, tanto os padrões de comércio quanto o fisco transferiam dinheiro na mesma direção — para as cidades.[100]

Como Manoilescu, Furtado propôs a industrialização como solução.[101] A industrialização defendida pelo brasileiro, porém, deveria se dar nas zonas urbanas da região deprimida, ao passo que Manoilescu queria que o setor urbano, que era então o "explorador", acelerasse o ritmo de seu próprio desenvolvimento industrial, processo esse que acabaria por elevar o valor da mão-de-obra rural, diminuindo as desigualdades de renda entre a cidade e o campo. Furtado também ressaltava a necessidade de desenvolvimento agrícola, devido a que o custo dos bens de salário, ou seja, dos gêneros alimentícios, na maior cidade do Nordeste, Recife, era maior que o de São Paulo. Portanto, se o diferencial de salários entre São Paulo e Recife diminuísse, a fim de fazer face ao maior custo de vida dessa última cidade, haveria poucos incentivos para o capital privado investir no Nordeste.[102]

Sem defender especificamente a reforma agrária (por razões políticas?), Furtado pediu a reestruturação da produção agrícola nordestina, como uma "condição preliminar para a industrialização".[103]

A reforma agrária, entretanto, ainda está por acontecer, e nos anos que se seguiram à análise de Furtado, as estratégias de desenvolvimento continuaram a favorecer o Centro-Sul. Utilizando-se de estudos posteriores sobre a desigualdade regional, Werner Baer avaliou os efeitos a longo prazo das políticas oficiais. Baer concluiu que, ape-

386 Brasil

sar de o governo federal continuar tentando compensar a concentração regional de renda, o efeito geral dos programas de desenvolvimento, nas três décadas que se seguiram à análise de Furtado, continuou a favorecer o Centro-Sul industrial em detrimento do Nordeste agrário.[104] No Brasil, portanto, as desigualdades regionais e, conseqüentemente, o colonialismo interno, permanecem, nos anos finais do século, como questões nacionais de primeira importância.

Em seus dois estudos regionais de 1959 examinados acima, Furtado já havia percebido a relação que ele, Osvaldo Sunkel, Fernando Henrique Cardoso e Andre Gunder Frank viriam a desenvolver em meados da década de 1960: a de que existia uma relação estrutural e perversa entre o crescimento das economias (e regiões) capitalistas desenvolvidas e o crescimento dos países (e regiões) subdesenvolvidos: [Existe]... "uma tendência de as economias industriais, em razão de sua forma de crescer, inibirem o crescimento das economias primárias — esse mesmo fenômeno está ocorrendo dentro do nosso país."[105] É de importância para a história da análise da dependência que a primeira colocação publicada de Furtado sobre o suposto vínculo entre o desenvolvimento e o subdesenvolvimento tenha surgido no contexto do colonialismo interno, e não no nível internacional.[106]

A análise de Furtado do colonialismo interno parecia contradizer as conclusões da economia neoclássica. Cinco anos após os estudos de 1959 do economista brasileiro, Jeffrey Williamson elaborou um modelo explicitamente neoclássico do desenvolvimento regional, que viria a influenciar fortemente os estudos sobre desenvolvimento. Segundo Williamson, nas etapas iniciais do crescimento econômico, as disparidades de renda entre as regiões de vanguarda e retaguarda costumam se intensificar, devido aos efeitos desequilibradores do crescimento. Por exemplo, a migração da mão-de-obra especializada e os fluxos de capital para a região desenvolvida ocorrem nas primeiras etapas do crescimento porque lá tanto os salários quanto as taxas de juros são maiores, e as instituições financeiras são mais desenvolvidas, em razão dos mercados maiores e de uma melhor infra-estrutura — por exemplo, redes de transportes e comunicações regionais. Além disso, o governo central pode manipular os termos de troca externos, por meio de políticas comerciais, em favor da região industrial mais desenvolvida (como se deu no Brasil). Os efeitos multiplicadores previstos pela teoria neoclássica, em termos de multiplicadores de renda e de mudanças tecnológicas e sociais, podem ser minimizados a curto e a médio prazos devido a uma falta de integração econômica entre a região avançada e a atrasada. Mas Williamson lançou a hipótese de que as diferenças de renda e crescimento entre as regiões tendem a desaparecer a longo prazo, à medida que os mercados regionais ligam-se entre si e que a migração de mão-de-obra para a região desenvolvida torna-se menos seletiva. Ele sugere um processo que consiste de três etapas, no qual as diferenças regionais primeiro aumentam, depois se estabilizam, para finalmente decrescer, em um padrão de "U invertido". A hipótese de Williamson, ao que ele afirma, encontra fundamentação na história da Suécia, da França e dos Estados Unidos, onde o processo, iniciando-se em 1840, abrangeu 120 anos.[107]

As descobertas de Furtado não eliminam a possibilidade de que Williamson e a escola neoclássica estejam certos. A hipótese do "U invertido", de desigualdade regional crescente, desigualdade estável e desigualdade em declínio, ao longo de um período de mais de um século, não pode ser refutada porque o horizonte de tempo é demasiadamente longo para os países subdesenvolvidos, onde a industrialização e a disponibilidade de dados relevantes são, em grande medida, fenômenos do século XX. Entretanto, uma vez que a hipótese não é passível de ser testada no contexto do subdesenvolvimento (para o qual Williamson a elaborou), ela não atende ao bem conhecido critério de falsificabilidade de Karl Popper: as proposições científicas são significativas apenas na medida em que sejam especificadas as condições as quais, se atendidas

388 Brasil

em um processo de teste, poderão demonstrar a falsidade dessas proposições.[108] Furtado rejeitaria a abordagem de Williamson devido ao que ele percebe como sendo a diferença fundamental entre as experiências dos países subdesenvolvidos, caracterizados por níveis heterogêneos de produtividade — a própria definição de subdesenvolvimento, para os estruturalistas —, heterogeneidade essa desconhecida no Ocidente ao início da Revolução Industrial. De qualquer forma, dadas as diferenças estruturais hoje existentes entre os países altamente desenvolvidos e os subdesenvolvidos, um período de tempo de um século ou mais oferece uma ampla margem para a intervenção de variáveis cujo papel no desenvolvimento do Ocidente foi diferente do verificado nos países subdesenvolvidos ao início do processo de modernização. Em particular, o processo de modernização-industrialização começou na Europa ocidental com níveis de crescimento populacional que equivaliam à metade dos níveis registrados nos países subdesenvolvidos na mesma "etapa" da industrialização. Desse modo, a "oferta ilimitada de mão-de-obra", bem como a heterogeneidade de produtividades, lançam dúvidas sobre o valor de prognóstico do padrão do "U invertido" do crescimento regional de Williamson — ou, pelo menos, sobre a possibilidade de que as grandes desigualdades regionais de renda possam ser eliminadas no período de 120 anos que, nos Estados Unidos, foi necessário para tanto.[109]

Ao final do Capítulo 8, vimos que a recente pesquisa de John Spraos e outros, sobre a velhíssima questão da deterioração dos termos de troca, parece, com as qualificações apropriadas, vindicar a análise de 1949-50 de Prebisch e Singer, valendo tanto para a versão mais simples do escambo líquido quanto para a forma mais sofisticada proposta por Spraos, que leva em conta a geração de emprego e o aumento da produtividade.[110] É óbvio que se Spraos conseguiu revitalizar uma versão metamorfoseada da hipótese Prebisch-Singer, sua mensuração mais complexa deve ter implicações também em termos do colonialismo interno. Todos os elementos essenciais da desigualdade no comércio internacional estão, em princípio, presentes nos países subdesenvolvidos. Nesses países, como Manoilescu já havia observado, as rendas *per capita* apresentam maiores disparidades entre a cidade e o campo do que as verificadas nos países desenvolvidos e, como Furtado ressaltou, as rendas regionais apresentam às vezes disparidade maior que a existente entre as cifras médias para os países "desenvolvidos" e para as regiões desenvolvidas dos países "subdesenvolvidos".

Medidas nacionais para as produtividades e níveis de emprego regionais — conceitos que apresentam dificuldades quase insuperáveis de mensuração quando aplicados comparativamente a diferentes países — deveriam ser mais manejáveis, em termos empíricos, que as medidas internacionais, devido às convenções contábeis serem uniformes dentro de um mesmo país. Além do mais, o número de mercadorias a serem ponderadas seria menor. Por fim, uma vez que os preços dos bens e serviços seriam expressos em uma moeda única, evitar-se-iam os espinhosos problemas da mensuração em nível internacional, inclusive os relativos às distorções produzidas pelos bens não-transacionáveis nas comparações internacionais de riqueza e renda *per capita*. É obvio que, para os casos em que o comércio externo afeta de forma significativa as diferenças de crescimento regional — provavelmente a maioria deles —, o método de Spraos, em nível internacional, teria que ser também adotado. E as qualificações apontadas por Grilli e Yang, de que uma análise dos termos de troca para um determinado país deve incluir dados específicos para cada setor; de que termos de troca em declínio podem indicar ganhos de produtividade e de que os termos de troca em renda[111] podem ser positivos frente a termos de troca em escambo líquido negativos — teriam que ser levadas em conta.[112] Conseqüentemente, o exercício completo seria mais difícil que as comparações internacionais, uma vez que estas estariam in-

390 Brasil

cluídas naquele, embora as operações internas adicionais sejam menos problemáticas. Como resultado, apesar de poder estar correta a opinião do sociólogo Robert Hind, de que os modelos de colonialismo interno, até o presente, foram insatisfatórios, é possível que a abordagem pioneira de Furtado e Singer tenha futuro, não apenas nos países caracterizados por uma "divisão cultural do trabalho", focalizados pelo sociólogo americano Michael Hechter, mas também em países com uma relativa homogeneidade étnica, como o Brasil.[113]

O fim da década de 1950 e o início da de 1960 foram um tempo extremamente produtivo para Furtado, como teórico do desenvolvimento. Ele não apenas escreveu *Formação Econômica do Brasil*, e desenvolveu uma tese sobre o colonialismo interno *avant la lettre*,[114] como também produziu os ensaios que viriam a se constituir em seu livro *Desenvolvimento e Subdesenvolvimento*,[115] que talvez tenha se tornado mais influente que qualquer outro de seus trabalhos, com exceção de *Formação Econômica do Brasil*.[116] Vale observar que, fora um ano dedicado à pesquisa, em Cambridge, em 1957-58, Furtado, durante todo esse período, esteve intensamente envolvido com seu trabalho para a CEPAL, no Brasil e em outros países latino-americanos, após o que ocupou diversos cargos na alta administração do governo brasileiro, de 1958 a 1964.

Em um dos ensaios de *Desenvolvimento e Subdesenvolvimento* (coletânea publicada em 1961), Furtado passou em revista as principais teorias sobre o crescimento, partindo dos economistas clássicos britânicos. Furtado pretendia recuperar o uso do conceito clássico de excedente econômico — a parcela do produto social que ultrapassa o nível exigido para a manutenção e reprodução dos membros de uma sociedade e de seus bens e serviços, ou seja, a receita total menos os custos totais.[117] Nesse mesmo ensaio, Furtado criticou a economia neoclássica por sua ênfase no equilíbrio (oposto a crescimento), ressaltando também os traços ideológicos daquela escola.

Por exemplo, a idéia de excedente, entre 1870 e 1890, foi descartada da síntese neoclássica. Para a escola neoclássica, "o produto social passou a ser concebido em termos de 'custos dos fatores' [terra, mão-de-obra e capital], deixando a poupança de ser a conseqüência da existência de um excedente, para ser o resultado de um ato de contenção, ou de abstinência".[118]

Em retrospectiva, pode-se dizer que esse conjunto de ensaios coloca Furtado em posição de reivindicar o crédito de ter sido o primeiro analista da dependência. Sua referência de passagem ao problema, em *Operação Nordeste* (1959), foi explícita, mas em *Desenvolvimento e Subdesenvolvimento*, ele descreveu como a economia industrial européia, no século XIX, havia penetrado e transformado as economias pré-capitalistas. As economias subdesenvolvidas consistiam em "estruturas híbridas", e não simplesmente em economias não-desenvolvidas, que começavam a trilhar o caminho já traçado pela Europa. Conseqüentemente, o subdesenvolvimento era um "processo histórico autônomo, e não uma etapa pela qual tenham, necessariamente, passado as economias que já alcançaram um grau superior de desenvolvimento".[119]

O estruturalismo foi uma das duas principais contribuições latino-americanas para a teoria do desenvolvimento, sendo a outra a análise da dependência. O estruturalismo de Furtado forneceu um caminho heterodoxo, embora não marxista, para a dependência. Mas havia também um caminho marxista — derivado, em grande medida, do trabalho de Caio Prado Júnior, cujo rompimento com a ortodoxia comunista é examinado no capítulo a seguir.

Notas

1. Furtado, "Adventures", 1973, p. 38; entrevista de Furtado, Rio de Janeiro, 31 de maio de 1990.
2. Oliveira, 1983, p. 14. Furtado não pertencia a nenhum partido político, segundo *Fantasia Desfeita*, 1989, p. 96.

392 Brasil

3. Furtado, "Adventures", pp. 28-30, 32.

4. Furtado, *Fantasia Organizada*, 1985, pp. 18, 27.

5. Furtado, "Adventures", pp. 30, 32.

6. Furtado, *Fantasia Organizada*, p. 14.

7. Furtado, "Adventures", p. 32.

8. Ver a apologética defesa do corporativismo, de autoria de Perroux, em "Efeito de Dominação", 1950, p. 198. Byé, também, era versado nas teorias corporativistas, que ele havia examinado, o *Siècle* de M. Manoilescu inclusive, em seu *Congrès*, 1937, pp. 143-45.

9. Furtado, "Economie", 1948.

10. Juntamente com a *Revista Brasileira de Economia*, a revista profissional de economia discutida no capítulo anterior.

11. Furtado, *Fantasia Organizada*, pp. 46-47, 99-100.

12. Furtado, "Características Gerais da Economia Brasileira", *Revista Brasileira de Economia*, 4, nº 1 (março 1950).

13. Entrevista com Furtado.

14. Furtado, *Fantasia Organizada*, pp. 120-22; Margariños, 1991, p. 140.

15. Furtado, *Fantasia Organizada*, p.106. Ver as notas seguintes quanto a outros documentos.

16. [Confederação Nacional das Indústrias], 1950; Sikkink, *Ideas*, 1991, p. 155; Sikkink, "Developmentalism", 1988, p. 406.

17. Ver *Desenvolvimento e Conjuntura* 1, nº 1, julho de 1957: 5-15 (inclusive o argumento da CEPAL sobre a deterioração dos termos de troca, a tese de que a inflação é muitas vezes causada por estrangulamentos, e a necessidade de planejamento ou programação governamental). Os números posteriores publicados no período em exame (até 1960) eram, de modo geral, favoráveis à CEPAL.

18. Sikkink, *Ideas*, pp. 154-57. Uma discussão completa das relações entre as associações industriais e o Estado, relativa ao período 1930-61, pode ser encontrada em Leopoldi, 1984.

19. *Formação Econômica do Brasil*, 1959, publicado em inglês como *Economic Growth of Brazil*, 1963. O título em inglês é levemente enganoso, uma vez que o termo *formação* indica

os aspectos qualitativos do desenvolvimento e não apenas o crescimento quantitativo.

20. Ele era também membro de um Grupo de Trabalho para o Desenvolvimento do Nordeste, em colaboração com o BNDE.

21. Furtado, *Fantasia Desfeita*, pp. 44-45.

22. Ibid., pp. 70-73. Para uma discussão sobre outras pessoas e grupos que tentaram influenciar Kubitschek, ver Skidmore, 1967, pp. 178-82.

23. Ele foi rotulado de comunista, por exemplo, por Gilberto Freyre, o ilustre, embora nessa época reacionário ensaísta social, e por Carlos Lacerda, governador do estado da Guanabara (o antigo Distrito Federal, onde se situava o Rio de Janeiro, substituído por Brasília, em 1960, como a capital federal). Furtado, *Fantasia Desfeita*, pp. 68-69, 133.

24. Ibid., p. 130.

25. Ibid., p. 147.

26. Furtado, *Subdesenvolvimento*, 1966.

27. *Formação*, 1969, publicado em inglês como *Economic Development of Latin America*, 1970.

28. Palma, "Structuralism", 1987, p, 529.

29. Furtado, "Características", p. 11; Lewis, "Economic Development", 1954.

30. Nesse ensaio, Furtado também empregou os termos de troca para avaliar o total do poder aquisitivo do país no exterior, uma noção que a CEPAL chamava agora de "capacidade de importar" (o preço unitário das exportações multiplicado pela quantidade vendida), um indicador importante do estado da economia, e o numerador do coeficiente que mais tarde viria a ser conhecido como os "termos de troca em renda". (Os termos de troca em renda são definidos como o preço unitário de um determinado bem multiplicado pelo número de unidades exportadas, dividido pelo preço unitário das importações.) Em *Fantasia Organizada,* Furtado reivindica o crédito de ter sido o pioneiro no uso da idéia da capacidade de importar (p. 70); mas ela também pode ser encontrada em UN: ECLA, *Economic Survey, 1949*, 1951 (orig. esp. 1950), um estudo dirigido por Prebisch e publicado em espanhol no mesmo ano que "Características", de Furtado. Pode-se supor que

394   Brasil

Furtado tenha dado importantes contribuições ao produto da CEPAL.

31. Furtado, "Características", p. 10. Novamente, o conceito, embora não a expressão, está presente, apesar de não desenvolvido, em termos de classes, no *Economic Survey, 1949*, publicado quase que simultaneamente (p. 60). É claro que a idéia poderia ser de Furtado, uma vez que ele colaborou na elaboração do volume, sendo o responsável pela seção relativa ao Brasil. O germe da idéia talvez possa ser encontrado na observação feita por Prebisch, em Genebra, em 1932, de que "a depreciação da moeda amenizou os efeitos sobre o mercado interno [na Argentina] da queda mundial de preços". Prebisch, "Suggestions", 1932, p. 3, mimeo.

32. Furtado, "Características", p. 11.

33. Ibid., p. 24.

34. Ibid., pp. 27-28. De novo Furtado deve ter-se inspirado em Prebisch, em *Economic Survey, 1949*, no qual este último escreveu que a Argentina mantinha a demanda agregada no setor agrícola, durante a Depressão, por meio da compra das colheitas pelo governo (pp. 171-72).

35. Furtado escreveu: O choque causado pela crise externa (1929) deu ... à economia brasileira a oportunidade de desenvolver seu mercado interno. "Características", p. 28. No *Economic Survey, 1949*, também publicado em 1950 (em espanhol), Prebisch afirmou que, na Argentina, a crise de 1890 deu início à industrialização, e que a Primeira Guerra Mundial produziu novas indústrias, "que se desenvolveram com mais vigor durante a Grande Depressão e a guerra que se seguiu" (p. 97).

36. Jacob Viner havia estado no instituto no ano anterior, dando palestras que foram publicadas como *International Trade and Economic Development*, 1952, associando Manoilescu a Prebisch.

37. Furtado, "Capital Formation", 1954 (orig, port. 1952), p. 127.

38. Ibid., p. 129. Furtado mais tarde viria a discutir a teoria do crescimento de Schumpeter em *Development*, 1964 (orig. port. 1961), pp. 44-52.

39. Furtado, "Capital Formation", p. 126. orig. port. "Formação de capital e desenvolvimento econômico", *Revista Brasileira de Economia*, 6, 3 (set., 1952), p. 11.

Furtado e o estruturalismo 395

40. Ibid., pp. 127, 130.

41. Ibid., pp. 132-33.

42. Ibid., pp. 134, 138, 144.

43. Ibid., p. 144; Bielschowsky, 1985, p. 203.

44. Furtado, "Capital Formation", p. 139. Furtado deve ser um dos economistas que Harry Johnson tinha em mente quando mencionou uma fé equivocada, derivada de Keynes, na acumulação de capital sob a forma de investimento planejado pelo governo como a chave para o desenvolvimento econômico; essa formulação subestima a importância, posteriormente descoberta, do capital humano. Johnson, "Keynes", 1978, p. 231.

45. Furtado, "Fundamentos", 1958, pp. 39, 42-44. Conferir com a ênfase similar dada, à mesma época, por Albert Hirshman, em *Strategy* (1958). Em sua análise desse livro, Furtado criticou o economista americano nascido na Alemanha por, em grande medida, ignorar o trabalho da CEPAL, especialmente no tocante à inflação e ao desequilíbrio externo. Mas fica claro que Hirshman seguiu seu próprio caminho até chegar a conclusões similares, cuja origem pode ser discernida em suas primeiras análises estruturalistas. Ver Furtado, crítica de Hirschman, *Strategy*, 1959, p. 65; e Hirshman, *National Power*, 1945.

46. Bielschowsky, p. 217.

47. Kubitschek, 1956, pp. 47-48, 54, 275, 278, 362.

48. Furtado, *Economic Development of Latin America*, p. 208.; Bielschowsky, p. 182. Quanto aos pontos de vista de Roberto Campos sobre as primeiras iniciativas de planejamento, ver seu *Lanterna*, 1994, cap. 5.

49. No Chile, onde a análise foi aplicada pela primeira vez, a estagnação do setor exportador, preponderantemente mineral, era também reconhecida como uma causa estrutural: repetidas desvalorizações visando aumentar os ganhos com as exportações elevavam automaticamente os preços das importações. Uma causa correlata, nessa visão do problema, era a deterioração dos termos de troca, impulsionados pela demanda por produtos importados, que subia mais rapidamente que a demanda pelas exportações. Um outro fator, também relacionado ao problema do comércio externo, eram as mu-

396   *Brasil*

danças no sistema fiscal: à medida que as exportações entravam em estagnação, tendia a aumentar o peso relativo das receitas provenientes dos impostos regressivos, no nível interno, reduzindo a carga fiscal para as classes mais altas, já com forte tendência a importar. Em menor grau, os economistas da CEPAL observaram também, como causa da inflação, os monopólios e oligopólios industriais do país, protegidos pelas altas tarifas, empresas essas que tinham a capacidade de efetuar rápidos aumentos de preços. Ver Noyola, "Desarrollo", 1956, pp. 603-18; Sunkel, "Inflation", 1960 (orig. esp, 1958), pp. 107-31; Rodríguez, 1980, Cap. 6. No Chile, como Sunkel observou, a agricultura era um problema "estrutural", uma vez que essa atividade não respondia de forma adequada ao aumento de preços, com o aumento de sua produção. Na Argentina de Perón, ao contrário, poder-se-ia esperar a estagnação da agricultura devido ao controle do governo sobre os preços e o câmbio.

50. Arndt, "Origins", 1985, pp. 151-52.

51. Kalecki, "Problem", 1978 (orig. esp. 1954), pp. 50, 62. Sobre Noyola e Sunkel admitirem a influência de Kalecki, ver Arndt, *Economic Development*, 1987, p. 126. É claro que, para os latino-americanos, essa não era a história completa, uma vez que tinha ainda que ser explicado o fato de o Chile haver passado por grandes pressões inflacionárias, enquanto o mesmo não acontecera com o México. Noyola havia ressaltado o fato de que o Chile tinha "mecanismos de propagação" fortes, ao contrário do México. Este último país possuía um grande excedente de mão-de-obra, que tendia a comprimir o nível salarial, ao passo que o Chile tinha uma classe trabalhadora bem organizada, que pretendia proteger sua participação na renda nacional. H. W. Arndt enfatiza que a contribuição de Kalecki para a análise estruturalista da inflação foi reforçada pelo trabalho de vários dos economistas que anteriormente haviam estado associados a ele no Oxford Institute of Statistics, Thomas Balogh, Nicholas Kaldor e Dudley Seers, dos quais os dois primeiros eram húngaros de nascimento; todos eles trabalharam na CEPAL em fins da década de 1950 e inícios da de 60. Ver Noyola, "Desarrollo", pp. 605, 608-12; e Arndt, "Origins", pp. 151-52, 156.

52. Sunkel distinguia entre as diversas características "estruturais" da inflação e as causas "exógenas" ou adventícias (por

Furtado e o estruturalismo 397

exemplo, desastres naturais, mudanças no mercado internacional), e ainda as causas "cumulativas" — medidas tomadas pelo governo e por grupos privados no sentido de elevar os salários e os preços, em uma clima de expectativa inflacionária. Ver Sunkel, "Inflation", p. 110. A noção de fatores cumulativos guardava semelhança com o que, no Brasil, era conhecido, na década de 1980, como "inflação inercial". É importante reconhecer que a tese estruturalista não negava que a explicação tradicional "monetarista" da inflação tivesse alguma validade — por exemplo, que algumas inelasticidades da oferta eram causadas por distorções nas taxas de câmbio.

53. Furtado, "Características", p. 7.

54. Furtado, "Capital Formation", p. 143. O *Economic Survey, 1949*, da CEPAL, havia apontado o hiato entre o crescimento da renda real brasileira e o de sua capacidade de importar, entre 1925-29 e 1945-49, resultando em "uma tendência constante ao desequilíbrio na balança de pagamentos" (p. 196). O estudo notava que esse desajustamento criava pressões inflacionárias; mas, no que era visto como um processo de causação mútua, a CEPAL (isto é, Prebisch) acreditava que "em última análise, o desequilíbrio [externo] deriva do processo inflacionário". A inflação acarretava uma transferência de renda dos assalariados para os que obtinham lucros; como resultado, estes últimos investiam mais, e o efeito aumentava a demanda por bens de capital, contribuindo para o desequilíbrio externo (p. 261).

55. Furtado, "Capital Formation", p. 143. Quando escreveu esse ensaio, em 1952, Furtado provavelmente não tinha conhecimento da tese de *licenciado* do economista mexicano Noyola, publicada dois anos antes. Noyola, que logo viria a ser o economista que mais contribuições daria para a tese estruturalista da inflação (ver nota 51 acima), havia apresentado um argumento semelhante ao de Furtado, quanto à relação entre exportações, importações de capital e renda nacional, em seu *Desequilibrio*, 1950, p. 55 (itens 6 e 7). Noyola, entretanto, não tratou da inflação nesse seu trabalho inicial.

56. Furtado, "Capital Formation", pp. 143-44.

57. Bielschowsky, p. 551.

58. Furtado, *Perspectiva*, 1958, p. 97; Bielschowsky, pp. 207-8, 211.

398 Brasil

59. Brasil: Presidência, 1963, pp. 56, 149.

60. Bielschowsky, p. 212.

61. Furtado considera esta como uma de suas principais contribuições ao estruturalismo. De Furtado ao autor, Paris, 22 de dezembro de 1982.

62. Furtado, *Formação Econômica do Brasil*, 1959; Pinto Santa Cruz, 1959; Ferrer, 1963; Sunkel e Paz, 1970. Posteriormente, um trabalho estruturalista mais especializado foi publicado no México: o *Desequilibrio*, de Villareal, 1976. Villareal afirma, entretanto, que o estruturalismo explica de forma mais adequada o desequilíbrio externo mexicano no período 1939-58 do que no período 1959-70.

63. "L'Économie Coloniale Brésilienne", 1948; *A Economia Brasileira*, 1954; *Uma Economia Dependente*, 1956.

64. *Chile, un Caso de Desarrollo Frustrado.*

65. Baer, "Furtado Revisited", 1974, p. 115.

66. Azevedo, 1947 (1929); Simonsen, *História*, 1937; e Normano, 1935.

67. Furtado, *Economic Growth*, pp. 69-71; Bielschowsky, p. 243.

68. Sobre a "involução", ver Furtado, *Economic Growth*, p. 71. Pode ser que Andre Gunder Frank tenha tomado emprestado o termo "involução" de Furtado, embora mudando seu sentido de modo a enfatizar a ruptura com a economia internacional, situação essa, em sua opinião, na qual algum crescimento seria ainda possível. A acepção de Frank estava mais próxima ao "crescimento para dentro", de Prebisch, do que à "involução" de Furtado. Ver Frank, *Capitalism*, 1969 (1967), pp. 174-77, e Capítulo 12.

69. Furtado, *Economic Growth*, pp. 174-77.

70. Ibid., pp. 107-8.

71. Bielschowsky, p. 241.

72. Furtado, *Economic Growth*, p. 167.

73. Baer, "Furtado Revisited", p. 119.

74. A tese também aparece em aproximações e esboços posteriores do trabalho que viria a se transformar no *Economic Growth* [*Formação*], de 1959, ou seja, *Economia Brasileira*, 1954, pp. 132-43, e *Economia Dependente*, 1956, pp. 32, 57-66.

Furtado e o estruturalismo   399

75. Furtado, *Economic Growth*, pp. 205-6.

76. Ibid., p. 211.

77. Ibid., pp. 218-19.

78. Para um melhor resumo dos argumentos de Furtado e do debate que se seguiu no Brasil, ver Suzigan, 1986, pp. 21-73.

79. Bielschowsky, p. 191.

80. Para estudos de caso de países latino-americanos, o Brasil inclusive, ver os ensaios em Thorp, org., 1984.

81. Durante a Segunda Guerra Mundial, o crescimento brasileiro talvez fosse menos prejudicado devido à existência de um pequeno setor de bens de capital. Para uma discussão da literatura revisionista sobre o Brasil e outros países da América Latina, ver Suzigan, acima, e Love, *São Paulo*, 1980, pp. 57-59, e C. Cardoso e Pérez Brignoli, 1979, p. 197 (resumindo a literatura sobre o México, Argentina, Brasil e Chile), 199. Ver também os ensaios em Thorp, org., *passim*.

82. O trabalho de Singer circulou em forma mimeografada em 1953, mas só foi publicado (em português) nove anos mais tarde. Uma versão sucinta em língua inglesa foi publicada em 1964. Ver H. Singer, "Trade", 1964. Consta de suas memórias, "Early Years", 1984, p. 278, nº 9, que Singer completou esse trabalho em 1953, e dados constantes do prefácio datado, 1954 da versão portuguesa de seu *Estudo*, 1962, p. 22, corroboram esse fato. Pelo menos dois economistas brasileiros, Rômulo de Almeida e Roberto de Oliveira Campos, também participaram dessa análise, antes de Furtado. Ver Bielschowsky, pp. 225, 582. Sobre o trabalho de Furtado, ver Conselho, 1959. Quanto a Furtado ser o principal autor dessa declaração, ver Furtado, *Operação*, 1959, p. 35. Para as abordagens posteriores desse problema, ver Baer, "Regional Inequality", 1964, pp. 268-85; Albuquerque Cavalcanti e Vasconcelos Cavalcanti, 1976; Merrick e Graham, 1979, pp. 118-45; e Equipe PIMES, 1984.

83. Williamson, "Regional Inequality", 1968 (1965), pp. 110-15, Conferir a observação de que "o grau de disparidade [nas rendas regionais brasileiras] em 1970 era igual ao de 1940, quando o Brasil apresentava uma das piores desigualdades regionais entre todas as nações do mundo". Katzman, 1977, p. 211.

400 Brasil

84. Frank, *Capitalism.* Frank pode ter chegado ao vínculo existente entre o subdesenvolvimento internacional e o interno como resultado de suas leituras dos ensaios de Pablo González Casanova e Rodolfo Stavenhagen, publicados na revista da UNESCO *América Latina,* em 1963. O próprio Frank veio a publicar nessa revista pouco tempo depois, e dá a González Casanova o crédito de ter inspirado suas idéias sobre o colonialismo interno. Frank, *On Capitalist Underdevelopment,* 1975, p. 73.

85. UN: ECLA [de autoria de Prebisch], *Economic Development...Principal Problems,* elaborado em UN: ECLA, *Economic Survey, 1949;* H. Singer, "Distribution", 1950, pp. 437-85.

86. Como já visto no Capítulo 7, uma tentativa, datando dessa mesma época, de explicar as relações de dominação e subordinação no comércio internacional foi feita por François Perroux. Sua análise enfocava também as diferentes elasticidades da demanda dos Estados Unidos e "do resto do mundo", perspectiva essa similar à de Prebisch e Singer. Perroux afirmava também que o efeito de dominação existia internamente aos países e, como Manoilescu, acreditava que a intervenção do Estado era necessária para contrabalançar esses monopólios. Ele logo viria a desenvolver o conceito de "pólos de crescimento", idéia que aproximou suas posições das tradições da teoria do lugar central e da ciência regional. Ver Perroux, "Esquisse", 1948; Perroux, "Domination Effect", 1950, pp. 198, 203; e Perroux, "Notes", 1970, pp. 93-103.

87. O conceito de "oferta ilimitada" de mão-de-obra agrícola, como observado acima, no Capítulo 4, foi desenvolvido por W. Arthur Lewis.

88. Conselho, pp. 7, 14.

89. Ibid., p. 7.

90. Conselho, p. 22.

91. Essa era uma maneira de contornar a Constituição do país, que proibia o governo federal de tributar as exportações. Furtado, *Operação,* p. 49.

92. É claro que qualquer política protecionista, em qualquer país, teria efeitos diferentes sobre as regiões com diferentes dotações de fatores, de modo que a formulação de um protecio-

Furtado e o estruturalismo 401

nismo completamente neutro em relação às regiões seria virtualmente impossível.

93. Conselho, pp. 8, 29. Descobri que ocorreu um erro na transcrição dos dados das tabelas de 6 a 8, quanto aos dados usados para se chegar à cifra de US$ 24 milhões. Além disso, um procedimento incorreto foi seguido no cálculo daquela soma, ou seja, uma transferência positiva de renda do Centro-Sul para o Nordeste, em 1952, foi simplesmente omitida, ao invés de subtraída do fluxo líquido de recursos. Levando em conta esses itens, e usando as diversas séries alternadas fornecidas por *Política*, calculo que a transferência líquida de renda para o Centro-Sul foi da ordem de US$ 15 a 17 milhões por ano, para 1948-56. Na década de 1960, os fluxos de transferência de renda favoreceram o Nordeste, segundo Albuquerque e Vasconcelos (pp. 49-50). Em 1995, Baer levou em conta os achados desses últimos, mas calculou que a tendência a longo prazo, nas políticas governamentais e nos fluxos de comércio, favoreciam o Centro-Sul em detrimento do Nordeste, como Furtado havia afirmado. Ver nota 104.

94. Conselho, pp. 27-28.

95. O elemento oligopolista teria estado presente, decerto, embora em menor grau, mesmo se o Nordeste pudesse optar por comprar no exterior e não apenas em São Paulo.

96. Conselho, pp. 30, 47.

97. Ibid., p. 30. Em *Economic Growth*, publicado em português no mesmo ano (1959), Furtado acrescentou que, devido ao fato de o fluxo de mão-de-obra da região pobre para a rica reduzir o nível salarial desta última, os lucros, na região rica, tendem a aumentar, atraindo mais capital das regiões pobres. A concentração de investimentos também levou a economias externas na área rica, novamente elevando a rentabilidade dos investimentos nessa área, em detrimento da região pobre (pp. 266-67).

98. Conselho, pp. 47-48.

99. Ibid., pp. 10, 46.

100. Ver Capítulo 6.

101. Conselho, p. 49.

102. Ibid., p. 59; Furtado, *Operação*, p. 37. Em 1957, observou Furtado, o custo absoluto dos alimentos em Recife era 25%

402 *Brasil*

superior ao de São Paulo, e grande parte dos gêneros alimentícios eram importados do Sul. Conselho, p. 60.

103. Conselho, p. 61. O modelo de colonialismo interno de Hans Singer era semelhante ao de Furtado; em sua forma publicada (em inglês), o de Singer, entretanto, é bem mais sucinto. Ambos os economistas ressaltavam os "termos de troca" entre os preços (ponderados) que o Nordeste recebia por suas vendas externas e os de suas compras internas, o grosso das quais provenientes do Centro-Sul. Singer verificou que os termos de troca do Nordeste (tal como definidos) haviam apresentado uma queda de 39% a 42% entre 1948 e 1952, dependendo de qual índice de preços no atacado era empregado no cálculo; a renda regional, portanto, decresceu de 4% a 4,5%. Singer tinha outro argumento: acreditava que a política de hipervalorização, que resultava em uma discrepância entre o valor externo e interno da unidade de moeda brasileira, havia também diminuído a quantidade das exportações, reduzindo ainda mais a renda regional. Singer, como Furtado, afirmava que o Nordeste, injustamente, arcava com uma carga fiscal maior em relação a sua renda que o restante do país. H. Singer, "Trade", pp. 263-65.

104. Baer, *Brazilian Economy* (4ª ed., 1995), Cap. 12. Seguindo Gustavo Maia Gomes, Baer observa que o Nordeste cresceu mais rapidamente que o país como um todo na recessão de inícios dos anos 1980, mas vê essa proeza como resultado temporário de subsídios governamentais e de emprego público — as transferências de receita tendo tido pouco impacto na capacidade produtiva da região (p. 298).

105. Ver Furtado, *Operação*, p. 13.

106. No ano anterior, Furtado havia feito a conexão entre o desenvolvimento e o subdesenvolvimento em nível internacional, em uma tese acadêmica, mas *Desenvolvimento e Subdesenvolvimento* só foi publicado em 1961.

107. Williamson, pp. 102-6, 126-29.

108. Popper, 1959.

109. Mesmo no contexto do mundo desenvolvido, Feinstein havia contestado a validade do método, dos dados e das conclusões da curva do "U invertido" para o caso britânico, sobre a qual Williamson escreveu um livro. Feinstein, 1988.

Furtado e o estruturalismo 403

110. Esta última forma, entretanto, ainda não foi estabelecida em base secular.

111. Ver definição na nota 30.

112. Grilli e Yang, 1988, pp. 7, 25-26. Os termos de troca em escambo são a razão entre a média ponderada do preço das exportações de um país (ou região) e a média ponderada do preço das importações.

113. Hind, 1984, p. 559; Hechter, 1975. Obviamente, há limites para a dispersão regional das atividades industriais. Em algum ponto, as considerações sobre eficiência (relacionadas a economias de escala e economias externas à empresa) teriam que ser contrapostas às considerações relativas à eqüidade entre as regiões.

114. O termo "colonialismo interno" ficou famoso em meados da década de 1960, quando foi introduzido na literatura latino-americana pelo sociólogo mexicano Pablo González Casanova. Para maiores informações sobre a história do conceito e da expressão, ver Love, "Modeling", 1989.

115. Furtado, *Development*, 1964 (orig. port. 1961).

116. Outro livro a alcançar grande influência em todo o continente foi *Economic Development of Latin America*, um ensaio sobre a história econômica da região em termos estruturalistas, que mais ou menos seguia o modelo de *Economic Growth of Brazil*. Grande parte do estudo, que abrange toda a região, é dedicada à análise de temas contemporâneos, organizados por tópico, incluindo a dependência. O livro sobre a América Latina, conseqüentemente, é mais difuso que o sobre o Brasil.

117. Esse excedente não é a mais-valia de Marx. Sua fonte principal não é a exploração da mão-de-obra, mas o progresso tecnológico, como também pensava Prebisch. Furtado, "Historic Process" (orig. port. 1955), pp. 78-79.

118. Ibid., p. 79. Conferir com a crítica em Meek, 1967, pp. 208-9.

119. Furtado, "Elements", 1961 (MS. port. 1958), p. 129.

11
O marxismo na periferia do pós-guerra

Até os anos 1960, o marxismo, no Brasil, gravitava em torno do Partido Comunista Brasileiro (PCB), que por quatro décadas foi dirigido por Luís Carlos Prestes, o carismático ex-oficial do Exército que, antes de se tornar comunista, chefiara uma força guerrilheira que cruzou todo o território brasileiro na década de 1920. Prestes passou no exílio grande parte da ditadura militar recente, mas em julho de 1985, após a queda do regime autoritário, participou de um debate televisionado para todo o país, que ilustrou de forma dramática o fim da censura. O debate foi realizado em três sessões de uma hora, e o assunto em questão era se o Brasil se beneficiaria mais com um programa capitalista ou socialista de desenvolvimento. Prestes debateu com Roberto de Oliveira Campos, o economista que no governo Kubitschek era "desenvolvimentista" e que, a partir de 1964, havia-se convertido ao livre mercado, tendo trabalhado para a liberalização da economia nacional durante os três primeiros anos da ditadura. Ambos concordavam que o país tinha graves problemas, embora discordando frontalmente quanto a se a pobreza, o atraso e o desperdício, no Brasil, resultavam da *existência* do capitalismo no país (a posição de Prestes) ou de seu desenvolvimento insuficiente (a de Campos). Entretanto, a vi-

406   Brasil

são de Prestes, como líder do PCB nos anos 1950 e 60, era menos distante da de Campos do que poderia parecer em 1985. Também *dentro* da tradição marxista, como veremos a seguir, esse debate foi igualmente importante. Como já havia acontecido na Romênia, surgiram diferentes interpretações quanto aos fundamentos da doutrina marxista, incluindo a natureza e a "viabilidade" de uma burguesia local, embora, no Brasil, esse debate tenha acontecido muito mais tarde que no país balcânico. A chegada tardia do discurso marxista ao Brasil é uma questão que exige esclarecimentos.

Antes da Terceira Internacional, o marxismo, na América Latina em geral, era bastante anêmico, como também o eram as outras tradições do pensamento social do mundo de língua alemã, tão importantes na Romênia, como a escola histórica alemã e a escola austríaca de economia. As ciências sociais germânicas começariam a transformar o pensamento social latino-americano após a chegada dos exilados espanhóis refugiados do regime de Franco, em fins da década de 1930. Muitos desses homens, dos quais Ortega y Gasset era apenas o mais famoso, haviam estudado na Alemanha e promovido a tradução para o espanhol das obras alemãs.[1] Antes da Segunda Guerra Mundial, os latino-americanos tinham maior familiaridade com o pensamento francês, britânico e espanhol do que com o alemão, o que provavelmente tendia a limitar seu conhecimento do marxismo, se é que se pode aceitar a afirmação de Perry Anderson de que não houve contribuições significativas à teoria marxista na França, na Grã-Bretanha ou na Espanha antes da década de 1930.[2] *O Capital Financeiro*, de Rudolf Hilferding (1910), que tanta influência exerceu sobre *A Burguesia Romena*, de Stefan Zeletin (1925), e sobre o pensamento social romeno de modo geral,[3] não foi traduzido para espanhol, inglês ou francês até os anos 1970. De modo geral, as obras marxistas disponíveis em português eram em número consideravelmente menor do que as existentes em espanhol — em parte por-

O marxismo na periferia do pós-guerra   407

que os textos em espanhol são facilmente compreensíveis para os leitores de língua portuguesa — e o primeiro texto completo de *O Capital*, de Marx, traduzido diretamente do alemão para o português, foi publicado apenas em 1968.[4] O marxismo, portanto, era pouco conhecido e pouco difundido na América Latina antes de Lenin fundar a Terceira Internacional, em 1919 (essa afirmativa, entretanto, é ligeiramente menos válida para a Argentina que para os demais países).[5] O radicalismo, na maior parte da América Latina, como também acontecia na Península Ibérica, tendia a girar mais em torno do anarquismo que do socialismo, pelo menos até a década de 1920 e, em muitos países, o Brasil inclusive, talvez até a década de 1930.[6] Além do mais, a maioria dos partidos socialistas não era de orientação exclusiva ou predominantemente marxista, até que a Terceira Internacional, em 1919, forçou a definição dessa questão.

Ao estudar o caso brasileiro, Edgar Carone observou que, antes da Primeira Guerra Mundial, praticamente todas as menções a Marx e Engels eram de cunho jornalístico, e que não havia traduções para o português de seus livros ou sequer de seus artigos. Além disso, o PCB publicou muito pouca coisa de interesse teórico antes de 1930.[7] Caio Prado Júnior, o mais importante intelectual marxista do quarto de século posterior à Segunda Guerra, observou, em retrospectiva, que, em 1930, ele não conseguia obter as obras de Marx — ao que parece, em qualquer língua — nas livrarias de São Paulo.[8] Nos anos 1920 e 30, as obras marxistas-leninistas, de modo geral, só estavam disponíveis em língua francesa, e um militante do PCB, Heitor Ferreira Lima, que havia estudado em Moscou sob os auspícios do Comintern, mais tarde escreveria que os marxistas brasileiros daquela época não tinham conhecimento direto das obras de Marx e Engels, e tampouco conheciam o *Desenvolvimento do Capitalismo na Rússia*, de Lenin.[9]

Uma razão subjacente à lenta penetração do marxismo, e a uma certa distorção positivista deste, na década

408   Brasil

de 1930,[10] foi a falta, no meio intelectual brasileiro, de um embasamento hegeliano. Do mesmo modo que a filosofia de Hegel havia aberto o caminho para Marx, na Rússia, ela havia também tido influência profunda sobre a escola Junímea, na Romênia, preparando o caminho para o marxismo de Dobrogeanu-Gherea (ver Capítulo 3). Mas no Brasil de antes da Primeira Guerra, a preponderância das tradições comtianas e spencerianas deixava pouco espaço para as obras de Hegel. Mesmo ao início da década de 1930, os trabalhos do filósofo idealista eram pouco conhecidos, de modo que as raras tentativas de pensar de forma dialética os problemas nacionais, como a de Otávio Brandão, líder do PCB na década de 1920, resultaram em tríades cruas e mecânicas (tese, antítese e síntese),[11] talvez inferiores às de Nikolai Chernyshevsky, o populista russo do século XIX.[12]

As tradições culturais e as fragilidades institucionais que dificultaram o desenvolvimento da economia neoclássica no Brasil, discutidas no Capítulo 9, aplicavam-se, *a fortiori*, ao pensamento marxista, uma vez que seus praticantes não tinham acesso a cargos universitários e, de forma mais geral, a audiências mais amplas. Uma indicação da pobreza da tradição marxista é que, antes da Segunda Guerra Mundial, o Brasil não tinha "marxistas legalistas", como Peter Struve, no Império Russo, ou Stefan Zeletin, na Romênia. Não havia tampouco revisionistas que afirmassem que o capitalismo, nos países atrasados, desenvolver-se-ia ao longo das etapas marxistas, mas que a ascensão de uma burguesia local era tão inevitável quanto benéfica. Ironicamente, apesar das idas e vindas antes ocorridas, a posição oficial do PCB, na década de 1950, aproximava-se muito do "zeletinismo", uma vez que o apoio do partido à burguesia nacional era identificado com o antiimperialismo e com o antifeudalismo.

Ao que parece, uma das conseqüências da fragilidade da escola marxista no Brasil foi o fato de que todos os marxistas criativos dos anos anteriores ao regime militar de 1964 trabalhavam na tradição do materialismo histórico, e não na da economia marxista formal.[13] Ao fim dessa época, ocorreu um intenso debate sobre os modos de produção, em parte incentivado pelo debate que havia começado antes e continuava ocorrendo na França, e fertilizado por outro que vinha acontecendo simultaneamente na América espanhola. O debate brasileiro sobre os modos de produção, ocorrido na década de 1970, foi mais sofisticado que o que se dera na Romênia dos anos entreguerras, do qual participaram Zeletin, Voinea (defendendo Gherea), Radaceanu e Patrascanu, mas uma controvérsia dessa natureza, comparável ao seu equivalente romeno, é difícil de imaginar no âmbito do marxismo brasileiro de antes de 1945. Seja como for, ela não ocorreu.

Tanto no Brasil quanto na Romênia, porém, exatamente pelas características peculiares de subdesenvolvimento dos dois países, os marxistas tentaram adaptar a teoria clássica à realidade percebida por eles. Talvez não seja uma grande distorção falar de um "marxismo estrutural", na mesma acepção em que os estruturalistas da CEPAL adaptaram as teorias neoclássica e keynesiana. Ou seja, embora o marxismo, por definição, examine uma série de relações de estruturas em transformação, a teoria européia tinha que ser alterada para se encaixar nas circunstâncias locais. O marxismo clássico não explicava as transformações sociais que ocorriam em escala local na Periferia, nem tampouco os bloqueios que impediam essas transformações de se completarem. No Ocidente, o revisionismo havia começado, no mais tardar, por volta de 1899, com a publicação de *O Socialismo Evolucionista*, de Eduard Bernstein,[14] e há quem diga que ele começou com o próprio Engels, que sobreviveu a Marx por 12 anos. Após 1880, um dos novos fenômenos não previstos a demandar explicação era o surgimento do imperialismo, mas nos trabalhos de Hilferding, Luxemburg, Kautsky e até mesmo nos de Bukharin e Lenin, a nova fase da expansão capitalista era examinada do ponto de vista do Centro, e

410 *Brasil*

não da Periferia. Enquanto isso, na Periferia, aqueles que possuíam alguma informação sobre o marxismo — embora não necessariamente um conhecimento profundo dessa filosofia ou uma adesão a ela — começaram a adaptar e a rever. E um nível simples, considere-se, por exemplo, o conceito de "nações proletárias" — a metamorfose das classes exploradas em povos explorados. Essa idéia foi "descoberta" e redescoberta por marxistas e por intelectuais que haviam sofrido a influência do marxismo, que viam seus países como periféricos ao Centro capitalista, como Enrico Corradini, na Itália (1910), e Li Ta-chao, na China (1920).[15] Lenin havia chegado perto de adotar esse conceito em "O Imperialismo e a Cisão do Capitalismo", (1916).[16] Na Romênia, Constantin Dobrogeanu-Gherea passou próximo à idéia, e Cristian Racovsky e Constantin Stere a "descobriram". Mas quem a expôs com maior insistência foi Mihail Manoilescu, que pedia um "socialismo das nações" em substituição ao "socialismo de classes".[17] Em tempos bem mais recentes (1969), Arghiri Emmanuel endossou a noção de Lenin sobre a existência de uma aristocracia operária nos países ricos, percebendo também o surgimento das nações proletárias, cujas mercadorias são trocadas, como no esquema de Manoilescu, por outras que incorporam muito menos horas de trabalho por unidade de valor.[18]

No Centro, onde, na década de 1950, os economistas tentavam explicar os problemas da Periferia, um exemplo notável de abandono da ortodoxia consistiu no uso, por Paul Baran, o marxista americano nascido na Rússia, da noção de "excedente" (diferente da mais-valia), na acepção usada pelos economistas clássicos. Seu conceito de "excedente potencial" centrava-se no desperdício dos regimes "feudais" dos países do Terceiro Mundo. No Brasil, a noção de excedente foi desenvolvida não pelos marxistas, mas pelo estruturalista Furtado, cujo uso do termo foi simultâneo ao de Baran. Entretanto, *A Economia Política do Crescimento,* 1957, deste último, foi muito lida,

O *marxismo na periferia do pós-guerra* 411

na tradução portuguesa, entre os estudantes e intelectuais brasileiros dos primeiros anos da década de 1960.[19] Mesmo assim, o marxismo "oficial" no Brasil — o do PCB — estava longe de aceitar as implicações políticas da análise de Baran, a qual negava o poder transformador das burguesias do Terceiro Mundo.

O marxismo no Brasil, diferentemente do que ocorreu na Romênia, surgiu basicamente como produto da Terceira Internacional, quando o PCB foi organizado, em 1922. Não nos será preciso examinar as "guinadas" — às vezes abruptas — das posturas adotadas pelo partido. Basta dizer que, antes da Segunda Guerra Mundial, essas mudanças seguiam os "períodos" do Comintern, baseados nas estratégias e táticas concebidas visando ao avanço dos interesses soviéticos na Europa e na Ásia.[20] O Partido Comunista Brasileiro tentou tomar o poder uma vez, em 1935, em um *putsch* contra Vargas, que fracassou de forma desastrosa. O líder do PCB, Luís Carlos Prestes, foi logo em seguida preso e torturado, sendo solto ao fim da Segunda Guerra Mundial. Em 1950, Prestes formalmente conclamou para a "luta" (não definida) "contra a ditadura feudal-burguesa a serviço do imperialismo", visando alcançar uma revolução "popular", mas não socialista, posição essa que foi moderada no congresso do PCB de 1954, tendo a possível sugestão de violência sido formalmente abandonada em 1958.[21] O quinto congresso do partido, em 1960, reafirmou a intenção de formar uma aliança com a burguesia nacional e com a pequena burguesia, para alcançar uma revolução "democrática" contra o latifúndio "feudal" e contra o imperialismo,[22] sendo essa tese amplamente compartilhada pelos PCs latino-americanos da época. Na verdade, a postura do partido brasileiro, em 1960, não diferia radicalmente da de dez anos antes,[23] incluindo os comerciantes e industriais não-imperialistas em sua coalizão popular. O PCB manteve-se aferrado à sua posição, mesmo depois de Fidel Castro ter exigido a revolução, e não a reforma, na América Latina de inícios da década de 1960.[24]

412 *Brasil*

O golpe militar brasileiro e a repressão que se seguiu a 1964 ocorreram quando o partido ainda apoiava a burguesia nacional. Em suma, apesar de, no período do pós-guerra, ter havido alterações na estratégia do PCB, este apoiava a burguesia nacional, embora com diferentes graus de entusiasmo. Tal apoio devia-se à luta que o partido supunha existir entre a burguesia nacional e a aliança reacionária do capital estrangeiro (ou, em palavras mais diretas, o imperialismo norte-americano) com a classe dos senhores de terras "feudais" (por vezes, "semifeudais"). Os líderes do PCB acreditavam que os comunistas, no Brasil ou em qualquer outro país da América Latina, não poderiam ter esperanças realísticas de alcançar uma revolução proletária num futuro previsível. Mas eles poderiam apoiar uma revolução "democrático-burguesa", que fortaleceria a burguesia nacional contra seus rivais internos e externos, na luta pelo controle da economia nacional. A reforma agrária quebraria o poder dos latifundiários e a nacionalização dos setores-chave da indústria quebraria o dos grupos imperialistas. Quando esses grupos fossem derrotados, a burguesia nacional passaria a desempenhar o papel a ela designado pelo PCB e pelos teóricos soviéticos, ou seja, a industrialização não-obstaculizada, que necessariamente redundaria no surgimento de uma grande classe operária. Apenas quando esse projeto estivesse completo, poder-se-ia pensar na possibilidade de uma revolução.

Entretanto, a industrialização vinha se processando rapidamente, de maneira não prevista e não exatamente bem-vinda. Até os anos Kubitschek (1956-1961), para a maior parte dos autores socialistas, inclusive Caio Prado Júnior, que havia sofrido a influência de Prebisch e da CEPAL dos primeiros tempos, o problema do capital estrangeiro centrava-se no "velho imperialismo", que havia desincentivado a industrialização do Terceiro Mundo.[25] Na década de 1950, a maioria dos autores do PCB e de outras correntes socialistas não se havia ainda dado conta da internacionalização do capitalismo industrial, a nova força propulsora do crescimento econômico brasileiro.[26] Uma exceção pode ser encontrada no trabalho de Aristóteles Moura, cujo *O Capital Estrangeiro no Brasil*, [27] 1959, antecipava os argumentos que viriam a surgir em fins da década de 1960 e inícios da de 70, contrários às empresas multinacionais. Ele acusava as multinacionais de fazer uso da transferência de preços para disfarçar seus reais níveis de lucro, e de usar o capital local, e não da matriz, para fundos de investimento,[28] negando assim os escassos recursos financeiros aos empreendedores nacionais. Quanto ao papel do capital estrangeiro no processo de industrialização, Moura é o único marxista cuja sofisticação analítica pode ser comparada à de Lucretiu Patrascanu, da Romênia: no período entreguerras, não havia ninguém no Brasil que possuísse tal capacidade. O fato de os outros socialistas não terem atingido o nível de sofisticação da crítica de Moura ao investimento estrangeiro não significa que eles desconhecessem ou aprovassem o visivelmente enorme capital estrangeiro que ingressou no Brasil durante o governo Kubitschek. Em 1958, o PCB pediu a industrialização sob um regime capitalista, negando porém seu apoio aos empresários brasileiros ou às autoridades governamentais que se aliassem de forma estreita ao capital estrangeiro. Essas pessoas recebiam o rótulo de *entreguistas*, os que iriam "entregar" o país aos interesses imperialistas.[29]

Boa parte da crítica marxista, nas décadas de 1950 e 60, tratava da agricultura. Repetindo: para que o Brasil viesse a se tornar uma nação moderna, teria que se industrializar sob a liderança da burguesia nacional. Portanto, a estrutura de poder que impedia essa classe progressista de assumir o pleno domínio teria que ser examinada de forma crítica, e atenção especial foi dada ao papel dos latifundiários. Em *Problemas Agrário-Camponeses do Brasil*, [30] o autor Moisés Vinhas, filiado ao PCB, afirmou que a burguesia nacional — distinta do setor da burguesia alia-

414 *Brasil*

do ao capital estrangeiro — daria seu apoio à reforma agrária, para liberar as forças produtivas em um país com uma das mais altas concentrações de propriedade da terra em todo o mundo. Essa reforma ampliaria em muito a produção agrícola, reduzindo assim a folha salarial para os capitalistas e criando também um mercado rural potencialmente vasto para a indústria nacional.[31]

Para Vinhas, a abolição da escravatura, em 1888, havia representado a passagem de um sistema agrário de base escravista para um sistema pré-capitalista ou semifeudal, chamado também por ele de "feudalismo caboclo".[32] Em outro trecho desse mesmo livro ele usa o termo "semicolonial" para se referir ao latifúndio, deixando claro que essa expressão se refere à produção para exportação,[33] e que, no nível da circulação, um modo capitalista seria necessário. Para Vinhas, porém, a população de classe baixa que residia nos latifúndios labutava em condições servis, prestando serviços tradicionais, inclusive a corvéia e o cambão (serviços pessoais em troca do usufruto) e, freqüentemente, sem participar da economia monetária. Em vastas áreas do país, as grandes propriedades eram o maior empecilho à penetração do capitalismo no campo.[34]

Outro estudo marxista muito divulgado na década de 1960, *Quatro Séculos de Latifúndio*,[35] de Alberto Passos Guimarães, também apoiava a tese de um "feudalismo" modificado. Embora o Brasil colonial participasse de uma economia internacional capitalista, as relações de produção eram ou escravistas ou servis, ambas baseadas na coerção extra-econômica, diferente do sistema puramente econômico do trabalho assalariado. A coerção extra-econômica sobrevivera ao feudalismo, continuando a existir até os dias de hoje em muitas das áreas dominadas pelos latifúndios. Passos acreditava que o monopólio da propriedade da terra era a base dessa coerção.[36] Passos e Vinhas concordavam que, em São Paulo e outros estados do Sul, as relações de produção eram mais plenamente

O marxismo na periferia do pós-guerra   415

capitalistas que as do Nordeste tradicional, o que já representava um avanço em relação à visão do militante do PCB, Otávio Bulhões, que em 1926 havia insistido que o plantador de café do Sul era um "senhor feudal" tanto quanto o barão do açúcar nortista (isto é, nordestino), tendo chegado a afirmar que o colono dos cafezais, o trabalhador rural imigrante que tinha o usufruto da terra, era um servo.[37]

Ao contestar a posição de Roberto Simonsen, em sua *História Econômica do Brasil*, de que a agricultura colonial fora capitalista[38] — tese essa que, segundo observação de Passos, havia sido aplicada a toda a América Latina por Sergio Bagú, em 1949[39] —, o autor marxista afirmou que as tentativas de negar a natureza feudal da sociedade colonial não representavam nada além de escusas disfarçadas do *status quo*. O objetivo de grande parte dos marxistas era criar uma agricultura progressista e mais ou menos igualitária, de modo que Passos lançava a pergunta: "Se a estrutura agrária do Brasil tinha uma 'configuração capitalista', por que revolucioná-la? Por que reformá-la?" A tese do "capitalismo colonial" no Brasil, portanto, era "conservadora, reacionária".[40] Para progredir, o Brasil precisaria de uma "reforma agrária democrática" que, simultaneamente, quebrasse os grilhões da dependência em relação ao imperialismo (ou seja, o mercado de exportações) e destruísse as "relações feudais de subordinação ao poder extra-econômico" dos latifundiários. Enquanto isso, segundo Passos Guimarães, o sistema dos latifúndios, apesar de ser um arcaísmo, tendia a se expandir, e o conflito perdura até o presente, opondo os proprietários de terras à classe camponesa proprietária ou ocupante de terras.[41]

Moisés Vinhas negava que existisse uma classe camponesa, afirmando que os grupos que Passos identificava como sendo camponeses (os que controlavam glebas de até 100 hectares, grande parte delas trabalhadas por mão-de-obra familiar) eram por demais heterogêneos para formar uma classe.[42] Vinhas, ao que parece, defen-

416   Brasil

dia a perspectiva mais correta do ponto de vista marxista. O teórico comunista romeno Patrascanu, de forma semelhante, havia refutado a afirmativa do Partido Camponês, de que em seu país havia uma "classe camponesa" única.[43] De qualquer forma, Vinhas e Passos Guimarães concordavam que elementos feudais ainda podiam ser encontrados em uma parcela significativa do complexo agrário brasileiro. É provável que a tese "feudal" ou "semifeudal" tenha sido politicamente útil, por identificar como arcaico o latifúndio, pelo menos o latifúndio tradicional. Essa tese, no entanto, continha um equívoco, que confundia o regime coercivo e o monopólio da propriedade da terra com os pactos sociais e políticos conhecidos como feudalismo. Com esse termo, Passos e Vinhas queriam indicar uma forma de produção e de controle social que, na verdade, não passava de regime senhorial [*manorialism*], um sistema que incluía a compulsão extra-econômica e que, como Marc Bloch observou, precedera o feudalismo e sobreviveu ao fim deste.[44]

Mas o marxismo havia se tornado um reino de muitas moradas, e Caio Prado Júnior, proveniente de uma das mais ricas e aristocráticas famílias de São Paulo, produziu, nos anos 1930-70, a mais original das interpretações da agricultura brasileira. De fato, apesar de até a década de 1960 ele ter tratado do "velho" imperialismo (o que havia impedido a industrialização), foi o mais inovador dos marxistas de sua geração. Educado no São Luís, um colégio jesuíta, em uma *public school* inglesa e na Escola de Direito de São Paulo (formando-se em 1928), Prado filiou-se em 1931 ao PCB, quatro anos antes do levante de iniciativa dos comunistas que veio a provocar uma impiedosa repressão por parte do governo Vargas.[45]

Meses antes, naquele mesmo ano de 1935, Prado viu-se em território estranho ao partilhar a opinião dos fazendeiros que acusavam de artificial a indústria brasileira. Prado condenou as práticas de conluio e monopólio dos industriais brasileiros, como, por exemplo, conseguir do

O marxismo na periferia do pós-guerra   417

governo a proibição da importação de maquinaria nova para indústrias têxteis e de papel, como sendo um indício da artificialidade dessas manufaturas, que não contavam com um mercado de massa. Prado, entretanto, afastou-se dos fazendeiros de café ao afirmar que o Brasil havia se tornado uma nação industrial e também dos industriais, ao dizer que o primeiro passo deveria ser a criação de um mercado interno, por meio da redistribuição da riqueza, particularmente no campo, após o que a indústria poderia prosperar. Prado ressaltava que, tanto no setor algodoeiro quanto no setor cafeeiro, a grande propriedade era um fenômeno dinâmico, e que o surgimento de grandes fazendas era um processo em curso. A redistribuição da terra, além disso, eliminaria um dos parceiros da aliança entre o imperialismo e o latifúndio.[46]

No mesmo artigo de 1935, Prado estabeleceu a distinção entre as colônias de "povoamento" e de "exploração" da história ocidental, colocando o Brasil nesta última categoria. Ele via a colônia tropical como produtora de matérias-primas, um mero apêndice da economia européia — insinuando, talvez, que a experiência colonial brasileira havia sido, desde seus primórdios, um empreendimento capitalista, ponto esse que não chegaria a desenvolver até depois da Segunda Guerra Mundial.[47] Não foi um marxista, mas Simonsen, seguidor de Manoilescu e porta-voz corporativista da indústria, o primeiro a afirmar que o Brasil colonial havia sido um empreendimento capitalista. Mas foi Prado quem colocou o argumento em termos marxistas, desenvolvendo-o e extraindo dele suas implicações políticas. Já em 1947, dois anos antes da publicação de *A Economia da Sociedade Colonial*, de Sergio Bagú, Prado afirmou explicitamente, em um congresso do PCB, que a agricultura brasileira da era colonial não havia sido feudal, mas capitalista, contradizendo assim o que, àquela época, era a posição oficial do partido.[48]

É evidente que a posição de Prado dependia de uma definição do que vinha a ser capitalismo colonial. Essa

418   *Brasil*

posição centrava-se na afirmação de que a produção agrícola no Brasil colonial havia sempre sido basicamente orientada para o mercado, e que o latifúndio não era uma propriedade feudal, mas uma grande empresa que visava lucro. Por essa razão, a distribuição de terras aos campo-neses, defendida pelo PCB, era "reacionária".[49] Esse ponto não chegou a ser elaborado, mas pode-se presumir que Prado queria dizer que a população agrícola das áreas rurais consistia, principalmente, de trabalhadores assala-riados ou de meeiros, que prefeririam melhores salários, melhores condições de trabalho e uma parcela maior do produto de seu lote de terra.[50] A análise de Prado da so-ciedade rural, portanto, trazia implicações políticas que entravam em choque com o programa de reforma agrária do PCB, o qual visava eliminar os traços feudais remanes-centes e desenvolver o capitalismo rural. Embora ainda militante marxista, Prado, em 1954, criticou a "obediência passiva", a todo momento, do PCB às diretrizes soviéticas.[51]

Entre 1960 e 1966, Prado desenvolveu sua posição. Desde os primórdios, a agricultura brasileira havia sido capitalista em seus traços essenciais, ou seja, a colônia portuguesa era um empreendimento mercantil no qual existia, em tese, igualdade jurídica entre os colonizadores, o que implicava o direito de empregadores e empregados negociarem seus contratos em um regime de trabalho as-salariado. O latifúndio associava-se à escala do empreen-dimento comercial, não às tradições feudais. Quanto à po-pulação não-livre, a escravidão era uma forma de controle da mão-de-obra associada ao capitalismo comercial, não ao feudalismo. Prado escreveu, em 1960, que a parceria, que alguns autores acreditavam ser um vestígio da econo-mia feudal, era, ao contrário, uma relação capitalista entre empregador e empregado, como o demonstrava sua conti-nuidade na cultura algodoeira de São Paulo, nos anos 1930. A cultura do algodão era realizada com um nível técnico superior ao dos cafezais da região, onde prevale-cia o trabalho assalariado, fato esse que testemunhava a modernidade do sistema de parceria do algodão, afirmava Prado.[52]

Em *A Revolução Brasileira*, 1966, Prado declarou, de forma direta, que um sistema "feudal ou semifeudal, ou mesmo simplesmente aparentado ao feudalismo, em sua acepção própria, nunca existiu" no Brasil que, a partir do século XVI, havia sido parte do sistema capitalista internacional.[53] Nesse ponto, ele afirmou explicitamente que os trabalhadores rurais não desejam a propriedade direta da terra, como acontece com os camponeses; o que eles querem, na verdade, são melhores salários e condições de trabalho. Os grandes proprietários eram uma "burguesia agrária legítima". Além do mais, em nenhuma outra época que não os últimos vinte anos, nos quais o "capital imperialista literalmente submergiu nossa economia", a burguesia brasileira havia enriquecido mais. Não havia "burguesia nacional" que merecesse esse nome,[54] quimera que há tanto tempo era o ponto alto da estratégia do Partido Comunista.

Na política dos anos 1960, cada vez mais polarizada, tanto em nível nacional quanto internacional, a conclusão óbvia a ser extraída do trabalho de Prado era que seu país, sendo plenamente capitalista, estava maduro para a revolução, contrariando a posição oficial do Partido Comunista Brasileiro, do qual ele, de longa data, era membro. Dito de outra forma, após 450 anos de desenvolvimento capitalista, quanto tempo ainda ter-se-ia que esperar para que ocorressem as inevitáveis contradições? A hora era agora. Prado, dessa maneira, deu uma resposta à pergunta de Passos Guimarães, "Se a estrutura agrária do Brasil possuía uma 'configuração capitalista', por que revolucioná-la?" Ter escrito *A Revolução Brasileira* foi a razão não explicitada da prisão de Prado em 1969, devido ao livro, na opinião da ditadura, haver inspirado toda uma nova geração de guerrilheiros urbanos.[55] Na tensão existente no âmbito da teoria marxista, entre considerar como o motor primário das mudanças históricas as contradições das forças e relações de produção, por um lado, e a luta

420   *Brasil*

de classes, por outro, Prado implicitamente optou pela segunda alternativa.[56]

Poucos estudiosos das estruturas agrárias da América Latina, hoje em dia, aceitam a visão associada a Prado e Bagú, de que um sempiterno capitalismo caracterizou a América Latina desde a Conquista. Uma das razões para rejeitar essa interpretação é que ela não deixa espaço para a *transição* para o capitalismo,[57] qualquer que seja o modo com que se caracterizem as estruturas e práticas pré-capitalistas. Uma maneira de resolver esse conflito foi sugerida pelo peruano Pablo Macera, que era de opinião que a grande propriedade poderia ser vista como situada entre dois mundos — o interno, da dependência e da coerção da força de trabalho, e o externo, reconhecivelmente capitalista em sua resposta aos mercados mundiais. Generalizando até um dualismo mais amplo, o brasileiro Inácio Rangel, um ex-estruturalista, afirmou que as relações sócio-econômicas da história brasileira haviam sido "internamente arcaicas e externamente modernas",[58] perspectiva semelhante à de Constantin Dobrogeanu-Gherea na Romênia de 1910.

De qualquer forma, os marxistas, no Brasil, assim como os cientistas sociais de outras orientações, mostraram pouco interesse teórico ou prático pelos camponeses médios e pelas classes artesãs, rurais ou urbanas, em comparação com o interesse que esse problema havia despertado na Romênia. No Brasil, tanto marxistas quanto não-marxistas mostravam pouca preocupação com o possível surgimento de uma burguesia rural, a partir de um grupo *chiaburime* ou *kulak*. A ausência de preocupações dessa ordem talvez resulte da percepção da importância do sistema de duas classes, altamente estratificado entre proprietários e dependentes, bem como da dimensão do abismo que as separava — com a exceção de São Paulo e dos outros três estados sulinos, onde as populações imigrantes poderiam vir a ascender à condição de camponeses médios, em especial no século xx. Mais difícil é entender por que teria havido tão pouco interesse, entre os marxistas, pelo "problema camponês" mais amplo dessas regiões. O fato é que esses grupos foram deixados de lado até a década de 1970.

Seja como for, a ênfase colocada por Prado na agricultura colonial, como sendo a chave para a compreensão do modo de produção do Brasil contemporâneo, abriu caminho para a análise da dependência. Sua tese sobre a agricultura capitalista foi retomada, em 1964, por Andre Gunder Frank na *Revista Brasiliense*, editada por Prado.[59] Duas décadas depois, no célebre debate televisionado entre o economista conservador Roberto Campos e o antigo líder do PCB, Luís Carlos Prestes, este último havia chegado à mesma opinião de Prado, antes seu adversário na política interna do partido, quanto a um ponto de primeira importância: o problema não era o de criar um capitalismo viável no Brasil pela destruição de seus vestígios feudais, mas sim as distorções e sofrimentos causados pelo próprio capitalismo.

Notas

1. Por exemplo, o filósofo José Gaos, o sociólogo José Medina Echavarría e o economista José Urbano Guerrero, todos eles residentes no México em fins da década de 1930 e inícios da de 40. É certo que os latino-americanos viajavam à Europa e podiam acompanhar o pensamento espanhol em publicações como a *Revista de Occidente*, de Ortega. Além disso, alguns intelectuais espanhóis haviam visitado a América Latina antes da Guerra Civil Espanhola. Ortega, um neokantiano, proferira palestras em Buenos Aires, em 1916 e 1928. *Exilio*, 1982, pp. 814, 868, 975; Romero, 2ª ed., 1983, pp. 128, 134. Nos dias de hoje, ao contrário, alguns clássicos das ciências sociais de língua alemã, tanto marxistas como não-marxistas, podem ser encontrados em espanhol, mas não em inglês; outros ainda foram publicados em espanhol antes de o serem em inglês. Os principais estudos de Werner Sombart, Henryk Grossman, Otto Bauer e Fritz Sternberg já foram publicados em espanhol, aguardando ainda suas edições inglesas. *Economy and So-*

422 Brasil

ciety, de Weber; *Finance Capital*, de Hilferding e *Agrarian Question*, de Kautsky foram publicados em espanhol antes de o serem em inglês. A tradução para o português deste último trabalho também precedeu em 16 anos a primeira edição inglesa (1988).

2. Anderson, *Considerations*, 1976, pp. 25-37. Anderson observa que toda uma nova geração de intelectuais franceses ingressou no PCF em 1928, mas não percebe qualquer "generalização do marxismo como moeda teórica na França" até a ocupação alemã (p. 37).

3. O campesinista Madgearu e o corporativista Manoilescu também lançaram mão de Hilferding.

4. Amaral Lapa, 1980, p. 23. Outra razão para o surgimento relativamente lento do marxismo na América Latina pode ter sido a indiferença do próprio Marx por aquela região, em comparação com seu interesse pela Espanha, Índia, Turquia, China e Rússia. Ele considerava o processo político latino-americano como a corporificação do bonapartismo e da reação. Além disso, Marx tinha em baixa conta o libertador Simón Bolívar, a quem ele, em particular, comparou a Faustin Soulouque, o ditador haitiano cujas bravatas usou para parodiar Napoleão III. A falta de interesse de Marx pela América Latina chegou mesmo a suscitar um estudo sobre as razões para tal, realizado pelo principal estudioso do marxismo naquela região, José Aricó. *Marx*, 1982. Quanto aos pontos mencionados, ver pp. 40, 107, 116-17.

5. Quanto ao marxismo ter surgido relativamente cedo na Argentina, ver Ratzer, 1969.

6. Sobre o Brasil, ver Dulles, 1973, p. 514.

7. Carone, 1986, pp. 59, 63.

8. Amaral Lapa, p. 23.

9. Konder, 1988, pp. 143, 169.

10. Leônidas de Rezende (1889-1950) tentou fundir o positivismo comtiano com o marxismo. Paim, 1984, pp. 505-15. Quanto à ampla influência do positivismo no Brasil, ver Konder, p. 195.

11. Por exemplo, o presidente Arthur Bernardes (1922-26) representava o ruralismo feudal, a tese; o general Isidoro Dias Lopes representava a pequena burguesia revoltada, a antítese,

O marxismo na periferia do pós-guerra 423

e a futura revolução proletária no Brasil seria a síntese. Konder, pp. 146, 203.

12. Chernyshevsky acreditava que a *obshchina*, a mais tradicional das instituições da sociedade russa, poderia ser transformada em uma instituição socialista: "Na sua forma, a mais alta etapa de desenvolvimento é semelhante à etapa inicial", escreveu ele. Gerschenkron, *Economic Backwardness*, 1966, p. 172.

13. Bielschowsky, 1985, p. 260.

14. Bernstein, 1909 (orig. alem. 1899). Kautsky publicou *Agrarian Question*, e Lenin, *Development of Capitalism in Russia* no mesmo ano da edição alemã de Bernstein.

15. Ver Capítulo 5, nº 109.

16. Lenin escreveu: "A exploração das nações oprimidas... vem transformando o mundo 'civilizado', cada vez mais, em um parasita no corpo de centenas de milhões nos países não-civilizados". "Imperialismo", 1916, p. 106.

17. Como vimos, Manoilescu foi corporativista e, algumas vezes, fascista (como Corradini), mas, quanto a isso, sofreu também a influência do marxismo.

18. Emmanuel, 1972 (orig. fran. 1969), p. XXIV; sobre Emmanuel, ver também Anderson, 1976, p. 72.

19. Baran, 1957, traduzido para o português sob o título *Economia Política do Desenvolvimento Econômico* por S. Ferreira da Cunha, 1960.

20. Ver Caballero, 1986, sobre as relações, em nível regional, e também país por país, entre os partidos comunistas e Moscou.

21. Prestes, 1982, pp. 152, 153 (citação).

22. *Partido Comunista Brasileiro* (reeditado em 1980), pp. 39-40.

23. Prestes, p. 152.

24. Em 1962, houve a dissidência de uma minoria que veio a formar o Partido Comunista do Brasil, de linha chinesa.

25. Bielschowsky, p. 280; Prado, *Esboço*, 1957, p. 201 (sobre os países subdesenvolvidos terem como função principal o fornecimento de matérias-primas). Prado, na página 213, cita Prebisch, e a influência argentina pode também ser inferida

424 Brasil

do fato de Prado adotar um esquema de Centro-Periferia, e também da preocupação deste último com o desequilíbrio externo, com base na análise da CEPAL sobre a deterioração dos termos de troca (pp. 201-4).

26. Bielschowsky, pp. 280-82.

27. Moura, 1959.

28. Ibid., pp. 136-37, 306, 309.

29. Mantega, p. 166.

30. *Problemas Agrário-camponeses do Brasil*, 1968.

31. Vinhas, p. 214.

32. Ibid., pp. 39, 66, 92 (citação).

33. Ibid., p. 17.

34. Ibid., pp. 37-45, 66, 171.

35. *Quatro Séculos de Latifúndio*, 1964.

36. Passos Guimarães, pp. 27-28, 33, 146, 171.

37. Ibid., pp. 168-76; Vinhas, pp. 111-83; Brandão, 1979 (1924), p. 273.

38. Simonsen, o principal defensor de Manoilescu no Brasil, foi também o autor do trabalho, hoje clássico, *História Econômica do Brasil*, 4ª ed. 1962 (1937); ver pp. 80-83 sobre a agricultura colonial brasileira como sendo capitalista. Simonsen, por sua vez, havia sido influenciado por João Lúcio de Azevedo, que via o império ultramarino português como um empreendimento comercial e não-feudal. Ver Simonsen, p. 81; e Azevedo, 1947 (1929). Talvez Simonsen tenha sido influenciado também — como Furtado o foi — por outro historiador português, Antônio Sérgio, que afirmava que, com a dinastia de Avis (a partir de 1385), Portugal desenvolvera uma burguesia precoce, que foi pioneira nas explorações marítimas e nas experiências comerciais dos dois séculos que se seguiram. Ver Sérgio, 1949 (1928), pp. 323-34; e Furtado, *Economie*, 1948, p. 3.

39. O autor argentino Sergio Bagú, em seu *Economía*, 1949, foi o primeiro a atribuir um passado capitalista e não-feudal a toda a América Latina. Segundo ele, a região jamais tivera um passado feudal, e, em traços gerais, ele demonstrou a existência de características fundamentais do capitalismo desde o sécu-

lo XVI. Bagú e outros afirmavam que os impérios espanhol e português no Novo Mundo foram, basicamente, empreendimentos comerciais, para os quais os títulos e a pompa "feudais" eram nada mais que um disfarce. O trabalho de Bagú não era explicitamente marxista, diferentemente dos três outros autores que mais tarde viriam a contribuir para essa tese, além de Caio Prado (tratado a seguir) — Marcelo Segall e Luis Vitale, do Chile, e Milcíades Peña, da Argentina, cujos escritos sobre o assunto, juntamente com os de Prado, foram reunidos em uma antologia por Lowy, 1980, pp. 243-53, 413-22.

40. Passos Guimarães, 1964, pp. 24, 30 (sobre), 31 (citação). Passos não menciona as opiniões de Prado, nesse contexto.

41. Ibid., pp. 35 (citação), 106-7, 134-35, 143.

42. Ibid., pp. 190-91; Vinhas, pp. 102-3.

43. Tanto no discurso marxista como em outros, havia uma notória dificuldade de definir o campesinato de forma satisfatória. Quanto a Patrascanu e à falta de consenso na tradição marxista romena, ver Capítulo 3.

44. Bloch, 1961 (orig. fran. 1939), 1: 279; 2:442.

45. Sobre a vida e a obra de Prado, ver F. Iglésias, 1982, pp. 7-44.

46. Prado, "Programa", 1983? (1935), pp. 127, 128, 133-35.

47. Ibid., p. 125.

48. [Prado], "Três etapas", 1954, p. 127 (mencionando sua participação no congresso de PCB de 1947). Já em 1942, Prado havia escrito que a economia colonial era "uma empresa mercantil exploradora dos trópicos e voltada inteiramente para o comércio internacional, em que, embora peça essencial, não figura senão como simples fornecedor dos gêneros de sua especialidade". Colonial *Background*, 1969 (orig. port. 1942), p. 269. Embora o livro não afirmasse de forma direta que o Brasil sempre havia sido capitalista em termos de organização, essa opinião podia ser inferida a partir do texto. Ver o original, *Formação*, 1942, pp. 113-21, 269, 340. O argentino Bagú, entretanto, publicou, em 1949, seu ensaio sobre o capitalismo colonial, antes de Prado ter desenvolvido em termos explícitos sua própria tese, em trabalhos publicados na década de 1960.

49. [Prado], "Três etapas", p. 127.

426   *Brasil*

50. Era esse seu argumento em 1966 (ver a discussão de *Revolução* mais abaixo).

51. [Prado], "Três etapas", p. 136.

52. Em inícios da década de 1960, Prado escreveu dois artigos importantes sobre o capitalismo nos primórdios da agricultura brasileira, a saber, "Contribuição", 1960 e "Nova contribuição", 1962. Esses e outros artigos do período, originalmente publicados na *Revista Brasiliense*, foram publicados na coletânea de Prado, *Questão*, 1979. Sobre a natureza mercantilista da colônia e do latifúndio, a liberdade de contrato, a natureza da escravidão e a parceria como uma forma moderna de relação de trabalho, ver "Contribuição", pp. 48-50, 66-68 e 70, respectivamente. Mais tarde, José de Souza Martins diria que a produção de café em São Paulo, sob o sistema de trabalho de colonato, não era baseada apenas em trabalho assalariado, mas também no usufruto, o que complicava a questão de esse sistema ser inteiramente capitalista. Ver Capítulo 13.

53. Prado, *Revolução*, 1966, pp. 51, 301.

54. Ibid., pp. 68, 166, 188.

55. Gabeira, 1979, pp. 31-32. Carlos Marighela, o veterano militante do PCB que rompeu com o partido em 1967 e liderou uma campanha de guerrilha urbana, de 1968 até sua morte violenta em novembro de 1969, ao que parece não sofreu a influência de Prado. Sua posição era voluntarista e quase antiteórica, afirmando que a liderança burguesa havia fracassado e que a insurreição, por mais longa que fosse a luta, viria a trazer a revolução social. Seis meses antes de sua morte, ele escreveu: "O que nos fez [seu grupo revolucionário] crescer foi a ação: única e exclusivamente a ação revolucionária. Trabalhando com o princípio de que a ação cria a vanguarda, nos lançamos à guerra de guerrilha urbana sem termos ainda dado um nome a ela". Marighela, 1971 (orig. port. 1969), p. 31.

56. Perry Anderson vê uma "oscilação", nos próprios escritos de Marx quanto a essa questão. Para Anderson, trata-se da questão da estrutura *versus* sujeito ou agência. Anderson, *In the Tracks*, 1983, pp. 34, 38.

57. Ver Duncan e Rutledge, pp. 4-5.

58. Macera, citado em Bartra, 1976, p. 81; Rangel, 1962, p. 215.

59. Ver o capítulo seguinte.

12
Os caminhos rumo à dependência

O marxismo e o estruturalismo foram os discursos a partir dos quais viria a surgir, em fins dos anos 1960, uma nova literatura sobre a dependência. Embora a análise da dependência, assim como o estruturalismo, tenha sido um movimento de escala continental e não nacional, é possível dizer que os autores brasileiros se constituíram no grupo nacional de maior importância.[1] Muitos dos teóricos e comentadores da dependência, mais tarde, viriam a ressaltar o fato de que sua inspiração principal provinha do marxismo ou do leninismo,[2] mas tentarei demonstrar que sua fonte mais importante foi, na verdade, o estruturalismo.

Antes dos anos 1960, os termos país "dependente" ou "dependência", embora não definidos ou sem definição clara, apareceram em uma série de contextos. Um dos autores a usar esses termos foi Werner Sombart na última parte de *O Capitalismo Moderno*, publicado em 1928. Como já mencionado no Capítulo 7, o historiador antes marxista escreveu que as regiões agrícolas atrasadas eram "dependentes" do Ocidente capitalista, descrevendo explicitamente (embora sem propor um modelo) uma relação Centro-Periferia.[3] Um candidato a precursor mais imediato da análise da dependência é *Uma Economia Dependente*[4] (1956), de Celso Furtado, tratando do

428 *Brasil*

Brasil, embora a análise seja estruturalista. Um ano depois, o historiador marxista Caio Prado Júnior escreveu que os países subdesenvolvidos ocupavam posição "periférica e complementar ... uma situação subordinada e dependente".[5] Outros exemplos poderiam ser citados. Mas esses termos, sem propriedades definidoras específicas, são ambíguos. Seus elementos essenciais pareciam uma caracterização do capitalismo moderno como uma relação Centro-Periferia, entre o Ocidente desenvolvido e industrializado e o Terceiro Mundo subdesenvolvido e agrícola mais ou menos industrializado; a adoção de uma abordagem histórica aplicável ao sistema como um todo, com a conseqüente rejeição do dualismo de Boeke e da teoria da modernização de Parsons; a hipótese das trocas desiguais, bem como das relações de poder assimétricas entre o Centro e a Periferia, e a afirmação da inviabilidade, relativa ou absoluta, de um caminho capitalista para o desenvolvimento baseado na liderança das burguesias nacionais dos países latino-americanos.[6] Até meados da década de 1960, essas proposições não chegaram a se integrar em uma tese única.

O reformismo implícito no estruturalismo de Furtado fazia parte de uma crescente preocupação, por parte dos estruturalistas em geral, com as questões sociais, preocupação essa que se intensificou com o cada vez mais acentuado radicalismo da Revolução Cubana, a partir de 1959, ano em que Furtado publicou seus estudos sobre o Nordeste. O reformismo da década de 1960, no Brasil e em outros países da América Latina, era condicionado pela longa evolução sofrida pelas posições da CEPAL quanto ao ponto-chave de suas recomendações políticas — a Industrialização de Substituição de Importações (ISI), sendo que, para um número cada vez maior de estruturalistas, esse reformismo tornava-se irrelevante frente a essa evolução. Em 1957, a organização distinguia entre dois tipos de ISI, os quais, na década de 1960, passariam a ser vistos como fases. A primeira delas dizia respeito à substi-

Os caminhos rumo à dependência   *429*

tuição relativamente fácil de itens anteriormente importados por bens de consumo de produção interna. A segunda, mais difícil, dizia respeito à produção de bens intermediários e bens de consumo duráveis, representando a passagem da ISI "horizontal" para a "vertical" — assim denominadas devido à substituição de produtos simples em uma frente ampla, na primeira fase, e à linha de produção integrada de um número menor de produtos finais e seus insumos, na segunda. A terceira fase, a produção de bens de capital, viria a seguir, em um tempo posterior.[7]

Em 1956, a CEPAL ainda pressupunha a existência de um patamar nas mudanças estruturais da economia, para além do qual a "dependência das contingências externas" viria a diminuir. No ano seguinte, entretanto, a organização sugeriu, pela primeira vez, que à medida que a ISI avançava, a dependência dos "acontecimentos externos" poderia vir até mesmo a se acentuar — embora ainda afirmando que a substituição das importações consistia em diminuir "o conteúdo importado da oferta no mercado interno".[8] Em 1957, porém, para o caso mais "avançado" da Argentina, a CEPAL reconheceu que a ISI resultara em crescentes, e não decrescentes, exigências de bens de capital importados. Como que pensando em voz alta, a organização perguntava-se se a experiência argentina não seria um presságio do futuro da América Latina.[9]

Por que razão o crescimento econômico e a industrialização, em particular, trariam em sua esteira o aumento das necessidades de importações? Michal Kalecki, o economista polonês que, após a Segunda Guerra, tornou-se especialista em desenvolvimento, havia dado uma breve resposta a essa pergunta em seu artigo publicado, em 1954, no *Trimestre Económico*, estudo já mencionado no Capítulo 10 devido a seu impacto sobre a tese estruturalista da inflação. Kalecki observou que o desenvolvimento econômico rápido "tende a pressionar a balança comercial". Em primeiro lugar, as importações sobem porque o aumento dos investimentos gera a necessidade de mais

430 Brasil

bens de capital estrangeiros; em segundo lugar, porque a aceleração do ritmo das indústrias manufatureiras pode implicar maiores importações de matérias-primas e de produtos semi-industrializados; e, em terceiro lugar, porque, devido ao avanço da urbanização e ao crescimento da população em geral, aliados em muitos casos à inelasticidade da oferta de produtos agrícolas, a necessidade de importar alimentos pode crescer.[10]

Furtado já havia abordado o problema do desequilíbrio na balança comercial em 1952, tratando, entre outros, do primeiro ponto apresentado por Kalecki no contexto das causas da inflação (ver Capítulo 10). Em 1958, ele desenvolveu essa abordagem. Usando um modelo simples de dois setores, explicou o problema como sendo uma situação onde se supõe que a unidade moderna A possua um coeficiente de importação maior que a unidade atrasada B, em parte devido a que o setor de investimentos da economia, localizado em sua maior parte em A, apresenta maior propensão a importar que o setor de consumo. À medida que a economia se desenvolve, a participação do coeficiente de importação de A no coeficiente da economia como um todo cresce ainda mais, resultando na tendência à elevação do coeficiente de importação médio.[11] No caso brasileiro, o coeficiente de importação dos investimentos em capacidade produtiva podia chegar a ser dez vezes maior que o coeficiente de importação médio do setor de consumo.[12] A conseqüência lamentável era que qualquer tentativa de aumentar a taxa de crescimento tendia a aumentar a pressão na balança de pagamentos, sendo portanto inflacionária. Furtado extraiu também uma outra conclusão pessimista, a de que para um país na etapa intermediária do subdesenvolvimento, como o Brasil, "qualquer tentativa de correção do desequilíbrio mediante desvalorização... provoca sem demora uma redução no ritmo de crescimento, pelo simples fato de que eleva os preços dos bens de capital, relativamente aos de consumo".[13] Se os termos de troca estivessem em deterioração, a pressão sobre a balança de pagamentos tornava-se ainda mais aguda: a estabilidade das rendas monetárias internas, somadas a uma diminuição da capacidade de importar, poderia colocar pressões fortíssimas sobre a balança de pagamentos.[14] Para Furtado e outros estruturalistas de fins da década de 1950, portanto, as necessidades de importações nas fases mais avançadas da ISI, salvo se compensadas por ingressos de capital ou pelo aumento das exportações, poderiam causar "estrangulamentos" — uma metáfora favorita da CEPAL para a estagnação gerada por importações insuficientes de bens de capital e de outros insumos industriais. Em 1961, o próprio Prebisch escreveu: "Continua sendo um paradoxo que a industrialização, ao invés de ajudar a amortecer bastante o impacto interno das flutuações externas, esteja nos trazendo um novo e desconhecido tipo de vulnerabilidade externa".[15]

A angustiada reavaliação da ISI aconteceu em 1964. Naquele ano, um estudo da CEPAL, embora culpando a deterioração dos termos de troca da década de 1950 pelo declínio das taxas de crescimento da América Latina, observou também que 80% das importações da região agora consistiam de combustíveis, produtos intermediários e bens de capital. Em conseqüência, pouco sobrava que pudesse ser "arrochado" no perfil de importações da região, de modo a beneficiar a indústria.[16] Nessa época, duas monografias sobre a ISI, ambas altamente críticas, foram publicadas no *Boletim Econômico* da CEPAL — uma delas, especificamente, sobre a experiência brasileira e a outra, sobre a América Latina em geral. Esses artigos apontavam para os problemas que, na década de 1960, vinham começando a afetar também outras partes do Terceiro Mundo.[17]

O primeiro desses artigos era de autoria de uma economista brasileira que havia feito o curso da CEPAL sobre estruturalismo, tendo também trabalhado com Aníbal Pinto.[18] No escritório regional da CEPAL, no Rio de Janeiro,

432   *Brasil*

Maria da Conceição Tavares examinou o desempenho da economia brasileira na década de 1950 e inícios da de 60, afirmando que a ISI havia fracassado devido à falta de dinamismo do setor exportador, aliado ao fato de que essa industrialização não havia diminuído a necessidade de importar capital e combustíveis. Outros problemas apontados por ela foram os tetos do mercado interno, devidos, em parte, à distribuição de renda altamente distorcida, que determinava também a estrutura da demanda; a constelação de recursos produtivos (por exemplo, a escassez de mão-de-obra especializada); e a natureza intensiva em capital da industrialização nas fases mais avançadas da ISI, implicando baixa absorção de mão-de-obra. Tavares afirmava que, nessas fases mais avançadas, a baixa absorção de mão-de-obra pelas indústrias tendia a exacerbar, e não a diminuir o dualismo relativo da economia brasileira. Dentre outras coisas, ela dizia que os gargalos na oferta de alimentos, parcialmente resultantes da estrutura agrária antiquada, colocavam pressões insustentáveis sobre a conta de importações. Tavares recomendava a reforma agrária como uma solução parcial.[19]

No mesmo número do *Boletim*, o economista argentino Santiago Macario publicou uma cáustica crítica do modo com que a ISI fora de fato praticada na América Latina, partindo da observação feita por Prebisch, no ano anterior (1963), de que a região tinha então as tarifas mais altas de todo o mundo.[20] Macario observou que os governos dos quatro países mais industrializados — Argentina, Brasil, México e Chile — haviam se utilizado da ISI como uma estratégia deliberada para compensar a falta crônica de divisas e para criar empregos para uma população em rápido crescimento. Mas nesses quatro países, assim como na maioria dos outros da região, o protecionismo (principalmente sob a forma de políticas tarifárias e cambiais) havia sido irracional, no sentido de não ter havido uma política consistente visando ao desenvolvimento dos setores industriais mais viáveis e eficientes. Ao contrário, justamente os setores mais ineficientes haviam recebido mais proteção; houve um excesso de diversificação da indústria em pequenos mercados na fase "horizontal" da ISI, tendo esses fatores contribuído, em alguns casos, para despoupanças reais.[21] Em termos gerais, sua tese não era tanto que o receituário de políticas proposto pela CEPAL estivesse errado de partida — que, de certo modo, era o que dizia a análise de Tavares —, mas sim que os governos da região haviam, de forma flagrante, ignorado as recomendações técnicas da CEPAL, buscando, nas palavras de Macario, "a substituição de importações a qualquer preço".[22] Outros estudiosos logo vieram a fazer novas acusações, como, por exemplo, a de que a ISI havia aumentado a concentração de renda, tanto com relação às classes sociais quanto com relação às regiões dos países.[23] Em 1956, a própria CEPAL manifestou, pela primeira vez, suas dúvidas quanto a se a indústria, na região que apresentava o mais rápido crescimento populacional de todo o mundo, poderia vir a absorver o excesso de mão-de-obra agrícola. Nove anos mais tarde, seu levantamento sobre a ISI mostrou que, entre 1925 e 1960, o emprego não-agrícola na América Latina havia crescido de 13 milhões para 16 milhões de pessoas, mas que apenas 5 milhões dos 23 milhões de novos empregados haviam sido absorvidos pelo trabalho industrial.[24]

Furtado, escrevendo em seu próprio nome, observou, em 1966, que embora a produção industrial latino-americana da década de 1950 houvesse crescido em 6,2% ao ano, o emprego industrial apresentara um aumento anual de apenas 1,6%, cerca da metade do crescimento populacional médio da América Latina. Parte do problema era a tecnologia poupadora de mão-de-obra que a Periferia havia importado do Centro.[25] Furtado esclareceu que a ISI era fundamentalmente diferente da industrialização européia dos séculos XVIII e XIX. Na fase clássica, a tecnologia tinha o efeito de continuamente baratear o custo relativo dos bens de capital, criando assim a possibilidade de so-

434   *Brasil*

luções para os problemas sociais. Na América Latina do século XX, ao contrário da Europa do século XIX, a tecnologia era exógena à economia da região, sendo especificamente concebida para as necessidades dos países desenvolvidos. A absorção de fatores, portanto, não dependia da disponibilidade relativa desses fatores, mas do tipo de tecnologia empregada, e os latino-americanos tinham pouca margem de escolha quanto a isso.[26] Entre outras coisas, eles tinham que competir, em seus próprios mercados internos, com empresas multinacionais de alta tecnologia. Na opinião de Furtado, a ISI vinha, na verdade, agravando a distância entre os setores modernos e atrasados à medida que as técnicas poupadoras de mão-de-obra continuavam a avançar nos primeiros destes.[27] Assim, o subdesenvolvimento, cujo embasamento consistia na "heterogeneidade tecnológica dos vários setores" da economia, como ele havia escrito em 1961, estava de fato avançando.[28]

A tendência verificada na década de 1960, de assumir uma perspectiva de longo prazo em busca das lições da história, resultava, em parte, do fato de os estruturalistas se darem conta de que a América Latina tinha então 35 anos de experiência de substituição de importações. Além do mais, em fins da década de 1950, Furtado havia historicizado de forma completa a tese estruturalista.[29] Desse modo, a percepção do fracasso da ISI como processo histórico — e talvez a suspeita, cada vez mais presente, de que as variações do crescimento industrial haviam sido direta, e não inversamente proporcionais aos ganhos com as exportações[30] — consistia na principal causa do pessimismo dos estruturalistas, em meados e no final da década de 1960. Outras críticas estruturalistas às economias latino-americanas dos últimos anos daquela década incluíam a constatação da existência, nos países mais industrializados, de um contínuo desequilíbrio na balança de pagamentos e da "espiral da dívida", bem como de altos índices de inflação, que resultavam em tensões so-

Os caminhos rumo à dependência   435

ciais e instabilidade política. Esses problemas eram encarados como questões basicamente estruturais — o padrão agrário de latifúndio e minifúndio, a estrutura industrial (indivisibilidades de escala, tendendo a gerar a subutilizaçãò do capital e a alta densidade de capital, com a conseqüente baixa absorção de mão-de-obra) e a rigidamente estratificada estrutura social, trazendo como conseqüência a má distribuição de renda.[31]

Na frente política, outra fonte de pessimismo foi o fim da experiência "desenvolvimentista" no Brasil, quando João Goulart, o presidente populista, foi derrubado por um golpe de Estado militar em 1964. É possível que os reformadores estivessem desiludidos não apenas com governos específicos, sustentados por frágeis coalizões populistas, mas que eles tenham também começado a se tornar céticos quanto ao poder transformador do Estado latino-americano, um artigo de fé de importância central para a doutrina estruturalista. Além do mais, a diminuição do interesse dos Estados Unidos de Lyndon Johnson pela busca enérgica das metas de reforma e desenvolvimento para a América Latina, propostas pela Aliança para o Progresso do presidente John Kennedy, somada à invasão da República Dominicana em 1965 (a primeira ação dessa natureza ocorrida na América Latina desde a década de 1920), representou um golpe para o reformismo. Em termos mais amplos, o clima intelectual e político no qual a análise da dependência viria a ser recebida foi radicalizado pela resistência internacional à guerra norte-americana no Vietnã, da qual a intervenção na República Dominicana foi uma conseqüência (a fim de evitar uma "segunda Cuba" e o perigo de dois engajamentos militares de longo prazo simultâneos). Em diversos países, a resistência à Guerra do Vietnã interagiu com o protesto anti-*establishment*, em geral liderado pelos estudantes, que atingiu seu auge nas manifestações e na repressão dos anos 1968-70. No Brasil, as autoridades mal distinguiam entre os protestos estudantis de julho de 1968 e a real insurrei-

436 Brasil

ção urbana que ganhou ímpeto após o Ato Institucional nº 5, do marechal Arthur da Costa e Silva, e os decretos correlatos editados em dezembro daquele ano. Essas medidas ditaram o fechamento do Congresso e deram à ditadura militar poderes quase ilimitados.

A política econômica oficial, no Brasil e em outros países da América Latina, entretanto, tendia a se mover na direção contrária ao radicalismo das ruas, embora essa tendência, na época, não fosse ainda dominante. A ortodoxia anti-CEPAL reapareceu nos programas dos "monetaristas", adotados pelos regimes antipopulistas e autoritários do Brasil, após 1964, e da Argentina, após 1966.[32] No Brasil, ao fim da década, foi um economista confessadamente neoclássico — embora nada ortodoxo, uma vez que fazia uso da intervenção estatal — Antônio Delfim Neto, quem veio a implementar o que antes era reivindicação da CEPAL — a exportação de manufaturas. Na década de 1970, a ortodoxia liberal assumiria a posição dominante no nível da formulação de políticas em quase todos os regimes militares latino-americanos, embora, no Brasil, o papel do Estado na economia tenha de fato se expandido. Em fins da década de 1960, a ascensão da ortodoxia e das políticas a ela associadas — apesar de essas políticas não serem, na prática, tão distantes das recomendações estruturalistas, como o demonstra o caso brasileiro — provavelmente contribuiu para o sentimento de frustração que se generalizou nos círculos intelectuais, e que veio a preparar o caminho para a aceitação da análise da dependência. Dois fatos positivos, ocorridos em fins da década de 1960, parecem ter surtido pouco efeito sobre a visão da dependência que então surgia, quais sejam, a melhora cíclica dos termos de troca para os produtos primários e as medidas tomadas pelo Brasil e pela Argentina para reduzir suas tarifas, visando incentivar a eficiência da indústria.[33] É possível que o primeiro desses processos não fosse perceptível a curto prazo, e o segundo tenha

Os caminhos rumo à dependência 437

sido implementado por governos que nutriam pouca simpatia pela CEPAL. Na crise da ISI dos anos 1960, que ajudou a engendrar a análise da dependência, que políticas poderiam ter oferecido uma solução ao desafio do crescimento sustentado? Na opinião de Albert Hirschman, a resposta seria a adoção de políticas que incluíssem a promoção das exportações de produtos primários não-tradicionais e de manufaturas, visando obter as tão preciosas divisas e financiar mais industrialização, graças a novos mercados de capital internos e a um imposto de renda mais eficaz, e não por meio de transferências entre as classes sociais (por meio da inflação) e entre setores (pela discriminação cambial das atividades exportadoras tradicionais). Essas oportunidades, entretanto, não eram facilmente perceptíveis devido à hipervalorização das taxas de câmbio.[34] De qualquer forma, políticas dessa natureza certamente teriam conseguido fazer face aos graves obstáculos políticos, inclusive o das coalizões populistas que forneceram à ISI sua base de apoio.

Nas entidades de pesquisa dos Estados Unidos, bem como nos organismos internacionais sobre os quais o governo americano exercia pesada influência, os meados da década de 1960 assistiram também a uma censura à ISI partindo dos meios acadêmicos, censura essa centrada nas distorções grosseiras que tais políticas haviam produzido nas "taxas eficazes de proteção", o que, em diversos países latino-americanos e em outros de industrialização recente, redundava no mau uso dos escassos recursos disponíveis. Os estudos em questão, porém, eram viciados pela tendência favorável à promoção das exportações, ao invés de defender o aumento da eficiência das alocações dentro dos processos industriais existentes: esses estudos centravam-se na redução das tarifas sobre os produtos finais e não no *aumento* dessas tarifas sobre os insumos e bens de capital importados, medida que teria tido o efeito desejado sobre a eficiência.[35]

438   Brasil

O contra-ataque neoclássico questionou também a interpretação estruturalista da tendência ao capital intensivo da industrialização latino-americana. Os economistas ortodoxos afirmavam que o custo real da mão-de-obra era maior que o do capital, no que se referia aos respectivos preços-sombra. Os custos do capital, na América Latina, eram mantidos artificialmente baixos por meio de reservas de depreciação muito generosas, de taxas de juros reais baixas ou até mesmo negativas nos períodos de inflação, de baixas tarifas sobre as importações de bens de capital, de taxas de câmbio hipervalorizadas e da indução, por parte do governo, de níveis salariais elevados. Segundo esse raciocínio, portanto, a opção pelas técnicas poupadoras de mão-de-obra havia sido racional face às distorções dos preços relativos. Por fim, a escola neoclássica afirmava que a baixa produtividade da agricultura não era necessariamente causada pela falta de capacidade empreendedora nas atividades rurais — por exemplo, devido à mentalidade latifundiária tradicional —, mas que essa falta, em grande medida, derivava dos programas governamentais de substituição de importações. De acordo com essa análise, a ISI, que resultara em produtos manufaturados de preços elevados, havia feito com que os termos de troca internos se voltassem contra a agricultura.[36] Além disso, as políticas cambiais concebidas como incentivos à industrialização resultaram em que exportadores agrícolas recebessem menos do que o valor total de suas vendas externas, desencorajando assim a produção.

Por ironia, a perspectiva dos anos 1990 nos permite uma visão ainda mais favorável do clima econômico no qual a dependência surgiu. A taxa de crescimento demográfico da América Latina, anteriormente a mais elevada entre as de todas as principais regiões do mundo, atingiu seu ápice na década de 1960, entrando então em prolongado declínio — tendência que os economistas não poderiam ter previsto em meados daquela década. A economia internacional foi mais dinâmica no período entre 1960 e 1973 (que teve fim com o choque dos preços do petróleo, provocado pela Organização dos Países Exportadores de Petróleo) do que em qualquer outro período do pós-guerra, permitindo assim uma diversificação sem paralelo das exportações latino-americanas, inclusive as de produtos manufaturados. O mais irônico, talvez, tenha sido o fato de que a taxa de crescimento da América Latina no período do pós-guerra atingiu o pico durante esses anos (5,9% do PIB ao ano), sendo que, no mesmo período, as indústrias da região apresentaram um crescimento anual de 6,8%. A renda *per capita* subiu em 3,2%, entre 1960 e 1973.[37] Mas os analistas de meados da década de 1960, por se encontrarem em meio a esses acontecimentos, não tinham como saber que a América Latina estava passando por seu melhor período de crescimento e de diversificação da economia.

Seja como for, as teorias e as recomendações políticas do estruturalismo foram questionadas não apenas pela direita neoclássica, mas também por uma esquerda heterodoxa, da qual alguns dos principais exegetas haviam sido figuras de proa da própria CEPAL, com destaque para Furtado e o chileno Osvaldo Sunkel. Essa nova esquerda rapidamente tornaria célebre a "teoria da dependência".[38] Embora a própria CEPAL não houvesse produzido outra coisa que não uma análise da dependência, a nova variedade destacava-se pela maior precisão de suas tendências "historicistas" e "sociologistas", em ambas as suas versões, a reformista e a radical. Em meados da década de 1960, Furtado havia não apenas enfatizado sua visão explicitamente histórica do desenvolvimento, como também desenvolvido sua afirmação anterior de que o desenvolvimento e o subdesenvolvimento eram interligados. Como mencionado no Capítulo 10, já em 1959 Furtado asseverava que as economias industriais, devido à sua forma de crescimento, tendiam a inibir o crescimento das economias primárias, idéia que ele detalhou dois anos mais tarde em *Desenvolvimento e Subdesenvolvimento* . Em

440 Brasil

1966, voltou a afirmar que, como os dois processos eram historicamente associados, o subdesenvolvimento não poderia ser uma fase na passagem para o desenvolvimento.[39]

Em um ensaio datado de 1964, Furtado pediu o retorno à dialética, em seu livro *A Dialética do Desenvolvimento*, que em inglês recebeu o título de *Diagnosis of the Brazilian Crisis* (Diagnóstico da Crise Brasileira). Por dialética, Furtado entendia uma espécie de holismo metodológico, sem o qual as partes individuais de uma entidade social em movimento contínuo não poderiam ser entendidas. Essa abordagem exigia um retorno à história, uma vez que a economia neoclássica apresentava a tendência a focalizar o conceito de equilíbrio, negando o processo. Mesmo que as economias desenvolvidas pudessem, de forma grosseira, ser definidas como estando em equilíbrio dinâmico, esse estado não se aplicava à Periferia subdesenvolvida, onde a introdução de técnicas poupadoras de trabalho resultara em um excedente na oferta de mão-de-obra.[40] Nessa interpretação, Furtado introduziu também o elemento classe social. Chegou a afirmar que a luta de classes havia, em termos históricos, sido o motor do crescimento econômico no Ocidente desenvolvido: os operários "atacam", organizando-se para conseguir aumentar a parcela que lhes cabe do produto nacional, e os capitalistas "contra-atacam", adotando tecnologias poupadoras de mão-de-obra; desse modo, vai se chegando aos poucos a um equilíbrio dinâmico. Como na Periferia os trabalhadores são desorganizados, sobretudo no setor rural onde esse processo não funciona, afirmava ele.[41] Essas proposições *marxizantes* talvez sejam menos surpreendentes do que parecem à primeira vista, podendo ser vistas como uma extrapolação ou uma transformação da explicação inicial de Prebisch para o declínio dos termos de troca (com relação aos contratos sindicais).

Já em 1961, em *Desenvolvimento e Subdesenvolvimento*, Furtado distinguia entre o desenvolvimento autônomo, movido pela oferta, e o desenvolvimento induzido do

Os caminhos rumo à dependência 441

exterior, movido pela demanda. A própria ISI havia levado o empresário à "adoção de uma tecnologia compatível com a estrutura de custos e preços similar à que prevalece no mercado internacional de manufaturas".[42] Anteriormente, Furtado já havia ressaltado a importância do consumo visível como força motora da dinâmica interna dos países subdesenvolvidos.[43] Os vários ensaios escritos por ele, sobretudo durante o exílio parisiense, apontavam a necessidade de uma análise do sistema capitalista como um todo, o Centro e a Periferia tomados em conjunto, problema que viria a ser tratado, na década de 1970, por Samir Amin, Immanuel Wallerstein, Johan Galtung, Arghiri Emmanuel, Andre Gunder Frank e pelo próprio Furtado.

Em trabalhos escritos entre 1970 e 1978, Furtado considera como um dos traços centrais do subdesenvolvimento a adoção dos padrões de consumo do Ocidente desenvolvido por parte das camadas superiores das áreas subdesenvolvidas, à medida que estas ingressam na divisão internacional do trabalho.[44] Esse processo era resultado do excedente gerado através das vantagens comparativas estáticas no comércio externo. É a natureza altamente dinâmica do componente modernizado do consumo que introduz a dependência no campo tecnológico, tornando-a parte da estrutura produtiva.[45] Novos itens de consumo exigem tecnologias cada vez mais sofisticadas e montantes crescentes de capital. Mas a acumulação de capital é associada à concentração de renda, de modo que, como ele mais tarde diria, a industrialização "avança simultaneamente à concentração de renda".[46] Assim, nos países subdesenvolvidos, os padrões de consumo dos grupos que se apropriam do excedente econômico e seu concomitante poder político — e não a elasticidade da oferta de mão-de-obra, como Furtado antes acreditava — determinam os desníveis entre os salários industriais e os do setor de subsistência, mantendo estável essa diferença.[47]

Em 1978, Furtado escreveu uma longa declaração sobre a dependência, *Acumulação e Desenvolvimento*, na

442 Brasil

qual tentava relacionar a acumulação à estratificação social e ao poder político.[48] Para Furtado, a luta contra a dependência geralmente começa com a reivindicação do controle nacional dos recursos não-renováveis, seguida de uma tentativa semelhante de controle do mercado interno. Vitórias nessas áreas criarão a possibilidade de libertação da dependência financeira, ao permitir a acumulação de uma massa crítica dos recursos financeiros necessários ao desenvolvimento econômico. Mas só depois de essas três conquistas terem sido alcançadas será possível atacar o mais difícil de todos os problemas: o controle do progresso tecnológico, atualmente a mais importante das formas pelas quais os países centrais exercem domínio. As inovações tecnológicas consistiam o elo crucial entre o Centro e a Periferia, com base na produção intensiva em capital para o consumo das classes superiores.[49]

Outro brasileiro, Fernando Henrique Cardoso, em fins da década de 1960, veio a desempenhar um papel central no deslocamento da perspectiva da dependência para a análise das relações sociais. Embora nascido no Rio de Janeiro, em uma família de oficiais militares, Cardoso fez seus estudos secundários e superiores em São Paulo. Na Universidade de São Paulo, veio a se tornar um membro importante, embora mais jovem, da Escola Paulista de Sociologia, que se formava em torno do professor francês Roger Bastide, de seu aluno Florestan Fernandes e dos alunos de Fernandes, Cardoso e Octavio Ianni.[50] Após completar, em 1960, sua tese de doutorado sobre os problemas do capitalismo e da escravidão brasileira, Cardoso voltou-se para a industrialização, assunto de interesse óbvio para São Paulo. Ele cursou sua pós-graduação com o sociólogo do trabalho Alain Touraine, na Universidade de Paris, onde, tal como Furtado, viria mais tarde a lecionar. Seu principal interesse era o empresariado brasileiro, sobre o qual publicaria um livro em 1964, sendo que, antes do lançamento desse livro, ele já havia iniciado um

Os caminhos rumo à dependência   443

trabalho comparativo sobre os empresários argentinos e brasileiros.

Ao rejeitar a visão de que as diversas burguesias nacionais trariam o pleno desenvolvimento capitalista para a América Latina, Cardoso, com seus estudos empíricos sobre os industriais do Brasil e da Argentina, chegou a uma avaliação pessimista desse grupo social. Sua opinião de que faltava à América Latina o que Charles Morazé havia denominado de "burguesia conquistadora" era compartilhada por outros cientistas sociais sul-americanos que haviam estudado a questão em meados dos anos 1960.[51] Cardoso havia chegado a essa conclusão antes do golpe de 1964[52] — quando os líderes empresariais brasileiros deram apoio aos generais — e antes de as empresas multinacionais terem alcançado tamanha importância, deixando em segundo plano os industriais nativos, nas economias mais abertas das ditaduras brasileira e argentina do restante da década de 1960.

Cardoso deixou o Brasil logo após a "Revolução" de março-abril contra o presidente João Goulart, como também o fizeram Furtado e quatro outros autores que viriam a contribuir para a análise da dependência, Theotônio dos Santos, Ruy Mauro Marini, Vânia Bambirra e José Serra, este último o então presidente da União Nacional dos Estudantes. Todos eles dirigiram-se para Santiago do Chile, para lá se associar a diversas instituições de pesquisa. Santiago, na verdade, com suas muitas instituições de pesquisa, pelas quais passavam os estruturalistas e seus críticos de esquerda, tornou-se o receptáculo da análise da dependência, sendo que a atribuição de "descoberta" é tão difícil em relação à análise da dependência quanto o havia sido no que se refere à tese estruturalista sobre a inflação, também em grande parte desenvolvida na capital chilena.

O sociólogo foi convidado a ir para Santiago pelo também sociólogo espanhol José Medina Echavarría, então diretor do Instituto Latino-Americano de Planejamento

444 *Brasil*

Econômico e Social (ILPES),[53] o complemento sociológico da CEPAL, que Prebisch havia criado em 1962. Cardoso passou três anos trabalhando em instituições sediadas em Santiago, o ILPES inclusive, onde chegou a assumir responsabilidades administrativas. A partir de 1965, Cardoso e seu colaborador chileno, Enzo Faletto, iniciaram a elaboração de um estudo sobre a dependência na América Latina, que seria concluído em 1967 e publicado dois anos depois. Nesse meio tempo, Cardoso já havia lecionado por um ano na Universidade de Paris, em Nanterre, assistindo ao começo da queda do presidente Charles de Gaulle em maio de 1968; retornado a São Paulo, onde conseguira uma cátedra de ciência política; e sido sumariamente "aposentado" de seu cargo pelo governo do marechal Costa e Silva.

Em seu célebre ensaio *Dependência e Desenvolvimento*, Cardoso forneceu grande parte da perspectiva teórica, e Faletto foi o responsável pelos estudos de história comparada constantes do trabalho.[54] Embora Osvaldo Sunkel, o estruturalista chileno convertido a analista da dependência, falasse do sistema capitalista internacional como "uma influência determinante sobre os processos locais" e "interno" à estrutura da Periferia, Cardoso e Faletto preferiram falar de dois subsistemas, o interno e o externo, ressaltando o fato de que o sistema capitalista internacional não era o único fator determinante. Havia, nesse sistema, uma complexa dinâmica interna, afirmavam eles.[55] Além disso, Cardoso enfatizava os interesses comuns das classes sociais do sistema Centro-Periferia como um todo. Os interesses da burguesia do Centro e, conseqüentemente, os de seu proletariado, coincidiam com os de setores da burguesia periférica. Esses vínculos tornavam-se ainda mais estreitos à medida que crescia cada vez mais, na América Latina, a importância das empresas multinacionais.[56] Cardoso e Faletto analisaram o desenvolvimento da coalizão "populista" do capital nacional e estrangeiro com a classe trabalhadora, que correspondera à fase bem-sucedida da ISI, associando o fracasso da substituição das importações ao fim do estilo político do populismo. Eles acreditavam que, na fase atual da acumulação capitalista, os regimes autoritários eram necessários para assegurar a desmobilização das massas.[57]

O tratamento dado por eles à dependência, apesar de ter surgido bem cedo, continha mais matizes que os demais, ressaltando as contradições, as alianças cambiantes e toda uma gama de possibilidades históricas. Cardoso e Faletto distinguiam entre as economias de simples enclave e as controladas pelas burguesias locais. Para essas últimas, eles consideravam a possibilidade da criação de setores industriais significativos. Em um esquema por eles denominado "desenvolvimento associado" ou "desenvolvimento com marginalização", que Cardoso viria mais tarde a chamar de desenvolvimento "associado-dependente", observaram que o capital estrangeiro contemporâneo vinha centrando seus investimentos nas operações industriais. Além do mais, o setor público, o capital multinacional e o setor capitalista "nacional" estavam se dando as mãos sob o comando autoritário. Tal como Furtado, Cardoso e Faletto apontaram para o sistema internacional como um todo como sendo a unidade de análise correta e, como Furtado, viam o desenvolvimento e o subdesenvolvimento não como etapas, mas como localizações dentro do sistema econômico internacional, para as quais forneceram uma análise histórica esquemática da dinâmica de classes da Periferia.[58] Essa característica da análise da dependência de Cardoso, que enfatizava as possibilidades de crescimento, ao contrário das teses de Furtado, Marini e Frank, cresceu em importância em meio ao "milagre [econômico] brasileiro" de 1968-73. Cardoso logo viria a ressaltar a importância da "internacionalização do mercado interno", dominado pelas multinacionais, como a fonte do dinamismo na atual etapa da história do imperialismo.[59]

Simultaneamente ao trabalho de Cardoso e Faletto, outro pesquisador que também havia deixado o Brasil

446 Brasil

após o golpe de 1964 vinha produzindo, em Santiago, uma versão radical da dependência, que foi discutida de forma quase tão ampla, e talvez ainda mais acalorada. Tratava-se de Andre Gunder Frank, cujo *Capitalismo e Subdesenvolvimento na América Latina* vendeu 100 mil cópias em nove línguas, contra um número semelhante apenas na edição espanhola do livro de Cardoso e Faletto.[60] Nascido em Berlim, Frank foi educado nos Estados Unidos, tendo obtido um doutorado em Economia pela Universidade de Chicago. Em inícios da década de 1960 ele foi para o Chile, mudando-se em seguida para o Brasil, onde trabalhou no Rio e em Brasília. Após o golpe militar brasileiro, voltou a Santiago e, após breve permanência no México, retornou ao Chile. Durante sua permanência em Brasília, três futuros autores dependentistas foram alunos e colaboradores seus — Santos, Bambirra e Marini. Sua própria versão da dependência começou a surgir durante o período que passou no Brasil, tendo ele publicado uma crítica do dualismo na *Revista Brasiliense*, de Caio Prado, em 1964.[61] Os casos brasileiro e chileno seriam por ele estudados em seu *Capitalismo e Subdesenvolvimento*.

Como Frank lançava mão da teoria marxista — embora, provavelmente, sem ser decisivamente influenciado por ela —, será necessário um breve exame da história do marxismo latino-americano, que, tal como o estruturalismo, vinha passando, na década de 1960, por uma reavaliação de seus fundamentos. De fato, a crise do marxismo na América Latina girava em torno de uma das questões que haviam incomodado os estruturalistas, ou seja, o papel das burguesias nacionais. Da década de 1920 até a de 60, os partidos comunistas da América Latina oscilaram entre a opinião de que a burguesia local era progressista e a opinião de que ela era reacionária, dependendo, em parte, das instruções soviéticas. No entanto, a opinião que prevalecia na maior parte dos partidos comunistas latino-americanos, desde a época da Frente Popular, que teve início em 1934, até os primeiros anos da década de

1960, era a de que a burguesia local era uma força progressista. Afirmando que seu continente possuía vastos resíduos feudais, os porta-vozes do partido argumentavam que o proletariado e a burguesia deveriam lutar unidos, na atual fase da história, para eliminar esses vestígios feudais e conter a penetração do imperialismo. Vimos que o partido brasileiro, o PCB, exemplificava esse padrão: seus representantes concluíram que o capitalismo poderia e deveria ser desenvolvido no Brasil, tendo o partido, informalmente, participado da coalizão "desenvolvimentista" e populista, por grande parte do período entre 1945-64.

Em Cuba, já em agosto de 1960, apenas dois meses antes de Castro decretar a nacionalização total da economia, o líder comunista Blas Roca anunciava que a Revolução Cubana não era socialista, mas "democrática-burguesa".[62] No entanto, a questão colocada pela Revolução Cubana, após outubro de 1960, consistia na viabilidade do "caminho ininterrupto para o socialismo", tese essa há tanto defendida pelos trotskistas latino-americanos, mas proclamada de forma mais audível, como sendo uma política viável, por Ernesto "Che" Guevara, naquele mesmo ano. Após Fidel Castro ter publicamente aderido ao marxismo-leninismo, em dezembro de 1961, a tese de que a América Latina contemporânea poderia sustentar apenas regimes democrático-burgueses teria que ser reavaliada.[63]

Uma historiografia preexistente foi então descoberta — começando com *A Economia da Sociedade Colonial,* 1949, de Sergio Bagú, ensaio que afirmava que a América Latina colonial possuía uma economia capitalista e não feudal.[64] Essa visão, colocada em termos explicitamente marxistas por Prado, no Brasil, e por outros, nos demais países, viria a ser usada em oposição à ortodoxia comunista, no tocante ao papel da burguesia, *não* para afirmar que o capitalismo havia chegado tarde demais à América Latina, como havia declarado em 1929 o marxista peruano José Carlos Mariátegui,[65] mas para declarar que, ao contrário, o capitalismo já havia prevalecido por tempo

448 Brasil

demais nesse continente. Não havia, portanto, nada a esperar da burguesia local. Essa classe, e não os imperialistas estrangeiros, viria a se constituir o "inimigo imediato", nas palavras de Frank, para os grupos que se inspiravam em Cuba.

No capítulo anterior, vimos que, entre 1960 e 1966, Caio Prado Júnior desenvolveu a tese que já defendia em 1947 — antes de Bagú, na Argentina — de que o Brasil-Colônia havia sempre sido capitalista em suas características fundamentais. Em *A Revolução Brasileira*[66] 1966, Prado analisou o curso da história do Brasil para demonstrar que seu país, sendo plenamente "capitalista", estava maduro para a revolução, contrariamente à posição oficial daquele Partido Comunista nacional. A tese de Prado teve grande influência sobre Frank, que expandiu o argumento de Prado sobre o capitalismo na agricultura brasileira, na *Revista Brasiliense* deste último.[67]

O trabalho de Frank representa um evidente ponto de tangência entre os marxistas revisionistas, como Prado, que enfatizavam as relações de troca, e os estruturalistas. Em meados da década de 1960, Frank viria a retrabalhar as teses da CEPAL, chegando a uma conclusão radical.[68] Ele explicitou pelo menos algumas de suas fontes. De Sergio Bagú — cuja obra fora citada no Brasil pelo historiador marxista Nelson Werneck Sodré[69] — Frank tirou a proposição de que a economia da América Latina havia sido essencialmente capitalista desde a era colonial. Do marxista americano Paul Baran, Frank derivou a proposição de que o capitalismo produz simultaneamente o desenvolvimento em algumas áreas e o subdesenvolvimento em outras.[70] Frank trabalhou comissionado para a CEPAL por um breve período, e foi provavelmente daí que extraiu sua tese sobre a deterioração dos termos de troca, embora, muito mais que a CEPAL, viesse a ressaltar os elementos monopolistas desse processo. A antinomia "metrópole-satélite", de Frank, certamente provém do conceito de Centro-Periferia, e seu conceito de "involução" — o desenvolvimento dos satélites em épocas de crise na metrópole — é diretamente análogo à análise histórica da CEPAL do crescimento "para dentro".[71] De Pablo González Casanova, cientista político mexicano, Frank tomou a tese do "colonialismo interno", segundo a qual os centros industriais e políticos internos ao satélite exploram suas regiões dependentes por meio de políticas fiscais e cambiais, e da drenagem de capital e de talento.[72] Frank vinculava a exploração transnacional ao colonialismo interno, lançando a hipótese de uma concatenação das relações metrópole-satélite, desde Wall Street até a menor das aldeias latino-americanas, na qual apenas os pontos extremos desse *continuum* não figurariam em ambas as relações.[73]

Frank insistia quase que monotonamente no tema de que o dualismo não existia na América Latina: todas as suas áreas estavam interligadas por uma troca desigual de bens e serviços, inerente ao capitalismo subdesenvolvido, tese essa que consistia na extensão de seu "Agricultura Brasileira: Capitalismo e o Mito do Feudalismo", publicado pela primeira vez na *Revista Brasiliense*, de Prado, em 1964. Frank, assim, atacava tanto as posições comunistas tradicionais, relativas aos "resíduos feudais", quanto o dualismo não-marxista.[74] Os polêmicos ensaios de Frank, reunidos em *Capitalismo e Subdesenvolvimento*, corriam paralelamente à simultânea, porém menos didática e menos explícita tentativa de Furtado de encontrar vínculos causais entre o desenvolvimento, o subdesenvolvimento. Frank, o sintetizador, era também um hábil forjador de palavras, tendo nomeado a situação da América Latina e, por extensão, de todo o Terceiro Mundo, como o "desenvolvimento do subdesenvolvimento".[75] Na opinião de Frank, a América Latina vinha se "subdesenvolvendo" há mais de quatro séculos, processo que ele dividia em quatro fases, cada uma delas definida pela principal forma de monopólio exercida a partir da metrópole: monopólio comercial, na era do mercantilismo; monopólio industrial, durante a idade do liberalismo clássico; monopólio

450   *Brasil*

de bens de capital, de 1900 a 1950; e monopólio das inovações tecnológicas, de 1950 até o presente.[76] Vale observar que as etapas propostas por Frank e pelo brasileiro Theotônio dos Santos eram fases do desenvolvimento do sistema capitalista como um todo, e não etapas na acepção de W. W. Rostow, em cuja opinião os países subdesenvolvidos repetiriam a trajetória das nações capitalistas avançadas.[77] Uma ênfase similar no desenvolvimento da totalidade do sistema estava também implícita nos trabalhos de Furtado e de Cardoso.

Para Frank, o caminho para o desenvolvimento consistia em escapar do sistema pela luta revolucionária, seguindo o exemplo de Cuba. Apenas dessa maneira a "involução", caminho parcial e provisório, poderia ser transformada em desenvolvimento contínuo. Havia um sentido de urgência na visão voluntarista de Frank, devido a que, segundo ele, o subdesenvolvimento contínuo, inerente ao capitalismo, tornaria o rompimento cada vez mais difícil.[78] Ele afirmava que o hiato entre a metrópole — os Estados Unidos — e o satélite — o Chile, seu estudo de caso — estava se ampliando em termos de "poder, riqueza e renda", e que a renda "relativa e absoluta" das classes mais pobres do Chile vinha decrescendo.[79] Frank concordava com Cardoso e com outros analistas da dependência quanto à existência de um sistema Centro-Periferia único, que se desenvolvia historicamente; quanto ao conseqüente equívoco da abordagem dualista de Boeke; quanto ao fracasso das burguesias nacionais em fornecer a liderança do desenvolvimento capitalista e quanto à existência das trocas desiguais. Mas discordava de Cardoso quanto às conclusões políticas a serem daí extraídas e quanto à extensão das trocas desiguais, uma vez que se centrava nos elementos monopolistas, interpretando o processo em termos de "drenagem" e não de ganhos desiguais para o Centro e para a Periferia. Frank, obviamente, discordava de Marx e de Prebisch, os quais, afirmando que o aumento da produtividade era a essência do desenvolvimento

Os caminhos rumo à dependência   451

capitalista, não acreditavam que o desenvolvimento do Centro teria que se dar *basicamente* à custa da Periferia.

Se as fontes de Frank são claras, devido aos créditos por ele citados, o mesmo já não acontece com relação a Cardoso. E, da mesma forma que examinamos as raízes do modelo Centro-Periferia de Prebisch, podemos também nos perguntar sobre as origens da tradição da dependência. Essa é uma questão importante porque, como já observado ao início do capítulo, raízes marxistas foram freqüentemente imputadas à dependência.[80] Um dos autores a fazer essa atribuição é Fernando Henrique Cardoso, para muitos o mais importante dos autores dependentistas. Essa interpretação ganhou força graças à edição inglesa de *Dependência e Desenvolvimento*, 1979, de Cardoso e Faletto, cujo prefácio, *post-scriptum* e também partes do texto evidenciam forte orientação marxista. A primeira edição em espanhol, por outro lado (1969), revela uma inspiração marxista muito menos óbvia, e o texto original (1965) é reconhecivelmente um produto estruturalista. Nesta primeira versão, os autores contestam as categorias parsonianas da teoria da modernização e mostram-se pessimistas quanto ao reformismo das burguesias locais, embora de uma perspectiva eclética. No texto original, nenhum autor marxista era citado, e as categorias marxistas estavam quase totalmente ausentes. Na versão de 1965, o tema a receber maior atenção foi a insuficiência do projeto de desenvolvimento dirigido pela burguesia, o que em parte resultava do fato de as empresas multinacionais estarem alcançando um domínio cada vez maior sobre o mercado.[81]

A questão da linhagem — estruturalista ou marxista — é obscurecida, entretanto, por alguns elementos do estudo de 1964, de Cardoso, sobre o empresariado brasileiro. Aquele trabalho preconiza uma de suas mais importantes contribuições para a tradição da dependência — ou seja, sua refutação da "teoria da modernização", de origem parsoniana, que estava, no entanto, restrita ao con-

452 Brasil

texto do papel dos empresários.[82] Naquele trabalho, Cardoso, embora eclético em termos metodológicos, forjou suas principais conclusões dentro de um paradigma marxista.[83] As fontes da contribuição de Cardoso foram várias, e uma conclusão segura poderia ser a de que ele era capaz de formular sua tese tanto em idioma estruturalista como em idioma marxista. No entanto, ela foi formulada, originalmente, no primeiro deles, na época em que a análise da dependência ainda estava em processo de formação, em Santiago.

No Chile, três outros brasileiros, analistas da dependência todos eles, Ruy Mauro Marini, Theotônio dos Santos e sua mulher, Vânia Bambirra, travaram, durante os anos finais da década de 1960, um diálogo-debate com Cardoso, Frank e outros, continuando a publicar seus trabalhos na Cidade do México, onde se reuniram após o golpe militar no Chile, em setembro de 1973. Os três, assim como Cardoso, consideravam a análise da dependência como sendo uma província do marxismo, tendo escrito seus trabalhos mais conhecidos durante os anos do auge da repressão militar no Brasil, fato esse que coloria sua teorização. Todos eles assumiram a posição de que o capitalismo latino-americano era inviável, exceto e parcialmente sob condições de extrema repressão. Dos três, Marini foi talvez o mais discutido e, na opinião de um estudioso da dependência, o "principal dependentista marxista" da América Latina.[84]

Após estudar na França em fins da década de 1950, Marini fez sua pós-graduação com Frank, em Brasília, antes do golpe de 1964.[85] Ficou três anos no México, foi para Santiago, onde passou os últimos anos do governo Frei e todo o período de Allende, deixando o Chile após o golpe do general Augusto Pinochet. Marini, então, morou por uma década na Cidade do México, antes de retornar ao Brasil. Por essa razão, durante o tempo em que a análise da dependência estava em ascensão, ele talvez fosse mais conhecido na América espanhola que em seu país natal, uma vez que a maioria de seus trabalhos não estava disponível em português.[86] O marxismo de Marini havia sido influenciado por sua imersão em *O Capital*, de Marx, durante um seminário realizado em Brasília — talvez inspirado em outro ocorrido anteriormente na Universidade de São Paulo, do qual Cardoso participara ativamente, e ainda por outro em Santiago, onde entre os participantes estavam os brasileiros Santos, Bambirra, Cardoso, Conceição Tavares, além de chilenos como Pedro Vuscovic, que em breve viria a se tornar ministro da Economia de Salvador Allende, e Marta Harnecker, seguidora do filósofo marxista francês Louis Althusser.[87]

Marini não poderia ser acusado, como o Frank dos primeiros tempos, de interpretar a dependência como um fenômeno imposto de fora, excluindo as relações de classe internas às áreas dependentes. Seus dois principais conceitos, a "superexploração" e o "subimperialismo", foram esboçados em *Subdesenvolvimento e Revolução*, de 1969, e desenvolvidos de forma mais completa quatro anos mais tarde, em *A Dialéctica da Dependência*.[88] Concordando com Frank quanto a que a burguesia do Centro, ou metrópole, extrai grande parte do excedente (para Marini, a mais-valia marxista) da Periferia, o autor brasileiro afirmava que a burguesia da Periferia compensava suas perdas pela superexploração de sua classe trabalhadora.[89] Em seu modelo, Marini partia da distinção estabelecida por Marx entre a mais-valia "absoluta" e a mais-valia "relativa": a primeira referia-se à mais-valia obtida com a ampliação dos dias e semanas de trabalho e a redução dos salários pagos aos trabalhadores, enquanto a segunda referia-se à mais-valia obtida com a redução do custo dos insumos de mão-de-obra, aumentando a produtividade principalmente graças a mudanças tecnológicas. A mais-valia relativa formava a força motora do capitalismo no Centro do sistema mundial. Quanto aos países dependentes, Marini afirmava que a forma absoluta era de importância crítica, mesmo que exigisse a redução dos

454 Brasil

salários "abaixo de seus limites normais", ou seja, abaixo dos níveis necessários para a reprodução da força de trabalho.[90] Ele também enfatizava uma das formas de maisvalia relativa que julgava de especial importância para o capitalismo dependente: a intensificação da exploração da mão-de-obra (por exemplo, a aceleração das linhas de montagem), processo que aumenta a produtividade sem implicar inovações tecnológicas.[91] A superexploração era possível porque, diferentemente dos trabalhadores do Centro, os da Periferia não eram necessários como consumidores. Seus principais produtos eram exportados para os países metropolitanos e seus salários poderiam ser rebaixados a níveis inferiores aos da subsistência comum. Uma vez que os trabalhadores, de outra forma, acabariam por tomar medidas contra esse tipo de tratamento, os regimes militares eram, em última análise, necessários.[92]

No Centro, a "lei" marxista do declínio das taxas de lucro havia forçado os capitalistas do último quartel do século XIX a olhar para além da metrópole, até as regiões periféricas, segundo Marini. Em termos históricos, escreveu ele, a exploração dos países dependentes, por meio das trocas desiguais, havia contribuído para o aumento da mais-valia relativa no Centro, graças ao comércio de gêneros alimentícios baratos (bens de salário), que reduzem o custo da mão-de-obra e aumentam assim os lucros para o capital dos países centrais. O caminho para o desenvolvimento capitalista na Periferia, entretanto, era parcial ou totalmente bloqueado pela acumulação insuficiente, resultante dessas trocas, o que constituía um incentivo à superexploração. Pelo menos durante o último século, a violência associada à "acumulação primitiva" havia se tornado cada vez mais supérflua. Para Marini, o poder do monopólio é a pedra angular do processo das trocas desiguais modernas.[93]

No Centro, as mudanças tecnológicas aumentam o que Marx chamava de capital "variável", permitindo maiores lucros e aumentos salariais para os trabalhadores,

Os caminhos rumo à dependência 455

que, por sua vez, vêm a formar a massa dos consumidores. Na Periferia, ao contrário, a industrialização de substituição de importações, segundo Marini, era movida pela demanda e voltada apenas para o consumo "suntuário" das classes médias e altas, que emulavam o consumo das áreas metropolitanas — problema que já havia sido objeto do interesse de Furtado. Para fazer face a essa demanda, tecnologias importadas eram aplicadas à produção, aumentando assim a produtividade e os níveis de produção. As crises cíclicas, no Brasil e em outros países latino-americanos, haviam sido, ao longo de toda a sua história, solucionadas graças ao controle salarial, aliado a políticas inflacionárias e tributárias, redistribuindo assim a renda de forma a beneficiar as classes superiores responsáveis pelo consumo, processo que tinha como resultado a ampliação do mercado. Os governos tornavam-se também substitutos parciais para os consumidores internos, absorvendo uma parcela cada vez maior do produto total.[94] Mas devido à inexistência, nos países dependentes, de consumo de massa para os produtos da industrialização de substituição de importações, uma "crise de realização"[95] — a falta de demanda monetária suficiente para converter em lucros a produção de mercadorias — veio a ocorrer no Brasil, caso estudado por Marini, por volta de inícios da década de 1960. Como conseqüência, o regime militar subiu ao poder, e o governo e as elites empresariais começaram a procurar mercados alternativos para suas manufaturas.[96]

Para os maiores países latino-americanos, o Brasil em particular, Cardoso havia admitido a existência de uma forma de crescimento "associado-dependente", que explicava a rápida expansão econômica ocorrida entre 1968 e 1973, mas Marini atribuía esse fenômeno ao "subimperialismo". Como muitos outros, defendia a idéia de que o crescimento, a partir de meados da década de 1960, em grande medida resultara da bem-sucedida busca de mercados externos,[97] uma vez que a acumulação capitalista

456   *Brasil*

via-se limitada pela pequenez do mercado interno. O golpe de 1964, no Brasil, representara uma nunca antes vista "fusão dos interesses militares e do grande capital. Esse esquema consistia no subimperialismo, a forma assumida pelo capitalismo dependente no ponto em que é atingido o estágio dos monopólios e do capital financeiro". Para Marini, portanto, o subimperialismo brasileiro era um caso específico do fenômeno mais geral.[98] A seu ver, a luta armada e o socialismo revolucionário representavam o único caminho para o desenvolvimento.[99]

De forma semelhante a Frank, Marini acreditava que, no caso brasileiro, o capitalismo dependente havia resultado na "pauperização absoluta da grande massa" da população.[100] Vale notar que a visão de Marini sobre o capitalismo dependente é a de uma versão tão deformada do protótipo europeu que ele se refere a ela como uma "formação monstruosa", e a metáfora do monstro aparece repetidas vezes em seu trabalho,[101] lembrando a afirmação de Constantin Stere, em 1906, de que a sociedade agrária romena era "anormal", ou o "regime monstruoso", de Dobrogeanu-Gherea, a neo-servidão, que combinaria os piores traços do capitalismo e do regime de trabalho pré-capitalista romeno. A teratologia, o estudo dos monstros, torna-se um ramo da Economia.

Cardoso e seu aliado mais jovem, o economista José Serra, que havia cursado Economia em Santiago e feito seu doutorado na Universidade de Cornell, negavam a validade das teses de Marini e de algumas das de Frank, de natureza semelhante. Antes de mais nada, Cardoso, em 1974, argumentava que o capitalismo dependente não era "inviável" devido a suas "contradições internas", as quais existiam em qualquer sociedade capitalista. A economia interna brasileira, que fora o ponto focal da crise de realização de Marini, havia se expandido vigorosamente em fins da década de 1960 e inícios da de 70, apesar da redução dos salários dos trabalhadores.[102] Além disso, afirmava Cardoso, a expansão das exportações industriais

Os caminhos rumo à dependência   457

tinha mais a ver com a reorganização da divisão internacional do trabalho por parte das multinacionais do que com o conluio entre os militares brasileiros e o grande capital, uma vez que essa expansão vinha ocorrendo em escala regional, incluindo também países com regimes constitucionais.[103] O modelo associado-dependente da dependência, portanto, oferecia uma explicação melhor para a história brasileira recente do que o subimperialismo.[104]

Em segundo lugar, Cardoso rejeitava a tese da superexploração, a qual considerava não-marxista por ignorar os níveis crescentes de produtividade da produção capitalista, derivados das inovações tecnológicas induzidas pela competição nos países centrais, e que forneciam o dinamismo do sistema como um todo. Os investimentos das multinacionais no Brasil, também, introduziam novas tecnologias, que vinham reduzir o custo total da mão-de-obra industrial, o que era bem diferente da superexploração.[105] Além disso, Cardoso acreditava que Marini e Frank haviam levado longe demais sua tese do projeto fracassado da burguesia nacionaliBurguesia;no Brasil, ao declarar que os capitalistas locais estavam sendo crescentemente marginalizados da economia e da vida política. Ele era de opinião que os dois autores tinham confundido o recuo ideológico, que fizera com que a burguesia se afastasse do "desenvolvimentismo" e da aliança com a classe trabalhadora, com uma genuína marginalização — por exemplo, Frank havia identificado o surgimento de uma "lumpemburguesia"[106] —, processo esse que de fato jamais ocorrera. Cardoso forneceu dados demonstrando que o capital nacional, e não apenas as empresas de propriedade estrangeira, havia expandido suas operações em diversos setores da economia brasileira, de 1960 até os primeiros anos da década de 1970. Em sua opinião, a burguesia nacional ou local era ainda um componente importante da estrutura de poder.[107]

O sociólogo, além disso, rejeitava a tese de Marini do subimperialismo, que este último associara principalmente

458 Brasil

ao capital multinacional, citando dados que mostravam que o capital nacional tradicional também havia lucrado com a expansão das exportações industriais — nos setores de calçados, têxteis e vestuário. Esses setores, tanto quanto os das multinacionais de alta tecnologia, receberam subsídios estatais.[108] Serra e Cardoso observaram também que a produtividade e o emprego haviam crescido na indústria brasileira nas décadas de 1960 e 70, mesmo no setor dos gêneros alimentícios de primeira necessidade, e que os trabalhadores de fato consumiam bens industriais naquele país, contrariamente ao que afirmava a tese da superexploração.[109]

Sem nos demorarmos mais no debate Marini-Cardoso-Serra, pode-se perceber, da perspectiva dos anos 90, que o modelo de Marini era uma interpretação esquemática da ditadura militar brasileira dos anos 1960 e 70, regime esse a partir do qual ele indevidamente generalizou, no tempo e no espaço. A versão de Cardoso da dependência resistiu melhor ao tempo. Na clássica distinção, de autoria de Heinrich Rickert, entre as ciências "nomotéticas" ou normativas e as ciências "ideográficas" ou descritivas, a versão de Cardoso situa-se bem mais próxima ao segundo tipo, tendo ele rejeitado a tentativa de Marini de extrair leis sociais a partir do caso brasileiro.[110] A viabilidade do capitalismo brasileiro, negada por Marini, talvez seja ainda uma questão em aberto, mas os níveis salariais reais, no Brasil, vêm crescendo desde a década de 1970, apesar da quase estagnação do crescimento da renda *per capita* durante os anos 1980. A ditadura, embora não o papel desempenhado pelos militares no governo, terminou em 1985, demonstrando que ela não era "necessária" para o funcionamento da economia, como também não o foi na Colômbia e na Venezuela, cujos governos constitucionais e de liderança burguesa coexistiram com os regimes autoritários do Brasil e do Cone Sul.

Uma das razões para que a versão de Cardoso da dependência tenha exercido, no Brasil, um impacto maior

Os caminhos rumo à dependência   459

que as de Marini, Santos e Bambirra, foi o fato de ele contar com uma base institucional na cidade de São Paulo. Lá, Cardoso, juntamente com outros cientistas sociais contrários ao regime, que lecionavam ou haviam lecionado na Universidade de São Paulo, fundaram, em 1969, uma organização de pesquisa. Tratava-se do Centro Brasileiro de Análise e Planejamento (CEBRAP),[111] de onde Cardoso e outros viriam a articular e elaborar a análise da dependência. É possível afirmar que o CEBRAP tenha se tornado a principal instituição de pesquisa em ciências sociais, em uma época na qual as universidades vinham sendo expurgadas, como o ilustra o caso do próprio Cardoso. Com o apoio da Fundação Ford, Cardoso era o homem talhado para liderar esse empreendimento, por ser possuidor de uma reputação acadêmica de nível internacional e contar com uma boa medida de "cobertura" militar, já que seu pai fora general e seu tio-avô ministro da Guerra, o que, entretanto, não impediu que ele fosse submetido a interrogatórios pelas autoridades militares.

Enquanto isso, os marxistas "ortodoxos", como veremos a seguir, atacavam a dependência por esta centrar-se nas relações de mercado internacional, negligenciando a análise de classes — acusação apenas parcialmente justificada no caso de Cardoso e injustificada quanto ao trabalho de Marini de inícios da década de 1970. Além disso, cientistas sociais não-marxistas, principalmente na América do Norte, acusavam os autores da dependência de serem vagos, inconsistentes e incapazes de especificar as condições sob as quais as proposições da dependência, caso falsas, poderiam ser falsificadas (o "monismo metodológico" de Karl Popper, para os corpos de conhecimento que buscavam o *status* de ciência).[112] A afirmação de Cardoso, tão freqüentemente repetida, de que a dependência não oferecia uma teoria formal e sim uma perspectiva para a análise contextual e histórica,[113] era vista como evasiva. Também o fato de a dependência, na versão de Cardoso, ser incapaz de fornecer soluções'

460 Brasil

ou, pelo menos, programas não-ambíguos, teve o efeito de enfraquecer o interesse por ela. Uma das alegações principais da dependência, o fracasso das burguesias latino-americanas quanto a "cumprir sua missão histórica" de construir um novo Estado e reformular as estruturas de valores hegemônicas, à maneira quase mítica dos revolucionários franceses, deve também ser colocada em perspectiva histórica. Teriam os analistas da dependência conhecimento da censura à burguesia, por ela não ter construído seus próprios valores hegemônicos na Inglaterra por Friedrich Engels ou na Alemanha por Robert Michels?[114] Quer os dependentistas tivessem ou não conhecimento desses dados, o fato é que eles tendiam a encarar essas questões como não-problemáticas, partindo, em boa medida, do pressuposto das conquistas históricas das revoluções burguesas da Europa.

A dependência chegou a ser uma escola? Para fins de exposição histórica, eu a apresentei como tal, devido ao amplo acordo sobre as proposições definidoras exposto ao início do capítulo, embora haja uma óbvia discrepância entre as versões não-marxistas e marxistas, além de nítidas diferenças entre os próprios teóricos marxistas. Repetindo: à medida que a década de 1960 cedia lugar à de 70, diversos dependentistas, não apenas no Brasil como também em outros países, passaram a adotar uma perspectiva exclusivamente marxista, impelidos, em parte, pela tese do fracasso da burguesia.[115] Para esse grupo, a análise da dependência amadurecera como uma "região" do marxismo: ela oferecia uma perspectiva sobre o imperialismo ignorada pelos teóricos do marxismo clássico que trataram dessa questão, ou seja, o ponto de vista da Periferia. Para alguns, um *pedigree* marxista respeitável parecia ser necessário para validar a perspectiva da dependência, após sua radicalização e, *a fortiori*, após essa

Os caminhos rumo à dependência   461

análise ter sido contestada por aqueles que se diziam representantes da tradição marxista ortodoxa. De qualquer forma, na década de 1970, a dependência alcançou posição de grande influência fora da América Latina. O mais conhecido dos modelos históricos do capitalismo mundial a desenvolver os pressupostos da dependência foi o *Sistema do Mundo Moderno*, de Immanuel Wallerstein.[116] Wallerstein teve maior impacto sobre os acadêmicos anglófonos, enquanto Samir Amin levou a perspectiva da dependência para as áreas francófonas e, de modo mais amplo, até a África.[117] Ambos usavam categorias marxistas.

Embora as versões marxistas da dependência fossem predominantes, três de seus quatro elementos definidores — a perspectiva histórica Centro-Periferia, as trocas desiguais e a recusa do dualismo boekiano — derivaram de forma mais direta do estruturalismo latino-americano que da teoria marxista do imperialismo.[118] As duas primeiras teses originaram-se diretamente do estruturalismo. A terceira era compatível tanto com o estruturalismo quanto com o marxismo e com a economia neoclássica e, quando adotada por marxistas, colocava-os em posição contrária à ortodoxia marxista, tal como definida pelo Partido Comunista Brasileiro. A quarta tese, no entanto, a absoluta ou relativa inviabilidade da burguesia nacional — era incompatível com o estruturalismo de Prebisch. E isso foi verdadeiro mesmo que alguns dos autores que chegaram a se dar conta dessa inviabilidade, como Furtado por exemplo, que ressaltava a natureza consumista das economias subdesenvolvidas, não tenham tentado adequar suas conclusões a um arcabouço marxista.

Notas

1. Cf. os autores brasileiros examinados em Kay, 1989 — Furtado, Cardoso, Marini, Santos, Bambirra e Serra (Caps. 5 e 6). Bottomore, 1983 e Gorman, 1985, também dão mais atenção

462   Brasil

aos autores dependentistas brasileiros que aos de outras nacionalidades latino-americanas.

2. F. Cardoso, "Consumption", 1977, pp. 10, 14; Munõz, 1978, p. 104; Liss, 1984. p. 25. Aricó, *Cola*, 1988, p. 106; Palma, "Dependency", 1978, p. 882; Packenham, 1992, pp. 7-12.

3. Sombart, *Moderne Kapitalismus*, 1928, 3 [2 volumes encadernados como um], erste Halbband: XIV-XV; zweite Halbband: 1019. Nesse mesmo ano, o equatoriano Ricardo Paredes, no sexto congresso da Internacional Comunista, falou de países "dependentes", "semicoloniais" e "coloniais" como sendo graus crescentes de subjugação às potências imperialistas. Paredes, 1978 (1928), p. 179.

4. *Uma Economia Dependente.*

5. Prado, *Esboço*, 1957, p. 190.

6. P. ex., Angotti, 1982, pp. 126-27.

7. UN: ECLA, *Economic Survey, 1956*, 1957, p. 116; UN: ECLA, *Process*, 1966 (orig. esp. 1965), pp. 19-20; Rodríguez, 1980, pp. 202-3.

8. UN:ECLA, "Situation", 1956, p. 30; UN: ECLA, "Preliminary Study", p. 115.

9. UN:ECLA, "Preliminary Study", pp. 128, 150.

10. Kalecki, "Problem", 1976 (orig. esp. 1954), p. 52.

11. Furtado, "External Disequilibrium", 1958, p. 406.

12. Furtado, "External Disequilibrium", 1964 (orig. port. 1961), p. 151. (Este artigo é um pouco diferente do citado na nota anterior.)

13. Furtado, "Elements", 1964 (orig. port. 1961), pp. 166, 167.

14. Ibid., p. 133.

15. Prebisch, "Economic Development", 1961, p. 5.

16. UN: ECLA, *Economic Development...Postwar Period*, 1964, pp. 14, 21. Deve-se notar que a experiência autárquica anterior da Espanha — embora a economia deste país, na década de 1940, fosse mais radicalmente fechada que na América Latina da década seguinte — levou ao reconhecimento do fato de que a industrialização cria problemas não previstos de comércio e, portanto, de crescimento. Lá, os economistas do governo perceberam, nos primeiros anos da década de 1940,

Os caminhos rumo à dependência   *463*

que grandes exportações seriam necessárias para sustentar o processo de industrialização, e Manuel de Torres observou, em 1956, que a industrialização havia reduzido a capacidade de exportar do país e, portanto, também a capacidade de importar. Velasco Murviedro, 1982, p. 343; Buesa Blanco, 1983, pp. 482-83.

17. Tavares, 1964 e Macario, 1964. Para citações dos estudos críticos sobre as estratégias de ISI na Ásia, em anos recentes, ver Arndt, *Economic Development*, 1987, pp. 82-84.

18. Entrevista com Tavares, Rio de Janeiro, 22 de julho de 1985.

19. Tavares, pp. 7-8, 11, 12, 55.

20. Prebisch, *Towards a Dynamic Development Policy*, 1963, p. 71.

21. Macario, pp. 65-67, 77, 81.

22. Ibid., pp. 67 (citação), 84 (fórmula para o "nível uniforme de proteção líquida"), 87.

23. Quanto às falhas da ISI, ver a literatura examinada em Baer, "Import Substitution", 1972, esp. p. 107, e a análise de Furtado sobre os efeitos regionais da ISI no Brasil, no Capítulo 10.

24. UN:ECLA, "Situation", p. 42; UN:ECLA, *Process*, p. 38.

25. Furtado, *Subdesenvolvimento*, 1968 (1966), pp. 9-10. Prebisch havia feito a mesma afirmação em *Toward a Dynamic Development Policy*, p. 27.

26. Furtado, *Subdesenvolvimento*, pp. 9-11.

27. Ibid., p. 87.

28. Furtado, *Development*, 1964 (ed. port. 1961), p. 141.

29. Começando com *Economia Dependente*, 1956, de Furtado, e ampliada para toda a história brasileira em *Economic Growth of Brazil* (orig. port. 1959).

30. Ver Capítulo 10.

31. Rodríguez, pp. 187-88, 214-17.

32. Para os estruturalistas, o desempenho frustrante da economia chilena durante o governo do democrata-cristão Eduardo Frei (1964-1970) também contribuiu para o pessimismo de fins da década de 1960. Para maiores detalhes, ver Love, *Origins*, 1990, pp. 156-57.

464 Brasil

33. Baer, "Import Substitution", p. 110 (sobre a Argentina e o Brasil); Palma, "Dependency", p. 908 (sobre os termos de troca).

34. Hirschman, "Turn", 1979, p. 74.

35. Ibid., pp. 76-77. Esses estudos foram realizados para o Banco Mundial, a OCDE e a Brookings Institution. A "proteção eficaz", contraposta à "proteção nominal", é uma medida da proteção tarifária sobre os insumos importados, bem como sobre o produto final, podendo resultar em impostos *ad valorem* de bem mais de 100% sobre os preços internacionais. Macario fez afirmação semelhante.

36. Baer, *Import Substitution*, p. 105. O mesmo ponto havia sido defendido pelos estruturalistas Furtado e Singer nos anos 50. Ver Capítulo 10.

37. Ffrench-Davis e Muñoz, 1991, p. 9; Ffrench-Davis, Muñoz e Palma, 1994, pp. 177, 181.

38. Eu aceito a objeção de F. H. Cardoso quanto ao uso do termo "teoria da dependência", uma vez que a perspectiva era parcial, não se constituindo numa teoria no sentido da teoria do desenvolvimento capitalista. Uso, portanto, o termo "análise da dependência". F. Cardoso, "Teoria", 1971, p. 32. Sobre Sunkel como um dos primeiros analistas da dependência, ver Love, "Economic Ideas", 1994, pp. 435, 440.

39. Furtado, *Operação,* 1959, p. 13; Furtado, *Desenvolvimento,* 1961, p. 180 e *passim*; Furtado, *Subdesenvolvimento,* pp. 3-4. Essas declarações emprestaram credibilidade à reivindicação de prioridade de Furtado, de ser o primeiro teórico da dependência, mas creio que H. W. Arndt exagerou ao afirmar que a posição dependentista de Furtado datava de *Economic Growth*, que, em minha opinião, seria mais corretamente descrito como a historicização completa do estruturalismo. Ver Arndt, *Economic Development*, p. 120. De qualquer forma, em uma retrospectiva recente, Furtado afirma que sua principal contribuição para a análise da dependência data de livros e artigos publicados entre 1970 e 1978. Ver seu *Subdesenvolvimento*, 1987, pp. 210-11.

40. Furtado, *Diagnosis*, 1965 (orig. port. 1964), pp. 3, 6, 13, 20.

41. Ibid., pp. 48-51, 61-62. Ver Furtado, *Desenvolvimento*, p. 32, quanto ao termo "contra-ataque", que aparece novamente em *Subdesenvolvimento*, p. 7. Apesar de sua opinião de que a

Os caminhos rumo à dependência 465

luta de classes era inoperante na Periferia, no mesmo trabalho, escrito pouco antes do golpe militar de 1964, Furtado viu
um crescente potencial revolucionário no campesinato nordestino. Os acontecimentos subseqüentes mostraram que ele
estava errado quanto a isso. Ver *Diagnosis*, p. 162.

42. Furtado, "Elements", p. 135; "External Disequilibrium", 1964,
p. 142 (citação); Baer, "Furtado on Development", 1969, p.
272.

43. Furtado, "Capital Formation", 1954 (1952), pp. 132-33; e Furtado, "External Disequilibrium", 1958, p. 406.

44. Sobre a primeira declaração de Furtado quanto a essa posição, ver *Underdevelopment*, 1973. Uma versão mais amplamente acessível foi publicada como "Subdesenvolvimento",
1974.

45. Ver a retrospectiva de Furtado, "Subdesenvolvimento", 1987,
pp. 210-11. A dependência tecnológica, resultante dos padrões de consumo da elite, era, em última análise, um aspecto da dependência cultural. Furtado. *Ares*, 1991, p. 35.

46. Furtado, "Underdevelopment", 1987, p. 211.

47. Furtado, *Underdevelopment*, 1973, pp. 5-6. A evolução do
pensamento de Furtado quanto a essas questões era similar
à de Prebisch, entre *Towards a Dynamic Development Policy*,
1963, e *Capitalismo Periférico*, 1981. Sobre a mudança de
opinião de Prebisch, ver Love, "Economic Ideas", pp. 455-57.

48. Furtado, *Accumulation*, 1983 (orig. port. 1978).

49. Ibid., pp. 4, 121, 129.

50. Sobre a biografia de Cardoso, ver Kahl, 1976, pp. 129-94. e F.
Cardoso, "Autobiografia", MS, 15 de julho de 1991. Sobre a
Escola Paulista de Sociologia, ver Morse, 1978.

51. F. Cardoso, *Empresário*, 1964, pp. 170-71, 180, 184; F. Cardoso, "Entrepreneurial Elites", 1966, p. 147; F. Cardoso, *Ideologías*, 1971 (dados coletados em 1963, 1965-66), pp. 1, 103,
146, 158, 215; Cuneo, *Comportimiento*, 1967, pp. 129, 172,
192; Véliz, 1965, pp. 2, 7-8; Jaguaribe, 1965, p. 182 e *passim*.

52. Kahl, p. 124.

53. Instituto Latino-americano de Planejamento Econômico e Social.

54. Entrevista de F. H. Cardoso, São Paulo, 8 de junho de 1990.
Ver também a nota 81.

466   *Brasil*

55. Sunkel, "Pattern", 1973, p. 6; Cardoso e Faletto, *Dependência,* 1969, pp. 17, 28, 38. Sunkel, mais tarde, alterou sua opinião de modo a incluir uma dinâmica interna da dependência.

56. F. Cardoso, "Desenvolvimento", 1969, p. 21. Em 1965, o cientista político brasileiro Hélio Jaguaribe já havia especificado uma burguesia "consular", com interesses distintos dos da burguesia "nacional" ou "industrial". Jaguaribe, p. 182.

57. Cardoso e Faletto, *Dependencia,* pp. 27, 143, 154, 155. Sobre as alianças de classe transnacionais, ver também F. Cardoso, "Desenvolvimento", 1969, pp. 17, 21.

58. Cardoso e Faletto, *Dependencia,* pp. 28, 32-33, 135 (citação), 142, 147, 155. Sobre o ponto de vista de Cardoso quanto à dependência, nos primeiros anos da década de 70, ver o seu "Associated-Dependent Development", 1973, pp. 142- 78.

59. F. Cardoso, "Teoria", p. 43.

60. Frank, "Underdevelopment " [uma memória], 1991, p. 35; entrevista de Cardoso.

61. Frank, "Underdevelopment", pp. 22-23.

62. Lowy, p. 47.

63. Guevara, 1961 (orig. esp. 1960), p. 15, Lowy, p. 269.

64. Bagú, *Economía,* 1949.

65. Mariátegui, "Point", 1980 (orig. esp. 1929), p. 113.

66. *A Revolução Brasileira.*

67. Prado, *Revolução,* 1966. O ensaio de Frank que refletia a influência de Prado foi "Agricultura", 1964, publicado em inglês como "Capitalism", 1967, pp. 219-77. Frank reconhece a influência de Prado em "Underdevelopment", p. 26. F. H. Cardoso, em 1977, via Prado como parte de um grupo de estudiosos brasileiros que tentavam identificar um modo de produção colonial. Não acredito que Prado visse o problema nesses termos, em inícios da década de 1960: sua categoria era o capitalismo. Ver Cardoso, "Consumption", 1977, pp. 11-12.

68. O modelo de Frank tem a força e a crueza do modelo das "etapas de crescimento", de W. W. Rostow, ao qual foi comparado. Ver Rostow, 1960 e Foster-Carter, 1976, pp. 167-80, esp. 175.

Os caminhos rumo à dependência   467

69. Ver as freqüentes citações, p. ex., pp. 45, 47, 100 em Sodré, 1967 (1962).

70. Apesar da atribuição de Frank a Baran, H. W. Arndt salientou que Frank foi além de Baran, segundo o qual o capitalismo era um obstáculo para o progresso do mundo subdesenvolvido, para afirmar que o subdesenvolvimento era *causado* pelo capitalismo. Arndt, *Economic Development*, p. 127. Conferir com a tese semelhante, embora mais cautelosa, de autoria de Furtado, sobre a associação entre desenvolvimento e atraso, em *Development.*

71. Mas o termo pode ter sido tomado de empréstimo a Furtado, que o usou em uma acepção diferente; ver Cap. 10.

72. Frank, *On Capitalist Underdevelopment*, 1975, pp. 11 (sobre Prebisch), 26 (sobre Bagú), 68 (termos de troca), 73 (González Casanova); Frank, *Capitalism*, pp. XI, XVIII (sobre Baran), XII (associação com a CEPAL); também, de Frank ao autor, Frankfurt am Main, 1º de novembro de 1977. Sobre o desenvolvimento profissional de Frank, ver suas memórias, "Underdevelopment".

73. Esta foi uma "redescoberta" independente, creio eu, de um modelo que Manoilescu havia desenvolvido uma geração antes, e que Singer e Furtado haviam formulado, dentro de um esquema estruturalista, na década de 1950. Sobre essas questões, ver Capítulos 6 e 10.

74. O dualismo não-marxista que Frank atacava era não tanto o da CEPAL quanto o de J. H. Boeke, que foi quem primeiro desenvolveu o conceito de setores modernos e camponeses, praticamente sem relação uns com os outros, na economia da Indonésia. Embora a CEPAL tivesse lançado a hipótese de uma economia dual, no *Survey*, de 1949, nesse modelo, o excedente de mão-de-obra passava do setor de subsistência para o setor moderno, com base na suposição de uma oferta de mão-de-obra com alta elasticidade salarial. A CEPAL, de qualquer forma, preferia o termo "heterogêneo" a "dualista".

75. A expressão aparecia na segunda metade de seu "Capitalism", previsto para ser publicado na *Revista Brasiliense* no número de março-abril de 1964; mas o golpe militar fez com que a revista fosse alvo de repressão.

76. Frank, *Capitalism*, p. 211.

468 Brasil

77. Santos, "Structure", 1970, pp. 231-36, esp. 232; Rostow.

78. A revolução seria mais dispendiosa em termos humanos devido ao fortalecimento das instituições capitalistas no processo desenvolvimento-subdesenvolvimento. Frank, *On Capitalist Underdevelopment*, p. 110.

79. Frank, *Capitalism*, pp. 47-48.

80. Ver nota 2.

81. Ver Cardoso e Faletto, *Dependencia*, 1969; e o esboço original, "Estancamiento", MS, 1965. Uma outra versão não publicada desse ensaio, de autoria apenas de Cardoso, datada de novembro de 1965, enfatizava o fato de que os países dependentes tinham sua própria dinâmica interna, estabelecia tipos de países dependentes, observando a internacionalização do mercado interno no terceiro tipo, e contradizia o paradigma da modernização. Essa versão dá apoio à reivindicação de Cardoso, de que o aparato teórico presente na versão publicada era de autoria principalmente sua, e não de Faletto. Novamente, as citações e os termos eram estruturalistas em sua imensa maioria. "Proceso", pp. 19, 21-32, 43.

82. Cardoso negava que os papéis desempenhados pelas burguesias históricas européias no desenvolvimento econômico pudessem ser replicados pelos empresários brasileiros na década de 1960. F. Cardoso, *Empresário*, pp. 41, 44, 183. Para Cardoso, o paradigma da modernização, assim como o da dependência, não se qualificaria como uma "teoria".

83. Ibid., pp. 181-87.

84. Kay, p. 144.

85. Frank, "Underdevelopment", p. 22. As outras informações biográficas provêm da entrevista com Marini, no Rio, em 19 de agosto de 1985.

86. Pode-se dizer o mesmo em relação aos trabalhos de Santos e Bambirra. Uma versão portuguesa do Subdesarrollo, 1969, de Marini, foi publicada em Lisboa, em 1975; supõe-se que teria sido difícil publicá-la no Brasil devido à censura, intermitente porém eficaz.

87. As informações quanto aos seminários sobre *O Capital* foram obtidas em entrevista com Santos, no Rio, em 22 de julho de 1985.

Os caminhos rumo à dependência   469

88. Marini, *Dialéctica*, 1982 (1973); *Subdesarollo*, 1969.

89. Os baixos salários, por sua vez, fariam com que as exportações permanecessem competitivas. Marini, *Subdesarrollo*, pp. 88-89.

90. Marini, *Dialéctica*, p. 64. Supõe-se que o processo tivesse limites, podendo porém continuar a médio prazo devido à rápida urbanização e a uma oferta abundante de mão-de-obra assalariada barata.

91. Ibid., pp. 40, 92.

92. Ibid., pp. 64, 75; *Subdesarrollo*, p. 111. Essa interpretação foi diretamente influenciada pela década de queda dos salários reais para os brasileiros de classe trabalhadora, após o golpe de 1964.

93. *Dialéctica*, pp. 23, 30-34 (p. 32: "supérfluo"); ver também *Subdesarrollo*, p. 72.

94. *Dialéctica*, pp. 65 e 73.

95. Ibid., p. 73.

96. *Subdesarrollo*, pp. 85-87.

97. *Dialéctica*, pp. 75-76.

98. Marini, "Brazilian Subimperialism", pp. 14-15 (citação); *Dialéctica*, p. 76. Para uma elaboração do conceito de subimperialismo, ver Bambirra, 1974, esp. pp. 160-62, 178-80.

99. *Subdesarrollo*, pp. 152-62.

100. Ibid., p. 122.

101. P. ex., Marini, *Dialéctica*, p. 77 (citação); ver também "Brazilian Subimperialism", 1972, p. 20, e seu "Razones", 1978, p. 63.

102. F. Cardoso, "Novas Teses", 1975 (1974), pp. 50-51.

103. Na verdade, Marini, em *Dialéctica*, , percebe a ação das forças reordenadoras de mercado das economias centrais (p. 68), mas, em outros trabalhos, enfatiza a ação conjunta do grande capital brasileiro, das empresas estrangeiras e do regime militar. Ver, p. ex., *Subdesarrollo*, pp. 80-81.

104. F. Cardoso, "Novas Teses", pp. 52-53, 59.

105. Ibid., pp. 32-33.

106. Frank, *Lumpenbourgeoisie*, 1972 (orig. esp. 1970).

470   *Brasil*

107. F. Cardoso, "Novas Teses", pp. 34-35. Evans, do mesmo modo, enfatizou o fato de que a burguesia nacional continuava sendo importante, em *Dependent Development*, 1979, pp. 40, 160-61.

108. F. Cardoso, "Novas Teses", pp. 35-37, 56. Além do mais, Cardoso rejeitava a tese de Theotônio dos Santos, de que socialismo e fascismo eram as duas únicas opções para o Brasil, seu estudo de caso, e, por extensão, para todos os outros países latino-americanos. Ver Santos, *Socialismo,* 1969. Cardoso apontou, em 1974, que a mobilização social e política do fascismo não estava presente nos regimes militares do sul da América do Sul, embora concordando que os regimes autoritários ainda não estavam devidamente caracterizados. "Novas Teses", pp. 38-42.

109. Serra e Cardoso, 1978, pp. 41-46, resumido em Serra, 1979, p. 108. Quanto à acusação feita por eles, de que Marini teria usado mal a metodologia marxista, centrando-se na mais-valia ao invés de na taxa de lucro, o interesse central do capitalismo, ver Serra e Cardoso, pp. 19-27, 43, e Serra, pp. 106-107. Marini responde a esse artigo de 1978 em "Razones", acrescentando outros dados sobre a queda nos salários, a ampliação da jornada e a intensificação do trabalho. Para um resumo e uma crítica desse debate, ver Kay, pp. 163-73.

110. Ver, p. ex., F. Cardoso, "Novas Teses", p. 28.

111. Centro Brasileiro de Análise e Planejamento.

112. Para uma crítica da dependência de Cardoso, apontando que esta não atende aos critérios de falsificabilidade de Popper, ver Packenham, Caps. 3 e 4.

113. P. ex., F. Cardoso, "Teoria", pp. 32, 41, 44.

114. "A burguesia inglesa está, até o momento presente [1892], tão profundamente impregnada pelo sentimento de sua própria inferioridade que mantém, às suas próprias custas e às da nação, uma casta ornamental de vadios [a nobreza] para representar de forma digna a nação em todas as funções estatais; e consideram-se altamente honrados sempre que um deles é considerado digno de ser admitido nesse corpo seleto e privilegiado, fabricado, no fim das contas, por eles próprios." Engels, 1959 (1892), p. 64.
      "Na Alemanha de hoje [cerca de 1910] não há uma burguesia socialmente independente, orgulhosa de si mesma.

Os caminhos rumo à dependência 471

Sua mais alta aspiração é, em primeiro lugar, ser aceita pela nobreza, e depois, nela entrar." Michels, citado em Mitzman, 1973, p. 280.

115. Poder-se-ia especular — uma vez que as provas diretas são frágeis — que, no tocante ao fracasso da burguesia, o marxista italiano Antonio Gramsci teve influência indireta sobre a análise da dependência, por sua idéia da *rivoluzione mancata* (revolução prejudicada ou incompleta), na Itália. É provável que Gramsci também tenha exercido impacto com seu conceito de "hegemonia" burguesa, aplicado às relações entre as burguesias do Primeiro e do Terceiro Mundo, e à emulação característica dessa última. No Brasil, Gramsci aparece como uma espécie de totem, nas citações eruditas dos cientistas sociais de fins da década de 1960 e da de 70. Quanto à sua influência na América do Sul, consultar Aricó, *Cola*, 1988.

116. Chirot e Hall observam, com algum exagero, que a Teoria do Sistema Mundial "é, em grande parte, apenas uma adaptação norte-americana da teoria da dependência". Ver "World-System Theory", 1982, p. 90. O grande projeto de Wallerstein, *Modern World System*, uma história do capitalismo de fins da Idade Média até os tempos modernos, já produziu, até hoje, três volumes, 1974, 1980, 1989.

117. As principais obras de Amin são *Accumulation*, 1974 (orig. fran. 1970) e *Unequal Development, 1976 (orig. fran. 1973)*.
118. Para uma exposição mais completa dessa tese, ver Love, "Origins", pp. 143-68.

13
Modos de produção e neopopulismo tardio

A ascensão da análise da dependência foi contemporânea do surgimento de novas tentativas de teorizar os modos de produção existentes no Brasil e na América Latina, que até então não haviam sido descobertos ou foram especificados de forma pouco apropriada. Se a existência de uma "escola" dependentista já é questionável, seria ainda menos preciso considerar os integrantes do debate sobre os modos de produção como integrantes de uma escola. Tal como os estruturalistas, que haviam adaptado os conceitos neoclássicos, aqueles que pretendiam especificar um modo de produção existente nos países atrasados adaptavam os conceitos marxistas para aplicá-los aos amálgamas e às "distorções" ali verificados. Na verdade, os modos de produção eram uma questão antiga para o marxismo periférico, como já o havia demonstrado a criativa adaptação do marxismo feita por Dobrogeanu-Gherea em *Neo-servidão*. E o que mais, senão o modo de produção, estaria em questão na disputa entre Alberto Passos Guimarães e Caio Prado Júnior quanto à maneira correta de caracterizar a agricultura brasileira? Entre os autores dependentistas, Ruy Mauro Marini implicitamente considerava o capitalismo dependente, calcado na "superexploração", como um modo de produção, uma vez que, se-

474   *Brasil*

gundo ele, havia um "modo de circulação" que lhe era correspondente.[1] Embora o trabalho de Marini tenha permanecido na esfera da dependência, ele, bem como Fernando Henrique Cardoso e outros dependentistas, foram influenciados pelo debate sobre os "modos", que mais ou menos coincidiu com o intercâmbio de idéias sobre a dependência, ocorrido entre 1965 e 1980.

A controvérsia sobre os modos de produção, como também ocorrera com o estruturalismo e a análise da dependência, não pode ser entendida em um contexto estritamente nacional, tendo, muito ao contrário, antecedentes diretos na Europa. Os intelectuais latino-americanos de fins da década de 1960 e inícios da de 70 sofreram a influência do debate sobre modos de produção que ocorreu na França, em especial no que dizia respeito à existência de um modo "africano", realizado pela revista marxista *La Pensée*.[2] No que se refere a esse discurso, Paris, depois Santiago e em seguida a Cidade do México foram os núcleos de comunicação para latino-americanos de diferentes nacionalidades, como Santiago o havia sido para o estruturalismo e para a teoria da dependência. Na França, a questão dos modos de produção resultara, em grande medida, das controvérsias ocorridas dentro do Partido Comunista Francês, sob a influência da publicação e da tradução, nas décadas de 1950 e 60, do *Grundrisse*[3] de Marx, e também da desestalinização do marxismo soviético, que teve início com o vigésimo congresso do Partido Comunista da União Soviética, em 1956.

Marx havia definido, para o desenvolvimento histórico do Ocidente, cinco "modos de produção" que consistiam em complexas montagens das relações de produção entre produtores e não-produtores e das forças produtivas. Esses cinco modos eram o coletivo primitivo, o escravista, o feudal, o capitalista e o socialista, correspondendo ao passado, ao presente e ao futuro do Ocidente. Marx definiu também um modo asiático, no qual um déspota se apossava de tudo fora um excedente negligenciável. Esse

Modos de produção e neopopulismo tardio   *475*

modo, portanto, não incluía investimentos ou mudanças tecnológicas de qualquer natureza, sendo cíclico e sem história. Stalin, em 1931, ordenou aos ideólogos soviéticos que retirassem do catálogo o modo asiático, devido a que este implicava a impossibilidade da revolução nas sociedades asiáticas, e os ideólogos soviéticos, em fins da década de 1930, proclamaram a inevitabilidade da seqüência dos cinco outros. Todas as sociedades existentes foram reinterpretadas pelos teóricos comunistas como se encaixando dentro das etapas ocidentais, embora fosse óbvio para os especialistas que, para muitas sociedades, essa seqüência não era apropriada. A visão linear que o Comintern tinha das histórias nacionais foi, de fato, a contrapartida da teoria da modernização. Dessa forma, a reabilitação do modo asiático foi um elemento da revitalização da pesquisa marxista na Europa dos anos 1950.[4] Foi nesse contexto que os marxistas que estudavam a África começaram a procurar modos de produção, tanto contemporâneos quanto históricos, que fossem desconhecidos e incognoscíveis para Marx e Engels.

Na América Latina, o debate sobre os modos de produção foi condicionado não apenas pelos escritos franceses que tratavam diretamente dessa questão, mas também pela corrente mais ampla do marxismo estruturalista,[5] associada ao trabalho de Louis Althusser e Etienne Balibar. Quanto ao problema dos modos, Balibar havia afirmado, em *Para Ler o Capital*, 1968,[6] trabalho escrito por ambos em co-autoria, que dois ou mais modos poderiam se articular em uma "simultaneidade" única, durante o período de transição de um modo a outro, contanto que um deles fosse dominante.[7] A releitura de Althusser de *O Capital*, bem como sua defesa do Marx maduro "leninista" contra o jovem Marx "humanista", foi a fonte de inspiração para os seminários sobre a *magnum opus* de Marx, realizados em diversas cidades latino-americanas em meados da década de 1960. Um deles, como já mencionado no Capítulo 12, ocorreu em Santiago. Entre os presentes es-

476   *Brasil*

tava Marta Harnecker, que fez mais que qualquer outra pessoa na América Latina para a difusão da obra de Althusser, seu mentor em Paris. O texto de introdução a Althusser, de autoria de Harnecker, *Os Conceitos Elementares do Materialismo Histórico*, foi originalmente publicado em 1969 e, oito anos depois, havia atingido sua 35ª edição.[8] Outros latino-americanos, certamente, estavam também em contato direto com as idéias marxistas francesas, por meio de estudos em Paris ou da leitura da *La Pensée* e outras publicações marxistas francesas.

Para os latino-americanos, entretanto, o marxismo francês não foi a única fonte, havendo também fatores nacionais em operação. Frank afirmou que o discurso sobre os modos de produção se constituiu em uma resposta à análise da dependência, na medida em que esta questionava a natureza capitalista do passado latino-americano. Visto de outra perspectiva, o debate sobre os "modos" foi a extensão de um corpo de trabalhos sobre a dependência, cada vez mais marxista em termos formais. O problema tratado por ambos era basicamente o mesmo, ou seja, como as estruturas "atrasadas" se relacionam com o avanço da ordem capitalista. Além disso, o debate sobre os modos tratava de questões de especial interesse para o grupo da dependência — as relações entre a classe dominante e o Estado, e o lugar ocupado pelo sistema econômico local no âmbito do capitalismo internacional. O interesse pelos modos de produção relacionava-se também com o crescente papel desempenhado pelo Estado na acumulação do capital. No Brasil, a participação do Estado no Produto Interno Bruto havia crescido espetacularmente nas décadas de 1960 e 70. Em 1979, 28 das 30 maiores empresas não-financeiras do Brasil eram estatais.[9] Nessas circunstâncias, a velhíssima questão marxista da "relativa autonomia" do Estado em relação à classe dominante, originalmente explorada por Engels, ganhou nova significação. Quanto a isso, o trabalho do filósofo político althusseriano, Nicos Poulantzas, especialmente no

Modos de produção e neopopulismo tardio   477

que se referia a seu tratamento do Estado "excepcional", ou seja, os regimes autoritário, corporativista e fascista, foi de particular importância.[10]

A dependência pode ser corretamente considerada como a fase inicial do debate sobre os modos de produção, uma vez que a tese convencional dos "resíduos feudais" foi contestada por Frank em sua polêmica de 1965 com Rodolfo Puiggrós, antigo líder do Partido Comunista Argentino. Entre outras coisas, Frank havia afirmado que as chamadas propriedades feudais da América Latina não implicavam uma economia de subsistência, sendo, ao contrário, os resíduos decadentes de uma fase anterior da expansão capitalista.[11] A questão foi recolocada quando Ernesto Laclau atacou Frank em dois artigos escritos em 1969 e 1971. Laclau, que tinha acompanhado o debate sobre o modo "africano" em *La Pensée*,[12] acusava Frank de "circulacionismo" — a colocação da ênfase principal nas relações de troca e não nas relações de produção, ao passo que, para Marx, o capitalismo definia-se por um mercado de trabalho assalariado (livre). Apenas depois de a força de trabalho ter se transformado em mercadoria seria possível aos capitalistas a maximização da mais-valia relativa, processo que havia tido início no Centro, muito antes de acontecer na Periferia. Laclau afirmava também que os estudiosos da economia latino-americana, a qual se configurava como um feixe de elementos díspares, não teriam que escolher entre o capitalismo e o feudalismo: a região poderia ter mais de um modo de produção, contanto que um modo dominante e estruturador — o capitalismo — ditasse as leis de movimento do sistema como um todo. Em "Feudalismo e Capitalismo",[13] Laclau afirmou que os elementos feudais foram ressaltados ou até mesmo inventados pelo mercado internacional, embora subordinando-se a este.

Em 1973, uma coletânea de estudos fortemente influenciados pelo marxismo francês, *Modos de Produção na América Latina*,[14] de autoria de Carlos Sempat Assa-

478 Brasil

dourian e outros, revelou que a América Latina, assim como a África, ofereciam solo fértil para a teorização. O ensaio de Laclau, "Feudalismo e Capitalismo", foi republicado nessa coleção. O ensaio introdutório, escrito por um outro argentino, Juan Carlos Garavaglia, afirmava que a América Latina da era colonial havia conhecido diversos modos de produção analiticamente distintos. O brasileiro Ciro F. S. Cardoso, formado pela Universidade de Paris, que escreveu mais artigos para a coletânea do que qualquer outro dos colaboradores, pediu que fosse feita a tentativa, da qual ele mesmo participava, de construir uma teoria sobre o modo escravista "colonial". Outros autores que participaram dessa coletânea identificaram modos altamente específicos, como a "aldeia despótica", de Garavaglia, que teria existido nas missões jesuíticas do Paraguai. Garavaglia, entretanto, afirmava que a principal proposição do grupo era a de que o modo dominante, o capitalismo, era exterior ao "espaço dominado" da América Latina colonial. Ou, na formulação de Ciro Cardoso, colocada em termos mais compatíveis com o pensamento francês: os modos dominantes e dominados coexistiam em uma mesma "formação social".[15] Este último termo deveria ser entendido em sua acepção althusseriana, de um todo histórico concreto, definido por processos específicos de produção econômica, política, ideológica e teórica.

Em 1973, mesmo ano do lançamento da coletânea de Sempat, um artigo importante foi publicado em *La Pensée*: Balibar havia revisto seu conceito de modo de produção. O filósofo agora afirmava que "modo de produção" era, necessariamente, uma abstração a-histórica, e que era a luta de classes que determinava o modo. Como a luta de classes ocorria apenas em uma determinada formação social, esta última, na verdade, determinava o modo, e não vice-versa, como haviam postulado os colaboradores do volume de Sempat.[16] Essa reformulação parece ter tido influência sobre o pensamento dos participantes da conferência internacional que aconteceu no ano seguinte,

Modos de produção e neopopulismo tardio 479

na Cidade do México que após o golpe em Santiago havia se tornado o principal local de intercâmbio de idéias sobre os modos de produção.[17] Um desses participantes foi o equatoriano Agustín Cueva, para quem não poderia haver um modo colonial, uma vez que colonialismo e modo de produção eram conceitos em diferentes níveis de abstração. Em outras palavras, um conceito em nível teórico, o modo de produção, estava sendo fundido com uma categoria empírica, o colonialismo. O simpósio sobre modos de produção do qual Cueva participou veio a revelar uma crescente dissidência quanto à utilidade e ao uso correto dos conceitos de modos pré-capitalistas.[18] Outros problemas relativos aos modos de produção coloniais de qualquer natureza, originalmente propostos pelo althusseriano Pierre-Philippe Rey, consistiam nas questões relativas a quem representava a classe dominante — os grupos locais ou externos — e a como a luta de classes, nessas circunstâncias, poderia ser especificada.[19]

No Brasil, apesar de o marxismo estruturalista de Althusser ter sido moda por mais de uma década, a partir de 1965, de modo algum poder-se-ia dizer que a doutrina do filósofo francês tenha encontrado aceitação universal. José Arthur Giannotti, o mais importante dos filósofos acadêmicos de sua geração, opôs-se ao althusserianismo, como também fez seu colega de CEBRAP, Fernando Henrique Cardoso.[20] O debate sobre os modos de produção, entretanto, continuou de duas formas: a primeira e mais volumosa corrente de publicações retornou à área na qual Caio Prado havia iniciado sua crítica da tese feudal, a historiografia. Muitos dos participantes dessa vertente continuaram centrando-se nas questões coloniais, mas um comentarista do debate latino-americano lamentou que ainda faltasse uma definição adequada do feudalismo em geral.[21] A historiografia brasileira, entretanto, foi enriquecida por debates sobre os modos de produção que enfocavam, por exemplo, a natureza da escravidão: veja-se o exame feito por Ciro Cardoso sobre a "brecha camponesa", na qual

480 *Brasil*

os escravos às vezes controlavam a venda das mercadorias por eles produzidas, o que, em última análise, consistia em uma espécie de "protocampesinato".[22] Outra interpretação inovadora dos sistemas de trabalho foi o conceito, de autoria de José de Sousa Martins, do colonato (a combinação de usufruto, de moradia subsidiada e de salário no setor cafeeiro de São Paulo, no século XIX) como uma forma articulada de produção. Uma vez que os colonos não eram totalmente apartados dos meios de produção, não sendo, portanto, exclusivamente dependentes do salário, Sousa Martins negava que o sistema fosse plenamente capitalista. Ele deu início a um debate que foi de relevância para a situação dos trabalhadores cafeeiros na era do pós-guerra.[23] Na década de 1960, porém, trabalhadores rurais assalariados, conhecidos como bóias-frias, vieram a substituir os colonos nos cafezais, tendo a seguir se tornado objeto de diversas monografias e ensaios de orientação marxista.[24]

A segunda arena dos debates, a que tratava das formas pré-capitalistas de produção ainda hoje existentes, era de maior urgência para o Brasil, onde a fronteira agrícola parecia mostrar diversos tipos de relações pré-capitalistas, simbioticamente vinculadas à expansão do capitalismo. Na Amazônia, a violência dos grandes fazendeiros e de seus agentes contra posseiros e camponeses com títulos de propriedade precários era noticiada diariamente nos jornais brasileiros, durante toda a década de 1970, quando os governos militares ofereceram subsídios a empresas e a indivíduos que se dispusessem a ajudar na incorporação da região amazônica à economia nacional. Esse, entretanto, foi também um momento de resistência crescente, e o que viria a se tornar o maior sindicato da América Latina, a Confederação Nacional dos Trabalhadores da Agricultura (CONTAG), surgiu por todo o país, sob um regime político explicitamente hostil a associações independentes de trabalhadores.[25] À medida que a Amazônia era incorporada à economia nacional, o Brasil continuava

Modos de produção e neopopulismo tardio 481

a exibir sua secular concentração da posse da terra. O censo rural de 1975 mostrou que as propriedades com menos de 20 hectares representavam 52% do total, correspondendo porém a apenas 3% das terras utilizadas para agricultura e pecuária, ao passo que menos de 1% das propriedades, todas com área superior a 1.000 hectares, ocupava 43% das terras. Esses fatos, sem dúvida, minimizavam a concentração real, uma vez que os grandes proprietários freqüentemente possuíam mais de um estabelecimento rural. Muitos camponeses (os posseiros, inclusive) estavam sendo forçados a deixar suas terras, tendo um autor estimado que, em fins da década de 1970, o Brasil tinha cerca de 40 milhões de migrantes. Um grande números destes não se dirigia às cidades, mas às terras situadas na fronteira agrícola.[26]

Um dos grupos que se dedicaram a investigar os processos que vinham ocorrendo na fronteira agrícola foram os antropólogos do Museu Nacional, que abrigava um instituto de pesquisa no antigo Palácio Imperial do Rio de Janeiro. Entre eles, Otávio Guilherme Velho, que vinha observando a expansão da economia nacional que então se verificava na planície amazônica e em outras frentes pioneiras no Brasil, afirmava que o capitalismo era dominante e estruturante, embora continuando a interagir com os modos pré-capitalistas, como antes afirmara o argentino Laclau. A burguesia nacional, no esquema proposto por Velho, não era hegemônica, no sentido de ser capaz de moldar a atividade estatal visando a seus próprios objetivos. Enfocando o papel desempenhado pelo Estado nas frentes pioneiras, Velho afirmava que esse papel era decisivo para a integração do sistema do mercado nacional às relações de trabalho agrícolas pré-capitalistas, as quais implicam violência e coerção. Influenciado pela defesa feita por Nicos Poulantzas da tese da "autonomia relativa" do Estado frente à classe dominante, Velho afirmava que o Estado brasileiro mostra autonomia muito maior face a sua relativamente fraca burguesia do que ocorrera

482   Brasil

com os Estados europeus, na forma original do capitalismo. O Estado colabora na expropriação do campesinato por meio da falsificação de títulos de propriedade e, em última instância, expulsando aquela classe para as novas frentes de expansão, à medida que essas terras e seus produtos são integrados ao mercado nacional. Velho denominou "capitalismo autoritário" ao sistema local brasileiro.[27]

Velho, assim como outros teóricos dos "modos", ressaltava a reprodução das relações de produção não-capitalistas. Em sua opinião, o campesinato é continuamente reproduzido e não transformado em proletariado rural, e a acumulação primitiva se dá à custa dessa classe. Esses processos ocorrem, em parte, porque a burguesia tem ainda que dividir o poder com os proprietários de terras pré-capitalistas e porque as indústrias manufatureiras de capital intensivo não têm mais tanta necessidade do "exército de reserva industrial" de Marx.[28] Como Althusser, Velho afirmava que o elemento econômico, em última análise, é o fator determinante, devido aos limites estruturais à autonomia do Estado colocados pelo sistema capitalista internacional.[29] Embora tenha aparecido mais tarde, essa formulação foi submetida às mesmas críticas dirigidas contra a coletânea de Sempat, ou seja, de que ela confundia "modo de produção" com condições históricas (empíricas) específicas.

Em *Modernização Dolorosa*,[30] conjunto de ensaios escritos entre 1976 e 1980, José Graziano da Silva, outro analista das frentes brasileiras de expansão, também colocou ênfase na reprodução das formas de produção pré-capitalistas na agricultura, articulada a uma aliança entre atores capitalistas modernos e tradicionais que, desse modo, mantinham-se no controle. As formas plenamente capitalistas de produção agrícola, entretanto, contando com mecanização e produção em larga escala, eram desestimuladas pelos baixos preços dos gêneros alimentícios, contidos pela altamente distorcida distribuição da renda no Brasil e (poder-se-ia complementar) pelo conseqüente controle de preços. Tal como Marini, Silva negava que a expansão do capitalismo brasileiro dependesse do poder de compra das massas.[31] Para Silva, diferentemente de Velho, o sistema podia ser explicado menos pelo conluio entre o Estado e o latifúndio do que por uma aliança entre latifundiários, comerciantes rurais monopolistas e monopsonistas (representando o capital de usura) e burguesia industrial urbana. A modernização capitalista da agricultura era "dolorosa" por ser lenta e restrita: os camponeses, ao contrário do que era afirmado no esquema de Velho, eram proletarizados como trabalhadores rurais, enfrentando os monopólios relativos ao controle da terra, aos insumos e equipamentos agrícolas e à comercialização. A proletarização continuava incompleta, contudo, devido às obrigações de prestação de serviços pessoais, ao usufruto, à parceria e a outras formas tradicionais, mas ainda dinâmicas, de controle do campesinato.[32]

Como grande parte da literatura sobre o debate dos modos estava intimamente ligada às questões de posse e uso da terra, Velho, que havia estudado o populismo e o neopopulismo de Chayanov com Peter Worsley, na Grã-Bretanha, percebeu o surgimento de um populismo brasileiro tanto nas tentativas de especificar um modo de produção "camponês" como em alguns sistemas articulados. Lembremo-nos de que o populismo "clássico", personificado por Constantin Stere na Romênia da virada do século, esteve totalmente ausente do Brasil de inícios do século XX, embora um ideólogo soviético o tenha identificado no marxismo heterodoxo do *pensador* peruano Mariátegui.[33] Entre as razões para a falta de explosão do populismo no Brasil, pode-se citar a fragilidade das tradições de propriedade coletiva, ou mesmo de comunidades camponesas unidas e relativamente igualitárias, fora dos estados sulinos, onde colonos alemães e italianos se tornaram pequenos proprietários. Além disso, os brasileiros, ao contrário dos romenos, não tiveram acesso ao debate russo do século XIX sobre o capitalismo, e o surgimento tardio

484 Brasil

do hegelianismo e, em seguida, do marxismo, no Brasil, também impediu todo tipo de manifestação do populismo clássico, antes de essa doutrina desaparecer por completo, na época da Revolução Russa.

A referência feita por Velho ao populismo aludia a correntes da ala progressista da Igreja Católica, cujos integrantes, na opinião de Velho, viam o "camponês" ou o "pequeno produtor", em fins da década de 1970, como "externos ao capitalismo" e contrários ao avanço deste. Segundo esse ponto de vista, uma vez que os pequenos camponeses não se utilizavam de trabalho assalariado, eles não eram capitalistas. Além do mais, os camponeses tendiam a considerar a terra não como uma mercadoria, mas simplesmente como um local para a aplicação de seu trabalho. Procuravam terras devolutas na Amazônia, de onde passavam a resistir à penetração capitalista e à sua própria expulsão por meios violentos. De acordo com essa visão, afirmava Velho, os camponeses constituíam-se um "potencial de transformação" para a sociedade como um todo.[34] Embora Velho tenha exagerado quanto à tendência a um populismo clássico, havia, na Igreja Católica, correntes de pensamento cujas posições sociais foram oficialmente enunciadas pela Conferência Nacional dos Bispos do Brasil (CNBB), que, em certa medida, corroboravam sua opinião. A CNBB foi bastante afetada pelo debate sobre a natureza da agricultura brasileira. O trabalho de Kautsky, *A Questão Agrária*, utilizado pelo romeno Stere em seus artigos de 1907-8, foi constantemente citado, a partir de uma tradução para o português citada em *Pastoral da Terra*, 1976 da CNBB.[35] Contrapondo-se à opinião de Prado, esse documento afirmava que a noção de propriedade privada estava profundamente arraigada na mentalidade do "trabalhador rural" brasileiro, levando-o a lutar contra os senhores de terras capitalistas em defesa de suas terras, seja na condição de posseiros ou na de pequenos proprietários.[36] Na 18ª assembléia da CNBB (1980), realizada em Itaici, no estado de São Paulo, os

Modos de produção e neopopulismo tardio 485

bispos demarcaram a distinção entre a "terra de exploração" e a "terra de trabalho".[37] A primeira tinha como base a busca de lucro, "permitindo o enriquecimento de alguns à custa da sociedade como um todo", enquanto a segunda, trabalhada pelo agricultor e por sua família, incluía tanto a propriedade privada quanto a propriedade comunitária, constituindo-se uma "alternativa à exploração capitalista". Essas terras de trabalho vinham sendo "destruídas ou mutiladas pelo capital".[38] A distinção traçada pelos bispos entre os dois tipos de propriedade rural era a mesma proposta pelo sociólogo paulista José de Sousa Martins,[39] que via como inevitável a luta entre a posse que, aos olhos dos camponeses, era legitimada pelo próprio trabalho e a posse capitalista, na qual o trabalho dos lavradores era explorado. Em sua opinião, o Brasil possuía diversos tipos de regimes "anticapitalistas" de propriedade — pequenas propriedades camponesas, propriedade comunitária e ocupação sem título de propriedade (posse).[40] Quando aplicado ao trabalho de Sousa Martins, entretanto, o rótulo de "populista", lançado por Velho, soa falso, uma vez que em *Os Camponeses e a Política no Brasil*, 1981, Sousa Martins em nenhum momento sugere a possibilidade de que os camponeses possam, com sucesso, vir a oferecer resistência ao capitalismo por meio de formas de luta política que não as modernas.[41] Velho sugere, contudo, que entre os católicos radicais e progressistas, tanto entre o clero quanto entre os leigos, havia quem acreditasse nessa possibilidade. De qualquer forma, os líderes da Igreja, na década de 1970, pareciam maduros para o populismo, no que se referia à sua convicção de que a criação de um regime de pequenas propriedades, no Brasil, era da maior urgência, e de que o governo federal estava aliado ao grande capital na luta pela terra.[42] Nessa visão, o Estado era a força motriz do avanço do capitalismo, como havia ocorrido na Rússia imperial de um século antes.

486 *Brasil*

Entre as muitas interpretações possíveis para o modo de produção "camponês", os autores brasileiros evitaram a afirmação do populista romeno Stere e dos neopopulistas do Partido Nacional Camponês, como Virgil Madgearu, de que os camponeses formavam uma classe não-diferenciada,[43] como o ilustra a definição de Sousa Martins de "propriedade de trabalho". Mesmo assim, interpretações chayanovianas do comportamento dos camponeses surgiram pela primeira vez, de forma significativa, na década de 1970. Enquanto a influência de Chayanov chegara à Romênia graças à publicação de seus trabalhos na Alemanha (e, possivelmente, na Rússia), na década de 1920, seu impacto no Brasil e na América Latina em geral teve como base a redescoberta de suas teorias por intermédio de um compêndio de seus trabalhos, publicado em língua inglesa e editado por Daniel Thorner e outros, em 1966.[44] O modelo de Chayanov, evidentemente, pode ser entendido como um modo de produção camponês: ele se fundamenta em cálculos racionais e se relaciona ao mercado, embora não de forma capitalista. A unidade básica de produção é a fazenda familiar, que não funciona em termos capitalistas de lucros, salários e aluguéis. Diferentemente do capitalista, o camponês troca o excedente de sua produção para obter o que não consegue produzir e, para obtê-lo, tenta equilibrar o consumo e o trabalho despendido, ou "labuta", de forma bastante semelhante à dos camponeses asiáticos de Boeke para equilibrar o lazer e o consumo. Para Chayanov, como também para Kautsky, a família camponesa não contava seu trabalho como um custo de produção, podendo portanto aceitar remunerações mais baixas que as dos fazendeiros capitalistas, que tinham que incorrer em custos de mão-de-obra. É claro que a literatura citada no Capítulo 4, contestando o dualismo de Boeke com base em estudos empíricos que mostravam que os camponeses, na verdade, tentam, sem limites óbvios, ampliar seu consumo de mercadorias, pode também ser usada contra Chayanov. Mas Chayanov levou

Modos de produção e neopopulismo tardio   487

em conta também outra variável, os ciclos demográficos da família camponesa. Com base em pesquisas realizadas na Rússia, ele acreditava que a atividade econômica dependia menos da rentabilidade capitalista que do tamanho da família e da necessidade de equilibrar o consumo com a "labuta".

Na acepção de Chayanov, o modo de produção camponês foi explorado de forma fértil por Afrânio Garcia Júnior, que, como Velho, era pesquisador do Museu Nacional, no Rio de Janeiro. Nos últimos anos da década de 1970, Garcia deu início a uma série de estudos que culminaram com *O Sul: Caminho do Roçado*, 1990,[45] trabalho ricamente inspirado na teoria da economia camponesa, mas firmemente embasado em estudos empíricos da vida camponesa no Nordeste. Examinando as condições econômicas, as parcelas do produto consumidas e comercializadas, os cálculos econômicos não-capitalistas, os padrões familiares e a diferenciação social entre os camponeses, Garcia concluiu que a migração de jovens sem-terra do estado nordestino da Paraíba era uma estratégia sempre em aberto. Embora muitos se proletarizassem, outros retornavam à Paraíba para se tornar produtores e, ocasionalmente, até mesmo pequenos comerciantes.[46] Garcia escreveu sem contar com as vantagens de um trabalho de equipe sistemático, que caracterizara os estudos sobre o campesinato de Dimitrie Gusti e seus associados nas décadas de 1920 e 30, mas, mesmo assim, chegou a produzir uma monografia de altíssimo nível. As pesquisas empíricas constantes do livro de Garcia distinguiram-no da longa série de trabalhos anteriores, de natureza mais especulativa, que tentavam especificar o(s) modo(s) de produção da agricultura brasileira.

A literatura sobre os modos de produção, entretanto, não se restringiu à sociedade rural. Uma fértil tentativa de teorização sobre os modos articulados tratou de um problema menos globalizante que o "capitalismo autoritário" de Velho — a saber, o subemprego urbano, em relação ao

488   Brasil

qual foi formulado o conceito de "marginalidade", objeto de debates acadêmicos entre os estudiosos da dependência na década que se seguiu a 1965. Francisco de Oliveira, Lúcio Kowarick, Paul Singer e o próprio Fernando Henrique Cardoso — todos eles pesquisadores do CEBRAP, de São Paulo, em inícios da década de 1970 — engajaram-se em um debate com Aníbal Quijano, do Peru, e com José Nun, da Argentina, os quais haviam trabalhado na CEPAL e outras instituições sediadas em Santiago. Esses dois últimos autores viam a marginalidade, no sentido de imensos contingentes de desempregados e subempregados urbanos, como uma deformação específica do capitalismo dependente. Nun considerava a marginalização como sendo distinta do "exército de reserva industrial" de Marx, os trabalhadores desempregados que serviam ao propósito de manter baixos os salários. Afirmava que a marginalização, como fenômeno social latino-americano, excedia, qualquer que fosse a medida empregada, as dimensões necessárias a um exército de reserva, em uma era de capitalismo monopolista e de tecnologia poupadora de mão-de-obra. Embora alguns dos marginalizados contribuíssem para a acumulação capitalista, como era o caso da construção civil, as "massas marginalizadas" de Nun eram parcialmente disfuncionais para o sistema capitalista, devido à grande pressão colocada por elas sobre os serviços urbanos.[47]

Os pesquisadores do CEBRAP pensavam de outra forma. Já em 1968, Cardoso, em colaboração com o sociólogo mexicano José Luis Reyna, havia afirmado que os trabalhadores industriais modernos e a "população marginalizada" não se constituíam em um sistema polarizado ou dualista. Ao contrário, sua coexistência e continuidade eram um traço peculiar do desenvolvimento dependente, caracterizado pela ambigüidade. O "amálgama resultante", escreveram eles, "expressa o modo pelo qual é possível aos países latino-americanos, sob as condições particulares de subdesenvolvimento e dependência, seguirem adiante em seu processo de industrialização".[48]

O grupo do CEBRAP, Cardoso inclusive, negava que a marginalização se constituísse em um problema social ao qual as categorias do marxismo clássico não se aplicassem. Acusando Nun e Quijano de introduzir um novo dualismo, os pesquisadores do CEBRAP viam a marginalização como um fenômeno associado à acumulação no capitalismo dependente, articulando os modos capitalistas e pré-capitalistas, ou as relações de produção pré-capitalistas deles derivadas. Essa articulação era dominada pela lógica do primeiro desses sistemas, o que fazia com que os elementos pré-capitalistas se concentrassem, em grande parte, no setor de serviços.[49] Não apenas os camponeses recém-urbanizados serviam para conter os salários, atuando como uma "oferta ilimitada de mão-de-obra",[50] como também os mal remunerados camelôs, com suas técnicas intensivas de venda, ajudavam na realização de lucros sobre os produtos industriais. Além disso, serviços urbanos, como os prestados por lavadores de carros ou até mesmo engraxates, contribuíam de forma indireta para a realização da mais-valia do setor industrial, distribuindo e mantendo seus produtos a baixos custos.[51] Segundo Oliveira, a prova de que esses novos integrantes do setor "informal" não estavam totalmente alijados dos meios de produção, continuando portanto, no entendimento marxista, como pré-capitalistas, é dada pelo fato de que muitos deles construíam seus próprios barracos, reduzindo o custo de seu emprego.[52] Os analistas do CEBRAP, portanto, tendiam a identificar a marginalização com as contribuições econômicas dos trabalhadores informais ou subempregados, ao passo que Nun tinha uma visão menos otimista da produtividade dos marginalizados, ressaltando a natureza precária de seu emprego e até mesmo sua superfluidade ou contribuição negativa.[53] A questão da marginalização veio a gerar uma série de estudos empíricos e teóricos sobre o setor informal — alguns deles influenciados pela

490   *Brasil*

abordagem da articulação, outros não — contribuições essas que punham em questão a correção do conceito de subemprego nos países do Terceiro Mundo.[54]

Para concluir, o debate sobre os modos foi prejudicado pelo fato de Marx, em seus escritos, jamais ter apresentado uma definição geral de "modo de produção", e também por ter usado os termos "sociedade" e "formação social" de forma intercambiável.[55] Um outro fator a gerar confusão foi o uso inconsistente do conceito de "modo asiático de produção", nas obras de Marx e Engels, para quem o termo era, em última análise, "uma categoria residual genérica do desenvolvimento não-europeu", nas palavras do marxista britânico Perry Anderson.[56]

No Brasil, o debate sobre os modos de produção não levou a um consenso quanto à maneira correta de caracterizar a economia agrícola ou seus componentes, contemporâneos ou históricos, como feudal, capitalista ou outra coisa. Em 1980, um observador do debate compilou uma listagem de sessenta trabalhos sobre modos de produção brasileiros, dividindo-os em quatro tipos de interpretação — feudal, capitalista, modos peculiares ao país e uma quarta categoria referente aos trabalhos que analisavam os anteriores.[57] De forma semelhante a Otávio Guilherme Velho, outros pesquisadores "descobriram" modos de produção especificamente brasileiros, e a impressão que se tinha era que cada um desses estudos viria a gerar seu próprio modo. Como ficava a ciência marxista, se cada caso era único? E poder-se-ia também questionar se as leis de movimento dos modos propostos, suas formas de reprodução e suas contradições internas foram adequadamente especificadas.

Entretanto, embora o debate sobre os modos de produção não tenha levado a uma conclusão, ele não foi improfícuo. Um dos resultados a que se chegou foi a (confessadamente) modesta conclusão de que as relações de produção pré-capitalistas de após a colonização européia ganhavam significado a partir de sua *relação* com o capi-

Modos de produção e neopopulismo tardio   491

talismo, e não a partir de algum tipo de "feudalismo" inerente a elas. Outro resultado foi a rejeição da tese de um capitalismo onipresente e sempiterno. Os estudiosos que examinaram as combinações das relações econômicas pré-capitalistas e capitalistas no Brasil acusaram os analistas da dependência de ignorar os processos produtivos locais, em especial na agricultura. Enquanto, na Romênia, Dobrogeanu-Gherea havia combinado o exame de um modo de produção local, a *neoiobagia*, com o da dependência em termos internacionais, no Brasil a análise das relações agrárias veio depois de os teóricos da dependência terem estudado as relações de mercado internacional e os processos manufatureiros locais. Nessa comparação com o debate romeno, é de se notar que a questão de um campesinato abastado não parece ter interessado aos autores que contribuíram para o discurso brasileiro, devido, provavelmente, a uma tal classe ser inexistente ou praticamente inexistente nas frentes de expansão, onde, segundo diversos autores, o latifúndio muitas vezes surgia antes mesmo da ocupação humana. Tal como Gherea, os brasileiros que abordaram a agricultura da perspectiva dos modos de produção (como por exemplo Silva, Velho e o marxista britânico Foweraker) tentavam explicar o dinamismo do latifúndio.

Na década do 1970, o caráter do debate sobre os modos foi mais acadêmico e menos abertamente voltado para a formulação de políticas do que a primeira troca de idéias sobre a agricultura brasileira, protagonizada por Alberto Passos Guimarães e Moisés Vinhas, defendendo a tese "feudal", de um lado, e Caio Prado, sustentando a tese do "sempre capitalista", de outro. Apesar disso, a questão da natureza do regime agrário estava longe de ser trivial, uma vez que, como observou o economista francês Christian Topalov, cada posição teórica implica uma doutrina de desenvolvimento econômico.[58] A troca de idéias sobre os modos resultou em significativas contribuições à historiografia brasileira, como já mencionado quanto ao debate

492 Brasil

sobre o colonato e às considerações sobre a "brecha camponesa". Quer o surgimento de um populismo clássico (ou, pelo menos, da mentalidade correspondente) nos círculos da Igreja tenha sido uma conseqüência "negativa", um resultado positivo ou apenas mais uma vertente do debate sobre os modos de produção, o fato é que ela representou o estabelecimento de uma tradição de pesquisa "neochayanoviana" no Brasil. Outro resultado significativo foi a descoberta, graças aos trabalhos do CEBRAP, de um setor urbano "informal", no qual elementos pré-capitalistas integravam-se à produção e à reprodução do regime capitalista urbano brasileiro. Nesse processo, os cientistas sociais do CEBRAP contestaram de forma explícita a idéia de José Nun quanto a uma "classe marginalizada", implicitamente subestimando a importância do desemprego disfarçado nas áreas urbanas. O fato de os analistas do CEBRAP entenderem a articulação entre os modos de produção pré-capitalistas e capitalistas como sendo uma característica da acumulação capitalista dependente demonstrava que a análise da dependência e a abordagem dos modos de produção não eram necessariamente incompatíveis.

Notas

1. Marini, *Dialéctica*, 1973, p. 74. Como seu modelo combina um modo capitalista moderno, que extrai mais-valia relativa, com uma forma de exploração da mais-valia absoluta, ele pode ser visto como um modo de produção "articulado", no jargão que na época vinha surgindo.

2. Maurice Godelier, Jean Suret-Canale e Catherine Coquery-Vidrovitch foram os principais participantes do debate africano, que aconteceu em diversas revistas especializadas, de fins da década de 1950 a fins da década de 1960. Diversos artigos sobre a África e outros ambientes não-ocidentais, publicados em *La Pensée*, foram reunidos em coletânea, em Centre d'Etudes et de Recherches Marxistes, 1969.

Modos de produção e neopopulismo tardio 493

3. *The Outline of the Critique of Political Economy*, escrito em 1857-58 e publicado pela primeira vez em russo em 1939-41, era praticamente desconhecido no Ocidente até a primeira edição completa em alemão, em 1953. A seção em questão foi publicada em inglês como *Pre-capitalist Economic Formations*, em 1965, com uma introdução de Eric Hobsbawm.

4. De importância no discurso internacional sobre a história do modo de produção asiático foi Sofri, 1969, publicado em português já no final da controvérsia sobre os modos de produção (1977).

5. Vale observar que "estruturalismo", nessa tradição, tem apenas uma relação distante com o estruturalismo definido no Capítulo 1. Sobre o althusserianismo na América Latina, ver, por exemplo, Harris, 1979.

6. *Lire le Capital* foi originalmente publicado como obra de vários autores, tendo no entanto sido reduzido às contribuições revisadas de Althusser e Balibar, em 1968. A tradução inglesa foi feita a partir da segunda edição.

7. Balibar, "Basic Concepts", 1970, (orig. fran. 1965), p. 307. Uma edição espanhola do Pour Marx, de Althusser, foi publicada no México em 1967. Vale observar que o termo "articulação", na acepção althusseriana, aplicava-se a modos de produção em transição, pelo menos em tese, para um capitalismo pleno, embora essa transição pudesse ser longa ou vir a sofrer bloqueios.

8. Harnecker, *Los Conceptos Elementales del Materialismo Histórico*, 35ª ed. rev., 1976 (1979). Ela tirou o título de seu trabalho do grupo de ensaios de autoria de Balibar, em *Reading Capital*.

9. Trebat, 1983, p. 59. Para a opinião contrária à de Trebat, de que essas empresas não eram rentáveis, ver Anglade, 1985.

10. Poulantzas, 1973.

11. O ensaio de Puiggrós, "Modos", e a resposta de Frank, "¿Con qué Modo?", foram publicados duas vezes, na Cidade do México e em Buenos Aires. O mesmo número de *El Gallo Illustrado*, jornal no qual o debate foi publicado pela primeira vez, também publicou uma seleção a partir do *Grundrisse*, de Marx.

494   Brasil

12. Entrevista com Laclau, Urbana, Illinois, 12 de novembro de 1984.

13. Ver Laclau, "Feudalismo", 1977 (1971), pp. 28-37, 43; e Laclau, "Modos", 1969, pp. 305-11.

14. *Modos de Producción en America Latina.*

15. Ibid., pp. 14, 94, 161, 212.

16. Balibar, "Sur la Dialectique", 1973, p. 47. Ver também Tandater, 1976, p. 154. Conferir com a mudança de posição dos althusserianos ingleses Barry Hindness e Paul Hirst, entre 1975 e 1977.

17. O golpe do general Pinochet e a repressão que se seguiu, em setembro de 1973, fizeram com que os marxistas deixassem o Chile, e a cidade do México deu guarida a muitos exilados. A polêmica Puiggrós-Frank aconteceu na capital mexicana, em 1965, e a nova revista *História y Sociedad* publicou os trabalhos sobre modos de produção do Congresso de Americanistas de 1974, bem como contribuições posteriores à questão.

18. Bartra *et al.*, 1976; em particular, ver Cueva, p. 28.

19. Ver, p. ex., Brewer, 1980, pp. 200-1, 271; e Rey, 1971.

20. O principal trabalho filosófico de Giannotti, que conflitava com o repúdio de Althusser ao jovem Marx "humanista", foi *Origens da Dialética do Trabalho*, 1965. F. H. Cardoso rejeita a posição formalista de Althusser, contraposta a uma "análise das situações [concretas]", em "Althusserianismo", 1972, p. 104-22, esp. p. 122. Um ataque direto a Althusser, partindo de um defensor do marxismo de Georg Lukács, foi o de Coutinho, 1972. Um exemplo marcante da moda althusseriana nas ciências sociais foi Srour, 1978. Sobre o CEBRAP, ver Capítulo 12.

21. Chiaramonte, 1984, p. 265.

22. C. Cardoso, *Escravo*, 1987; as publicações de Cardoso sobre esse tema começaram em 1979, tendo sido inspiradas pelas formulações anteriores, relativas ao Caribe, desse tópico da questão dos modos de produção, de autoria de Tadeusz Lepkowski e Sidney Mintz. Ver C. Cardoso, "Peasant Breach", 1988, p. 49. Estudos empíricos sobre a "brecha camponesa" e as negociações dos escravos com seus senhores podem ser encontrados em Reis e Silva, 1989. A escravidão e o tráfi-

Modos de produção e neopopulismo tardio   495

co de escravos também tinham um papel de destaque em *Antigo Sistema Colonial*, 1979, de Fernando Novais, trabalho importante sobre o sistema imperial português, ressaltando o papel da capital comercial metropolitana na acumulação primitiva e no direcionamento da movimentação do sistema. O impacto desse livro é discutido em Amaral Lapa, 1982, e seu lugar no debate sobre os modos de produção, em Pinheiro, org., 1983. Na Argentina, as explorações teóricas sobre o debate dos modos foram importantes na gestação de três estudos econômicos de primeira linha sobre o período colonial, centrados nas relações de produção, no processo produtivo e na circulação das mercadorias. Ver os trabalhos maduros de Sempat, 1983, Garavaglia, 1983 e Tandater, 1992.

23. Eu prefiro o ponto de vista de Stolcke e Hall, que vêem o sistema como capitalista sem essa qualificação. Eles interpretam o sistema do usufruto como um meio de minimizar o desembolso de dinheiro vivo por parte dos proprietários de terras, bem como de maximizar seus lucros. Essa situação veio a ocorrer porque os preços dos alimentos eram inicialmente altos, grande parte deles sendo importada de outros estados; porque o usufruto atraía imigrantes, contribuindo assim para a saturação do mercado de trabalho, forçando uma queda nos salários; e também porque os picos da demanda de mão-de-obra para o café e para outras culturas não ocorriam na mesma estação. Ver Sousa Martins, *Cativeiro*, 1979, pp. 18-19; e Stolcke e Hall, 1983, esp. p. 184. Stolcke, em *Cafeicultura*, 1986, ampliou sua análise da mão-de-obra cafeeira, desde o *colonato* até o proletariado agrícola dos dias atuais. Como Sousa Martins, Cardoso de Mello, usando uma definição estritamente marxista de capitalismo — que exigia, entre outras coisas, mercados de mão-de-obra em pleno funcionamento — desenvolve o conceito de capitalismo "tardio" ou "retardatário" em *Capitalismo Tardio*, 1982.

24. Os *bóias-frias* receberam esse nome devido ao fato de almoçarem no campo, em uma cultura em que uma refeição fria significa *status* inferior e baixa qualidade de vida. Quanto à proletarização dos trabalhadores nas lavouras de café, ver Stolcke, 1986, pp. 179-240. Um estudo importante sobre os *bóias-frias* foi realizado por D'Incao e Mello, 1975.

25. Ver Maybury-Lewis, 1991.

496   *Brasil*

26. Sousa Martins, *Expropriação*, 1980, pp. 45 (sobre dados censitários), 47.

27. Velho, *Capitalismo*, 2ª ed., 1979 (1976).

28. Um estudo grandemente influenciado pelo "capitalismo autoritário", de Velho, contendo um exame empírico de três frentes de expansão brasileiras no período do pós-guerra, é Foweraker, 1981.

29. Velho, *Capitalismo*, pp. 43-44. Velho não citou Althusser nesse trabalho, mas apenas os althusserianos Balibar, Poulantzas e Pierre-Philippe Rey (ver abaixo). Em sua "Antropologia", 1980, ele usou categorias althusserianas.

30. *Modernização Dolorosa*, 1981.

31. Ibid., pp. 30-31, 63.

32. Ibid., pp. 119, 124 (citação), 126-29.

33. José Carlos Mariátegui, muitas vezes considerado o mais original dos pensadores marxistas de antes da Segunda Guerra Mundial, sugeriu que o *ayllu* indígena, no Peru, que ele via como uma forma incaica de comunismo agrário, poderia vir a se constituir na base para a transformação, de uma fase de desenvolvimento semifeudal, diretamente para o socialismo no campo. Como Alexander Herzen, portanto, Mariátegui parecia ser um "saltador de etapas", apesar de apoiar Lenin na censura aos Narodniki. E Mariátegui não estava sozinho. A idéia de que o coletivismo camponês poderia ser a base para a passagem do "feudalismo" para o socialismo era compartilhada por um dos principais representantes latino-americanos no Sexto Congresso da Internacional Comunista, em 1928, Ricardo Paredes, do Equador; as opiniões de Paredes foram repetidas por um delegado uruguaio, Sala. O elogio de Mariátegui, nesse evento, ao "socialismo incaico" soou, para um crítico do Comintern, em 1941, como uma reencarnação da tradição populista russa. Até o ponto em que essa acusação era justificada, Mariátegui parece ter caído no "erro" populista, em parte devido à inexistência de um populismo clássico na América Latina. Ver Mariátegui, *Siete Ensayos,*1959 (1928), pp. 9, 53, 68-71, 89; Internacional Comunista, 1978, pp. 180-81, 367; Miroshevski, 1980 (orig. rus. 1941), pp. 55-70, esp. p. 68.

34. Velho, *Sociedade*, 1982, pp. 125-29.

Modos de produção e neopopulismo tardio   497

35. CNBB, *Pastoral da Terra*, 1976, no qual Velho foi também citado como sendo uma autoridade dessa época.

36. Ibid., p. 189.

37. Em português, *Terra de exploração* e *terra de trabalho*.

38. CNBB, *Igreja*, 1980, p. 30.

39. Ver Sousa Martins, *Expropriação*, Cap. 3, onde usa *terra de negócio* como sinônimo de *terra de exploração* (p. 60). Sousa Martins responsabiliza-se pela estrutura teórica do documento, na 18ª assembléia da CNBB, negando que esse documento seja populista. Entrevista, São Paulo, 1º de agosto de 1985.

40. Sousa Martins, *Expropriação*, pp. 60-61.

41. Sousa Martins, *Os Camponeses e a Política no Brasil*, 1981. Somos lembrados da controvérsia entre dois autores romenos, ambos afirmando usar o método marxista: Serban Voinea acusou Stefan Zeletin de inspirar-se no populismo, quando este último escreveu sobre a "contradição" entre a produção pré-capitalista e a circulação capitalista.

42. Romano, 1979, pp. 237-38.

43. Exceto Passos Guimarães, que, diferentemente dos populistas romenos, queria ver os camponeses integrados à economia capitalista (ver Capítulo 11).

44. Ver Chayanov, 1966 e Heynig, 1982, sobre a importância do compêndio em língua inglesa (p. 124). Traduções de Chayanov para o espanhol foram publicadas nos anos 1970.

45. Garcia, *O Sul: Caminho do Roçado*, 1990. Uma versão anterior desse trabalho, com o mesmo título, havia sido defendida como tese em 1983.

46. Ibid., pp. 159-60, 292. Esse estudo pode ser considerado neochayanoviano, no sentido de que o método de Chayanov é criticado e modificado com base nos escritos de observadores da economia camponesa de épocas mais recentes, como Georgescu-Roegen, Jerzy Tepicht e Boguslaw Galeski. *Terra*, de Garcia, 1983, vem complementar *O Sul*, e trata, no Capítulo 4, dos ciclos de vida das famílias camponesas.

47. Ver Nun, 1969, e Quijano, "Notas", 1977 (escrito em 1966). Para um resumo e crítica das posições de Quijano e Nun, ver Kay, 1989, pp. 100-24. Kay discute também, nesse contexto, o grupo CEBRAP, e eu utilizo seu trabalho.

498 Brasil

48. Cardoso e Reyna, 1968, pp. 44, 53.

49. F. Cardoso, "Participação", 1972, p. 184; Kowarick, 1974, pp. 79-84; Oliveira, "Economia Brasileira", 1972, p. 27; P. Singer, 1973, pp. 63-90.

50. Na acepção empregada por W. Arthur Lewis. Kovarick, pp. 92, 96.

51. Oliveira, "Economia Brasileira", p. 29.

52. Ibid., p. 31.

53. As comparações históricas de Víctor Tokman, relativas à estrutura do emprego na América Latina, uma década depois, tendiam a apoiar a interpretação do CEBRAP, de que a atual estrutura do emprego latino-americano diferia da dos países desenvolvidos de um século antes de forma menos radical do que Nun havia imaginado; os termos de Tokman, contudo, não eram marxistas. Quanto à América Latina contemporânea, Tokman ressaltava o fato de o setor de serviços não conseguir empregar pessoas nos cargos de produtividade mais alta, e não a falta de absorção pelo setor industrial. Tokman, 1982, p. 126.

54. Ver a literatura citada em Kay, Cap. 4.

55. Harnecker, p. 137; Bottomore, "Social Formation", em Bottomore, 1983, p. 444.

56. Ver a história e a análise do conceito por Anderson, "Asiatic Mode of Production", 1974, citação, p. 494. Surgiram também outros problemas conceituais. Do lado francês, não apenas Balibar alterou sua seqüência causal, em meio à polêmica latino-americana, com a formação social agora determinando o modo de produção, mas também dois dos mais criativos marxistas francófonos especializados em subdesenvolvimento revisaram o próprio Marx, enquanto o debate latino-americano se desenvolvia. Pierre-Philippe Rey, que criou um modelo em fases da "articulação" althusseriana dos modos pré-capitalista e capitalista, contestou a proposição de Marx de que o aluguel do solo era uma forma de mais-valia capitalista; ao contrário, afirmava ele, essa forma era, em sua essência, feudal. Enquanto isso, Samir Amin negava que o modo asiático de produção e o feudalismo fossem distintos e não relacionados, como Marx os havia definido, vendo-os como pólos de

um *continuum* sob um modo "tributário" único. Ver Rey, 1973 e Amin, 1976 (orig. fran. 1973).

57. Amaral Lapa, *Modos*, 1980, pp. 29-33. Uma exposição de notável rigor da terceira dessas categorias, usando um modelo formal, foi a do economista francês Christian Topalov, que propôs um modo "latifundiário", situado entre os modos de produção feudal e capitalista. Nesse esquema, o latifundiário funciona como um empreendedor capitalista, mas a mão-de-obra não tem um preço fixo de oferta porque os trabalhadores não se encontram completamente apartados dos meios de produção. Mesmo assim, eles dependem do latifundiário para a concessão de direitos de subsistência, e têm que aceitar o salário que ele oferece. O "modo de produção", portanto, não se baseia inteiramente em relações de trabalho capitalistas. O latifundiário tentará maximizar a proporção da força de trabalho no setor comercial, e não no setor de subsistência. Topalov, 1978, pp. 70-71, 80.

58. Topalov, p. 11.

Conclusão

Este livro examinou partes de um vasto conjunto de problemas: como o Terceiro Mundo foi concebido como conjunto de idéias, e como essas idéias se difundiram entre os teóricos da Economia e seus aliados ocasionais, tanto nos círculos empresariais quanto no governo. No título, usei a palavra "construção"* para indicar uma tentativa consciente de reificação do Terceiro Mundo. Para seus criadores, o conceito abarcava a maior parte da raça humana, que tinha em comum, apesar das enormes diferenças em termos de estruturas culturais e sociais, determinados problemas (dos quais a pobreza era apenas o mais evidente) e interesses, os quais eram distintos dos problemas e interesses dos países desenvolvidos do Primeiro Mundo, o Ocidente. Grande parte dos autores tratados nas páginas anteriores, mas não todos, acreditava que o Terceiro Mundo compartilhasse com o Ocidente muitos de seus interesses econômicos, embora não todos. Todos eles eram estruturalistas no sentido amplo de que, com suas teorias, tentavam especificar, analisar e corrigir as estruturas econômicas que impedem ou bloqueiam o desenvolvimento e o funcionamento "normais" das economias mo-

---

* No original inglês, *crafting* (N.T.).

502   Joseph L. Love

dernas. Muitos deles faziam uso da análise histórica — os marxistas citados neste estudo, necessariamente, devido a seu método ser o materialismo histórico, mais do que a economia marxista formal —, enquanto outros combinavam abordagem histórica e análise econômica. Furtado, por exemplo, foi além do interesse de Prebisch pelos ciclos econômicos latino-americanos, historicizando de forma plena a perspectiva estruturalista.

Quando foi esse Terceiro Mundo "criado", ou "construído"? Fica implícito neste trabalho que a resposta a essa pergunta é um processo e não um acontecimento específico. Embora a divisão mundial do trabalho tenha começado em fins do século XV, a construção intelectual do Terceiro Mundo foi ocorrer muito mais tarde. A Revolução Francesa desencadeou uma série de acontecimentos que levaram ao aparecimento, na Europa e fora dela, de outros nacionalismos e de aspirações por uma "civilização", definida em termos vagos, a qual incluía o bem-estar econômico. Friedrich List, em 1841, fez a defesa de uma exceção de médio prazo à divisão internacional do trabalho de David Ricardo — a tese da indústria incipiente — e, dando o nome de "a Escola Inglesa" aos trabalhos dos economistas clássicos, implicitamente negou que as teorias de Adam Smith, Ricardo e seus sucessores fossem de cientificidade estrita. List foi lido e discutido na Europa centro-oriental e na América Latina, no século XIX, época em que os Estados recém-formados ponderavam as vantagens e desvantagens dos caminhos possíveis para a civilização e o desenvolvimento (ocidentais).

A desilusão com o liberalismo econômico começou mais cedo na Europa centro-oriental que na América Latina, à época em que as exportações primárias começaram a falhar como força motriz do crescimento, ameaçadas por mercadorias de menor custo, colocadas no mercado internacional pelos novos concorrentes de "ultramar". Na Romênia, economistas como Xenopol e Manoilescu denunciaram e tentaram analisar o que eles viam como sen-

Conclusão 503

do trocas desiguais entre um Centro industrial avançado e uma Periferia agrária atrasada. A mesma tendência foi reinventada, na época do pós-guerra, pelos estruturalistas e dependentistas da América Latina. Os termos "Centro" e "Periferia", celebrizados por Raúl Prebisch e, provavelmente, introduzidos no debate do século XX por Werner Sombart, talvez tenham sua origem em *O Estado Isolado* (Parte I, 1826), do economista alemão J. H. von Thünen.[1]

Também na esfera do discurso marxista, autores não-ocidentais da Rússia, Romênia e outros países importaram, assimilaram e adaptaram as teorias ocidentais para adequá-las às circunstâncias locais. Em 1910, Constantin Dobrogeanu-Gherea deu início, nos círculos marxistas, a um longo debate sobre a natureza do capitalismo romeno, como viria a fazer também Caio Prado Júnior, no Brasil de meados do século. O populismo, uma terceira escola, pode ser considerado como uma heresia marxista, tendo porém uma tradição própria, que evoluiu de forma independente (em sua encarnação chayanoviana), enfatizando a excepcionalidade do campesinato frente às proposições marxistas e neoclássicas. O populismo negava que o capitalismo fosse um caminho possível para o desenvolvimento dos países agrários, devido à imensa dianteira tecnológica alcançada pelo Ocidente, em fins do século XIX. O fato de o populismo ter sido de importância central na Romênia de inícios do século atual, e inexistente no Brasil daquela mesma época, deve-se não apenas a que o debate russo sobre o desenvolvimento era acessível aos romenos, mas também às diferenças entre as respectivas configurações demográficas e fundiárias, na Romênia e no Brasil, como ainda à grande revolta camponesa ocorrida na Romênia em 1907, e à mobilização dos camponeses como força política, naquele país balcânico, à época da Primeira Guerra Mundial.

No nível político, a reificação do Terceiro Mundo começou com a decadência do Império Otomano, processo que teve início muito antes da repartição da África realiza-

504 Joseph L. Love

da na Conferência de Berlim de 1885, a "disputa pela África", acontecimento que marcou o auge do imperialismo europeu. O domínio europeu começou a dar sinais de fraqueza com a Primeira Guerra Mundial, que destruiu quatro grandes impérios e resultou, na Europa centro-oriental, na criação ou na expansão de Estados supostamente nacionais, por ocasião do fim do conflito. No decorrer da guerra, o Segundo Mundo surgiu, no ano de 1917, quando a União Soviética entrou em cena como um caminho alternativo para o desenvolvimento e para a modernidade. Propus a idéia de que, nos anos entreguerras, as recém-independentes ou recém-formadas nações da Europa centro-oriental constituíam-se em um proto-Terceiro Mundo, onde os problemas do atraso econômico e social foram, pela primeira vez, enfrentados e formalmente teorizados, face a uma gama de opções de desenvolvimento que incluía o socialismo soviético.

A Segunda Guerra Mundial acelerou grandemente o processo de descolonização, com a ocupação militar ou o relativo declínio da maior parte das grandes potências da Europa e da Ásia, como também dos impérios coloniais europeus menores. Nos anos que se seguiram a 1945, as Nações Unidas e outros novos fóruns internacionais, tanto em nível global quanto regional, que incluíam uma miríade de associações de comércio de *commodities*, vieram facilitar a formação de uma identidade terceiro-mundista, para o que também contribuiu o surgimento da "economia do desenvolvimento", nas instituições acadêmicas e nas agências da ONU. Enquanto isso, a Guerra Fria abria uma brecha entre as duas superpotências, da qual os estadistas das áreas subdesenvolvidas podiam às vezes tirar partido. O surgimento de um Terceiro Mundo consciente de si próprio costuma ser datado da Conferência Afro-Asiática dos Estados de independência recente, realizada em Bandung, na Indonésia, em 1955, mas o termo, em si, havia sido cunhado três anos antes pelo demógrafo francês Alfred Sauvy.[2] A América Latina veio juntar-se à África

Conclusão 505

e à Ásia de forma paulatina e, talvez, um momento decisivo desse processo tenha sido quando Raúl Prebisch assumiu o comando da Comissão das Nações Unidas para a América Latina, em 1949. Outra instituição de natureza semelhante, que veio reforçar a identificação da América Latina com o Terceiro Mundo, foi a Conferência das Nações Unidas para Comércio e Desenvolvimento (UNCTAD), dirigida, em seus primeiros anos (1964-69), por Prebisch, que fez uso da organização para difundir sua mensagem sobre as trocas desiguais. Nessa mesma época, ocorreu outra guinada política, representada pela Revolução Cubana, uma vez que Fidel Castro usava os fóruns internacionais para denunciar o imperialismo norte-americano. Em 1966, ele realizou, em Havana, uma Conferência Tricontinental, na qual os pobres da América Latina foram identificados aos miseráveis da Terra.

O fato de o Terceiro Mundo continuar sendo um conceito dinâmico pode ser demonstrado pela desestruturação e reordenamento do antigo Segundo Mundo. Partes do que antes era o bloco soviético parecem estar vendo seus níveis de renda baixar, igualando-se aos do Terceiro Mundo, ao passo que outros países, no extremo ocidental da região, podem, em termos realísticos, aspirar a, dentro de algumas décadas, vir a fazer parte do Primeiro Mundo. A Europa centro-oriental, portanto, com o avanço do capitalismo, está passando a apresentar uma maior diferenciação interna, uma vez que as políticas radicalmente diferentes adotadas pelos diversos países da região vêm produzindo taxas de crescimento diferenciadas, juntamente com crescentes disparidades internas de renda. Nesse contexto, a restruturação da economia romena, embora ainda incompleta, vem sendo traumática. De acordo com uma estimativa, o Produto Interno Bruto *per capita* da Romênia, em 1993, ficou abaixo do de 1989, medido pela taxa de câmbio internacional daquele país. A cifra para 1993 era de apenas US$ 1.080, em comparação com os atuais US$ 2.883 do Brasil, e quase US$ 1.500 abaixo do nível apre-

506   Joseph L. Love

sentado pela Romênia em 1982 (embora os dados romenos para os primeiros anos da década de 1980 possam ter sido inflacionados). A mesma fonte, entretanto, calcula para a Romênia um poder de compra interno *per capita* de US$ 2.600 em 1993, se os serviços e os bens não-transacionáveis forem levados em conta.[3] De qualquer forma, o fraco desempenho econômico da Romênia reflete o caos do período intermediário da tentativa de transformação da economia socialista, embora as reformas realizadas por esse país tenham sido muito menos radicais do que as adotadas na Polônia.[4] Como o modelo liberal vem ganhando terreno na Romênia, a alta consideração que os economistas e outros cientistas sociais do antigo regime tinham pelas teorias de industrialização patrocinada pelo Estado, de Mihail Manoilescu, poderá vir a desaparecer.[5]

Sendo uma história das idéias, este livro tratou de três processos — o empréstimo ou importação de idéias, sua adaptação ou transformação, e sua descoberta ou redescoberta independente. Venho afirmando que o segundo e o terceiro processos são tão importantes quanto o primeiro. As tradições em questão eram ocidentais na origem — a economia neoclássica e o marxismo —, tendo sido, porém, rapidamente adaptadas e aclimatadas às áreas atrasadas. Empréstimo, adaptação, rejeição, descoberta, redescoberta e reformulação de idéias foram processos contínuos, sempre em constante diálogo com as idéias heterodoxas e ortodoxas. Além dessas abstrações, tentei localizar as idéias em situações históricas específicas, ressaltando não apenas a vida e a época de seus autores e sua interação uns com os outros, mas também o "consumo" dessas idéias por parte das duas principais audiências dos teóricos econômicos, o governo e as associações de industriais. Esses consumidores eram também instituições. As instituições são importantes nessa história, como facilitadoras e transmissoras de idéias — não apenas os governos, as associações empresariais e as universidades estrangeiras e nacionais, mas também a

Liga das Nações e as agências da ONU, e até mesmo as organizações não-governamentais de desenvolvimento. Por exemplo, a Fundação Rockefeller enviou diversos economistas e outros cientistas sociais romenos para estudar nos Estados Unidos, além de ter auxiliado na criação, na Romênia, de um serviço nacional de estatística, e ter subsidiado uma missão francesa à Universidade de São Paulo, da qual fazia parte François Perroux, tendo antes enviado Perroux para estudar em Viena. Mais tarde, Rockefeller enviou Celso Furtado para Cambridge, e a Fundação Ford endossou o instituto de pesquisas de Fernando Henrique Cardoso, o CEBRAP, em São Paulo.

As instituições, como instrumentos para a reforma e a restruturação das economias atrasadas, obtiveram sucessos esporádicos, como bem o ilustra o caso da CEPAL. Por vezes os esforços internacionais redundavam em fracassos patentes: o Bloco Agrário das dez nações da Europa centro-oriental entrou em colapso em meados da década de 1930, sob o peso de um excesso de oferta de trigo nos silos do "ultramar", e os esforços de Raúl Prebisch, datando dessa mesma época, de negociar em favor da Argentina com os Estados Unidos, o Canadá e a Austrália, mostraram-se igualmente ineficazes. As tentativas de Prebisch e outros, em fins da década de 1940, de estabelecer uma Organização de Comércio Internacional para os países exportadores de *commodities*, como uma "terceira perna" do sistema mundial de comércio — juntamente com o Banco Mundial e o Fundo Monetário Internacional —, não obtiveram a aprovação do Congresso Americano. Os líderes dos países do Terceiro Mundo, em 1964, conseguiram criar a Conferência das Nações Unidas para Comércio e Desenvolvimento, sob a direção de Prebisch, mas o economista argentino mostrou-se mais eficiente na propagação de sua doutrina das trocas desiguais em paragens africanas e asiáticas do que em conseguir acordos multilaterais de preços mínimos para os produtos primários, tendo deixado a UNCTAD cinco anos depois. A organiza-

508   Joseph L. Love

ção foi a pique contra os duplos escolhos da resistência do Primeiro Mundo a esse tipo de acordo e dos conflitos de interesses entre os países do Terceiro Mundo produtores de *commodities*. Uma interpretação cínica diz que a UNCTAD era uma sigla para "em hipótese alguma tomem uma decisão*".[6] Algumas associações específicas de produtores de *commodities* alcançaram um nível de maior eficácia, mas mesmo a mais bem-sucedida delas, a Organização dos Países Exportadores de Petróleo, parece ter deixado para trás seu apogeu, à medida que a oferta se torna incontrolável a curto prazo e que a substituição do petróleo por outras fontes de energia parece provável a longo prazo. As instituições econômicas internacionais que mais sucesso obtiveram na concretização de seus objetivos foram as controladas pelo Primeiro Mundo: vejam-se as missões financeiras da Liga enviadas à Europa centro-oriental e as denúncias de Manoilescu quanto aos controles fiscais impostos à Romênia pelos "novos fanariotas". Nos anos do pós-guerra, lembremo-nos das missões do Fundo Monetário Internacional à América Latina e outras regiões, embora Furtado tenha obtido uma vitória temporária, em 1959, ao aconselhar o presidente Kubitschek a resistir às políticas do FMI.

Esta história começou, como não poderia deixar de ser, com um exame do liberalismo. A economia smithiana introduziu a idéia de uma divisão mundial do trabalho, e daí derivou a noção de que o Brasil e a Romênia eram "essencialmente agrícolas". O liberalismo, a ideologia explicitamente associada à economia clássica e neoclássica, foi o primeiro corpo de idéias originário da Europa ocidental a ser importado pelos países emergentes, tais como o Brasil e a Romênia, sendo também o primeiro a ser amplamente adaptado, dando origem ao "liberalismo estatal", que prescrevia a intervenção governamental na

---

* Em inglês, *Under No Condition Take Any Decision* (N. T.).

Conclusão 509

economia romena, visando incentivar a industrialização, bem como uma intervenção similar, no Brasil, com o fim de valorizar a principal exportação daquele país, o café. Entretanto, antes da Primeira Guerra Mundial, a relação entre as transformações ocorridas no mercado internacional e as idéias sobre o desenvolvimento econômico, no Brasil, apresentava forte contraste com a que se verificava na Romênia. Na Romênia, a falha do mercado, a sublevação social e o acesso ao debate que estava sendo travado na Rússia levaram a novas respostas teóricas, tanto no âmbito do discurso marxista como no dos não-marxistas. Durante os anos do entreguerras, os romenos contavam com bases filosóficas, teóricas e técnicas mais sólidas, o que lhes permitia compreender o hiato existente entre os países ricos e pobres, devido a suas tradições acadêmicas mais fortes (a exigência de doutorado, a ser obtido no exterior) e à presença de instituições de pesquisa, tais como o Instituto Romeno de Ciências Sociais e o Instituto Romeno de Ciclos Econômicos. No Brasil, como nos demais países da América Latina, o patente sucesso das economias calcadas na exportação, somado a fatores institucionais, a padrões culturais e à fragilidade de determinadas tradições críticas, conhecidas na Romênia e nos países vizinhos a esta, atrasaram bastante a contestação teórica do crescimento baseado na tese ricardiana das vantagens comparativas. No Brasil, o desenvolvimento industrial já vinha ocorrendo antes de as políticas governamentais passarem a pressionar nesse mesmo sentido. Por último, veio a justificativa teórica da industrialização, formulada por Raúl Prebisch, em 1949, e endossada pelos governos Vargas e Kubitschek, no Brasil, durante a década seguinte.

Tanto para marxistas quanto para não-marxistas, identificar o capitalismo era a primeira questão desse grande debate, e praticamente não havia consenso, nem no Brasil nem na Romênia, mesmo no âmbito do próprio marxismo, quanto à viabilidade do capitalismo. Se este poderia vir a funcionar e, em caso afirmativo, o que poderia ser feito para tal, foram questões debatidas ao longo de todo o período em exame. Outra questão diretamente ligada a essa consistia na natureza e na viabilidade de uma classe capitalista local, e em seu potencial para a reestruturação capitalista de sociedades pré-capitalistas. Seria verdade que na Romênia não havia uma burguesia reformista, mas apenas uma *patura culta* (camada culta), como afirmava Dobrogeanu-Gherea? Mesmo assim, poderia uma *Ersatzklasse* de burocratas estatais, ou, em termos mais positivos, uma elite tecnocrática, desempenhar o papel de uma autêntica burguesia nacional ou fornecer a esta um apoio decisivo, como afirmavam os corporativistas brasileiros da década de 1930 e até mesmo os estruturalistas da de 1950? Seria o desenvolvimento da burguesia romena anormal e aberrante, como queria Gherea, ou "normal", nos sentidos empregados por Stefan Zeletin e Lucretiu Patrascanu, que viam o processo de formas bastante distintas? O primeiro desculpava a corrupção e a voracidade da burguesia como sendo normais nas fases iniciais de seu desenvolvimento, enquanto o segundo via como normal o seu ímpeto em direção ao monopólio e ao imperialismo. No Brasil do pós-guerra, caso o imperialismo e o latifúndio pudessem ser contidos, seria a burguesia capaz de liderar a economia nacional rumo a um desenvolvimento autônomo, como queria o Partido Comunista, ou estaria essa burguesia fatalmente vinculada ao capital, aos padrões de consumo e à cultura estrangeiros, como afirmavam os dependentistas e alguns teóricos dos modos de produção? Para Ruy Mauro Marini, o imperialismo brasileiro era um "subimperialismo", com características peculiares a esta condição, e não o imperialismo de tipo comum que Patrascanu via na Romênia dos tempos da guerra. Na escola estruturalista latino-americana, o papel da burguesia não foi explicitamente tratado como um problema teórico, mas, implicitamente, essa classe era vista como desempenhando um papel importante no processo de desenvol-

Conclusão 511

vimento, auxiliada pelo capital estrangeiro. Para todas as escolas, o campesinato era de tão difícil caracterização quanto a burguesia e, tanto na Romênia quanto no Brasil, havia pouco consenso quanto a essa classe ser única ou composta por diversos segmentos.

Na corrente marxista, dois dos nomes mencionados no parágrafo anterior, Zeletin e Patrascanu, possuíam doutorados obtidos na Alemanha, fato que os distinguia dos autores marxistas brasileiros das décadas de 1920 e 30, diretamente comandados pelo Comintern. Eram muitas as diferenças patentes entre o discurso marxista, na Romênia e no Brasil, dadas as disparidades de condições sociais e políticas entre a Romênia dos anos entreguerras e o Brasil do período do pós-guerra. Havia, entretanto, muitas semelhanças esclarecedoras entre as diversas posições defendidas nos debates que ocorreram em cada um desses países. O marxismo evolucionista de Stefan Zeletin — a opinião de que o capitalismo acabaria por triunfar sobre um passado pré-capitalista — encontrava paralelo na do Partido Comunista Brasileiro do pós-guerra. Dobrogeanu-Gherea tinha em comum com os teóricos brasileiros dos modos de produção a convicção de que os modos de produção pré-capitalistas locais subordinavam-se a um capitalismo dominante e estruturador, embora esses modos e formas explorassem o campesinato de maneiras não previstas por Marx.

Dobrogeanu-Gherea também compartilhava opiniões e teses com os estruturalistas e teóricos da dependência brasileiros — sobretudo sua visão de uma relação Centro-Periferia entre o Ocidente industrializado e seus fornecedores agrários de gêneros alimentícios e matérias-primas. Além do mais, a ênfase colocada por Furtado no consumo das mercadorias e da cultura ocidentais como sendo a força motriz da dependência foi antecipada por Gherea, em sua análise dos *boieri*, embora o romeno negasse a condição burguesa dessa classe, ressaltando a importação de valores mais do que a de mercadorias.

512 Joseph L. Love

Na Romênia, *grosso modo*, o marxismo veio antes do corporativismo, ao passo que no Brasil deu-se o contrário. O "socialismo das classes", na nação balcânica, precedeu o que Manoilescu chamou de "socialismo das nações". No Brasil, a análise marxista apresentava um desenvolvimento fraco antes da Segunda Guerra Mundial, e o corporativismo dos anos entreguerras já havia aberto caminho para as teses estruturalistas sobre as trocas desiguais, antes de um marxismo endógeno ter começado a questionar as teses do Comintern e do Cominform.

Uma diferença evidente entre os debates sobre desenvolvimento econômico ocorridos na Romênia e no Brasil foi que, neste último país, o populismo, ou mesmo o neopopulismo, estiveram ausentes praticamente até a década de 1970. Em parte como conseqüência desse fato, assim como os populistas romenos haviam afirmado que a enorme dianteira tecnológica do Ocidente resultara em monopólios de mercado que excluíam a possibilidade do surgimento de um capitalismo autêntico nos países atrasados, o mesmo argumento foi reinventado pelos dependentistas brasileiros, sessenta anos mais tarde. Além disso, o populista romeno Constantin Stere, como Furtado e os analistas da dependência viriam a fazer, havia observado que as tecnologias poupadoras de mão-de-obra significavam também um número menor de consumidores no mercado nacional. Tal como os dependentistas, Stere ressaltou também o caráter internacional do capitalismo moderno — sua natureza "nômade", que colocava as grandes empresas fora do controle do Estado nacional. E, também, o neopopulista romeno Virgil Madgearu antecipou-se aos analistas da dependência em mais de três décadas, observando que as empresas estrangeiras poderiam transpor as barreiras tarifárias, passando a operar dentro dos países atrasados. De importância ainda maior foi o fato de que a agenda dos neopopulistas e de outros estudiosos da economia camponesa romena, durante os anos entreguerras, incluía uma vasta gama de estudos científicos

Conclusão 513

sem paralelo no Brasil. Entre outras coisas, os cientistas sociais romenos e de outros países da Europa centro-oriental tentaram mensurar o "desemprego disfarçado" muito antes de essa idéia tornar-se uma peça fundamental da economia do desenvolvimento, entre 1945 e 1950.

A ausência dos discursos populistas e neopopulistas, e também da Escola Histórica Alemã, no país sul-americano, na primeira metade do século, significou que o marxismo teria menores possibilidades do que na Romênia de ser examinado de forma crítica por seus primeiros defensores. É discutível se o populismo, em algum momento, teve voz autêntica no Brasil ou se não passou de um epíteto. Fora esse construto ideológico específico, havia, entre os pesquisadores brasileiros, relativamente pouco interesse pelos pequenos proprietários e dependentes rurais, até que os camponeses, em uma definição ampla do termo, ganharam importância no processo político, rivalizando-se com os especuladores e os latifundiários nas frentes de ocupação abertas a partir da década de 1970. Os teóricos dos modos de produção só vieram a dar atenção às relações de produção "arcaicas" com respeito à economia informal das cidades, onde os migrantes rurais haviam há pouco chegado, e aos processos mais amplos que vinham ocorrendo no campo. Também na década de 1970, o populismo neochayanoviano que, no Brasil, devia seu apelo original, em parte, ao fato de tratar da questão dos "modos", formava uma pequena, mas crescente tradição, contando com boa fundamentação empírica. Até os dias de hoje, entretanto, os estudos sobre a economia camponesa brasileira não conseguiram alcançar, em abrangência e profundidade, os estudos sobre o campesinato romeno dos anos entreguerras.

O atraso que todos os teóricos tentaram explicar teve início com a percepção de um contraste. Os intelectuais dos países subdesenvolvidos, na tentativa de entender as economias de suas terras, não podiam deixar de comparar a pobreza local com a riqueza dos países ocidentais

514 Joseph L. Love

com os quais eles comerciavam. Era natural que as trocas desiguais fossem intuídas como sendo a explicação para esse contraste. Lembremo-nos da fala de Falstaff em *As Alegres Comadres de Windsor.**

> ...É uma região da Guiana,
> cheia de ouro e de liberalidades.
> Serei o explorador de ambas
> e ambas serão minhas tesoureiras.
> Elas serão minhas Índias orientais e ocidentais
> e comerciarei com todas duas.[7]

Para diversos autores marxistas, populistas e corporativistas, Manoilescu inclusive, um corolário das trocas desiguais era a divisão internacional do trabalho entre nações exploradoras e exploradas, plutocráticas e proletárias. Essa noção, inventada e reinventada em inícios do século XX, na Romênia e em outros países, vinculava-se, em termos políticos, aos nacionalismos que então surgiam, primeiro na Europa e depois de forma mais generalizada. Mas essa idéia representava a vulgarização do conceito de trocas desiguais, não sendo decorrência necessária deste.

A constatação das trocas desiguais era o ponto em comum entre o populismo clássico, a teoria protecionista de Manoilescu e, na América Latina, o estruturalismo, o colonialismo interno, a dependência e até mesmo a literatura sobre os modos de produção, apesar de esta última ostensivamente ressaltar as relações de produção e não as relações de troca. Mas mesmo nesta, o papel dos intermediários (o capital comercial) era às vezes de importância crucial, sendo que, nos modos articulados, o explorador imediato da mão-de-obra não recebia, necessariamente, a maior parcela da mais-valia produzida. Por exemplo, a ex-

---

* William Shakespeare, *Obra Completa*, Nova Versão, anotada, de F. Carlos de Almeida Cunha Medeiros e Oscar Mendes. Volume II, Editora Nova Aguilar, Rio de Janeiro, 1988. (N. T.)

ploração dos trabalhadores rurais e dos camponeses, por meio dos mecanismos de mercado ou pela força — essa última um meio ainda largamente empregado nas zonas rurais do Brasil, no ano de 1993[8] — mantinham baixos, para os industriais urbanos, o custo dos bens de salário.

Quanto à tradição marxista, pode ser útil pensar a relação de trocas desiguais como sendo uma relação múltipla, em qualquer forma de produção complexa ou "de mundo real", uma vez que o valor da mão-de-obra como mercadoria é, segundo a teoria marxista, trocado de forma desigual já na primeira instância com o empregador capitalista, que paga o salário. Todas as fases da produção envolvem uma troca do trabalho por menos que seu valor integral, num processo de trocas desiguais em série. Os processos produtivos muitas vezes atravessam as fronteiras internacionais, de forma que a exploração da mão-de-obra e as trocas desiguais são processos múltiplos e concatenados. Isso não significa, necessariamente, que a exploração da mão-de-obra colonial ou do Terceiro Mundo seja a *principal* fonte da riqueza capitalista — embora Manoilescu e alguns dos teóricos da dependência tenham chegado a essa conclusão —, uma vez que, para Marx, a mais-valia relativa, baseada no aumento da produtividade, é a maior fonte da expansão da riqueza. Por sua vez, os aumentos de produtividade por meio da mais-valia relativa são alcançados graças a aperfeiçoamentos organizacionais nos processos produtivos e, principalmente, a mudanças tecnológicas.

Quanto às tradições não-marxistas, as diferenças de produtividade entre o Centro e a Periferia, no comércio internacional, eram o cerne das análises de Manoilescu e de Prebisch. Para Prebisch, entretanto, as diferenças de produtividade eram ditadas principalmente por mudanças tecnológicas e por inovações organizacionais, somadas a falhas de mercado diferentes para o Centro e para a Periferia, e não pelo trabalho despendido ou pelo capital por trabalhador, como no modelo estático de Manoilescu. O romeno, no entanto, antecipou as considerações sobre os duplos fatores (o custo dos bens transacionados em termos do trabalho despendido para produzi-los) introduzidas no debate, na era do pós-guerra, por Raúl Prebisch, e desenvolvidas por John Spraos. De qualquer forma, na teoria econômica moderna, Mihail Manoilescu é lembrado, antes de mais nada, pelo "argumento Manoilescu", que dizia que quando a produtividade marginal da mão-de-obra da agricultura fica abaixo da de outros setores, o excesso de mão-de-obra deve ser transferido para as indústrias ou para outras atividades de alta produtividade. Essa prescrição ainda é controvertida, uma vez que desvia a atenção do aumento da produtividade do trabalho agrícola.

Manoilescu não apenas escreveu sobre comércio internacional e desenvolvimento, mas teorizou também sobre o corporativismo. Há uma relação histórica, se não diretamente analítica, entre o corporativismo e o estruturalismo latino-americano. Manoilescu e François Perroux, na década de 1930, prepararam o caminho para a recepção dessa última escola no Brasil. Perroux foi seqüencialmente associado às duas escolas, tendo contribuído para ambas. A tese das trocas desiguais, de Manoilescu, forneceu um modelo do colonialismo interno semelhante ao proposto, para o Brasil, por Furtado e Hans Singer. Mas as similitudes analíticas se limitam ao plano mais geral, e o keynesianismo tem muitos traços em comum com ambas as escolas, tentando explicar e corrigir, ou neutralizar, as falhas do mercado, os oligopólios e oligopsônios de mundo real nos mercados de produtos, capital e mão-de-obra.[9] De qualquer forma, acredito que a teoria de Manoilescu sobre o corporativismo e sua teoria sobre o protecionismo, que precedeu em cinco anos seu tratado corporativista e é o interesse central deste estudo, são separáveis. O próprio Manoilescu afirmou, uma vez, que havia apenas uma conexão "limitada" entre suas teorias econômica e política.[10]

Conclusão 517

Um economista que, como Perroux, não era nem romeno nem brasileiro, mas cujo trabalho constitui elemento essencial desta narrativa, é o argentino Raúl Prebisch. A literatura sobre Prebisch é vasta e freqüentemente hagiográfica, em parte por ele ter dirigido um fórum institucional, a CEPAL. A principal contribuição deste livro para a avaliação do trabalho de Prebisch foi a de localizá-lo, alternadamente, em correntes ortodoxas e heterodoxas, afirmando que sua posição inicial e definidora foi eclética. Para estabelecer essa proposição, mostrei a maneira pela qual ele foi influenciado não apenas por Keynes e possivelmente por Sombart, Wagemann e Manoilescu, mas também por Nikolai Kondratief, Louise Sommer, Gustav Cassel e, de forma especial, por Charles Kindleberger. Mostrei, no Capítulo 8, como sua tese sobre as trocas desiguais diferia, em aspectos fundamentais, da de Manoilescu. Entretanto, a terceira parte deste livro não tratou primordialmente de Prebisch, mas sim da escola estruturalista no Brasil e da elaboração de sua doutrina, e também de formas de marxismo — as contestações ao estruturalismo — que, na análise da dependência, tenderam a se fundir com este. De fato, cheguei a afirmar, no Capítulo 12, que o estruturalismo latino-americano, e não o marxismo, foi a fonte principal da análise da dependência.

Terão as doutrinas examinadas neste livro não apenas um passado, mas também um futuro? Na esteira do colapso da União Soviética e de seus regimes-satélites, em 1989-91, não resta dúvida de que os programas marxistas de desenvolvimento[11] parecem agora muito menos relevantes do que em qualquer outro período de nosso século, como não há dúvida também de que eles sejam irrelevantes face às duras escolhas que o Terceiro Mundo tem pela frente. Menos súbito, mas ainda assim patente, foi o fato de que caíram em desfavor, nas últimas duas décadas, as soluções estatais para os problemas do atraso econômico. Na historiografia econômica da América Latina, o acúmulo de provas de que o crescimento industrial,

518   *Joseph L. Love*

no século XX, vem se correlacionando de forma positiva com o comércio externo teve o efeito de destruir a fé nas soluções de "desatrelamento". Quanto ao Estado como fomentador do desenvolvimento, Celso Furtado, cujas teses relativas à importância central das ações governamentais foram examinadas nestas páginas, admitiu, em uma memória recente, que o Estado brasileiro está precisando ser reformado, embora ainda sustente que seu papel é indispensável na passagem do atraso para o desenvolvimento. Furtado, de forma vaga, menciona formas abusivas de corporativismo presentes no Estado brasileiro,[12] referindo-se, talvez, à corrupção militar durante a ditadura institucional dos anos 1964-1985. Entretanto, qualquer pessoa familiarizada com as burocracias do Brasil e de outros países da América Latina preocupar-se-ia também com a incompetência e com o "comportamento *rent-seeking*", problemas esses que Furtado sem dúvida admitiria e que Hernando de Soto, de forma tão eloqüente quanto tendenciosa, expôs em relação ao Estado peruano.[13]

O economista indiano Deepak Lal é igualmente convincente em seu ataque ao "dogma dirigista" do desenvolvimento econômico. Ele, entretanto, mira seus dardos contra uma forma extrema de dirigismo, que suplanta, mais que suplementa, o mecanismo dos preços. Examinando principalmente a experiência do período do pós-guerra na Índia, e não na América Latina, Lal afirma, por exemplo, que as taxas de câmbio e as políticas comerciais protecionistas tornaram as escassas divisas ainda mais escassas, por duas razões: em primeiro lugar, porque importando apenas os "essenciais" — bens de capital, gêneros alimentícios e combustíveis — o governo e os agentes privados tornaram-se insensíveis às alterações nos preços relativos dessas mercadorias; em segundo lugar, porque os controles comerciais tinham um viés antiexportações em geral, abrangendo até mesmo as inovações. Conseqüentemente, o "hiato das divisas" tornou-se uma profecia que se autocumpriu.[14] A mesma crítica poderia ser ende-

Conclusão 519

reçada às políticas de industrialização estatal de Manoilescu e outros autores, na Romênia dos anos 1930, e ao estruturalismo de Prebisch e de Furtado, na década de 1950. Quanto ao caso indiano, Lal afirma que a intervenção governamental levou a mais, e não a menos distorções, desequilíbrios e deformações. Não se quer dizer com isso, porém, que os latino-americanos fossem indiferentes à questão das distorções econômicas induzidas pela intervenção estatal. As distorções criadas pelo Estado nos mercados de câmbio, de capital e de mão-de-obra foram a pedra angular da análise de Furtado sobre o colonialismo interno no Nordeste brasileiro, e Prebisch, em 1963, estava entre os primeiros economistas a perceber o protecionismo excessivo dos governos latino-americanos e a protestar contra ele.[15]

O liberalismo foi a primeira das doutrinas econômicas formais examinadas neste trabalho, e seria justo perguntar, neste ponto: será que estivemos andando em círculos? Alguns comentaristas se referem ao "neoliberalismo", enquanto outros o chamam de "neoconservadorismo", mas ambos os grupos têm em mente a doutrina liberal de retirar as restrições ao mercado e tentar restaurar a divisão internacional do trabalho, ao mesmo tempo permitindo que os países do Terceiro Mundo desenvolvam novos mercados de exportação. Embora o neoliberalismo, nos últimos anos, tenha demonstrado seu vasto poderio, seria errado concluir que o papel do Estado nas economias desenvolvidas, ou que estão lutando para se desenvolver, tenha sido ou deva ser abandonado. Na verdade, grandes controvérsias sobre qual deveria ser o papel do Estado continuam acontecendo.

No Brasil e na América Latina dos anos 1980, o estruturalismo cedeu lugar ao "neo-estruturalismo". A nova versão tenta evitar os erros da industrialização de substituição de importações e assimilar as lições do neoliberalismo, buscando, por exemplo, novas oportunidades de exportação com uma política flexível, que permita o desen-

520   *Joseph L. Love*

volvimento tanto do mercado interno quanto do mercado externo: o "desenvolvimento para dentro" de Prebisch seria substituído por um "desenvolvimento de dentro para fora". O Estado continuaria intervencionista, tentando colaborar com o setor privado, mas trataria também do desenvolvimento social, dos problemas ambientais e das questões de justiça social.[16] Outra via para as pesquisas futuras seriam análises formais dos diversos tipos de falhas de mercado.

Para um neo-estruturalista, o brasileiro Winston Fritsch, o recorrente desequilíbrio externo que nas décadas de 1940 e 50 preocupava Prebisch e Furtado seria superado, na década de 1990, não com menos, mas com mais comércio externo, tendo em vista a crescente participação das manufaturas no mercado mundial e as limitações de uma estratégia de compressão das importações. Segundo Fritsch, as nações latino-americanas deveriam seguir uma política de liberalização generalizada do comércio, combinada à proteção das indústrias nascentes, em especial as manufatureiras, com base em critérios de eficiência e competitividade no mercado internacional.[17] Nesse ponto, o neo-estruturalismo reconcilia a tradição estruturalista, com sua ênfase na industrialização, com as provas cada vez mais sólidas da associação entre o crescimento econômico e o comércio internacional.[18]

Não resta dúvida de que a justiça social continua sendo uma questão de importância central para a economia do desenvolvimento (por exemplo, no trabalho de Amartya Sen, o economista indiano de Harvard[19]) e, de fato, uma crescente e até mesmo obscena desigualdade vem caracterizando boa parte do processo de crescimento na América Latina. A decisão do México de seguir políticas internas neoliberais, atrelando suas esperanças ao mercado dos Estados Unidos, na Associação de Livre-Comércio da América do Norte, pode ter sido correta, mas a questão da justiça social (e a necessidade da intervenção do Estado) foi levantada imediatamente a seguir, pela revolta de Chiapas. O fato de que o estruturalismo, em uma

Conclusão 521

versão renovada e moderada, talvez tenha futuro, deve-se em grande medida à atenção dada por ele à questão da justiça social, o que tem repercussões também no tamanho e na natureza da demanda.

Outra iniciativa promissora da tradição estruturalista foi a pesquisa sobre o setor informal, realizada pelo Programa Regional do Emprego da América Latina e do Caribe (PREALC),[20] uma divisão de forte orientação estruturalista da Organização Internacional do Trabalho, associada à sede regional da ONU, em Santiago. Centrando-se na microeconomia das ruas, os economistas e sociólogos do PREALC vêm tentando entender as características positivas e negativas da economia informal latino-americana, tão importante e no entanto de tão difícil mensuração — em parte devido a sua heterogeneidade — nos dias de hoje. Esse estudo talvez consista na contrapartida latino-americana do estudo sobre os artesãos e pequenos camponeses, realizado na Europa centro-oriental de antes de 1945. Seja como for, a literatura sobre o setor informal, quer da perspectiva do PREALC de Santiago, do Instituto Liberdade e Democracia, de Hernando Soto, em Lima, quer dos marxistas do CEBRAP, de São Paulo, levanta a importante questão de onde termina o desemprego disfarçado, ou subemprego, e onde começa o emprego em um setor informal (eficiente). O subemprego, na verdade, parece prevalecer.[21]

Apesar da atual onda de privatização, dirigida contra o desperdício e a má administração existentes nas burocracias estatais, parece pouco provável que o apelo básico do estruturalismo, na América Latina — o papel do governo como ator econômico, destinado a corrigir desequilíbrios e distorções —, venha a desaparecer tão cedo. Em nível mundial, pode haver ciclos históricos de crescimento e encolhimento do Estado, mas, de qualquer forma, está claro que um Estado vigoroso é de importância vital para a criação e a manutenção de mercados eficientes.[22] Além do mais, a intervenção estatal sempre terá seus defensores

522 Joseph L. Love

entre aqueles que acreditam nas políticas demográficas e ambientais. Nos cinco últimos séculos, o poderio do Estado moderno vem avançando em relação simbiótica com o desenvolvimento do capitalismo. Em termos mais concretos, vale notar que os países mais desenvolvidos possuem, na média, governos com poderes arrecadadores muito maiores que os dos países do Terceiro Mundo, fato que parece indicar que um grande setor estatal é inerente ao desenvolvimento "maduro". Nos 24 países industrializados, em 1990, a arrecadação tributária governamental variava de 30% do produto nacional nos Estados Unidos e no Japão a 37% na Alemanha, 43% na França e 58% na Suécia.[23] Além disso, à medida que o Leste europeu e a América Latina se privatizavam, os Estados Unidos se socializavam, após o colapso das instituições de poupança e empréstimos do país. Em inícios de 1991, o governo americano apossou-se de US$ 200 bilhões em ativos privados, e estimava-se que outros US$ 100 bilhões seriam necessários antes de a crise poder ser resolvida.[24] E, apesar dos inegáveis prejuízos causados pelo "comportamento *rent-seeking*" das burocracias do Terceiro Mundo, a intervenção estatal no processo de desenvolvimento jamais chegou a ser repudiada. Embora os economistas ortodoxos apontem para os países de "alto desempenho" do Leste asiático — Japão, Coréia, Malásia, Indonésia, Cingapura, Tailândia e Taiwan — como exemplos do sucesso da aplicação das políticas liberais, uma série de monografias revisionistas vem demonstrando que os governos desempenharam importantes papéis nesse desenvolvimento, por meio da intervenção no mercado no Japão, na Coréia e em Taiwan.[25] Além do mais, os mesmos sete países de "alto desempenho" que, entre 1960 e 1985, alcançaram taxas de crescimento três vezes superiores às da América Latina e às do Sul da Ásia, e cinco vezes superiores às da África sub-saariana, tiveram também um desempenho consideravelmente melhor que as últimas regiões citadas, com respeito à distribuição de renda entre os grupos sociais, graças, em parte, a políticas governamentais que, no Japão, na Coréia e em Taiwan, incluíram a reforma agrária.[26] Um dos temas hoje enfatizados pelos economistas do desenvolvimento é a importância do capital humano, contrastado com o capital físico, e a ampliação da educação primária nos países de alto desempenho do Leste asiático, segundo o Banco Mundial, "é de longe o mais importante fator isolado... nas taxas de crescimento estimadas [para eles]".[27]

No Brasil, país com tradição intervencionista, onde os sinais de exaustão das oportunidades "fáceis" de substituição de importações foram detectados em 1964 por Conceição Tavares, o crescimento registrado num intervalo de tempo mais extenso, indo do pós-guerra até a longa Depressão dos anos 1980, foi também notável. Nos trinta anos que se seguiram a 1950, a participação brasileira no produto total da América Latina subiu de um quarto para um terço. Mesmo na década de 1980, o Brasil foi um dos apenas quatro países latino-americanos (e, provavelmente, o mais intervencionista deles), para os quais a renda *per capita* para 1989 não esteve abaixo da de 1980.[28] Quanto ao comércio externo, o Brasil foi a única nação latino-americana a exibir, na década de 1980, um superávit no setor manufatureiro,[29] fato que se deveu, em boa medida, às empresas paraestatais. No entanto, o crescimento brasileiro, no período do pós-guerra, dependia, em boa parte, do desempenho da economia mundial, e de fato o crescimento do país não foi acompanhado por ganhos em termos de justiça social. O que ocorreu foi justamente o contrário, como ressaltou Furtado, entre outros. As enormes disparidades em termos de distribuição de renda e o consumo suntuário, por parte das camadas superiores, continuam sendo, na América Latina, as grandes preocupações do neo-estruturalismo e de outras correntes, em parte devido às suas implicações para o crescimento a longo prazo.[30] A controvérsia quanto ao papel do Estado no desenvolvimento econômico vai continuar. Os

524   Joseph L. Love

estadistas brasileiros, até recentemente, vinham sendo muito mais resistentes a políticas neoliberais amplas que seus colegas no Chile, na Argentina e no México. No entanto, um sinal dos tempos foi a evolução da posição de Fernando Henrique Cardoso que, em 1995, não buscava mais "caminhos para o socialismo"[31] mas, como novo presidente do Brasil, tentava aumentar o grau de privatização da economia nacional, mantendo, simultaneamente, uma rede de segurança social mínima. Podemos nos perguntar se essa guinada deve-se simplesmente ao pragmatismo de um político ou se, ao contrário, uma revisão teórica virá a seguir.

Por último, quanto às idéias discutidas neste livro, não é intenção do autor decidir se elas, em última análise, são falsas ou verdadeiras. Essa tarefa fica para os economistas e, para algumas áreas, nem todos os dados relevantes encontram-se já disponíveis. Além disso, os "testes" empíricos destinados a avaliar os resultados das políticas concretas são quase sempre ambíguos, uma vez que estas estão sujeitas a barganhas políticas e à má administração governamental. Os responsáveis pela teoria, portanto, podem negar que esta tenha sido aplicada de forma correta. A principal razão de ser deste trabalho não são os julgamentos quanto a se as idéias aqui tratadas estavam certas ou erradas, mas sim que, com poucas exceções, inspiraram e moldaram as políticas públicas, bem como as iniciativas de indivíduos e grupos, ao longo dos cem anos a partir de 1880: elas foram importantes.

Notas

1. Não afirmo que haja uma descendência direta, mas o trabalho de Von Thünen e, mais tarde, o de Alfred Weber, foram os antecedentes da teoria do lugar central, desenvolvida por Walter Christaller e outros nos anos 1930. Essa forma de análise pode ter inspirado a tese de Perroux sobre os "pólos de crescimento", que, por sua vez, veio a influenciar o estrutura-

Conclusão 525

lismo latino-americano da década de 1950. Ver Von Thünen, 1966 (orig. alem. 1826).

2. Sauvy baseou esse termo no modelo do Terceiro Estado, aludindo à célebre expressão do padre Sièyes, em 1789: "O que é o Terceiro Estado? Tudo. O que foi ele até hoje na Ordem Política? Nada. O que ele quer ser? Algo". Sauvy, 1952, p. 5.

3. Economist Intelligence Unit, 1994, p. 18; 1995, p. 20; Todaro, 1985, p. 54.

4. A renda *per capita* da Polônia, em termos do câmbio internacional, em 1993, era de US$ 2.270. A cifra relativa aos Estados Unidos, por outro lado, era de US$ 24.750. *World Bank Atlas*, 1994, pp. 20-21.

5. Por exemplo, a tese de Manoilescu sobre o comércio internacional foi endossada por Gheorgiu, s. d., p. 37. Ela também recebeu a aprovação, embora sem menção de crédito, de Horovitz, 1958, p. 17, e de Grindea, 1967, p. 196.

6. Sobre as políticas da UNCTAD, ver Nye, 1973; citação na p. 334.

7. Ato 1, cena 3, II, pp. 64-68. No original inglês há um trocadilho: "*cheater*" (trapaceiro) também significa "*escheater*" (na tradução citada, "explorador").

8. "Forced Labor", 1993.

9. O keynesiano J. K. Galbraith afirmou que o governo deveria agir como um "Poder Compensador", ou criar um, em situações de monopólio relativo na economia americana do pós-guerra, conceito esse que guarda uma semelhança óbvia com a visão de Perroux sobre o capital monopolista e os mercados de mão-de-obra, na década de 1930. Galbraith, 1956 (1952).

10. Ver Capítulo 6.

11. Ao contrário de uma sociologia marxista das sociedades capitalistas.

12. Furtado, *Ares*, 1991, p. 154.

13. De Soto, *Other Path*, 1989 (orig. esp. 1986).

14. Lal, 1985 (1983), pp. 1-6, 24-26.

15. Prebisch afirmou que a América Latina tem, na média, as tarifas mais altas do mundo, privando-a de economias de escala e de oportunidades de se especializar em exportações. *Towards a Dynamic Development Policy,* 1963, p. 71.

526 *Joseph L. Love*

16. Ver os ensaios em Sunkel, 1993 (orig. esp. 1991).

17. Fritsch, 1991, pp. 407, 414.

18. Quanto à associação positiva entre comércio externo e crescimento, ver, por exemplo, Levine e Renelt, 1992, que examinaram dados para 119 países; e Esfahani, 1991, que trabalhou com dados para 31 países semi-industrializados. Esfahani ressalta que a correlação entre os desempenhos das exportações e do PIB relaciona-se, principalmente, aos ganhos em termos de divisas, provenientes das exportações, mitigando a "escassez" de importações, que restringe o crescimento da produção desses países.

19. Dentre outros escritos, ver Sen, 1984.

20. Programa Regional de Empleo de América Latina y del Caribe.

21. Para uma discussão sobre a questão da "linha divisória", ver Márquez, 1991, esp. p. 2. Sobre a prevalência do subemprego sobre o emprego produtivo na Venezuela, ver p. 9.

22. Bresser Pereira, 1993; Biersteker, 1990, pp. 488-91; Chaudhry, 1993.

23. Thurow, 1992, p. 269 (citando números da OCDE). É claro que, avaliado pelo lado das despesas, o papel dos governos é ainda maior, na medida em que as despesas são cronicamente maiores que a receita.

24. Ibid., p. 18.

25. Banco Mundial, *East Asian Miracle*, 1993, p. 83. Nessa mesma página, o banco assume uma posição intermediária, defendendo um intervencionismo restrito e *market-friendly*, "para assegurar investimentos adequados em pessoas, a criação de um ambiente competitivo para as empresas, a abertura para o comércio internacional e um administração macroeconômica estável".

26. Ibid., p. 2. A diminuição das disparidades de renda, por sua vez, estimulou a demanda interna e, provavelmente, assegurou um grau maior de legitimidade política e, portanto, de estabilidade para os regimes asiáticos que alcançaram esse sucesso.

27. Ibid., p. 52.

28. Os outros países eram Chile, Colômbia e República Dominicana. E. Cardoso e Fishlow, 1992, p. 197.

29. Fajnzylber, 1990, p. 5.

30. Ver, p. ex., ibid., p. 61.

31. Cardoso e Faletto, *Dependency*, 1979, p. XXIV.

Referências Citadas

Material de Arquivo, Manuscritos Diversos, Planos de Curso Mimeografados, Cartas ao Autor e Entrevistas

Material de Arquivo

Brasil, Arquivo Nacional, Rio de Janeiro

Doc. 85, 22 de setembro de 1937, em A-CFCE, processo 435, "Instituto Nacional do Mate".

Centro de Pesquisa e Documentação de História Contemporânea do Brasil. Fundação Getúlio Vargas, Rio de Janeiro.

"Eugênio Gudin (depoimento)" [transcrição de entrevista]. 1979.

Universidade de Colúmbia: Coleção de Pesquisa de História Oral, Nova York.

Malaccorto, Ernesto: Entrevista dada a Leandro Gutiérrez, Buenos Aires, Argentina, agosto de 1971 (cópia; orig. no Instituto Torcuato di Tella, Buenos Aires, Argentina).

França, Ministère des Affaires Etrangères. Quai d'Orsay, Paris.

Do ministro francês em Bucareste [G. Puaux] ao ministro das Relações Exteriores, 29 de junho de 1931, vol. 170, p. 28.

530 Joseph L. Love

Grã-Bretanha, Foreign Office Public Record Office, Londres.
"Records of Leading Personalities in Romania", 30 de setembro de 1930, FO 371.14438C7527/5547/37; de Leith-Ross F[rederick] W., para *sir* Horace Hamilton, Genebra, 16 de janeiro de 1933, 371.16531 A523/48/2; "Relatórios sobre Personalidades Importantes da Argentina", 27 de janeiro de 1937, 317.20598A674/674/2; de Hoare, *sir* R[eginald] para *sir* Anthony Eden, Bucareste, 12 de janeiro de 1938, [FO 371]R533/250/37; "Relatórios sobre Personalidades Importantes da Romênia", Bucareste, 31 de julho de 1939, FO 371.23855 R5695/5695/37; de Hoare para o Foreign Office, Bucareste, 21 de junho de 1940, FO 371.24992 R6395/475/37; de Hoare para P. B. B. Nichols, 5 de julho de 1940, Bucareste, FO 371.24992 R7024/475/37; Seton-Watson, Hugh: item incluído na correspondência de Hankey ao visconde de Halifax, Bucareste, 22 de julho de 1940, em R7352/475/37.

Nações Unidas, Arquivo da Liga das Nações, Genebra.

Prebisch, Raúl. "Suggestions Relating to the International Wheat Problem." Liga das Nações: Comission Préparatoire/Conférence Monetaire et Economique/E8, 11 de dezembro de 1932 (mimeo).

Nações Unidas: Comissão Econômica para a América Latina e o Caribe. Santiago, Chile.

Prebisch, Raúl. "Versión taquigráfica de la conferencia de prensa ... 15 de noviembre de 1955." (Arquivo de Prebisch.)

_____ . "Anexo especial" para "Noticias de la CEPAL", nº 7, julho de 1963, mimeo.

UN.ECOSOC E/CN.12/17, 7 de junho de 1948; E/CN.12/ 28, 11 de junho de 1948; E/CN.1271, 24 de junho de 1948; E/CN./12/221, 18 de maio de 1951, mimeo.

Coleção Valeriu Dinu, Bucareste.

Dinu, Natalia e Manoilescu, Alexandru, "Profesorul Mihail Manoilescu: Date biografice." MS.

Manoilescu, Mihail. "Memorii." MS. 1946-48; "Urmare la 'memoriile mele'." MS. 1947 (Publicado como *Dictatul de la Viena: Memorii. Iulie-August 1940; Memorii* 2 vols. [todos editados por Valeriu Dinu]. Bucareste, 1991, 1993).

De Manoliu, Florin a Dinu, Valeriu, Bahia Blanca, Argentina, 16 de novembro de 1967.

Manuscritos Diversos

Cardoso, Fernando Henrique. "Autobiografia." MS., 15 de julho de 1991. Documentos de Cardoso, São Paulo. Cópia do autor.

____. "Proceso de desarrollo en América Latina." Mimeo., 1965. Nações Unidas: Instituto Latino-americano de Planejamento Econômico e Social (ILPES), Santiago, Chile. Cópia do autor.

Cardoso, Fernando Henrique e Faletto, Enzo, "Estancamiento y desarrollo económico en América Latina." Mimeo., 1965. Nações Unidas: Instituto Latino-americano de Planejamento Econômico e Social (ILPES), Santiago, Chile. Cópia do autor.

Cresin, Roman. "Forms of exploitation in Rumanian agriculture: Finding[s] of the 1941 agricultural census." MS., s. d. Biblioteca da Universidade de Cornell, Ithaca, NY.

Federação das Indústrias do Estado de São Paulo (FIESP). Circular nº 152. Mimeo., 1º de julho de 1931. Arquivo da FIESP, São Paulo.

Manoliu, Florin. "Curriculum Vitae", MS., 25 de julho de 1970. Universidad Federal del Sur, Bahía Blanca, Argentina. Cópia do autor, cortesia de Lascar Saveanu.

Planos de Curso Mimeografados

Academia Romana, Bucareste.

532 *Joseph L. Love*

Madgearu, Virgil. "Curs de economie agrara." Academia de Inalte Studii Comerciale si de Industrie, 2ª ed., s.d.

Manoilescu, Mihail. "Curs de economie politica." Scoala Politehnica, 1933; versão revista e ampliada, 1940.

Biblioteca Facultatii de Drept, Bucareste.

Patrascanu, Lucretiu. "Curs de economie teoretica", 1947.

Faculdad de Ciencias Económicas, Universidad de Buenos Aires.

Prebisch, Raúl. "Apuntes de economía política (Dinámica económica)", 1948.

_____. "La moneda y los ciclos económicos en la Argentina." Notas de professor assistente, aprovadas por Prebisch, 1944.

Cartas ao Autor

Frank, Andre Gunder. Frankfurt am Main, 1º de novembro de 1977.

Furtado, Celso. Paris, 22 de dezembro de 1982.

Kindleberger, Charles P. Lexington, Mass., 31 de dezembro de 1991.

Lewis, W. Arthur. Princeton, N.J., 6 de maio de 1986.

Perroux, François. Paris, 30 de julho de 1982.

Pinto, Aníbal. Santiago, Chile, 31 de janeiro de 1985.

Prebisch, Raúl. Washington, D.C., 29 de junho de 1977; 9 de novembro de 1977; 26 de junho de 1979.

Rosenstein-Rodan, Paul. Boston, Mass., 13 de maio de 1981.

Saveanu, Lascar. Bahía Blanca, Argentina, 30 de dezembro de 1982.

Singer, Hans W. Brighton. Inglaterra, 21 de agosto de 1979.

Referências Citadas   *533*

Entrevistas

Cardoso, Fernando Henrique. São Paulo, 8 de junho de 1990.

Furtado, Celso. Rio de Janeiro, 31 de maio de 1990.

Laclau, Ernesto. Urbana, Ill., 12 de novembro de 1984.

Marini, Ruy Mauro. Rio de Janeiro, 19 de agosto de 1985.

Perroux, François. Urbana, Ill., 14 de março de 1983.

Prebisch, Raúl. Washington, D.C., 10 de julho de 1978.

Santos, Theotônio dos. Rio de Janeiro, 22 de julho de 1985.

Sousa Martins, José de. São Paulo, 1º de agosto de 1985.

Stahl, Henri H. Bucareste, 28 de outubro de 1981.

Tavares, Maria da Conceição. Rio de Janeiro, 22 de julho de 1985.

Trabalhos e Teses Publicados

Academia Republicii Populare Romîne. Institutul de Cercetari Economice. *Texte din Literatura Economica în Romînia — secolul XIX.* Vol. 1. Bucareste, 1960.

Aguirre Cerda, Pedro. *El Problema Industrial.* [Santiago], 1933.

Albuquerque, Roberto Cavalcanti de, e Cavalcanti, Clóvis Vasconcelos, *Desenvolvimento Regional no Brasil.* Brasília, 1976.

Almeida Magalhães, João Paulo de. *A Controvérsia Brasileira Sobre o Desenvolvimento Econômico: Uma reformulação.* Rio de Janeiro, [1964?].

Althusser, Louis. Ver Balibar, Etienne.

Alvarez Andrews, Oscar. *Historia del Desarrollo Industrial de Chile.* Santiago, 1936.

Alves de Abreu, Alzira. "Nationalisme et Action Politique au Brésil: Une étude sur l'ISEB." Tese de doutorado, Université René Descartes, Paris, 1975.

534 Joseph L. Love

Amaral Lapa, José Roberto do, org. *Modos de Produção e Realidade Brasileira*. Petrópolis, 1980.

Amin, Samir. *Accumulation on a World Scale: A Critique of the Theory of Underdevelopment*. Nova York, 1974 [orig. fran. 1970].

_____. *Unequal Development: An Essay on the Social Formations of Peripheral Capitalism*. Nova York, 1976 [orig. fran. 1973].

Anderson, Perry. "The Asiatic Mode of Production." Em *Lineages of the Absolutist State*, pp. 462-549. Londres, 1974.

_____. *Considerations on Western Marxism*, Londres, 1976.

_____. *In the Tracks of Historical Materialism*. Londres, 1983.

Andersson, Jan. *Studies in the Theory of Unequal Exchange Between Nations*. Helsinki, 1976.

Angelescu, I[on] N. "Avutia nationala a României." *Democratia* 3, nº 7, 1º de julho de 1915: 297-308.

_____. "Dependenta Noastra Economica si Reorganizarea Economiei Rationale." *Democratia* 3, nº 16, 1915: 720-25.

_____. *Politica Economica a României Mari* Bucareste, 1919.

_____. "România Actuala si Politica Economica Internationala". *Analele Economice si Statistice* 10, nºs. 1-2, 1927: 1-13.

Anglade, Christian. "State and Capital Accumulation in Contemporary Brazil." Em Anglade e Carlos Fortin, orgs. *The State and Capital Accumulation in Latin America*, Vol. 1: Brazil, Chile, Mexico, pp. 52-138. Pittsburgh, 1985.

Angotti, Thomas. "The Political Implications of Dependency Theory." Em Ronald H. Chilcote, org., *Dependency and Marxism: Toward a Resolution of the Debate*, pp. 124-37. Boulder, Colorado, 1982.

Antonacci, Maria Antonieta Martines. "A Vitória da Razão: O Instituto de Organização Racional do Trabalho de 1931 a 1945." Tese de doutorado, Universidade de São Paulo, 1985.

Referências Citadas   535

"The Argentine Industial Exhibition." *Review of the River Plate*, 22 de dezembro de 1933, pp. 11-17.

Aricó, José. *La Cola del Diablo: Itinerario de Gramsci en America Latina*. Buenos Aires, 1988.

_____. Marx *y América Latina*, 2ª ed. rev., Cidade do México, 1982 [1980].

Arndt, H[einz] W[olfgang]. "Economic Development: A Semantic History." *Economic Development and Cultural Change* 29, nº 3, abril 1981: 457-66.

_____. *Economic Development: The History of an Idea*. Chicago, 1987.

_____. "The Origins of Structuralism." *World Development* 13, nº 2, fev. 1985: 151-59.

Aunos [Pérez], Eduardo. *La Reforma Corporativa del Estado*. Madri, s.d. [1935?].

Aurelian, P[etre] S. *Viitorul Nostru Economic*. Bucareste, 1890.

Azevedo, João Lúcio de. *Épocas de Portugal Econômico: Esboços de História*. 2ª ed., Lisboa, 1947 [1929].

Baer, Werner. *The Brazilian Economy*. 4ª ed., Nova York, 1995 [1979].

_____. "Furtado on Development: A Review Essay." *Journal of Developing Areas* 3, 2, jan. 1969: 270-80.

_____. "Furtado Revisited." *Luso-Brazilian Review* 2, nº 1, verão 1974: 114-21.

_____. "Import Substitution and Industrialization in Latin America." *Latin American Research Review* 7, nº 1, primavera 1972: 95-122.

_____. "Regional Inequality and Economic Growth in Brazil." *Economic Development and Cultural Change* 12, 1964: 268-85.

Bagú, Sergio. *Economía de la Sociedad Colonial: Ensayo de História Comparada de América Latina*. Buenos Aires, 1949.

536 Joseph L. Love

_____. "¿Y Mañana, Qué?" *Revista de Economía* [México] 7, nºs. 5-6, 30 de junho de 1944: 36-39.

Bak, Joan L. "Political Centralization and the Building of the Interventionist State in Brazil: Corporatism, Regionalism and Interest Group Politics in Rio Grande do Sul, 1930-1937." *Luso-Brazilian Review* 22, nº 1, verão 1985: 9-25.

Balibar, Etienne. "The Basic Concepts of Historical Materialism." Em Louis Althusser e Balibar, *Reading Capital* [tradução de Ben Brewster], pp. 199-308. Londres, 1970 [orig.fr. 1965].

_____. "Sur la Dialectique Historique: Quelques remarques Critiques à Propos de *Lire le Capital*." *La Pensée: Revue du Rationalisme Moderne*, nº 170, agosto 1973: 27-47.

Bambirra, Vânia. *El Capitalismo Dependiente Latinoamericano*. Cidade do México, 1974.

Banco Central da República Argentina. *Memoria, 1938, Memoria 1942*. Buenos Aires, 1939, 1943.

_____. org., ed. *La creación del Banco Central y la experiencia monetaria argentina entre los años 1935-1943*. 2 vols., Buenos Aires, 1972.

Banco de la Nación Argentina. *Economic Review* 1, nº 1, agosto 1928; série 2: 1, nº 1, 1937.

Baran, Paul A. *The Political Economy of Growth* [trad. de S. Ferreira da Cunha como *A Economia Política do Crescimento Econômico*. Rio de Janeiro, 1960]. Nova York, 1957.

Bartra, Roger *et al*. *Modos de Producción en América Latina*. Lima, 1976.

Baumol, William J. e Seller, Ellen Viner, "Jacob Viner." *International Encyclopedia of the Social Sciences*. Vol. 18, pp. 784-85. Nova York, 1979.

Belaúnde, César H. "Corporatismo." Tese de licenciatura, Facultad de Ciencias Económicas, Universidad de Buenos Aires, 1939.

Referências Citadas   537

Benenati, Antonio, *Le Développement Inégale en Italie.* Paris, 1982.

Berend, Ivan T. e Ranki, Gyorgy, *East Central Europe in the Nineteenth and Twentieth Centuries.* Budapeste, 1977.

_____. *Economic Development in East-Central Europe in the Nineteenth and Twentieth Centuries.* Nova York, 1974.

_____. *The European Periphery and Industrialization, 1780-1914.* Cambridge, Inglaterra, 1982.

Berle, Adolf, Jr. e C. Means, Gardiner, *The Modern Corporation and Private Property.* Nova York, 1934.

Bernstein, Eduard. *Evolutionary Socialism: A Criticism and Affirmation.* Nova York, 1909 [orig. alem. 1899].

Beveraggi-Allende, Walter. "Argentine Foreign Trade Under Exchange Control." Tese de doutorado, Universidade de Harvard, 1952.

Bhaduri, Amit. "Disguised Unemployment." Em John Eatwell *et al.*, orgs., *The New Palgrave: Economic Development*, pp. 109-13. Nova York, 1989 [1987].

Bhagwati, Jagdish N. "Comment on Raúl Prebisch, 'Five Stages in my Thinking on Development'." Em Gerald M. Meier and Dudley Seers, orgs., *Pioneers in Development*, pp. 197-204. Nova York, 1984.

Bielschowsky, Ricardo. "Brazilian Economic Thought in the Ideological Cycle of Developmentalism (1930-64)." Tese de doutorado, Universidade de Leicester, 1985.

Biersteker, Thomas J. "Reducing the Role of the State in the Economy: a Conceptual Exploration of IMF and World Bank Prescriptions." *International Studies Quarterly* 34, 1990: 477-92.

Blaug, Mark. *The Methodology of Economics: Or How Economists Explain.* Cambridge, Inglaterra, 1980.

Bloch, Marc. *Feudal Society*, 2 vols. Londres, 1961 [orig. fran. 1939].

538   Joseph L. Love

Boeke, J[ulius] H. "Dualistic Economics." Em Koninllijk Institut voor de Tropen, org., *Indonesian Economics*, q. v., pp. 165-92.

_____. *Economics and Economic Policy of Dual Societies as Exemplified by Indonesia*. Haarlem, 1953.

_____. *Tropisch-koloniale staathuishoudkunde: Het probleem*. Amsterdam, 1910.

Böker, Hugo. "Agriculture's Share in the National Income and the Agricultural Situation." *International Review of Agriculture* 32, nº 1, jan. 1941: 1E-30E.

Bottomore, Tom *et al. A Dictionary of Marxist Thought*. Oxford, 1983.

Brandão, Octavio [pseud. Fritz Mayer]. "Fundamentos da estratégia do PCB." Em Paulo Sérgio Pinheiro e Michael M. Halls, orgs. *Classe Operária no Brasil,* vol. 1, pp. 270-74. São Paulo, 1979 [1924].

Brandão de Brito, José M. "O Condicionamento Industrial e o Processo Português de Industrialização após a Segunda Grande Guerra." 2 vols. Tese de doutorado, Universidade Técnica de Lisboa, 1987.

_____. "Os Engenheiros e o Pensamento Econômico do Estado Novo." Em José Luís Cardoso, org. *Contribuições para a História do Pensamento Econômico em Portugal,* pp. 209-34. Lisboa, 1988.

Braudel, Fernand. *Civilization and Capitalism: 15th-18th century* [sic]. Vol. 2, Nova York, 1982 [orig. fran. 1979].

Brasil: Conselho de Desenvolvimento. Grupo de Trabalho para o Desenvolvimento do Nordeste. [Celso Furtado, autor principal]. *Uma Política de Desenvolvimento Econômico para o Nordeste*. Rio de Janeiro, 1959.

Brasil: Directoria Geral de Estatística. *Recenseamento do Brasil, 1920*. Vol. 5, Parte 1, Indústria. Rio de Janeiro, 1922-29.

Brasil: Instituto Brasileiro de Geografia e Estatística. *Estatísticas Históricas do Brasil.* Rio de Janeiro, 1990.

____. *Recenseamento Geral do Brasil (1º de setembro de 1940).* Vol. 3. Censos econômicos. Rio de Janeiro, 1950.

Brasil: Presidência da República. *Plano Trienal de Desenvolvimento Econômico e Social (1963-1965): Síntese* [Rio de Janeiro], 1963.

Bresser Pereira, Luiz Carlos. "Economic Reform and Cycles of State Intervention." *World Development,* 21, 8, agosto 1993: 1337-53.

Brewer, Anthony. *Marxist Theories of Imperialism: A Critical Survey.* Londres, 1980.

Brinkmann, Carl. "Mihail Manoilesco [sic] und die klassische Aussenhandelstheorie." *Weltwirtschaftliches Archiv* 48, Parte 2, 1938: 273-87.

Brown, William A, Jr. *The International Gold Standard Reinterpreted, 1917-1934.* 2 vols, Nova York, 1940.

Buesa Blanco, Miguel. "El Estado en el Proceso de Industrialización: Contribución al Estudio de la Política Industrial Español en el Período 1939-1963." Tese de doutorado, Universidade Complutense de Madrid, 1983.

Burekow, Nicholas. "The Dynamic Role of Trade in Development: Romania's Strategy." Tese de doutorado, Universidade de Notre Dame, 1980.

Buletinul Uniuniei Generale a Industriasilor din România. Vols. 1-18. Bucareste, 1921-38.

Bussot, A. "Le Bloc des États Agricoles de l'Europe Centrale et Orientale et Son programme." *Revue d'Economie Politique* 47, 1933: 1544-58.

Byé, M[aurice]. "Le Congrès des Économistes de Langue Française (1936)." *Revue d'Economie Politique,* 1937: 141-46.

540   Joseph L. Love

Caballero, Manuel. *Latin America and the Comintern, 1919-1943.* Cambridge, Inglaterra, 1986.

Caetano, Marcelo. *O Sistema Corporativo.* Lisboa, 1938.

Campos, Roberto [de Oliveira]. *A Lanterna na Popa: Memórias.* Rio de Janeiro, 1994.

Cardoso, Ciro Flamarion Santana. *Escravo ou Camponês? O protocampesinato Negro nas Américas.* São Paulo, 1987.

____. "The Peasant Breach in the Slave System: New Developments in Brazil". *Luso-Brazilian Review* 25, nº 1, verão 1988: 49-58.

Cardoso, Ciro F. S. e Brignoli, Hector Pérez, *História Económica de América Latina.* Vol. 2. *Economías de Exportación y Desarrollo Capitalista.* Barcelona, 1979.

Cardoso, Eliana e Fishlow, Albert, "Latin American Economic Development, 1950-1980." *Journal of Latin American Studies* 24. Quincentenary Supplement, 1992: 197-218.

Cardoso, Fernando Henrique. "Althusserianismo ou Marxismo? A Propósito do Conceito de Classes em Poulantzas." Em *O Modelo Político Brasileiro* , q.v., pp. 104-22.

____. "Associated-Dependent Development: Theoretical and Practical Implications." Em Alfred Stepan, org. *Authoritarian Brazil: Origins, Policies and Future*, pp. 142-78. New Haven, 1973.

____. "The Consumption of Dependency Theory in the United States." *Latin American Research Review* 12, nº 3, 1977: 7-24.

____. "Desenvolvimento e Dependência: Perspectivas Teóricas na Análise Sociológica." Em *Mudanças sociais na América Latina*, pp. 7-22. São Paulo, 1969.

____. *Empresário Industrial e Desenvolvimento Econômico no Brasil.* São Paulo, 1964.

Referências Citadas 541

_____. "The Entrepreneurial Elites of Latin America." *Studies in Comparative International Development* 2, nº 10, 1966: 145-62.

_____. *Ideologías de la Burguesía Industrial en Sociedades Dependientes (Argentina y Brasil)*. Cidade do México, 1971.

_____. *O Modelo Político Brasileiro e Outros Ensaios*. São Paulo, 1972.

_____. "Novas Teses Equivocadas." Em *Autoritarismo e Democratização*. Rio de Janeiro, 1974.

_____. "Participação e Marginalidade: Notas para uma Discussão Teórica." Em *O Modelo Político Brasileiro*, q.v., pp. 166-85.

_____. "Teoria da Dependência ou Análises Concretas de Situações de Dependência?" CEBRAP, *Estudos 1*, 1971: 25-45.

Cardoso, Fernando Henrique e Faletto, Enzo, *Dependencia y Desarrollo en América Latina: Ensayo de Interpretación Sociológica*. Cidade do México, 1969.

_____. *Dependency and Development in Latin America* [trad. de Marjorie Urquidi de *Dependencia y Desarrollo en América Latina*, q.v.]. Berkeley, 1979.

Cardoso, Fernando Henrique e Reyna, José Luis, "Industrialization, Occupational Structure and Stratification in Latin America." Em Cole Blasier, org., *Constructive Change in Latin America*, pp. 19-55. Pittsburgh, 1968.

Cardoso de Mello, João Manoel. *Capitalismo Tardio: Contribuição à Revisão Crítica da Formação e do Desenvolvimento da Economia Brasileira*. São Paulo, 1982.

Carone, Edgard, org. *O Marxismo no Brasil (Das origens a 1964)*. Rio de Janeiro, 1986.

_____. *O Pensamento Industrial no Brasil (1880-1945)*, São Paulo, 1971.

542   Joseph L. Love

Cassel, Gustav. *Recent Monopolistic Tendencies in Industry and Trade: Being an Analysis of the Nature and
Causes of the Poverty of Nations.* Genebra, 1927.

Castro, Antônio Barros de e Lessa, Carlos F., *Introducción
a la Economía: Un Enfoque Estructuralista*, 11ª ed.,
Cidade do México, 1973 [orig. port. 1967].

Castro, Armando. "O Ensino de Ciência Econômica na Segunda Metade dos Anos Trinta e a Ação Pedagógica
do Professor Doutor Teixeira Ribeiro." *Boletim da Faculdade de Direito de Coimbra*, número especial,
1978: 1-11.

Castro, Josué. *O Livro Negro da Fome*, 3ª ed. São Paulo,
1968 [1960].

Centre d'Etudes et de Recherches Marxistes. *Sur le "Mode
de Production Asiatique".* Paris, 1969.

[Centro das Indústrias do Estado de São Paulo]. "Prefácio." Em Mihail Manoilescu [*sic*], *Theoria do Proteccionismo e de Permuta Internacional.* São Paulo,
1931.

Chamberlin, Edward. *The Theory of Monopolistic Competition.* Cambridge, Mass., 1933.

Chaudhry, Kiren Aziz. "The Myths of the Market and the
Common History of Late Developers". *Politics &
Science* 21, 3, set. 1993: 245-74.

Chayanov, A[lexander] V[asilievich]. *Die Lehre von der
bäuerlichen Wirtschaft: Versuch einer Theorie der Fa-
milienwirtschaft im Landbau.* Berlim, 1923.

____. "On the Theory of Non-Capitalist Economic Sys-
tems." Em *The Theory of Peasant Economy* q.v., pp.
1-28 [orig. alem., "Zur Frage", q.v., 1924].

____. "Peasant Farm Organization." Em *The Theory of Pea-
sant Economy,* q.v., pp. 29-271 [orig. russo 1925].

____. *The Theory of Peasant Economy* [orgs. Daniel Thorner,
Basile Kerblay e R. E. F. Smith]. Homewood, Ill., 1966.

Referências Citadas 543

_____. "Zur Frage einer Theorie der nichtkapitalistischen Wirtschaftssysteme." *Archiv für Sozialwissenschaft und Sozialpolitik* 51, 1924: 577-613.

Chenery, Hollis B. "The Structuralist Approach to Development Policy." *American Economic Review* 65, n⁰ 2, maio 1975: 310-16.

Cherciu, A. "Comertul, Circulatia Baneasca Finantele si Creditul din Deceniul al 7-lea al Secolului XIX-lea si Pîna la Primul Razboi Mondial." Em Nicolae Marcu, org., *Istorie economica,* pp. 179-201. Bucareste, 1979.

Chiaramonte, José Carlos. *Formas de Sociedad y Economía en Hispanoamérica.* Cidade do México, 1984.

Chirot, Daniel. "Neoliberal and Social Democratic Theories of Development: The Zeletin-Voinea Debate Concerning Romania's Prospects in the 1920's and Its Contemporary Importance." Em Kenneth Jowitt, org. *Social Change in Romania, 1860-1940: A Debate on Development in a European Nation,* pp. 31-52. Berkeley, 1978.

_____. *Social Change in a Peripheral Society: The Creation of a Balkan Colony* . Nova York, 1976.

Chirot, Daniel and Hall,Thomas D., "World-System Theory". *Annual Review of Sociology* 8, 1982: 81-106.

Christodorescu, Gheorge. *O Opera Profesionala: Colaborarea Uniunii Camerelor de Comert si de Industrie cu Puterile Publice 1926-1936.* Vol. 1: *Criza Economica.* Bucareste [1935].

_____. *Problema Dezechilibriului Dintre Preturile Agricole si Cele Industriale.* Bucareste, 1933.

Ciano, Galeazzo. *The Ciano Diaries, 1939-1943* [org. Hugh Gibson]. Nova York, 1946.

Clark, Collin. *The Conditions of Economic Progress.* 2ª ed., Londres, 1951 [1940].

_____. *The Economics of 1960.* Londres, 1942.

544   Joseph L. Love

Concha, Malaquías. "Balanza de Comercio." *Revista Económica* 3, nº 23, (1º de março 1889): 305-33.

____. *La Lucha Económica: Estudio de Economía Social presentado al 4º Congreso Científico Americano Reunido em Santiago de Chile em 1908.* Santiago, 1910.

Condliffe, J. B. "Die Industrialisierung des Wirtschaftlich rückstandigen Länder." *Weltwirtschaftliches Archiv* 37, 1933: 335-59.

Confederação Industrial do Brasil. "Relatório da Diretoria apresentado à Assembléia Geral Ordinária de 19 de maio de 1937." Em Edgard Carone, org. *O Pensamento Industrial no Brasil,* pp. 332-40. São Paulo, 1977.

[Confederação Nacional das Indústrias]. "Interpretação do Processo de Desenvolvimento Econômico da América Latina." *Estudos Econômicos* 1, nºs. 3-4, set.-dez. 1950: 271-306.

Conferência Nacional dos Bispos do Brasil. *Igreja e Problemas da Terra: Documento apurado pela 18ª assembléia da CNBB.* São Paulo, 1980.

____. *Pastoral Da Terra: Posse e Conflitos.* São Paulo, 1976.

Congrès International des Sciences Economiques. *Travaux du Congrès.* Vol. 1, Paris, 1937.

Congresso Brasileiro da Indústria. *Anais.* Vol. 1. São Paulo, 1945.

Constantinescu, Olga. *Critica Teoriei "România — Tara Eminamente Agricola."* Bucareste, 1973.

Contador, Cláudio R. e Haddad, Cláudio L., "Produto Real, Moeda e Preços: A Experiência Brasileira no Período de 1861-1970." *Revista Brasileira de Estatística,* 36, nº 143, julho-setembro 1975; 407-40.

Corden, W. M. *Recent Developments in the Theory of International Trade.* Special Papers in International Economics, nº 7, Princeton, 1965.

Referências Citadas 545

Cornateanu, Nicolae D. *Cercetarii Asupra Rentabilitatii Agriculturii Taranesti.* Bucareste, 1935.

Corradini, Enrico. "Principles of Nationalism." Em Adrian Lyttelton, org. *Italian Fascism from Paretto to Gentile*, pp. 146-47. Londres, 1973 [orig. ital. 1910].

Correia, Serzedelo I. "As Indústrias Nacionais." Em Edgard Carone, org., *O Pensamento Industrial no Brasil (1880-1945)*, pp. 42-46. São Paulo, 1977 [1903].

Coutinho, Carlos Nelson. *O Estruturalismo e a Miséria da Razão.* Rio de Janeiro, 1972.

Cresin, Roman. *Agricultura din Judetul Arges: Rezultate ale Recensamantului Agricol din 1941.* Bucareste, 1945.

____. "Puterea de Cumparare a Agricultorilor." *Viata Agricola.* 25, nº 6, junho 1934: 228-33.

Cueva, Agustín. "El Uso del Concepto de Modo de Producción en América Latina: Algunos Problemas Teóricos." Em Roger Bartra, org., *Modos de Producción en América Latina*, q.v., pp. 20-36.

Cuneo, Dardo. *Comportimiento y crisis de la clase empresarial.* Buenos Aires, 1967.

Dean, Warren. "The Brazilian Economy, 1870-1930." Em Leslie Bethell, org., *The Cambridge History of Latin America.* Vol. 5, pp. 685-724. Cambridge, Inglaterra, 1986.

____. *The Struggle for Rubber: A Study in Environmental History.* Cambridge, Inglaterra, 1987.

Decca, Edgar de. *O Silêncio dos Vencidos,* São Paulo, 1981.

Degener, Herrmann A. L. *Degeners Wer ist's?* Berlim, 1935.

Delaisi, Francis. *Les Deux Europes.* Paris, 1929.

Del Canto Schramm, Jorge. "El Concepto del 'Costo Comparativo' en el Comercio Internacional." *Economía* 4, nºs 8-9, set. 1943: 3-39.

546   Joseph L. Love

Demetrescu, Eugen. "Liberalismul Economic în Dezvoltarea României moderne." Em *Enciclopedia României.*
Vol. 3, pp. 261-74. Bucareste, 1940.

De Soto, Hernando. *The Other Path: The Invisible Revolution in the Third World.* Nova York, 1989 [orig. esp.
1986].

Diakosavvas, Dimitris e Scandizzo, Pasquale, "Trends in the
Terms of Trade of Primary Commodities, 1900-1982:
The Controversy and Its Origins." *Economic Develop-
ment and Cultural Change* 39, nº 2, jan. 1991: 231-64.

Diamandi, Sterie. *Galeria Oamenilor Politici.* Bucareste,
[1936?].

Díaz-Alejandro, Carlos F. *Essays on the Economic History
of the Argentine Republic.* New Haven, 1970.

____. "Latin America in the 1930s." Em Rosemary Thorpe,
org., *Latin America in the 1930s: The Role of the Periphery in World Crisis*, pp. 17-49. Nova York, 1982.

____. "The 1940s in Latin America." Manuscrito, outubro
de 1982.

____. "Trade Policies and Economic Development." Em Pe-
ter B. Kenen, org., *International Trade and Finance:
Frontier for Research,* pp. 93-150. Nova York, 1975.

Diccionario Biografico de Chile, 1948-1949. 7ª ed. Santiago, s.d.

D'Incao e Mello, Maria da Conceição. *A Bóia Fria: Acumulação e Miséria.* Rio de Janeiro, 1975.

Diniz, Eli. "Empresário, Estado e Nacionalismo." Em Diniz
e Renato R. Boschi, *Empresariado Nacional e Estado
no Brasil*, pp. 45-107. Rio de Janeiro, 1978.

Dobb, Maurice. *Studies in the Development of Capitalism.*
Nova York, 1963 [1947].

"Dobrogeanu-Gherea, Constantin". Em Gogoneata *et al.*, orgs.
Istoria Filozofiei Românesti , q.v. Vol. 1, pp. 588-604.

Dobrogeanu-Gherea, Constantin. "Ce vor Socialistii Români: Expunerea Socialismului Stiintific si Programul Socialist." Em *Opere complete*. Vol. 2, pp. 7-126. Bucareste, 1976 [1886].

____. "Din Ideile Fundamentale ale Socialismului Stiintific." Em *Opere complete*. Vol. 3, pp. 408-38. Bucareste, 1977 [1906].

____. "Din Urmarile Regimului Oligarhic." *Viata Socialista* 1, nº 2, dez. 1920: 13-22.

____. "Geneza Oligarhiei Române." *Viata Socialista* 1, nº 1, nov. 1920: 3-9.

____. "Karl Marx si Economistii Nostri." Em *Opere Complete*. Vol. 1, pp. 40-164. Bucareste, 1976 [1884].

____. "Un Mic Raspuns la o Mica Recenzie." Em *Opere complete*. Vol. 3, pp. 456-66. Bucareste, 1977 [1908].

____. "Neoiobagia". Em *Opere complete*. Vol. 4. Bucareste, 1977 [1910].

____. "Post Scriptum sau Cuvinte Uitale." Em *Opere Complete*. Vol. 3, pp.476-504. Bucareste, 1977 [1908].

____. "Rolul Paturii Culte în Transformarile Sociale." Em *Opere complete*. Vol. 2, pp. 426-46. Bucareste, 1976 [1892].

____. *Socialismul în Tarile Înapoiate*. Bucareste, 1945 [1912].

Dore, Elizabeth. "Peasantry." Em Bottomore *et al.*, orgs. A *Dictionary of Marxist Thought,* q.v. pp. 363-65.

Dorfman, Adolfo. *Evolución Industrial Argentina*. Buenos Aires, 1942.

Dulles, John F. *Anarchists and Communists in Brazil, 1900-1935*. Austin, 1973.

Duncan, Kenneth e Rutledge, Ian, "Introduction." Em Duncan and Rutledge, org., *Land and Labour in Latin America: Essays on the Development of Agrarian Capitalism in the Nineteenth and Twentieth Centuries*, pp. 1-22. Cambridge, Inglaterra, 1977.

548   *Joseph L. Love*

Economist Intelligence Unit. *Country Profile: Brazil: 1994-95.* Londres, 1995.

_____. *Country Profile: Romania: 1994-95.* Londres, 1994.

Egoroff, Pawel P. "Die Arbeit in der Landwirtschaft." Em Ianki Stefanov Molloff, org., *Die sozialökonomische Struktur der bulgarischen Landwirtschaft*, pp. 131-59. Berlim, 1936.

Eidelberg, Philip Gabriel. *The Great Rumanian Peasant Revolt of 1907: Origins of a Modern Jacquerie.* Leiden, 1974.

Emmanuel, Arghiri. *Unequal Exchange: A Study of the Imperialism of Trade.* Nova York, 1972 [orig. fran. 1969].

Ene, Ernest, *Spre Statul Taranesc.* Bucareste, 1932.

Engels, Friedrich. "On Historical Materialism." Em Lewis S. Feuer, ed., *Karl Marx and Friedrich Engels: Basic Writings on Politics and Philosophy*, pp. 47-67. Garden City, N. Y., 1959 [1892].

Equipe PIMES. *Desigualdades regionais no desenvolvimento brasileiro.* 4 vols. Recife, 1984.

Ercuta, Petre. *Die Genesis des Modernen Kapitalismus in Rumänien.* Leipzig, 1941.

Escobar, Arturo. *Encountering Development: The Making and Unmaking of the Third World.* Princeton, 1995.

Esfahani, Hadi Salehi. "Exports, Imports and Economic Growth in Semi-Industrialized Countries." *Journal of Development Economics* 35, 1991: 93-116.

Evans, Peter. *Dependent Development: The Alliance of Multinational, State and Local Capital in Brazil*, Princeton, 1979.

El Exilio Español en México, 1939-1982. Cidade do México, 1982.

Fajnzylber, Fernando. *Unavoidable Industrial Restructuring in Latin America.* Durham, N.C., 1990.

Fanganiello, Helena. *Roberto Simonsen e o Desenvolvimento Econômico.* São Paulo, 1970.

[Federação das Indústrias do Estado de São Paulo *et al.*] *Constituição de 10 de novembro de 1934 e a organização corporativa e sindical.* N.p. [1940].

Feinstein, Charles. "The Rise and Fall of the Williamson Curve." *Journal of Economic History* 48, nº 3, 1988: 699-729.

Ferreira Lima, Heitor. "Evolução Industrial de São Paulo." *Revista Industrial de São Paulo* 1º, nº 7, junho de 1945:12-13.

_____. *História do Pensamento Econômico no Brasil.* São Paulo, 1976.

Ferrer, Aldo. *La Economía Argentina: Las Etapas de su Desarrollo y problemas actuales* [trad. de Marjorie Urquidi como *The Argentine Economy.* Berkeley, 1967]. Cidade do México, 1963.

Ffrench-Davis, Ricardo e Muñoz, Oscar, "Latin American Economic Development and the International Environment." Em Patricio Meller, org., *The Latin American Development Debate*, pp. 9-26. Boulder, Colorado, 1991.

Ffrench-Davis, Ricardo, Muñoz, Oscar e Palma, José Gabriel, "The Latin American Economies, 1950—1990." Em Leslie Bethell, org., *Cambridge History of Latin America.* Vol. 6, pp. 159-249. Cambridge, Inglaterra, 1994.

Figueroa, Adolfo. *Capitalist Development and Peasant Economy in Peru.* Cambridge, Inglaterra, 1984.

Findlay, Ronald. "On W. Arthur Lewis' Contributions to Economics." *Scandinavian Journal of Economics* 82, 1980: 62-79.

Fishlow, Albert. "Comment on Raúl Prebisch, 'Five Stages in My Thinking on Development'." Em Gerald M. Meier e Dudley Seers, orgs., *Pioneers in Development*, pp. 192-96. Nova York, 1984.

550   Joseph L. Love

Fitzgerald, E. V. K. "ECLA and the Formation of Latin American Economic Doctrine." In David Rock, ed., *Latin America in the 1940s: War and Postwar Transitions*, pp. 89-108. Berkeley, 1994.

Fodor, Jorge C. e O'Connell, Arturo A., "Argentina y la economía atlántica en la primera mitad del siglo XX." *Desarrollo Económico* 13, nº 49, abril-junho 1973: 3-65.

"Forced Labor in Brazil Revisited: On-site Investigations Document That Practice Continues," *Americas Watch: A Division of Human Rights Watch* 5, nº 12, 30 nov. 1993, 8 pp.

Foster-Carter, Aiden. "From Rostow to Gunder Frank: Conflicting Paradigms in the Analysis of Underdevelopment." *World Development* 4, nº 3, mar. 1976: 167-80.

Foweraker, Joe. *The Struggle for Land: A Political Economy of the Pioneer Frontier in Brazil from 1930 to the Present Day*. Cambridge, Inglaterra, 1980.

Francheschi, Gustavo. "Totalitarismo, Liberalismo y Catolicismo." *Criterio*, nº 662, 7 nov. 1940: 221-27.

Franges, Otto. "Die Donaustaaten Südosteuropas und der deutsche Grosswirtschaftsraum." *Weltwirtschaftliches Archiv* 53, Parte 1, 1941: 284-320.

_____. "L'Industrialisation des Pays Agricoles du Sud-est de l'Europe." *Revue Economique Internationale* 30, nº 3, julho-setembro 1938: 27-77.

_____. "Die treibenden Kräfte der wirtschaftlichen Strukturwandlungen in Jugoslavien." *Weltwirtschaftliches Archiv*, 48, Parte 2, 1938: 309-40.

_____. "Die wirtschaftlichen Beziehungen Jugoslawiens und die Eingliederung in die Weltwirtschaftlich." *Weltwirtschaftliches Archiv* 37, Parte 1, 1933: 113-45.

Frank, Andre Gunder, "Agricultura Brasileira: Capitalismo e o Mito do Feudalismo." *Revista Brasiliense*, nº 51, jan.-fev. 1964: 45-70 [publicado em inglês como "Capitalism and the Myth of Feudalism in Brazilian Agriculture", q.v.].

____. "Capitalism and the Myth of Feudalism in Brazilian Agriculture." Em *Capitalism and Underdevelopment in Latin America*, q.v., pp. 219-333.

____. *Capitalism and Underdevelopment in Latin America: Historical Studies of Chile and Brazil.* Nova York, 1969 [1967].

____. "¿Con qué Modo de Producción Convierte la Gallina Maíz en Huevos de Oro?" *El Gallo Illustrado: Suplemento Dominical de 'El Día'*, nº 173, 17 out. 1965: 2.

____. *Lumpenbourgeoisie, Lumpendevelopment.* Nova York, 1972, [orig. esp. 1970].

____. *On Capitalist Underdevelopment.* Bombaim, 1975.

____. "The Underdevelopment of Development." *Scandinavian Journal of Development Alternatives* 10, nº 3, set. 1991: 5-72 (reimpressão].

Fritsch, Winston. "El Nuevo Marco Internacional: Desafios y Oportunidades." Em Osvaldo Sunkel, org., *El Desarrollo Desde Dentro*, q.v., pp. 397-416.

Fröhllich, Otto. "Wirtschaftliche Rechtfertigung des Zollschutzes?" *Weltwirtschaftliches Archiv* 48, Parte 2, 1938: 288-308.

Frunzanescu, A[urel]. *Munca Omeneasca în Actuala Conjunctura Agricola.* Bucareste, 1935.

Fuentes Irurozqui, Manuel. "Prólogo." Em Mihail Manoilesco [sic], *Teoria del Proteccionismo y del Comercio Internacional* [trad. de Manuel Fuentes Irurozqui de *Théorie du Protectionisme*, q.v.] pp. VII-XV. Madri, 1943.

Furnivall, J. S. *Netherlands India: A Study of Plural Economy.* Nova York, 1944 [1939].

Furtado, Celso. *Accumulation and Development: The Logic of Industrial Civilization* [trad. de Suzette Macedo]. Oxford, 1983 [orig. port. 1978].

552 Joseph L. Love

____. "Adventures of a Brazilian Economist." *International Social Science Journal* [UNESCO] 25, nºs 1-2 (1973): 28-38.

____. *Os Ares do Mundo*, Rio de Janeiro, 1991.

____. "Capital Formation and Economic Development". Em *International Economic Papers* nº 4 (1954): 124-44 [orig. port. 1952].

____. "Características Gerais da Economia Brasileira." *Revista Brasileira de Economia* 4, nº 1 (março 1950): 1-37.

____. *Desenvolvimento e Subdesenvolvimento.* Rio de Janeiro 1961.

____. *Development and Underdevelopment*, Berkeley, 1964 [trad. do item anterior].

____. *Diagnosis of the Brazilian Crisis.* Berkeley, 1965 [orig. port. 1964].

____. *Uma Economia Dependente.* Rio de Janeiro, 1956.

____. *A Economia Brasileira (Contribuição à Análise de seu desenvolvimento).* Rio de Janeiro, 1954.

____. *Economic Development of Latin America: Historical Background and Contemporary Problems* [trad. de Suzette Macedo de *Formação Econômica da América Latina*, q.v.]. Cambridge, Inglaterra, 1970.

____. *The Economic Growth of Brazil: A Survey from Colonial to Modern Times* [trad. para o inglês de Ricardo W. de Aguiar e Eric Charles Drysdale de *Formação Econômica do Brasil*]. Berkeley, 1963 [orig. port. 1959].

____. "L'Économie Coloniale Brésilienne (XVI e XVII Siècles): Eléments d'Histoire Économique Appliqués." Tese de doutorado, Faculdade de Direito, Universidade de Paris, 1948.

____. "Elements of a Theory of Underdevelopment." Em *Development and Underdevelopment*, q.v., pp. 115-40.

____. "External Disequilibrium in the Underdeveloped Economies." *Indian Journal of Economics,* abril 1958: 403-10.

____. "External Disequilibrium in the Underdeveloped Structures." Em *Development and Underdevelopment*, q.v., pp. 141-71.

____. *A Fantasia Desfeita*. São Paulo, 1989.

____. *A Fantasia Organizada*. Rio de Janeiro, 1985.

____. *Formação Econômica da América Latina*. Rio de Janeiro, 1969.

____. *Formação Econômica do Brasil*. Rio de Janeiro, 1959.

____. "Fundamentos da Programação Econômica." *Econômica Brasileira* 4, nºs 1-2, jan.-fev. 1958: 39-44.

____. "The Historic Process of Development." Em *Development and Underdevelopment*, q.v., pp. 77-114 [orig. port. 1955].

____. *A Operação Nordeste*. Rio de Janeiro, 1959.

____. *Perspectivas da Economia Brasileira*. Rio de Janeiro, 1958.

____. Resenha of Albert Hirschman, "The Strategy of Economic Development." *Econômica Brasileira* 5, nºs 1-2, jan.-jun. 1959: 64-65.

____. *Subdesenvolvimento e Estagnação na América Latina*. Rio de Janeiro, 1966.

____. *Underdevelopment and Dependence: The Fundamental Connections*. Center of Latin American Studies, Universidade de Cambridge, 22 nov. 1973 [offset].

____. "Underdevelopment: To Conform or To Reform." Em Gerald M. Meier, org., *Pioneers in Development*, 2ª série, pp. 205-27. Nova York, 1987.

Gabeira, Fernando. *O que é isso, Companheiro?*, 2ª ed., Rio de Janeiro, 1980 [1979].

Galbraith, John Kenneth. *American Capitalism: The Concept of Countervailing Powers*. Nova York, ed. rev., 1956 [1952].

554   Joseph L. Love

Garavaglia, Juan Carlos. *Mercado Interno y Economía Colonial.* Cidade do México, 1983.

Garcia. Afrânio Raul, Jr. *O Sul: Caminho do Roçado: Estratégias de Reprodução Camponesa e Transformação Social.* São Paulo, 1990.

_____. *Terra de Trabalho.* Rio de Janeiro, 1983.

Geertz, Clifford. *Agricultural Involution: The Process of Ecological Change in Indonesia.* Berkeley, 1963.

Georgescu-Roegen, Nicholas. "Economic Theory and Agrarian Economics." Em *Energy and Economic Myths: Institutional and Analytical Economic Essays,* pp. 103-45. Nova York, 1976 [1960].

_____. "Manoilescu, Mihail." Em John Eatwell *et al., The New Palgrave: A Dictionary of Economics.* Vol. 3, pp. 299-300. Londres, 1987.

Gerschenkron, Alexander, *Economic Backwardness in Historical Perspective.* Cambridge, Mass., 1962.

_____. "Economic Development in Russian Intellectual History of the Nineteenth Century." Em *Economic Backwardness,* q.v., pp. 152-87.

Gheorgiu, Mihnea. *Social and Political Sciences in Romania: An Outline History.* Bucareste, s.d.

"Gherea (Dobrogeanu-Gherea), Constantin." Em *Dictionar Enciclopedic Romîn.* Vol. 2, pp. 548-49. Bucareste, 1964.

Giannotti, José Arthur. *Origens da Dialética do Trabalho.* São Paulo, 1965.

Gogoneata, Nicolae, *et al.,* orgs. *Istoria Filozofiei Românesti.* Vol. 1. Bucareste, 1972.

Galopentia, Anton e Georgescu, D. C., orgs., *60 State Românesti Cercetate de Echipele Studentesti în Vara 1938.* Vol. 2. *Situatia economica.* Bucareste, 1941.

Gondra, Luis Roque. "Teorema Ricardiano de los Costos Comparados." *Revista de Ciencias Económicas* 25, nº 195, out. 1937: 863-71.

Gondra, Luis Roque *et al. Pensamiento Económico Latino-Americano: Argentina, Bolívia, Brasil, Cuba, Chile, Haiti, Paraguay, Perú.* Cidade do México, 1945.

Gonzáles, Norberto e Pollock, David. "Del Ortodoxo al Conservador Ilustrado: Raúl Prebisch en la Argentina, 1923-1943." *Desarrollo Económico* 30, nº 130 (jan.-mar. 1991): 455-86.

González Casanova, Pablo. "Internal Colonialism and National Development." *Studies in Comparative International Development* 1, nº 4, 1965: 27-37.

Gorman, Robert A., org. *Biographical Dictionary of Neo-Marxism.* Westport, Conn., 1985.

Graf, Oscar P. *Die Industriepolitik Alt-Rumäniens und die Grundlagen der Industrialisierung Gross-Rumäniens.* Bucareste, s.d. [1927?].

Gramsci, Antonio. "The Southern Question." Em *The Modern Prince and Other Writings,* pp. 28-54. Nova York, 1957 [orig. ital. 1926].

Grilli, Enzo R. e Yang, Maw Cheng. "Primary Commodity Prices, Manufactured Goods Prices and the Terms of Trade of Developing Countries: What the Long Run Shows." *World Bank Economic Review* 2, nº 1, jan. 1988: 1-47.

Grindea, Dan. *Venitul National în Republica Socialista România.* Bucareste, 1967.

Gual Villalbi, Pedro. *Teoría de la Política Comercial Exterior.* Madri, 1940.

Gudin, Eugênio. "A Formação do Economista." *Revista Brasileira de Economia* 10, nº 1, março 1956: 63-70.

____. "Notas Sobre a Economia Brasileira desde a Proclamação da República até os Nossos Dias." *Revista Brasileira de Economia* 26, nº 3, julho-setembro 1972: 85-108.

556   Joseph L. Love

_____. "Rumos da Política Econômica." Em Roberto Simonsen e Eugênio Gudin, *A Controvérsia do Planejamento na Economia Brasileira*, pp. 41-141. Rio de Janeiro, 1977 [manuscrito de março 1945].

Guevara, Ernesto [Che]. *Guerrilla Warfare*. Nova York, 1961 [orig. esp. 1960].

Gusti, Dimitrie. "Sociologie Româneasca". *Sociologie Româneasca* 1, n° 1, jan. 1936: 1-9.

Haddad, Cláudio L. S. "Growth of Brazilian Real Output, 1900-1947." Tese de doutorado, Universidade de Chicago, 1974.

Hagen, Everett E. "An Economic Justification of Protectionism." *Quarterly Journal of Economics* 72, n° 4, nov. 1958: 495-514.

Hale, Charles A. "Political and Social Ideas in Latin America, 1870-1930." In Leslie Bethell, org., *Cambridge History of Latin America*. Vol. 4, pp. 367-441. Cambridge, Inglaterra, 1986.

Harnecker, Marta. *Los Conceptos Elementales del Materialismo Histórico*. 35ª ed., Cidade do México, 1976 [1969].

Harris, Richard. "Structuralism in Latin America." *Insurgent Sociologist* 9, n° 1, verão 1979: 62-73.

Hartz, Louis, org. *The Founding of New Societies: Studies in the History of the United States, Latin America, South Africa, Canada, and Australia*. Nova York, 1964.

Hasdeu, Bogdan Petriceicu. "Agricultura si Manufactura (1869-1870)." Em Academia Republicii Populare Romîne: Institutul de Cercetari Economice, *Texte din Literatura Economica în România, secolul XIX*. vol. 1, pp. 271-75. Bucareste, 1960.

Hauner, M. "Human Resources." Em M[ichael] C. Kaser e E. A. Radice, orgs., *The Economic History of Eastern Europe 1919-1975*. Vol. 1, pp. 66-147. Oxford, 1985.

Referências Citadas 557

Hechter, Michael. *Internal Colonialism: The Celtic Fringe in British National Development, 1536-1966*. Berkeley, 1975.

Hennebicq, Léon. Resenha of Mihail Manoilescu, "Théorie du Protectionisme et de l'Échange International." *Revue Economique Internationale* 22, abril 1930: 194-97.

Heynig, Klaus. "The Principal Schools of Thought on the Peasant Economy." CEPAL Review, nº 16, abril 1982: 113-40.

Hilferding, Rudolf. *Finanzkapital: Eine Studie über die jungste Entwicklung des Kapitalismus*. Viena, 1910.

Hilton, Rodney, org. *The Transition from Feudalism to Capitalism*. Londres, 1976.

Hind, Robert J. "The Concept of Internal Colonialism." *Comparative Studies in Society and History* 26, 1984: 543-68.

Hirschman, Albert O. "A Generalized Linkage Approach to Development, with Special Reference to Staples." *Economic Development and Cultural Change* 25, supplement, 1977: 67-98.

_____. "Ideologies of Economic Development in Latin America." Em Hirschman, org., *Latin American Issues: Essays and Comments* , pp. 3-42. Nova York, 1961.

_____. *The Strategy of Economic Development*. New Haven, 1958.

_____. "The Turn to Authoritarianism in Latin America and the Search for its Economic Determinants." Em David Collier, org., *The New Authoritarianism in Latin America*, pp. 69-98. Princeton, 1979.

Hitchins, Keith. *Rumania, 1866-1947*. Oxford, 1994.

Hodara, Joseph. *Prebisch y la CEPAL: Sustancia, Trayectoria y Contexto Institucional*. Cidade do México, 1987.

Horowitz, M. "Despre unele Particularitati si Limite ale Actiunii legii Valorii în Comertul Exterior Socialist." *Probleme Economice* 11, nº 4, abril 1958: 10-20.

558 Joseph L. Love

Hugon, Paul. "A Economia Política no Brasil." Em Fernando Azevedo, org., *As Ciências no Brasil*. Vol. 2 pp. 299-352. São Paulo, [1958?].

Hurezeanu, Damian. *Constantin Dobrogeanu-Gherea: Studiu social-istoric*. Bucareste, 1973.

____. "La Revue *Viata Romanesca* et les Traditions Radicales-Démocratiques de Roumanie." *Revue Roumaine d'Histoire* 25, nº 4, out.-dez. 1986: 331-41.

Iacos, Ion. "Studiu Introductiv." Em Christian Racovski, *Scrieri Social Politice (1900-1916)*, q. v., pp. 5-35.

Ianculescu, C[onstantin]. *Probleme Agrare si Dezvoltarea Industriala a României*. Bucareste, 1934.

Ibraileanu, Garabet. Resenha de Constantin Dobrogeanu-Gherea, "Din Ideile Fundamentale ale Socialismului Stiintific." *Viata Românesca* 1, nº 7, 1906: 137-39.

Iglésias, Francisco. "Introdução." Em Caio Prado Júnior, *Caio Prado Júnior*, pp. 7-44. São Paulo, 1982.

"Industrialización [Um Editorial]." *Revista de Economía* [México], 8, nº 10, out. 1945: 5-6.

Institutul de Cercetari Agronomice al României, ed. *Studii Privitoare la Preturi si Rentabilitate în Agricultura României*. Bucareste, 1936.

Institutul Românesc de Conjunctura. *Buletin* 1, nºs 3-4 [1933?], suplemento.

Internacional Comunista. *VI Congreso*. Vol. 2: *Informes y Discusiones*. Cidade do México, 1978 [o congresso se realizara em 1928].

International Reference Library, ed., *Politics and Political Parties of Roumania*. Londres, 1936.

Ionescu, Ghita. "Eastern Europe." Em Ionescu e E. Gellner, orgs., *Populism: Its Meaning and National Characteristics*, pp. 97-121. Londres, 1969.

Ionescu-Sisesti, Gheorge. "Pentru ce nu Progreseaza Agricultura." *Buletinul Informativ al Ministerului Agriculturii si Domeniilor* 11, nº 6, junho 194: 617-19.

Iota, Vasile. "Doctrina Economica a lui A. Xenopol." Tese de doutorado, Academia de Studii Economice, Bucareste, 1968.

J. B. F. [não-identificado]. "De Vorba cu Domnul Profesor W. Sombart." *Adevarul,* 4 jan. 1929: 3.

Jackson, Marvin. "Industrial Output in Rumania and Its Historical Regions, 1880 to 1930: Parte I — 1880 a 1915." *Journal of European Economic History* 15, nº 1, primavera 1986: 59-111.

Jaguaribe, Hélio. "The Dynamics of Brazilian Nationalism." Em Claúdio Véliz, orgs., *Obstacles to Change in Latin America*, pp. 102-87. Londres, 1965.

Jameson, Kenneth. "Latin American Structuralism: A Methodological Perspective." *World Development* 14, nº 2, fev. 1986: 223-32.

Janos, Andrew C. "Modernization and Decay in Historical Perspective: The Case of Romania." Em Kenneth Jowitt, org., *Social Change in Romania, 1860-1940: a Debate on Development in a European Nation*, pp. 72-116. Berkeley, 1978.

_____. *The Politics of Backwardness in Hungary: 1825-1945.* Princeton, 1982.

Jelavich, Barbara B. *A History of the Balkans.* Vol. 1. Cambridge, 1983.

Johnson, Harry G. *Economic Nationalism in Old and New States.* Chicago, 1967.

_____. "The Ideology of Economic Policy in the New States." Em Johnson, *Economic Nationalism*, q.v., pp. 124-41.

_____. "Keynes and Development." Em Elizabeth S. Johnson e Harry G. Johnson, *The Shadow of Keynes*, pp. 227-33. Oxford, 1978.

560 Joseph L. Love

"Junimea". Em *Dictionar Enciclopedic Romîn.* Vol. 2, pp. 935-36. Bucareste, 1964.

Kahl, Joseph. "Fernando Henrique Cardoso." Em *Modernization, Exploitation and Dependency in Latin America: Germani, González Casanova and Cardoso*, pp. 129-94. New Brunswick, N.J., 1976.

Kalecki, Michal. "The Problem of Financing Economic Development." Em *Essays on Developing Economies*, pp. 41-63. Atlantic Highlands, N.J., 1976 (orig. esp. 1954].

_____. Resenha de Mihail Manoilescu, "Die Nationalen Produktivkräfte und der Aussenhandel." *Economic Journal* 48, 1938: 708-11.

_____. "Unemployment in Underdeveloped Countries." Em *Essays on Developing Economies*, q.v., pp. 17-19, 1960.

Katzman, Martin T. *Cities and Frontiers in Brazil: Regional Dimensions of Economic Development.* Cambridge, Mass., 1977.

Kautsky, Karl. *La Cuestión Agraria: Análisis de las Tendencias de la Agricultura Moderna y de la Política Agraria de la Social Democracia.* Cidade do México, 1974 [orig. alem. 1899].

_____. *The Social Revolution.* Chicago, 1903 [orig, alem. 1902].

Kay, Cristóbal. *Latin American Theories on Development and Underdevelopment.* Londres, 1989.

Kindleberger, Charles P. "Flexibility of Demand in International Trade Theory." *Quarterly Journal of Economics* 1, n⁰ 2, fev. 1937: 352-61.

_____. "International Monetary Stabilization." Em Seymour E. Harris, org., *Postwar Economic Problems*, pp. 375-95. Nova York, 1943.

_____. "Planning for Foreign Investment." *American Economic Review* 33, n⁰ 1, suplemento, março 1943: 347-453.

Referências Citadas 561

____. *The World in Depression 1929-1939*. Londres, 1973.

Kitching, Galvin. *Development and Underdevelopment in Historical Perspective: Populism, Nationalism, and Industrialization*. Londres, 1982.

Knight, Melvin M. "Backward Countries." Em *Encyclopedia of the Social Sciences*. Vol. 2, pp. 379-81. Nova York, 1930.

Kochanowicz, Jacek. "Chayanov's Theory and Polish Views on Peasant Economy." Manuscrito, 1988.

Kofman, Jan. "Economic Nationalism in East Central Europe in the Interwar Period." Em Henryk Szlajfer, org., *Economic Nationalism in East-Central Europe and South America, 1918-1939*, pp. 191-249. Genebra, 1990.

____. "How to Define Economic Nationalism? A Critical Review of Some Old and New Standpoints." Em Henryk Szlajfer, org., *Economic Nationalism in East-Central Europe and South America,* q.v., pp. 17-54.

Konder, Leandro. *A Derrota da Dilalética*. Rio de Janeiro, 1988.

Kondratieff, N[ikolai] D. "Long Waves in Economic Life." *Review of Economic Statistics* 17, nº 6, nov. 1935: 105-15 [orig. russo 1925].

____. "Die Preisdynamik der Industriellen und Landwirtschaften Waren (Zum Problem der relativen Dynamik und Konjunktur)." *Archiv für Sozialwissenschaft und Sozialpolitik* 60, 1928: 1-85.

[Koninklijk Institut voor de Tropen, ed.] "Editorial Introduction." Em *Indonesian Economics: The Concept of Dualism in Theory and Policy*, pp. 1-64. Haia, 1961.

Kowarick, Lúcio. "Capitalismo, Dependência e Marginalidade Urbana na América Latina: Uma Contribuição Teórica." *Estudos* CEBRAP 8, abril-junho 1974: 79-96.

Kubitschek de Oliveira, Juscelino [Presidente do Brasil]. *Mensagem ao Congresso Nacional. 1956*. Rio de Janeiro, 1956.

562   Joseph L. Love

Kuhn, Thomas S. *The Structure of Scientific Revolutions*, 2ª ed., ampliada [*International Encyclopedia of Unified Science:* Vol. 2, nº 2]. Chicago, 1970 [1962].

Laclau, Ernesto. "Feudalismo y Capitalismo en América Latina." Em Carlos Sempat Assadourian et al., *Modos de Producción en América Latina.* 4ª ed., pp. 23-46. Cidade do México, 1977 [1973].

_____. "Modos de Producción, Sistemas Económicos y Población Excedente: Aproximación Histórica a los Casos Argentino y Chileno." *Revista Latinoamericana de Sociología* 5, nº 2 , 1969: 276-316.

Lal, Deepak. *The Poverty of "Department Economics".* Cambridge, Mass., 1985 [1983].

Lampe, John e Jackson, Marvin. *Balkan Economic History, 1550-1950: From Imperial Borderlands to Developing Nations.* Bloomington, Ind., 1982.

Landes, David. *The Unbound Prometheus*, Cambridge, Inglaterra, 1969.

League of Nations. Committee for the Study of the Problems of Raw Materials. *Report.* Genebra, 1937.

League of Nations [Societé des Nations]: Comité Economique. *Considerations Relatives à l'Évolution Actuelle du Protectionnisme Agricole: 20 mai 1935.* Genebra, 1935.

League of Nations: Economic, Financial and Transit Development. *Commercial Policy in the Interwar Period.* Genebra, 1942.

_____. *Industrialization and Foreign Trade.* Genebra, 1945.

Lebovics, Herman. *Social Conservatism and the German Middle Classes.* Princeton, 1969.

Ledesma Ramos, Ramiro. *"El Capitalismo Español."* Em Ledesma Ramos, *Ramiro Ledesma Ramos (Antología)* [org. por Antonio Macipe López], pp. 185-275. Barcelona, 1940.

Lenin, V[ladimir] I. *The Development of Capitalism in Rus-sia:The Process of the Formation of a Home-Market for Large-Scale Industry.* 2ª ed. Moscou, 1956 [orig. russo 1899].

_____. "Imperialism and the Split in Socialism." Em *Collected Works.* Vol. 23, pp. 105-20. Moscou, 1960 [orig. russo 1916].

Leopoldi, M[aria] Antonieta P. "Industrial Associations and Policy in Contemporary Brazil: The Associations of Industrialists, Economic Policy-Making and the State with Special Reference to the Period 1930-1961." Tese de doutorado, St. Antony's College, Universidade de Oxford, 1984.

Lethbridge, E. "National Income and Product." Em M[ichael] C. Kaser e E. A. Radice, orgs., *The Economic History of Eastern Europe, 1919-1975.* Vol. 1, pp. 532-97. Oxford, 1985.

Levine, Ross e Renelt, David. "A Sensitivity Analysis of Cross-Country Growth Regressions." *American Economic Review* 82, nº 4, set. 1992: 942-63.

Lewis, W. Arthur. "Economic Development with Unlimited Supply of Labour." *Manchester School of Economic and Social Studies* 22, nº 2, maio 1954: 139-91.

_____. *Economic Survey, 1919-1939.* Londres, 1949.

_____. *The Evolution of the International Economic Order.* Princeton, 1978.

Liss, Sheldon B. *Marxist Thought in Latin America.* Berkeley, 1984.

List, Friedrich. *Sistemul National de Economie Politica.* Bucareste, 1973 [orig. alem. 1841].

Love, Joseph L. "Economic Ideas and Ideologies in Latin America since 1930." Em Leslie Bethell, org., *Cambridge History of Latin America.* Vol. 6, Parte I, pp. 393-460. Cambridge, Inglaterra, 1994.

564   Joseph L. Love

____. "Manoilescu, Prebisch, and The Thesis of Unequal Exchange." *Rumanian Studies* 5, 1980-86: 125-33.

____. "Modeling Internal Colonialism: History and Prospect." *World Development* 17, nº 6, 1989: 905-22.

____. "The Origins of Dependency Analysis." *Journal of Latin American Studies* 22, 1990: 143-68.

____. *São Paulo and the Brazilian Federation, 1889-1937.* Stanford, 1980.

____. "'Third World': A Response to Professor Worsley." Em Leslie Wolf-Philips *et al.*, *Why 'Third World'?*, pp. 33-35. Third World Foundation Monograph 7, Londres, 1980.

Lowy, Michael, org. *Le Marxisme en Amérique Latine de 1909 à nos Jours: Anthologie.* Paris, 1980.

Lucena, Manuel de. "The Evolution of Corporatism under Salazar and Caetano." Em Lawrence S. Graham e Harry M. Makler, orgs., *Contemporary Portugal*, pp. 47-88. Austin, Texas, 1979.

Ludwig, Armin K. *Brazil: A Handbook of Historical Statistics.* Boston, 1985.

Lupu, N. Z. "Expertii Financieri Straini din România si Legile de Conversiune a Datoriilor din anii 1932-1933." *Analele Institutului de Studii Istorice si Social-Politice de pe lînga C. C. al P. C. R.* 13, nº 4, 1967: 98-110.

Luz: Revista Rumeno-Sul Americana 2, nºs 1-6, 1937.

Macario, Santiago. "Protectionism and Industrialization in Latin America." *Economic Bulletin for Latin America* 9, nº 1, 1964: 61-101.

Madgearu, Virgil. *Evolutia Economiei Românesti Dupa razboiul mondial.* Bucareste, 1940.

____. *Imperialismul Economic si Liga Natiunilor.* Bucareste, [1924?].

____. *Teoria Economiei taranesti.* Bucareste, 1936 [1925].

Referências Citadas 565

____. *Zur Industriellen Entwicklung Rumäniens: Die Vorstufen des Frabriksystems in der Walachei*, Leipzig, 1911.

"Madgearu, Virgil." Em *Dictionar Enciclopedic Romîn*. Vol. 3, p.194. Bucareste, 1962.

Margariños, Mateo. *Diálogos con Raúl Prebisch*. Cidade do México, 1991.

Mahn, Hecker, Edgar. "Sobre los Argumentos Proteccionistas de List y Manoilesco [*sic*]." *Economía* [U. de Chile], nº 17, dez. 1945: 59-70.

Maier, Charles. *Recasting Bourgeois Europe: Stabilization in France, Germany, and Italy in the Decade After World War I*. Princeton, 1975.

"Maiorescu, Titu." Em Gogoneata *et al.*, org., *Istoria Filozofiei Românesti*, q.v. Vol. 1, pp. 353-96.

Malinschi, Vasili. "The Development of Economic Sciences in Romania." *Revue Roumaine des Sciences Sociales: Série Sciences Economiques* 11, nº 1, 1967: 17-31.

____. Profesorul Virgil Madgearu *(1887-1940): Contributii la dezvoltarea Gîndirii Economice*. Bucareste, 1975.

Mandel, Ernest. *Late Capitalism* [trad. Joris De Bres]. Londres, 1975 [orig. alem. 1972].

Mandelbaum, Kurt. *The Industrialisation of Backward Areas*. Oxford, 1945.

____. "A Portrait of the Economist Kurt Mandelbaum Based on an Interview with Mathias Greffrath." *Development and Change* 10, nº 4, out. 1979: 503-13

Manoilescu, Grigore. "Somuri si Somaj." *Lumea Noua* 2, nº 2, fev. 1933: 104-10.

Manoilescu, Mihail. "Anticipare." *Lumea Noua* 1, nº 1, abril 1932: 1-9.

____. "Autarhia Economica." Analele Economice si Statistice 17, nº 7-9, julho-setembro 1934: 11-26.

____. "Autour de la Définition de Valeur." *Revue d'Economie Politique* 56-57, première partie, 1946: 457-77; seconde partie, 1947: 147-69.

____. "Cartelurile si Rationalizarea." Em Institutul Românesc de Organizare Stiintifica a Muncii, ed., *Rationalizarea sub Diferite Aspecte*, pp. 35-55. Bucareste, 1930.

____. *Criterii Sociale în Finantele Publice*. Bucareste, 1926. [Reimpressão de *Arhiva pentru Stiinta si Reforma Sociala*, 1926].

____. "Criza Agricola în Cadrul Internacional." *Viata Agricola* 24, nº 3, março 1933: 113-27.

____. "Curiositati Psihologice." *Lumea Noua* 11, nºs 7-12, jul.-dez. 1942: 114-17.

____. "Doctrinele si Teoriile Noastre in Lumina Criticei. (Raspuns Domnului Profesor Gheorge Tasca)." *Analele Economice si Statistice* 20, nºs 3-5, mar.-maio 1937: 26-92.

____. "Economia României în Europa Unita." *Lumea Noua* 11, nºs 1-6, jan.-jun. 1942: 47-54.

____. "Der Europäische Nationalismus am Scheidewege." *Politische Wissenschaft* 1, 1943: 16-26.

____. "European Economic Equilibrium." Royaume de Roumanie: Ministère de l'Industrie et du Commerce. *Correspondence Economique Roumaine* 13, nº 2, mar.-abr. 1931: 1-15.

____. *Fortele Nationale Productive si Comertul Exterior: Teoria Protectionismului si a Schimbului International*. Bucareste, 1986 [Ed. romena de Manoilescu, *Théorie du Protectionisme,* 1929, revista em 1940].

____. "Le Génie Latin dans le Nouveau Régime Portuguais." Em Comissão Executiva dos Centenários, Congresso do Mundo Português, comp., *Publicações*. Vol. 8, pp. 623-39. Lisboa, 1940.

Referências Citadas   567

_____. *Ideia de Plan Economic National*. Bucareste, 1938.

_____. *L'Imperatif de la Crise*. Bucareste, 1933.

_____. "În ce Consta Inferioritatea Industriei Românesti?" *Lumea Noua* 9, nºs 3-4, mar.-abr. 1940: 84-90.

_____. *Încercari în Filozofia Stiintelor Economice: Prelegeri Anuale de Deschidere a Cursului de Economie Politica la Scoala Politehnica din Bucaresti*. Bucareste, 1938.

_____. *O Lege Economica Reactionara: Cuvantare rostita în Sedinta Senatului din 16 septembrie 1932 la Discutia Legii Concordatului Preventiv*. Bucareste, 1932.

_____. "Lupta Între Doua Veacuri. Ultim raspuns Domnului George Tasca". *Analele Economice si Statistice* 21, nºs 4-6, abr.-jun. 1938: 11-101.

_____. "Mehr Industrie in die Agrarländer?" *Internationale Agrarrundschau*, set. 1938: 259-61.

_____. *Neoliberalismul*. Bucareste [1923].

_____. "A New Conception of Industrial Protectionism." Royaume de Roumanie: Ministère de l'Industrie et du Commerce. *Correspondence Economique Roumaine* 13, nº 1, jan.-fev. 1931: 1-20.

_____. "Nouii Fanarioti: Expertii." *Lumea Noua* 2, nº 4, abril 1933: 203-5.

_____. "Pana Cand nu vom Avea o Elita." *Lumea Noua* 8, nºs 5-6, maio-junho 1939:121-24.

_____. *Le Parti Unique: Institution Politique des Régimes Nouveaux*. Paris, 1937.

_____. *El Partido Único: Institución Política de los Nuevos Regímenes* [trad. de Luis Jordana de Pozas de *Le Parti Unique*, q.v.]. Saragosa, 1938.

_____. "Partidul Unic." *Lumea Noua* 5, nº 7, jul. 1936: 319-23.

_____. "Politica muncii nationale." Em *Enciclopedia României*. Vol. 3, pp. 226-30. Bucareste, 1940.

_____. "Prefata." Em Lorenzo Baracchi-Tua, *Garda de fier*, pp. 7-9. Bucareste, 1940.

_____. "Problematica razboiului." *Lumea Noua* 11 nºs 7-12, jul.-dez. 1942: 57-65.

_____. "Probleme des Industrialisierungsprozesses in Südosteuropa." *Weltwirtschaftliches Archiv* 61, Parte 1, jan. 1945: 1-12.

_____. "Productividad del Trabajo y Comercio Exterior." *Economía* 8, nºs 22-23, set. 1947: 50-57. [Trad. de Edgar Mahn de "Arbeitsproduktivität und Aussenhandel: Ein neuer Beitrag zur Theorie des internationalen Handels". *Weltwirtsaftliches Archiv* 42, Parte 1, julho 1925: 13-43].

_____. "Productivitatea si Rentabilitatea în Economia Românească." *Buletinul Institutului Economic Românesc* 20, nºs 1-6, jan.-jun. 1941: 1-31.

_____. "Le Régime Préferentiel. Discourse à la Deuxième Conférence pour l'Action Économique Concertée, Convoquée par la Société des Nations en Novembre 1930." *Independenta Economica*, nº 4, 1930, 10 pp. [reimpressão].

_____. *Rostul si Destinul Burgheziei Românesti*. Bucareste, 1942.

_____. *O Século do Corporativismo: Doutrina do Corporativismo Integral e Puro* [trad. de Azevedo Amaral de *Le Siècle du Corporatisme*, q.v.]. Rio de Janeiro, 1938.

_____. *Le Siècle du Corporatisme: Doctrine du Corporatisme Intégral e Pur*. Paris, 1934.

_____. *El Siglo del Corporatismo: Doctrina del Corporatismo Integral y Puro* [trad. de Hernán G.Huidobro de *Le siècle du Corporatisme*, q.v.]. Santiago, 1941.

_____. "Solidaritatea Economica a Estului European." *Revista Cursurilor si Conferintelor Universitare*, nºs 3-4, maio-junho 1939 [reimpressão].

____. "Die Sozialökonomische Struktur Südosteuropas." *Weltwirtschaftliches Archiv* 60, nºs 1-2, jul. set. 1944: 1-22.

____. *Teoría del Proteccionismo y del Comercio Internacional* [trad. de Manuel Fuentes Irurozqui de *Théorie du Protectionnisme*, q.v.]. Madri, 1943.

____. *Theoria do Protecionismo e de Permuta Internacional* [trad. para o port. de *Théorie du Protectionnisme*, q.v.] São Paulo, 1931.

____. *Théorie du Protectionnisme et de l'Échange International.* Paris, 1929.

____. "Le Triangle Économique et Social des Pays Agricoles: La Ville, le Village, l'Étranger." *Internationale Agrarrundschau*, nº 6, jan. 1940: 16-26.

Manoliu, Florin E. *Bibliographie des Travaux du Professeur Mihail Manoilesco [sic] Précédée d'une Biographie et Suivie de la Nomenclature des Études Critiques Suscitées par ces Travaux.* Bucareste, 1936.

____. "Comercio Exterior y Desarrollo de los Países de Economía Tradicional." *Revista de Economía y Estadística de la Facultad de Ciencias Económicas de la Universidad Nacional de Córdoba* 12, nºs 3-4, 1968: 141-99.

____. *Politica preturilor în economia româneasca.* Bucareste, 1939.

____. "Reflexiones Acerca de Algunas Resistencias al Desarrollo de la Economía Latinoamericana." *Revista de Ciencias Económicas* 50, ser. 4, nº 18, jul.-dez. 1962: 3-23.

Mantega, Guido. *A Economia Política Brasileira.* São Paulo, 1984.

Manuila, Sabin. *Structure et Évolution de la Population Rurale.* Bucareste, 1940.

Marc, Alfred. *Le Brésil: Excursion à Travers ses 20 Provinces.* Vol. 1, Paris, 1890.

570   *Joseph L. Love*

Marcu, Nicolae. "Dezvoltarea Capitalismului în Agricultura Românei Dupa Reformele Agrare de la Mijlocul Secolului a XIX-lea si Pina la Primul Razboi Mondial." Em Marcu, org., *Istorie Economica*, pp. 142-78. Bucareste, 1979.

Marcu, Nicolae e Puia, I. "Evolutia Economiei Mondiale Interbelice (1919-1939)." Em Marcu, org., *Istorie Economica*, q.v., pp. 262-78.

Mariátegui, José Carlos. "Point de Vue Anti-imperialiste." Em Michael Lowy, org., *Le Marxisme em Amérique Latine*, q.v. pp. 112-16. [orig. esp. 1929].

_____. *Siete Ensayos de Interpretación de la Realidad Peruana.* Lima, 1959 [1928].

Marighela, Carlos. "On the Organizational Function of Revolutionary Violence." Em Marighela, *For the Liberation of Brazil*, pp. 30-44. Harmondsworth, Inglaterra, 1971 [orig. port. 1969].

Marini, Ruy Mauro. "Brazilian Sub-Imperialism." *Monthly Review* 23, nº 9, fev. 1972: 14-24.

_____. *Dialéctica de la Dependencia.* 6ª ed. Cidade do México, 1982 [1973].

_____. "Las Razones del Neodesarrollismo (respuesta a F. H. Cardoso y J. Serra)." *Revista Mexicana de Sociología*, número extraordinário, 1978: 37-106.

_____. *Subdesarrollo y Revolucción.* Cidade do México, 1969.

Márquez, Gustavo. "Los Informales Urbanos en Venezuela: ¿Pobres o eficientes?" Em Márquez e Carmen Portela, orgs., *La Economía Informal*, pp. 1-41. Caracas, 1991.

Marson, Adalberto. *A Ideologia Nacionalista em Alberto Torres.* São Paulo, 1979.

Martínez Lamas, Julio. *Riqueza y Pobreza del Uruguay: Estudio de las Causas que Retardan el Progreso Nacional.* Montevidéu, 1930.

Marx, Karl. *Capital.* Vol. 1. Moscou, 1961 [orig. alem. 1867].

____. "The Eighteenth Brumaire of Louis Napoleon." Em Lewis S. Feuer, org., *Karl Marx and Friedrich Engels: Basic Writings on Politics and Philosophy*, pp. 318-48. Garden City, N.Y., 1959 [1852].

Marx, C. [Karl] e F[riedrich] Engels. *La Revolución Española, 1854-1873.* Moscou, s.d.

Masón, Diego. [Prefácio] para Mariano Abarca, *La industrialización de la Argentina*, pp. 5-6. Buenos Aires, 1944.

Maybury-Lewis, Alan Biorn. "The Politics of the Possible: The Growth and Political Development of the Brazilian Rural Workers' Trade Union Movement, 1964-1985." Tese de doutorado, Universidade de Colúmbia, 1991.

Meek, Ronald L. *Economics and Ideology and Other Essays: Studies in the Development of Economics Thought.* Londres, 1967.

Meier, Gerald. *The International Economics of Development: Theory and Policy.* Nova York, 1968.

Meisner, Maurice. *Li Ta-chao and the Origins of Chinese Marxism.* Cambridge, Mass., 1967.

Merrick, Thomas W. e Graham, Douglas H.. *Population and Economic Development in Brazil, 1800 to the Present.* Baltimore, 1979.

____. "Population Redistribution, Migration and Regional Economic Growth." Em *Population and Economic Development in Brazil.* q.v., pp. 118-45.

Merton, Robert K. "Singletons and Multiples in Scientific Discovery: A Chapter in the Sociology of Science". Em American Philosophical Society, *Proceedings*, 105, 1961: 470-86.

Michelson, Paul. "Procesul Dezvoltarii Nationale Române: Contributia lui Stefan Zeletin." *Anuarul Instituului Istorie si Arheologie.* "A. D. Xenopol" 24, nº 1, 1987: 365-74.

Millar, James R. "A Reformulation of A. V. Chayanov's Theory of the Peasant Economy." *Economic Development and Cultural Change* 18, nº 2, jan. 1970: 219-29.

Minerva: Enciclopedie Româna. Cluj, 1930.

Miroshevski, V. M. "El 'populismo' en el Peru: Papel de Mariátegui en la Historia del Pensamiento Social Latinoamericano." Em José Aricó, org., *Mariátegui y los orígenes del Marxismo Latinoamericano*, 2ª ed., pp. 55-70. Cidade do México, 1980 [orig. russo 1941].

Mitchell, B[rian] R. *European Historical Statistics, 1750-1970*. Nova York, 1975.

Mitrany, David. *The Land and the Peasant in Rumania: The War and Agrarian Reform (1917-21)*. Londres, 1930.

Mitzman, Arthur. *Sociology and Estrangement: Three Sociologists of Imperial Germany*. Nova York, 1973.

Mladenatz, Gr[omoslav]. "Nouile Fundamente ale Stiintei Economice. Partea 1." *Independenta Economica* 25, nº 6, nov.-dez. 1942: 1-44.

"Monetary Developments in Latin America." *Federal Reserve Bulletin* 31, nº 6, jun. 1945: 519-31.

Montias, John. "Notes on the Romanian Debate on Sheltered Industrialization, 1860-1906." Em Kenneth Jowitt, org., *Social Change in Romania, 1860-1940: A Debate on Development in a European Nation*, pp. 53-71. Berkeley, 1978.

Moore, Wilbert E. *Economic Demography of Eastern and Southern Europe*. Nova York, 1972 [1945].

Morais Filho, Evaristo de. "Jorge Street, o bom patrão." Em Jorge Street, *Idéias Sociais de Jorge Street*, pp. 15-118. Brasília, 1980.

Morgenstern, Oskar. *The Limits of Economics*. Londres, 1937.

Morris, Morris D. *Measuring the Conditions of the World's Poor: The Physical Quality of Life Index*. Nova York, 1979.

Morse, Richard M. "Manchester Economics and Paulista Sociology." Em John D. Wirth and Robert L. Jones, orgs., *Manchester and São Paulo: Problems of Rapid Urban Growth,* pp. 7-34. Stanford, 1978.

Moura, Aristóteles. *Capitais Estrangeiros no Brasil.* São Paulo, 1959.

Mouzelis, Nicos P. *Politics in the Semi-Periphery: Early Parliamentarism and Late Industrialization in the Balkans and Latin America.* Nova York, 1986.

Muñoz, Heraldo. "Cambio y Continuidad en el Debate Sobre la Dependencia y el Imperialismo." *Estudios Internacionales,* 2, nº 44, out. dez. 1978: 88-138.

Murgescu, Costin. "Demisia lui Prebisch." *Viata Economica,* 6 dez. 1968, p. 15.

____. *Mersul Ideilor Economice la Români: Epoca Moderna.* Vol. 1. Bucareste, 1987.

Murtinho, Joaquim. *Relatorio [do Ministro da Fazenda] Apresentado ao Presidente da República dos Estados Unidos do Brasil no anno de 1899.* Rio de Janeiro, s.d.

Myrdal, Gunnar. "Diplomacy by Terminology." Em Myrdal, *Approach to the Asian Drama: Methodological and Theoretical,* pp. 33-36. Nova York, 1970.

Navarrete, Alfredo R. "Exchange Stability, Business Cycles and Economic Development: An Inquiry into Mexico's Balance of Payments Problems, 1929-1946." Tese de doutorado, Universidade de Harvard, 1950 [publ. em esp. em 1951].

Nechita, Vasile C. "Doctrina Economica si Corporatista a lui Mihail Manoilescu." Tese de doutorado, Academia de Studii Economice, Bucareste, 1971.

____. org. Mihail Manoilescu: *Creator de Teorie economica,* Iasi, 1993.

Neumark, Fritz. *Neue Ideologien der Wirtschaftspolitik.* Viena, 1936.

574   Joseph L. Love

Nicolae-Valeanu, Ivanciu. "Istoria Gîndirii Economice Pîna la 1 decembrie 1918." In N. N. Constantinescu *et al.*, *Istoria Stiintelor în România: Stiinte Economice*, pp. 9-98. Bucareste, 1982.

_____. "Raúl Prebisch si Doctrina Economiei Periferice." Em Ivanciu Nicolae-Valeanu, org., *Aspecte ale Gîndirii social-economice din Tarile în Curs de Dezvoltare*, pp. 27-47. Bucareste, 1980.

Nicolas-On [pseud. de Nikolai Danielson]. *Histoire du Développement Économique de la Russie Depuis l'Affranchissement des Serfs*. Paris, 1902.

Nitescu, Constantin. *Monografia Regiunii Sud-estice a Judetului Vlasca. Contributiuni Lacunoasterea Carateru-lui Agricol-tehnic si Social-economic al Regiunii*. Bucareste, 1928.

Normano, J[ohn] F. *Brasil: A Study of Economic Cycles.* Chapel Hill, N. C., 1935.

North, Douglass. *Structure and Change in Economic History*. Nova York, 1981.

Novais, Fernando A. *Portugal e Brasil na Crise do Antigo Sistema Colonial (1777-1808)*. São Paulo, 1979.

Noyola Vázquez, Juan F. "El Desarrollo Económico y la Inflación em Mexico y Otros Países Latinoamericanos." *Investigaciones Económicas* 16, n° 14, 1956: 606-48.

_____. *Desequilibrio Fundamental y Fomento Económico en Mexico*. Cidade do México, 1949. [Tese de licenciatura, Universidade Autônoma do México].

_____. "La Evolución del Pensamiento Económico del Último Cuarto de Siglo y su Influencia en la América Latina," *Trimestre Económico* 23, n° 3, julho-setembro 1956: 269-83.

Nun, José. "Superpoblación Relativa, Ejército Industrial de Reserva y Masa Marginal." *Revista Latinoamericana de Sociología* 5, n° 2, 1969: 178-236.

Referências Citadas 575

Nurkse, Ragnar. *Problems of Capital Formation in the Under-Developed Countries*. Nova York, 1953.

Nye, Joseph. S. "UNCTAD: Poor Nations' Pressure Group." Em Robert W. Cox *et al.*, *The Anatomy of Influence: Decision Making in International Organizations*, pp. 334-70. New Haven, 1973.

Ohlin, Bertil. "Protectionism and Non-Competing Groups." *Weltwirtschaftliches Archiv* 33, Parte 1, jan. 1931: 30-45.

Olariaga, Luis. "La Nueva Teoría Proteccionista: El Profesor Manoilesco [sic]." *Economía Española* 4, nº 39, mar. 1936: 221-31.

Olarra Jiménez, Rafael. *Evolución Monetaria Argentina*. Buenos Aires, 1968.

Oliveira, Francisco de. "A Economia Brasileira: Crítica à Razão Dualista." *Estudos CEBRAP* 2, out. 1972: 3-82.

____. "Introdução." Em Celso Furtado, *Celso Furtado: Economia* [org. por F. Oliveira], pp. 7-27. São Paulo, 1983.

O'Neil, Charles F. "Educational Innovations and Politics in São Paulo, 1933-34." *Luso-Brazilian Review* 8, nº 1, jun. 1971: 56-68.

Ornea, Z[igu]. *Poporanismul*. Bucareste, 1972.

____. "Sociologia lui Gherea în Ultimul Deceniu de Viata." Em *Comentarii*, pp. 39-56. Bucareste, 1981.

____. *Taranismul: Studiu Sociologic*. Bucareste, 1969.

Oulès, Firmin. "Nature des Produits Échangés et Opportunité du Commerce International." *Revue Economique Internationale* 2, nº 3, jun. 1936: 469-87.

Packenham, Robert A. *The Dependency Movement: Scholarship and Politics in Development Studies*. Cambridge, Mass., 1992.

Paim, Antônio, *História das Idéias Filosóficas no Brasil*. 3ª ed. rev., São Paulo, 1984.

576   Joseph L. Love

Paiusan, Robert e Busa, Daniela. "Manoilescu et Tasca. Leur Polemique." *Revue Roumaine d'Histoire* 29, nºs 3-4, jul.-dez. 1990: 291-320.

Palma, José Gabriel. "Dependency: A Formal Theory of Underdevelopment or a Methodology for the Analysis of Concrete Situations of Underdevelopment?" *World Development* 6, nºs 7-8, jul.-ago.1978: 881-924.

____. "Growth and Structure of Chilean Manufacturing Industry from 1830 to 1935. Origins and Development of Industrialization in an Export Economy." Tese de doutorado, Magdalen College, Oxford University, 1979.

____."Structuralism." Em John Eatwell *et al.*, *The New Palgrave: A Dictionary of Economics*. Vol. 4, pp. 528-31. Londres, 1987.

Paredes, Ricardo. "Informe de la Delegación Latinoamericana [trad. de María Teresa Poyrazian e Nora Rosenfeld de Pasternac]." Em *Internacional Comunista, VI Congreso*. Vol. 2: *Informes y Discusiones*, pp. 353-61. Cidade do México, 1978 [1928].

París Eguilaz, Higinio. *La Teoría de la Economia Nacional*. Madri, 1945.

Partido Comunista Brasileiro. "Resolução Política do V Congresso do PCB, 1960." Em *Partido Comunista Brasileiro: Vinte Anos de Política: 1958-1979: Documentos*, pp. 39-69. São Paulo, 1980.

Passos Guimarães, Alberto. *Quatro Séculos de Latifúndio*. São Paulo, 1964.

Pasvolsky, Leo. Resenha de Mihail Manoilesco [sic], "The Theory of Protection and International Trade." *American Economic Review* 22, nº 3, set. 1932: 477-78.

Patrascanu, Lucretiu. "Bancile si Beneficiile Ior." Em Patrascanu, *Texte Social-politice (1921-1938)*, pp. 103-55. Bucareste, 1975 [1928].

Referências Citadas 577

_____. *Problemele de Baza ale României*. Bucareste, 1947 [1944].

_____. "Reforma Agrara în România Mare si Urmarile ei." Em *Studii Economice so Social-politice, 1925-1945*, pp. 9-129, Bucareste, 1978 [1925].

_____. "Statul Taranesc." Em *Texte Social-politice (1921-1938)*, pp. 238-53. Bucareste, 1975 [1936].

_____. *Sub Trei Dictaturi*. 3ª ed. Bucareste, 1970 [1944].

_____. *Un Veac de Framîntari Sociale, 1821-1907*. 2ª ed. Bucareste, 1969 [1945].

"El Pensamiento de Oliveira Salazar." *Criterio*, nº 722, 1º jan. 1942: 13-16.

Perroux, François. *Capitalisme et Communauté de Travail*. Paris, 1938.

_____. "Capitalismo e Corporativismo: Economia de Mercado Organizado, Corporativismo Social." *Revista do Trabalho* 4, nº 7, julho 1937: 293-95.

_____. "Capitalismo e Corporativismo: Funcionamento comparado do Sistema Capitalista e Sistema Coletivista." *Revista do Trabalho* 5, nº 8, ago. 1938: 333-35.

_____. "Capitalismo e Corporativismo: Socialização do Produto — corporativismo e salário." *Revista Forense* 77, ano 36, jan. 1939: 402-5.

_____. *La Coexistence Pacifique*. Vol. 2. *Poles de Développement ou Nations?* Paris, 1958.

_____. "Contra as Trapaças do Marxismo." *O Estado de São Paulo*, 13 junho 1937.

_____. "The Domination Effect and Modern Economic Theory." *Social Research* 17, nº 2, junho 1950: 188-206.

_____. "Economie Corporative et Système Capitaliste: Idéologie et réalité." *Revue d'Economie Politique* 47, 1933: 1409-78.

_____. "Esquisse d'une théorie de l'économie dominante." *Economie Appliqué*, nºs 2-3, abr.-set. 1948: 243-300.

_____. *Lições de Economia Política*. Coimbra, 1936.

_____. *A New Concept of Development: Basic Tenets*. Londres, 1983.

_____. "Nobrezas e Misérias de uma Grande Heresia." *O Estado de S. Paulo*, 7 jun. 1936.

_____. "Note on the Concept of Growth Poles." Em David L. McKee et al., orgs., *Regional Economics: Theory and Practice*, pp. 93-103. Nova York, 1970.

_____. "An Outline of a Theory of the Dominant Economy." Em George Modelski, org., *Transnational Corporations and World Order: Readings in International Political Economy*, pp. 135-54. Seattle, 1979.

_____. "Peregrinations of an Economist and the Choice of His Route." Banca Nazionale del Lavoro, *Quarterly Review*, nº 139, jun. 1980: 147-62.

_____. "A Pessoa Operária e o Direito de Trabalho." *Revista dos Tribunais* 120, jul. 1939: 703-28. São Paulo.

_____. "Socialismo e Cristianismo." *Revista do Trabalho* 4, nº 2, fev. 1937: 55-56; e 4, nº 5, maio 1937: 197-98.

_____. "Uma Trapaça Marxista." *O Estado de S. Paulo*, 16 de maio de 1937.

Perroux, François e Jacques Madaule. *Communauté et Économie*. Paris, [1942?].

Phelps, D. M. "Industrial Expansion in Temperate South America." *American Economic Review* 25, 1935: 273-81.

Pinheiro, Paulo Sérgio, org. *Trabalho Escravo, Economia e Sociedade: Conferência Sobre História e Ciências Sociais*, UNICAMP, Rio de Janeiro, 1983.

Pinto Santa Cruz, Aníbal. *Chile, un Caso de Desarrollo Frustrado*. Santiago, 1959.

Referências Citadas   579

Pinto Santa Cruz, Aníbal e Carlos Fredes. *Curso de Economia: Elementos de Uma Teoria Econômica*, 3ª ed. [trad. de Edilson Alkmim Cunha]. Rio de Janeiro, 1970 [orig. esp. 1962].

Plaza, V[ictorino] de la. *Estudio sobre la Situación Política, Económica y Constitucional de la República Argentina*. Buenos Aires, 1903.

Polanyi, Karl. *The Great Transformation*. Boston, 1957 [1944].

Politi, Angel N. "El Régimen Corporativo." Tese de licenciatura, Faculdade de Ciências Econômicas, Universidade de Buenos Aires, 1955.

[Political and Economic Planning]. *Economic Development in S. E. Europe*. Londres, 1945.

Popa-Veres, Mihail. "Geneza si Morfologia Vietii Economice Romanesti." *Independenta Economica* 21, nºs 4-6, jul.-dez. 1938: 44-103.

Popisteanu, Cristian, Dumitru Preda e Mihai Retegan. "22 octombie 1931- o joie neagra." *Magazin Istoric* 16, nº 1, jan. 1982: 38-44.

"Poporanism." *Dictionar Enciclopedic Romîn*. Vol. 3, pp. 823-24. Bucareste, 1962.

Popper, Karl. *The Logic of Scientific Discovery*. Nova York, 1959.

Poulantzas, Nicos. *Political Power and Social Classes* [trad. de Timothy O'Hagen]. Londres, 1973.

Prado Júnior, Caio. *The Colonial Background of Modern Brazil* [orig. port. *A Formação do Brasil Contemporâneo: Colônia*]. Nova York, 1969 [1942].

_____. "Uma Contribuição para a Análise da Questão Agrária no Brasil." *Revista Brasiliense*, nº 28, mar.-abr. 1960: 165-238.

_____. *Esboço dos Fundamentos da Teoria Econômica*. São Paulo, 1957.

____. *Evolução Política do Brasil e Outros Estudos.* São Paulo, 1969 [1933].

____. "O programa da Aliança Nacional Libertadora [1935]." *Nova Escrita/Ensaio* 4, nº 10 [1983?]: 121-36.

____. *A Questão Agrária no Brasil.* São Paulo, 1979.

____. *A Revolução Brasileira.* São Paulo, 1966.

[Prado Júnior, Caio]. "Três etapas do comunismo brasileiro." *Cadernos de Nosso Tempo*, nº 2, jan.-jun. 1954: 123-38.

Prates da Fonseca, Tito. "Tendências Corporativas." *Revista de Ciências Econômicas* 2, nº 4, jul.-ag. 1940: 219-24.

Prebisch, Raúl. "Análisis de la Experiencia Monetaria argentina (1935-1943)." Em [Banco Central de la República Argentina], ed., *La Creación del Banco Central*, q.v. Vol. 1, pp. 249-586.

____. *Anotaciones Demográficas a Propósito de los Movimientos de la Población.* Buenos Aires, 1926.

____. "La Argentina Posible. Entrevista de Emilio Zimerman.", *Búsqueda*, nº 9, fev. 1982: 14-23.

____. *Capitalismo Periférico: Crisis y Transformación.* Cidade do México, 1981.

____. "Commercial Policy in Underdeveloped Countries." *American Economic Review* 49, nº 2, maio 1959: 251-73.

____. "La Conferencia Económica y la Crisis Mundial." Banco de la Nación Argentina. *Revista Económica* 6, nº 1, jan. 1933: 1-10.

____. "A Critique of Peripheral Capitalism." CEPAL Review, primeiro semestre, 1976: 9-76.

____. "Economic Development or Monetary Stability: A False Dilemma." *Economic Bulletin for Latin America* 6, nº 1, mar. 1961: 1-25.

_____. "Historias para Pensar y Hacer: Conversación con el Doctor R. P." [Entrevista dada a Agustín R. Maniglia], *La Prensa*, Buenos Aires, 29 set. 1985, 2ª seção.

_____. "La Inflación Escolástica y la Moneda Argentina." *Revista de Economía Argentina* 32, nº 193, jul. 1934: 8-13; e nº 194, ag. 1934: 39-63.

_____. *Introducción a Keynes*. Cidade do México, 1947.

_____. *Obras: 1919-1948*, 4 vols. Buenos Aires, 1991-1993.

_____. "Observación Sobre los Planos Monetarios Internacionales." *Trimestre Económico* 11, nº 2, jul.-set. 1944: 185-208.

_____. "Panorama General de los Problemas de Regulación Monetaria y Crediticia en el Continente Americano: A. América Latina." Em Banco de México, *Memoria: Primera Reunión de Técnicos Sobre los Problemas de banca Central del Continente Americano*, pp. 25-35. Cidade do México, 1946.

_____. "El Patrón Oro y la Vulnerabilidad Económica de Nuestros Países." *Revista de Ciencias Económicas*, mar. 1944: 211-35.

_____. "Planes para Estabilizar el Poder Adquisitivo de la Moneda." Em Universidad Nacional de Buenos Aires: Facultad de Ciencias Económicas, ed., *Investigaciones de Seminario*. Vol. 2, pp. 459-513. Buenos Aires, 1921.

_____. "El Régimen de Pool en el Comercio de Carnes." *Revista de Ciencias Económicas* 15, dez. 1927: 1302-21.

_____. *Towards a Dynamic Development Policy for Latin America* [trad. para o inglês de *Hacia una Dinámica de Desarrollo Latinoamericano*]. Nova York, 1963.

Predescu, Lucian. "Madgearu, Virgil N." Em *Enciclopedia Cugetarea*, p. 506. Bucareste, 1940.

Prestes, Luís Carlos. "Manifesto de agosto de 1950." Em Moisés Vinhas, org., *O Partidão: A Luta por um Parti-*

582   Joseph L. Love

do de Massas, 1922-1974, pp. 140-58. São Paulo, 1982.

Primeiro Congresso Brasileiro de Economia. *Anais*, 3 vols. Rio de Janeiro, 1943-46.

Prokopovicz, Sergei N. *L'Industrialization des Pays Agricoles et la Structure de l'Économie Mondiale Après la Guerre* [trad. de N. Nikolsky]. Neuchatel, 1946.

Pugliese, Mario. "Nacionalismo Económico, Comercio Internacional Bilateral y Industrialización de los Países Agrícolas, desde el Punto de Vista de la Economía Argentina." *Revista de Ciencias Económicas*, série 2, ano 27, nº 219, out. 1939: 917-50.

Puiggrós, Rodolfo. "Los Modos de Producción en Iberoamérica." *El Gallo Illustrado: Suplemento Dominical de "El Día"*, nº 173, 17 out. 1965: 1-3.

Pupo Nogueira, O[ctavio]. "A Propósito da Modernização de uma Grande Indústria." *Revista Industrial de São Paulo* 1, nº 6, maio 1945: 16-19.

_____. *Em Torno da Tarifa Aduaneira*. São Paulo, 1931.

Quijano, Aníbal. "Notas Sobre el Concepto de "marginalidad social'." Em *Imperialismo y "Marginalidad" en América Latina*, pp. 31-100. Lima, 1977 [ensaio escrito em 1966].

Racovski, Cristian, "Autobiography." Em Georges Haupt e Jean-Jacques Marie, orgs., *Makers of the Russian Revolution: Biographies of Bolshevik Leaders*, pp. 385-403. Ithaca, N.Y., 1974.

_____. "Chestia Agrara. Probleme si Solutii." *Viitorul Social* 1, ago. 1907: 27-43.

_____. "Poporanism, Socialism si Realitate." *Viitorul Social* 1, jun.- jul. 1908: 329-67.

_____. *La Roumanie des Boyards. (Contribution à l'Histoire d'une Oligarchie.)* Bucareste, 1909.

_____. *Scririei Social-Politice (1900-1916)*. Bucareste, 1977.

Radaceanu, Lothar. "Oligarhia Româna." *Arhiva Pentru Stiinta si Reforma Sociala* 5, nºs 3-4, 1924: 497-532; 6, nºs 1-2, 1926: 160-84; 6, nºs 3-4, 1927: 435-59.

Rae, John. *Statement of Some New Principles on the Subject of Political Economy*. Boston, 1834.

Randall, Laura. *An Economic History of Argentina in the Twentieth Century*. Nova York, 1978.

Rangel, Inácio. "A Dinâmica da Dualidade Brasileira." *Revista Brasileira de Ciências Sociais* 2, nº 2, julho 1962: 215-35.

Ratzer, José. *Los Marxistas de 90*. Córdoba, Argent., 1969.

Razmiritza, N. *Essai d'Économie Roumaine Moderne, 1831-1931*. Paris, 1932.

Reale, Miguel. *Memórias*. Vol. 1: *Destinos Cruzados*. São Paulo, 1986.

Reis, João José e Silva, Eduardo. *Negociação e Conflito: A Resistência Negra no Brasil Escravista*. Rio de Janeiro, 1989.

Reithinger, Anton. *Le Visage Économique de l'Europe*. Paris, 1937.

Resenha [anônima] de Mihail Manoilescu. "The Theory of Protection in International Trade." *Times Literary Supplement* 31, 11 fev. 1932: 83.

Revista Hispánica de Bucarest, 1929, nº 6.

Rey, Pierre-Philippe. *Les Alliances des Classes*. Paris, 1973.

_____. *Colonialisme, Neo-colonialisme et Transition au Capitalisme*. Paris, 1971.

Reyes Gómez, Vicente. "Si la Depreciación del Papel Moneda en Chile debe Considerarse como una Causa o

584 Joseph L. Love

un Efecto de la Baja del Cambio." *Revista Económica* [Chile] 4, nº 14, 1º de julho de 1888: 83-90.

Rist, Charles. *Rapport sur les Finances Publiques de la Roumanie*. Vol. 1: *Rapport Général*. Maio 1932, não-paginado [1932?].

Robert, Antonio. *Un Problema Nacional: La Industrialización Necesaria*. Madri, 1943.

Roberts, Henry L. *Rumania: Political Problems of an Agrarian State*. Hamden, Conn., 1969 [1951].

Robinson, A[ustin]. "Pigou, Arthur Cecil." Em John Eatwell *et al.*, orgs., *The New Palgrave: A Dictionary of Economics*. Vol. 3, pp. 876-79. Londres, 1987.

Robinson, Joan. "Disguised Unemployment." *Economic Journal* 46, nº 182, junho 1936: 225-37.

_____. *The Economics of Imperfect Competition*. Londres, 1933.

Robles, Gonzalo. "Sudamérica y Fomento Industrial." *Trimestre Económico* 14, nº 1, abr.-jun. 1947: 1-33.

Rocha, Antônio P. "O Nascimento da Economia Política no Brasil." Tese de doutorado, Universidade de São Paulo, 1989.

Rodríguez, Octavio. *La Teoría del Subdesarrollo de la CEPAL*. Cidade do México, 1980.

Romano, Roberto. *Brasil: Igreja contra Estado (Crítica ao Populismo Católico)*. São Paulo, 1979.

Romero, José Luis. *El Desarrollo de las Ideas en la Sociedad argentina del siglo XX*. 2ª ed., Buenos Aires, 1983 [1963].

Ros Jimeno, José. "La Teoría de Manoilescu sobre el Comercio Exterior: Exposición y Crítica." *Anales de Economía* 1, nº 2, abr.-jun. 1941: 261-76.

Rosas, Fernando. "As Idéias sobre Desenvolvimento Econômico nos Anos 30." Em José Luís Cardoso, org.,

Contribuições para a História do Pensamento Econômico em Portugal, pp. 185-208. Lisboa, 1988.

____. *O Estado Novo nos Anos Trinta (1928-1938)*. Lisboa, 1986.

Rosenberg, Nathan. *Perspectives on Technology*. Nova York, 1976.

Rosenstein-Rodan, Paul. "The International Development of the Economically Backward Areas." *International Affairs* 20, nº 2, abr. 1944: 157-62.

____. "Natura Facit Saltum: Analysis of the Disequilibrium Growth Process." Em Gerald M. Meier e Dudley Seers, es. *Pioneers in Development*, pp. 207-21. Nova York, 1984.

____. "Problems of Industrialization of Eastern and Southeastern Europe." Em A. N. Agarwala e S. P. Singh, orgs., *The Economics of Underdevelopment*. Londres, 1958 [1943].

Rostow, W[alt] W[hitman]. *The Stages of Economic Growth: A Non-Communist Manifesto*. Cambridge, Inglaterra, 1960.

Roumanian Institute of Social Science, 1921-1926. Bucareste, 1926.

Rozorea, Mircea. "Curentul Poporanist în Gînderea Social-Economica din România." Tese de doutorado, Academia de Stiinte Economice, Bucareste, 1970.

Rumania: Consiliul Superior Economic: Oficiul de Studii, Cercetari si Îndrumari. *Aspecte ale Economiei Românesti: Material Documentar Pentru Cunoasterea Unor Probleme în Cadrul Planului Economic*. Bucareste, 1939.

Rumania: Ministerul Agriculturei. *Ancheta Industriala din 1901-1902*. Vol. 1, Bucareste, 1904.

Rumania: Ministerul de Industrie si Comert. *Ancheta Industriala din 1920*. Bucareste, 1921.

586 Joseph L. Love

Rumania: Zentralinstitut für Statistik. *Statistisches Taschenbuch von Rumänien, 1941.* Bucareste, 1942.

Sachs, Ignacy. *La découverte du Tiers Monde.* Paris, 1971.

Sáenz Leme, Marisa. *A Ideologia dos Industriais Brasileiros, 1919-1945.* Petrópolis, 1978.

Samuelson, Paul. "International Factor-Price Equalisation Once Again." *Economic Journal* 59, jun. 1949: 181-97.

_____. "International Trade and the Equalisation of Factor Prices." *Economic Journal* 58, jun. 1948: 163-84.

Sandru, D. *Populatia Rurala a României între ale doua Razboaie Mondiale.* Iasi, 1980.

Santos, Theotônio dos. *Socialismo o Fascismo: Dilema Latinoamericano.* Santiago, 1969.

_____. "The Structure of Dependence." *American Economic Review* 60, n º 2, maio 1970: 231-36.

Saramago, José. *The Year of the Death of Ricardo Reis* [trad. de Giovanni Pontiero]. Nova York, 1991 [orig. port. 1984].

Sauvy, Alfred. "Trois Mondes, une Planète." *L'Observateur*, nº 118, 14 de agosto de 1952: 5.

Savu, Alexandru Gh. *Dictatura Regala (1938-1940).* Bucareste, 1970.

Schmitter, Philippe. "Reflections on Mihail Manoilescu and the Political Consequences of Delayed-Dependent Development on the Periphery of Western Europe." Em Kenneth Jowitt, org., *Social Change in Romania, 1860-1940: A Debate on Development in a European Nation*, pp. 117-39. Berkeley, 1978.

_____. "Still the Century of Corporatism?" *Review of Politics* 36, nº 1, jan. 1974: 85-131.

Schultz, Theodore. "Tensions Between Economics and Politics in Dealing with Agriculture." Em Gerald M. Meier,

Referências Citadas 587

org., *Pioneers in Development*, 2ª série, pp. 17-48. Nova York, 1987.

___. *Transforming Traditional Agriculture.* New Haven, 1964.

Schumpeter, Joseph A. *Capitalism, Socialism and Democracy.* 3ª ed. Nova York, 1950.

___. *The Theory of Economic Development: An Inquiry into Profits, Capital, Credits, Interests and the Business Cycle.* Cambridge, Mass., 1934 [orig. alem. 1912].

Schwartz, Hugh. "Raúl Prebisch and Argentine Economic Policy-Making, 1950-1962: A Comment." *Latin American Research Review* 23, nº 2, 1988: 214-27.

Schwartz, Pedro e González, Manuel-Jesus. *Una Historia del Instituto Nacional de Industria (1941-1976).* Madri, 1978.

Scutaru, Ion. *Statutul Taranesc din Punct de Vedere Economic si Politic.* Bucareste, [1935].

Sempat, Assadourian, Carlos. *El sistema de la Economía Colonial: El Mercado Interior, Regiones y Espacio Económico.* Cidade do México, 1983.

Sen, Amartya. *Resources, Values and Development.* Oxford, 1984.

Sérgio, António. "A Conquista de Ceuta." Em *Ensaios*, 2ª ed. Vol. 1, pp. 309-32. Coimbra, 1949 [1928].

Serra, José. "Three Mistaken Thesis Regarding the Connexion Between Industrialization and Authoritarian Regimes." Em David Collier, ed., *The New Authoritarianism in Latin America*, pp. 99-163. Princeton, 1979.

Serra, José e Cardoso, Fernando Henrique. "Las Desventuras de la Dialéctica de Dependencia." *Revista Mexicana de Sociología* 40, nº extraordinário (1978): 9-55.

Shanin, Teodor. *The Awkward Class: Political Sociology of Pesantry in a Developing Society, Russia 1910-1925.* Oxford, 1972.

588   Joseph L. Love

Siciliano, Alexandre, Jr. *Agricultura, Comércio e Indústria no Brasil (em face do Regime Aduaneiro).* São Paulo, 1931.

Sikkin, Kathryn A. "Developmentalism and Democracy: Ideas, Institutions and Economic Policy Making in Brazil and Argentina (1955-1962)." Tese de doutorado, Universidade de Colúmbia, 1988.

_____. *Ideas and Institutions: Developmentalism in Brazil and Argentina.* Ithaca, N.Y., 1991.

Silva, José Graziano da. *Modernização Dolorosa: Estrutura Agrária, Fronteira Agrícola e Trabalhadores Rurais no Brasil.* Rio de Janeiro, 1981.

Simonsen, Roberto. *Crises, Finances and Industry.* São Paulo, [1931?].

_____. *História Econômica do Brasil (1500-1820).* 4ª ed. São Paulo, 1962 [1937].

_____. *À Margem da Profissão: Discursos, Conferências, Publicações.* São Paulo [1932?].

Singer, H[ans] W. "The Distribution of Gains Between Investing and Borrowing Countries." *American Economic Review: Papers and Proceedings* 40, nº 2 (maio 1950):473-85.

_____."Dualism Revisited: A New Approach to the Problems of Dual Societies in Developing Countries." *Journal of Development Studies* 7 (out. 1970): 60-76.

_____."Economic Progress in Underdeveloped Countries." *Social Research* 16, nº 1 (mar.1949): 1-11.

_____. *Estudo Sobre o Desenvolvimento Econômico do Nordeste.* Recife, 1962.

_____. "The Terms of Trade and Economic Development." Em John Eatwell *et al.,* eds., *The New Plagrave: A Dictionary of Economics.* Vol. 4, pp. 626-28. Londres, 1987.

____. "The Terms of Trade Controversy and the Evolution of Soft Financing: Early Years in the U.N." Em Gerald Meier and Dudley Seers, eds., *Pioneers in Development*, pp. 77-128. Nova York, 1984.

____. "Trade and Fiscal Problems of the Brazilian Northeast." In: *International Development: Growth and Change*, pp. 262-67. Nova York, 1964.

Singer, Paul. *Economia Política da Urbanização*. São Paulo, 1973.

Skidmore, Thomas E. *Politics in Brazil, 1930-1964: An Experiment in Democracy*. New York, 1967.

Soares, Henrique. *Corporativismo: Antecedentes e Princípios*. Lisboa, 1946.

Societé des Nations: ver League of Nations.

Sodré, Nelson W. *A Formação Histórica do Brasil. 4ª ed. Rio de Janeiro, 1967 [1962]*.

____. A Verdade Sobre o ISEB, Rio de Janeiro, 1978.

Sofri, Gianni. *O Modo de Produção Asiático: História de uma Controvérsia Marxista* [trad. de Nice Rissone]. Rio de Janeiro, 1977 [orig. ital. 1969].

Sollohub, W. A. "The Conversion of Agricultural Debts in Roumania." *Economic Journal* 42, nº 168 (jan. 1932): 588-94.

Sombart, Werner. *L'Apogée du Capitalisme* [trad. para o francês de *Der Moderne Kapitalismus*, q.v.]. Vol. 1. Paris, 1932.

____. "Capitalism" *Encyclopedia of the Social Sciences*. Vol. 3, pp. 195-208. New York, 1931.

____. "Critica Profetiilor Marxiste". *Analele Economice si Statistice* 14, nºs 3-5 (mar.-maio 1931): 1-21.

____. *Deutscher Sozialismus*. Charlottenburg, 1934.

____. *Der Moderne Kapitalismus: Historisch-systematic Darstellung des gesamteuropäischen Wirtschaftsle-*

ben von Seinen Anfangen bis zür Gegenwart. Munich, 1928.

_____. A New Social Philosophy [trad. de Karl F. Geiser de Deutscher Sozialismus, q.v.]. Princeton, 1937.

_____. "Procesul de Desvoltare al Capitalismului." Excelsior (17 de setembro de 1938): 1-2.

_____. Die Rationalisierung in der Wirtschaft. Leipzig, 1927.

_____. Zukunft des Kapitalismus. Berlim, 1932.

Sommer, Louise. Neugestaltung der Handelspolitik: Wege zu einem intereuropäischen Präferenzsystem. Berlim, 1935.

_____. "Pays Agricoles — Pays Industriels: Une Antithèse Périmée." Revue Internationale Economique 30, julho 1938: 79-112.

Sousa Martins, José de. Os Camponeses e a Política no Brasil: As Lutas Sociais no Campo e seu Lugar no Processo Político. Petrópolis, 1981.

_____. O cativeiro da Terra. São Paulo, 1979.

_____. Expropriação e Violência: A Questão Política no Campo. São Paulo, 1980.

Soutzo [Sutu], [Prince] Nicolas. Notions Statistiques sur la Moldavie. Iasi, 1840.

Spraos, John. Inequalizing Trade? A Study of Traditional North/South Specialization in the Context of Terms of Trade Concepts. Oxford, 1983.

_____. "The Statistical Debate on the Net Barter Terms of Trade Between Primary Commodities and Manufactures." Economic Journal 90, março 1980: 107-28.

Srour, Robert Henry. Modos de Produção: Elementos da Problemática. Rio de Janeiro, 1978.

Stahl, Henri H. Amintiri si Gînduri din Vechea din Scoala a Monografilor Sociologice. Bucareste, 1981.

____. "Scoala Monografica Sociologica." Em Mircea Vulcanescu *et al.*, D[imitrie] Gusti *si scola sociologica dela Bucuresti*, pp. 171-206. Bucareste, 1937.

____. "Théories de C. D. Gherea sur les Lois de la Pénetration du Capitalisme dans les Pays Retardataires." *Review* [of the Fernand Braudel Center] 2, nº 1, verão 1978: 101-14.

____. *Traditional Romanian Village Communities: The Transition from the Communal to the Capitalisti Mode of Production*. Cambridge. Inglaterra, 1980. [orig. fran. 1969].

Stanculescu, P. e Stefanescu, C. "Analiza Economica a Gospodariilor." Em Golopentia e Georgescu, *60 state românesti*, q.v., pp. 205-92.

Stepniak [pseud. de S. Kravchinsky]. *The Russian Peasantry: Their Agrarian Condition, Social Life and Religion*. Nova York, 1888.

"Stere, Constantin." Em *Dictionar Enciclopedic Romîn*. Vol. 4, p. 508. Bucareste, 1962.

Stere, Constantin. "Cauzele Miscarilor Agrare." Em *Scrieri*, q.v., pp. 434-37, 1907.

____. "Fischerland." Em *Scrieri*, q.v., pp. 365-72, 1909.

____. "Mizeria Taranimii si Repartizarea Proprietatii." Em *Scrieri*, q.v., pp. 454-68, 1908.

____. *Scrieri* [ed. por Zigu Ornea]. Bucareste, 1979.

____. "Socialdemocratism sau Poporanism?" *Viata Românea sca* 2, nºs 8-11, ago.-nov. 1907: 170-93, 313-41, 15-48 [sic], 173-208; 3, nºs 1 e 4, jan. e abr. 1908: 49-75, 59-80.

____. "Tara de Latifundii." Em *Scrieri*, q.v., pp. 373-90. 1906.

Stoica, Nicolae. "Problema Agrar-taraneasca în Gindirea Economica a Socialistilor Români (1900-1916)." Tese de doutorado, Academia Stefan Gheorghiu, Bucareste, 1972.

592   Joseph L. Love

Stolcke, Verena. *Cafeicultura: Homens, Mulheres e Capital (1950-1980)* [trad. de Denise Bottmann e João R. Martins Filho]. São Paulo, 1986. Publicado em inglês como *Coffee Planters, Workers, and Wives*.

Stolcke, Verena e Hall, Michael M.. "The Introduction of Free Labour on São Paulo Coffee Plantations." *Journal of Peasant Studies* 10, nºs 2-3, jan.-abr. 1983: 170-200.

Sunkel, Osvaldo. "Inflation in Chile: An Unorthodox Approach," *International Economic Papers*, nº 10, 1960: 107-31 [orig. esp. 1958].

____. "The Pattern of Latin American Dependence." Em Victor L. Urquidi e Rosemary Thorp, orgs. *Latin America in the International Economy*, pp. 3-34. Londres, 1973.

____, org. *El Desarrollo desde Dentro: Un Enfoque Neoestructuralista para la América Latina*. Cidade do México, 1991. Publicado em inglês como *Development from Within: Toward a Neostructuralist Approach for Latin America*.

Sunkel, Osvaldo e Paz, Pedro. *El Subdesarrollo Latinoamericano y la Teoría del Desarrollo*. Madri, 1970.

Suta-Selejan, Sultana e Suta, Nicolae. *Conceptia lui Mihail Manoilescu despre comertul internacional capitalist*. Bucareste, 1972.

Suzigan, Wilson. *Indústria Brasileira: Origem e Desenvolvimento*. São Paulo, 1986.

Szlajfer, Henryk, org. "Editor's Introduction [trad. de Maria Chmielewska-Szlajfer e Piotr Goc]." Em *Economic Nationalism in East-Central Europe and South America, 1918-1939*, pp. 1-13. Genebra, 1990.

Tandater, Enrique. *Coacción y Mercado: La Minería de la Plata en el Potosí colonial: 1692-1826*. Cuzco, Peru, 1992.

____. "Sobre el Análisis de la Dominación Colonial." *Desarrollo Económico* 16, nº 61, abr.-jun. 1976: 151-60.

Tasca, Georghe. "Liberalism si Corporatism." *Analele Economice si Statistice* 20, nºs 1-2, jan.-fev. 1937: 1-69.

Tavares, Maria da Conceição. "The Growth and Decline of Import Substitution in Brazil." *Economic Bulletin for Latin America* 9, nº 1, mar. 1964: 1-59.

Tax. Sol. *Penny Capitalism: A Guatemalan Indian Economy.* Smithsonian Institution: Institute of Social Anthropology. Publication nº 16. Washington, D.C., 1953.

Teixeira Vieira, Dorival. "História da Ciência Econômica no Brasil." Em Mário Guimarães Ferri e Shozo Motoyama, orgs. *História das Ciências no Brasil.* Vol. 3, pp. 347-72. São Paulo, 1981.

Thorner, Daniel. "Chayanov's Concept of Peasant Economy." Em A[lexander V[asilievich] Chayanov, *The Theory of Pesant Economy*, q.v. pp. XI-XXIII.

Thorp, Rosemary, org., *Latin America in the 1930s: The Role of the Periphery in World Crisis.* Londres, 1984.

Thorp, Rosemary e Geoffrey Bertram. *Peru (1890-1977): Growth and Policy in an Open Economy.* Londres, 1978.

Thurow, Lester. *Head to Head: The Coming Economic Battle Among Japan, Europe and America.* Nova York, 1992.

Todaro, Michael P. *Economic Development in the Third World: An Introduction to Problems and Policies in a Global Perspective.* 3ª ed. Londres, 1985.

Tokman, Víctor. "Unequal Development and the Absorption of Labour: Latin America 1950-1980." *CEPAL Review* 17, agosto 1982: 121-34.

Toledo, Caio Navarro de. *ISEB: Fábrica de Ideologias.* São Paulo, 1982.

Topalov, Christian. *Estruturas agrárias brasileiras* [trad. de Waltensir Dutra]. Rio de Janeiro, 1978.

Topik, Steven. "The Economic Role of the State in Liberal Regimes: Brazil and Mexico Compared, 1888-1910." Em Joseph L. Love e Nils Jacobsen, orgs., *Guiding the Invisible Hand*, pp. 117-44. Nova York, 1988.

Torres, Alberto. *A Organização Nacional*. São Paulo, 1914.

____. *O Problema Nacional Brasileiro*. São Paulo, 1914.

Trebat, Thomas J. *Brazil's State-Owned Enterprises: A Case Study of the State as Entrepreneur*. Cambridge, 1983.

Trebici, Vladimir. *Romania's Population and Demographic Trends*. Bucareste, 1976.

Unión Industrial Argentina, *Anales*; posteriormente *Argentina Fabril*, 1930-46.

United Nations: Department of Economic Affairs. *Measures for the Economic Development of Under-Developed Countries*. Nova York, 1951.

____. *Relative Prices of Exports and Imports of Under-developed Countries: A Study of Postwar Terms of Trade Between Under-developed and Industrialized Nations*. Lake Success, N.Y., 1949.

United Nations: Economic Commission for Latin America. *The Economic Development of Latin America and Its Principal Problems*. Nova York, 1950 [orig. esp. 1949].

____. *The Economic Development of Latin America in the Postwar Period*. Nova York, 1964.

____. *Economic Survey of Latin America, 1949*. Nova York, 1951 [orig. esp. 1950].

____. *Economic Survey of Latin America, 1956*. Nova York, 1957.

____."Preliminary Study of the Effects of Postwar Industrialization on Import Structures and External Vulnerability

Referências Citadas 595

in Latin America." Em *Economic Survey of Latin America, 1956*, q.v., pp. 115-63.

____. *The Process of Industrial Development in Latin America*. Nova York, 1966 [orig. esp. 1965].

____. "The Situation in Argentina and the New Economic Policy." *Economic Bulletin for Latin America* 1, nº 1, jan. 1956: 26-45.

U[nited] S[tates] Bureau of the Census. *The Historical Statistics of the United States, Colonial Times to 1970*, Parte 1, Washington, D.C., 1975.

Uricoechea, Fernando. *The Patrimonial Foundations of the Brazilian Bureaucratic State*. Berkeley, 1980.

Van den Berghe, Pierre. *Race and Racism: A Comparative Perspective*. 2ª ed. Nova York, 1978.

Vargas, Getúlio. *Mensagem Apresentada ao Poder Legislativo em 3 de maio de 1937*. Rio de Janeiro, 1937.

____. *A Nova Política do Brasil*. 8 vols. Rio de Janeiro, 1938-41.

Vasile, R. "Economia Rômâniei în Timpul Celui de-al Doilea Razboi Mondial." Em Nicolae Marcu, org., *Istorie economica*, pp. 368-91. Bucareste, 1979.

Vásquez-Presedo, Vicente. *Crisis y Retraso: Argentina y la Economía Internacional entre las dos Guerras*. Buenos Aires, 1978.

Velasco Murviedro, Carlos. "El Pensamiento Autárquico Español como Diretriz de la Política Económica (1936-1951)." 2 vols. Tese de doutorado, Universidade Complutense, 1982.

Velho, Otávio Guilherme. "Antropologia para Sueco Ver." *Dados* 23, nº 1, 1980: 79-91.

____. *Capitalismo Autoritário e Campesinato*. 2ª ed. São Paulo, 1979 [1976].

____. *Sociedade e Agricultura*. Rio de Janeiro, 1982.

596 Joseph L. Love

Véliz, Cláudio. "Introduction." Em Cláudio Véliz, org., *Obstacles to Change in Latin America*, pp. 1-8. Londres, 1965.

Venturi, Franco. *Roots of Revolution* [trad. de Francis Haskell]. Nova York, 1960 [orig. ital. 1952].

Veverca, Ion. "Alexandru D. Xenopol si Problemele Dezvoltarii Economice a Rômâniei." Em A. D. Xenopol, *Opere Economice*, q.v. pp. 7-71.

Vieira, Evaldo. *Autoritarismo e Corporativismo no Brasil (Oliveira Vianna & Companhia)*. 2ª ed. São Paulo, 1981.

Vieira Souto, Luís. "Apresentação ao *Boletim do Centro Industrial do Brasil*." Em Edgard Carone, org., *O Pensamento Industrial no Brasil (1880-1945)*, pp. 47-57. Rio de Janeiro, 1977.

Villanueva, Javier. "Economic Development." Em Mark Falcoff e Ronald H. Dolkart, orgs. *Prologue to Perón: Argentina in Depression and War, 1930-1943*, pp. 57-82. Berkeley, 1975.

Villareal, René. *El Desequilibrio Externo en la Industrialización de México (1929-75): Un Enfoque Estructuralista*. Cidade do México, 1976.

Villela, Annibal Villanova e Suzigan, Wilson. *Política do Governo e Crescimento da Economia Brasileira, 1889-1945*. Rio de Janeiro, 1973.

Viner, Jacob. *International Trade and Economic Development*. Glencoe, Ill., 1952.

____. Resenha de Mihail Manoilesco [*sic*], "The Theory of Protection and International Trade." *Journal of Political Economy* 40, nº 1, fev. 1932: 121-25.

____. *Studies in the Theory of International Trade*. Nova York, 1937.

Vinhas, M[oisés]. *Problemas Agrário-camponeses do Brasil*. Rio de Janeiro, 1968.

Referências Citadas   597

Voinea, Serban. *Marxism Oligarhic*. Bucareste, 1926.

____. "Der Sozialismus in den rückstandigen Ländern." *Der Kampf* 17, dez. 1924: 501-8.

Von Pohle, Ludwig. *Deutschland am Scheideweg*. Leipzig, 1902.

Von Thünen, Johann Heinrich. *Von Thünen's Isolated State* [trad. de Carla Wartenberg, org. por Peter Hall]. Oxford, 1966 [orig. alem. 1826, 1ª ed. completa 1863].

Vulcanescu, Mircea. "D. Gusti, Profesorul." Em Mircea Vulcanescu *et al.*, D[imitrie] Gusti *si Scoala Sociologica dela Bucuresti*, pp. 5-94. Bucareste, 1937.

Wagemann, Ernst. *Der Neue Balkan: Altes Land-Junge Wirtschaft*. Hamburgo, 1939.

____. *La Población en el Destino de los Pueblos*. Santiago, 1949 [trad. esp. de *Menschenzal und Volkerschiksal* (1948)], trad. de Carlos Keller R.

____. *Struktur und Rhythmus der Weltwirtschaft: Grundlagen einer weltwirtschaftiches Konjunkturlehre* [trad. para o esp. como *Evolución y Ritmo de la Economía Mundial*, 1933]. Berlim, 1931.

Wagner, Adolf. *Die Problem des Agrar und Industriestaat*. Jena, 1902.

Walicki, Andrzej. *The Controversy over Capitalism: Studies in the Social Philosophy of the Russian Populists*. Oxford, 1969.

Wallerstein, Immanuel M. *The Modern World System*. Nova York, 1974, 1980, 1989.

____. "Periphery." Em John Eatwell *et al.*, orgs., *The New Palgrave: A Dictionary of Economics*. Vol. 3, pp. 846-48. Londres, 1987.

Walther, Léon. "O que Somos." *IDORT* 1, nº 1, 1931: 1-2.

Warriner, Doreen. *The Economics of Peasant Farming*. 2ª ed., Londres, 1964 [1939].

598   Joseph L. Love

Weber, Max. *General Economic History*, Nova York, 1927 [orig. alem. 1923].

____. "Politics as a Vocation." Em *From Max Weber: Essays in Sociology* [trad. e org. por H. H. Gerth e C. Wright Mills], pp. 77-128. Nova York, 1958 [orig. alem. 1919].

Whipple, Clayton E. e A. U. Toteff. "Comment on 'The Problem of Surplus Agricultural Population'." *International Journal of Agrarian Affairs* 1, nº 1, out. 1939: 73-75.

Williamson, J[effrey] G. "Regional Inequality and the Process of National Development: A Description of the Patterns." Em L. Needleman, org., *Regional Analysis: Selected Readings*, pp. 99-158. Baltimore, 1968 [1965].

Who's Who in the United Nations and Related Agencies. Nova York, 1975.

World Bank, *The East Asian Miracle: Economic Growth and Public Policy.* Nova York, 1993.

____. *The World Bank Atlas: 1995.* Washington, D.C., 1994.

Xenopol, A. D. "Studii Economice." Em *Opere Economice*, Bucareste, 1967 [2ª ed. rev., 1882].

Young, Allyn. "Increasing Returns and Economic Progress." *Economic Journal* 28, set. 1928: 527-42.

Zañartu Prieto, Enrique. *Tratado de Economía Politica.* 2ª ed. Santiago, 1946.

Zane, Gh[eorghe]. "Burghezia Româna si Marxismul." *Viata Româneasca* 19, nº 2, fev. 1927: 244-60; e 19, nº 3, mar. 1927: 323-34.

____. *Economia Politica la Academia Mihaileana: La centenarul Invatamantului Economic în România.* Iasi, 1943.

Zeletin, Stefan. "Acumularea Primitiva în România." Em *Neoliberalismul*, q.v., pp. 157-67.

Referências Citadas 599

_____. *Burghezia Româna: Originea si Rolul ei Istorics*. Bucareste, 1925.

_____. "Dezvoltarea Capitalului National." Em *Neoliberalismul*, q.v., pp. 33-56.

_____. "Nationalismul." Em *Neoliberalismul*, q.v., pp. 199-211.

_____. "Neoliberalismul". Em *Neoliberalismul*, q.v., pp. 71-100.

_____. *Neoliberalismul: Studii Asupra Istoriei si Politicei Burgheziei Române*. Bucareste, 1927.

_____. "Originea si Formatia Burgheziei Române." Em *Neoliberalismul*, q.v., pp. 3-31.

_____. "Plutocratia." Em *Neoliberalismul*, q.v., pp. 139-56.

_____. "Pseudo-burghezia." Em *Neoliberalismul*, q.v., pp. 113-26.

_____. "Socialism Reactionar si Socialism Revolutionar." Em *Neoliberalismul*, q.v., pp. 249-68.

Índice Remissivo

A

Acumulação e Desenvolvimento (Furtado), 441
Adler, Victor, 95
África, 22, 258, 503
Agricultura, 34, 51, 61, 83, 107, 145, 164-6, 190, 251,
    268, 285
    capitalismo e, 107, 121, 150, 418
    crédito e, 125
    e comércio, 212, 222, 298, 310-1, 395
    e economia, 175
    elasticidade da demanda, 273, 319
    emprego na, 50, 231, 330
    mão-de-obra e, 154, 232, 312
    no Brasil, 338, 341, 356, 381-2, 414-5, 420-1, 473
    produtividade da, 161, 206-8
    protecionismo na, 113, 171-2, 175
    renda na, 215
"Agricultura Brasileira: Capitalismo e o Mito do Feudalismo"
    (Frank), 449
Alemães, 46, 217
Alemanha, 54, 72, 76, 111, 131, 221, 226, 236, 268, 522
    comércio romeno na, 54, 204
    industrialização da, 36, 177

teoria econômica da, 38, 255, 257
Alemanha nazista, 181, 203, 224, 239
Alexandre II, 77
Alexandre III, 77
Aliança para o Progresso, 365, 435
Allende, Salvador, 452-3
Althusser, Louis, 453, 475-6, 479, 482, 493-4, 496
  Para Ler o Capital, 475
Alto Conselho Econômico (Romênia), 198
América do Sul, 28, 39, 58, 244
América Latina, 21, 88, 263, 330, 423, 425, 438, 498, 509, 525
  capitalismo na, 420, 424, 428
  dependência na, 444, 451
  desenvolvimento econômico na, 44, 504, 518-9
  e Estados Unidos, 304, 435
  estruturalismo na, 244, 263, 267, 461, 510, 519, 524
  industrialização na, 290, 378
  inflação na, 372, 396
  marxismo na, 406, 412-3, 422, 446
  modos de produção na, 473
  subdesenvolvimento na, 22, 428, 449-50
  teorias de Manoilescu, 250
  termos de troca na, 309-10, 330
Amin, Samir, 441, 461, 471, 498-9
Análise da dependência de FHC, 444, 452, 454, 464
Anderson, Perry, 406, 422-3, 426, 490, 498
Angelescu, Ion N., 178-9, 199, 201
Anti-semitismo, 73, 202, 281
Antigo Reino (Romênia), 63, 73
Antiimperialismo, 246
Antropologia, 481
Ao Povo, movimento, 95
Aranha, Osvaldo, 346
Argentina, 58, 297, 316, 327, 337, 375, 407, 429, 436, 443, 507, 524

Índice Remissivo   *603*

as idéias de Manoilescu na,   253, 274-5
durante a Depressão,   292, 297
Prebisch e,   295-6, 319, 327-8
vulnerabilidade econômica da,   305
Argetoianu, Constantin,   198
Argumento Manoilescu,   198
enunciado,   192
"Argumentos Protecionistas de List e Manoilescu, Sobre
os" (Mahn),   251
Arndt, Hans W.,   21, 57-8, 263, 283-4, 329-31, 396, 463-4,
467
Arraes, Miguel,   365
Ásia,   22, 258, 354, 498
Associação de Livre-Comércio da América do Norte (ALCA),
520
Associação Fischer,   79
Ato Institucional nº 5,   436
Atraso,   22-3, 57, 93, 101, 380
Aurelian, Petre S.,   172, 176-7, 201, 209, *ver também* sub-
desenvolvimento
   Nosso Futuro Econômico,   177
Austrália,   507
Áustria,   54, 76, 104, 135, 284
Autarquia,   247-8, 259, 364, 462
Autoritarismo,   344
Averescu, Alexandru,   110, 180, 202-3
Azevedo Amaral, Inácio Manuel,   344-5, 355
Azevedo, João Lúcio de,   376

B

Baer, Werner,   378, 385, 398-9, 401-2, 463-5
Bagú, Sergio,   415, 420, 424-5, 448, 466-7
   A Economia da Sociedade Colonial,   417, 447
Bakunin, Mikhail,   95
Balcãs,   28, *ver também* os diversos países
Balibar, Etienne,   475, 478, 493-4, 496, 498

604 Joseph L. Love

Para Ler o Capital, 475
Balogh, Thomas, 30, 32, 264-5, 396
Baltra Cortés, Alberto, 308
Bambirra, Vânia, 443, 446, 452-3, 459, 461, 468-9
Banca Nationala (Romênia), 113, 128, 143, 180
Banca Româneasca, 113, 128
Banco Central (Argentina), 319, 327, 352 *passim*, 299
Banco da Inglaterra, 299
Banco de la Nación Argentina, 296
Banco de México, 304
Banco do Brasil, 346, 355, 357
Banco Mundial, 269, 507, 526
Banco Nacional de Desenvolvimento Econômico (BNDE, Brasil), 363, 372
Bancos, 128, 140-1, 143, 202, 296-7, 326, 357
Baran, Paul, 22, 30, 410-11, 423, 448, 467
Bastide, Roger, 442
Bauer, Otto, 421
Bauer, Peter T., 30
Bebel, August, 95
Bélgica, 104-5
Berlim, 110
Bernstein, Eduard,
    O Socialismo Evolucionista, 409
Bervi, Vasily, 96
Bessarábia, 78, 182
Biegeleisen, Leon, 152
Bloch, Marc, 416, 425
Bloco Agrário, 157, 169, 189, 300, 507
Boeke, Julius H., 101, 131, 144-5, 151, 163-4, 168, 257, 260, 263, 280, 428, 450, 467, 486
Boeuve, Gaston, 116
Boieri, 34, 61, 68, 72, 87, 103-7, 112-3, 120, 135, 137
Bourgeois, Léon, 160, 237
Brad, Ion Ionescu de la, 61
Brandão, Otávio, 408, 424

Brasil, 21, 45, 60-1, 63, 224, 289, 292, 354-6, 401, 425, 443, 466, 512
    avaliação econômica do, 61, 375, 394, 401
    capitalismo no, 426, 458, 495
    ciclos econômicos do, 376
    colonialismo interno no, 381, 390
    corporativismo e, 40, 46
    crescimento econômico no, 337, 397, 399, 476, 523
    dependência no, 455
    ditadura no, 436
    e Manoilescu, 245, 318
    economistas no, 360
    estruturalismo no, 244, 519
    história do, 42
    industrialização de substituição de importações no, 356, 430
    industrialização do, 36, 64, 291
    intelligentsia no, 351
    marxismo no, 423
    modernização do, 34
    modos de produção no, 478
    planejamento econômico no, 374
    teoria econômica e, 72, 343, 350, 359, 508
Bratianu, família, 113, 128
Bratianu, Ion I. C., 180, 203
Braudel, Fernand, 254, 279, 343
Brentano, Lujo, 255
Bucareste, 145, 164
Bücher, Karl, 153, 156
Bukharin, Nikolai, 409
Bulgária, 177
Bulhões, Otávio, 352, 361, 415
Bunge, Alejandro, 295, 333
Burguesia, 130, 138, 406, 446, 460, 466, 470
    na Romênia, 97, 101, 114, 122, 126, 510
    no Brasil, 419, 466, 459

606   Joseph L. Love

Burguesia Romena: Suas Origens e Papel Histórico, A (Zeletin), 110-1, 257, 406
    crítica de, 116
Burocracia, 107
Bussot, 169
Byé, Maurice, 360-1, 392

C

Caetano, Marcelo, 181, 246, 275-6
    O Sistema Corporativo, 245
Café
    valorização, 41, 349, 509
Câmara de Comércio da Romênia, 180
Campesinismo, 126, 134, 165
Camponeses, 104-5, 114, 143, 167, 169, 187, 255, 415, 425, 496n33
    brasileiros, 418, 479
    e neo-servidão, 106, 108
    industrialização dos, 158, 211, 216
    liberdade jurídica dos, 70
    mão-de-obra, 35, 154
    populismo dos, 150
    produção dos, 158, 486
    propriedade dos, 104, 149
    revolta dos, 90n48, 122, 137, 202
    romenos, 80, 87n7, 89n30, 100, 102, 120, 131-2, 135, 137, 139, 216
Camponeses e a Política no Brasil, Os (Sousa Martins), 485
Campos, Ezequiel de, 246
Campos, Francisco, 344
Campos, Roberto de Oliveira, 357, 371, 395, 399, 405-6, 421
Camus, Marcel, 12
Canadá, 300, 507
Capacidade de importar, definição, 393n30

Capital, 23, 120, 284, 395, 438, 442, 525

Capital Estrangeiro no Brasil, O (Moura), 413

Capital Financeiro, O (Hilferding), 406

Capitalismo, 38, 75, 101, 120, 126, 149, 215, 254, 257, 279, 281, 415, 417, 419, 428, 450, 467, 484, 495, 509, 511

    "autoritário", 482, 487

    "de cor", 258

    dependente, 456, 473, 476

    e agricultura, 108, 121, 150, 417

    e atraso, 101

    e marxismo, 94, 111, 447

    e produção, 515

    na América Latina, 420, 466

Capitalismo e Subdesenvolvimento na América Latina (Frank), 446

Capitalismo Moderno, O (Sombart), 254, 316, 427

Capitalista, 417

Cardoso, Ciro, 399, 478-9, 494n22

    sobre a produção, 494n22

Cardoso, Fernando Henrique, 10, 349, 356, 386, 442-6, 450-3, 455-9, 461-2, 464-6, 468-70, 474, 478, 488-9, 498, 507, 524, 527

    Dependência e Desenvolvimento, 444, 451

    sobre a produção, 479

Carey, Henry, 173, 339

Carol II, 118, 127-9, 153, 163, 179-80, 182-3, 198, 238-9, 275

Carone, Edgar, 407

Casa Rurala, 108

Cassel, Gustav, 186, 189, 205, 254, 268, 271, 284, 319, 332, 517

Castelo Branco, Humberto, 365

Castro, Antônio Barros de, 62

Castro, Fidel, 411, 447, 505

Ceausescu, Nicolae, 163

CEBRAP, *ver* Centro Brasileiro de Análise e Planejamento

608   Joseph L. Love

Centro Brasileiro de Análise e Planejamento (CEBRAP), 459, 479, 488-9, 492, 497-8, 507, 521
Centro das Indústrias do Estado de São Paulo (CIESP), 339, 341-2, 345
Centro de Fiação e Têxteis, 339
Centro Industrial do Brasil (CIB), 338
Centro-Periferia, 306-7
    durante a Grande Depressão, 299
    teorias do, 38
Centro-Sul (Brasil), 380-3, 385, 401n93
CEPAL, ver Comissão Econômica para a América Latina
Chamberlin, Edward, 229, 239
Chayanov, Alexander V., 24, 44, 74, 80, 151-3, 156, 158, 160, 162, 166-8, 483, 486-7, 497
    e campesinismo, 159, 486
Chenery, Hollis, 57
Chernyshevsky, Nikolai, 96, 408, 423n12
Chevalier, Michel, 71
Chiapas, 520
Chile, 252, 292, 375, 380, 443, 450
    e a CEPAL, 308
    e Manoilescu, 60n26, 245, 250, 317
    estagnação das exportações, 316, 395n49
    industrialização do, 291, 295
Chile, um Caso de Desenvolvimento Frustrado (Pinto), 376
Chirot, Daniel, 14, 87, 89, 132, 135
CIA, 320
Ciano, Galeazzo, 182, 203n55
CIB, ver Centro Industrial do Brasil
Ciclo demográfico, 158
Ciclos Econômicos, 311
Cidade do México, 479
Ciências Sociais, 44
    na Romênia, 152
CIESP, ver Centro das Indústrias de São Paulo
Cingapura, 522
Clark, Colin, 47, 63n48, 294, 320, 325-6, 332

Índice Remissivo 609

Classe Canhestra, A, 158
Classe Social, 130, 136, 201, 237, 444
efeitos, 26
Clube Nacional Liberal (Romênia), 177
CNBB, *ver* Conferência Nacional dos Bispos no Brasil
CNI, *ver* Confederação Nacional das Indústrias
Código Napoleônico, 70
Coeficiente de Importação, definição, 307
Colômbia, 224, 458
Colonato, 480, 492
Colonialismo, 214, 417-18
definição do, 211
interno, 216, 402-3, 449
português no Brasil, 418, 420, 425, 466
Comércio, 37, 81, 199n9, 204n66, 205, 236n55, 238n68, 322, 333n98, 334n103, 349, 354n22, 374, 389, 392n17, 393n30, 526
bens agrícolas e, 381
internacional, 25, 54, 129, 298, 309, 323, 395
latino-americano, 396, 525
livre, 70, 194
produção e, 190
romeno, 39, 173-4, 199, 201, 204, 211, 232, 285
teorias do, 212, 222, 230, 250, 403
Comissão Econômica (Liga das Nações), 268
Comissão Econômica das Nações Unidas para a América Latina, *ver* Comissão Econômica Para a América Latina
Comissão Econômica para a África, 309
Comissão Econômica para a América Latina (CEPAL), 32, 44, 209, 243, 251, 267, 271, 305, 308-10, 312, 315-8, 322, 327, 361-3, 371-2, 396, 409, 428, 436-7, 439, 448, 467, 505, 507, 517
e elasticidade da demanda, 313, 315
estruturalistas, 264
industrialização, 433
sobre o comércio externo, 381, 392

610 Joseph L. Love

Comissão Econômica para a Ásia e Extremo Oriente, 309
Comte, Auguste, 237n58
Comunidade Econômica Européia, 366
Comunismo camponês, 134
Conceitos Elementares do Materialismo Histórico, Os (Harnecker), 476
Concha, Malaquías, 250, 278
Cone Sul, 458
Confederação Nacional das Indústrias (CNI), 362
Confederação Nacional dos Trabalhadores da Agricultura (CONTAG), 480
Conferência Afro-Asiática, 504
Conferência das Nações Unidas para Comércio e Desenvolvimento (UNCTAD), 169n64, 209n109, 267, 505, 507
Conferência de Ottawa, 298
Conferência Monetária Internacional, 258, 299-300
Conferência Nacional dos Bispos no Brasil (CNBB), 484, 497n39
    Pastoral da Terra, 484
Confisco cambial, 383
Congresso corporativista, 181
Conjuntura Econômica (revista), 352, 361-2
CONTAG, ver Confederação Nacional dos Trabalhadores na Agricultura
Constantinescu, 87n15
Coréia, 522
Cornateanu, Nicolae, 153, 167n46
Corporativismo, 40, 159, 201n34, 261, 282, 354n22, 512
    ditaduras e, , 238n67, 344
    em Portugal, 245, 275
    Manoilescu sobre, 225, 229, 343
    na América Latina, 253
Corradini, Enrico, 208n108, 209, 260, 410, 423
Correia, Serzedelo, 338, 340, 353
Costa e Silva, Arthur da, 436, 444
Crescimento, 26

Índice Remissivo 611

Crescimento econômico, 517, 520-3, 526n18
   do Brasil, 337, 374, 377, 390
   indústria e, 436
Crescimento impulsionado pelo consumo, 441, 454
Cresin, Roman, 15, 124, 139, 165, 167, 354n25
Critério (revista), 253
Cuba, 447
Cueva, Agustín, 479, 494
Cuza, príncipe Alexander, 70, 105, 113

D

Danielson, Nikolai, 117, 136n92
David, Eduard, 38
Delaise, Francis,
   Duas Europas, 187
Delfim Neto, Antônio, 436
Demetrescu, 61, 87-8
Departamento das Nações Unidas para Assuntos Econô-
   micos, 266
Departamento Econômico (Liga das Nações), 271
Dependência, 25, 39, 175, 243, 256, 391, 421, 427, 436,
   441, 464n38, 471n115, 511
   comércio externo, 54
   definição, 427
   e estruturalismo, 365, 391
   latino-americana, 428, 438, 443, 517
   marxismo e, 476
Dependência e Desenvolvimento (*Cardoso e Falleto*), 444,
   451
Depressões, 37, 42
Der Kampf, 116
Descolonização, 504
Desemprego, 205n71, 168n54
   disfarçado, 23, 154, 161, 231, 243, 284, 492, 521
Desenvolvimento, 36-7, 46, 83, 386, 522
   definição, 23 (*Ver também por tipo*)

612 Joseph L. Love

Desenvolvimento do Capitalismo na Rússia, O (Lenin), 77, 159, 407
Desenvolvimento e Conjuntura (revista), 363
Desenvolvimento e Subdesenvolvimento (Furtado), 365, 390-1, 439
Desenvolvimento Econômico da América Latina e seus Principais Problemas, O (Prebisch), 315, 362, 366
Desinvestimento, 298, 384
Dezoito Brumário de Luís Bonaparte, O (Marx), 158
Dialéctica da Dependência, A (Marini), 453, 469nn88, 90 e 103
Dialética do Desenvolvimento, A (Furtado), 440
Diaz, Porfírio, 62
Díaz-Alejandro, Carlos, 286, 297, 326-9
Dicionário do Pensamento Marxista, Um, 158
Diktat de Viena, 182
Dinamarca, 83
Dinu, Valeriu, 14
Direitos do Homem, 101
Ditaduras, 238n67, 345, 436, 458
Dobb, Maurice, 58, 62
Dobrogea, 79
Dobrogeanu-Gherea, Constantin, 35, 45, 61n30, 71, 78, 80, 83, 86, 87n16, 89, 94-104, 107-114, 116-23, 127, 130-3, 135-7, 144-6, 179, 259, 263, 287, 408-10, 420, 456, 491, 503, 510-1
    antecedentes de, 95-6
    Neo-servidão, 102, 473
    "O papel da Patura Culta nas transformações sociais", 98
    O Socialismo nos Países Subdesenvolvidos, 99
    sobre os camponeses, 102, 106, 108, 120
    sobre subdesenvolvimento, 94
Dominação,
    econômica, 262, 333n92, 400n86
Domínio fanariota, 87n6, 137n108, 213

Índice Remissivo 613

Dore, 169
Dualismo econômico, 101, 143, 145, 147, 257, 420, 428, 449, 461, 467n74
Duas Europas (Delaisi), 187
Duesenberry, James, 369-70
Durkheim, Emile, 153, 173

E

Echavarría, José Medina, 421
Economía (revista), 251, 252
Economia Brasileira, A (Furtado), 375
Economia da Agricultura Camponesa, A (*The Economics of Peasant Farming*) (Warriner), 161
Economia da Sociedade Colonial, A (Bagú), 417, 447
Economia Dependente, Uma (Furtado), 375, 427
Economia do Bem-Estar, A (*Economics of Welfare, The*) (Pigou), 191
Economia Neoclássica, 55, 57n3, 283n89
Economia Política do Crescimento, A (Baran), 410
Egoroff, Pawel P., 167
Eidelberg, 137-8
Elasticidades da demanda, 272, 282n81, 321, 400n86
  e agricultura, 319
  renda, 314-15
Elites, 35, 61n31, 256, 342 *Ver também Boieri*
Em Torno da Tarifa Aduaneira (Pupo Nogueira), 340
Emmanuel, Arghiri, 410, 423, 441
Emprego, 50, 133n54, 330n62, 388, 498n53
Empresários, 27, 238n72, 451, 468n82
Empresas multinacionais, 434, 443
Engel, Ernst, 153, 176
Engels, Friedrich, 33, 60n29, 85, 94, 98, 136n92, 407, 409
Eqüidade, 521
Esboço de uma Teoria da Economia Dominante (Perroux), 262

614   Joseph L. Love

Escola de Sociologia e Política (Brasil),   342
Escola Histórica Alemã,   44
Escola Junímea,   99, 146, 175
Escravidão,   34, 61nn32 e 33, 414
Eslavofilia,   76
Espanha,   60n29, 245-7, 317, 462n16
    Instituto Nacional de Indústria (INI),   248
Estado de S. Paulo, O (jornal),   343
Estado Isolado, O (Thünen),   503
Estado Novo,   342, 350
Estados Unidos,   44, 54, 111, 177, 224, 256, 262, 294,
    307, 387, 400n86, 507, 520, 522, 525n4
        comércio e,   305, 312, 321
        como credores,   300
        e América Latina,   304, 435, 450
Estreito de Dardanelos,   68
Estruturalismo,   22, 57, 62n46, 184, 261, 391
        althusseriano,   475, 493
        e a inflação,   373, 427
        Furtado e,   359, 365, 373
        latino-americano,   244, 263, 274, 510, 514, 519, 525
        latino-americano, definição,   40
        marxista,   27
Estudos de Ciência [Social] e Reforma Social (revista),   153
Estudos Econômicos (revista),   363
Estudos Econômicos (Xenopol),   173
Estudos sobre a Teoria do Comércio Internacional(Viner),
    220
Etnia,   217, 233n23
Europa,   104, 113, 187 *Ver também outros países*
Europa centro-oriental,   21, 28, 41, 152, 264, 380, 505, 507
        definição, 59n14 *Ver também outros países*
Evolução da Economia Romena Após a Guerra Mundial, A
    (Madgearu),   124, 157
Excedente econômico,   390
Exploração,   209n108, 214, 234n39, 454

Índice Remissivo   615

Exportações, 302, 312, 328n31
  brasileiras, 353n4, 383
  diversificação das, 53, 439
  estagnação das, 316, 395n49
  romenas, 72, 88n24, 233n26

F

Faletto, Enzo, 444, 445, 446, 466, 468n81, 527
  Dependência e Desenvolvimento, 444, 451
Fausto, Bóris, 14
Federação das Indústrias do Estado de São Paulo (FIESP), 342, 345, 349
Fernandes, Florestan, 442
Ferreira Lima, Heitor, 326, 329, 349, 353, 357, 407
Ferrer, Aldo, 328, 375, 398
Feudalismo, 119, 414, 416, 419, 477, 498n56
Feudalismo e Capitalismo, 477
FGV, *ver Fundação Getúlio Vargas*
FIESP, *ver Federação das Indústrias do Estado de São Paulo*
Findlay, Ronald, 170, 224
Flerovsky (pseud.), 96
Ford,
  Fundação, 459, 507
Formação Econômica do Brasil (Furtado), 364, 375, 390, 401
França, 34, 44, 76, 104, 112, 169, 226, 246, 268, 387, 522
  marxismo na, 409, 476, 498n56
  políticas econômicas da, 43, 200n17
Franco, Francisco, 247, 249
Franges, Otto, 205, 236, 272
Frank, Andre Gunder, 135, 380, 386, 398n68, 400n84, 421, 441, 445-6, 448-53, 456-7, 466, 467nn70 e 74, 468-9, 476-7, 493-4
  "Agricultura Brasileira: Capitalismo e o Mito do Feudalismo", 449

616   *Joseph L. Love*

Capitalismo e Subdesenvolvimento na América Latina, 446
teorias da dependência de, 448, 477
Fredes, Carlos, 62
Freire, Paulo, 12
Frente Popular, 446
Frères, Lazar, 349
Fritsch, Winston , 520, 526
Frölich, Otto, 222, 235
Frunzanescu, Aurel, 156, 168
Fuentes Irurozqui, Manuel, 248, 277
Fundação Getúlio Vargas (FGV), 352, 361
Fundação Rockefeller, 167, 354, 507
Fundo Monetário Internacional (FMI), 43, 269, 507
Furnivall, J. S., 144, 163
Furtado, Celso, 11-3, 60, 243, 318, 325, 333, 353, 357, 359-95, 397-403, 410, 424, 428, 430-1, 433-4, 439-43, 445, 449-50, 455, 461-5, 467, 502, 507-8, 511-2, 516, 518-20, 523, 525
A Dialética do Desenvolvimento, 440
A Economia Brasileira, 375
Acumulação e Desenvolvimento, 441
carreira de, 359
Desenvolvimento e Subdesenvolvimento, 365
e estruturalismo, 428
Formação Econômica do Brasil, 375
Operação Nordeste, 391
sobre, 370
sobre a socialização das perdas, 367
sobre comércio externo, 430
sobre dependência, 441
sobre industrialização, 433
sobre inflação, 372
sobre o colonialismo interno, 380-86
sobre o comércio externo, 382
sobre planejamento econômico, 372

Subdesenvolvimento e Estagnação na América Latina,
366
Uma Economia Dependente, 375, 427

G

Galopentia, Anton, 140, 167
Galtung, Johan, 441
Gandhi, 168
Garavaglia, Juan Carlos, 478, 495
Garcia, Afrânio Jr.,
    O Sul: O Caminho do Roçado, 487
Gaulle, Charles de, 444
Geertz, Clifford, 163
Georgescu, D. C., 153
Georgescu-Roegen, Nicholas, 14, 65n71, 140, 163n5,
    167n45, 220, 234, 354n25, 497
Geração de 1848, 105
Gerschenkron, Alexander, 22, 30-1, 36, 77, 89
Ghica, Ion, 71
Giannotti, José Arthur, 479, 494n20
Gide, Charles, 254
Giurescu, Dinu, 14
Goldman, Lucien, 65
Golopentia, Anton, 153
Golpes de Estado,
      na Argentina, 302
      na Romênia, 198
      no Brasil, 365, 435, 443, 456, 467n75
      no Chile, 452, 494n17
Gondra, Luis Roque, 253, 279, 300, 326
González Casanova, Pablo, 216, 277, 326, 400, 403, 449, 467
Goulart, João, 365, 375, 435, 443
Grã-Bretanha, *ver Reino Unido*, 112
Graf, 62
Graham, 64-5
Gramsci, Antonio, 111, 164, 351, 471

618   *Joseph L. Love*

Grande Depressão (1873-96),   37, 38, 42, 72, 172
Grande Depressão (1930s),   43, 186, 207n90, 228, 285
    comércio internacional durante a,   298
    na América Latina,   290, 367
    na Romênia,   147, 212, 216
Grande Romênia,   36, 79, 178, 195
Grossraumwirtschaft,   183, 204n59, 222, 225, 230
Groza, Petru,   118, 138
Grünberg, Carl,   65
Grundrisse (Marx),   474
Grupo de Planejamento Político e Econômico,   264
Gual Villalbí, Pedro,   248, 277
Guarda de Ferro,   163, 182, 203n57, 224
Gudin, Eugênio,   340, 348, 350, 352, 354, 356, 357n53,
    361, 368
Guerra da Criméia,   87n5, 112
Guerra Fria,   504
Guerras Napoleônicas,   103
Guevara, Ernesto "Che" ,   447, 466
Gurrieri, Adolfo,   14
Gusti, Dimitrie,   45, 124, 153, 157, 167, 215, 351, 352, 487

H

Haberler, Gottfried,   30, 224, 356
Haddad, Cláudio,   64
Hale, Charles,   352, 357
Hall, Michael,   14
Halperin, Tulio,   88
Harnecker, Marta,   453, 476, 493, 498
    Os Conceitos Elementares do Materialismo Histórico,
    476
Hasdeu, Bogdan Petriceicu,   172, 199
Hegel, Georg Wilhelm Friedrich,   45, 89, 408
Hegelianismo,   77, 484
Herzen, Alexander,   76-7, 89, 496

Índice Remissivo   619

Hilferding, Rudolf,   111, 126, 140, 409, 422
   O Capital Financeiro,   111, 406
Hind, Robert,   390, 403
Hirschman, Albert,   15, 36, 310, 330, 333, 395n45, 437, 464
Hitchins, Keith,   14, 92n78, 168n60
Hitler,   182
Hoare, Reginald,   182, 201, 203
Hobsbawm, Eric J.,   38
Hungria/húngaros,   173, 177, 183, 217
Hurezeanu,   90, 130-2

I

Ianculescu, Constantin,   147, 165
Ianni, Octavio,   442
Ibraileanu, Garabet,   91, 130
Idade do Absolutismo,   104
IDORT, *ver* Instituto para a Organização Racional do Trabalho
Igreja Católica,   46, 484
ILPES, *ver* Instituto Latino Americano de Planejamento Econômico e Social
Imperialismo,   277n12, 504-5
"Imperialismo e a Cisão do Capitalismo" (Lenin) ,   410
Império Austro-Húngaro,   30, 32, 72
Império Otomano,   33, 60n27, 68, 120, 172, 503 *Ver também Turquia*
Importações, 231n3
   e ciclo econômico,   302, 312, 330n63
Independenta Economica (revista),   156
Índias Orientais Holandesas,   257
Índice de Qualidade Física de Vida (IQFV),   47
Indonésia,   257, 522
Indústria,   ,26, 189, 207n88, 208n96, 217, 234n34, 273, 276n10, 305, 355n33, 392n17, 403n113
   protecionismo na,   128
   e agricultura,   330n62, 348
   estruturalmente induzida,   396n52

620   Joseph L. Love

manufaturas, 51, 53
  na Romênia, 140n154, 201n35
  no Brasil, 64n59, 346, 356n45, 363, 379, 382, 416
  produtividade da mão-de-obra na, 251
  protecionismo na, 73, 128
Industriais, 185
Industrialização, 31, 39, 48, 168n53,170n76, 236n54, 319,
  345, 387, 506
  do Chile, 291, 294
  do México, 294
  e camponeses, 159, 211
  e CEPAL, 294
  e produtividade, 191
  em Portugal, 246
  na América Latina, 290, 304, 378, 434
  na Espanha, 249
  na Romênia, 80, 127, 176, 195, 201, 211, 259, 345
  no Brasil, 325, 339, 347, 349, 364, 385, 413
  tarifas e, 127
Industrialização de substituição de importações (ISI), 53,
  217, 233, 349, 428, 437, 438, 441
  e Brasil, 428, 432
Industrialização na América Latina, 305
Inflação, 284n99, 392n17
  estruturalmente induzida, 26, 265, 396n52, 430
  na América Latina, 283n90, 372, 375, 396n51
Ingenierismo, 249
Inglaterra, 54, 104
INI, ver Instituto Nacional da Indústria
Instituto Brasileiro de Economia, 352
Instituto da Conjuntura Econômica da Romênia, 45
Instituto de Economía (México), 45, 352
Instituto de Economia (Romênia), 45, 351
Instituto de Estatística de Oxford, 264
Instituto de Organização Racional do Trabalho (IDORT), 341,
  342
Instituto de Pesquisas Agronômicas, 153

Instituto Latino-Americano de Planejamento Econômico e
Social (ILPES), 444
Instituto Liberdade e Democracia (Peru), 521
Instituto Nacional da Indústria (INI) (Espanha), 248
Instituto Nacional Polonês de Economia Rural, 152
Instituto Romeno de Ciclos Econômicos (ISEB), 509
Instituto Superior de Estudos Brasileiros, 351, 363
Institutul Social Român, 215
Instituto Romeno de Ciências Sociais (ISR), 157, 351, 509
Intelligentsia,
no Brasil, 351
Internacional Verde, 149
Intervenção (do Estado), 520, 526n25
Introdução a Keynes (Prebisch), 309, 362
Investimento, 134n80, 369, 379, 413, 429
Ionescu, Ghita, 165
Ionescu-Sistesi, Gheorghe, 146, 164
Iorga, Nicolae, 69, 170
IQFV, *ver* Índice de Qualidade Física de Vida
ISEB, *ver* Instituto Superior de Estudos Brasileiros
ISI, *ver* Industrialização de Substituição de Inportações
ISR, *ver* Institutul Social Româin
Itália, 185, 226, 268

J

Jackson, Marvin, 164
Jacobsen, Nils, 14
Japão, 224, 522
Jelavich, 137
Jesus, Quirino de, 246
Jevons, Stanley, 55, 173
Johnson, Harry G., 31, 32, 264-6, 283-4, 395
Johnson, Lyndon, 435
Jornal do Comércio, 339
Judeus, 35, 73, 82, 113, 217, 233n24, 255, 281n66

622   *Joseph L. Love*

Julião, Francisco, 12, 364
Juniméa, 61, 69, 89, 114

K

Kahn, Richard, 364
Kaldor, Nicholas, 30, 32, 264-5, 283n90, 364, 396
Kalecki, Michal, 30, 155, 168n54, 221, 235n40, 264, 265, 277, 373, 396, 429-30, 462
Katz, Solomon, 95
Kautsky, Karl, 38, 81, 83, 91n62, 95, 140, 150, 151, 166n25, 409, 422, 423, 486
   A Questão Agrária, 149, 484
Kemmerer, Edward, 29, 58n12
Kennedy, John, 435
Keynes, John Maynard, 263, 265-6, 284, 322, 329, 362, 364, 369, 371, 395, 517
Kindleberger, Charles, 58n6, 273, 283n89, 286, 294, 319, 320, 321, 326-8, 332nn 87 e 91, 333, 517
Kisseleff, Pavel, 68, 70
Kitching, 89
Knight, Melvin, 57
Kochanowicz, Jacek, 166
Kogalniceanu, Mihail, 172
Kondratief, Nikolai D., 272-3, 286, 319-20, 332, 517
Kowarick, Lúcio, 488, 498
Kriegwirtschaft, 184
Kubitschek, Juscelino, 11-2, 364-5, 371-2, 393, 395, 405, 412-3, 508-9
Kuhn, Thomas, 56, 65n73
Kula, Witold, 58

L

Laclau, Ernesto, 135, 477-8, 481, 494
Lakatos, 56

Lal, Deepak, 518-9, 525
Lampe, John, 64n56, 88n20, 164
Landau, Ludwig, 58
Landes, David, 58
Latifúndio, 79, 376, 382, 411, 414-5, 499
Laur, Ernst, 153
Lazard Frères, 349
Le Play, Frédéric, 153, 226
Ledesma Ramos, Ramiro, 164, 260
Lei de Engel, 176
"Lei para a Proteção do Trabalho", enunciado, 35
Leith-Ross, Frederick, 268-9, 285, 327
Lenin, Vladimir I., 83-4, 88n28, 91n66, 94-5, 126, 130n1,
131n22, 140n144, 150, 407, 409-10, 423n14, 496n33
"O Imperialismo e a Cisão do Capitalismo", 410
O Desenvolvimento do Capitalismo na Rússia, 77,
159, 407
Leninismo, 74
Léon Bourgeois, 226
Leontief, Vassily, 371
Lessa, Carlos Francisco, 63
Lethbridge, 64
Levantamento Econômico da América Latina, 1949 (Pre-
bisch), 311-2, 315, 362, 375, 378
Lévi-Strauss, Claude, 343
Lewinsohn, Richard, 352
Lewis, W. Arthur, 145, 162, 164, 170-1, 192, 207, 238n68,
266, 285, 333, 367, 393, 400, 498
Li Ta-chao, 410
Liberalismo (econômico), 35, 39, 67, 111, 502, 508, 519
romeno, 68, 71, 72, 86, 112
Liga das Nações, 43, 157, 186, 194, 284nn97-9, 294, 507
políticas econômicas da, 267, 508
Ligas Camponesas, 364
Linz, Juan, 15
List, Friedrich, 73, 88, 173, 193, 208, 234, 250-1, 339,
348, 502

624   Joseph L. Love

Lowy, Michael, 65
Ludwig, 49, 64-5
Lumea Noua (revista),   181, 223
Lupu, N. Z.,   163
Luxemburg, Rosa, 95, 409

M

Macario, Santiago, 432-3, 463-4
Madgearu, Virgil,   65n66, 125, 128-9, 138, 141, 156-9, 162-3, 168-9, 181, 202, 206n80, 259-60, 281-2, 300, 422, 486, 512
    A Evolução da Economia Romena Após a Guerra, 124, 157
Mahn Hecker, Edgar, 251, 278, 331
Maier, 62
Maiorescu, Titu, 61, 99, 146
Malásia, 522
Malinschi, 168
Maloney, William, 14
Malowist, Marian, 58
Mandelbaum, Kurt, 30, 32, 59, 192, 264, 266, 283, 284
Manoilescu, Grigore, 156
Manoilescu, Mihail,   13, 39-41, 45, 55, 60, 82, 91, 130, 134, 148, 156-7, 160, 163, 165, 168, 171-2, 174, 179-93, 195, 197-8, 200-40, 243-8, 250-4, 259-61, 263, 266, 270, 272, 274-9, 282, 285-7, 290, 292, 311, 317-9, 321-2, 331-2, 340-2, 344-5, 347-8, 350, 353-6, 371, 380, 382, 385, 389, 392, 394, 400, 410, 417, 422-4, 467, 502, 506, 508, 512, 514-7, 519, 525
    A Teoria do Protecionismo e das Trocas Internacionais, 155, 184, 187-8, 197, 218, 347
    carreira de,   179, 203
    e Chile, 245, 250, 317
    Neoliberalismo, 226, 230
    O Partido Único, 231, 244

O Século do Corporativismo Doutrina do Corporativismo Integral e Puro, 184, 226, 245, 251, 275, 344, 347
Produtividade da Mão-de-Obra e o Comércio Externo, 251
Siècle du Corporatisme, 275
Sobre o dualismo econômico, 145, 148
teoria do comércio de, 205n73, 208n95, 211-2, 214, 221-2, 233, 234n35, 235n42, 347
teorias econômicas de, 186, 189, 191, 194, 204n69, 208n108, 232, 233n25, 234, 236, 238-9, 243, 246, 248, 317-8, 332, 343, 514
Manoliu, Florin, 164n9, 165, 202, 253, 254, 279
Manufaturas, 50, 53, 176, 381
comércio internacional e, 205n79, 233n26, 238n68
crescimento e, 121
crescimento internacional e, 310
e renda, 313
impacto das, 292
no Brasil, 339, 346
Manuila, Sabin, 147, 165, 167
Mão-de-obra, 33, 176, 189, 220, 438, 469n90
camponesa, 102, 104, 120, 153, 155, 166n35, 170n76, 205n79, 214, 354n15
corvéia, 61, 70, 89n30, 124, 132n41, 135n90, 139n133
divisão internacional de, 58n8, 174, 499
excedentes de, 167n39, 232n10, 312, 320, 330n62, 453
mercados para, 24
na Romênia, 48, 72, 89, 124
produtividade da, 218, 251
Mar Negro, 68, 103
Marcu, Nicolae, 15, 62n37, 87n9, 137n113
Mariátegui, José Carlos, 447, 466, 483, 496n33
Marini, Ruy Mauro, 443, 445-6, 452-9, 461, 468-70, 483, 492, 510
A Dialéctica da Dependência, 453-4, 469n103

626   Joseph L. Love

sobre dependência, 453-4, 473-4
Subdesenvolvimento e Revolução, 453, 468n86
Marshall, Alfred, 254, 262, 291
Martian, Dionisie, 172
Martin, Kurt, 30
Martínez Lamas, Julio, 164
Marx, Karl, 28, 38, 60n29, 81-2, 85, 93-4, 96, 110, 116-7,
   124, 131, 135-6, 149, 169, 191, 209, 254, 259, 281,
   403, 407-9, 422, 426, 450, 453-4, 474-5, 477, 482, 488,
   490, 493-4, 498, 511, 515
Grundrisse, 474
O Dezoito Brumário de Luíz Bonaparte, 158
Marxismo, 27-8, 45, 58, 74, 96, 423n17, 460, 484, 496n33, 512
   e campesinato, 158-9
   e capitalismo, 38, 93-4, 111, 260
   e dependência, 453, 474
   e modos de produção, 473, 497n41, 498
   na América Latina, 446, 450
   na Romênia, 78, 110, 123
   no Brasil, 405
Marxismo Oligárquico (Voinea), 116
Mavrocordat, Constantin, 70, 119
*Medidas para o Desenvolvimento Econômico dos Países
   Subdesenvolvidos* (ONU), 266
Medina Echavarría, José, 443
Meek, Ronald, 65
Meier, Gerald, 169-70
Meisner, 131
Menger, Karl, 55, 173
Mercados, 23, 24, 58n8, 103
Merrick, 64-5
Merton, Robert, 55, 65
México, 224, 304, 375, 520, 524
Micaelson, 133
Michels, Robert, 460, 471
Migrações,
   no Brasil, 487

Mihalache, Ion, 169
Mill, John Stuart, 166, 291
Millar, 166
Minifúndios, 153-4
Minorias, 46, 217
Mironescu, George, 189
Mitchell, 64
Mitrany, David, 165
Mittelstand, 255, 258
Modernização, 34-5, 98, 428
Modernização Dolorosa (Silva), 482
Modos de Produção na América Latina (Sempat Assadourian et al.), 477
Moldávia, 68, 70-1, 73, 79, 102, 112, 119, 172
Moldova, 78
Montias, John, 88
Moore, Wilbert, 59
Morris, Morris D., 47-9, 63n49
Moruzi, Alexandru, 70, 87, 173
Mota, Carlos Guilherme, 14
Motas, Stefan, 110
Moura, Aristóteles, *O Capital Estrangeiro no Brasil*, 413
Mouzelis, 60, 62
Muntênia, 68
Murgescu, Costin, 87, 199, 244, 274, 331
Murtinho, Joaquim, 325, 338, 353
Museu Nacional (Brasil), 481, 487
Musoiu, Panait, 91
Mussolini, Benito, 181-2, 240, 275, 277
Myint, Hla, 22
Myrdal, Gunnar, 58n6, 161, 162, 169nn74 e 76

N

Nacionalismo, 255, 345, 355n33, 502
Nações proletárias, 130n12, 410
Nações Unidas, 43, 285, 308, 504

628   Joseph L. Love

Narodnik,
    movimento, 76, 95-7, 117
Naumann, Friedrich, 255, 261
Neo-estruturalismo, 519, 523
Neo-servidão, 110, 132, 456
Neoliberalismo, 115
    entreguerras, 115, 134n76, 226
    pós-guerra, 115, 237, 519, 524
Neoliberalismo (Manoilescu), 134n76, 226, 230
Neoliberalismo (Zeletin), 115
Neopopulismo, 39, 42, 151, 260, 473, 486
Nicolae-Valeanu, Ivanciu, 198, 244, 274
Niemeyer, Otto, 29, 59, 296, 327n23, 345
Nitescu, Constant, 154, 167
Nogueira, Dênio, 374
Nogueira, Pupo, 326
Nordeste (Brasil), 364, 465n41
    economia do, 380, 382, 384, 402n103
    industrialização do, 383, 386
Normano, John, 376, 398
North, Douglass, 62
Nosso Futuro Econômico (Aurelian), 177
Novos Balcãs, Os (Wagemann), 148, 252
Noyola Vázquez, Juan, 244, 274, 329n49, 331, 373, 396, 397n55
Nun, José, 488-9, 492, 497, 498
Nurkse, Ragnar, 30-1, 60n22
    Problemas da Formação de Capital nos Países Subdesenvolvidos, 267-8

O

Ohlin, Bertil, 218-20, 234, 247
OIC, *ver* Organização Internacional do Comércio
OIT, *ver* Organização Internacional do Trabalho
Okrana, 95
Olariaga, Luis, 247, 277

Índice Remissivo 629

Oligarquia, 109, 118
Oligopólios, 401
Oliveira Vianna, Francisco, 344
Oliveira, Francisco de, 360
Oltênia, 68
ONU, *ver* Organização das Nações Unidas
Operação Nordeste (Furtado), 391
Organização das Nações Unidas (ONU), 17, 504, 507, 521
Organização Internacional do Comércio (OIC), 309, 507
Organização Internacional do Trabalho (OIT), 270
Ornea, Zigu, 91, 131n26, 132, 167, 169
Ortega y Gasset, José, 406, 421
Oulès, Firmin, 238, 247

P

Pacto Roca-Runciman, 298-9
Padrão-Ouro, 297, 326n30
Pannunzio, Sergio, 344
"Papel da *Patura Culta* nas transformações sociais"(Dobrogeanu-Gherea), 97-8
Para Ler o Capital (Althusser e Balibar), 475
París Erguilaz, Higinio, 248
Partido Camponês (Romênia), 79, 149
Partido Comunista Brasileiro (PCB), 405, 416, 447, 510, 511
    estratégia do, 411
    sobre a industrialização, 412-3
Partido Comunista Francês, 474
Partido Comunista Romeno, 118, 123
Partido Conservador, 74
Partido de Quarenta-e-Oito, 173
Partido Liberal (Romênia), 73, 113, 122, 128, 178
Partido Nacional Camponês (Romênia), 149, 157, 159, 163, 486
Partido Nacional Romeno da Transilvânia, 149
Partido Único, O (Manoilescu), 230, 244

630   *Joseph L. Love*

Passos Guimarães, Alberto,   414-6, 419, 424-5, 473, 491, 497
  Quatro Séculos de Latifúndio,   414
Pastoral da Terra,   484
Patrascanu, Lucretiu,   69, 118-29, 136-41, 160, 165, 169, 210, 409, 413, 416, 425, 510-1
  Os Problemas Básicos da Romênia,   123
  Sob Três Ditaduras,   128
  sobre o capitalismo,   123
  Um Século de Agitação Social, 1821-1907,   119
Paz, Pedro,   375, 398
PCB, *ver* Partido Comunista Brasileiro
Pecuaristas,   296, 327n20
Pensador,   350
Pensamento social romeno,   74
Pensée, La (revista),   474
Pernambuco,   365
Perón, Juan,   294, 309
Perroux, François,   40, 229, 237, 239, 243, 261-3, 282-3, 322, 333, 343-4, 354-5, 360-1, 392, 400n86, 507, 516-7
  "Esboço de uma Teoria da Economia Dominante",   262
  teorias econômicas de,   261, 282, 333, 343, 524-5
Peru,   496, 518
Pigou, Arthur C.,   371
  A Economia do Bem-Estar,   190
  Riqueza e Bem-Estar,   191
Pinedo, Frederico,   293, 304, 328
Pinochet, Augusto,   452, 494
Pinto, Aníbal,   62n46, 63, 251, 278, 375, 431
  Chile, um Caso de Desenvolvimento Frustrado,   376
Pirou, Gaetan,   344
Planejamento econômico,   31, 184, 261, 365, 370
Planície amazônica,   481
Plano Econômico Nacional (Romênia),   197
Plekhanov, Georgy,   95
Polanyi, Karl,   58

Índice Remissivo 631

Política, 75, 180-1, 183, 187, 204, 439, 441
Polônia, 58n12, 152, 525n4
Popa-Veres, Mihai, 147, 148, 165
População e o Destino das Nações (Wagemann), 252
Populismo, 42, 88n25, 165n21, 503, 513
definição, 75
na Romênia, 74, 76, 80, 84
na Rússia, 77, 95 *Ver* também Neopopulismo
e a Igreja Católica, 484
e burocracia, 108
e capitalismo, 38
Populismo, 134n73
"Populismo, Socialismo e Realidade" (Racovski), 84
Portugal, 60n27, 245-6, 249, 275n7, 277n12, 317
Poulantzas, Nicos, 481
Prado Júnior, Caio, 62, 391, 407, 412, 416-21, 423-6, 428, 446-9, 466, 473, 479, 491, 503
A Revolução Brasileira, 419, 448
sobre a indústria, 416
PREALC, *ver* Programa Regional do Emprego da América Latina
Prebisch, Raúl, 11, 40, 186, 189, 192, 243-5, 252-4, 260, 262-3, 265, 267, 272-4, 279, 286, 288-90, 295-326, 327nn20, 23 e 48, 328n62, 329-34, 331nn73 e 80, 337, 353, 356, 359-61, 362-3, 367-8, 371, 375, 379-82, 384. 388, 393-4, 397-8, 400, 403, 412, 423, 431-2, 440, 444, 450-1, 461-3, 465, 467, 502, 505, 507, 509, 515-7, 519-20, 525
carreira de, 295
como teórico econômico, 301, 332n87
e a Grande Depressão, 299-300
e o Banco Central, 304-5, 352
e questões Centro-Periferia, 302-3, 329n53, 503
estruturalismo, 244, 267, 274, 519
influências sobre, 252, 289
Introdução a Keynes, 307, 362

632 Joseph L. Love

Levantamento Econômico da América Latina, 1949,
    308, 311, 362, 375, 378
O Desenvolvimento Econômico da América Latina
    e seus principais problemas, 308, 315, 362, 366
sobre os ciclos econômicos, 305-7, 330n63, 333, 381
Prebisch-Singer
    tese, passim, 272, 312-22
Preços, 24, 185, 229, 282, 310
Preços Relativos das Exportações e Importações dos Países Subdesenvolvidos, Os (Singer), 310-1, 313, 322
Prestes, Luís Carlos, 405-6, 411, 421, 423
Primeira Guerra Mundial, 36, 47, 79, 178, 349, 503
    Indústria, 302
Principados do Danúbio, 105
Problemas Agrário-Camponeses do Brasil (Vinhas), 413
Problemas Básicos da Romênia, Os (Patrascanu), 123
Problemas da Formação de Capital nos Países Subdesenvolvidos (Nurkse), 267, 368
Produção, 63, 207n88, 473, 492n1, 514
    camponesa, 158, 161
    diversificação da, 377
    e comércio internacional, 190, 323
    modos de, 466n67, 473, 495n22, 511
Productivismo, 249
Produtividade, 47, 190, 206nn82, 83 e 84, 207, 251, 324, 388, 453, 515
    agrícola, 160, 207n92, 438
    industrial, 191, 234n34
    mão-de-obra, 218, 251, 453
Produtividade de Mão-de-Obra e o Comércio Externo (Manoilescu), 251
Programa de Metas, 372
Programa Regional do Emprego da América Latina (PREALC), 521
Propensão a importar
    definição, 305
Propriedade, 104, 121, 123, 148, 484

Índice Remissivo 633

Protecionismo, 187, 188, 207n91, 208n95, 356n38, 401n92, 516
agrícola, 113, 172, 268
industrial, 73-4, 127, 147, 223
na Argentina, 252
Prússia, 85
Pugliese, Mario, 253, 279, 319, 332
Puiggrós, Rodolfo, 477, 493-4
Pupo Nogueira, Otávio, 340-1, 349, 354, 356
Em Torno da Tarifa Aduaneira, 340

Q

Quadros, Jânio, 12, 365
Quatro Séculos de Latifúndio (Passos), 414
Questão Agrária, A (Kautsky), 149, 484
Quijano, Aníbal, 488-9, 497

R

Racionalização na Economia, A (Sombart), 257
Racismo, 341
Racovski, Cristian, 62n35, 80, 82-6, 88-9, 91-4, 110, 122, 131-4, 167n46, 179, 208n108
"Populismo, Socialismo e Realidade", 84
Radaceanu, Lothar, 117-8, 127, 136
Rangel, Inácio, 420, 426
Rebeldes,
camponeses, 90n48, 102, 120-1, 202
Recife, 385
Redfield, Robert, 29
Reforma agrária, 36, 385
na Romênia, 61n32, 70, 87nn7 e 9, 104, 114, 139n132, 146
Reformismo, 428

634   Joseph L. Love

Regime *iobag*, 102, 105, 119
Regime senhorial, 416
Regimento Orgânico, 71, 87n8, 135
Reino Unido, 44, 76, 104, 112, 200n17, 204n61, 246, 299, 307, 327n28
  e o Brasil, 72
  como Centro, 303
Renda, 435, 522, 525n4, 526nn23 e26
  definição, 282
  e indústria, 313
  regional, 388-9
  regional, 401n93
  romena, 74, 167n46, 215-6
República Dominicana, 435
Revista Brasileira de Economia, 352
Revista Brasiliense, 421, 446, 467n75
Revista de Ciencias Económicas, 253, 318
Revista Económica, 296, 301
Revolução Brasileira, A (Prado), 419, 448
Revolução Cubana, 428, 447, 505
Revolução de Fevereiro (Rússia), 84
Revolução Francesa, 227, 502
Revolução industrial, 227
Revolução Russa, 109
Rey, Pierre-Philippe, 479, 494, 496, 498-9
Reyna, José Luis, 488, 498
Ribbentrop, Joachim von, 182
Ricardo, David, 71, 191-2, 219-21, 291, 337, 502
Rickert, Heinrich, 458
Rio Danúbio, 96
Rio de Janeiro, 338
Riqueza e Bem-Estar (Pigou), 191
Rist, Charles, 202, 269, 285
Robert, Antonio, 248-9
Roberts, Henry L., 65, 90, 136, 139, 165, 140
Robinson, Joan, 155, 162, 229, 265, 364

Índice Remissivo 635

Roca, Blas, 447
Roca-Ruciman, Pacto, 298
Roman, Ioan, 172
Romênia, 21, 32, 41, 46, 68, 91, 108, 133, 167, 232, 259, 269, 512
   burguesia na, 101, 110, 112, 114-5, 510
   camponeses na, 87n7, 91n64, 101, 104, 106, 121, 131-2, 137n108, 139n134, 165, 234n39
   capitalismo na, 82, 101, 112, 127
   Ciências Sociais, 152
   comércio internacional e, 73, 88n24, 201n26, 204-5, 211, 225, 232n8, 235, 285
   dualismo econômico na, 144
   e Alemanha nazista, 160, 162, 203n56, 204n60
   economia, 46, 61n30, 67, 175, 199n15, 239n74, 505, 508
   industrialização na, 36, 171, 176, 195, 200nn20 e 24
   liberalismo econômico na, 67
   mão-de-obra na, 173
   modernização na, 34-5, 60n27
   pensamento social na, 75
   populismo na, 78, 80, 85-6
   setor rural na, 125, 134n72, 231n3
   subdesenvolvimento na, 31, 94, 380
   vida intelectual da, 44, 67
Romênia, 60n25, 61n31, 63n52, 90n56, 139n32, 165n9
Ros Jimeno, José, 248, 277
Rosa, Guimarães, 12
Rosenberg, Alfred, 181
Rosenberg, Nathan, 321
Rosenstein-Rodan, Paul, 30-2, 59n16, 161, 168-9, 191, 207n86, 264-6, 278, 283, 294, 326, 370-1
Rostow, Walt W., 450, 466, 468
Royal Institute of International Affairs, 264, 266
Rússia, 28, 61n31, 68, 74, 93, 98, 104, 110, 112, 117, 131n22, 134, 423n12
   e Romênia, 72, 104

636   *Joseph L. Love*

e Turquia,   104
industrialização da,   36, 177
populismo na,   77, 95

S

Sabin, Manuila,   354
Sachs, Ignacy,   14, 59n14, 65
Sachs, Jeffrey,   29, 58n12
Salários,   131n21, 189, 453
Salazar, Antônio,   181, 202n47, 245, 275-7, 345
Salles de Oliveira, Armando,   341-2, 354
Samuelson, Paul,   323, 333
Santos, Theotônio dos,   443, 446, 450, 452-3, 459, 461, 468, 470n108
São Paulo,   382
    agricultura em,   339
    estado,   420
    indústria em,   339
Saramago, José,   245, 275
Sarney, José,   366
Sauvy, Alfred,   504, 525
Say, Jean-Baptiste,   71
Schmitter, Philippe,   230-1, 240, 244, 274, 331
Schmoller, Gustav von,   153, 255
Schultz, Theodore W.,   162, 170, 266, 284
Schumpeter, Joseph,   31, 59-60, 280
    Teoria do Desenvolvimento Econômico, A,   31
Scutaru, Ion,   159, 169
Século de Agitação Social 1821-1907, Um (Patrascanu),   119
Século do Corporativismo — Doutrina do Corporativismo Integral e Puro, O (Manoilescu),   41, 184, 225, 227, 229, 231, 244, 251, 345
Seers, Dudley,   265
Segunda Guerra Mundial,   247, 293, 504
Segunda Internacional,   95

Segunda Revolução Industrial, 38
Segundo Mundo, 504
Sempat Assadourian, Carlos, 478, 482, 495
   Modos de Produção na América Latina, 478
Sen, Amartya, 520, 526
Serra, José, 443, 456, 458, 461, 470
Servidão, 33, 70
Sessenta Aldeias Romenas (Galopentia e Georgescu), 153
Seton-Watson, Hugh, 146, 165
Setor agrário, 187, 511
   na Romênia, 102, 145
   no Brasil, 412, 490
   populismo e, 149
Setor rural
   na Romênia, 147, 231n4, 232n17
   no Brasil, 41
Setor Urbano, 147, 492
   crescimento do, 50, 469n90
   na Romênia, 212, 232n16, 235n39
Shanin, Teodor, 169
   The Amkward Class (*A Classe Canhestra*), 158
Siciliano Jr., Alexandre, 341, 354n15
Silva, José Graziano da, 482, 483, 491, 494
Simionescu, Paul, 14
Simonsen, Roberto, 39, 341-2, 345, 347-50, 354, 356, 376,
   398, 415, 417, 424
Simonsen, Wallace, 349
Sindicatos, 205n70, 234n35
Singer, Hans W., 12, 30, 164n5, 244, 263, 265, 272-4,
   286, 313-15, 318-9, 321-5, 330n69, 331, 334, 380-1, 388,
   390, 399n82, 400, 402, 464, 467, 516
   *Os Preços Relativos das Exportações e Importações
   dos Países Subdesenvolvidos*, 310, 314, 322
Singer, Paul, 488
Sistema Centro-Periferia, 318, 329n53, 330n66, 361, 367,
   410, 424n25, 427, 441, 450, 461, 503, 511, 515
   ciclos econômicos e, 303, 306, 310

638   *Joseph L. Love*

definição, 256, 260, 316
e dependência, 453
Sistema Corporativo, O (Caetano), 245
Sistema do Mundo Moderno (Wallerstein), 461
Skidmore, Thomas, 61
Smith, Adam, 58n8, 71, 72, 88n18
Sob Três Ditaduras (Patrascanu), 128
"Sobre os Argumentos Protecionistas de List e Manoilescu",
251
"Social-Democracia ou Populismo?" (Stere), 80, 251
Socialismo, 257, 470n108
Socialismo Africano, 260
Socialismo Alemão, O (Sombart), 257
Socialismo Evolucionista, O (Bernstein), 409
Socialismo nos Países Subdesenvolvidos, O (Dobrogea-nu-Gherea), 99
Socialização das Perdas, 367
Sociedade Rural Argentina, 296
Sodré, Nelson Werneck, 357, 448, 467
Sombart, Werner, 40, 83, 85, 91n74, 111-2, 124, 139, 147, 149, 165, 181, 187, 221, 235, 243, 254-61, 279-81, 316-7, 331, 421, 462, 503, 517
A Racionalização da Economia, 257
O Capitalismo Moderno, 256, 316, 427
O Socialismo Alemão, 257
teorias econômicas de, 257
Sommer, Louise, 272, 273, 274, 286, 319, 320, 332, 517
Soto, Hernando de, 518, 521, 525
Sousa Martins, José de, 480, 485-6, 495-6, 497n39
Os Camponeses e a Política no Brasil, 485
Souto, Luís Vieira, 61
Spencer, Herbert, 184
Spraos, John, 323-4, 333-4, 388-9, 516
Stahl, Henri H., 15, 60, 87, 89-90, 92, 167-8
Stalin, Joseph, 84, 286, 475
Stanculescu, P., 154, 167-8
Stefanescu, C., 154, 167-8

Índice Remissivo 639

Stere, Constantin, 78-86, 88-92, 94, 98, 101, 110, 167, 202, 208, 259, 410, 456, 483-4, 486, 512
sobre o capitalismo, 82
"Social-Democracia ou Populismo?", 80
Sterian, Paul, 15, 167
Stoica, Nicolae, 91, 131
Struve, Peter, 28, 110
Suanzes, Juan Antonio, 248, 249
Subdesenvolvimento, 22, 23, 57, 58n6, 59n14, 168n54, 309, 371, 380, 387, 400n84, 467n70, 504
Dobrogeanu-Gherea sobre, 97, 98, 99, 100, 101
e acumulação de capital, 441
e investimento, 369
e marxismo, 409
estudos de caso, 29, 32
marxismo e, 93, 409-10, 498
na América Latina, 448
Subdesenvolvimento e Estagnação na América Latina (Furtado), 366
Subdesenvolvimento e Revolução (Marini), 453, 468n86
Subimperialismo, 455, 510
Suécia, 387, 522
Sul: O Caminho do Roçado, O (Garcia), 487
Sunkel, Osvaldo, 373, 375, 386, 396nn49 e 52, 397-8, 439, 444, 464, 466, 526
Superintendência para o Desenvolvimento do Nordeste (SUDENE), 364
Sutu, Nicolas (Soutzo), 70-1
Sweezy, Paul, 58, 135

T

Ta-chao, Li, 100
Tailândia, 522
Taiwan, 522

640 Joseph L. Love

Tarifas, 38, 71, 134n80, 204n66, 326n7, 327nn21 e 28, 464n35
    latino-americanas, 436, 525
Tasca, George, 220, 221, 230, 234, 240
Tavares Bastos, Aureliano, 338
Tavares, Maria da Conceição, 432-3, 453, 463, 523
Teoria do Desenvolvimento Econômico, A (Schumpeter), 368
Teoria do Protecionismo e das Trocas Internacionais, A (Manoilescu), 41, 155, 184, 187, 218, 225, 244, 246, 340-1
Terceira Internacional, 45, 74
Terceiro Mundo, 21, 67, 428, 490, 501, 503-5, 517, 522
Terra,
    camponeses e, 104, 139n134
Thorner, Daniel, 166, 486
Thünen, J. H. von, 524, 525
    O Estado Isolado, 503
Topik, Steven, 62
Torres, Alberto, 345, 355n33, 463
Touraine, Alain, 442
Transilvânia, 86n1, 203n54, 182
Tratado de Adrianópolis, 68, 103, 112
Tratado do Trianon, 36
"Triângulo Econômico, O" (Manoilescu), 214
Tributação, 384, 522
Trigo, 68, 300
Troca
    escambo líquido (*commodity*), definição, 403n112
    estudos empíricos sobre a deterioração das, 323, 325, 334n103
    renda, definição, 393n30
    termos de, 334, 311
Trocas, 301
    desiguais, 243, 237n55, 380, 461, 514, 516, 517
    externas, 515, 517
Turquia, 60n29, 68, 70, 72, 112, 214 *Ver também* Império Otomano

Índice Remissivo 641

U

UGIR, *ver* União Geral dos Industriais Romenos
UNCTAD, *ver* Conferência das Nações Unidas para Comércio e Desenvolvimento
União alfandegária, 112
União Geral dos Industriais Romenos (UGIR), 180, 195-8, 209n110, 210n123, 270
União Pan-Americana, 294
União Soviética, 224, 474, 504, 517
Unión Industrial Argentina, 253
Universidade de São Paulo, 44, 507
Urbanização, 48, 50, 147
Uriburu, Enrique, 295
Uriburu, José, 296
Uruguai, 297

V

Valáquia, 68, 70, 73, 112, 172
Valor, 173, 191, 219, 235n42
Van den Berghe, Pierre, 163
Vantagens comparativas, 291, 297, 307
Vargas, Getúlio, 40, 341-2, 344-8, 354-6, 361-2, 411, 416, 509
Velho, Otávio Guilherme, 481-5, 487, 490-1, 496-7
    sobre a Igreja Católica, 484
Venezuela, 458
Venturi, 89
Verein für Sozialpolitik, 255
Viata Româneasca (revista), 78
Vieira Souto, Luís, 339-40, 353
Vietnã,
    guerra, 435
Villareal, René, 375, 398

642 Joseph L. Love

Viner, Jacob, 219-20, 224, 234-5, 244, 247, 274, 317, 319, 322, 331, 347, 356
  Estudos sobre a Teoria do Comércio Internacional, 220
Viner, Jacob 394n36, 234nn 36 e 37
Vinhas, Moisés, 414-6, 424-5, 491
  Problemas Agrário-Camponeses do Brasil, 413
Visconde de Cairu, 88
Visconde de Halifax, 165
Voinea, Serban, 116-7, 121, 135nn89 e 90, 136, 409, 497n41
  Marxismo Oligárquico, 116
Vulcanescu, Mircea, 167
Vuscovic, Pedro, 453

W

Wagemann, Ernst, 148, 165n18, 166n35, 222, 235nn44 e 46, 252, 278, 316-17, 331n77, 351, 362, 517
  População e o Destino das Nações, 252
Wagner, Adolf, 255, 279
Walicki, Andrzej, 62n41, 77, 89n35, 330
Wallerstein, Immanuel, 441, 461, 471
  Sistema do Mundo Moderno, 461
Walras, Léon, 55, 173
Warriner, Doreen, 59, 161, 166, 169
  A Economia da Agricultura Camponesa (*The Economics of Peasant Farming*), 161
Weber, Alfred, 255, 524n1
Weber, Max, 140, 255, 280n59
Weltwirtschaftliches Archiv (revista), 222, 251
Whipple, Clayton E., 167
Williamson, Jeffrey, 380, 386-9, 399, 402
Wirth, John D., 14
Worsley, Peter, 483
Wundt, Wilhelm, 153

X

Xenopol, Alexandru D., 99, 172-7, 179, 198-201, 502
Estudos Econômicos, 173

Y

Young, Allyn, 58n8, 264-5, 283

Z

Zane, Gheorghe, 135-6
Zasulich, Vera, 95
Zeletin, Stefan, 73, 88n21, 110-7, 119-20, 122-3, 129, 133, 134nn72, 73 e 80, 135n89, 136, 138n125, 146, 179, 237, 280, 408-9, 497n41, 510-1
A Burguesia Romena: Suas Origens e Papel Histórico, 110, 257, 406
Zimmerwald, Conferência, 84

IMPRESSÃO E ACABAMENTO

GRÁFICA E EDITORA LTDA.
TEL/FAX.: (011) 218-1788
RUA: COM. GIL PINHEIRO 137